राजमोहन गांधी

राजमोहन गांधी का जन्म 7 अगस्त, 1935 को नई दिल्ली में हुआ। उन्होंने सेन्ट स्टीफ़ंस कॉलेज, नई दिल्ली से शिक्षा हासिल की। वे प्रख्यात जीवनीकार, इतिहासकार, पत्रकार एवं राजनीतिक विश्लेषक हैं। सेंटर फॉर पॉलिसी स्टडीज, नई दिल्ली में रिसर्च प्रोफेसर रहे श्री गांधी ने भारतीय स्वतन्त्रता संग्राम और इसके नायकों, भारत-पाक सम्बन्ध एवं मानवाधिकार पर विस्तारपूर्वक लिखा है। वे अमेरिका और जापान में विजिटिंग प्रोफेसर के पद पर रह चुके हैं। कनाडा, जापान एवं क्यार्जज रिपब्लिक स्थित विश्वविद्यालयों से मानद उपाधियाँ पा चुके हैं। राज्यसभा के सदस्य भी रह चुके हैं, और जेनेवा में संयुक्त राष्ट्र मानवाधिकार आयोग के वार्षिक अधिवेशन में भारत सरकार के प्रतिनिधिमंडल का नेतृत्व कर चुके हैं। उनके द्वारा लिखित प्रमुख जीवनियाँ हैं—*द गुड बोटमैन : एक पोर्ट्रेट ऑफ गांधी, व्हाई गांधी स्टिल मैटर्स : ऐन अप्रेजल ऑफ द महात्मा'ज लेगेसी, राजाजी : ए लाइफ, पटेल : ए लाइफ*। अन्य प्रमुख कृतियाँ हैं—*ऐट लाइव्ज : ए हिस्ट्री ऑफ द हिन्दू-मुस्लिम एनकाउंटर, रिवेंज एंड रिकंसिलिएशन : अंडरस्टैंडिंग साउथ एशियन हिस्ट्री, ए टेल ऑफ टू रिवोल्ट्स*। राजमोहन गांधी विगत कई दशकों से परिवर्तन के अगुआओं में सक्रिय रूप से शामिल रहे हैं। उन्हें 2002 में 'साहित्य अकादेमी पुरस्कार' से पुरस्कृत किया गया। फिलहाल वे अर्बन-कैम्पागन स्थित इलिनॉइस यूनिवर्सिटी में विजिटिंग प्रोफेसर के पद पर कार्यरत हैं।

मुस्लिम मन का आईना

राजमोहन गांधी

अनुवाद
अरविन्द मोहन

राजकमल पेपरबैक्स

मूलकृति *Understanding the Muslim Mind* से अनूदित

पहला पुस्तकालय संस्करण
राजकमल प्रकाशन प्राइवेट लिमिटेड द्वारा
2008 में प्रकाशित

राजकमल पेपरबैक्स में
पहला संस्करण : 2024

© राजमोहन गांधी
© हिन्दी अनुवाद : राजकमल प्रकाशन प्रा. लि.

राजकमल पेपरबैक्स : उत्कृष्ट साहित्य के जनसुलभ संस्करण

राजकमल प्रकाशन प्रा.लि.
1-बी, नेताजी सुभाष मार्ग, दरियागंज
नई दिल्ली-110 002
द्वारा प्रकाशित

शाखाएँ : अशोक राजपथ, साइंस कॉलेज के सामने, पटना-800 006
पहली मंजिल, दरबारी बिल्डिंग, महात्मा गांधी मार्ग, प्रयागराज-211 001
1, अनमोल सोराबजी संतुक लेन, धोबी तलाव, मरीन लाइंस, मुम्बई-400 002
वेबसाइट : www.rajkamalprakashan.com
ई-मेल : info@rajkamalprakashan.com

बी.के. ऑफसेट
नवीन शाहदरा, दिल्ली-110 032
द्वारा मुद्रित

मूल्य : ₹499

MUSLIM MAN KA AAINA
by Rajmohan Gandhi
Translated by Arvind Mohan

ISBN :978-93-6086-994-6

सोनू, भैया, लीला, दिव्या, अमृता, सुप्रिया, देवू और उन सब के लिए जिनके विख्यात अथवा अज्ञात पूर्वजों ने भारत, पाकिस्तान एवं बांग्लादेश की जमीं पर आँसू, पसीना और लहू बहाया

प्रस्तावना

1984-85 में लिखी गई और 1986 में अमरीका से प्रकाशित पुस्तक 'अंडरस्टैंडिंग द मुस्लिम माइंड' को भारत में पहली बार 1987 में पेंगुइन ने प्रकाशित किया। इस पुस्तक के पुनर्प्रकाशन की जनता की लगातार माँग के चलते ही इसका नया संस्करण आपके सामने प्रस्तुत है। मैं इस नए संस्करण की ताज़ा भूमिका लिखने के अवसर का स्वागत करता हूँ, खास तौर पर दक्षिण-एशियाई इतिहास के अपने अध्ययन 'रिवेंज एंड रिकंसिलिएशन' की रौशनी में जो कि पेंगुइन से 1999 में प्रकाशित हो चुका है।

'रिवेंज एंड रिकंसिलिएशन' महाभारत से लेकर 1999 में कारगिल तक दक्षिण एशियाई घटनाक्रमों को रेखांकित करते हुए और प्रतिशोध लेने और समाधान ढूँढ़ने की लम्बी कड़ी का अध्ययन करते हुए अन्त में इस निष्कर्ष पर पहुँचती है कि 'समन्वय का अपसिद्धान्त अभी भारत या दक्षिण-एशिया का मुख्य लक्षण नहीं बन पाया है।' अन्तिम अध्याय, समाधान के तौर-तरीकों की तलाश करता है और इस बात की ज़रूरत को रेखांकित करता है कि 'जो कुछ भी कहा और अनकहा है उसे कानों के साथ-साथ दिल से भी सुनने की कोशिश की जाए।'

इस मनोभाव के साथ 'अंडरस्टैंडिंग द मुस्लिम माइंड' लिखी गई कि 'दूसरे पहलू' को भी सुना और समझा जाए। इस बात का मुझे कोई अन्दाज़ा नहीं कि इस पुस्तक के बारे में कैसी प्रतिक्रिया होगी, हालाँकि मैं मानसिक रूप से इसके लिए तैयार हूँ कि मुस्लिम समुदाय के लोग मुझे उनके मनोविज्ञान को समझ पाने में असफल घोषित करेंगे, एक हिन्दू होने के नाते मेरा यह कार्य एक दुःसाहसी कदम भी समझा जा सकता है, और इसी तरह मैं इस बात के लिए भी तैयार हूँ कि कुछ हिन्दू मुझ पर ऐसा छद्म-धर्मनिरपेक्षतावादी होने का लेबिल भी लगा दें जो मुस्लिम समुदाय की खामियों को पूरी तरह से नज़रअन्दाज़ करता हो।

लेकिन कुछ ऐसे निष्ठावान हिन्दू भी हैं जैसे कि एम.वी. कामथ जिन्होंने इस पुस्तक की काफी प्रशंसा की, दूसरी तरफ एक प्रमुख पाकिस्तानी बुद्धिजीवी इक़बाल अहमद हैं जिन्होंने पाकिस्तानी टेलीविज़न पर इस पुस्तक के सन्दर्भ में मुझसे बातचीत की और लाहौर के एक प्रकाशन ने इस पुस्तक का उर्दू संस्करण प्रस्तुत किया, जिसकी प्रति मुझे एक यात्री से मिली (वरना शायद मैं इस पुस्तक के उर्दू संस्करण के बारे में जान भी नहीं पाता)।

पेंगुइन से 1987 में प्रकाशित इस पुस्तक के पहले संस्करण की प्रारम्भिक पंक्तियाँ कहती हैं : 'भारत और पाकिस्तान के बीच कोई भी परमाणु टकराहट यदि हुई (ईश्वर न करे ऐसा हो) तो वह इतिहास के कारण ही होगी।' निश्चित तौर पर वह काल्पनिक भूत 1998 की गर्मियों में पोखरण और चगाई हिल्स में हुए धमाकों से कहीं गुम नहीं हुआ और उपमहाद्वीप में बाद में होनेवाली घटनाओं ने 1987 की मेरी प्रार्थनाओं को व्यर्थ नहीं जाने दिया।

निश्चित तौर पर, हिन्दू-मुसलमान और भारत-पाकिस्तान के सवाल दो भिन्न मामले हैं। जैसे कि हम भारत में हमेशा इस बात को रेखांकित करने का प्रयास करते हैं कि भारत में रहनेवाले मुसलमानों की संख्या पाकिस्तान में रहनेवाले मुसलमानों के बराबर या उससे ज़्यादा है। यह भी कि भारतीय मुसलमान हमेशा से ही भारत-पाक युद्ध में भारत की ही तरफ़ से लड़ते हैं। तब भी ये दोनों सवाल आपस में जुड़े हुए हैं। इस सबके बाद 1947 में पाकिस्तान बना तो उसका आंशिक कारण यह भी था कि ढेर सारे मुसलमान, हिन्दू बहुसंख्यक आबादी वाले भारत में, जो कि तब ब्रिटेन जैसी तटस्थ शक्ति से आज़ाद हो रहा था, अपनी सुरक्षा को लेकर चिन्तित थे; और जब भी भारत-पाकिस्तान क्रिकेट मैच होता है, भारत के मुसलमान उनकी अन्दरूनी संवेदना को टटोलती आँखों के प्रति सजग हो सकते हैं।

स्वस्थ भारत-पाक सम्बन्धों और भारत का कल्याण, दोनों ही बातों के लिए यह ज़रूरी है कि मुसलमान हिन्दुओं के और हिन्दू मुसलमानों के मानस को समझें। मुझे लगता है कि इस कथन या इस पुस्तक के शीर्षक से किसी को भी असहमति नहीं होगी, कि इसके लेखक का ऐसा विश्वास है कि मुस्लिम (या हिन्दू) समुदाय की मानसिक संरचना में एकरूपता या अभिन्नता होती है। यह अध्ययन विभिन्न मानसिक संरचनाओं और भिन्न-भिन्न ज़िन्दगियों का है और मैं पाठकों से अनुरोध करता हूँ कि वे इस शीर्षक को व्यापक सन्दर्भों में समझने की कोशिश करें।

सन् 2000 के बसन्त में जब मैं यह लिख रहा हूँ, तो उपमहाद्वीप में मौजूद समूची नफरत और शंकाओं से लगता है कि पारस्परिक समझ और सहयोग की इस समय किसी भी अन्य समय से ज़्यादा ज़रूरत है, लेकिन यह वैसा नहीं दिखता जिसके लिए मुख्यधारा के भारतीय या पाकिस्तानी, या हिन्दू और मुसलमान चिन्तित हैं। किन्तु दक्षिण-एशिया में जो निरन्तर उथलपुथल का दौर चल रहा है, उससे कुछ अन्दाज़ा तो लगाया ही जा सकता है। यह सिर्फ़ तेरह महीने ही पुरानी घटना है कि अटल बिहारी वाजपेयी की लाहौर बस यात्रा और वहाँ राजधानी को स्फुरित कर देनेवाले उनके शब्दों से भारत के लोग अचम्भित हो गए थे :

> *मुझे इस बात का बेहद अफसोस है कि हम लोगों ने बहुत-सा समय आपसी रंजिशें निकालने में बिताया। यह भारत और पाकिस्तान दोनों ही देशों के लिए बहुत ही अशोभनीय है कि इतना समय हमने पारस्परिक द्वेष-भावना में व्यर्थ कर दिया...अब जैसा कि हम एक नई सदी में प्रवेश कर चुके हैं, भविष्य*

हमसे हमारे बच्चों और फिर उनके बच्चों के कल्याण के लिए कदम उठाने की माँग करता है...हम लोगों ने बहुत दुश्मनी निभा ली है, क्यों न अब हम एक नई दोस्ती की शुरुआत करें...

जब मैंने 'अंडरस्टैंडिंग द मुस्लिम माइंड' लिखी थी, मैं विद्वत्ता के मापदंडों से परिचित था, लेकिन मैं नहीं चाहता था कि तमाम सारे अप्रिय तथ्यों को झूठी एकता की मखमली चादर के नीचे छुपा दूँ। इसलिए मैंने अपनी इच्छाओं को छुपाए बिना कहा है कि यह सबकुछ 1987 की ही तरह अभी भी दक्षिण-एशिया के पड़ोसी समुदाय और देशों के मध्य शान्ति प्रक्रिया को स्थापित करने में असमर्थ है, यद्यपि वे मध्यवर्ती वर्ष, कश्मीर सम्बन्धी कड़वाहट के गहराने, बाबरी मस्जिद विध्वंस, परमाणु परीक्षणों, भाजपा और हिन्दुत्व का विकास, कारगिल युद्ध और मुशर्रफ द्वारा किए गए तख्तापलट के साक्षी हैं।

यद्यपि मुस्लिम सवालों के बारे में मैं बचपन से ही सोचता रहा हूँ, मैंने बहुत सारा समय उपमहाद्वीप के मुसलमानों के बारे में गहरी समझ हासिल करने में बिताया। अन्य देशवासियों की तरह मैंने भी इस तथ्य को उजागर किया है कि भारत संसार में दूसरा सबसे बड़ा मुस्लिम देश था, लेकिन उपमहाद्वीप के मुसलमानों के इतिहास या उन प्रभावों जिन्होंने उनके मर्म को छुआ, के अध्ययन को मैंने बहुत महत्व नहीं दिया।

मैं इस तथ्य से अनभिज्ञ था, लेकिन नहीं, बाद में मैंने अपने अन्य गैर-मुसलमान देशवासियों की भ्रान्त धारणाओं के बारे में जाना, जिनमें से अधिकतर उच्च शिक्षा प्राप्त भी थे। मैं इस सत्य को उद्घाटित करनेवाले ऐसे दो उदाहरण देना चाहूँगा, जिन्हें वे नहीं जानते थे और जिन्हें मैंने भी चालीस की उम्र पार करने के बाद ही जाना, कि कुरान, एक आयत के अनुसार, धर्म के मामले में अनिवार्यता पर स्पष्टतः अप्रसन्नता व्यक्त करता है या कि यह एक से अधिक बार कहता है कि अल्लाह धरती पर सभी देशों और लोगों के पास पैगम्बरों को भेजता है। ठीक इसी प्रकार मुस्लिम समुदाय के लोग भी हिन्दुओं के विश्वासों और दृष्टिकोणों के प्रति ऐसी ही भ्रान्त धारणाओं के शिकार हैं। इसलिए यह पुस्तक दो समुदायों के बीच आपसी समझ की दूरी को कम करने की एक कोशिश है।

इतिहास कभी आपसी द्वेष और शंकाओं को खत्म नहीं कर पाएगा। इस तरह का चुनिन्दा इतिहास तो इनको और बढ़ाएगा ही। लेकिन एक उदार और जहाँ तक सम्भव हो सके इतिहास के प्रति एक गैर-पक्षपातपूर्ण नज़रिया हमें कम से कम हिन्दू-मुस्लिम भाईचारे के रास्ते की रुकावटों के बारे में बता सकता है और साथ ही यह भी बता सकता है कि इतिहास में क्या कुछ गलत हुआ था और क्यों, जो कि हमें इन बाधाओं को समाप्त करने में मददगार हो सकता है। यदि हम उस समय

का अध्ययन करें जब दूसरा पक्ष भी उदार-हृदय था और उस समय का जब हमने भी संकीर्ण नज़रिया अपनाया था, यह चेतना, चाहे हम मुसलमान हों या हिन्दू, हमारे द्वेष को कम कर सकती है। तब जाकर कहीं इतिहास हमें राष्ट्रीय और उपमहाद्वीपीय पारस्परिक समझ दे पाएगा।

हिन्दू-मुस्लिम प्रश्न निश्चित तौर पर, कई तरीकों से उठाया जा सकता है। मैं यहाँ तक उन आठ मुसलमानों की ज़िन्दगियों के ज़रिए पहुँचा जो कि 1857 के उदय के बाद के 100 सालों में उपमहाद्वीपीय मंच पर प्रभावशाली रहे। इनमें से कुछ लोग रूढ़ इतिहासशास्त्र के अनुसार 'साम्प्रदायिक' कहे जाते थे। आठ लोगों के इस समूह में अन्य 'राष्ट्रवादी' थे।

सिर्फ ये आठ ही क्यों, अन्य लोग क्यों नहीं? मैंने उन लोगों के, जो अब जीवित नहीं हैं, विचारों और प्रतिक्रियाओं का परीक्षण किया। एक ऐसा सिद्धान्तकार जिसे दुर्भाग्यवश खत्म कर दिया गया, जो कि आधुनिक दक्षिण-एशिया की कहानी के लिए बहुत महत्वपूर्ण था, खान अब्दुल गफ़्फ़ार खान, का इस पुस्तक के लिखे जाने के तीन साल बाद 1988 में निधन हो गया।

पुस्तक के अन्त में जो परिशिष्ट दिया गया है, उसमें उन तमाम दस्तावेज़ों और पुस्तकों का उल्लेख कर दिया गया है, जिनका मैंने अपने काम के दौरान प्रयोग किया है। मैंने कई मुस्लिम लेखकों का अध्ययन किया है, जिनमें कई पाकिस्तानी और बंग्लादेशी लेखक भी शामिल हैं। लेकिन मेरा उद्देश्य यह नहीं था कि मैं पिछले 150 सालों के इतिहास के बारे में मुस्लिम नज़रिए का एक हिन्दू द्वारा लिखा सार प्रस्तुत करूँ, और न ही मुस्लिम दृष्टिकोण का किसी हिन्दू द्वारा खंडन प्रस्तुत करना ही उद्देश्य था। मेरी इच्छा केवल इतनी थी कि जितनी सच्चाई और ईमानदारी से सम्भव हो सके, मैं इन आठ ज़िन्दगियों और उनके माध्यम से मुस्लिम मन, साथ ही अन्य लोगों से प्राप्त अनुभवों को आपके साथ बाँट सकूँ।

मैं यह स्मरण कराना चाहूँगा कि इस पुस्तक का बड़ा हिस्सा 1984-85 में आठ महीनों के दौरान ही लिखा गया, जिस समय मैं वाशिंगटन डी.सी. के 'वुडरो विल्सन सेंटर फॉर स्कॉलर्स' में अध्ययनरत था। यह पुस्तक शायद न लिखी जाती, यदि मुझे मेरी पत्नी ऊषा का सम्पादकीय और मन्त्रणा सम्बन्धी योगदान और सहयोग न मिला होता।

नई दिल्ली, मार्च 2000 —**राजमोहन गांधी**

क्रम

अध्याय 1

हिन्दू और मुसलमान

मुसलमानों का सवाल मुझे गहरे और छोटी उम्र से ही परेशान करता रहा है। 1947 में मैं 12 वर्ष का था। हम कनॉट सर्कस में रहा करते थे। मेरे पिता देवदास गांधी तब 'हिन्दुस्तान टाइम्स' के सम्पादक थे और हमारा मकान अखबार के दफ्तर के ठीक ऊपर था। विभाजन की खबर पर मैंने अपने पिता को उनके मुसलमान दोस्त से यह कहते सुना, "हामिद साहब, मैं शर्मिन्दा हूँ।" उनके दोस्त राष्ट्रवादी रुझानवाले मुसलमानों के कॉलेज जामिया मिलिया में अधिकारी थे।

1947 को हम ब्रिटिश शासन से अपनी आजादी के वर्ष के रूप में मानते हैं, लेकिन भविष्य इसे इसी तरह से नहीं देखेगा। अगर मैं बहुत गलती नहीं कर रहा हूँ तो हमारी आनेवाली पीढ़ियाँ सत्ता हस्तान्तरण के इस वर्ष को असंख्य हिन्दुओं, मुसलमानों और सिखों के साथ बरती गई अमानवीयता से कम ही महत्त्व देंगी। हमारे लिए यह शर्म का वर्ष था, उपलब्धियों का नहीं।

इस वर्ष अविभाजित भारत के उत्तरी और पूर्वी इलाके में लोग एक-दूसरे को मारने, लूटने, जलाने, भगाने, अपहृत करने और औरतों की अस्मत लूटने में लगे थे। अगर आप 12 वर्ष के बच्चे रहे हों, तब भी आपको मालूम होगा कि इस मामले में दिल्ली भी बहुत पीछे नहीं थी और दिल्ली में मुसलमान वहशीपने के शिकार हुए थे। उसके किस्से सुनने और अखबारों की सुर्खियाँ देखने के अलावा मैंने खुद भी आसमान में जगह-जगह धुआँ उठते देखा, बार-बार बन्दूक की आवाज सुनी और जिस इमारत में हम रहते थे, उसके बरामदे में राइफल लिए पहरा दे रहे सैनिकों से दोस्ती भी की।

अब 46 वर्ष बाद भी मैं बहुत साफ तौर पर सफेद, कड़क खादी टोपी, मुरझाए चेहरे, छोटी-काली दाढ़ी, भूरी अचकन और सफेद पाजामा पहने हामिद साहब को उसी रूप में देख सकता हूँ जो बहुत कम बोल रहे थे, अपना दर्द अपनी खामोशी से जाहिर कर रहे थे और मेरे पिता द्वारा कही गई बात से अचम्भित और भावविह्वल (या जैसा मुझे लगा था) हो गए थे।

थोड़ा और पहले (1944–46) की बात है जब मैं बड़ों को जिन्ना नामक शख्स के बारे में यह कहते सुना करता था कि वह पाकिस्तान न मिलने की स्थिति में हर किसी के रास्ते में अड़ंगा लगाने की धमकी दे रहा है और इस बाबत अपनी मंशा छुपा नहीं रहा है। मुझे जिन्ना की वह सूरत पसन्द नहीं थी, लेकिन उनको लेकर मेरे भीतर कौतूहल भी था। मैंने उन्हें दो बार देखा था, पहली बार 1945 में शिमला में वायसराय-निवास के बाहर, जहाँ वे चार लोगों द्वारा खींचे जानेवाले रिक्शे में आए थे और दोबारा दिल्ली में एक फुटबाल मैच के समय, जो 1947 के शुरू में हुआ होगा।

मैंने पढ़ा या सुना था कि जिन्ना पुरस्कार देंगे और मैं अकेला ही मैच देखने और साथ ही इस 'बड़ी बला' को एक बार फिर देखने के लिए चला गया। मुझे लग रहा था कि मुसलमानों की भीड़ में मैं अकेला हिन्दू लड़का होऊँगा और थोड़ा डरा भी था, लेकिन कौतूहल अधिक था, सो मैं उन तक पहुँच गया।

मैच खत्म होने पर उन्होंने भाषण दिया। वे दुबले और बूढ़े लग रहे थे तथा टोपी, लम्बा कोट और ढीली पैंट पहने थे। मुझे याद नहीं है कि उन्होंने क्या कहा, सिर्फ वे नारे याद हैं जो उनके सम्मान में लगाए जा रहे थे।

15 अगस्त, 1947 को रेडियो पर रात के 12 बजे वाली आवाज, जिसे आजादी की आवाज भी होना था, सुनने के लिए मैं जगा हुआ था। उस दिन या अगले दिन भी बाराखम्भा रोड पर टहलते समय और अपने आसपास देखते हुए मैंने कल्पना की थी कि लोगों के सिर ऊँचे हो गए हैं और सीना तन गया है, और मैंने सचेष्ट अपना सीना ऊँचा कर लिया था। मुझे लगता है कि मैं गोरे लोगों को भी यह देखने के लिए ढूँढ़ता रहा कि क्या उनके सिर झुक गए हैं, लेकिन मुझे कोई दिखा नहीं था।

मेरा स्कूल बाराखम्भा रोड पर, कनॉट सर्कस से कुछ सौ गज की दूरी पर था। मैं अकबर हाउस में था, लेकिन 15 अगस्त के बाद यह हाउस भी गायब हो गया—स्कूल अब अपने साथ कोई मुस्लिम नाम जुड़ा नहीं रखना चाहता था। स्कूल के अधिकांश मुसलमान विद्यार्थियों के साथ अकबर सम्राट भी पाकिस्तान विदा हो गए थे।

मैं दुखी हुआ, निस्सन्देह इस बात से अधिक कि मैं जिस हाउस से जुड़ा था और जिसे पसन्द करता था, वह गायब हो गया था, और थोड़ा इस बात से भी कि स्कूल के उदार विचार गायब हो गए थे। मैं दुखी था और अपने उस शिक्षक की बात पूरी सहमति के साथ सुनता रहा, जो इस बदलाव को लेकर भुनभुनाते रहे। ऐसा करनेवाले वे अकेले थे।

मेरी कक्षा का साथी जावेद अख्तर पाकिस्तान चला गया। उसके पिता चौधरी मुहम्मद अली बाद में पाकिस्तान के प्रधानमन्त्री बने। हमारे साथ पढ़नेवाला तो नहीं, पर आस-पड़ोस की किसी भी खाली जगह पर क्रिकेट खेलनेवाला साथी आरिफ भी एक दिन गायब हो गया। मेरी एक चाची ने मुझे चेताया, "आरिफ से सावधान

रहना। हो सकता है वह चाकू रखे हो।'' मैंने मान लिया कि आरिफ भी पाकिस्तान चला गया।

उस समय तक मुसलमानों की हिंसा का शिकार होकर पाकिस्तान से भाग आए कुछ हिन्दू और सिख शरणार्थियों ने मेरे दादा, महात्मा गांधी, से माँग करनी शुरू कर दी कि वे खुद भी पाकिस्तान या हिमालय की गुफा में चले जाएँ। उन्होंने बापू से कहा, ''आप पाकिस्तान को बनने से नहीं रोक पाए। आपने हमारे सम्बन्धियों के जीवन या इज्जत की रक्षा नहीं की। हम आपको शाप देते हैं।''

महात्मा पाकिस्तान जाना चाहते थे और एक नए राष्ट्र के गवर्नर जनरल और निर्विवाद नेता जिन्ना के नाम एक सन्देश में यह इच्छा जाहिर भी की। लेकिन दिल्ली के मुसलमानों की सिसकियों और डर ने बापू को रोक लिया। जनवरी, 1948 में उन्होंने उपवास शुरू किया और घोषणा की कि जब तक दिल्ली के मुसलमान खुद को सुरक्षित महसूस नहीं करते, वे अन्न-जल ग्रहण नहीं करेंगे।

वे 78 वर्ष के हो चुके थे और बहुत उदास थे। दिल्ली के हिन्दू और सिख नाराजगी और कड़वेपन से भरे थे। वे एक ऐसे बूढ़े आदमी की परवाह क्यों करें जो उनके दमनकारियों के आगे झुक गया ?

मेरे पिता ने एक चिट्ठी में उनसे आग्रह किया था, ''उपवास न करें। आपकी मौत जितनी उपयोगी होगी, उससे अधिक उपयोगी आपका जीवन है।'' महात्मा का जवाब था, ''तुम्हारे प्रेम के लिए धन्यवाद, पर यह स्वार्थी प्रेम है। यह मोह है।''

हमने खुद को अवश्यंभावी लग रही बापू की मौत के लिए तैयार करना शुरू कर दिया। उपवास छठे दिन में दाखिल हुआ। अपनी बेचैनी पर रोक लगाने की कोशिश करते हुए मैं अपने हममंजिल पड़ोसी पांड्या दम्पती के बरामदे में टेबल-टेनिस खेल रहा था। अचानक मेरी बेचैनी दूर हो गई और मन शान्त हो गया। मुझे पक्का विश्वास हो गया कि उपवास टूटेगा और उसी दिन उपवास टूट गया। कुछ दिन पहले तक ही महात्मा से भारी नाराज रहनेवाले हिन्दुओं और सिखों ने उनकी शर्तें मान ली थीं।

बारह दिन बाद मेरे स्कूल में खेल दिवस था। मेरे नए हाउस, सुभाष हाउस ने अच्छा प्रदर्शन किया, जिसमें मेरी भी पर्याप्त भागीदारी थी। शाम को जब मैं और मेरा भाई रामू घर पहुँचे, तो पिताजी के सचिव कालीप्रसाद हमें दरवाजे पर ही मिले, ''बापू जी की गोली मारकर हत्या कर दी गई।'' हिन्दू आत्मसम्मान से दगा करनेवाला माननेवाले एक हिन्दू ने उनकी हत्या कर दी थी।

तीन दिन बाद 'हिन्दुस्तान टाइम्स' के एक उप-सम्पादक टेलिप्रिंटर का एक सन्देश लेकर दौड़े हुए हमारे फ्लैट में पिताजी को दिखाने आए। मैंने दरवाजा खोला और उन्होंने सबसे पहले मुझे यह खबर दिखाई, ''फ्लैश, पाकिस्तान के प्रधानमन्त्री लियाक़त अली ख़ाँ को गोली मारी गई। जारी...'' मैंने कुछ सेकंड तक उन उप-सम्पादक का मुँह देखा और कहा, ''मुझे लगता है कि इसके आगे की खबर उनकी मौत की होगी।''

लियाक़त अली ख़ाँ ने मेरा कुछ नहीं बिगाड़ा था। हमारा-उनका कोई लेना-देना नहीं था। लेकिन वे पाकिस्तान के प्रधानमन्त्री थे और पाकिस्तान भारत का दुश्मन नम्बर एक। साथ ही 14 वर्ष का किशोर इतनी निष्ठुर टिप्पणी से क्या असली मर्द की श्रेणी में नहीं आ जाता। तेज-तर्रार आदमी की श्रेणी में। लेकिन उप-सम्पादक के चेहरे पर मुस्कान नहीं उभरी। ऐसा न करके उन्होंने मुझे छोटा कर दिया। मर्दानगी के निशान के तौर पर मेरे मन में जो दुर्भाव और मिथ्याभिमान पैदा हुआ था, वह नंगा होकर सामने आ गया था। मैं शर्मिन्दा हूँ। और सदा रहूँगा।

हिन्दू-मुसलमान विवाद और इनके रिश्तों का ठंडापन बहुत पुरानी बात है, जिसकी शुरुआत 712 ई. में इराक के गवर्नर के दामाद मुहम्मद-बिन-कासिम की सिन्ध विजय और इसे एक इस्लामी राज्य घोषित करने से होती है। कासिम के सिन्ध में हिन्दुओं का दर्जा मुसलमानों से नीचा था। उन्हें जज़िया देना पड़ता था जबकि मुसलमानों को नहीं। सन् 1000 से 1026 के बीच गज़नी, जो आज का अफगानिस्तान है, के सुल्तान महमूद ने 17 बार भारत पर आक्रमण किया, हिन्दू मन्दिरों की मूर्तियों को तोड़ा, सम्पत्ति को लूटा और लाहौर के आसपास के इलाके पर कब्जा कर लिया। महमूद के साथ ही भारत आए उसके दरबार के विद्वान अल-बरूनी ने लिखा है कि महमूद के हाथों हुई अपनी बर्बादी के कारण हिन्दुओं के मन में "सभी मुसलमानों के खिलाफ जबरदस्त नफरत का भाव था।"[1]

अल-बरूनी ने यह भी देखा कि अपमानित हिन्दू, हमलावरों को विधर्मी मानते थे और "म्लेच्छ, असभ्य मुसलमानों को छूते भी नहीं थे।"[2] मुहम्मद ग़ोरी (1174-1206) ने मुस्लिम राज को पूरब की ओर फैलाया और उसके समय से लेकर 1857 तक दिल्ली की गद्दी पर लगातार मुसलमान शासक ही रहे। लेकिन ग़ोरी के 100 वर्ष बाद भी मुसलमान यात्री इब्न बतूता ने पाया कि मालाबार के हिन्दू "किसी मुसलमान को अपने घर में घुसने और खाने-पीने में अपने बर्तनों को इस्तेमाल करने नहीं देते थे और अगर किसी मुसलमान ने उनके बरतन में खा लिया तो वे या तो उसे तोड़ देते थे या उसी मुसलमान को दे देते थे।"[3]

पाकिस्तानी इतिहासकार इश्तियाक़ हुसैन कुरैशी ने सदियों से हिन्दू-मुसलमानों के बीच बरकरार दूरी के बारे में बहुत ही साफ राय रखी है :

> *उन्होंने कम से कम रिश्ते रखे हैं। आपसी विवाह करीब-करीब नहीं ही हुए हैं, क्योंकि इस्लाम हिन्दुओं से विवाह की मनाही करता है और हिन्दू अपनी जातियों के नियम से बँधे रहे हैं। मुट्ठी-भर और पश्चिमी रंग-ढंग में रँगे लोगों को छोड़ दें तो एक साथ बैठकर खाने की बात सोची भी नहीं जा सकती। त्योहार भी आपसी मेल-मिलाप का सामाजिक अवसर नहीं बनते, उल्टे वे दंगों का कारण बनते रहे हैं। दोनों समुदाय सिर्फ धर्म के मामले में ही नहीं, हर*

चीज–संस्कृति, जीवन के प्रति दृष्टिकोण, पोशाक, खान-पान, फर्नीचर और बरतनों में अलग-अलग रहे हैं। साझा इतिहास का भाव भी नहीं रहा है। मुस्लिम विजय के नायकों और मुस्लिम आधिपत्य के खिलाफ विद्रोह करनेवालों के नाम हिन्दू और मुसलमानों के मन में परस्पर विरोधी भाव पैदा करते हैं। ब्रिटिश सत्ता की एक साथ गुलामी भी हरदम एक जैसा भाव नहीं पैदा करती।[4]

इतिहास के कुछ विद्यार्थी, जिनमें हिन्दू और मुसलमान दोनों शामिल हैं, तर्क देते हैं कि भारत ने मुसलमानों के पहले आई विदेशी सभ्यताओं (ग्रीक, सीथियन, कुषाण वगैरह) को आत्मसात कर लिया, पर वह मुसलमानों का 'भारतीयकरण' नहीं कर पाया। इसी बात पर जोर देते हुए पाकिस्तान के हफ़ीज़ मलिक कहते हैं कि मुसलमान "एक विशिष्ट और अलग सांस्कृतिक और राजनैतिक हस्ती थे।"[5] दिल्ली की मुसलमान सुल्तानशाही (1206–1526) के बारे में हिन्दू इतिहासकारों के एक दल का कहना है :

...पूर्ववर्ती आक्रमणकारियों की तरह मुसलमानों ने खुद को हिन्दुओं के साथ विलीन नहीं किया और इस प्रकार भारत की आबादी पहली बार दो विशिष्ट पहचानवाली इकाइयों में विभक्त हुई। यह हिन्दू-मुसलमान समस्या की ऐतिहासिक शुरुआत है जिसने छह सौ वर्ष से अधिक समय के बाद पाकिस्तान बनवा दिया।[6]

मलिक बहुत साफगोई से बात कहते हैं। वे कहते हैं, "जज़िया हिन्दुओं की हीन स्थिति का प्रतीक था।"[7] वे औरंगज़ेब को लिखी शिवाजी की उस चिट्ठी को उद्धृत करते हैं, जिसमें मराठा सरदार ने इस अन्तिम प्रमुख मुगल बादशाह को याद दिलाया है कि उनके परदादा अकबर ने जज़िया उठा लिया था। साथ ही उन्होंने लिखा कि यह कर लगाकर "भारत-सम्राट भिखारियों के कटोरे से प्रतिस्पर्धा करने लगे हैं और ब्राह्मणों, संन्यासियों, भिखमंगों और कंगालों से पैसा ले रहे हैं।" शिवाजी ने आगे लिखा, "आपके अनेक किले और प्रान्त आपके हाथ से निकल गए हैं और शेष भी जल्दी ही चले जाएँगे, क्योंकि मेरी ओर से इन्हें बर्बाद करने और समाप्त करने में कोई शिथिलता नहीं होगी।"[8]

मलिक निष्कर्ष निकालते हैं कि "मुस्लिम शासन के शुरुआती दिनों से ही हिन्दुओं और मुसलमानों का रिश्ता मूलतः विवादवाला था।"[9] ऐसा नज़रिया रखते हुए ही डॉ. अम्बेडकर ने हाल के बीस वर्षों (1920–40) को "हिन्दुओं और मुसलमानों के बीच गृह-युद्ध का काल" बताया, "जिसमें बीच-बीच में हथियारबन्द अमन के दौर भी थे।"[10]

हिन्दू-मुसलमान मेल न होना पाकिस्तान के बनने का एक कारण बना और जैसाकि हमने देखा, यह मत अकेले मुसलमानों का ही नहीं है। मलिक सवाल करते हैं, "बारह सौ वर्षों के इतिहास को देखते हुए क्या एक राष्ट्र में हिन्दुओं और

मुसलमानों का साथ-साथ निर्वाह सम्भव था ?" वे खुद ही कहते हैं, "मुसलमानों की तरफ से इसका जवाब जोरदार 'ना' में रहा है।"[11] अम्बेडकर इस बाबत बताते हैं :

अपने को अलग-थलग करने में मुसलमान कुछ रहस्यमय भावनाओं से प्रेरित थे, इसके स्रोत को वे बता नहीं सकते थे और वे एक ऐसे अज्ञात हाथ से निर्देशित हो रहे थे जिसे वे देख नहीं सकते थे। यह रहस्यमय भावना और यह अज्ञात हाथ कुछ और नहीं, उनकी पहले से तय नियति थी, जो पाकिस्तान के रूप में सामने आई।[12]

दूसरे शब्दों में, पाकिस्तान अवश्यंभावी था, जरूरी था, नियति में था। शायद ऐसा था भी। अगर ऐसा नहीं था तब भी पिछले करीब 46 वर्षों से तो है ही और हमें उसके भले की ही कामना करनी चाहिए। मैं तो निश्चित रूप से यही कामना करता हूँ। फिर भी दो सवाल रह जाते हैं। क्या तीन स्वतन्त्र देशों (भारत, पाकिस्तान और बांग्लादेश) में रह रहे हिन्दुओं और मुसलमानों का साथ-साथ निर्वाह असम्भव है ? दूसरे यह सवाल सिर्फ भारत के लिए ही महत्त्व का नहीं है, जहाँ 9 करोड़ (आबादी का 11.4 फीसद) मुसलमान रहते हैं अपितु बांग्लादेश के लिए भी है, जहाँ 1.10 करोड़ (आबादी का 21.1 फीसद) हिन्दू रहते हैं। ऐसे में क्या हम एक देश में हिन्दुओं और मुसलमानों के अस्तित्व के मुश्किल सवाल का हल तलाशने का जोखिम मोल ले सकते हैं? असल में यह सवाल पाकिस्तान में भी कम महत्त्व का नहीं है क्योंकि भले ही वहाँ की आबादी में हिन्दुओं का हिस्सा 1.4 फीसद ही हो, पर वहाँ अभी भी 12.5 लाख हिन्दू रहते हैं।

पहले सवाल का सिर्फ एक ही जवाब हो सकता है। जैसाकि मलिक ने अपनी किताब 'मुस्लिम नेशनलिज़्म इन इंडिया एंड पाकिस्तान' की अन्तिम पंक्तियों में लिखा है :

भारत और पाकिस्तान के नेताओं का यह दायित्व है कि वे एक-दूसरे के देश की आजादी और सांस्कृतिक विरासत की रक्षा करें। इनकी रक्षा वे तभी कर सकते हैं जब एक-दूसरे से सहयोग और समझौते करना सीख लें।[13]

इस बात में सन्देह नहीं कि वे इस सुझाव में बांग्लादेश (उनकी किताब बांग्लादेश के अलग होने से पूर्व 1963 में ही प्रकाशित हुई थी) को भी शामिल कर लेंगे और मानेंगे कि यह दायित्व नेताओं के साथ-साथ लोगों पर भी आता है।

स्वतन्त्र राष्ट्र बनने के बाद से भारत और पाकिस्तान तीन बार लड़ चुके हैं। दोनों देशों के अधिकारी समय-समय पर एक-दूसरे से बात करते रहते हैं। शासक भी ऐसा ही करते हैं, पर कम बार। लेकिन कभी किसी ने भी भारत और पाकिस्तान को मित्रवत पड़ोसी देश नहीं कहा है। दोनों देशों के बीच नाम-मात्र का ही व्यापार होता है और कोई चाहे तो एक देश से दूसरे में आ-जा सकता है, पर नई दिल्ली से पाकिस्तान की राजधानी इस्लामाबाद के बीच सीधी विमान सेवा नहीं है।

भारत-पाक सीमा पर हरदम तनाव रहता है और कश्मीर में सतत विवाद। दोनों देश गरीब हैं और दोनों ही अपने बहुमूल्य संसाधनों का भारी हिस्सा प्रतिरक्षा पर खर्च करते हैं। भारत की किसी भी समस्या में पाकिस्तान का हाथ है, इस पर भारत-भर में झट से विश्वास कर लिया जाता है। पाकिस्तान में किसी भी राजनैतिक प्रतिद्वन्द्वी को बदनाम करने का सबसे अच्छा तरीका उसे भारत-समर्थक करार देना है।

दोनों ही देशों के शासकों ने जान लिया है कि पड़ोसी देश से लड़ाई का अन्देशा बताकर लोकतांत्रिक प्रक्रिया को निलम्बित किया जा सकता है, सुधार के पुराने वायदे को भुलाया जा सकता है। दोनों ही देश खुद के निर्गुट होने का दावा करते हैं, और सन्देह नहीं कि दोनों ऐसा बनना पसन्द करते, पर पाकिस्तान रक्षा और रणनीतिक मामलों में अमेरिका से जुड़ा रहा तो भारत सोवियत संघ से सन्धिबद्ध था।

भारत और पाकिस्तान एक-दूसरे पर एटम-बम दागने जितने निष्ठुर भले न हुए हों, लेकिन सम्भवतः उनके पास इसके लिए जरूरी क्षमता है। भारत ने 1974 में ही एटमी विस्फोट किया और यह आम धारणा है कि पाकिस्तान ऐसा करने के काफी निकट पहुँचा गया है और इसका मतलब हुआ कि सिर्फ इस उपमहाद्वीप के ही नहीं, दुनिया के किसी भी हिस्से में रहनेवाले लोगों का जीवन भी इस 'सहयोग और समझौते' के साथ जीने से जुड़ा हुआ है।

एक देश के अन्दर ही हिन्दू-मुसलमान सहयोग के बारे में क्या कहा जाए ? इस सवाल से ही पाकिस्तान और बांग्लादेश को पाकिस्तान बनने के पहले की बहस याद आ जानी चाहिए। लेकिन यहाँ मैं इस सबको सिर्फ इसीलिए नहीं देखना चाहता कि पाकिस्तान का बनना रोका जा सकता था या नहीं। मेरी मंशा आज के भारत के स्थायी सद्भाव के आधार, जिस हालत में वे हैं, तलाशना है और जैसाकि पहले कहा गया है, यह चीज बांग्लादेश और पाकिस्तान के लिए भी प्रासंगिक हो सकती है। ज्यादा नहीं तो स्वतन्त्र भारत में ही होनेवाली साम्प्रदायिक हिंसा हिन्दू-मुसलमान सम्बन्धों पर नई दृष्टि डालने की माँग करती है। यह गौरतलब है कि अपनी 1980 में आई किताब में भी मलिक कहते हैं कि "1947 में पाकिस्तान बनने के बावजूद भारतीय उपमहाद्वीप के मुसलमानों की समस्याएँ अनसुलझी हैं।"[14] निश्चित रूप से आगे के पन्नों पर पाकिस्तान बनने की दास्तान के कुछ प्रसंग आएँगे, क्योंकि उनका न केवल ऐतिहासिक महत्त्व है, बल्कि मौजूदा हिन्दू-मुस्लिम सवालों पर भी असर है। अलावा इसके, पाकिस्तान के प्रति नजरिया, वास्तविक या माना हुआ, भी आज के हिन्दू-मुसलमान रिश्ते का एक महत्त्वपूर्ण पहलू है।

हम देख चुके हैं कि पाकिस्तान के पक्षधर मानते हैं कि हिन्दू-मुसलमान सहयोग बहुत सन्तोषजनक ढंग से नहीं चल सकता और कुछ हिन्दू भी उनसे सहमत हैं। जिन दो अन्य हिन्दुओं ने ऐसा माना, वे थे विनायक दामोदर सावरकर और लाला लाजपतराय। हिन्दू महासभा के 1939 के अधिवेशन की अध्यक्षता करते हुए सावरकर ने कहा था, "हमें इस कड़वी सच्चाई को मजबूत दिल से मानना होगा। भारत में दो राष्ट्र हैं, हिन्दू और मुसलमान।"[15] कांग्रेस के 1920 के अधिवेशन की

अध्यक्षता करनेवाले लाजपतराय ने माना कि "मुसलमानों का इतिहास और शरीअत कानून हिन्दू-मुस्लिम एकता के रास्ते में एक प्रभावी बाधा है।"[16]

लेकिन शायर अल्ताफ हुसैन हाली की राय एकदम उलट थी। 1879 में प्रकाशित लम्बी कविता 'मुसद्दस' में उन्होंने इस्लाम के उत्थान, पतन और भविष्य के बारे में लिखा था। 'मॉडर्न मुस्लिम इण्डिया एंड बर्थ ऑफ पाकिस्तान' नामक अपनी किताब में एस.एम. इक़राम कहते हैं कि हाली ने जीवन के हर अवसर पर हिन्दू-मुस्लिम एकता की वकालत की।"[17] अपनी एक नज़्म में हाली कहते हैं, "अगर तुम अपने मुल्क का भला चाहते हो तो अपने किसी देशवासी पर शक न करो, चाहे वह हिन्दू हो या मुसलमान, बौद्ध हो या ब्राह्मण।"[18] हाली कहते हैं, "कुरान की यह पहली सीख है कि पूरी मानवता खुदा का परिवार है। जो खुदा के बन्दों से मुहब्बत करता है वही उसका सच्चा दोस्त है। पूजा, धर्म, इबादत क्या है ? आदमी, आदमी की मदद करे।"[19]

'मुसद्दस' का परिप्रेक्ष्य व्यापक है। हाली के 'मुसद्दस' ने "भारतीय मुसलमानों के बीच धूम मचा दी और हर सोचने-समझनेवाले मुसलमान के दिल को छू लिया।" उनके शेर पैगम्बर के प्रति प्रेम से ओत-प्रोत थे और "इस्लाम के बाग की बर्बादी" के प्रति नाराजगी से भरे थे। पैगम्बर को उन्होंने गरीबों का आसरा और कमजोरों का रखवाला, अनाथों का मालिक और गुलामों का हमदर्द कहा। भारतीय इस्लाम के इतिहास में हाली कोई छोटी हस्ती नहीं हैं। इक़राम के शब्दों में, "सौ वर्ष पहले वे भारतीय मुसलमानों के राष्ट्रीय शायर थे।"[20]

विख्यात हकीम, शायर, खुशखतिया, समाज-सुधारक तथा राजनेता हकीम अजमल ख़ाँ (1863–1928) के बारे में इतिहासकार मुहम्मद मुजीब ने लिखा है :

> *हिन्दू-मुस्लिम एकता में उनका भरोसा सिर्फ नीति-भर नहीं होकर उनकी विरासत का हिस्सा था; उनके खून में था, उनके रोज के जीवन का सार था। जब उन्होंने देखा कि उनकी लाख कोशिशों के बावजूद दोनों समुदाय पास आने की जगह दूर ही हुए जा रहे हैं तो उनका दिल एकदम टूट गया।*[21]

मुजीब मानते हैं कि 1919 के मुस्लिम लीग के सम्मेलन और 1922 के कांग्रेस अधिवेशन की अध्यक्षता करनेवाले अजमल ख़ाँ "आम भारतीय मुसलमानों" का प्रतिनिधित्व उसी प्रकार करते थे जैसाकि लाल किला देसी वास्तुकला की करता है।" अन्य बातों के अलावा अजमल ख़ाँ को खुद को 'राष्ट्रवादी' मुसलमान कहलाने में कोई आपत्ति नहीं थी और अनेक मुश्किलों, जिनका जिक्र मुजीब ने किया है, के बावजूद गांधी से उनके रिश्ते बने रहे।"[21]

ऐसा नहीं है कि जिन सारे मुसलमानों ने कांग्रेस और गांधी से रिश्ता तोड़ लिया, उन्हें हिन्दू-मुस्लिम एकता में भी भरोसा नहीं रह गया हो। एकता में भरोसा करनेवालों में चौधरी ख़लीकुज़्ज़माँ भी थे, जिन्होंने पहले संयुक्त प्रान्त और बाद में पाकिस्तान में मुस्लिम लीग का नेतृत्व किया। पाकिस्तान की पक्षधरता के लिए कोई

अफसोस न जताते हुए भी उन्होंने माना कि भारत में मुसलमानों की मौजूदगी से "साझा सांस्कृतिक और साझा सामाजिक जीवन का विकास हुआ है।"[22] और वे मानते हैं कि देश के विभाजन की माँग मुसलमानों ने किसी बेमेलपन से नहीं की, यह एक "महान विडम्बना" थी।

ख़लीकुज़्ज़माँ कहते हैं कि "मुसलमानों ने सदियों से भारत को एक करने का जतन किया, इसलिए यह घटना एक विडम्बना थी।"[23] वैसे यह जतन मुस्लिम शासन से जुड़ा था, जिसका मतलब था अल्पसंख्यकों का राज, लेकिन उनके कथन में सच्चाई है। अनेक मुसलमानों को पाकिस्तान बनना तात्कालिक रूप में मज़ेदार तो लगा, लेकिन दुखद भी लगा, क्योंकि उनमें से अनेक भारत की मिली-जुली या हिन्दुस्तानी संस्कृति के वारिस थे। उनकी संस्कृति ने अकबर (1556–1605) के समय से ही दिल्ली और उसके आसपास के इलाकों को प्रभावित किया था। अकबर की हिन्दू बीवी ने उसके वारिस जहाँगीर को जन्म दिया था। इसी तरह सम्राट शाहजहाँ का जन्म भी जहाँगीर की हिन्दू बीवी की कोख से हुआ था और पक्के मुसलमान औरंगज़ेब (जिसे अनेक लोग कट्टर मानते हैं) ने भी एक हिन्दू शाहजादी से शादी की थी। अन्तिम मुगल शासक बहादुरशाह द्वितीय (1837–1857) की माँ, लालबाई भी हिन्दू थी। इन सारी हिन्दू पत्नियों को इस्लाम कबूल करना पड़ा था,* फिर भी उनके माध्यम से लाल किले तक हिन्दू संस्कृति का प्रवेश तो हुआ ही था। संस्कृति का प्रवाह दूसरी तरफ से था। अनेक हिन्दुओं ने अचकन और पाजामा पहनना शुरू किया और हिन्दू स्त्री-पुरुषों ने मुसलमान पीरों के मजारों पर दुआएँ माँगीं।

मुसलमान शासकों द्वारा होली, राखी, दशहरा और दिवाली मनाना तथा हिन्दू-मुसलमानों का मेला आयोजित कराना आम था। लेकिन सबसे महत्त्वपूर्ण मेल भाषा में हुआ। दरबार ने, हिन्दू और मुसलमान प्रजा ने तथा शायरी में हिन्दू और मुसलमान शायरों ने एक नई विकसित हो रही भाषा, उर्दू, का प्रयोग किया। इस भाषा पर फारसी और अरबी की गहरी छाप तो थी, लेकिन हाली के शब्दों में यह "हिन्दी पर आधारित थी।" हाली कहते हैं, "इसकी क्रियाएँ, कारक, सन्धि, समास और अधिकांश संज्ञाएँ हिन्दी से ली गई हैं।"[25] ख़लीकुज़्ज़माँ का अनुमान है कि "उर्दू के पचहत्तर फीसद लफ्ज़ हिन्दी और संस्कृत मूल के हैं।"[26]

अगर ख़लीकुज़्ज़माँ जैसे लोगों ने मिली-जुली संस्कृति को पहचाना तो ऐसा लगता है कि उन्होंने हिन्दू-मुस्लिम दोस्ती के अपने अनुभवों का मोल भी समझा। ख़लीकुज़्ज़माँ इसी को याद करते हैं :

मैं सात साल से लखनऊ नगरपालिका बोर्ड का प्रमुख रह चुका था। बोर्ड के हिन्दू सदस्य पूरी निष्ठा से मेरा समर्थन कर रहे थे। अब जब मैं जिन्दगी

* अकबर की हिन्दू बीवियों को "महल के अन्दर भी अपना धर्म मानने और पूजा-पाठ करने की इजाजत मिली हुई थी।"[24]

के आखिरी दौर में पहुँच गया हूँ, मुझे उनका शुक्रगुजार होना चाहिए। लखनऊ हिन्दू महासभा के अध्यक्ष पण्डित रासबिहारी तिवारी ने हरदम मेरे अध्यक्ष चुने जाने का विरोध किया था, किन्तु उन्होंने कहलवाया कि मैं उन्हें अस्पताल में देखने आऊँ।

मैं उन्हें देखने गया और मुझे वे बहुत कमजोर लगे। भारी कब्ज से परेशान थे। उन्होंने मेरा हाथ अपने हाथ में लिया और उनकी आँखों में आँसू आ गए। फिर उन्होंने अपने बेटे भृगुदत्त तिवारी से मेरे पाँव छूने को कहा और बोले, मेरे न रहने पर तुम इन्हें ही अपना बाप मानना। घर लौटते समय मैं खुद को बहुत ही दयनीय हालत में पा रहा था। मुझे अपने हिन्दू दोस्तों से ऐसा निजी स्नेह मिल रहा था जबकि सार्वजनिक नीतियों के मामले में मैं उनको समझा पाने में असफल था।[27]

लेकिन उन्होंने अगर हिन्दू-मुस्लिम एकता की कामना की भी, तो भारतीय मुसलमान अपने भविष्य को लेकर डरे हुए थे। 1885 में बनी भारतीय राष्ट्रीय कांग्रेस लगातार चुनाव से बनी विधान सभाओं की माँग कर रही थी जिससे उन्हें परेशानी होती थी। वे भारत के राजनैतिक विकास, गोरे शासन से आजादी के बारे में हिन्दुओं से कम उत्सुक नहीं थे। वे शायद ज्यादा ही उत्सुक थे क्योंकि उनके बड़े-बुजुर्गों ने उन्हें याद दिलाया था कि अंग्रेजों ने दिल्ली के तख्त से मुगलों को हटाया, जिनका उस पर 650 वर्षों से कब्जा था। लेकिन मुसलमान स्वशासन की बात से परेशान थे। कांग्रेस दिल्ली की गद्दी से अंग्रेजों को हटाकर उनकी जगह पुराने शासकों के उत्तराधिकारियों को लाने की बात नहीं कर रही थी; वह एक आदमी को एक वोट वाले लोकतन्त्र में बहुमतप्राप्त पार्टी की सरकार की माँग कर रही थी।

चूँकि हिन्दू बहुसंख्यक समुदाय के थे, मुसलमानों को लगा कि लोकतन्त्र का मतलब होगा हिन्दू शासन। शुरू से ही कांग्रेस ने मुसलमानों को यह समझाने की कोशिश की कि यह सवाल गलत है। स्वशासन का मतलब भारतीयों का राज होगा, न कि हिन्दू राज और इसमें मुसलमानों की भी अपनी भागीदारी होगी। लेकिन शासन में भागीदारी की बात भारतीय मुस्लिम मानस के अनुभव से बाहर की चीज थी। 650 वर्षों के इतिहास से उसने जाना था कि शासक का मतलब क्या होता है; और हाल के अनुभवों से उसने जाना था कि गुलामी का मतलब क्या होता है। लेकिन सत्ता में भागीदारी करना नया विचार था और हिन्दू बहुमत को देखते हुए डरावना भी। मुसलमानों को अन्देशा था कि यह नारा हिन्दू राज लादने का परदा-भर है।

उन्होंने खुद से सवाल किया कि इस बात की क्या गारंटी है कि हिन्दू राज उन्हें ब्रिटिश राज से बेहतर स्थिति में रखेगा? 1857 के बाद के चार-पाँच दशकों में अंग्रेजी राज मुसलमानों से ज्यादा ही खफा था क्योंकि उसने विद्रोह के लिए हिन्दुओं की तुलना में मुसलमानों को बड़ा दोषी माना था। लेकिन उसके बाद से हालात सुधरे थे।

जहाँ तक हिन्दू राज की बात है, मुसलमानों को इसमें खतरे नजर आते थे। हिन्दुओं का एक वर्ग ही मिली-जुली संस्कृति की बात को मानता था। ऐसे में क्या बहुमत पिछली बातों को उकेरे जाने से प्रभावित नहीं होगा? क्या वे मुसलमानों को बाहरी और वह भी हिन्दुओं पर जुल्म ढानेवाले मुहम्मद गज़नवी जैसा बाहरी मानते हुए बदला लेने की नहीं सोचेंगे? बहुमत के शासन के अन्तर्गत अपने जीवन का उनका अन्दाजा इतिहास के बारे में उनकी सोच से प्रभावित था और इस मामले में उन्हें स्पेन का उदाहरण नजर आ रहा था। 11वीं सदी में इस्लाम के विस्तार के दौर में वहाँ मुस्लिम राज स्थापित हुआ था, लेकिन जब सत्ता ईसाई बहुमत के हाथ आई तो मुसलमानों को भारी नुकसान उठाना पड़ा था।

कुछ हद तक मुस्लिम-मानस धर्म तथा राज्य के बीच अन्तर-सम्बन्ध के परम्परागत मुस्लिम सोच से भी प्रभावित था। क्या इस्लाम निजी धर्म और राज्य व्यवस्था का सम्मिलित रूप नहीं था? कुछ भारतीय मुसलमानों ने सोचा कि स्वशासनवाले भारत को या तो हिन्दू देश होना चाहिए या मुसलमान; वह धार्मिक रूप से उदासीन नहीं हो सकता। यह सही है कि भारत पर शासन करनेवाले अंग्रेजों ने भारत पर कोई सरकारी धर्म नहीं लादा, लेकिन वे बाहर से आए हुए हैं, अगर वे जाते हैं तो भारत को एक राजकीय धर्म की जरूरत पड़ेगी। हालाँकि कुछ मुसलमानों (और हिन्दुओं) का ऐसा ख्याल था, लेकिन भारत में मुसलमान शासन के इतिहास से यह सबक हमें नहीं मिलता।

यह एक वास्तविकता है कि अनेक मुसलमान शासकों ने जज़िया वसूला (अनेक ने नहीं भी वसूला) और कम से कम एक शासक (फिरोजशाह तुग़लक, 1351–1358) ने जज़िया हटाने के लिए धर्मान्तरण की पेशकश की। लेकिन यह कर गैर-मुसलमानों को सैनिक सेवा में जबरन जाने से बचाता था और सिद्धान्त रूप में ही सही, शासक के संरक्षण का भरोसा देता था। अधिकांश मुसलमान शासकों को इस्लाम को राजकीय धर्म घोषित करना पड़ा; इसके बिना इस्लामी विद्वानों तथा व्याख्याकारों का संगठन उलेमा उनसे अलग हो जाता। इन उलेमाओं का बहुत प्रभाव था और उन्हें नाराज करने की स्थिति में सम्भव था कि वे शासक पद को चुनौती देनेवालों और अन्य दावेदारों, जिनकी कभी कमी नहीं रही, को मदद करने लगते (इतने दावेदारों की हरदम की मौजूदगी का एक कारण यह था कि इस्लामी परम्परा में उत्तराधिकार सम्बन्धी स्पष्ट निर्देश हैं ही नहीं)। लेकिन व्यवहार में हर मुसलमान शासक को हिन्दू प्रशासकों और सैनिकों की जरूरत होती थी। साथ ही कुछ हिन्दू समर्थन भी जरूरी था जिससे वे अपने मुसलमान प्रतिद्वन्द्वी के षड्यन्त्र पर पानी फेर सकें।

हिन्दुओं से समर्थन की जरूरत ने इस्लामी शासन के लिए नरम रुख अपनाना जरूरी कर दिया और ऐसे में शासन ने हिन्दुओं की समृद्धि से छेड़छाड़ नहीं की। स्थिति यह थी कि हिन्दुओं को जहाँ अपने धन में वृद्धि करते रहने और मनचाहे ढंग से खर्च करने की छूट थी, वहीं शासक से नाराजगी के चलते

मुसलमान अमीर को अपना सब कुछ गँवाना पड़ता था। जज़िया वसूलनेवाले कम से कम एक सुल्तान जलालुद्दीन ख़िलज़ी (1290–1296) का कथन इस विषय में द्रष्टव्य है :

> *...हमारे राज में खुदा और पैगम्बर के दुश्मन भी हमारी नजरों के सामने और हमारी राजधानी में शानदार ढंग से, पूरी शानो-शौकत के साथ, अमीरी से और आराम के साथ रहते हैं और मुसलमानों के बीच उनकी इज्जत है।*[28]

मुसलमान शासकों ने हिन्दू मन्दिरों की तोड़-फोड़ की और कुछ ने उन्हें बचाया भी। अगर कुछ शासकों ने गोकशी की अनुमति दी तो कुछ ने हिन्दू भावनाओं को ध्यान में रखते हुए इसे हतोत्साहित किया। मुसलमान विधर्मी हैं, हिन्दुओं की यह राय शासकों से छुपी नहीं थी लेकिन उन्होंने इस पर गुस्से से बदला लेने से खुद को रोका; उन्होंने इस बात से नजर फेर ली और भले ही कुछ धर्मान्तरण तलवार के जोर पर हुए, जो अक्सर कम समय तक ही रह पाते थे, पर अधिकांश लोगों ने पद, प्रतिष्ठा और पैसे के लाभ में या सूफी सन्तों के जीवन से प्रभावित होकर धर्म बदला; हिन्दू धर्म की जाति व्यवस्था ने भी ऐसा कराया। पूरे देश के अछूतों ने, खासकर बंगाल के अपमानित और उपेक्षित अछूतों ने, सूफी सन्तों का स्वागत किया और इस्लाम को अपनाया; इस्लाम में हर आदमी बराबर है, इस दावे ने भी उन्हें आकर्षित किया। अनेक मामलों में तो पूरी की पूरी उप-जाति या समुदाय ने अपने मुखिया की देखादेखी इस्लाम कबूल कर लिया। मुखिया ने भले ही आध्यात्मिक या सांसारिक लोभ से इस्लाम को अपनाया हो, पर शेष लोगों ने अगुवा के प्रति निष्ठा से ऐसा किया। इस्लाम भारत में शासकों का धर्म है, इससे धर्मान्तरण में मदद भले मिली हो, पर भारत के मुस्लिम शासकों ने जबरन धर्मान्तरण की नीति कभी नहीं चलाई।

हिन्दू-मुस्लिम एकता की अकबर की कोशिश बहादुरी-भरी, बल्कि बहुत ही बहादुरी-भरी थी। उसने न सिर्फ जज़िया हटाया और शासन में महत्त्वपूर्ण पदों पर हिन्दुओं को नियुक्त करके मिश्रित शासक वर्ग पैदा किया बल्कि अपने विरोधियों को यह आरोप लगाने का भी अवसर दिया कि सम्राट अपनी वाहवाही के लिए इस्लाम को 'भ्रष्ट' कर रहे हैं। उसके पड़पोते दारा शिकोह की, जो बादशाह शाहजहाँ का सबसे बड़ा और दुलारा बेटा था, "दो समन्दरों के मिलन" पर आस्था थी, उसने उपनिषदों के अंशों का फारसी में अनुवाद किया और कहा कि इनकी रचना देवताओं ने की है। लेकिन उत्तराधिकार की लड़ाई में उदारमना, परन्तु कमजोर और मनमौजी दारा अपने आत्मसंयमी और धार्मिक नियमों के पाबन्द छोटे भाई औरंगज़ेब से पराजित हो गया।

औरंगज़ेब ने न सिर्फ जज़िया को फिर लागू किया, (कारण चाहे जो रहे हों), उसके शासनकाल में अनेक हिन्दू मन्दिरों को तोड़-फोड़ा गया। हिन्दू और सिखों

को, जिनमें सिखों के नौवें गुरु तेगबहादुर और दसवें गुरु के दोनों बेटे शामिल हैं, को मौत के घाट उतारा गया और गैर-मुसलमान प्रजा को अपमानित किया गया। राजपूत, सिख, मराठा और दक्षिण के मुस्लिम सरदारों से उसकी रक्षात्मक या आक्रामक लड़ाई ने, और हिन्दुओं तथा सिखों के प्रति नीति ने मुगल साम्राज्य का जीवन घटा दिया। उसने क्या कर दिया इसका पता चलने और अपनी निजी जिम्मेवारियों का एहसास होने पर उसे कैसा महसूस हुआ, इसका पता अपने सबसे प्रिय बेटे कामबख़्श के नाम लिखी उसकी चिट्ठी से चलता है :

> *मेरे दिलअज़ीज़ बेटे...अब मैं अकेला इस जहान से जा रहा हूँ। मुझे तुम्हारी लाचारी पर तरस आता है। लेकिन क्या फायदा? मैंने ढेर सारी गलतियाँ की हैं और मुझे मालूम है कि मुझे क्या सजा मिलनेवाली है...किसी मुसलमान की जान नहीं जानी चाहिए जिससे पाप मेरे सिर पर आए। मैं तुम्हें और तुम्हारे बेटों को खुदा की हिफाजत में छोड़ रहा हूँ। मैं बहुत ही दुखी हूँ।*[29]

अगर हम औरंगज़ेब पर भरोसा करें और उसके दुर्भाग्यपूर्ण उन्माद को मानें तो हम मुजीब की इस मान्यता से सहमत हो सकते हैं कि मुगल साम्राज्य "सिर्फ शासकों के मुसलमान होने और शासक जमात के मुख्य रूप से मुसलमान होने मात्र के अर्थ में ही इस्लामी था।"[30] इस बात में सन्देह नहीं कि सरकार ने शासक जमात के हितों को मजबूत किया और इस शासक जमात में मुख्यतः मुसलमान थे, लेकिन राज्य व्यवस्था धार्मिक नहीं थी। ऐसा नहीं था, तभी औरंगज़ेब को उसके खिलाफ ही लिखी चिट्ठी में शिवाजी ने अकबर, जहाँगीर और शाहजहाँ की तारीफ करते हुए कहा था :

> *शहंशाह! अगर सचमुच कुरान में आपको भरोसा है तो आप रब्ब-उल-अलामीन (सबके खुदा) को मानेंगे न कि रब्ब-उल-मुसलमीन (मुसलमानों के खुदा) को...धर्मान्धता दिखाना कुरान के लफ्जों को बदलने जैसा है।*[31]

भले ही भारत में इस्लाम का उत्थान तलवार के जोर से हुआ और सीधे सिंहासन से ही इसकी बात चली, पर सूफी-सन्तों के माध्यम से और झोंपड़ियों तक से आनेवाली विनम्र आवाज ने भी इसका प्रसार किया। रहस्यवादी सूफी-सन्तों ने खुदा से मुहब्बत, लोगों के बीच भाईचारा, जिस्मानी जीवन की क्षणभंगुरता और रूहानी जीवन की अमरता की बात कही। जैसा कि ज्ञात है, इनमें से कुछ ने धर्म-परिवर्तन कराया। पर ऐसा लगता है कि अन्य सन्तों की मुख्य दिलचस्पी लोगों का ध्यान ईश्वर की ओर मोड़ने और रूहानी बातों में थी और उनका ध्यान इस बात पर कम था कि उनके शिष्य इस्लाम अपनाते हैं या नहीं। उनके विचारों ने लोगों के मन में जगह बनाई, उनकी भाषा विदेशी नहीं लगती थी। असंख्य हिन्दू उनके शिष्य और प्रशंसक हुए और जीवन में उनके पास या उनकी मौत के बाद उनके मजारों

तक आए। इसी प्रकार, कुरैशी के शब्दों में, अनेक मुसलमान भी "भक्ति आन्दोलन के उन सन्तों की ओर आकर्षित हुए" जो ढोंग के खिलाफ बोलते थे और "जिनके विचार उनके अपने सूफी-सन्तों जैसे ही थे।"[32]

सूफियों और भक्त कवियों ने निम्नतम स्तर पर हिन्दुओं और मुसलमानों को करीब लाने का काम किया। अक्सर मन और जुबान पर चढ़ आनेवाली कविताओं-दोहों के माध्यम से हिन्दू और मुसलमान, राम और रहीम, हिन्दुत्व और इस्लाम में कोई फर्क न होने की बात कहनेवाले सन्तों ने कई बार खुद को हिन्दू या मुसलमान मानने से भी इनकार किया।

निस्सन्देह इन सबमें सबसे अधिक प्रसिद्ध हैं पन्द्रहवीं शताब्दी के सन्त कवि कबीर, पर अन्य लोग भी कम महत्त्वपूर्ण नहीं हैं। दोनों ही समुदायों के दकियानूसों ने अपने-अपने समुदाय के अनुयायियों को ऐसे लोगों (सन्तों) के प्रति सावधान किया जो दोनों धर्मों में अन्तर को न मानते हों और बाह्याचार के महत्त्व पर सवाल खड़े करें। अकबर के 'विधर्मीपन' के खिलाफ बोलनेवाले सरहिन्द के प्रसिद्ध शेख अहमद (1562–1624) का मानना था कि कर्मकांड (बाहरी अनुष्ठानों) के बिना आन्तरिक आस्था सम्भव नहीं है। लेकिन सूफी-सन्तों ने यह बात नहीं मानी। कट्टरपंथियों की चेतावनी के बावजूद सूफियों और भक्ति आन्दोलन के सन्तों ने आम लोगों, मुसलमानों और हिन्दुओं तक अपना सन्देश पहुँचाया, उनका सोच बदला और उनको एक करने की कोशिश की। अलबत्ता समाज के ऐसे वर्ग भी थे, जो शायद उतने ही बड़े हों, जिन तक उनकी बात नहीं पहुँची।

क़ुरैशी जैसे इतिहासकारों का मानना है कि "अनुष्ठानों और साम्प्रदायिक भावना को कम महत्त्व का आँककर धर्म के बाहरी दिखावों को बेमतलब* माननेवालों ने भारत में इस्लाम को जोखिम में डाल दिया, लेकिन वे मानते हैं कि सूफियों और भक्ति आन्दोलन के सन्तों ने बहुत बड़ी सेवा की। उन्होंने "मेल-मिलापवाली ताकतों को मजबूत किया" और "लोगों में दिली सद्भाव पैदा किया" जिसे "बादशाह बहुत कोशिश करके भी नहीं पैदा कर सकते थे।"[34]

भारत के मुसलमान के सामने हरदम यह सवाल रहा है कि वह पहले एक भारतीय है या एक मुसलमान। यह सवाल पैदा होना सहज स्वाभाविक है। एक तो पहलेवाले मुसलमान अरब, तुर्क, मध्य-एशियाई अफगान या ईरानी थे। ये सभी बाहरी थे, (ऐसा ही पहले हिन्दुओं के साथ था)। दूसरे, जो मुसलमान इस्लाम को पूरे मन से मानता है, उसके मन में मक्का के लिए जो सम्मान है, वह किसी भारतीय स्थान के लिए नहीं हो सकता। अगर वह शिया है तो उसके मन में ईरान में स्थित

---

* कुरैशी ने अमीर खुसरो की दो लाइनें उद्धृत की हैं, जिनका भावार्थ है : "मुहब्बत ने मुझे नास्तिक बना दिया है, अब मुझे इस्लाम की जरूरत नहीं, मेरे जिस्म की हर नस सूत बन गई है, मुझे ब्राह्मण के जनेऊ की जरूरत नहीं।" और आगे कुरैशी कहते हैं : "खुसरो का परम्पराप्रेम सन्देह से परे है और अनुशासित सूफियों को उनका मतलब स्पष्ट था लेकिन आम लोगों को नहीं।"[33]

कर्बला और नजफ के प्रति भी वैसा ही आदर होगा। तीसरे, मुसलमान को यह सिखाया जाता है कि वह मुस्लिम ईमान को माननेवाले विश्वव्यापी समुदाय का अंग है और राष्ट्रवाद एक पाप है और व्यवहार रूप में भले ही यह पाप एक मुसलमान देश का रिश्ता दूसरे से बिगाड़ दे लेकिन मुसलमानों को इस्लाम के व्यापक बन्धुत्ववाले सिद्धान्त में भरोसा रखना ही चाहिए।

दिल्ली की गद्दी पर बैठनेवाला मुस्लिम शासक जरूर अपने समय के खलीफा के प्रति अपनी निष्ठा जताता था। यह खलीफा भले ही वास्तविक हो, नाममात्र का हो या कठपुतली हो, बगदाद में रह रहा हो या काहिरा में, लेकिन उससे रिश्ता बताकर दिल्ली का शासक मुसलमानों की नजर में ऊँचा हो जाता था। एक समय ऐसा भी था जब दिल्ली में ढलनेवाले सिक्कों पर अज्ञात-से अरब नाम खुदे होते थे।

दूसरी तरफ हिन्दू भारत की भूमि, इसकी नदियों और इसके पहाड़ों से प्रेम करता था, उनकी पूजा करता था। जिन जनश्रुतियों के बीच वह पला-बढ़ा उनमें उसके मध्य-एशियावाले मूल की चर्चा कहीं नहीं होती। भारत उसकी भूमि थी। पवित्र भूमि। मुसलमान जब इस मसले पर उत्तेजित होता है या तर्क देता है तो यही कहता है कि हिन्दुओं द्वारा भारत की पूजा, पृथ्वी और मिट्टी की पूजा करने के उसके धार्मिक संस्कार से जुड़ी है जो उसकी मूर्तिपूजा का ही एक रूप है।

आदमी के मन में क्या है, यह तो सिर्फ ईश्वर, एक वही ईश्वर जानता है। यह बात सिर्फ उसे ही पता है कि किसी दूसरे व्यक्ति या स्थान के लिए किसी व्यक्ति का प्रेम, निष्ठा अथवा आदर-भाव कब आकस्मिक रूप से मनुष्यों या पदार्थों की पूजा में बदल जाता है।

हिन्दुओं के अलावा भारत के कुछ मुस्लिम समुदाय भी विशेष चीजों के आगे शीष नवाते रहे हैं।[35] दिल्ली के मिर्ज़ा मज़हर (1702-1781) जो एक सूफी, तलवार चलाने में माहिर और नामी दर्जी थे ("वे 50 तरह के सलवार सिलना जानते थे"), "हिन्दुओं के अपनी मूर्तियों के सामने सिर नवाने को आदर प्रकट करने का तरीका मानते थे, देवताओं का सच्चे ईश्वर के साथ सम्बन्ध नहीं।"[36] निस्सन्देह वे उन मुट्ठी-भर मुसलमान विद्वानों में से ही थे जो ऐसा मानते थे लेकिन क्या उनकी बात पूरी तरह गलत थी? क्या वह सवाल इससे जुड़ा नहीं है कि शीष नवानेवाले आदमी के दिल में क्या है? सच्चा खुदा ही सच्चाई जानता है।

पक्के मुसलमान ने कभी भी भारत की पूजा तो नहीं की, लेकिन अक्सर उसका दिल हिन्दुस्तान पर आ जाता था। शायर मसूद सलमान का जन्म 1048 में लाहौर में हुआ था और वे वहीं रहे। उनके पिता ने हमलावर महमूद ग़ज़नी की नौकरी की थी। जब सलमान 40 वर्ष के हुए तो ग़ज़नी की जेल में बन्द थे और उन्होंने अपने जन्मवाले शहर के बारे में लिखा, "तू जानता है खुदा कि मैं किस कदर जंजीरों में जकड़ा हूँ, मैं कितना कमजोर और शक्तिहीन हूँ। फिर भी मेरा मन लाहौर में बसा है, और मैं उसके लिए कितना तरसता हूँ।"[37]

दो सौ वर्ष बाद अमीर खुसरो ने 'तीसरा आसमान' की रचना की, जिसमें उन्होंने, मुजीब के शब्दों में, "भारत की तुलना जन्नत से की है और बताया है कि अपने फल, फूल और मौसम के चलते यह किसी भी दूसरे देश से अच्छा है।" खुसरो कहते हैं :

भारतवासी विज्ञान और ज्ञान में माहिर थे; उन्होंने अंकों का आविष्कार किया; दुनियावी ज्ञान की महान किताब पंचतन्त्र की रचना की जिसका बाद में फारसी, तुर्की, अरबी और दारी में अनुवाद हुआ ; उनका संगीत किसी भी देश के संगीत से आगे है।

फिर सती-प्रथा के बारे में वे उस औरत की हिम्मत की दाद देते हैं "जो स्वेच्छा से अपने मृत पति के साथ चिता में भस्म हो जाती है।"[38]

लोकतन्त्र में भारतीय मुसलमानों के भविष्य सम्बन्धी उनके निराशावाद ने इस देश के बारे में शायर हाली के ख्यालात पर असर नहीं डाला। पिछली शताब्दी के आखिर में उन्होंने लिखा, "तुम्हें अलविदा, ओ सदाबहार बाग भारत, हम विदेशी इस मुल्क में तुम्हारे मेहमान बनकर बहुत रह लिए।"[39]

भारत के मुसलमान यहाँ से सिर्फ इसी सीधे कारण से जुड़े हैं और जुड़े रहे हैं कि उनका और उनके पूर्वजों का जन्म यहाँ हुआ था। भारतीय मुसलमानों में गैर-भारतीय मूलवालों का हिस्सा बहुत कम है। अविभाजित भारत की मुस्लिम आबादी में भी उनका हिस्सा इतना ही कम था। अधिकांश मुसलमान भारतीय मूल के धर्मान्तरित लोगों के वंशज हैं। इसका मतलब है कि इस उपमहाद्वीप के मुसलमानों की जातीय जड़ें भी यहाँ के हिन्दुओं से अलग नहीं हैं, किन्तु इस बात को आज दोनों समुदायों के लोग भूल जाना चाहते हैं। आज का भारत उस समय से एकदम अलग है जब मुसलमान, मुख्य रूप से, विदेशी विजेता थे। आज जातीय तौर पर अधिकांश हिन्दू और मुसलमान एक हैं। जहाँ ऐसा नहीं है वहाँ भी वे एक ही जगह लम्बे समय से साथ-साथ रहे हैं। अगर सहयोग और सहं-अस्तित्व हमारा लक्ष्य हो तो ये तत्त्व उसमें मददगार होंगे।

"मैं दो समान आकार के वृत्तों का हिस्सा हूँ पर दोनों का केन्द्र एक नहीं है। एक वृत्त भारत है और दूसरा इस्लामी दुनिया।"[40] 1930 में यह बात मौलाना मुहम्मद अली ने कही थी, जो लम्बे समय तक गांधी के सबसे करीबी मित्रों में से एक थे। उनके ये शब्द शायद आज के अनेक भारतीय मुसलमानों के मनोभावों का प्रतिनिधित्व करते हैं। अगर हम यह मानें कि भारत और इस्लाम एक-दूसरे के विरोधी हैं, तभी इस मनोभाव से कोई समस्या होती है। 1947 के बाद के भारतीय मुसलमान देश के लिए बोलने, लड़ने और काम करने में कम नहीं रहे हैं। अगर भारत इस्लाम के खिलाफ हो जाए तब उन्हें हिचक हो सकती है, पर वर्तमान समय के परिप्रेक्ष्य में देखने पर यह बात सोची नहीं जा सकती कि ऐसा विवाद क्यों होगा। अगर हम नहीं मानते कि ऐसे विवाद की सम्भावना है तो भारतीय मुसलमानों के

इस 'देशेतर प्रेम' को हम राष्ट्रीयता के पक्ष में व्याख्यायित कर सकते हैं। इस दृष्टिकोण से हमारा सम्बन्ध सहज ही मुस्लिम विश्व से जुड़ जाता है, जो प्रभाव और संपदा के लिहाज से कम नहीं है। अलावा इसके, इस 'देशेतर प्रेम' से हमें भी भारत की सीमाओं से बाहर की बात सोचने की प्रेरणा मिलती है। यह ऐसा उपयोगी गुण है, जो स्वाभाविक रूप से हममें नहीं है।

तब क्या हिन्दू और मुसलमान साथ-साथ निर्वाह कर सकते हैं? विश्वसनीय जवाब के लिए हमें अधिक विस्तृत जाँच-परख करनी होगी, जो कई रूप ले सकती है। कोई धर्म के रूप में इस्लाम और हिन्दुत्व की तुलना कर सकता है या फिर भारत के एक हिस्से में हिन्दू-मुस्लिम रिश्तों के इतिहास की जाँच-परख हो सकती है। दोनों समुदायों के बीच घटित दुखद हिंसक झड़पों की शृंखला भी देखी जा सकती है या फिर किसी जगह या काल में हिन्दू-मुस्लिम विवाहों की संख्या, उनके असर और उनकी स्वीकृति पर अध्ययन किया जा सकता है या फिर अलग-अलग तरह के कामों में मुसलमानों की हिस्सेदारी को लिया जा सकता है। भारतीय मुसलमानों द्वारा रचित साहित्य और कला पर हिन्दू असर या आधुनिक हिन्दू लेखन और कला पर इस्लामी प्रभाव को परखा जा सकता है। इसी प्रकार अन्य क्षेत्र भी हैं। सम्भावित नजरियों की संख्या काफी बड़ी है।

मैंने इस शताब्दी में इस उपमहाद्वीप को सबसे अधिक प्रभावित करनेवाले आठ मुसलमान महापुरुषों के बारे में अध्ययन का रास्ता चुना है। उनका पूरा जीवन और हिन्दुओं से उनके सम्बन्ध हमें हिन्दू-मुस्लिम सहयोग और सह-अस्तित्व की सम्भावनाओं का पता लगाने में मदद करेंगे। जिन आठ लोगों का मैंने चुनाव किया है, उनमें से तीन, सैयद अहमद ख़ाँ, इक़बाल और जिन्ना पाकिस्तान के राष्ट्रीय नायक हैं। पाकिस्तान अपने पहले प्रधानमन्त्री लियाक़त अली ख़ाँ को भी आदर से याद करता है। मुहम्मद अली उपमहाद्वीप के आकाश पर बीस के दशक के शुरू में नक्षत्र की तरह उदित हुए थे। अबुल कलाम आज़ाद और ज़ाकिर हुसैन भारत के राष्ट्रवादी आन्दोलन के पक्ष में रहे और स्वतन्त्र भारत ने उन्हें आदर और स्नेह दिया। 'शेरे-बंगाल' फ़ज़्लुल हक़ ने ही 1940 में मुस्लिम लीग का पाकिस्तान प्रस्ताव रखा, पर जिन्ना से उनके रिश्तों के कुछ मतभेदों को ही हम बाद में बांग्लादेश का स्वरूप लेते देखते हैं। कुल मिलाकर ये आठों लोग भौगोलिक और वैचारिक रूप से काफी व्यापक परिदृश्य का प्रतिनिधित्व करते हैं। इनमें से कुछ ने दूसरों की तुलना में कम विवादों को जन्म दिया, पर इनमें कोई भी एकदम तटस्थ नहीं था। इन सबके अपने-अपने दुश्मन रहे हैं और उपमहाद्वीप के हिन्दुओं की राय सबके बारे में अलग-अलग थी।

ऐसे में हम किसी एक के काल को दूसरे की तुलना में अधिक विस्तार से देखें, यह स्वाभाविक है। जिस दौर या जिन वर्षों में हिन्दू-मुस्लिम एकता सम्भव होती लगी, जब समझौते होते दिखाई दिए, उम्मीदें मुरझाईं या रास्ते अलग-अलग हुए, उन पर विशेष ध्यान देना जरूरी था। हमारा एक उद्देश्य, सम्भव है जो बहुत पूरा

न हुआ हो, 1857–1957 के बीच के हिन्दू-मुस्लिम सम्बन्धों की मुख्य घटनाओं की निष्पक्ष जाँच-परख करना था। समय बीतने के बावजूद घटनाएँ अब भी विवाद और गर्मागर्मी पैदा कर देती हैं।

अन्य बातों के अलावा हम यह भी देखने की कोशिश करेंगे कि हाल के जिन मुसलमान नेताओं को हिन्दुओं ने आम तौर पर एक दुश्मन, एक बाधा या निराशा के रूप में देखा है, उनका निकट से अध्ययन करें, तो वे ऐसे न लगें और उनका दूसरा ही रूप सामने आए। हम तथ्यों को जानने की कोशिश करेंगे क्योंकि, जैसा कि विलक्षण और चौकस इतिहासकार मुहम्मद मुजीब ने चेतावनी दी है, "सद्भाव पैदा करने के चक्कर में सिर्फ चुनिन्दा तथ्यों को प्रकाश में लाना बड़ी आसानी से सच्चाई को झुठलाना हो सकता है और भारतीयों को साहसी लोगों की तरह वास्तविकता का सामना करने से वंचित कर सकता है।"[41] अगर तथ्यों से उजागर होनेवाली सच्चाई उम्मीदों को मुरझाती है और सपने तोड़ती है तो तोड़े। जमीन परखे बिना बने पुल पर भरोसा करने से तो बेहतर है बिना पुल के ही रहा जाए।

इन आठ लोगों में से पहले, सैयद अहमद ख़ाँ की मृत्यु पिछली शताब्दी के खत्म होने से पहले ही हो गई थी। उनकी जवानी के दिन मरणासन्न मुग़ल साम्राज्य में बीते, तो बुढ़ापा भारतीय राष्ट्रीय कांग्रेस से मुकाबला करने में। इसी संगठन ने ब्रिटिश राज से सत्ता पाई। उनके व्यक्तित्व में भूत और वर्तमान एक साथ दिखते हैं।

अध्याय 2

सैयद अहमद ख़ाँ (1817-1898)

इस उपमहाद्वीप में मुस्लिम अलगाववाद की नींव रखनेवाले शख्स के रूप में उनकी आलोचना भी होती है और प्रशंसा भी। इस्लाम का आधुनिकीकरण करनेवाला करार देकर उनकी शिकायत की जाती है और तारीफ भी। इस अध्याय में आगे हम यह देखने की कोशिश करेंगे कि उनके बारे में ये बातें सही हैं या नहीं। लेकिन इस सबके बावजूद उनका नाम और राज द्वारा दी गई पदवी सबके जेहन में है। उनकी मौत के करीब 95 वर्ष और भारतीय स्वतन्त्रता के 45 वर्ष बाद आज भी वे सर सैयद के रूप में याद किए जाते हैं। लेकिन इस्लाम के मूर्तिपूजा-विरोधी होने के कारण हम ठीक से नहीं जानते कि उनका रूप कैसा था। सौभाग्य से राज के एक पुलिस अधिकारी और सैयद अहमद के समकालीन जॉर्ज ग्राहम ने उनकी एक तस्वीर बनाई थी। "किसी देसी आदमी की प्रशंसा में किसी विक्टोरिया युग के अंग्रेज" द्वारा लिखी शायद इस पहली किताब[1] में ग्राहम ने सैयद के बुढ़ापेवाले वर्षों का विवरण दिया है :

> *वे मँझोले कद के और भारी-भरकम शरीरवाले हैं जिनका वजन 19 स्टोन से अधिक होगा। उनका चेहरा शेर जैसा है...गोरे चेहरे के खुरदरेपन से उनके निश्चय और ऊर्जा की झलक मिलती है...उनके ठहाके जोरदार हैं और किसी भी अन्य आदमी की तरह वे मजाकपसन्द हैं।*
>
> *वे अनेक वर्षों से विधुर हैं और उन्होंने सिर्फ एक शादी की थी। आँखों में शरारती भाव के साथ एक दिन उन्होंने मुझसे कहा कि "मैं फिर से शादी कर सकता हूँ।" "लेकिन," उन्होंने आगे जोड़ा, "बीवी को अंग्रेज होना चाहिए जिससे मैं अंग्रेजों के बीच ज्यादा खुले तौर पर घुल-मिल सकूँ, और उसकी उम्र अस्सी साल होनी चाहिए और मुँह में एक दाँत भी नहीं होना चाहिए।"*

वे जन्मजात अच्छे वक्ता हैं। उनके होंठ बहुत ही सन्तुलित ढंग से खुलते हैं और फिर आँकड़े और आकर्षक शब्द निकलते जाते हैं। वे भोर में चार बजे उठते हैं...और देर रात तक काम करते रहते हैं।[2]

1817 में जब सैयद अहमद ख़ाँ दिल्ली में पैदा हुए तो अकबर शाह द्वितीय मुगल 'बादशाह' थे। उस समय दिल्ली की आबादी 1,60,000 थी। लेकिन बादशाहत खत्म हो गई थी। लोग उन पर तरस खाते थे पर इज्जत भी करते थे और वे अंग्रेजों की छत्रछाया में लाल किले में ही रहा करते थे। उनके दरबार में उनकी भारी-भरकम पदवियाँ तो सुनी जाती थीं लेकिन उनके पास न सत्ता थी न धन। किले के अन्दर ही एक ऊँची दीवार के घेरे में बनी कामचलाऊ बस्ती में उनके सैकड़ों रिश्तेदार रहा करते थे। समय-समय पर वे अपनी छतों पर चढ़कर चिल्लाया करते थे, "भूखे मरते हैं, भूखे मरते हैं।" अकबर शाह के एक बेटे ने यूरोपीय ढंग का मकान बनवाया और विलायती पोशाकें पहनीं, लेकिन अन्य अमीरों और शरीफ मुसलमानों ने अपने अपमान का बदला विलायती लोगों का तिरस्कार करके लिया। ऐसा वे शेरों के जरिए या मुस्लिम शानो-शौकत की बातें कहकर करते थे।

लेकिन जिस एक आदमी ने ऐसा नहीं किया, वे थे सैयद अहमद के सुयोग्य नाना ख़्वाजा फ़रीद। अंग्रेज भारत में टिकने आए हैं, यह जानकर उन्होंने कलकत्ता में उनकी नौकरी की और फिर उनके काम के लिए ही ईरान और बर्मा गए। अंग्रेजों से फ़रीद के रिश्तों को देखकर ही अकबर शाह ने उन्हें अपना प्रथम मन्त्री नियुक्त किया। इस पद पर आठ साल रहे फ़रीद का मुख्य काम शाही परिवार के बजट को सँभालना था। ख़्वाजा फ़रीद की विशाल हवेली में और उनकी देखरेख में ही सैयद अहमद का पालन-पोषण हुआ, क्योंकि उनके पिता मीर मुत्ताकी, जो मोहम्मद साहब के वंशज थे, फकीर हो गए थे। उनके एक पूर्वज औरंगज़ेब के दरबार में अधिकारी थे लेकिन अकबर शाह ने उन्हें जिन पदों और पदवियों की पेशकश की उन्हें मुत्ताक़ी ने ठुकरा दिया था।

वैसे सैयद अहमद पर उनके पिता की तुलना में फ़रीद और उनकी बेटी अज़ीज़-अल-निसा का अधिक असर था लेकिन मुत्ताक़ी का भी असर था जो कभी-कभार अपने बेटे को बादशाह से मिलवाने ले जाते थे, जिनसे उनके खुले लेकिन दोस्ताना या आध्यात्मिक रिश्ते थे। उन्होंने ही अपने बेटे का परिचय सूफी परम्परा से कराया और विद्वान ट्रॉल का मानना है कि इसी ने बाद में सैयद अहमद के धार्मिक सोच को ठोस रूप दिया।[3]

सैयद अहमद और उनके भाई-बहनों को मजदूरों के बच्चों से दूर रहने ("वे तुम्हारी उर्दू खराब कर देंगे") और रात को खाने के बाद ख़्वाजा फ़रीद के "चौतरफा रौशन दीवानखाने में" फारसी, उर्दू या गणित पढ़ने के लिए "एकदम साफ-सुथरे" होकर आने की नसीहत दी गई थी। अगर कोई बच्चा इसमें बिछे

फारसी कालीन को ढकनेवाली सफेद धुली चादर पर जरा भी धब्बा लगा देता तो "उसे कुत्ते की तरह बाहर भगा दिया जाता था।" अगर फ़रीद ने अपने नाती-नातिनों को अपने वर्ग को ध्यान में रखना सिखाया, तो साथ ही हिन्दू-मुसलमानों के परस्पर विश्वास के उदाहरण भी पेश किए और इसी कारण लम्बे समय तक उनकी सेवा करनेवाले हिन्दू मैनेजर, मलूकचन्द को, जिनसे वे "गम्भीर मसलों पर" सलाह लेते थे, फ़रीद की वसीयत में एक भाई का हिस्सा मिला।

विलक्षण अज़ीज़-अल-निसा ने भी अपनी तरफ से मजबूत कद-काठीवाले सैयद अहमद से उस आदमी को माफ करने को कहा जिसने उन्हें चोट पहुँचाई थी (सैयद अहमद "बदला लेने पर उतारू" थे); और सैयद अहमद को तब तक घर से बाहर निकाल दिया था जब तक उन्होंने उस बुजुर्ग नौकर से माफी नहीं माँग ली, जिसे उन्होंने थप्पड़ मार दिया था। 38 वर्ष की उम्र में जब अज़ीज़-अल-निसा का सबसे बड़ा लड़का मर गया तो उन्होंने इतना ही कहा, "खुदा की मर्जी" और नमाज़वाली दरी बिछाई और गाल पर बहते जा रहे आँसुओं के साथ ही उन्होंने खुदा से दिलासा माँगी।[4]

हालाँकि सैयद अहमद ने अपने एक चाचा से गणित और अरबी की कुछ तालीम पाई और परिवार के एक परिचित सज्जन से देसी इलाज की कुछ बातें सीखीं, लेकिन उन्होंने न तो अंग्रेजी सीखी और न उस धर्मनिरपेक्ष दिल्ली कॉलेज में दाखिला लिया, जिसे अंग्रेजों ने 18वीं सदी के आखिर में शुरू किया था। उलेमा अंग्रेजी स्कूलों को 'अज्ञान का घर' कहा करते थे और इस पूर्वाग्रह ने शायद 'उदार' फ़रीद और उनके तरुण नाती पर भी असर डाला। उनके समय का कोई मुसलमान साम्राज्य को खत्म करनेवाली भाषा और संस्थाओं को खुले तौर पर नहीं अपना सकता था। ऐसा नहीं था कि अकेले गोरों ने ही मुस्लिम राज को खत्म किया हो। मुसलमानों की आपसी ईर्ष्या और मराठों, सिखों और राजपूतों के हथियारों ने भी इसमें महत्त्वपूर्ण भूमिकाएँ निभाई थीं। फिर भी गोरों के हाथ में शासन की बागडोर जाना दिल को चुभती रहनेवाली बात थी और कोई भी स्वाभिमानी मुसलमान उनकी चीजों को अपनाने को उत्सुक नहीं था।

सैयद अहमद ने खुद को दिल्ली कॉलेज से तो बाहर रखा, पर दिल्ली में नवाबजादों के लिए उपलब्ध मौज-मस्ती से नहीं। 18 वर्ष की उम्र में विवाह होने से भी वे इकसार नहीं हुए। अगर उन्होंने यह सोचा होगा कि दुनियावी भोग-विलास घायल आत्मसम्मान पर मरहम लगा देगा, तो ऐसी गलतफहमी रखनेवाले न तो वे पहले आदमी थे न आखिरी। सैयद अहमद के दोस्त बन गए शायर हाली कहते हैं, "लापरवाही के दिनों में कुछेक को छोड़कर शायद ही किसी को अपने किए की परवाह होती थी। शरीफ घरों के लोग लुक-छिपकर जो मन होता था, करते थे।"[5]

बड़े भाई से सैयद अहमद को बहुत लगाव था, जिनकी मौत ने उन्हें भारी सदमा पहुँचाया और उनके व्यवहार को संयत भी कर दिया; उन्होंने दाढ़ी बढ़ा ली और चमक-दमकवाले कपड़े पहनना छोड़ दिया। कुछ दिनों बाद ही उनके पिता की

मौत हो गई और मुत्ताक़ी के नाम पर दरबार से जो पैसा मिलता था, वह बन्द हो गया। नतीजतन सैयद अहमद को काम तलाशना पड़ा। उन्हें राज की अदालतों में नौकरी मिली और उत्तर भारत के अनेक शहरों में पहले उन्होंने पेशकार और फिर मुंसिफ के रूप में काम किया। उन्होंने अपना काम काफी मेहनत और कुशलता से किया और लिखा भी।

उनमें अपार ऊर्जा थी। काम का क्षेत्र भी बदलता गया। उनकी शुरुआती तालीम भले ही सीमित रही हो, लेकिन उन्होंने अपने लिए मुश्किल लक्ष्य रखे और उन्हें पूरा भी किया। उन्हें उम्मीद थी कि लेखन से उनकी आय बढ़ेगी। ऐसा तो नहीं हुआ, पर लोग इस नौजवान की अच्छी उर्दू और उसके सामान्य ज्ञान तथा विद्वत्ता की तारीफ करने लगे। जब सैयद अहमद 25 वर्ष के हुए तो नए 'बादशाह' बहादुरशाह ने उन्हें वे पदवियाँ दीं जो उनके पिता ने ठुकरा दी थीं। पहले जिन पदवियों को पाकर ताकतवर मुग़ल सम्राटों के दरबारी फख्र महसूस करते थे, वे अब एक ऐसे मुंसिफ को मिलीं जिसकी "माहवार तनख्वाह मात्र 100 रुपए थी और यह पैसा भी ईस्ट इंडिया कंपनी देती थी।"[6]

पाँच साल बाद सैयद अहमद की किताब *'अतहर-अल-सनादीद'* जो दिल्ली के स्मारकों के बारे में थी, प्रकाशित हुई और 1855 में अकबर के मन्त्री अबुल फ़ज़ल की किताब *'आईने-अकबरी'* का उनका *तरजुमा* आया। तारीफ के मामले में काफी किफायत बरतनेवाले मुजीब कहते हैं, "ये दो किताबें ही सैयद अहमद को दुनिया के विद्वानों में ऊँचा दर्जा दिला देती हैं।"[7] मुगल साम्राज्य के पतन के इस दौर का सैयद अहमद का लेखन अन्य शरीफ मुसलमानों की तरह उस पुराने युग की शानो-शौकत पर आह तो भरता है लेकिन अन्य लोगों से अलग उन्होंने यह काम ज्यादा कुशलता से किया है। उल्लेख करने लायक अन्य बातें भी हैं। सैयद अहमद के दिल ने दिल्ली को अपनाया था और अपने पूर्वजों द्वारा छोड़े गए फारस या अरब इलाके की तरफ उनका दिल नहीं मुड़ता। दिल्ली के बादशाहों का कालानुक्रम देते हुए वे शुरुआत पुराने हिन्दू राजाओं से करते हैं। इन बादशाहों में से उन्होंने जिसे विशेष अध्ययन और प्रशंसा के लिए चुना है, वह औरंगजेब नहीं अकबर है।

सैयद अहमद के कम से कम एक समकालीन, प्रसिद्ध शायर ग़ालिब 'आईने-अकबरी' के नए अनुवाद से खुश नहीं थे। ऐसा नहीं है कि ग़ालिब को औरंगजेब का गुणगान पसन्द आता, वे सिर्फ यही महसूस कर रहे थे कि असल में अंग्रेजों के रंग-ढंग का अध्ययन होना चाहिए था। सैयद अहमद की भेजी अपनी *तक़ीज़* में उन्होंने लिखा : आपने वक्त बर्बाद किया है। आईन को एक ओर रखिए और मुझसे गुफ्तगू कीजिए। नजर उठाइए और अंग्रेजों के तौर-तरीकों, उनके इल्म और अदब को जानिए। (भावानुवाद)[8]

सैयद अहमद ने आक्रोश के साथ *तक़ीज़* गालिब के पास वापस भेज दी। लेकिन 1857 की धटनाओं ने एक ऐसे सैयद अहमद को 'जन्म' दिया जो ग़ालिब

की *तक़ीज़* से सहमत था। उस साल, जब बागियों ने कुछ समय के लिए दिल्ली पर भी कब्जा कर लिया था और कुछ अन्य शहरों में भी बगावत हुई, वे बिजनौर में तैनात थे। यह इलाका अवध के नवाब ने 1801 में राज के हाथों में सौंप दिया था। शेक्सपियर नामक एक आदमी यहाँ का कलेक्टर था। 20 मई को नवाब महमूद ख़ाँ ने राज के कुछ सिपाहियों को अपने पक्ष में करके शहर पर नियन्त्रण स्थापित कर लिया। दिलेर सैयद अहमद महमूद ख़ाँ से मिले और उनसे अंग्रेजों, उनकी औरतों और बच्चों को, जिनमें शेक्सपियर और उनका परिवार भी शामिल था, सुरक्षित जिले से बाहर जाने देने पर सहमति ले ली। सैयद अहमद के मान-मनौव्वल से ही महमूद ने कुछ समय के लिए यह माना कि वे, "गोरों की तरफ से" जिले पर शासन कर रहे हैं लेकिन उसने जल्दी ही स्वतन्त्र बिजनौर राज की घोषणा कर दी। दो के अनुपात में एक वाली हिन्दू-मुस्लिम आबादी महमूद को समर्थन देने की इच्छुक थी। महमूद ने सैयद अहमद से अंग्रेजों को छोड़कर अपनी नौकरी में आने को कहा। सैयद ने जवाब दिया, "खुदा कसम, नवाब साहब, मैं कहता हूँ कि हिन्दुस्तान से अंग्रेजी राज खत्म नहीं किया जा सकता।"[9]

सैयद अहमद की बात सही साबित हुई। बिजनौर, दिल्ली और अन्य सभी जगहों पर बगावत दबा दी गई। बिजनौर में अंग्रेज अफसरों ने राज की वापसी निर्विघ्न बनाने के लिए "मुसलमानों के खिलाफ हिन्दुओं को भिड़ा दिया,"[10] और ऐसा सिर्फ यहीं नहीं हुआ था। गोरे मर्द, औरत और बच्चों की हत्याओं का बदला बहुत ही क्रूर और दोषी-निर्दोष का भेद किए बगैर सभी से लिया गया। चूँकि बहादुरशाह ने खुद को बागियों के हवाले कर दिया था, सो उन्हें गद्दी से उतारकर बर्मा भेज दिया गया और उनकी आँखों के सामने उनके दोनों लड़कों को फाँसी दे दी गई। बगावत के संदिग्ध लोगों की जायदाद देश-भर में जब्त हो गई। फिर से अंग्रेजों के कब्जे में आई दिल्ली से काफी संख्या में लोग बाहर निकाले गए। लाल किले और जामा मस्जिद के बीच कुलीन मुसलमानों के मकान थे, सो इस इलाके को उजाड़ दिया गया और यहाँ हल चलवा दिया। गुस्से से पागल हुए राज के कुछ अधिकारियों ने मुकदमे चलाने की भी जरूरत नहीं समझी और संदिग्ध लोगों को यूँ ही मार डाला। 'स्पेशल कमीशन' ने जिन 3306 लोगों के मामलों की सुनवाई की, उनमें से 2025 को सजा सुनाई गई। 392 लोगों को फाँसी दे दी गई। बगावत की आलोचना करनेवाले ग़ालिब ने भी लिखा, "दिल्ली की मिट्टी मुसलमानों के खून की प्यासी हो गई है।"[11] राज की पुलिस के कर्नल जॉर्ज ग्राहम ने भी माना था, "मुझे यह कहते हुए दुख हो रहा है कि इस वहशत के दौर में अनेक निर्दोष लोग भी दूसरों के किए की सजा पा गए।"[12]

जो निर्दोष लोग मारे गए उनमें सैयद अहमद के एक चाचा और एक चचेरे भाई भी थे, जिन्हें अंग्रेज-समर्थक सिख फौजियों ने मार डाला था। उनका मकान उस घर के पास ही था जिसमें अज़ीज़-अल-निसा रहती थीं। सितम्बर 1857 में यहाँ पहुँचने पर सैयद अहमद को पता चला कि उनकी माँ एक साईस के घर में पनाह

लिए हैं। वे वहाँ पहुँचे और आवाज दी, "अम्मी!" वे रोने लगीं, "तुम यहाँ क्यों आए हो? सारे लोग मारे जा रहे हैं। तुम भी मार दिए जाओगे !" उन्होंने तब पाया कि वे घोड़े के चने खाकर जिन्दा हैं और तीन दिनों से उन्हें पानी का एक कतरा भी नहीं मिला है। जब वे एक सुराही पानी लेकर आए तो सामने उन्हें अपनी माँ की एक नौकरानी मिली जो खुद भी बहुत प्यासी थी। जब वे उसको भी कुछ पानी पिलाने लगे तो इस बूढ़ी महिला ने कहा कि मालकिन की जरूरत ज्यादा बड़ी है। लेकिन सैयद अहमद ने इस नौकरानी को पानी पिलाया। वह कुछ पल बाद ही चल बसी। अज़ीज़-अल-निसा महीने-भर बाद मेरठ में मरीं, जहाँ सैयद अहमद उन्हें अपने साथ ले आए थे।[13]

अंग्रेजी राज ने सैयद अहमद को पुरस्कृत किया और दशकों तक उन्हें "सबसे वफादार मुसलमान" कहा जाता रहा। उन्होंने सही दाँव खेला था। साथ ही उन्होंने दिलेरी भी दिखाई थी। लेकिन थे वे बड़ी दयनीय स्थिति में। उनकी दयनीयता कुछ अफसोस और कुछ अपराधबोध के चलते थी क्योंकि कुल मिलाकर तो उन्होंने खुद अपने लोगों के खिलाफ अंग्रेजों का पक्ष लिया था। राज की नीति के अनुसार काम करते हुए उन्होंने बिजनौर के नवाब महमूद ख़ाँ को नीचा दिखाने के लिए वहाँ के हिन्दू जमींदारों को बढ़ावा दिया। अब तक मुगलों के उत्तराधिकारी या तो मर चुके थे या खस्ताहाल हो गए थे। "हिन्दुस्तान अब किसी खुद्दार मुसलमान के रहने की जगह नहीं रहा,"[14] यह महसूस करते हुए सैयद अहमद ने शेक्सपियर द्वारा दी जा रही बिजनौर के एक बागी ताल्लुकेदार की जब्त-शुदा बड़ी जायदाद को लेने से साफ इनकार कर दिया। यह एक ऐसी घटना थी जिसे सैयद अहमद ने यूँ याद किया :

> *मैंने खुद से कहा कि मुझसे घटिया कोई और नहीं होगा। हमारी बिरादरी को यह नुकसान हुआ और मैं उनकी कीमत पर ताल्लुकेदार बन जाऊँ। मैंने यह पेशकश ठुकरा दी और शेक्सपियर से कहा कि मैं हिन्दुस्तान में रहना नहीं चाहता। यक़ीन मानिए, इस दर्द ने मुझे उम्र से पहले बूढ़ा बना दिया और अचानक मेरे बाल सफेद हो गए।*[15]

उन्होंने मिस्र चले जाने का इरादा किया, लेकिन 1858 के मुरादाबाद के एक अनुभव ने, जहाँ वे तैनात थे, उनको बदल डाला। उन्होंने खुद को उन हजारों मुसलमानों के बीच पाया जो शोक मनाने के लिए जुटे थे, उनका दुख-दर्द देखा और वे जीने का एक नया उद्‌देश्य पा गए :

> *तभी मेरे मन में ख्याल आया कि हिफाजतवाली जगह पर मेरा भागना करुण और आदमियत की भावना से उलट होगा। नहीं, मुझे अपनी कौम की मुश्किलों में जरूर साझीदार होना चाहिए और उसके ऊपर जो विपत्ति आई है, उसे दूर करने में मुझे उसकी मदद करनी चाहिए...तभी मैंने मुल्क न छोड़ने का फैसला किया।*[16]

यह बदलाव बहुत बड़ा था। मुरादाबाद तक सैयद अहमद अपने जीवन का केन्द्र खुद थे। सैयद अहमद की खुशी, सफलता, उन्हीं के दुख, उन्हीं की गलतियाँ उनकी चिन्ता के केन्द्र में थीं। मुरादाबाद के साथ ही यह केन्द्र बदल गया। अब उन्होंने पूरी कौम की स्थिति पर ध्यान केन्द्रित करना शुरू किया और जल्दी ही उनकी यह चिन्ता जुनून बन गई तथा 'उर्दू के पिता' अब्द-अल-हक़ ने स्नेह उँड़ेलते हुए, भरपूर सच्चाई से लिखा :

> *सैयद अहमद ने अपनी कौम से जितनी मुहब्बत की, उतनी मुहब्बत फ़रहाद ने शीरीं से और नल ने दमयन्ती से नहीं की होगी। सोते-जागते, उठते-बैठते उन्हें इसी का जुनून चढ़ा रहता था। उन्होंने खुद को कौम में मिला लेने के रूहानी स्तर तक पहुँचा दिया।*[17]

इस बदलाव को देखने का एक और नज़रिया भी है। अभी तक सैयद अहमद बीती घटनाओं का अध्ययन कर रहे थे और उनसे प्रेरणा लेते थे, अब से वे वर्तमान पर ध्यान लगा रहे थे और उसकी गड़बड़ियाँ दूर करने के रास्ते ढूँढ़ रहे थे। अभी तक सैयद अहमद भी अपने नाना फ़रीद की तरह मानते थे कि अंग्रेज भारत का भला करने आए हैं। अगर ऐसा है तो कौम का भला अंग्रेजों से बनाकर रखने में ही है। अपनी कौम से मुहब्बत करनेवाले सैयद अहमद अभी तक यही सोचकर काम कर रहे थे। 1859 में उन्होंने कहा था, "मेरी यह दिली ख्वाहिश और खुदा से दुआ है कि हमारी सरकार और हिन्दुस्तान के लोगों के बीच पूरी रजामन्दी रहे।"[18] राज और हिन्दुस्तान के बीच अमन से कौम को लाभ होगा; इस एहसास से 1857 की घटनाओं के चलते सैयद अहमद की सोच में आए तनाव भी दूर हो गए।

सैयद अहमद ने राज-कौम के रिश्तों के बारे में दोतरफा कोशिश की। 1858 में उन्होंने 'अस्बाब-ए-हिन्द' लिखा जिसमें बड़ी साफगोई से राज की गलतियों को भी बताया। इसमें उन्होंने बादशाह और प्रजा के अकबर वाले दिनों के मधुर सम्बन्धों का जिक्र किया और फिर इसकी तुलना औरंगजेब के काल में "जनता को हुई परेशानियों और उसके शासक से दूर हो जाने" से की और कहा कि "अंग्रेजी हुकूमत को सौ साल से ज्यादा हो गए लेकिन वह अभी तक लोगों का दिल जीतने में असफल रही है।[19] साथ ही, उन्होंने लिखा कि ईस्ट इंडिया कम्पनी की सेवा करने के लिए तमगे जीतनेवाले भारतीय सैनिकों को, जिन्होंने अपने मजहबी विश्वास के चलते चर्बीवाले कारतूस को दाँत से काटने से इनकार किया, "जिस तरह से दंडित" किया गया वह "सबसे गलत" था। ये सैनिक "अपने हाथ-पाँव में पड़ी बेड़ियों और खुद को मिले तमगों को निहारकर रोते थे।"[20] इससे भी बड़ी बात थी, "देश को चलानेवाली ऊपरी कौंसिलों में भारतीयों का पक्ष रखनेवाला एक भी आदमी न होना, जो काफी महँगा पड़ा।[21] इस बगावत, जिसे अंग्रेजों ने सिपाही विद्रोह कहा था, के साल-भर बाद ही 1858 में ये बातें लिखना आसान नहीं था। सावधानी बरतते

हुए सैयद अहमद ने इसे हिन्दुस्तान और इंग्लिस्तान में बैठे राज के कर्त्ताधर्ता लोगों को तो भेजा पर हिन्दुस्तानी लोगों में नही बाँटा।

इस ज्ञापन का पर्याप्त असर पड़ा। लन्दन में बैठे अधिकारियों ने इस पर काफी ध्यान दिया, और इस बात के कुछ सबूत हैं कि इसी से अंग्रेज अधिकारी ए. ओ. ह्यूम को 1885 में भारतीय राष्ट्रीय कांग्रेस की स्थापना करने की दिशा में काम करने की प्रेरणा मिली।[22] इसके दो वर्ष बाद सैयद अहमद ने 'हिन्दुस्तान के वफादार मुसलमान' नामक किताब प्रकाशित की जिसमें राज को बताया गया था कि सभी मुसलमान बगावत के साथ नहीं थे।

जहाँ तक कौम की बात है, सैयद अहमद ने उसे अपना सोच व्यापक करने और "अंग्रेजों के तौर-तरीकों और कला की जाँच-परख" करने की सलाह दी। कलकत्ता में 1863 में मुसलमानों की एक सभा में तकरीर करते हुए उन्होंने कहा था, "तालीम में लगे लोग पाएँगे कि सच्चाई के अनेक पहलू हैं और दुनिया किसी खास जाति, धर्म, समाज या वर्ग से बड़ी है।"[23] अज्ञान ही दुश्मन था, "अगर हिन्दुस्तान के लोगों को इंग्लैंड की विशाल ताकत का पता होता...1857 की अप्रिय घटनाएँ हुई ही न होतीं।"[24] सैयद अहमद ने सिर्फ उपदेश झाड़ने की जगह अज्ञान से लड़ने के साधन भी जुटाए। 1858 में उन्होंने मुरादाबाद में एक स्कूल की शुरुआत की और फिर जब उनकी नियुक्ति गाजीपुर में हुई, तो वहाँ भी स्कूल खोला। दोनों ही स्कूलों का खर्च हिन्दुओं और मुसलमानों, दोनों ने उठाया और इसमें सभी समुदाय के बच्चे पढ़ते थे। उन्होंने बाइबिल की उर्दू में टीका लिखी जिसका उद्देश्य इस्लाम और ईसाई धर्म के बीच नजदीकी बताना था। सैयद अहमद ने इसे छपाने के लिए गाजीपुर में एक प्रेस खरीदा।

1864 में 'ट्रांसलेशन सोसाइटी' बनी जिसका नाम जल्दी ही 'साइंटिफिक सोसाइटी' रख दिया गया और जिसके माध्यम से सैयद अहमद ने "पूरब के असंख्य लोगों के लिए पश्चिमी दुनिया के देशों के ज्ञान और साहित्य को उपलब्ध कराने" की उम्मीद की थी।[25] सोसाइटी ने, जिसके संरक्षक भारत के प्रशासन का काम देख रहे एर्गिल के. ड्यूक थे, कुछ समय के अन्दर ही 40 किताबों का अनुवाद किया, जिसमें बिजली, मौसम और कृषि जैसे विषयों की किताबें भी थीं। जब यह सोसाइटी सैयद अहमद के साथ ही अलीगढ़ आ गई तो इसने कृषि सम्बन्धी प्रयोगों के लिए जमीन खरीदी और इसे राजा जयकिशन दास के रूप में एक मजबूत हिन्दू मददगार भी मिला और सैयद अहमद ने भी एक आदर्श वाक्य पा लिया था। इसी दौर में सैयद अहमद के दोस्त बने ग्राहम के अनुसार यह आदर्श वाक्य था : "तालीम बढ़ाओ, तालीम बढ़ाओ।"[26]

लेकिन यह तालीम वे किसे देना चाहते थे, या राज को खुश कर रहे थे? भारत के मुसलमानों को? या सभी भारतीयों को? इसका जवाब कभी पहला बनता है

तो कभी दूसरा। उन्होंने कभी भी अंग्रेजी सीखने की कोशिश नहीं की और उनकी उर्दू में 'कौम' शब्द कभी सिर्फ मुसलमानों के लिए आया है, तो कभी हिन्दू-मुसलमान दोनों ही के लिए।

लेकिन इसका मतलब शायद ही कभी इस्लाम के विश्वबन्धुत्व वाली सीमा तक गया हो। वैसे उन्होंने बार-बार इस्लाम के इस सिद्धान्त का हवाला दिया है कि, "इसे माननेवाला गोरा है या काला, तुर्क है या तदझिक, अरब है या चीनी, पंजाबी है या हिन्दुस्तानी, इससे कोई फर्क नहीं पड़ता।"[27] सैयद अहमद ने खिलाफत को जारी रखने का सीधा विरोध किया। "तुर्की के खलीफा का साम्राज्य हम तक नहीं है। हम भारतवासी हैं और अंग्रेज हुकूमत के अधीन हैं।"[28] भारत ही वह जमीन थी जिससे वे जुड़ाव महसूस करते थे और एक बार उन्होंने कहा था कि भारत में रहनेवाले सभी लोगों, चाहे वे हिन्दू हों या मुसलमान, को हिन्दू कहा जा सकता है।[29] जब उनके मन में सिर्फ हिन्दुस्तानी मुसलमानों की बात होती थी तो फिर कौम का मतलब उन्हीं तक सीमित होता था, "एक आस्थावाले लोग" नहीं।[30]

फिर जब 1886 में वायसराय लॉर्ड लारेंस ने सैयद अहमद को सोने का तमगा दिया तो वह "देशवासियों के प्रति उनकी सेवा"[31] के लिए दिया गया था, न कि मुसलमान समाज के प्रति सेवा के लिए। मुरादाबाद और गाजीपुर के स्कूल भी 'हिन्दुस्तानी' थे न कि 'इस्लामी' और 'साइंटिफिक सोसाइटी' भी सिर्फ मुसलमानों की संस्था से बहुत बड़ी चीज थी। जब 1861 में वायसराय कौंसिल में तीन भारतीय और तीनों ही गैर-मुसलमान, आए तो सैयद अहमद ने कहा कि उन्हें इस फैसले से "खुशी" हुई और उन्होंने "खुदा का शुक्र अदा किया" कि तीनों ने अपनी जिम्मेदारियाँ इंसानियत से और अच्छी तरह निभाईं।"[32] यह सही है कि ये तीनों–पटियाला और बनारस के राजा तथा सर दिनकर राव–उसी वर्ग के थे जिसके सैयद अहमद थे, लेकिन इससे यह बात समाप्त नहीं होती कि उन्हें भारत में दिलचस्पी थी, सिर्फ मुसलमानों में नहीं।

अन्य चीजें भी इसी छवि को मजबूत करती हैं। इसमें सन्देह नहीं कि 1851 में कलकत्ता में गठित ब्रिटिश इंडिया एसोसिएशन से प्रेरणा पाकर ही 1866 में सैयद अहमद ने अलीगढ़ में, जहाँ वे तबादले के बाद पहुँचे थे, 'ब्रिटिश इंडिया एसोसिएशन' की शुरुआत की थी। यह भी हिन्दू-मुसलमान दोनों की संस्था थी। इसके उद्घाटन के मौके पर उन्होंने कहा कि हिन्दुस्तानियों को गोरे शासकों के आगे "अपनी शिकायतें, ईमानदारी से, खुले तौर पर और अदब से रखनी चाहिए" और फिर उन्होंने "सबसे ऊपर मौजूदा खुदा" जो "यहूदी, हिन्दू, ईसाई और मुसलमान, सबके लिए एक है," का हवाला दिया।[33] इस संगठन ने गोरी हुकूमत को जो अर्जियाँ दीं, वे शिक्षा और आर्थिक मामलों से जुड़ी थीं और एकदम गैर-साम्प्रदायिक थीं। इसमें संयुक्त प्रान्त में (जो आज का उत्तर प्रदेश है) एक देसी (इस्लामी नहीं) विश्वविद्यालय खोलने की माँग की, जिसमें "कला, विज्ञान और दूसरे विषयों... यूरोपीय साहित्य की पढ़ाई उर्दू माध्यम से हो सके।"[34] 1867 में राज की नौकरी

करते हुए भी उन्होंने आगरा में आयोजित एक सरकारी आयोजन का बहिष्कार किया, क्योंकि इसमें आए भारतीय मेहमानों को निचले स्थान दिए गए थे और फिर उनके साथ ही अनेक हिन्दू और मुसलमान भी बाहर चले गए।

लेकिन अब तस्वीर बदलती लगती है, कम से कम सैयद अहमद तो बदलते लगते ही हैं। अपनी नियुक्तिवाली नई जगह, बनारस में उन्हें कुछ हिन्दू अदालतों में उर्दू की जगह हिन्दी के चलन की माँग करते मिलते हैं। सैयद अहमद उर्दू को "इस देश में मुसलमान राज की निशानी"[35] और हिन्दू-मुस्लिम साँझा संस्कृति का दिल मानते थे। सो इससे उन्हें दुख हुआ, कड़वापन आया और उनके पुराने मित्र शेक्सपियर, जिनकी नियुक्ति भी तब बनारस में ही थी, ने पाया कि वे "पहली बार सिर्फ मुसलमानों के भले की बात" करने लगे थे।

शेक्सपियर ने उनसे कहा, "इससे पहले तो आप हरदम अपने सभी देशवासियों की भलाई के लिए चिन्तित रहा करते थे।" सैयद अहमद ने जवाब दिया :

> *अब मुझे पक्का यकीन हो गया है कि किसी भी मामले में ये दोनों समुदाय पूरे दिल से एकजुट नहीं होंगे...तथाकथित 'शिक्षित' लोगों के चलते दोनों समुदायों में आगे दुश्मनी काफी बढ़ेगी। जो लोग तब जिन्दा रहेंगे, यह देखेंगे।"*[36]

एक और झटका तब लगा जब 'साइंटिफिक सोसाइटी' के कुछ हिन्दू सदस्यों ने सोसाइटी के प्रकाशनों को उर्दू की जगह हिन्दी में लाने की इच्छा जाहिर की। सैयद अहमद ने इसे "हिन्दू-मुस्लिम एकता को असम्भव बना देनेवाला प्रस्ताव"[37] माना। हिन्दू-मुस्लिम दोस्ती को जोड़नेवाली और इसी के फलस्वरूप पैदा उर्दू को अब भारतीय विरासत मानने की जगह मुसलमानों की चीज माना जाने लगा था। इसकी अपार देसी शब्दावली पर ध्यान न देकर कुछ हिन्दू उर्दू के विदेशी जुड़ाव पर ही जोर देते रहे, और उन्हें उन मुसलमानों की करनी का लाभ भी मिला जो जानबूझकर उर्दू में भारी-भरकम अरबी और फारसी लफ्ज भरते जा रहे थे।

हाली ने दोनों समुदायों से आग्रह किया कि वे "दिल्ली की सीधी-सादी जुबान का प्रयोग करें जिसे हिन्दू और मुसलमान दोनों ही बोलते हैं।"[38] और बाद के दिनों में महात्मा गांधी कहा करते थे कि अगर सबके लिए कोई एक भाषा हो सकती है तो वह हाली द्वारा "विधवा विलाप"[39] कही जानेवाली उर्दू ही होगी। उर्दू और हिन्दी को मिलाकर एक भाषा बनेगी जो दोनों लिपियों में लिखी जाएगी।

उर्दू को इस प्रकार नकारे जाने के संकेतों से सैयद अहमद दुखी और बेचैन हुए, लेकिन वे फिर से आपसी सहयोगवाली अपनी मूल राय पर वापस लौटने में सक्षम थे। 1869 में ब्रिटेन के अपने पहले दौरे के समय भी उन्होंने लिखा, "हिन्दुस्तान के औरत-मर्द सचमुच एक हैं।"[40]

जब सैयद अहमद के बेटे महमूद को पश्चिमोत्तर प्रान्त का कैम्ब्रिज के लिए पहला वज़ीफा मिल गया तो पुलिस अधिकारी ग्राहम ने सैयद अहमद को भी इंग्लैंड की यात्रा करने की सलाह दी। उन्होंने लम्बी छुट्टी ली और महमूद के साथ ही इंग्लैंड पहुँचे। उनका दूसरा बेटा हामिद, एक दोस्त खुर्शीद बेग और छज्जू* नामक नौकर भी साथ गए। बावन वर्ष के सैयद अहमद की दाढ़ी सफेद हो चुकी थी और वे पश्चिमी सभ्यता और जग को जानने के इच्छुक थे। उन्होंने राजा जयकिशन दास और दूसरों को लिखी चिट्ठियों में अपनी यात्रा और अन्य नई चीजों के बारे में लिखा, इन चिट्ठियों को 'साइंटिफिक सोसाइटी' की पत्रिका 'अलीगढ़ इंस्टीट्यूट गजट' में प्रकाशित किया गया। वे लोग रेलगाड़ी से जबलपुर, वहाँ से बैलगाड़ी से तीन दिन और तीन रात चलकर नागपुर पहुँचे, वहाँ से रेलगाड़ी से बम्बई और रास्ते में आनेवाली सुरंगों के बारे में उन्होंने लिखा कि मानो उन्हें आदमी की जगह दानवों ने बनाया है। फिर वहाँ से पी ऐंड ओ के जहाज बड़ोदा से स्वेज तक, वहाँ से रेलगाड़ी से एलेक्जेंड्रिया, फिर पूना नामक जहाज से मर्सेलिस, रेलगाड़ी से पेरिस होते हुए कैलेइस, जहाँ से उन्होंने इंग्लिश चैनल को पार किया।

सैयद अहमद ने लिखा कि बड़ोदा नामक जहाज पर "हमने खूब मजे से बकरे, गाय, मुर्गे और कबूतरों का मांस खाया" क्योंकि वहाँ इनको हलाल किया जाता था। उन्होंने आगे लिखा :

> *पहले भोजन में ही शेरी और क्लेरेट (शराबों) के गिलास हमारी थालियों के साथ रखे थे और हमने उन्हें उलट दिया। भोजन परोसनेवाले ने सोचा कि हम दूसरी शराब चाहते हैं, सो वह हमारे लिए एक बोतल ले आया; और यह सोचकर कि पकी हुई दाढ़ी होने के चलते मैं इस मंडली का नेता होऊँगा, वह कुछ शराब मेरे गिलास में उड़ेलने लगा। मैंने कहा, "नहीं, नहीं।" वह रुक गया लेकिन उसने मुझे अनेक दूसरी शराबों के नाम बताए। मैं कहता रहा, "नहीं, नहीं! सिर्फ ठंडा पानी," और तब उसने शराब के गिलास हटाए और हमारे लिए बरफवाला पानी, जो आदमियों के लिए अल्लाह द्वारा बनाई शराब है, ले आया।*[41]

एक इतवार को उन्होंने देखा कि "सभी अंग्रेज जहाज के डेक पर जमा हुए, अपनी कुर्सियों पर बैठ गए और पादरी प्रार्थना करने लगे।" बाद में उन्होंने इस बारे में लिखा :

> *मैं चुपचाप और अदब के साथ उनके पास खड़ा हो गया, इधर-उधर घूमता रहा। मैंने देखा कि कैसे अल्लाह को उसके कैथोलिक पूज रहे हैं, उसका गुणगान कर रहे हैं। कुछ लोग मूर्तियों के आगे झुके थे; कई कुर्सियों पर*

---

* छज्जू हिन्दू था या मुसलमान, यह स्पष्ट नहीं है।

बैठे-बैठे उसे सम्बोधित कर रहे थे और सिर पर कपड़ा भी नहीं रखा था। कई सिर ढँककर और मन के साथ प्रार्थना कर रहे थे और उनके हाथ श्रद्धाभाव से जुड़े थे; कई उसे गाली भी देते हैं लेकिन उसे इसकी परवाह नहीं है।"[42]

जब एक यात्री मर गया और उसकी लाश को समुद्र के पानी में उतार दिया गया तो इस पर उनकी टिप्पणी थी : "आदमी मर जाता है तो फिर चाहे जो कीजिए ...जला डालिए, दफना दीजिए, गर्त में डाल दीजिए...जिसे जाना था गया, जो होना है होना है।"[43] इन घटनाओं के बारे में शायद कोई हिन्दू या ईसाई या यहूदी इसी तरह की बात खुद से कहता लेकिन उनकी अन्य प्रतिक्रियाएँ ठेठ मुसलमान वाली थीं। उन्होंने देखा, "जुमे की सुबह अरब तट नजर आया जिससे मैं निहाल हो गया। मैं उसे निहारता रहा। मुझे खुदा की याद आई जिसने हमारे अज़ीज पैगम्बर को पैदा होने भेजा। जहाज "सिसली की राजधानी मेसिना के काफी पास" से गुजरा। सैयद अहमद ने लिखा : "एक समय सिसली काफी दिनों तक मुसलमानों के हाथों में रहा था लेकिन मैंने अपनी नस्ल के लोगों द्वारा बनाई एक भी इमारत नहीं देखी। मुझे पक्का यकीन है कि यहाँ हमारे राज के कुछ अवशेष जरूर होंगे।"[44]

इस महादेश में प्रवेश करते ही उन्होंने मार्सेलिस और पेरिस में देखी "इमारतों की खूबसूरती, रोशनी की चकाचौंध और खूबसूरत तथा अच्छी पोशाकें पहने औरत-मर्दों" के बारे में विस्मय के अन्दाज में लिखा है। वर्साय के महल में एकदम जीवन्त लगते चित्रों को देखकर "हैरानी से जुबान बन्द हो गई"। उन्होंने इस महल में पानी पहुँचानेवाली नहर की तुलना दिल्ली किले की विख्यात नहरे-बहिश्त से की, "जिसके पानी से मैं पहले खेला करता था और निश्चित रूप से वह इसके आगे कहीं नहीं ठहरती।"[45]

सैयद अहमद सत्रह महीने इंग्लैंड में रहे। लम्बी छुट्टी पर साथ ही गए उनके दोस्त ग्राहम उन्हें डर्बी घुमाने ले गए। लॉर्ड लारेंस, जो अब वासयराय नहीं रह गए थे, उनसे मिले। सैयद अहमद ने महारानी विक्टोरिया को एक पुल का उद्घाटन करते देखा, कार्लाइल से मिले, चार्ल्स डिकेंस द्वारा किए गए अन्तिम पाठ को सुना और एर्गिल के ड्यूक से 'स्टार ऑफ इंडिया' की पदवी प्राप्त की।

वे इस बात से प्रभावित थे कि इंग्लैंड में नौकर भी पढ़े-लिखे थे। जिस घर के कमरे किराए पर लेकर वे रहे थे, उसकी नौकरानियों के बारे में उन्होंने लिखा :

पहली, एनी स्मिथ बहुत होशियार है, अखबार पढ़ती है और अपने काम घड़ी या मशीनवाले अन्दाज में करती है...वह हमें 'सर' कहकर बुलाती है। खुदादाद बेग को यह 'मिस्टर बेग' और उसने जब यह सुना कि यह उसका पूरा नाम नहीं है, उसने कहा, "माफ कीजिएगा, सर, लेकिन आपका पूरा नाम बहुत मुश्किल है।" इस बात पर खूब हँसी हुई और हम सबने खुदादाद बेग को 'मिस्टर बेग' कहना शुरू कर दिया...दूसरी एलिजाबेथ मैथ्यूज, बहुत नौजवान

और अदबदार, सभी काम करनेवाली है और सारी तंगहाली के बावजूद 'इको' नामक आधे पेज का अखबार रोज खरीदती है।[46]

उन्होंने अंग्रेज सभ्यता के आगे बढ़ने के कारणों पर नजर डाली और यह पाया कि "सभी कलाएँ और साइंस इसी देश की जुबान में हैं।" सो भारत को बेहतर बनाने की ख्वाहिश रखनेवाले हिन्दुस्तानियों को "पूरी कलाओं और साइंस की बातों का तरजुमा अपनी जुबान में कराना चाहिए।" उन्होंने भारत के अपने दोस्तों से कहा, "यही असलियत है, यही असलियत है, यही असलियत है," और उनकी इच्छा थी कि यह बात "मोटे-मोटे अक्षरों में हिमालय पर लिखी होती।"[47]

इंग्लैंड की उपलब्धियों, वहाँ के ड्राइवरों और ताँगेवालों की भी साक्षरता, वहाँ के क्लबों और जिन घरों, जहाँ वे भोजन करने गए, की बातचीत के स्तर और "प्रसिद्ध इमारतों, अजायबघरों, इंजीनियरिंग के काम और बन्दूक की फैक्ट्रियों" ने उनका दिल जीत लिया था और इसी के चलते उन्होंने जो टिप्पणी की, उससे 'अलीगढ़ इंस्टीट्यूट गजट' के पाठक निश्चित रूप से सहमत नहीं होंगे :

> *अंग्रेजों की चापलूसी किए बिना मैं सचमुच यह कह सकता हूँ कि देसी हिन्दुस्तानी लोगों, अमीर और गरीब, बड़े व्यापारियों और छोटे दूकानदार पढ़े-लिखे और अनपढ़, की तुलना जब तालीम, तौर-तरीकों और ईमानदारी के मामले में अंग्रेजों से की जाती है, तो वे किसी खूबसूरत और काबिल आदमी की तुलना में गंदे जानवर ही लगते हैं।*[48]

लेकिन पश्चिमोत्तर प्रान्त के गवर्नर सर विलियम म्यूर ने 'लाइफ ऑफ मोहम्मद' नामक अपनी किताब में जो कुछ लिखा, उससे वे आहत हुए। इसका जवाब तैयार करने के लिए उन्होंने लन्दन के पुस्तकालयों में महीनों पढ़ाई की और अपना जवाब प्रकाशित कराने हेतु पैसे जुटाने के लिए उन्होंने लन्दन से ही निर्देश भेजकर हिन्दुस्तान में स्थित अपना पुस्तकालय बेच देने को कहा। वे कैम्ब्रिज और ऑक्सफोर्ड तथा इटोन और हैरो समेत अनेक प्रसिद्ध प्राइवेट स्कूलों को भी देखने गए और हिन्दुस्तानी मुसलमानों के लिए एक आधुनिक कॉलेज खोलने का मन बना लिया, जहाँ वे एक पढ़ा-लिखा आधुनिक कुलीन समूह तैयार करेंगे और 'तहजीब-ए-अख्लाक' या 'मोहम्मडन सोशल रिफॉर्मर' नामक अखबारों, जिनके लिए उन्होंने इंग्लैंड में ही ब्लॉक तैयार कर लिए थे, के जरिए कौम के तौर-तरीकों को सुधारेंगे। उन्होंने सोचा कि यही काम एडिसन और स्टील ने 'टैट्लर' और 'स्पेक्टेटर' के माध्यम से किया था। अगर मुरादाबाद के अनुभव ने उनका ध्यान विगत की जगह वर्तमान पर केंद्रित किया, तो इंग्लैंड ने इसे वर्तमान से भविष्य की ओर मोड़ दिया।

राज से उनके रिश्ते बहु-स्तरीय थे। एक स्तर पर तो वे राज के स्वामिभक्त सेवक थे—खुद उन्हीं के शब्दों में, "अप्रतिश्रुत सेवा में लगा महारानी का एक सेवक

जज'' जो ''अंग्रेज सरकार और अपने सबसे गौरवशाली शासक की पूरी निष्ठा और लगन से'' सेवा कर रहा है।[49] दूसरे स्तर पर, इतिहास के विद्यार्थी की हैसियत से उन्हें भारत पर अंग्रेजी शासन वांछित और स्थायी लगता था, और ब्रिटेन की उपलब्धियाँ अनुकरणीय। तीसरे स्तर पर, वे नाज करनेवाले हिन्दुस्तानी और मुगल थे, जिन्हें लगता था कि किसी ड्यूक (राजकुमार) या लॉर्ड को उनकी सेवा में लगा रहना चाहिए। चौथे स्तर पर, वे अपने धर्म की श्रेष्ठता माननेवाले मुसलमान थे, जिन्होंने इंग्लैंड में रहते हुए अपने एक अंग्रेज दोस्त से कहा, ''मेरा मजहब इस्लाम है और मुझे इसमें पक्की आस्था है–इस्लाम सीमित राजतन्त्र या वंशानुगत राजतन्त्र को मान्यता नहीं देता।''[50]

कौम या कौमों से उनका रिश्ता भी जटिल था और उन्होंने जो अपमानजनक शब्द कहे हैं, वे उनकी और उन लोगों की, जिनकी उन्हें चिन्ता थी, अधीरता को दर्शाते हैं। ये लोग पश्चिम के स्तर तक नहीं आए थे, और उन्हें लग रहा था कि उनकी डाँट या लोगों को शर्मिन्दा करने से उनमें बदलाव आएगा। उन्होंने इंग्लैंड से लिखा, ''हिन्दुस्तानियों में अंग्रेजों से बेहतर नहीं तो बराबरी पर आने की क्षमता है।[51] उनकी भावनाओं को समझकर अनेक भारतीय उनकी असंसदीय टिप्पणियों के बावजूद उनका समर्थन करेंगे।

अक्टूबर 1870 में बनारस लौटकर सैयद अहमद बरना नदी के तट पर स्थित एक बड़े मकान में यूरोपीय रंग-ढंग से रहने लगे, जिससे उनके मित्र ग्राहम को कुछ निराशा ही हुई। वापस अपने पद पर आ गए ग्राहम ने लिखा, ''ऐसा लगता है कि इंग्लैंड में रह गए एशियाई लोग हमारी आदतों को पसन्द करते हैं।'' यह सोचकर कि भारत में मौजूद अंग्रेजों के ''जरा-सा अनादर'' से भी सैयद अहमद पर हुआ इंग्लैंड का असर, जहाँ उन्हें ''हर कहीं सम्मान मिला था,'' धुल सकता है, ग्राहम ने अपने घर पर बनारस के वरिष्ठ जजों और अन्य अंग्रेज औरतों-मर्दों के साथ एक भोज में उन्हें भी आमन्त्रित किया। ग्राहम ने सोचा कि ''यह पहला मौका है जब भारत में एक निजी भोज में एक मुसलमान जेंटलमैन ने साथ-साथ भोजन किया।''[52]

दरअसल इस स्वाभिमानी हिन्दुस्तानी ने एक तिरस्कार का अन्दाजा लगा लिया था–उन्होंने इंग्लैंड में ही सुना था कि पश्चिमोत्तर प्रान्त के गवर्नर सर विलियम म्यूर ने उन पर झूठा होने का आरोप लगाया है। इससे अपमानित महसूस कर रहे सैयद अहमद अपने वापस आने की खबर म्यूर को, जिसने महमूद को कैम्ब्रिज में वजीफा और सैयद अहमद को 'स्टार ऑफ इंडिया' की पदवी देने की सिफारिश की थी, देने नहीं गए। जब म्यूर को सैयद अहमद की आहत भावनाओं का पता चला तो उन्होंने लिखा, ''मैंने आप पर तथ्यों को गलत ढंग से रखने का आरोप लगाने की बात सपने में भी नहीं सोची होगी।'' म्यूर ने कहा कि सैयद अहमद ने उनकी टिप्पणी

का गलत अनुवाद देखा होगा। सैयद अहमद शान्त हो गए। उन्होंने जवाब दिया, "मुझे अब लगता है कि मैं कितना गलत था।"[53]

सैयद अहमद के भारत लौटने के तीन महीने के अन्दर ही 'तहजीब-ए-अख़्लाक' का पहला अंक 24 दिसम्बर 1870 को निकला। दो दिन बाद ही अलीगढ़ कॉलेज की स्थापना करनेवाली कमेटी गठित हो गई। इस पत्रिका ने हंगामा खड़ा कर दिया, क्योंकि इसमें सैयद अहमद ने कहा था कि पहले मुसलमान गुलाम रखते रहे हैं जिसकी कुरान में मनाही है, कि बहु-विवाह उसी शर्त पर ठीक है कि जब शौहर को लगे कि वह अपनी सभी बीवियों से समान व्यवहार रख सकेगा; कि सरकारी रुक्का (वचन-पत्र) और कर्ज पर सूद लेने पर पाबन्दी नहीं है; कि अभी के मुसलमान नए सवालों पर, जो कुरान या हदीस में नहीं आते, इज्तिहाद या आधुनिक न्याय प्रणाली अपना सकते हैं। इस प्रचलित कहानी, कि एक रात में ही मोहम्मद साहब को मक्का से येरुशलम ले जाया गया था, पर सवाल उठाते हुए उन्होंने तर्क किया कि इसके पक्ष में जो पंक्तियाँ दी जाती हैं वे असल में एक सपने के बारे में हैं।[54]

इक़राम के शब्दों में उन्होंने "लोगों के स्वाभिमान पर हमला किया जो इसके अलावा सब कुछ खो चुके थे।" कुछ ने उन्हें 'काफिर' या 'नास्तिक' या 'क्रिस्तान' कहा। फिर भी अगर उन्होंने दुश्मन बनाए तो इक़राम के शब्दों में ही, "खामोश पड़ी मुसलमान क़ौम में हलचल पैदा की।"[55] और जिन लोगों ने कभी भी सैयद अहमद के मजहबी ख्यालों की तारीफ नहीं की, उन्होंने भी इस पत्रिका की सादी और सरल उर्दू को पसन्द किया।

जवाहरलाल नेहरू अपनी आत्मकथा में लिखते हैं, "1857 के बाद अंग्रेजों ने हिन्दुओं से अधिक सख़्ती मुसलमानों के साथ की। हाल तक भारत पर राज करने की ताजी याद लिए मुसलमानों को वे अधिक आक्रामक, उग्र और अधिक खतरनाक मानते थे।"[56] उधर मुसलमान भी राज से रूठे थे। ऐसी स्थिति में सैयद अहमद जैसा बीच-बचाव करनेवाला आदमी अंग्रेजों के लिए काफी मूल्यवान था। उन्होंने उनकी और उनके कॉलेज की मदद की। गवर्नर ने अलीगढ़ में 75 एकड़ जमीन दी जिसका उपयोग पहले ब्रिटिश फौज करती थी। वायसराय लॉर्ड नार्थब्रुक ने अपने निजी कोष से 10,000 रु. दिए। उनकी जगह आए लॉर्ड लिटन ने जनवरी 1877 में इसकी आधारशिला रखी और इस आयोजन को देख रहे एक अंग्रेज ने उन्हें "भारत के आधुनिक मुसलमानों के नेता की अनधिकृत उपाधि दी जो पिछले वर्ष राज की न्यायिक सेवा से अवकाश पाने के बाद अलीगढ़ में बस गए थे।"[57] भारत के अमीरों ने, जिनमें रामपुर के मुसलमान नवाब, पटियाला के सिख महाराजा और विजनगरम के हिन्दू महाराजा शामिल थे, भी मदद की। छोटे लोगों से भी मदद माँगी गई। सैयद अहमद गले में झोला लटकाए दरवाजे-दरवाजे गए या उन्होंने फीस लेकर शेर पढ़े या फिर लाटरी के टिकट भी बेचे।

राज ने सदा एक समान मदद नहीं की। अलीगढ़ में तैनात कुछ अधिकारियों ने 75 एकड़ जमीन के कागजात कॉलेज के नाम न होने देने की असफल कोशिश की (जिसके जवाब में इस स्वाभिमानी हिन्दुस्तानी ने उनसे सामाजिक सम्बन्ध तोड़ लिए), जबकि दूसरों ने इसे कॉलेज की जगह विश्वविद्यालय बनाने की सैयद अहमद की इच्छा पर रोक लगवा दी। मोहम्मडन एंग्लो-ओरिएंटल कॉलेज या एम.ए.ओ. जैसा कि इसका तब नाम था, में अंग्रेजी माध्यम से कला, विज्ञान और कानून की पढ़ाई की व्यवस्था थी। सैयद अहमद ने कहा कि देसी भाषा में पढ़ाई की उनसे पहले की सोच एक 'छलावा' थी,[58] क्योंकि तरजुमा बहुत मुश्किल है और इन्हें प्रकाशित करना कठिन है। अब उन्होंने सरकार से "भारतीय देसी भाषा में निर्देश की व्यवस्था पूरी तरह खत्म करने की" गुजारिश की।[59] उर्दू में शिक्षा देनेवाले कॉलेज के लिए राज का समर्थन पाने में हुई मुश्किलों ने यह भारी बदलाव किया था। साथ ही इस एहसास ने भी काम किया कि सरकारी नौकरियों में ऊपर बढ़ने के लिए नौजवान मुसलमान लड़कों को अंग्रेजी शिक्षा की जरूरत है।

फिर भी एम.ए.ओ. उस तरह का सुधारवादी या आधुनिक नहीं था जैसी उनकी पत्रिका 'रिफॉर्मर' थी। उन्होंने इस कॉलेज को अपने आदर्शों के अमल की जगह मानने की जगह सिर्फ एक ऐसे स्थान के रूप में देखा जहाँ "मुसलमान अपने धर्म के पूर्वाग्रह से मुक्त होकर अंग्रेजी शिक्षा पा सकें।"[60] जैसे, इस कॉलेज में लड़कियों के दाखिले का कोई सवाल ही नहीं था। वैसे इस कॉलेज के शुरू होने के पहले म्यूर ने अलीगढ़ में "किशोर लड़कियों को शिक्षित करने की जरूरत" के बारे में भाषण दिया था[61] लेकिन सैयद अहमद ने कहा कि "जब तक बड़ी संख्या में मुसलमान मर्दों को खूब शिक्षित नहीं किया जाता, तब तक मुसलमान औरतों को सन्तोषजनक शिक्षा नहीं दी जा सकती।"[62]

साथ ही, सैयद अहमद ने घोषणा की कि लड़कों को मजहबी तालीम एम. ए.ओ. नहीं, पारम्परिक मुसलमानों की एक कमेटी ही देगी। यह वादा रखा गया और सैयद अहमद ने इस बात की पक्की व्यवस्था की कि उनके किसी भी विद्यार्थी के मन में कोई विवादास्पद धार्मिक शिक्षा न जगह बना ले।[63]

इस कॉलेज के (जो 1920 में विश्वविद्यालय बन गया) अधिकांश इतिहासों की शुरुआत इसी कथन से होती है कि 19वीं सदी में मुसलमान आधुनिक अंग्रेजी शिक्षा से दूर रहे और परिणामस्वरूप राज के स्कूल, कॉलेज और दफ्तरों में हिन्दुओं का अनुपात काफी अधिक हो गया। सैयद अहमद खुद भी अक्सर यह बात कहते थे। उनके अनुसार उस समय के अनेक मुसलमान मानते थे कि राज के स्कूल और कॉलेज ईसाई धर्म के प्रचार के लिए बने हैं और किसी "मुसलमान द्वारा अंग्रेजी पढ़ना ईसाई धर्म अपनाने जैसा था।"[64] सैयद अहमद को इस उपमहाद्वीप में मुस्लिम अलगाववाद का जनक माननेवाले हफीज मलिक विस्तृत अध्ययन के आधार पर निष्कर्ष निकालते हैं कि "आधुनिक शिक्षा के प्रति मुसलमानों का इनकार एक मिथक है जिसका निर्माण सैयद अहमद ने ही किया और फिर बड़ी मेहनत से खुद

ही तोड़ा।"[65] 1882 से 1898 के बीच (सैयद अहमद के) एम.ए.ओ. कॉलेज से 122 मुसलमान स्नातक हुए जबकि (सरकारी) इलाहाबाद विश्वविद्यालय से 250," यह तथ्य उजागर करते हुए मलिक कहते हैं, "यह कल्पना करना कुछ उलझन भरा है कि सर सैयद अहमद के न रहने पर भी मुसलमानों में आधुनिक शिक्षा का प्रसार होता ही।"[66]

इस तथ्य को स्वीकार करते हुए कि बंगाल, उड़ीसा और सैयद अहमद के पश्चिमोत्तर प्रान्त के कुछ हिस्सों में "कॉलेज और विश्वविद्यालय शिक्षा" में मुसलमानों की भागीदारी उत्साहजनक नहीं थी, मलिक कहते हैं कि ऐसा किसी "धार्मिक पूर्वाग्रह" की जगह "मुसलमानों की भारी गरीबी" के चलते था और उनका दावा है कि बम्बई, अवध और पंजाब जैसी जगहों पर अंग्रेजी शिक्षा के प्रति मुसलमानों का रुख सकारात्मक था। मलिक का निष्कर्ष है कि सैयद अहमद "आधुनिक स्कूलों में मुसलमानों का सिर्फ उचित और आनुपातिक प्रतिनिधित्व ही नहीं, अधिकतम सम्भव संख्या में भागीदारी चाहते थे।"[67]

लेकिन खुद सैयद अहमद की बातें कुछ अलग ही कहानी कहती हैं,[68] और अपनी किताब 'द इंडियन मुसलमांस' में विलियम्स हंटर ने 1860 और 1870 के दशक के शुरू के बंगाल के मुसलमानों की गरीबी, बेरोजगारी और "आधुनिक शिक्षा की उपेक्षा" की जो दास्तान दी है, उस पर शक करने की कोई गुंजाइश नहीं है। 1872 में लिखते हुए हंटर ने कहा है, "कलकत्ता के सरकारी दफ्तरों में ऐसी जगहों की कमी नहीं है जहाँ कोई मुसलमान कुली, चपरासी, रोशनाई की दावात भरनेवाले या कलम ठीक करनेवाले से ऊपर दर्जे की नौकरी पाने की बात सोच सके। हंटर ने आगे लिखा है, "कुछ वर्ष पहले इंग्लिश कॉलेज (कलकत्ता) के तीन सौ लड़कों में से एक प्रतिशत भी मुसलमान नहीं थे।"[69]

दो तरह के आँकड़े आसानी से एक-दूसरे के खिलाफ जा सकते हैं।* यह बात निर्विवाद है कि सैयद अहमद ने मुसलमानों से अपने 'आधुनिक' कॉलेज में आने और इसकी मदद करने की अपील की; उन्होंने उन्हें राज के आधुनिक संस्थानों में जाने को प्रेरित नहीं किया। इससे लगता है मुस्लिम शिक्षा पर मुसलमानों का नियन्त्रण होना उनकी आधुनिकता का एक उद्देश्य था। 1882 के उनके इस कथन से भी इस बात की पुष्टि होती है :

इस सवाल के सारे पहलुओं पर पूरा सोच-विचार करने के बाद मैं इस नतीजे पर पहुँचा हूँ कि जब तक देसी लोग तालीम का पूरा प्रबन्ध अपने हाथ में

---

* खास तौर से तब जब वे एक ही कालखंड के न हों। सैयद अहमद उस काल से पहले की बात करते हैं जिसका विश्लेषण मलिक करते हैं। मलिक के सर सैयद अहमद (116.72 पृष्ठ) की तुलना शान महमूद की किताब 'सर सैयद अहमद, (पृष्ठ 56) में उद्धृत सैयद अहमद के आँकड़ों से कीजिए।

नहीं ले लेते, तब तक वे सही तालीम नहीं पा सकते...सरकार को अपनी दखलन्दाजी वापस ले लेनी चाहिए।[70]

वे एक मुसलमान कॉलेज चाहते थे और मुसलमानों को इसमें लाना और उनका समर्थन चाहते थे, सो उन्होंने मजहबी तालीम एक पारम्परिक कमेटी को सौंप दी। मुसलमान कौम ने सैयद के मुसलमानपन को समझकर उनकी मजहब विरोधी बातों को माफ कर दिया और कॉलेज को समर्थन देना शुरू कर दिया। इस कमेटी की भूमिका से इसमें काफी मदद मिली और सैयद अहमद का इस बात पर जोर देना भी लाभकारी हुआ कि सभी मुसलमान विद्यार्थी रोज पाँच दफे नमाज अदा करें और लाल रंग की तुर्क झब्बेदार टोपी पहनें। 1879 में प्रकाशित अपने 'मुसद्दस' में हाली ने सैयद अहमद की तारीफ करते हुए लिखा है कि उन्होंने "मुसलमान जनमत को स्थिर किया।[71] दुश्मनों की गालियाँ ('शैतान', 'नास्तिक'! वगैरह) बेकार साबित हुईं। कॉलेज प्रगति करता गया और सैयद अहमद खुद उन "गुमनाम चिट्ठियों" से न तो डरे, न उनका काम धीमा पड़ा," जिनके लिखनेवालों ने कुरान की कसम लेकर लिखा था कि वे उनकी जान ले लेंगे।"[72]

एम.ए.ओ. पूरी (मुसलमान) कौम का होगा न कि उसके किसी एक पंथ का। लोग "शिया और सुन्नी को साथ-साथ नमाज अदा करते देखकर हैरान रह जाएँगे।"[73] एम.ए.ओ. मुसलमानों का था पर सिर्फ मुसलमानों का नहीं। बाहर से आकर पढ़ाई करनेवाले हिन्दुओं का भी स्वागत था और उन्हें नियमों और मुसलमान विद्यार्थियों की अनिवार्य मज़हबी तालीम से आजादी थी। सैयद अहमद ने कहा कि एम.ए.ओ. में "हिन्दू और मुसलमान वजीफा पाने के समान हकदार हैं," और कम से कम एक मौके पर उन्होंने "आनेवाली बी. ए. परीक्षा पहले दर्जे से पास करनेवाले हिन्दू विद्यार्थी" को अपनी जेब से सोने का तमगा देने की घोषणा की थी। ऐसे कदमों से आनन्दित हाली ने अपने एक शेर में कहा कि जिस किसी ने हिन्दू-मुसलमान प्रेम न देखा हो, वह एम.ए.ओ. में पा सकता है—यह एक शायर की टिप्पणी थी लेकिन इसमें सच्चाई का अंश था ही।[74]

फिर भी अनेक बार हिन्दू-मुस्लिम दोस्ती के परिसर की परम्परा का उल्लंघन भी होता था। भले ही परिसर खुद साम्प्रदायिक हिंसा की गिरफ्त से मुक्त रहा हो लेकिन अलीगढ़ शहर में होनेवाले हिन्दू-मुस्लिम विवादों की काली छाया यहाँ पड़ती थी। एम.ए.ओ. (या अलीगढ़ मुस्लिम यूनिवर्सिटी) ने ऐसे अनेक मुस्लिम सरकारी अधिकारी पैदा किए, जिन्होंने सैयद अहमद की मौत के 50 साल बाद बने पाकिस्तान में महत्त्वपूर्ण भूमिकाएँ निभाईं। इसने अली बन्धुओं, शौकत और मुहम्मद जैसे जननेता और लियाक़त अली और ख़्वाजा नज़ीमुद्दीन जैसे सरकार में जानेवाले नेता पैदा किए। लेकिन आगे चलकर यह न तो उस आधुनिकता का प्रतीक बना जिसे इंग्लैंड रहते हुए सैयद अहमद ने अपना लक्ष्य बनाया था और न ही वहाँ से लौटने पर शुरू किए गए धार्मिक सुधारों का। उल्टे यह मुस्लिम एकता और

अनुदारवाद का ही प्रतीक बना। कुछ ने इसे मुस्लिम राष्ट्रवाद कहा तो, खुदा का शुक्र है कि कुछ ने इसे मुस्लिम साम्प्रदायिकता भी कहा। सैयद अहमद का सपना, अधिक से अधिक आंशिक रूप से ही सच हो पाया।

एम.ए.ओ. की शुरुआत करने के साथ ही सैयद अहमद एक राष्ट्रीय हस्ती बन गए और उन्हें हिन्दुस्तानी मुसलमानों का नेता माना जाने लगा। लिटन ने उन्हें इम्पीरियल लेजिस्लेटिव कौंसिल में मनोनीत किया और उनके उत्तराधिकारी वायसराय रिपन ने भी ऐसा ही किया। कौंसिल में सैयद अहमद ने चेचक के खिलाफ अनिवार्य टीका की व्यवस्था के लिए एक विधेयक लाने की पहल की और साथ ही भारतीय अदालतों में हिन्दुस्तानी लोगों के प्रति रंगभेद खत्म कर उन्होंने देसी स्वयंसेवकों की फौज बनाने के ए.ओ. ह्यूम के प्रस्ताव का विरोध किया। ग्राहम को लिखी चिट्ठी में सैयद अहमद ने कहा, "देसी लोगों को स्वयंसेवक बनने की अनुमति न देने के सरकार के फैसले का मतलब है कि वह हिन्दुस्तानियों पर भरोसा नहीं करती।" फिर उन्होंने ग्राहम को इस कहावत की याद दिलाई कि "अगर आप चाहते हैं कि हम आप पर भरोसा करें तो आप हम पर भरोसा कीजिए।"[75]

अक्सर कोई न कोई घटना मुगलों के इस स्वाभिमानी वंशज का दिल दुखा देती थी या मन में कड़वाहट घोल देती थी। अक्सर वे सोचा करते थे कि क्या, "हमारे विलायती दोस्त, जो इस देश के विजेता हैं, जीते गए हिन्दुस्तानियों के साथ बराबरी की स्थिति में बैठने तक लाए जा सकते हैं।" उन्होंने कभी भी अपने स्वाभिमान को लगी ठेस को नहीं छुपाया लेकिन वे इस कारण अंग्रेजों का विरोध करने की हद तक उत्तेजित नहीं हुए। 1857 और इसके बाद की घटनाओं की याद सदा उनके मन में ताजी रही। 'बगावत बेवकूफी थी और वफादारी फायदेमन्द' इस नारे का उल्लंघन उन्होंने कभी नहीं किया और अपनी ओर से राज ने भी अपने वफादार का ख्याल रखा।

अनेक वायसराय और गवर्नर अलीगढ़ आए और एम.ए.ओ. की तारीफ की। सैयद अहमद को शिक्षा एवं लोक सेवा आयोगों में रखा गया। उनके पुत्र सईद महमूद जज हो गए। एम.ए.ओ. से निकले स्नातकों को तुरन्त अच्छी नौकरियाँ मिल जाती थीं। मुश्किलों में फँसी कौम ने प्रभाव पाना शुरू कर दिया था। सैयद अहमद ने सोचा और दावा किया कि उनकी रणनीति सफल हो रही है और उनके कौम के कुछ लोगों ने सोचा कि सैयद अहमद ने उन्हें मुश्किल और अनजान सागर से पार लगा दिया है। वे उनके होशियार कप्तान थे। उनके चलते ही मुसलमान कौम को "मुस्लिम राज के चले जाने से पैदा खालीपन का एहसास नहीं हुआ।"[77]

खुद राज के करीबी हो चुकने के बाद उनकी दिलचस्पी इस बात में नहीं थी कि आम लोग भी सत्ता के करीब पहुँचें। "वयस्क मताधिकार," "नौकरियों की खुली प्रतिद्वन्द्विता" और "एक आदमी...एक वोट" जैसी बातें सुनाई देनी शुरू हो गई

थीं और इन्हें सुनकर वे असहज हो जाते थे। शिक्षित और समान हैसियतवाले लोगों के समाज में तो इनका मतलब था लेकिन भारत इनमें से किसी भी श्रेणी में नहीं था। लोकतन्त्र के लिए जरूरी एकता और समझदारी, दोनों का भारत में अभाव था। भारत में इससे सबसे निचले तबकों का राज और हिन्दू राज हो जाएगा। एक तरह से यह वर्ग-चरित्र की प्रतिक्रिया थी। उन्होंने कहा, ''अच्छे घरों के लोग अभी भी अपनी जान-माल की हिफाजत निचले तबकों के, जिनकी निचली पैदाइश को वे अच्छी तरह जानते हैं, हाथ में सौंपना कभी भी पसन्द नहीं करेंगे।'' लेकिन यह एक कौम की प्रतिक्रिया भी थी :

> *अब मान लीजिए कि सभी अंग्रेज हिन्दुस्तान छोड़नेवाले हों, तब कौन भारत पर राज करेगा? क्या यह सम्भव है कि दो कौमें—हिन्दू और मुसलमान एक ही गद्दी पर बैठ सकेंगी? अधिक सम्भावना नहीं है। यह जरूरी है कि एक कौम दूसरे पर जीत हासिल करेगी और उसे दबा देगी।*[78]

जब लॉर्ड रिपन का स्थानीय स्वशासन विधेयक कौंसिल के आगे आया, तो सैयद अहमद ने सफलतापूर्वक दलील दी कि लोकल बॉडी और डिस्ट्रिक्ट बोर्डों में मुसलमानों का नॉमिनेशन अलग हो। इस मौके पर दिया गया उनका भाषण कुछ विस्तार से उद्धृत करने योग्य है :

> *जिन मुल्कों की आबादी एक जाति और एक पंथ वाली है, वहाँ के लिए इलेक्शन से नुमाइंदा चुनने का तरीका निश्चित रूप से अच्छा है।*
>
> *लेकिन हुजूर, भारत जैसे देश में, जहाँ जातिगत भेद अब भी मौजूद हैं, जहाँ विभिन्न नस्लों के बीच एकता नहीं हुई है, जहाँ मज़हबी अलगाव अभी भी हिंसक है, जहाँ आधुनिक अर्थ में तालीम आबादी के सभी हिस्सों में बराबर या आनुपातिक रूप से नहीं पहुँची है, मेरा पक्का यकीन है कि यहाँ इलेक्शन का सिद्धान्त जस के तस लागू करने से लोकल बॉडी और डिस्ट्रिक्ट बोर्डों में भारी गड़बड़ियाँ आ जाएँगी...*
>
> *बड़ी कौम छोटी कौम के हितों पर पूरी तरह हावी हो जाएगी...और इन कदमों से हो सकता है कि नस्ल और पंथ के झगड़े इतने खूनी हो जाएँ जितने पहले कभी नहीं रहे।*[79]

मुख्यतः ए.ओ. ह्यूम की प्रेरणा से यह भाषण जनवरी 1883 में दिया गया। भारतीय राष्ट्रीय कांग्रेस के गठन के करीब तीन वर्ष पहले भारतीय स्वयंसेवक फौज बनाने के उनके प्रस्ताव को सैयद अहमद ने बहुत पसन्द किया था। कांग्रेस के संस्थापक ह्यूम और उनके भारतीय तथा अंग्रेज दोस्त—राज के प्रति निष्ठावान थे लेकिन रचनात्मक आलोचना में विश्वास करते थे। उस समय के वायसराय डफरिन ने ह्यूम को प्रोत्साहित किया; उस समय लोगों की नाराजगी के संकेत दिखने लगे थे और उन्होंने सोचा कि कांग्रेस 'सेफ्टी वाल्व' का काम कर सकती है। कांग्रेस

के उद्देश्यों में "नस्ल, धर्म और प्रान्त सम्बन्धी सभी सम्भव पूर्वाग्रहों को समाप्त करना" भी था लेकिन पहले सत्र में उसने "लेजिस्लेटिव कौंसिलों में बड़ी संख्या में निर्वाचित सदस्यों" को लेने और आईसीएस (प्रशासानिक सेवा) में भारतीयों को और प्रवेश देने की माँग की, जो सैयद अहमद की प्रकृति के विरुद्ध गया।[80]

वे दो वर्षों तक खामोश रहे, पर जब एक मुसलमान, बदरुद्दीन तैयबजी को कांग्रेस का अध्यक्ष बनाया गया तो सैयद अहमद बोल उठे। स्पष्ट रूप से कांग्रेस मुसलमानों का समर्थन पाने की कोशिश कर रही थी और सैयद अहमद को लगा कि उन्हें कौम का मार्गदर्शन करना चाहिए। उन्होंने कांग्रेस की माँगों की आलोचना की। चुनाव अनुचित होंगे क्योंकि 'वायसराय' निचले तबकों के लोगों को "मेरे माननीय साथियो कहकर सम्बोधित नहीं कर सकते, न ही वे उन्हें अपने यहाँ भोज का न्यौता दे सकते हैं।"[81] साथ ही "चार गुनी अधिक जनसंख्या के चलते मुसलमानों के एक वोट की जगह हिन्दुओं के चार वोट होंगे। फिर मुसलमान अपने हितों की रक्षा कैसे कर सकेंगे ?"[82] आई. सी. एस. के लिए खुली परीक्षा न्याय-संगत नहीं है क्योंकि "एक कौम (बंगाली) पश्चिमी पढ़ाई में दूसरों से बहुत आगे है। क्या मुसलमान ऊँची पढ़ाई में बंगालियों से मुकाबला कर सकेंगे ?"[83]

सैयद अहमद के प्रभाव से वाकिफ तैयबजी और ह्यूम ने उनके मन में बैठे अन्देशों को दूर करने की कोशिश की। तैयबजी ने एक चिट्ठी में सैयद अहमद को लिखा :

> *अगर ऐसा कोई प्रस्ताव लाया जाता है जिससे मुसलमान हिन्दुओं के अधीन हो जाएँगे या मुसलमानों को नुकसान पहुँचाकर हिन्दुओं को विशेष अधिकार मिलते हों, तो मैं अपनी पूरी ताकत से इसका विरोध करूँगा, लेकिन कांग्रेस इतने सारे काम करती जा रही है। इसके उद्देश्य सभी समुदायों के समान लाभ के हैं और रहेंगे।*

तैयबजी ने आगे लिखा कि यह बात उनकी समझ में नहीं आती कि सैयद अहमद कांग्रेस को "सिर्फ, बंगाली बाबुओं का संगठन" मान लें, यह सिर्फ हिन्दुओं की नहीं है, इसमें बम्बई और मद्रास प्रेसिडेंसी के मुसलमान भी सक्रिय भूमिका निभा रहे हैं।[84] लेकिन सैयद अहमद हिलनेवाले नहीं थे। उन्होंने जवाब दिया :

> *मैं नहीं जानता कि 'नेशनल कांग्रेस' लफ्जों का क्या मतलब होता है...आप इस गलत कामवाले नेशनल कांग्रेस के काम को हिन्दुस्तान के हक़ में मानते हैं लेकिन मुझे यह कहते हुए अफसोस हो रहा है कि मैं इन कामों को सिर्फ अपनी कौम के ही लिए नहीं, कुल मिलाकर हिन्दुस्तान के लिए भी नुकसानदेह ही मानता हूँ।*[85]

सैयद अहमद के दृढ़ विरोध और उनको मिलनेवाले समर्थन का असर तैयबजी पर भी पड़ा और उन्होंने इस बारे में ह्यूम को लिखा कि "मुसलमान दो धड़ों में

बँट गए हैं।" तैयबजी ने आगे लिखा, "बहुत बारीकी से गौर करने के बाद मैं इस साफ नतीजे पर पहुँचा हूँ कि हमें हर साल कांग्रेस का जलसा करना रोक देना चाहिए।" इस बड़े सुझाव पर सहमति नहीं हुई पर यह महत्त्वपूर्ण है कि तैयबजी ने यह सुझाव दिया।

जवाहरलाल नेहरू की नजर में सैयद अहमद, जिन्हें 1888 में सर की उपाधि मिली थी, "कांग्रेस को हिन्दू प्रभुत्ववाली पार्टी मानकर इसका विरोध नहीं कर रहे थे, उन्होंने इसे राजनैतिक रूप से बहुत उग्र मानकर इसका विरोध किया।"[87] विद्वान डब्ल्यू. सी. स्मिथ भी उनसे सहमत हैं और कहते हैं कि सैयद अहमद ने "कांग्रेस का विरोध किया और मुसलमानों को उससे दूर रहने की सलाह दी क्योंकि यह संगठन हिन्दू-बहुल ही नहीं, बहुत ही अनादर दिखानेवाला था।"[88] दूसरी ओर मलिक हिन्दू मध्यवर्ग की बात करते हैं "जो आल इंडिया नेशनल कांग्रेस का मुख्य सहारा था,"[89] और निष्कर्ष निकालते हैं कि कांग्रेस से मुसलमानों का उदासीन रहना इसके हिन्दू चरित्र के चलते था। लेकिन कांग्रेस की सैयद अहमद द्वारा की गई असंख्य आलोचनाओं में इसके तथाकथित हिन्दूवादी स्वरूप की कहीं चर्चा नहीं है। वे कांग्रेस के खिलाफ थे क्योंकि राज-कौम के बीच बने सन्तुलन को भंग करना नहीं चाहते थे, जिसे उन्होंने इतनी सावधानी और सफलतापूर्वक बनाया था।

नेहरू की राय इस तथ्य से भी पुष्ट होती है कि सैयद अहमद ने कांग्रेस के विरोध में हिन्दुओं से समर्थन माँगा और पाया। उत्तर के अनेक राजाओं और तालुकदारों ने खुद को कांग्रेस के 'राजद्रोह प्रदर्शनों' के खिलाफ बताया,[90] बल्कि बनारस के महाराजा ने सैयद अहमद की तरह ही कहा कि "प्रतिनिधि संस्थाएँ पश्चिमी विचार हैं।"[91] सैयद अहमद ने एक तरह सोचनेवाले हिन्दुओं और मुसलमानों को 1888 में 'यूनाइटेड इंडियन पैट्रियाटिक एसोसिएशन' बनाकर एक मंच प्रदान किया। महीने-भर के अन्दर पचास स्थानीय समूह इसमें शामिल हो गए। इसकी बैठकों की कार्यवाही, जिसमें निश्चित रूप से कांग्रेस की आलोचना हुआ करती थी, 'अलीगढ़ इंस्टीट्यूट गजट' में "बड़े शान से प्रकाशित" होती थी।[92] मलिक की राय गलत है। सैयद अहमद ने कांग्रेस के खिलाफ सिर्फ मुस्लिम नहीं, एक हिन्दुस्तानी अभियान छेड़ा।

सैयद अहमद के जीवन के आखिरी दिनों में यह मंच बदल गया लगा। दिसम्बर 1893 में पैट्रियाटिक एसोसिएशन की जगह 'मोहम्मडन डिफेंस एसोसिएशन' (एम.डी.ए.) ने ले ली और इसमें 'एम.ए.ओ.' के प्रिंसिपल थियोडोर बेक सचिव बने, जैसा कि इक़राम बताते हैं, सैयद अहमद ने इस नए संगठन को एकदम समय नहीं दिया।[93] सैयद अहमद की जो भारी-भरकम जीवनी हाली ने लिखी, उसमें इस संगठन का जिक्र भी नहीं है। फिर भी इस बात में सन्देह नहीं कि सैयद अहमद का

आशीर्वाद इसे मिला हुआ था। इक़राम के अनुसार, उन्होंने ऐसा 1893 में बम्बई में हिन्दू-मुस्लिम दंगों के बाद गलियों में गाजे-बाजे के साथ निकलनेवाले हिन्दू पुनरुत्थानवादी आन्दोलन के उभरने के चलते किया। जैसा कि अक्सर हुआ, जब भी यह गाजा-बाजा मस्जिद के सामने पहुँचता था, तो मुसलमान परेशानी महसूस करते थे। इस आन्दोलन ने गोहत्या पर रोक की माँग भी की। इक़राम कहते हैं, "गाय के पक्ष में हिन्दुओं की राय न माननेवाले मुसलमानों को आर्थिक बहिष्कार का सामना करना पड़ा।"[94] अगर ऐसा अंग्रेजी राज के समय हो सकता था तो हिन्दू राज में मुसलमानों का क्या होगा ? जैसा कि इक़राम को लगता है, इसी तर्क के चलते सैयद अहमद ने 'एम.डी.ए.' का गठन किया।

इस विश्लेषण पर सवाल उठाते हुए इतिहासकार ताराचन्द कहते हैं कि "सर सैयद अहमद को अपनी मूल नीतियों से साम्प्रदायिकता की ओर मोड़ने का श्रेय प्रिंसिपल बेक और उनके अंग्रेज साथियों को है।"[95] 'एम.ए.ओ.' में पढ़ानेवाले प्रभावकारी शायर शिब्ली का मानना था कि "सर सैयद चापलूस नहीं थे लेकिन सियायत में उन्होंने जो कुछ किया वह अंग्रेजी प्रभाव के चलते था।"[96] समाजवादी नेता अशोक मेहता और अच्युत पटवर्द्धन अपनी किताब 'द कम्युनल ट्रायंगल' में कहते हैं, "बेक ने काफी परिश्रम से सर सैयद को राष्ट्रवाद से अलग करने की कोशिश की और उन्हें मुसलमानों और सरकार के बीच अच्छे सम्बन्ध बनाने के लिए प्रोत्साहित किया।"[97]

हमें तथ्यों को भी जरूर देखना चाहिए। थियोडोर बेक एक शान्ति-प्रचारक मंडली के सभासद के पुत्र थे, कैम्ब्रिज के एक प्रतिभाशाली छात्र थे और जब सैयद अहमद के पुत्र महमूद ने उनकी नियुक्ति की, तब वे कैम्ब्रिज यूनियन के अध्यक्ष थे। 1883 के आखिर में जब वे अलीगढ़ पहुँचे तो एक अन्य अंग्रेज ने उनके बारे में लिखा, "गुलाबी गालों और नीली आँखोंवाला खूबसूरत छोटा नौजवान।"[98] उन्होंने कैम्ब्रिज के दो अन्य अध्यक्षों को 'एम.ए.ओ.' में आने को राजी किया, जिनमें एक थे उनके बहनोई वाल्टर रेले जो बाद में "ऑक्सफोर्ड में अंग्रेजी के विख्यात प्रोफेसर हुए।"[99] और दूसरे हेराल्ड कोक्स। कुछ ही समय पहले अलीगढ़ में अध्यापन कर चुके पूर्व कैम्ब्रिज वालों में टी.डब्ल्यू. आर्नोल्ड, जो बाद में बहुत बड़े विद्वान हुए और थियोडोर मॉरिसन शामिल थे, जो 1899 में बेक की मौत के बाद प्रिंसिपल बने और 1905 तक रहे।

एक अमेरिकी शोधकर्ता, डेविड लेलीवेल्ड ने 'एम.ए.ओ.' की शुरुआती पीढ़ियों की सोच को तय करनेवाले कैम्ब्रिज से निकले अध्यापकों के जीवन और पृष्ठभूमि की खोजबीन की है। उन्होंने पाया कि बेक एक 'टोरी रैडिकल' थे जबकि कोक्स यूनियन की बहसों में समाजवादी सोच दिखाते थे। बेक हाउस ऑफ लॉर्ड्स के खिलाफ तथा आइरिश होम रूल, औरतों के अधिकार और वर्गविहीन समाज के पक्ष में थे। भारत में अंग्रेजी राज की भी उन्होंने निन्दा की थी और मॉरिसन के इस प्रस्ताव का समर्थन किया था, "जॉन बुल एक क्रान्तिकारी राष्ट्रीय आदर्श हैं।"[100]

लेलीवेल्ड का निष्कर्ष है कि बेक "प्रभावित करने से भी अधिक प्रभाव में आ जानेवाले आदमी थे," और कि "भारत आते समय जहाज पर सैयद महमूद द्वारा पिलाई गई घुट्टी और अलीगढ़ को अपना सर्वस्व देने के आदर्श के कारण बेक ने भारतीय राष्ट्रवाद के प्रति पढ़ाई के दिनोंवाली अपनी सहानुभूति को त्याग दिया।"[101] बेक के मन में "महान मुगलों के महलों में रहे लोगों के जीवन को दुरुस्त करने में अपना जीवन लगाने" की इच्छा घर कर गई थी।[102] अलीगढ़ पहुँचने के कुछ समय बाद ही उन्होंने रेले को एक पत्र लिखा जिसमें वे अपने बदलाव, जिसे लेलीवेल्ड ने अलीगढ़ पार्टी लाइन कहा है, के बारे में बताया था :

> *तुमको मालूम है कि मुसलमान उत्तरी भारत के दो शताब्दियों तक शासक थे...(अंग्रेजों के आने के बाद) हिन्दुओं में सबसे कमजोर बंगालियों ने इनसे अंग्रेजी शिक्षा अपना ली लेकिन स्वाभिमानी मुसलमान अपने ज़ख्म सहलाते अलग-थलग ही रहे...इसके बाद, हमारे संस्थापक सैयद अहमद ख़ाँ ने अपने देशवासियों का मन बदलने का काम शुरू किया।*[103]

लेजिस्लेटिव कौंसिल में चुनाव के सिद्धान्त के खिलाफ सैयद अहमद की टिप्पणी कांग्रेस के गठन के पहले की थी और जैसा कि इक़राम बताते हैं, "थियोडोर बेक के भारतीय जमीन पर कदम रखने से पूरे ग्यारह महीने पहले"[104] की है। लेलीवेल्ड के इस निष्कर्ष को, कि "बेक प्रभावित करने से अधिक प्रभाव में आनेवाले व्यक्ति थे" कम से कम बेक-सैयद अहमद के सम्बन्धों के शुरुआती दौर के बारे में सही मानना होगा। बाद में बेक अधिक आत्मविश्वास-भरे और दबंग तथा कई मामलों में सैयद अहमद से भी अधिक जुनूनी हो गए। जैसाकि लेलीवेल्ड कहते हैं, "अंग्रेज प्रोफेसरों ने नमाज में सबकी उपस्थिति हो, इसके लिए अपने पूर्ववर्ती मुसलमान अध्यापकों से भी अधिक सख्ती दिखाई।"[105]

प्रतिभाशाली, समर्पित और हॉस्टल एवं खेल के मैदान में लड़कों से खूब घुलने-मिलनेवाले ये लोग राज-कौम रिश्ते को बढ़ाने में बहुत ही प्रभावी थे। इतना ही नहीं, बेक ने जिस तरह से राजनीति में दखल दिया, उस तरह शायद ही कोई प्रिंसिपल देता है। उन्होंने खुलेआम और बहुत कड़े शब्दों में कांग्रेस का विरोध किया। उन्होंने कहा, "अंग्रेजों और मुसलमानों को पक्की दोस्ती से एकजुट हो जाना चाहिए" और उन्होंने "गोहत्या बन्दी आन्दोलन की निन्दा की।[106] 'एम.डी.ए.' का गठन सैयद अहमद ने नहीं, बेक ने किया था और इक़राम के श़ब्दों में बेक ही इस नई संस्था के 'दिल और जान' थे।[107] सैयद अहमद के जीवन के आखिरी वर्षों में बेक ने जिस तरह से कॉलेज चलाया, इससे यह कहावत ही चल पड़ी, "कौम खुदा की, कॉलेज सर सैयद अहमद का, हुकुम बेक बहादुर का।"[108]

लेकिन इन सबसे सैयद अहमद बेक के हाथ का खिलौना नहीं बन गए थे। वे सदा की तरह स्वाभिमानी हिन्दुस्तानी रहे। अगर कुछ हुआ तो, जैसा कि इक़राम कहते हैं, यही कि सैयद अहमद का "जिद्दीपन और अड़ियलपन बढ़ता गया।"

दूसरी ओर ध्यान देना चाहिए कि गोहत्या बन्दी आन्दोलन से सैयद अहमद से भी अधिक परेशानी बेक को हुई।

शान मोहम्मद ने 1897 में कही सैयद अहमद की इन पंक्तियों को उद्धृत किया है, "अगर गोहत्या छोड़ने से हिन्दू और मुसलमानों का आपसी सहयोग हासिल किया जा सकता है तो इसे जारी रखने से हजार गुणा बेहतर इसे बन्द कर देना ही है।[109] शान मोहम्मद 1895 में हिन्दू-मुस्लिम एकता के बारे में बेक के एक बयान के जवाब में 1897 में सैयद अहमद के एक बयान को रखते हैं। इसके साल-भर बाद ही उनकी मौत हो गई थी। बेक ने कहा था, "अंग्रेजों-मुसलमानों की दोस्ती सम्भव है लेकिन मुसलमानों की हिन्दुओं और सिखों से दोस्ती असम्भव है।"[110] और सैयद अहमद ने कहा था, "निस्सन्देह मैं दोनों कौमों के बीच दोस्ती, एकता और मोहब्बत चाहता हूँ।"[111] दोनों को एक साथ देखने पर प्रमाण बताते हैं कि सैयद अहमद जिन मुद्‌दों पर कांग्रेस का विरोध कर रहे थे, उनसे बेक का कोई लेना-देना नहीं था, लेकिन इससे यह भी पता चलता है कि उनके न रहने पर शायद एम.डी.ए. का गठन नहीं होता।

सैयद अहमद के नए बड़े घर में असंख्य मेहमान, मुसलमान, हिन्दू, सिख और अंग्रेज सभी आया करते थे। यह किताबों से भरा था और कैम्ब्रिज में पढ़े महमूद ने इसे यूरोपीय तौर-तरीके से सजाया था। कथनी और करनी में एकरूपता दिखाते हुए सैयद अहमद ने अंग्रेजी पोशाक और मेज पर खाने के तौर-तरीके अपना लिए थे। लेकिन अभी भी वे गम्भीर लेखन फर्श पर बैठकर ही करते थे। अपने को 'निरक्षर', 'अज्ञानी' और 'अनपढ़'[112] बताते हुए भी उन्होंने इस्लाम पर लेखन जारी रखा। 1880 से 1888 के बीच, कुरान पर टीका के चार खंड प्रकाशित हुए। इक़राम कहते हैं :

> *अपनी टीका लिखते हुए कुछ समय तक तो बिस्तर पर जाना बन्द कर दिया था। वे फर्श पर ही किताबों से घिरे रहकर काम करते रहते थे और खुद को जगाए रखने के लिए अनेक कप चाय पीते थे। जब नींद एकदम ही घेर लेती थी तो वे एक किताब को ही सिरहाने करके फर्श पर ही एकाध घंटा सो लिया करते थे और जगने पर फिर अपने काम में लग जाते थे।"*[113]

टीका इस्लाम पर उनके अन्य लेखन की तरह ही विवाद भड़कानेवाली थी लेकिन इसे उन्होंने इस्लाम को नीचा दिखाने के लिए नहीं, उसका बचाव करने के लिए लिखा था। अपनी जिन्दगी के आखिरी दौर में उन्होंने जो टिप्पणियाँ कीं, उससे उनकी वफादारी की पुष्टि हुई। 1880 में उन्होंने कहा, "मैं तो कुछ भी नहीं हूँ, फिर भी दोनों जहाँ के रखवाले के दूत का वंशज हूँ। मैं अपने पूर्वजों के नक्शेकदम पर ही चलूँगा।"[114] लेकिन यह वंशक्रम-भर की बात से भी अधिक बड़ी चीज थी।

उन्होंने दावा किया कि इस्लाम के प्रति मेरी निष्ठा "मुसलमान के घर मेरे जन्म लेने से ही नहीं है," बल्कि "खुले दिमाग से काफी सोचने-विचारने के बाद उसमें विश्वास, निश्चय-भरा भरोसा बना है।"[115] जब एक स्कूली बच्चे ने इस बुजुर्ग की उपलब्धि की तारीफ की तो सैयद अहमद ने जवाब दिया, "मेरे प्यारे बच्चे, आसमान की ऊँचाई तक तरक्की करो, फिर भी अगर इस दौरान मुसलमान नहीं रह गए तो तुम्हारी तरक्की का क्या लाभ ?"[116]

विद्वान मुहम्मद उमर-उल-दीन जोर देकर कहते हैं कि "सर सैयद अहमद पहले और आखिरी मजहबी आदमी थे।"[117] क्रिश्चियन ट्राल के अनुसन्धान ने उन्हें इस निष्कर्ष पर पहुँचाया कि "उनके (सैयद अहमद के) जीवन में वास्तविक धार्मिक चिन्ता ने केन्द्रीय भूमिका निभाई, इस बारे में कोई सन्देह नहीं है।"[118] मुजीब इस निष्कर्ष से पूरी तरह सहमत नहीं हैं। उनके दिमाग से सैयद अहमद मूलतः गैर-मजहबी दिमागवाले आदमी थे जिन्होंने "वास्तविक-धर्मनिरपेक्ष मूल्यों को हासिल करने की कोशिश की।" मुजीब कहते हैं, "उनकी इच्छा भारत में मुसलमानों को सम्मानजनक स्थान दिलाने की थी और उन्होंने एकदम सही माना कि इस्लाम के बारे में पुराने ख्यालात ही प्रगति के रास्ते में असली बाधा हैं।"[119]

कभी सैयद अहमद ने खुद ही कहा था कि "बचपन से ही मेरा दिमाग मजहबी होने के अलावा किसी और तरफ नहीं मुड़ सकता था।"[120] उन्होंने यह भी कहा कि उनकी टिप्पणी में एक व्यावहारिक मंशा भी है। मुसलमान नौजवानों के बीच 'अंग्रेजी-विज्ञान' की पढ़ाई फैलाने के लिए जोर लगाने के बाद, अब यह उनकी जिम्मेदारी थी कि "अपनी ताकत से जो सम्भव है" उतना कुछ "इस्लाम के चमकदार असली चेहरे पर" अविवेक के चलते पड़े "काले धब्बों" को दूर करें। अगर ऐसा नहीं किया गया तो उनके द्वारा शिक्षित किए गए लोग "इस्लाम के असर से बाहर" हो जाएँगे।"[121]

प्रेरणा चाहे जो रही हो, परिणाम महत्त्वपूर्ण थे। सो मुजीब मानते हैं कि सैयद अहमद की "दूरदृष्टि और ईमानदारी ने उनमें कुछ ऐसे मुद्दों को भी उठाने की क्षमता दी जिनके प्रति धार्मिक विचारक आँख मूँद लिया करते थे।"[122] सैयद अहमद ने अनेक हदीसों (परम्पराओं) की प्रामाणिकता पर सवाल खड़े किए और घोषणा की कि उन्हें भी इस्लाम की व्याख्या करने का हक़ है। तकलीद, पुरानी व्यवस्था को मानने की मजबूरी नहीं है। उन्होंने लिखा, "हमें सभी मसलों की जाँच करने का निश्चय करना चाहिए, चाहे मजहब का मसला हो या दुनियावी। हमें यह जरूर याद रखना चाहिए कि हालात बदलते रहते हैं और हम रोज नई मुश्किलों और जरूरतों से रू-ब-रू होते हैं।"[123] उन्होंने कहा कि कुरान में उनकी पूरी आस्था है, वे एक खुदा और मुहम्मद साहब को आखिरी पैगम्बर भी मानते हैं, लेकिन ऐसा इसलिए है क्योंकि उन्होंने कुरान को प्रकृति के नियमों की पुष्टि करनेवाला ही पाया। उन्होंने आगे कहा कि "खुदा के लफ़्ज़ों" और "खुदा की किताब" को समन्वयवाला होना ही चाहिए, इसलिए उन्हें यह जानकर कोई अचरज नहीं होता।[124]

फिर भी इस्लाम को अगर शिक्षा को अपने प्रभाव में रखना है तो कुरान को तर्क के साथ ही पढ़ना होगा। सैयद अहमद ने कहा, "सिर्फ यही कह देने भर से सन्देह वाले मन को सन्तुष्टि नहीं होगी कि इस्लाम में यही कहा गया है कि इसे ही मानना होगा।"[125] उनकी कल्पना थी कि आगे का शिक्षित और आस्थावान मुसलमान "दाहिने हाथ में फिलॉसफी तो बाएँ में प्रकृति विज्ञान और दिमाग में कलमा बैठाए होगा।"[126] अपने भाष्य में अहमद ने नैतिक नियमों को 'पर्याप्त महत्त्व' दिया। ट्रॉल के शब्दों के अनुसार, उन्होंने इसे मात्र नियम या औपचारिकता से बढ़कर दिल की चीज बताया। ट्रॉल सोचते हैं कि इस बात पर जोर देना शायद सूफी परम्परा से जुड़ा है जिसका सैयद अहमद के शुरुआती जीवन पर प्रभाव था।[127]

हमने देखा कि पहले 'रिफॉर्मर' में व्यक्त उनके विचारों के लिए उनकी निन्दा की गई थी। लेकिन इस भाष्य पर इतना विरोध नहीं हुआ क्योंकि अब उनके विचार इतने नए नहीं रह गए थे। फिर भी यह देखना दिलचस्प है कि 1889 में देवबन्द के प्रभावशाली दारुल-उलूम के प्रधान ने क्या कहा था। प्रधान मौलाना ने अहमद से पूछा कि क्या मुसलमान कांग्रेस में जा सकते हैं जिसमें हिन्दू हैं, और क्या मुसलमान 'मोहम्मडन डिफेंस एसोसिएशन' में जा सकते हैं ? मौलाना ने जवाब दिया : "सैयद अहमद मीठा जहर देते हैं जो जानलेवा है। इसलिए उनके संगठन में मत जाओ। तुम हिन्दुओं के साथ जा सकते हो।"[128]

मलिक के लिए सैयद अहमद की 'सबसे बड़ी उपलब्धि' इस्लाम को आजाद और आधुनिक बनाना था। मलिक का कहना है कि परम्परागत रूप से इस्लाम धार्मिक और धर्मनिरपेक्ष सभी मामलों में प्रभावी था, लेकिन सैयद अहमद ने इसे आधुनिक दिशा देते हुए यह व्यवस्था की कि "मजहब सिर्फ रूहानी मामलों में दखल दें।"[129] मुजीब इतना आगे नहीं जाते। वे धार्मिक और सामाजिक सुधारों के ऊपर अपने कॉलेज को तरजीह देने के लिए सैयद अहमद की निन्दा करते हैं। मुजीब के कड़े शब्दों में :

> *ऐसा लगता है कि उन्होंने एक सौदा किया और अपने समुदाय से कहा कि वह उनके कॉलेज को मान ले जहाँ 'नई तालीम' दी जाती थी और साथ ही यह मान लिया कि यहाँ इस्लाम के बारे में उनके नए विचार नहीं पढ़ाए जाएँगे...तुच्छ चीज के लिए अधिक मोल की चीज छोड़ दी गई, कुछ सौ एकड़ बंजर जमीन और इमारत लेकर मजहब और अध्यात्म का असीमित क्षेत्र छोड़ दिया गया, पूरी कौम के सामाजिक और आर्थिक जीवन के पुनर्निर्माण को कुछेक सौ मुसलमानों के लड़कों को निचले दर्जे की सरकारी नौकरियाँ दिलाने के लिए कुर्बान कर दिया गया।*[130]

उधर दूसरी ओर कुछ दूसरे लोगों ने सैयद अहमद से कहा कि अपने पंथ सम्बन्धी विचारों के चलते वे अपने कॉलेज को जोखिम में डाल रहे हैं। ऐसे ही एक

आदमी को सैयद अहमद ने अपनी मौत के कुछ समय ही पहले एक अविस्मरणीय उत्तर भेजा था :

शैतान, हमारा दुश्मन, हमारे साथ धोखा करता है। हमें यह भरोसा करने को कहा जाता है कि हम बड़ा नेक काम कर रहे हैं और अब अगर हम कोई अलोकप्रिय सच कह देंगे तो लोग डर जाएँगे और हमारे नेक काम को नुकसान हो जाएगा...सच्चाई को दबाना या उसको लेकर शर्मिन्दगी महसूस करना और साथ ही यह उम्मीद करना कि सदाचार फलेगा-फूलेगा, बबूल का पेड़ लगाकर आम की उम्मीद करने जैसा ही है।[131]

यह बात कुछ लोगों को दुस्साहस लगे, मुजीब के लिए वे ऐसे ही आदमी थे जिन्होंने अपने सोच और हैसियत से कम पर ही समझौता कर लिया। लेकिन इक़बाल के सीधे शब्दों में सैयद अहमद "आधुनिक युग के प्रति सचेष्ट होनेवाले पहले मुसलमान थे।"[132]

कम से कम दो विद्वानों, जे.एन. फर्कुहार और क्रिश्चियन ट्रॉल ने राज से रिश्ते रखने के मामले में सैयद अहमद और राजा राममोहन राय में समानता देखी है। दोनों ने ही बाइबिल को ईश्वरीय माना और साथ ही ईसा को मानने से इनकार किया और दोनों ने ही भारत और राज के बीच तालमेल का पक्ष लिया। ट्रॉल कहते हैं कि यह तुलना 'महज संयोग' या 'एक जैसी ऐतिहासिक स्थिति' या सैयद अहमद पर पड़े राजा राममोहन राय के 'असर के परिणामस्वरूप' भी हो सकती है।[133] सैयद अहमद ने कहा कि उन्होंने इस बंगाली समाज-सुधारक को 1830 में देखा था जब वे दिल्ली में मुगल सम्राट से भेंट करने आए थे। राजा फिर से उनकी कहानी में 1869 में दाखिल होते हैं, जब उनकी ब्रिटेन यात्रा में उनके साथ जा रही ब्रिस्टल की कुमारी कारपेंटर ने बताया कि उनके पिता के घर में ही राममोहन राय ने दम तोड़ा है। अपनी एक चिट्ठी में सैयद अहमद ने राजा के बारे में बहुत ही अच्छे विचारों के साथ ही इस प्रकरण का जिक्र किया था।[134] लेकिन उन्होंने राजा से कोई विचार-विमर्श किया या नहीं, इस बात का कोई सबूत नहीं मिलता।

हिन्दू धार्मिक ग्रन्थों के बारे में उनकी जानकारी बहुत करीब की नहीं थी लेकिन उनके दो बयान उनके मन की उदारता को बताते हैं। 'रिफॉर्मर' में 1880 में लिखे अपने लेख में उन्होंने लिखा, "हिन्दू वेदों के लेखकों के कथन को देखिए, जहाँ ईश्वर की एकता और स्वरूप का वर्णन है कि वह कैसे रोशनी की शक्ल में आता है, ज्योतिस्वरूप निर्विकार है।"[135]

एक अन्य मौके पर उन्होंने कहा, "यह मानना बेवकूफी है कि पैगम्बर सिर्फ अरब और फिलिस्तीन में ही मुट्ठी-भर अरबों और यहूदियों को सुधारने के लिए पैदा हुए और खुदा ने अफ्रीका, अमेरिका और एशिया के लोगों को अज्ञानता का अभिशाप दिया।" खुदा के पैगम्बर का अनुकरण होना ही चाहिए, और इस बात का

कोई मतलब नहीं कि वह चीन, अमेरिका, मंगोलिया, अफ्रीका, हिन्दुस्तान या ईरान, कहाँ पैदा हुआ।''[136]

जरूर उनकी सबसे बड़ी चिन्ता भारत की मुसलमान क़ौम की थी लेकिन जिन्ना के जीवनी-लेखक बोलियो ने सैयद अहमद को ''भारत के बँटवारे की बात कहने की दिलेरी दिखानेवाला पहला मुसलमान''[137] कहकर निश्चित रूप से गलती की है। कुछ लोगों का मानना है, भले ही उन्होंने कभी भी 'पाकिस्तान' शब्द कहा न हो, पर उनके दृष्टिकोण में यह शामिल था।[138] लेकिन अपने जीवन के आखिरी वर्षों में चुनाव का और कांग्रेस का विरोध करते हुए उन्होंने जो ये बयान दिए हैं, उनमें कहीं गुप्त छुपे पाकिस्तान का आभास भी लगा पाना मुश्किल है :

> *ऐ हिन्दुओ और मुसलमानो, क्या तुम हिन्दुस्तान के अलावा किसी और देश में बसते हो? क्या तुम यहीं नहीं रहते और मरने पर तुम्हें यहाँ की जमीन में दफन नहीं किया जाता या यहीं के घाटों पर नहीं जलाया जाता? याद रखो कि हिन्दू और मुसलमान मजहबी मतलब के लफ्ज-भर हैं अन्यथा इस देश में रहनेवाले हिन्दू, मुसलमान और ईसाई, सभी एक ही कौम हैं।*[139]
>
> *उस वक्त को बीते सदियों हो गए जब खुदा ने चाहा कि हिन्दू और मुसलमान एक ही मौसम के साझीदार हों और जमीन को बनाएँ, यहाँ साथ-साथ जिएँ और मरें। इसीलिए तो लगता है कि यह खुदा की चाहत है कि ये दोनों कौमें दोस्त या दो भाइयों की तरह इस मुल्क में रहें। वे हिन्दुस्तान के खूबसूरत चेहरे पर दो आँखों की तरह हैं।''*[140]
>
> *यह हमारी ख्वाहिश है कि हिन्दुओं और मुसलमानों के बीच दोस्ती, मेल-जोल और मोहब्बत दिनों-दिन बढ़ती जाए और उनके समाजी रिश्ते इतने मजबूत हो जाएँ कि मन्दिरों और मस्जिदों के अलावा हिन्दुओं और मुसलमानों को अलग-अलग पहचाना भी नहीं जा सके।''*[141]
>
> *मुसलमान जिस चीज को कौम कहते हैं, वह किसी मुल्क या जाति का नहीं खालिस मजहब की पहचान कराती है।*[142]
>
> *मैंने अक्सर कहा है कि ''हिन्दुस्तान एक खूबसूरत दुल्हन है और हिन्दू और मुसलमान इसकी दो आँखें हैं...अगर इसमें से एक आँख चली जाए तो यह खूबसूरत दुल्हन बदसूरत हो जाएगी।''*[143]

हिन्दू-मुस्लिम मेल-मिलाप की उनकी कोशिशों पर ध्यान दिया गया, उनके प्रान्त के गवर्नर कोल्विन 'एम.ए.ओ.' देखने आए और यह देखकर खुश हुए कि ''हिन्दू विद्यार्थियों का भी मुसलमानों जैसा ही स्वागत होता है।''[144] अलीगढ़ के हिन्दुओं की नजर में ''देश के प्रतिष्ठित नागरिक'' सैयद अहमद ने ''मुसलमान समाज में सहनशीलता ला दी थी।''[145] लाहौर में हिन्दू, मुसलमान और सिखों के इंडियन एसोसिएशन ने 1884 में माना कि सैयद अहमद का ''व्यवहार मताग्रहों और पक्षपात से बेदाग रहा है।''[146] अगर राजा जयकिशन दास उनके करीबी दोस्त थे

तो इसीलिए कि सैयद अहमद हिन्दुओं के साथ भी मुसलमानों की तरह ही व्यवहार करते थे। 1880 में अंग्रेजों ने उनसे मुरादाबाद जिले में सूखा राहत कार्यक्रम चलाने को इसी कारण कहा। डॉ. भगवान दास कहते हैं कि "सैयद अहमद का उद्देश्य मुसलमानों को सिर्फ राज से मेल-मिलाप के लिए राजी करना ही नहीं, इस देश और हिन्दू समुदाय से मेल-मिलाप के लिए राजी करना भी था।"[147]

हो सकता है कि उनके लिए मुसलमान कौम का नम्बर सबसे पहला आता हो, लेकिन इसके साथ ही उन्होंने कभी भी अन्य कौमों से रिश्तेवाली बात बन्द नहीं की। यह मात्र भावनात्मक नहीं थी। पाकिस्तानी इतिहासकार इश्तियाक एच. कुरैशी के अनुसार, सैयद अहमद की "सबसे बड़ी चीज यथार्थ का अनुभव करना था और इससे भावुकता का कुहासा छँटा।"[148] यथार्थवाद ने उन्हें यह समझाया कि महारानी विक्टोरिया के हाथ से भारत को छीन पाने का सवाल ही नहीं उठता। उनकी इसी दृष्टि ने उनसे कहा कि अगर मुसलमानों ने खुद को काबिल बना लिया तो वे फैसले करनेवालों के स्तर पर अंग्रेजों की बराबरी में बैठ सकेंगे। 1883 में ग्राहम को अलीगढ़ में भोज के समय, वायसराय लॉर्ड रिपन को सैयद अहमद की दाईं तरफ और उनकी दाईं तरफ सैयद महमूद के बैठे होने का "खुशनुमा दृश्य देखकर खुशी हुई।"[149] यह दृश्य भारत में हुए बदलावों का प्रतीक था। कौम ने अपना असर पा लिया था। सैयद अहमद ने ऐसा करने के लिए उसे सक्षम बनाया था।

आखिरी तीन वर्षों में उन्हें भारी झटके लगे। सबसे पहला झटका तो सैयद अहमद के बाद कौन एम.ए.ओ. को चलाएगा, इसको लेकर हुई गिरोहबन्दी से लगा। नाराज सैयद अहमद ने अपनी इच्छा का रास्ता रोकनेवाले से 'पेरिस तक में मुकाबला' करने की चुनौती दी।"[150] फिर मानसिक रूप से असन्तुलित हो गया महमूद अपने पिता से उलझ गया। कॉलेज के हिन्दू लेखाकार ने नकली चेक बनवाकर एक लाख रुपये चुरा लिए। एडमिशन काफी कम हो गए।

21 मार्च, 1898 को सैयद अहमद ने निराशा के बीच दम तोड़ा। सौभाग्य से उनके उत्तराधिकारी कॉलेज को बचाने और मजबूत बनाने में सफल रहे। उन्हें उस आदमी की याद से बल मिला, जिसने दबी-कुचली कौम का मनोबल वापस किया था।

अध्याय 3

मुहम्मद इक़बाल (1876-1938)

(इंसान ख़ुदा से बात कर रहा है)
तू राश आफ़्रीदी चिराग़ आफ़्रीदम
सिलाफ आफ़्रीदी, अयाग आफ़्रीदम
बयाबानो कोहसारो राग आफ़्रीदम
खियाबानो गुलजारो बाग आफ़्रीदम
(तूने रात बनाई, मैंने दिए बनाए
तूने माटी बनाई, मैंने प्याले बनाए
तूने धरती को वन, पहाड़ और रेगिस्तान दिए
मैंने हँसती हुई वाटिकाएँ सजाईं, फूल खिलाए)
(ऐ मालिक, सच-सच बता तू बड़ा है या मैं)
(अनुवाद)

गाह (कभी) मेरी निगाहे-त्तेज चीर गई दिले-वुजूद
गाह उलझ के रह गई मेरे तबह्हुयात (भ्रमों) में
तूने ये क्या गज़ब किया मुझको भी फाश (प्रकट) कर दिया
मैं भी तो एक राज़ था, मीना-ए-कायनात (ब्रह्मांड के हृदय) में

बिठा के अर्श (सातवें आसमान) पे रखा है तूने ए वाइज (धर्मोपदेशक)
ख़ुदा वो क्या जो बन्दों से अहतिराज (परहेज) करे
मेरी निगाह में वो रिंद ही नहीं साकी
जो होशियारी-ओ-मस्ती में इम्तियाज (फर्क) करे

क्या यह अचरज है कि उर्दू और फारसी में ऐसे शेर लिखनेवाले को एक महत्त्वपूर्ण चिन्तक-शायर माना जाता है? मुजीब कहते हैं, (और हमें यह याद रखना होगा

कि वे बहुत नाप-तौलकर शब्द कहते हैं), "उनकी शायरी का आकर्षण सहज है।"[1] साथ ही मुहम्मद इक़बाल, पाकिस्तानी विद्वान फजलुर रहमान सरीखे आदमी को "इस्लामी जगत द्वारा पैदा सबसे दिलेर मॉडर्निस्ट (आधुनिकतावादी)" लगते हैं।[2]

1946 में लिखनेवाले विल्फ्रेड काटवेल स्मिथ के लिए इक़बाल द्वारा आदमी की तारीफ करना और खुदा को आदमी के संग काम करनेवाले के रूप में पेश करना एक पंथवादी क्रान्ति है जो आधुनिक इस्लाम की "सबसे महत्त्वपूर्ण और सबसे जरूरी क्रान्ति थी। क्यों ? क्योंकि इसने खुदा को "काफी दूर माननेवाली पुरानी मान्यता को एक गलती करार दिया था।" "इसने खुदा को वापस दुनिया का बनाया और वह हम सभी के अन्दर से हमारी समस्याओं को देख रहा है, हमारे साथ और हमारे माध्यम से बेहतर और नई दुनिया बना रहा है।"[3]

"मुहम्मद इक़बाल ने सोते मुसलमानों को जगाया।" ये शब्द स्मिथ के हैं लेकिन यही विचार अनेक लेखकों ने भी व्यक्त किए हैं।[4] फिर भी जिन लोगों ने उनके आह्वान पर ध्यान दिया या ध्यान देने का दावा करते हैं, वे इसके उलट ही काम करते रहे, वह एकदम ही अलग-अलग तरह के लोग थे, "इस्लामी समाजवादियों से लेकर घोर प्रतिक्रियावादी तक।"[5]

ग्यारह साल बाद लिखते हुए स्मिथ ने इक़बाल की कविता 'शिकवा' को सर्वोत्तम महत्त्व का बताया। लेकिन आगे लिखा, "उनके असर का ऐतिहासिक परिणाम यही है कि यह भारतीय मुसलमानों में उदारता समाप्त करनेवाला हो गया।"[6] मुजीब के मूल्यांकन के अनुसार चिन्तक इक़बाल का तो बड़ा व्यक्तित्व है, पर व्यावहारिक पथ-प्रदर्शक इक़बाल मुसलमानों से "इस्लामी मत और कानूनों से जरा भी इधर-उधर नहीं देखने को कहते हैं, क्योंकि खुद ही वह जौहरी है जिसने शरीयत रूपी रत्न को तराशा है।" नेक कामों की नई परिभाषा देने की जगह यह इक़बाल "इस्लामी इतिहास और विचारों के पिटे-पिटाए रास्ते पर ही चलते हैं।"[7]

इक़बाल का जन्म सियालकोट में हुआ था। पंजाब का यह शहर लाहौर और जम्मू-कश्मीर के बीच स्थित है। कश्मीरी ब्राह्मण मूल के उनके परिवार को हिन्दू से मुसलमान बने "बहुत दिन नहीं हुए थे।"[8] इक़बाल के बाबा शेख रफीक घूम-घूमकर शॉल बेचा करते थे। रफीक के पुत्र नूर मुहम्मद स्कूल नहीं गए या नहीं जा सके तथा दर्जी और कशीदाकार बन गए। उनकी चमड़ी लाल थी, दाढ़ी सफेद, आँखें गहराई से देखनेवाली और उनका स्वभाव रहस्यवादी मजहबी रुझानवाला। वे एक सूफी परम्परा से जुड़े थे। उनके दोस्त उन्हें अनपढ़ दार्शनिक कहा करते थे। दर्जी के रूप में उनका कौशल देखकर एक स्थानीय अधिकारी ने उन्हें सिंगर सिलाई मशीन, जो उन दिनों नया अजूबा थी, खरीद कर दी। लेकिन

पत्नी इमाम बीबी के सही-गलत के बारे में पक्के उसूल थे। सो उन्होंने इस मशीन से अपने पति द्वारा की गई कमाई को लेने से इनकार कर दिया। नूर मुहम्मद ने सिंगर मशीन लौटा दी और टोपी पर कशीदा करने लगे; इसमें सफल रहे और जल्दी ही उन्होंने और कारीगरों को भी रख लिया।

मुहम्मद इक़बाल, नूर मुहम्मद और इमाम बीबी की सन्तान थे। उनकी तीन बहनें और एक भाई थे—अता मुहम्मद, जो उनसे सोलह वर्ष बड़े थे। सेना से अवकाशप्राप्त अपने ससुर के चलते अता मुहम्मद को सेना में ओवरसियर की नौकरी मिल गई; उनकी कमाई से ही इक़बाल स्कूल और कॉलेज जा सके।

इक़बाल जिस माहौल में पले-बढ़े, उसका एक आभास उनकी बाद की उन पंक्तियों में मिलता है जो शायद एक सही घटना पर आधारित थीं। बालक इक़बाल ने एक भिखारी को पीटा था और उससे खैरात की रकम माँगी थी। "भिखमंगी में उसे जो भी चीजें मिली थीं, वे उसके हाथ से गिर पड़ीं...और मेरे अब्बा की आँखों से आँसू निकल पड़े। उन्होंने कहा, "कयामत के दिन भिखमंगा रोएगा और पैगम्बर मुझसे पूछेंगे कि तुम्हारी हिफाजत में रहनेवाला नया मक़लमान, वह कच्ची मिट्टी का ढेर, आदमी क्यों नहीं बना ?"'[9]

16 बरस की उम्र में इक़बाल सियालकोट के स्काटिश मिशन कॉलेज (जिसे अब मरे कॉलेज कहा जाता है) में दाखिल हुए और एक हकीम की बेटी करीम बीबी से शादी की। उन्होंने दो बेटियों और एक बेटे को जन्म दिया। एक लड़की तो जन्म के तुरन्त बाद मर गई, जबकि दूसरी कई बार बीमार होने के बाद उन्नीस बरस की होकर मरी। लड़का, आफताब आगे चलकर निगम मामलों का अन्तर्राष्ट्रीय स्तर का वकील बना। जब इक़बाल उन्नीस बरस के हुए तो गवर्नमेंट कॉलेज, लाहौर आ गए, जहाँ उन्होंने अलीगढ़ के 'एम.ए.ओ.' छोड़कर यहाँ आ गए थॉमस आर्नोल्ड की देखरेख में दर्शनशास्त्र, अंग्रेजी साहित्य और अरबी पढ़ी। अलीगढ़ में ही आर्नोल्ड ने 'द् प्रीचिंग ऑफ इस्लाम' नामक किताब पूरी कर ली थी, जिसमें शायद पहली बार किसी पश्चिमी आदमी ने यह बताया था कि इस्लाम का शान्तिपूर्ण प्रसार भी हुआ है, भले ही सिर्फ ऐसा ही न हो, तो भी।

इसके बदले अलीगढ़ ने (एम.ए.ओ. में आर्नोल्ड के साथी रहे शिब्ली के शब्दों में) पाया कि "यूरोप के लोगों ने सिर्फ तलवार के बल पर ही दुनिया नहीं जीती है" और आर्नोल्ड को उन्होंने "यूरोप के प्रशंसनीय चरित्र की सबसे अच्छी जिन्दा मिसाल" माना।[10] आर्नोल्ड की गर्मजोशी और इस्लामी संस्कृति की समझदारी ने इक़बाल को अभिभूत कर दिया, और उन्होंने ही इक़बाल में यूरोप जाकर आगे की पढ़ाई करने की इच्छा जगाई। 1904 में जब आर्नोल्ड लाहौर छोड़कर लन्दन चले गए तो इक़बाल ने नाला-इ-फिराक़ (विदाई का गीत) की रचना की।

इक़बाल की शायरी की काबलियत को छह साल पहले से ही पहचाना जाने लगा था। 22 साल की उम्र में वे लाहौर के हकीमन बाजार के एक मुशायरे में गए और अपना यह शेर पढ़ा : "मोती समझ के शान-ए-करीमी ने चुन लिए, कतरे जो

थे मेरे अर्क-इ-अफाल (पश्चाताप से निकला पसीना) के।" विख्यात शायर मिर्जा गोरग़ानी भी वहाँ मौजूद थे और उन्होंने हैरानी जाहिर की, "इक़बाल! इस उम्र में ऐसा खूबसूरत शेर!"[11]

23 वर्ष की उम्र में इक़बाल ने लाहौर में 72 रुपये महीने पर अरबी, इतिहास और अर्थशास्त्र पढ़ाना शुरू किया। कानून और सिविल सेवा में बेहतर पैसा था और उन्हें इसका आकर्षण भी हुआ, पर वे कानून की परीक्षा में फेल हो गए और उन्हें प्रशासनिक पद के लिए शारीरिक रूप से अयोग्य घोषित कर दिया गया। इक़बाल बड़े स्वाभिमानी थे और उनके लिए वे निराशाएँ बड़ी थीं लेकिन इन असफलताओं ने उन्हें इनसे कई बड़े काम करने के लिए बचा लिया।

एक और दुखदायी घटना अता मुहम्मद पर फौजदारी का आरोप थी जो अब फौजी कारखाने में अफसर हो गए थे। इक़बाल को पूरा भरोसा था कि उनके भाई को फँसाया जा रहा है। सो उन्होंने अपनी जानकारी के मुताबिक तथ्य जुटाए और उन्हें सीधे वायसराय लॉर्ड कर्जन के पास भेजा। तब उनकी उम्र 27 वर्ष थी। कर्जन ने मामले में दखल दिया और आरोप वापस हो गए। साथ ही इक़बाल ने सूफी-सन्त निजामुद्दीन औलिया के नाम एक दिल छूनेवाली नज़्म लिखी और उनसे दुआ की कि वे खुदा से सिफारिश करें और अता मुहम्मद को दुश्मनों के फंदे से बचा लें। यह नज़्म 'बर्ग-ई-गुल' अब सन्त के नाम पर होनेवाले सालाना जलसे में गाई जाती है और दिल्ली स्थित उनके मकबरे पर इसका एक शेर टंगा भी रहता है। दो साल बाद यूरोप जाते हुए उन्होंने सन्त के मजार पर एक और नज़्म 'इल्तजा-इ-मुसाफिर' (मुसाफिर की फरियाद) गाई। इक़बाल ने जिस तरह से बाद में सूफीवाद पर हमले किए, उसके और अता मुहम्मद के अहमदिया समुदाय में शामिल होने पर इक़बाल के भड़कने के सन्दर्भ में इन बातों का खास महत्त्व है।

1905 में जब इक़बाल यूरोप रवाना हुए, तब तक काफी भारतवासी उनका नाम सुन चुके थे। ऐसा उनकी कविताओं 'नाला-इ-यतीम' (यतीम का गीत); 'अब्र-इ-गौहरबर', जो खुदा को समर्पित थी; 'तस्वीर-इ-दर्द', 'परिंदे की फरियाद'; 'तराना-इ-हिन्दी' और 'नया शिवाला' के चलते हुआ था।

खुले आकाश की कामना करनेवाले परिंदे की कथा असल में भारत की गुलामी की कथा थी। तस्वीर, तराना और नया शिवाला में इक़बाल ने हिन्दू-मुस्लिम एकता की बातें कही थीं। तराना बहुत ही लोकप्रिय 'सारे जहाँ से अच्छा' है और इसे भारत का अनधिकृत राष्ट्रगीत कहना अतिशयोक्ति न होगा। इसकी अमरता का एक कारण तो इसकी ईमानदारी है। नया शिवाला में इक़बाल ने कहा :

सच कह दूँ ऐ बिरहमन! गर तू बुरा न माने
तेरे सनमकदों के बुत हो गए पुराने
अपनों से बैर रखना तूने बुतों से सीखा
जंगो जदल सिखाया वाइज को भी खुदा ने

पत्थर के मूरतों में समझा तू खुदा है
ख़ाके वतन का मुझको हर ज़र्रा देवता है।
आ गौरियत के पर्दे इक बार फिर उठा दें
आ इक नया शिवाला इस देस में बना दें
दामने-आस्माँ से इसका कलश मिला दें
धरती के वासियों की मुक्ति परीत में है।[12]

नया शिवाला भारत में है लेकिन यह भारत नहीं है। इक़बाल ने इसकी कल्पना हिन्दू और इस्लाम के विलय से बने नए धर्म के मन्दिर के रूप में नहीं, भारत और भारतवासियों के प्रेम की वेदी के रूप में की थी। लेकिन कुछ समय बाद ही इक़बाल हिन्दुस्तान की जगह सिर्फ इस्लाम के शायर में बदल गए। उन्होंने 'तराना-ए-हिन्दी' को वापस ले लिया और उसकी जगह 'तराना-ए-मिल्ली' (इस्लाम का गीत) लिखा। लेखक मुजीब की इस राय से असहमत हो पाना मुश्किल है कि 1900–1905 की उनकी शायरी में "हिन्दुस्तानी लोगों की एकता की चाहत एक गहरे आध्यात्मिक आधार से आई थी, किसी परिवर्तनकारी राजनैतिक भावना से नहीं।"[13]

यूरोप में तीन वर्ष रहने के दौरान इक़बाल ने कैम्ब्रिज में दर्शन-शास्त्र और लन्दन के लिंकन इन में कानून की पढ़ाई की। उन्होंने फारसी तत्त्वमीमांसा पर शोधपत्र भी लिखा, जिसके लिए म्यूनिख विश्वविद्यालय ने उन्हें डॉक्टरेट की उपाधि दी। यूरोप में अपने साथी रहे अब्दुल कादिर से उन्होंने कहा, "मैंने तय कर लिया है कि शायरी छोड़ दूँगा।" सौभाग्य से उनके पुराने उस्ताद आर्नोल्ड ने बातचीत करके इक़बाल का ध्यान सिर्फ "कुछ अधिक उपयोगी" काम करने से हटाया।[14] लेकिन इंग्लैंड में रहते हुए ही इक़बाल ने अपनी शायरी की जुबान उर्दू से बदलकर फारसी कर ली। बाद में उन्होंने लिखा :

गर ए हिन्दी द उजुबत शक्करस्त
तर्जे गुफ्तारे जरो शिरों तर अस्त
फिर्के मन अज जल्वा अश मशहूर गश्त
खिमाए मन शाखे नखले तूर दश्त
फारसी अज़ाते अदेशाम
बार खुराद बा फितरते अदेशाम[15]

[अगर हिन्दी चीनी जैसी है तो फारसी उससे भी मीठी है। इसकी खूबियों पर मेरा मन आया और मेरी लेखनी ने नई रफ्तार पकड़ी। मेरे ख्यालों की उड़ान को सिर्फ फारसी ही रास आ रही है। (भावानुवाद)]

इक़बाल और साथ ही उनके हिन्दुस्तानी श्रोता और पाठक भी, जान गए कि उनकी उर्दू आसानी से उनकी सोच को जाहिर कर देती है और शायद जैसाकि

मलिक बताते हैं, इक़बाल अधिक लोगों तक अपनी बात पहुँचाना चाहते थे। फारसी उन्हें "पूरे इस्लामी जगत की भाषा लगी।"[16]

यूरोप में इक़बाल को बम्बई के एक रजवाड़े की नौजवान महिला अतिया फैज़ी से मोहब्बत हो गई। उन्होंने कैम्ब्रिज, लन्दन और जर्मनी में साथ-साथ वक्त गुज़ारा। इस दौरान के इक़बाल के बारे में कुमारी फ़ैजी का कहना था कि वे स्व-आग्रही और सामाजिक थे, पर कई बार एकदम ही कहीं खो जाते थे या रहस्यवादी-सा व्यवहार करने लगते थे। एक बार उन्होंने फ़ैजी से कहा, "मैं बाहर से तो बुद्धिसंगत और उपयोगितावादी हूँ पर अन्दर से रहस्यवादी हूँ।" अतिया फैज़ी खूबसूरत, होशियार और अपने समय से आगे चलनेवाली थीं। जब वे भारत लौट आईं तो इक़बाल ने उन्हें 'विसाल' (मिलन) शीर्षक कविता भेजी :

गुफ़्तगू जिस गुल की तड़पाती थी ऐ बुलबुल मुझे
खूबिए किस्मत से आखिर मिल गया वो गुल मुझे
मेरे पहलू नें दिले मुस्तार न था सीमाव (पारा) था
इर्तिकावे गुर्मे-उल्फत के लिए बेताब था
कैद में आया तो हासिल मुझको आजादी हुई।[17]

लेकिन ऐसा सिर्फ स्वप्नलोक में ही हुआ। कुमारी फैज़ी के नाम लिखी एक चिट्‌ठी में इक़बाल ने दावा किया कि "इंसान होने के नाते खुशी मेरा हक़ है," और उनके इर्द-गिर्द "पड़ी मुर्दा और उजाड़ किताबों के पन्ने" यह नहीं दे रहे हैं और उनकी "आत्मा में इन सबको और सारे समाजी रिवाजों को खाक करने के लिए पर्याप्त आग" है। लेकिन उन्होंने फैज़ी से शादी नहीं की। फैज़ी ने उन पर 'उपेक्षा' और 'दिखावा' करने का आरोप लगाया। उन्होंने विरोध किया, "काश, मैं तुम्हें अपने दिल को बेहतर ढंग से दिखाने के लिए इसे बाहर निकाल लेता।" लेकिन उन्होंने कभी भी शादी का प्रस्ताव नहीं रखा।

बाद में कुमारी फैज़ी ने हिन्दुस्तानी रीति-रिवाजों को दोषी बताया और कहा कि "इक़बाल भारत में वही नहीं हैं जो वे यूरोप में थे।" उनका मानना था कि हिन्दुस्तान में "उनकी काबलियत कम और संकुचित हो गई है।" उन्होंने आगे कहा कि इक़बाल ने यूरोप में अपनी जिस "बौद्धिक क्षमता का परिचय" दिया था, उसे हिन्दुस्तान ने कभी देखा ही नहीं। मलिक के शब्दों में, यह शादी नहीं हुई क्योंकि बहुत ही एडवांस कुमारी फैज़ी पंजाब के परम्परागत जीवन में एकदम ही फिट न बैठती और साथ ही "इक़बाल भी अपने से ऊँचे सामाजिक वर्ग की महिला से शादी नहीं करते।"[18]

यूरोप की जीवन्तता ने इक़बाल पर गहरा असर छोड़ा। उन्होंने ऐसे सक्रिय लोग देखे जिनके पास "आत्मविश्वास-भरी बेचैनी थी और उन्हें कोई चीज पसन्द नहीं आती तो वे उसे बदल देते थे।"[19] इसके बाद इक़बाल सक्रियता के पक्ष में गीत गा

सकते थे और निष्क्रियता पर ताने कस सकते थे। वे अपने लोगों से "खूब सारी इच्छाओं के साथ चमकने" और लहरों से सीखने को कहते थे जो खुद से कहती है :

जब तक गति है, जान है
रफ्तार गई तो जान गई[20]
(भावानुवाद)

इक़बाल ने जल्दी ही लिखा, "काम करने की अपनी इच्छाशक्ति के बल पर पश्चिमी मुल्क दुनिया के मुल्कों में आगे हैं। इस कारण से, और उनके जीवन का रहस्य जानने के ख्याल से पूरब के मुल्कों के लिए इनका अदब और इनके ख्याल सबसे अच्छे गाइड हैं।"[21] सिर्फ पश्चिम का जीवन ही नहीं, वहाँ के विचार भी ध्यान देने लायक हैं। इक़बाल ने बर्गसन के गतिशीलता के सिद्धान्त और नीत्शे के स्वमताग्रह की बारीक जाँच की; वे कुछ मतों को अपनाने और कुछ को ठुकराने के पक्ष में थे।

पश्चिम की कर्मशक्ति के तो इक़बाल भी प्रशंसक थे, पर आदमी और आदमी तथा देश और देश के बीच निर्दय प्रतिद्वन्द्विता के प्रशंसक नहीं थे। यह सही है कि पश्चिम में कुछ लोग समाजवाद की भाषा बोलते हैं, जो प्रतिद्वन्द्विता को ठुकराने के चलते इक़बाल की भावनाओं से कुछ मेल खाता था, लेकिन यह पूरा विचार उनके मन को शान्त नहीं कर पाया, क्योंकि नास्तिकता यूरोपीय समाजवाद का अभिन्न अंग जान पड़ी। इक़बाल ने लिखा, "पश्चिम में मोहब्बत मर गई है क्योंकि विचार अधार्मिक हो गए हैं।"[22] यूरोप में रहते हुए इक़बाल ने ये पंक्तियाँ रचीं :

सिर्फ खुशी लाती है विलायती साकी की शराब
गम का मज़ा नहीं इसमें मुझको ला दे अपनी देसी शराब[23]
(भावानुवाद)

इक़बाल के दिमाग ने एक अन्तिम समाधान, नए विश्व के लिए एक मॉडल की माँग की। उन्होंने खुद से पूछा कि बिना बर्बादीवाला काम और देशों के आपसी मुकाबले की जगह मेल-मिलाप कहाँ मिलेगा ? उन्होंने खुद को जो जवाब दिया, वह था, "सारी ऊर्जा के बावजूद ऐसा यूरोप से नहीं, इस्लाम में पाया जा सकता है।" क्योंकि इस्लाम के शुरुआती इतिहास में राष्ट्रवाद इस्लाम के आगे घुटने टेकता रहा है। साथ ही इक़बाल को लगा कि मज़हब "रंगभेद का सफल विरोधी है जो मानववादी आदर्श के मामले में सबसे मुश्किल बाधा है।"[24]

इक़बाल बहुसंस्कृति वाले भारतीय समाज को नहीं देख सके, जहाँ ऐसे अलग-अलग समुदायों के लोग मिल-जुलकर रह रहे थे, जो अक्सर लड़ते रहे थे। दूसरी तरफ इस्लाम का शुरुआती दौर, खासकर पहले चार खलीफाओं वाला दौर प्रेरणाप्रद था, और अगर उन्होंने इस्लाम को और इसके राष्ट्रवाद से ऊपरवाले गुण को ठीक समझा तो कल के मुसलमान एक आदर्श दुनिया बना सकेंगे। उनके यूरोप प्रवास ने कौम के बारे में उनके नजरिए को बदल दिया। अब उनकी चिन्ता के केन्द्र में सिर्फ भारत की जगह दुनिया-भर के मुसलमान आ गए।

जब अतिगतिशील यूरोप से इक़बाल का सामना हुआ तो इस्लाम का शानदार इतिहास उनकी मदद में आया। शायद उन्हें अपने बचपन की याद भी आई, जब उनके पिता ने कहा था कि वे "मुहम्मद की डाली की एक कली" हैं। इक़बाल ने इस अतिरंजना-भरी राय को मान लिया था कि "आधुनिक पश्चिम इस्लाम की इस गौरवशाली मध्यकालीन बौद्धिक संस्कृति का प्रत्यक्ष उत्तराधिकारी है, जो उसे स्पेन और सिसली के रास्ते मिली।"[25] भारत लौटने के पहले उन्होंने दो कविताएँ लिखीं, जिनसे उनके इस विश्वास का और पक्का पता चलता है। पहली कविता में उन्होंने लिखा था :

राह देखती दुनिया पर आखिर
मक्का की शान्ति छाई है
रेगिस्तानी लोगों वाले करार को
लागू करने की बारी आई है
बियावान से निकल जिस शेर ने
रोमन साम्राज्य को खत्म किया
फरिश्ते मुझसे यह कहते हैं कि
उसे फिर से जगाने की बारी आई है।[26]

(भावानुवाद)

दूसरी कविता उन्होंने घर लौटते हुए जहाज से सिसली को देखने के बाद लिखी थी। हम पिछले अध्याय में सिसली के बारे में सैयद अहमद की प्रतिक्रिया देख चुके हैं लेकिन इक़बाल की प्रतिक्रिया शायद और भी ध्यान देने योग्य है। उनके पूर्वज हिन्दू ब्राह्मण थे जबकि सैयद अहमद अपने 'अरबी खून'[27] वाला रिश्ता जोड़ सकते थे।

भारत लौटने के कुछ दिनों बाद ही उन्होंने अमृतसर की एक हिन्दू-मुस्लिम-सिख संस्था से जुड़ने के आग्रह को "विनम्रता से ठुकरा दिया था।" उन्होंने कारण बताया :

मैं खुद इस ख्याल का रहा हूँ कि इस देश से मज़हबी भेदभाव खत्म हो जाएँ और अपने जाती जीवन में मैं अभी भी इस पर अमल करता हूँ, लेकिन अब मैं सोचता हूँ कि हिन्दुओं और मुसलमानों, दोनों के लिए साझा कैफियत एक खूबसूरत ख्याल है और इसकी शायराना अपील है...लेकिन यह पूरा हो सकने लायक नहीं लगता।[28]

करीम बीबी से इक़बाल की शादी सफल नहीं रही। 1909 में उन्होंने स्वदेश लौटने के कुछ समय के बाद ही कुमारी फैज़ी को लिखा, "मेरी जिन्दगी बहुत ही नरक हो गई है। उन्होंने जबरन मेरी बीवी को मुझ पर थोप दिया।"[29] बीबी से लम्बे समय तक अलग रहने और कुमारी फैज़ी से इक़बाल के रिश्तों से भी लाभ नहीं हुआ। करीम बीबी 1916 में इक़बाल से अलग हो गईं। लेकिन 1938 में हुई अपनी मौत तक इक़बाल उनका खर्च भेजते रहे। ऐसा लगता है कि 1909 में

इक़बाल ने दो औरतों, सरदार बेगम और मुख़्तार बेगम से निकाह किया था, जो "एक बहुत अमीर व्यापारी की भतीजी थीं।" लेकिन इक़बाल सरदार बेगम को घर नहीं लाए। कुछ लोगों का मानना था कि उनका निकाह नहीं हुआ था...सिर्फ मँगनी हुई थी। लेकिन निश्चित तौर पर सरदार बेगम की राय इस मामले में अलग थी और इक़बाल को लिखी एक चिट्ठी में उन्होंने उन्हें फटकारा, "मेरा निकाह आपसे हुआ था और अब मैं दूसरा निकाह नहीं करा सकती। मैं जब तक जिन्दा हूँ, ऐसी ही रहूँगी और कयामत के दिन तुम्हें (अपनी जिन्दगी बर्बाद करने के लिए) कसूरवार ठहराऊँगी।" उनका पक्का निश्चय काम कर गया। इक़बाल ने 1913 में उनसे शादी, या दोबारा शादी कर ली। मुख़्तार बेगम 1924 में मरीं, और सरदार बेगम 1935 में 37 वर्ष की उम्र में मरीं, एक बेटा (जावेद) और एक बेटी (मुनीरा) को छोड़कर, जिन्हें इक़बाल बहुत प्यार करते थे।[30]

इक़बाल को 'विशुद्ध इस्लाम' में अन्तिम समाधान नजर आया न कि 'भ्रष्ट' इस्लाम में, जिसको असंख्य मुसलमान और खुद वे भी मानते थे। (इक़बाल ने अब माना कि) विशुद्ध इस्लाम में सूफी सन्तों के मजार पर सिर नवाने की कोई जगह नहीं है, वही क्यों सूफी मत के लिए कोई जगह नहीं है। लगता है कि म्यूनिख विश्वविद्यालय में फारसी तत्त्वमीमांसा पर उन्होंने जो शोध प्रबन्ध लिखा था, उसी से उनकी धारणा बनी कि तसव्वुफ सूफी मत का "मूल इस्लाम में कोई ठोस या ऐतिहासिक आधार नहीं है।"[31] उन्होंने अपने पक्के दोस्त ख़्वाजा हसन निज़ामी से, जो उस मजार के संरक्षक थे, जिस पर इक़बाल ने अपनी कुछ नज़्में अर्पित की थीं, कहा कि वे उन्हें यह समझाएँ कि तसव्वुफ क्या इस्लाम का सहज हिस्सा है। निजामी ने जो तर्क दिए उनसे इक़बाल सन्तुष्ट नहीं हुए। उन्होंने निष्कर्ष निकाल लिया था कि "जहाँ तक इस्लाम की बात है, तसव्वुफ बाहरी चीज है और यह एक हानिकारक जुड़ाव है।"[32] लेकिन वे असली सूफी मत या इस्लामी रहस्यवाद के बारे में बात किया करते थे। जिस दर्शन को वे विकसित कर रहे थे, उसमें उन्होंने सूफी शब्द इश्क और उत्कृष्ट आदमीवाली उसकी अवधारणा को शामिल किया। ईरान के सूफी शायर हाफिज की निन्दा उन्होंने इस तरह की :

शराबी हाफ़िज से रहो सावधान
है मुसलमान पर ख्याल गैर-मुसलमान
उसके हाथों में जहर का प्याला
खुदा के बन्दों के पलक झपकाने भर से
निकले इसके ख्यालों का दिवाला।

(भावानुवाद)

और इस नज़्म का अन्त इस निन्दात्मक फैसले में हुआ कि "हाफिज सूफी नहीं था।"[33]

फारसी शब्द तसव्वुफ, जिससे सूफी बना है, के मूल के बारे में विद्वानों की अलग-अलग धारणा है। कुछ का मानना है कि यह सूफियों द्वारा पहने जानेवाले सूफ (ऊन) के लबादे से बना है; दूसरों का मानना है कि यह साफा (पवित्रता) से बना है जिसे वे पाना चाहते थे। अक्सर तसव्वुफ के अर्थ में ही इस्तेमाल होनेवाले तरीका का मतलब है कि एक रास्ता, एक ढंग। सूफी उस्तादों ने शरीयत और तरीका का रिश्ता बताने के लिए एक गोल घेरे के प्रतीक का इस्तेमाल किया। सूफी मत के प्रति सहानुभूति रखनेवाले अध्येता नासर इस बारे में कहते हैं :

> *वृत्त शरीयत है जिसमें सारे मुसलमान आते हैं, खुदा द्वारा बनाए इस नियम को मानने के आधार पर हरेक मुसलमान इस वृत्त का एक बिन्दु है। त्रिज्याएँ तरीकों की प्रतिरूप हैं और प्रत्येक त्रिज्या वृत्त से केन्द्र का रास्ता है। जैसाकि सूफी कहते हैं, खुदा तक पहुँचने के उतने ही रास्ते हैं जितनी आदम की सन्तानें...*
>
> *केन्द्र में हकीकी या सच्चाई है, जो तरीका और शरीयत दोनों का ही स्रोत है। इस कानून और रास्ते, दोनों को बनानेवाला खुदा है जो हकीकी है। शरीयत मानने का मतलब है केन्द्र से जुड़े रहकर जीना। पूरी जिन्दगी जीने और खुदा की हिफाजत में रहने के लिए इसे मानना जरूरी और पर्याप्त है। लेकिन हरदम ऐसे लोग मौजूद हैं जो सिर्फ केन्द्र से जुड़ाव रखकर ही नहीं जी सकते। उन्हें जरूर उस तक पहुँचने का प्रयास करना चाहिए। उनका इस्लाम केन्द्र के रास्ते पर चलना है...अन्तिम लक्ष्य या खुदा को हासिल करने के लिए।*[34]

सूफी मत के प्रति आकर्षण को समझना मुश्किल नहीं है। खुदा के प्रति आदमी की ललक का ही यह जवाब है। यह सिर्फ इतिहास पर नहीं अन्तर्मन पर, खुदा की ताकत ही नहीं उससे इश्क, आदमी के व्यवहार ही नहीं उसके दिल, लफ़्जों की जगह जज़्बातों पर जोर देता लगता है। उनकी शायरी में यह आया है और इससे शायरी को बल मिला। जैसाकि इक़बाल की तरह सूफी मत के प्रति सन्देह रखनेवाले फजलुर रहमान कहते हैं कि "कुल मिलाकर सूफी आध्यात्मिकता आध्यात्मिक पापाचार से बेहतर नहीं है।" वे मानते हैं, "उलेमा प्रणाली बहुत ही कठोर हो गई थी और उनके धर्माधर्म विचार, कानूनी हक़ तथा उनके पंथवादी आडम्बर ने धर्म के प्रति गम्भीर लोगों को सूफी मत की ओर ढकेल दिया।"[35] रहमान 10वीं और 11वीं शताब्दी की बात कह रहे हैं लेकिन यह स्पष्ट है कि वे जो वर्णन कर रहे हैं, उसका उपयोग किसी भी समय होनेवाली घटनाओं में किया जा सकता है और यह सब अक्सर होता रहा है।

सूफी मत से जुड़े जोखिमों को देख पाना बहुत आसान है। क्या लोग तरीका के प्रति बेचैनी में शरीयत को भूल जाना नहीं चाहेंगे? और अगर खुदा तक पहुँचने के उतने ही रास्ते हैं जितनी आदम की सन्तानें (वृत्त में त्रिज्याएँ) तो फिर इस्लाम की विशेषता और एकता क्या रही? और अगर जैसाकि कुछ सूफी कहते हैं, "असली

सूफी का एक ही उस्ताद होता है—उसके अन्तर्मन का प्रकाश''—इसे मान लिया गया तो ज्यादती और अराजकता नहीं आ जाएगी ?[36] जैसे रहमान सूफियों के ''पाखंडी सहबोधनीय निश्चिंतता,'' उनके ''बौद्धिक ज्ञान को स्वतन्त्र रूप से जानने के न सुधारे जा सकनेवाले तरीके'' और उलेमा के ''नियन्त्रण और निगरानी'' से आज़ादी की बात करते हैं[37] और स्मिथ सूफी मत के ''सन्त जैसी आन्तरिक शान्ति'' और ''नीम-हकीम द्वारा ताबीज में लिखी अंट-शंट बातों की बेचैनी के बीच झूलते रहने का जिक्र करते हैं।[38] लेकिन शुरू से ही सूफी अपने मतों और तौर-तरीकों को कुरान से मान्य होने का दावा करते रहे।

इस मामले में विद्वान अल-गज़नी की उपलब्धियाँ उल्लेखनीय हैं, जो 1111 ई. में मरे और जिन्हें सूफी मत के लिए उलेमा का दर्जा मिला। खुद भी सूफी रहे अल-गज़नी (जैसा कि रहमान कहते हैं, ''मध्यकालीन इस्लाम के सबसे महान व्यक्ति'') सूफी मत के महान सुधारक थे...उन्होंने ही इसे परम्परागत धर्म की सेवा में लगाया।''[39] उन्होंने उन्मादी आनन्द पाने की कोशिश करनेवाले अनेक सूफियों को फटकारा और कहा कि सिर्फ इस्लाम के प्रकार ही सूफी मत में आ सकते हैं। उन्होंने यह भी कहा कि सिर्फ ''दिल में जान होने'' से ही आस्था पाई जा सकती है।[40] अल-गज़नी ने जिस सन्तुलन की बात कही थी, हरदम उसके अनुसार आचरण करने को न तो उलेमा तैयार थे, न सूफी। लगता है कि इस्लाम के लिए समस्या बनी रही : यह न तो तसव्वुफ पर रोक ही लगा सकता था, न उसे खुली छूट दे सकता था।

मध्यकाल के एक और अजीबोगरीब प्रमुख आदमी थे हिस्पानो-अरब दार्शनिक इब्न-अल-अरबी (1165–1240), जो इस्लाम में सूफी मत के असहज स्थान के प्रतीक भी हैं। अल-अरबी ने सफलतापूर्वक समझाया कि कुरान की तवाहिद (खुदा के एक होने, एकात्मवाद या एकता) के दो और मतलब हैं, एक आध्यात्मिक और दूसरा दार्शनिक। आध्यात्मिक मतलब तो यह है कि मुसलमान खुदा से एकता कायम करने की कोशिश करे। दार्शनिक रूप से इसका मतलब है—वहदत-उल-वुजूद अर्थात् अस्तित्व होने की एकता। यह दुनिया उस खुदा का बाहरी पहलू ही है, जो खुद अन्दरूनी पहले है। अल-अरबी ने कहा कि सबसे गहरे मतलब के अनुसार आदमी भी खुदाई के काफी करीब है; अपनी राय के पक्ष में उन्होंने कुरान की इस आयत ''हम (खुदा) अपनी धमनी से भी अधिक उसके (पैगम्बर मुहम्मद) करीब हैं'' को उद्धृत किया, और पैगम्बर की परम्परा का हवाला दिया, जिसके अनुसार खुदा ने अपने जैसी छवि के तहत ही आदम की रचना की।[41] शुद्धतावादी लोग आरोप लगाते हैं कि अल-अरबी ग्रीक सर्वात्म सिद्धान्त की शिक्षा दे रहे थे लेकिन कुछ मुसलमान विद्वान इससे सहमत नहीं हैं।[42] जो भी हो विद्वान नूरुद्दीन कहते हैं कि अल-अरबी के विचार ''मुसलमानों में इतने आम हो गए कि सूफी रुझानवाले सारे पढ़े-लिखे इसके असर में आ गए। अरबी, फारसी और उर्दू के शायरों ने इन ख्यालों को अपनी शायरी में शामिल किया।''[43] नूरुद्दीन के अनुसार अल-अरबी ने ''मुस्लिम रहस्यवाद

को यूनानी स्वरूप दिया।" उनके विचार इस्लाम के सूफी मत के अंग बन गए। रहमान ने इसका कारण उनकी "काल्पनिक विलक्षणता" को बताया;[44] लेकिन अल-अरबी को इस बात से भी मदद मिली कि अरबी में तसव्वुफ का मतलब एकता और एकत्व दोनों ही होता है।

अल-अरबी के बाद हुए रहस्यवादी शायर जलालुद्दीन रूमी, जिनकी 1273 में मौत हुई।[45] अक्सर 'सूफी कुरान' के नाम से पुकारी जानेवाली कृति, जिसे सूफी मत से कोई स्नेह न रखनेवाले रहमान ने भी "बेइन्तहा खूबसूरत किताब" कहा है, के रचनाकार रूमी को मालूम था कि शुद्धतावादियों को कैसे छेड़ा जाता है। उनके अनुसार, खुदा ने मोज़ेज से कहा, "मैंने सबके लिए इबादत का अलग-अलग तरीका दिया है। मैंने सबको अभिव्यक्ति का अलग-अलग तरीका दिया है। हिन्दुस्तान के सिद्ध प्रयोग हिन्दुओं के लिए शानदार हैं..."[46] करीब 500 बरस बाद सिन्ध के एक सूफी सन्त शाह अब्दुल लतीफ ने भी ऐसी ही 'गलती' की। उन्होंने लिखा, "अगर सच्चाई एक ही है और प्रियतम एक है तो लोग उसके पाने के तरीकों पर क्यों लड़ें? आप किस मजहब को मानते हैं, यह पूछे जाने पर उन्होंने कहा, "सारे ही या कोई भी नहीं।"[47] लेकिन ऐसा करने और कहनेवाले सिर्फ रूमी या लतीफ ही नहीं थे।

आगे के शुद्धतावादियों और कुछ मौजूदा ने भी माना कि ऐसे लोग इस्लाम में उलझनें पैदा कर रहे हैं, उसे कम असरदार कर रहे हैं, उसके साथ धोखा कर रहे हैं। महान मुगल बादशाह और धर्मों का सार ग्रहण करनेवाला अकबर इस नजरिए से धर्म का उल्लंघन करनेवालों का बादशाह था। अपने ज्ञान और बुद्धि को सामान्य धारा के खिलाफ लगाकर सरहिन्द के शेख अहमद (1564–1624) ने, जो खुद भी सूफी थे, इस्लाम का ऐसा स्वरूप पेश किया जो ग्रीक दर्शन, फारसी रहस्यवाद और हिन्दुस्तानी समझौतों से मुक्त था और वे शुद्धतावादियों के नायक बन गए। उनके विचार आज भी जिन्दा हैं (इस्लामी एकता के लिए यह दुर्भाग्यपूर्ण था कि उन्होंने शिया सम्प्रदाय के विधर्मपने पर भी हमले किए)।

एक सूफी के पुत्र होने के चलते इक़बाल ने नियमित रूप से अल-अरबी के कुछ दोहों का पाठ किया था। उन्होंने अपने पिता के हाथों यह कसम भी ली थी कि वे सूफी मत के कादिरिया पंथ के अनुशासन को मानेंगे। वैसे सूफी मत से उनका फासला बढ़ता जा रहा था फिर भी म्यूनिख विश्वविद्यालय के अपने शोध प्रबन्ध में उन्होंने अल-अरबी को बड़े आदर से याद किया है। नए इक़बाल अपने पुराने रूप से एकदम अलग थे। उन्होंने सूफीवादी को छोड़ दिया, शागिर्द होने से इनकार कर दिया, अल-अरबी की निन्दा की, धर्मों को मिलाने के लिए अकबर की आलोचना की और एक कविता में सरहिन्द के शेख के लिए खुदा का शुक्र अदा किया :

पास खड़ा हूँ मैं सुधारक की मजार के
झुकाते हैं सिर सितारे भी पास जिसके
अज्ञात का ज्ञाता घिरा है गर्दो-गुबार में

भेजा था खुदा ने जिसको महोदारी को
खजानाए इम्माम अकीत हिन्दुस्तान में[48]
(फ़ारसी से भावानुवाद)

अपनी एक प्राइवेट नोट बुक में उन्होंने लिखा, "अपने पूर्ववर्ती मुसलमान वंशों के इतिहास ने औरंगजेब को बताया कि हिन्दुस्तान की ताकत यहाँ के लोगों की ताकत पर, जैसाकि उसके पूर्वज अकबर ने माना था, निर्भर नहीं है, जितनी कि शासक जाति की ताकत पर निर्भर है।"[49] टेनिसन ने जज़िया वापस लेने के अकबर के ख्याल के बारे में लिखा है, "मैं अविश्वास के आधार पर लगान बटोरना नहीं चाहता।"[50] लेकिन इक़बाल ने औरंगजेब की तारीफ इस तरह की :

हमारी ताकत का अजीवी मीर
अविश्वास की दुनिया में विश्वास का मीर
हिन्दुस्तान के बुतखाने का इब्राहिम[51]
(फ़ारसी से भावानुवाद)

यदि वास्तव में ऐसा कहा गया तो इक़बाल के इस नए शुद्धतावाद में बहुत ही मानवीय और आकर्षक परिवर्तनीयता थी। 1923 में वे सरहिन्द के शेख के मजार पर गए और बेटा पाने के लिए दुआ की। अगले साल एक लड़का पैदा हुआ। जब वह दस साल का हुआ तो वे उसे एक मकबरे पर ले गए। इस बेटे, जावेद ने लिखा है, "अब्बा मुझे अन्दर ले गए और सन्त के मकबरे के पास बैठ गए और कुरान का पाठ किया। उनकी उदास आवाज अँधियारे गुंबद-भर में गूँजती रही और उनकी आँखों से आँसू बहते रहे...।"[52]

इक़बाल ने सूफी मत का विरोध किया क्योंकि अनेक सूफी वृत्त की परिधि--शरीयत, को भूल गए, जहाँ वे सचमुच थे या जहाँ उन्हें होना चाहिए था; वे अपनी त्रिज्याओं को केन्द्र अर्थात् खुदा की ओर बढ़ाने में ही मशगूल हो गए थे। इक़बाल ने कहा कि उनका झुकाव सर्वात्मवाद की तरफ हो गया है और यह वेदान्त के "अहं ब्रह्मास्मि" जैसा हो गया है।[53] हिन्दुस्तान में इस्लाम में दाखिल हुए लोग, जिन पर सूफियों का असर था, मूर्तिपूजा के एक अलग स्वरूप को बरकरार रखे हुए थे। बौद्धों और कुछ हिन्दुओं की तरह सूफियों ने भी खुद को ईश्वर में विलीन करना उद्देश्य रखा और इसके लिए उन्होंने भी सागर में बूँद मिलने की उपमा दी। लेकिन इक़बाल आदमी को बूँद नहीं, मोती बनाना चाहते थे, जो खुदा में विलीन होने की जगह खुदा का सेवक हो। उन्होंने आदमी की जीत चाही, उसका विलय नहीं। इबादत से आदमी को खुदा से अपने रिश्तों के हालात का पता चल सकता है, लेकिन खुदा से विसाल (मेल) न तो सम्भव है न वांछित। इक़बाल ने कहा :

तसव्वुफ हरदम क़ौम की गिरावट की निशानी है। ग्रीक रहस्यवाद, फारसी रहस्यवाद, हिन्दुस्तानी रहस्यवाद--ये सभी इन देशों की गिरावट की निशानियाँ हैं; यही बात इस्लाम रहस्यवाद पर भी लागू होती है--जो दर्शन या धार्मिक शिक्षा आदमी के गुणों को उभरने देने से रोके, वह बेकार है।[54]

लेकिन हाफिज की राय एकदम अलग थी :

खुद ही खुद मैं समाना, खुद ही खुद की चाह
ले जाते हैं तुमको बर्बादी की राह
कहता हूँ मैं तुमसे अपने से हटाओ नजर
और तुम हो जाओगे आजाद [55]

(भावानुवाद)

इक़बाल की सोच है कि आदमी खुदा की कुछ काबलियतों को हासिल करे और खुदा को अपना भागीदार माने लेकिन वे फ़िराक (अलगाव) को भी कम नहीं मानते :

विसाल से बढ़कर है जुदाई का गम
विसाल है इच्छाओं का अन्त और
जुदाई है कामनाओं का आनन्द [56]

(फारसी से भावानुवाद)

फिर भी क्या इक़बाल का आदमी वृत्त की परिधि पर ही रहकर सन्तुष्ट है, अपने व्यक्तित्व को बढ़ने देता है, खुदा की तुलना में अपनी हैसियत का अन्दाजा करता है, लेकिन परवरदिगार को छूने या आगोश में लेने से दूर रहता है? इक़बाल का गर्वीला, दमकता, जीतता आदमी सामान्य मनुष्य से अलग नहीं है; खुदा से रिश्ते बनाने की भूख उसमें भी है। फ़िराक का धर्मोपदेशक विसाल के मार्फत नहीं, खुद बनाए तरीके और आदमी की कम औकात को कबूल किए बिना यह रिश्ता बनाता है। इक़बाल का आदमी खुदा के कंधों पर सिर नहीं टिकाएगा, न उसे टिकाना चाहिए, लेकिन वे खुदा को अपने बन्दों से कुछ ताल्लुक रखने देंगे :

उसे और मुझे पसन्द है
हजार नेक कामों से बढ़कर दोस्ती का एक कदम
खुदाई का बोझ छोड़कर
मेरी बगिया में आ, आराम कर [57]

(फारसी से भावानुवाद)

ऐसे कई मौके आए हैं जब इक़बाल एक सूफी की तरह बात करते हैं और यह बात इन जैसी टिप्पणियों में झलकती है; "ईमान खुदा का नशा है" और "ईमान से इब्राहिम की तरह आग में बैठ जाने की ताकत आ जाती है।"[58] पहले उद्धृत एक उद्धरण में, जहाँ इक़बाल तसव्वुफ की निन्दा करते हैं, आखिर तक आते-आते वे "खालिस इस्लामी तसव्वुफ" की तारीफ करने लगते हैं, जिसमें "आदमी को उसकी इच्छाओं पर अंकुश लगाने के लिए खुदाई निषेध जरूरी हो जाता है।"[59] इक़बाल के गहरे दोस्त मिर्जा जलालुद्दीन उन्हें सूफी मानते हैं, पर सन्त नहीं। वे कहते हैं :

अपनी जिन्दगी के आखिरी बरसों में उन्होंने अपने को दुनियावी मामलों से काफी कुछ अलग कर लिया था और दरवेशवाले तौर-तरीके अपना लिए

थे। दुनिया को भुला चुके इक़बाल ने खुद को अपनी रूहानी समाधि में भुला दिया था।[60]

अभी तक हम इक़बाल के सन्देश को परिभाषित करने या इस्लामी विचारों के इतिहास में उनके स्थान को निर्धारित करने को तैयार नहीं हैं। उसकी कोशिश करने के पहले हमें उनके खुदी के दर्शन और इस्लाम के बारे में उनके बयानों को देखना होगा। लेकिन हम याद रख सकते हैं कि इस उपमहाद्वीप के एक प्रमुख इस्लामी आधुनिकतावादी तथा कठमुल्लावादी जमाते-इस्लामी की आलोचना करनेवाले और खुद भी शुद्धतावादी रहे, फजलुर रहमान ने इक़बाल को ''आधुनिक युग का सबसे गम्भीर मुस्लिम दार्शनिक चिन्तक'' कहा था और साथ ही इक़बाल की शिक्षा को ''पुनरुत्थानवादी पक्ष में वजन बढ़ाने'' का जिम्मेदार माना था।''[61]

साथ ही हम यह भी देख सकते हैं कि पहले मार्क्सवाद और बाद में ईसाई धर्म से सहानुभूति रखनेवाले और इस उपमहाद्वीप में इस्लाम की स्थिति पर बारीकी से अध्ययन करनेवाले विल्फ्रेड कांटवेल स्मिथ कहते हैं कि ''कोई भी आधुनिक मुसलमान, जो धर्म की बात करेगा, उसे शुरुआत वहाँ से करनी होगी जहाँ इक़बाल ने अपना अभियान छोड़ा था।''[62] और अमरीकी विद्वान बारबरा मेटकाफ उन्हें 'कुरानवादी' कहती हैं जिससे उनका मतलब है, ''सिद्धान्तों, धर्मग्रंथ में लिखी बातों, नियमों, धार्मिक कानूनों...पर ध्यान केन्द्रित करनेवाला'' और ''स्थानीय पंथों और त्योहारों'' का विरोध करनेवाला।[63]

लेकिन हम कुछ बातों को कहने के लिए निश्चित रूप से तैयार हैं कि इक़बाल क्या कुछ नहीं थे। वे उन सूफियों में से एक नहीं थे जिनको इतिहासकार ताराचन्द ने ''धार्मिक सच्चाई की तलाश में लगे मुसलमान'' कहा है और जिन्होंने अपने जैसे ''हिन्दू अन्वेषियों'' के साथ इस मार्ग की यात्रा की और ''अन्वेषण में एकरूपता देखी और अपने लक्ष्य में समानता पाई और पाया कि धर्म की गहराई में उतरने पर अलग-अलग खेमों के लिए कोई जगह नहीं है।''[64] वे कबीर की तरह नहीं थे, जिनका मानना था कि ''मुसलमान की नमाज हिन्दू की पूजा से उसी तरह अलग है जैसे कि सोने का कंगन सोने की अँगूठी से।''[65]

ना ही इक़बाल अकबर के मन्त्री अबुल फ़ज़ल की तरह थे, जिन्होंने हिन्दुओं के बारे में लिखा :

> *वे सभी ईश्वर के एक होने में भरोसा करते हैं और वैसे वे तस्वीरों का बहुत आदर करते हैं लेकिन उन्हें किसी भी तरह से बुतपरस्त नहीं माना जा सकता। मैंने खुद इस धर्म के अनेक जानकार और अच्छे लोगों के साथ बातचीत की है और उनके सन्देश को समझा है कि तस्वीर असल में आराधना के समय ध्यान भटकने से रोककर केन्द्रित करने का माध्यम-भर है।*[66]

'अस्रार-ए-खुदी' में इक़बाल ने कहा, ''खुदी का ख्याल हमें मूल्यांकन का एक दर्जा देता है। यह अच्छे-बुरे की परेशानी सुलझा देता है। खुदी की हिफ़ाजत करनेवाला

अच्छा है, कमजोर करनेवाला बुरा।"[67] उन्होंने शान्त रहनेवाले बैरागी का तिरस्कार किया और बेचैनी-भरे विजेता की तारीफ की, तनाव को गतिशीलता और निश्चिंतता को तन्द्रा माना और भविष्य में आदर्श समाज का गठन मजबूत व्यक्तियों से होने की कल्पना की। रूमी ने सलाह दी थी, "खुदी का सिर तलवार से काट डालो,"[68] और फ़ारसी, उर्दू (हिन्दी) के अनेक शायर भी "खुदी के बन्धन" से आजाद होने की बात करते हैं, लेकिन इक़बाल ने खुदी को पूजने लायक बना दिया। लेकिन उन्होंने स्पष्ट किया कि उनकी खुदी मिथ्याभिमान या दम्भ नहीं, "आत्म-बोध और आत्म-मताग्रही है।" यह आदमी के बहुत अन्दर बैठा आवेग है, "एक खामोश ताकत जो गतिशील होने को बेचैन है।"[69] 'असरार-ए-खुदी' के अंग्रेजी रूपान्तर की समीक्षा करते हुए ई.एम. फोर्स्टर ने लिखा :

> *इक़बाल नीत्शे से प्रभावित रहे हैं। उन्होंने अविश्वसनीय महामानव को व्यवहार की उलझनों से पार करानेवाले पथप्रदर्शक के रूप में पेश करने की कोशिश की। उनके शेर हमसे जोखिम-भरा जीवन जीने को कहते हैं। हमें शीशा नहीं पत्थर, ओस की बूँद नहीं हीरा, भेड़ नहीं बाघ होना चाहिए...नीत्शे को पथप्रदर्शक मानने का चलन आज यूरोप में घट गया है। महामानव बनने में मुश्किल यह है कि आपके आसपासवाले भी आपके प्रयास को देखते हैं और वे भी महामानव बनने की कोशिश करते हैं।*[70]

इक़बाल नीत्शे के प्रशंसक थे और लिखा कि जर्मन लोगों में 'भविष्यद्रष्टा' होने की क्षमता है।[71] लेकिन उन्होंने दावा किया कि वे नीत्शे के महामानव की जगह सूफ़ी मत की आदर्श आदमी वाली अवधारणा से प्रभावित थे। यह आदर्श आदमी किसी राजवंश का नहीं है जो "लोगों के समूह के ऊपर बड़े नाज से राज करे।"[72] इक़बाल का नायक किसी भी वर्ग से उभर सकता था; इतना ही नहीं इक़बाल चाहते थे कि "सारे ही लोग मजबूत और तत्पर व्यक्तित्व के मालिक हों।"[73] और नीत्शे के वैचारिक जगत में ईश्वर नहीं है, जबकि इक़बाल का आदर्श आदमी खुदा की काबलियतों को हासिल करना चाहता है।

साथ ही दमदार लोगों ने भी इक़बाल पर असर डाला। 1932 में मुसोलिनी से मिलने के बाद इक़बाल ने इस तानाशाह के "जानदार रूप" और "चमकदार आँखों की चुम्बकीय ताकत" पर एक कविता लिखी।[74] (करीब इसी के आसपास मुसोलिनी से मिलने के बाद गांधी ने लिखा कि ड्यूस (शैतान जैसी उपाधि) की आँखें तेजी से नाच रही थीं)। 1920 के दशक के शुरू में तुर्की में मुस्तफा कमाल के उत्थान की सराहना करते हुए इक़बाल ने कहा, "मुसलमान मुल्कों में से सिर्फ तुर्की ने ही भरी सुस्ती तोड़ी है और खुदा का एहसास किया है।"[75] लेकिन जब मुसोलिनी ने अबीसीनिया पर हमला किया तो इक़बाल ने उसकी आलोचना की; और कमाल की तानाशाही पर असन्तोष जाहिर किया। उन्होंने लिखा :

सुबह की बयार को बाग की तलाश है
अतातुर्क पूरबी आत्मा को बदन की तलाश है।[76]
(भावानुवाद)

इस बात पर भी ध्यान देना चाहिए कि इस्लाम के इतिहास में जो बात इक़बाल को नाज करने लायक लगी, वह दमिश्क, बगदाद और स्पेन के शानदार साम्राज्य नहीं, बल्कि ''पहले चार खलीफाओं के अधीनवाला सरल लोकतान्त्रिक समाज'' ही था। फौज के बल पर जीत के बारे में उन्होंने लिखा, ''मैं इस बात से इनकार नहीं करता कि मुसलमान लोगों ने लड़ाइयाँ लड़ीं और अन्य लोगों की तरह फतह हासिल की और उनके कुछ अगुवा लोगों ने मजहब की आड़ में अपनी जाती तमन्नाएँ पूरी कीं, लेकिन मुझे पक्का भरोसा है कि इलाकाई फतह इस्लाम की शुरुआती योजना का अंग नहीं है।''[77] इक़बाल को तलवार की जीत के कम टिकाऊ होने का पता था।

उन्होंने इस बारे में एक शेर लिखा है जिसका भावार्थ है कि सिकन्दर की सारी जीत उसके मरते ही मिट्टी में मिल गई और नादिरशाह की सारी लूटपाट तलवार के एक झटके के साथ समाप्त हो गई।[78]

इक़बाल का व्यक्तित्व विकास का कार्यक्रम सिर्फ मर्दों के लिए था। स्मिथ कहते हैं कि ''अपनी शायरी, सबसे अधिक तरक्कीपसन्दगी और सबसे ख्याली दौर में भी'' इक़बाल ने अपनी नई गतिशील दुनिया में औरतों को कोई जगह नहीं दी। स्मिथ कहते हैं, ''औरतों के लिए वे न तो किसी आन्दोलन के पक्ष में थे, न किसी आजादी के।'' इक़बाल ने अपनी बेगमों को भी परदे में रखा एक आदर्श औरत के बारे में इक़बाल ने लिखा जिसका भावार्थ है कि ''पाक फातिमा विनम्रता के खेत का फल है और यही माताओं के लिए अनुकरणीय है। उसके दिल में ग़रीबों के लिए इतनी दया है कि उनके लिए अपना दुपट्टा भी बेच दिया। जिसके इशारे पर जन्नत और दोज़ख की आत्माएँ चल सकती थीं, उसने अपनी इच्छा को अपने पति की इच्छा से मिला दिया।''[79]

अपनी अन्तिम महत्त्वपूर्ण रचनाओं में से एक 'जावेदनामा' (अन्तहीन समय की किताब) में इक़बाल ने इस उपमहाद्वीप की एक पश्चिमपरस्त औरत पर व्यंग्य कसा और ऐसी बातें उन्होंने कई बार लिखी हैं :

वो मिस बोली इरादा खुदकुशी का
जब किया मैंने मुहज़्ज़ब (सभ्य) है तू ऐ आशिक!
कदम बाहर न धर हद से न जुरअ़त है,
न खंजर है तो कस्मे-खुदकुशी कैसा ये माना
दर्दे-नाकामी गा तेरा गुजर हद से कहा मैंने कि
ऐ जाने-जहाँ बुद्ध नकद दिलवा दो
किराए पर मँगा लूँगा कोई अफगान सरहद से।[80]

फिर भी इक़बाल को समस्या का पता था। उन्हें सिर्फ इसका समाधान मालूम नहीं था। 'वूमेन' में वे कहते हैं :

औरतों पर जुल्म से मैं भी बहुत दुखी होता हूँ लेकिन यह समस्या बहुत उलझी है और मुझे कोई समाधान सम्भव नहीं लगता।[81]

इक़बाल के 'खुदी' के सिद्धान्त में कुछ खामियाँ ढूँढ़ लेना सम्भव है। इस्लाम का मतलब ही है आत्मसमर्पण या खुदा के हुक्म के आगे सिर झुकाना। ऐसा लगता है कि इक़बाल औरतों के इस गुण की प्रशंसा करते थे लेकिन मर्दों के बारे में इसकी अनदेखी करते थे। मर्दों में वे शानो-शौकत, दृढ़ता और बेपरवाही के गुण चाहते थे। हो सकता है कि अगर इक़बाल इस सिद्धान्त को सभी पर लागू करते तो हम पूरी तरह सहमत नहीं होते। मजबूत व्यक्तित्व प्रभावशाली तो हैं लेकिन आसपास के कमजोर व्यक्तित्वों के लिए परेशानी भी पैदा करते हैं। मनुष्य जब प्रकृति के नियमों का उल्लंघन करता है तभी विशेषता पाता है, लेकिन हम यह चाहते हैं कि मौका पड़ने पर वह अपनी प्रकृति को भी बदले। आदमी जीवन के प्रति 'हाँ' कहे, ये सुनना तो अच्छा लगता ही है लेकिन यह सुनना भी अच्छा लगता है कि वह क्रूर वासनाओं को 'ना' कह दे। इतना ही नहीं, क्या कमजोर व्यक्तियों को मजबूत व्यक्तियों की ज्यादतियों से नहीं बचाया जाना चाहिए? ऐसा लगता है कि इक़बाल इन सबको या इनमें से कुछ को शरीयत के प्रति आज्ञाकारिता और आत्मनियन्त्रण पर जोर देकर मनवाना चाहते हैं। लेकिन 'खुदी' की बात करते समय इक़बाल में जो जोश दिखाई देता है, वह इस समाधान के समय नहीं दिखता। वे किसी अन्वेषक की तरह 'खुदी' के गुण गाते हैं, लेकिन जब हमें शरीयत की याद दिलाते हैं तो किसी पुरानी सच्चाई का पाठ कर देने भर की खानापूर्ति करने लगते हैं। इसमें से इश्क गायब है, सिर्फ अपना ही नहीं, आसपास के लोगों के व्यक्तित्व को निखारने में मदद देने पर जोर गायब है।

लेकिन कौन इस तथ्य से इनकार कर सकता है कि विरक्ति का भाव ही पूरब की गलती थी और है भी? उन्होंने इसका तीखा और गम्भीर विरोध तो किया ही, चलताऊ भाषा में भी इसकी आलोचना की लेकिन निश्चित रूप से इस पर जोरदार हमला बोलने की जरूरत थी। हमें देखना चाहिए कि इक़बाल का यह आत्मबल-भरा और जोखिम ले सकनेवाला नायक भी उनके कुछ शेरों में अकेलेपन और अपूर्णता के एहसास से भरा हुआ है। कुरान के अनुसार, भले ही खुदा का उपशासक होना आदमी की मंजिल हो लेकिन कई बार इक़बाल का आदमी ''खाक का ज़र्रा'' या ''तरस खानेवाला जीव'' भी हो जाता है। एक जगह इक़बाल खुदा से कहते हैं :

तेरे आजाद बन्दों की न ये दुनिया न वो दुनिया
यहाँ मरने की पाबन्दी वहाँ जीने की पाबन्दी[82]

इक़बाल बिना झिझक बोलते जाते हैं लेकिन शक या सुधार की गुंजाइश भी साथ लगी होती है। एक अमरीकी विद्वान शेइला मैकडोनाफ लिखती हैं कि हमारे लिए ब्रह्माण्ड की भयावह अनभिज्ञता के परिप्रेक्ष्य में अपने या किसी के भी विचारों और विश्वासों की सीमाबद्धता का एहसास इक़बाल को था। शेइला उनकी एक महत्त्वपूर्ण पंक्ति को उद्धृत करती हैं :

जैसे दरिया के किनारे बढ़ रहे पौधे को इसके नीचे से उठता मीठा संगीत सुनाई नहीं देता, उसी प्रकार असीमता के कगार पर बड़ा हो रहा आदमी भी ईश्वरीय अस्तित्व का एहसास नहीं कर पाता, जो जीवन को बनाता है और आत्मा से सम्बन्ध रखता है।[83]

हरदम बौद्धिक विकास करते रहने, हरदम घूमते रहने के बावजूद हो सकता है कि इक़बाल ने पूर्ण सत्य को हासिल किया हो। फिर भी असीमता के कगार पर अपनी मौजूदगी से ही उन्होंने इसके प्रच्छन्न भाव से काफी महत्त्वपूर्ण चीजें ग्रहण कीं और बार-बार उसको उजागर किया। हमारे अन्दर भी ऐसा एक हिस्सा है जहाँ ये चीजें असर करती हैं।

जैसा कि मुजीब कहते हैं इक़बाल के व्यक्तित्व की अवधारणा में ''सार्वभौमिकता का तत्व'' है। लेकिन आखिर में इक़बाल के सोच में 'स्व' और मानवजाति, मुसलमान और मुस्लिम क़ौम में बदल जाते हैं।[84] इतना ही नहीं, मुसलमान भी जब अपने 'मैं' को क़ौम में विसर्जित कर देता है तभी सच्चा व्यक्तित्व पा सकता है। आदमी को तो खुदा के सागर का हीरा होना चाहिए लेकिन मुसलमान को अपने समुदाय रूपी पानी की एक बूँद बनके ही खुश रहना चाहिए। इस विशेष परिस्थिति में विलीन होना उचित है, इससे सन्तुष्टि मिलती है। और इसी हिसाब से हिन्दुस्तान के मुसलमानों को ''मजहबी अहं को बढ़ाने, उसकी हिफाजत और मजबूती के लिए'' काम करना चाहिए।[85]

इस बारे में एक यूरोपीय आलोचक डिकिंसन ने शिकायत की। उसने लिखा, ''इक़बाल का दर्शन तो सार्वभौम है लेकिन इसका व्यवहार रूप खास और चुनिन्दा है। सिर्फ मुसलमान ही जन्नत जाने के काबिल हैं। बाकी दुनिया या तो इसी में समा जाए या बाहर हो जाए।'' इसका जवाब इक़बाल ने यूँ दिया :

शायरी और दर्शन में लोकोपकारी आदर्श हरदम सार्वलौकिक होते हैं लेकिन जब आप अपने असली जीवन में इस पर अमल करते हैं तो आपको शुरुआत एक पंथ और साफ पहचानवाली एक कौम से करनी होती है और फिर आप मिसाल पेश कर और समझा-बुझाकर इसकी सीमा को बढ़ाते जाते हैं। मेरे ख्याल से इस्लाम एक ऐसी ही कौम है...

सिर्फ मुसलमान ही नहीं सारे लोग पृथ्वी पर खुदा की बादशाहत में रहने के लिए बने हैं बशर्ते वे अपने जातीय आदर्शों और कौमियत को छोड़ दें और एक-दूसरे को बराबर का आदमी मानें...।[86]

फिर इक़बाल की वफादारी और ललक किस चीज से संचालित होती थी ? इक़बाल के आदर्शों को माननेवाले लोगों के भविष्य के समाज से? या फिर स्मिथ के शब्दों में, "अनुभवजन्य मुस्लिम समुदाय से, जैसाकि जनमत संग्रह में इसे माना गया था?" स्मिथ ने माना है कि इक़बाल ने "इन दोनों में घालमेल कर दिया।"[87] शायर ने खुद ही माना कि उन्हें शुरुआत तो कहीं से करनी ही पड़ेगी, कुछ वास्तविक से, जिससे लक्ष्य तक पहुँचा जा सके और वे भारत की मुसलमान कौम से यह शुरुआत करेंगे। राष्ट्रवाद से नफरत के बावजूद इक़बाल की चिन्ता के केन्द्र में भारत का मुसलमान समुदाय ही था, न कि मुसलमानों का अधिक व्यापक दायरा। यह क़ौम उस इमारत की पहली ईंट बननी थी जिसकी कल्पना इक़बाल ने की थी।

वे भारत के मुसलमानों के लिए और उनके साथ काम करने की सोच रहे थे क्योंकि वे उन्हें 'हमख्याल' मानते थे। उन्हें नहीं लगता था कि 'सामाजिक परम्पराएँ' या 'भाषाई एकता' या 'जातीय अथवा भौगोलिक एकता' हिन्दुस्तान में अन्दरूनी मेल-मिलाप या साझा हिन्दू-मुसलमान समाज बना सकेगी।[88] इक़बाल ने इसे अपनी बेलाग और सोची-विचारी राय के रूप में पेश किया, लेकिन हमें शायद उनके बयान को भी ध्यान में रखना चाहिए कि "खुदा की बादशाहत के लिए सिर्फ मुसलमान ही नहीं, सारे लोग बने हैं।" यह इक़बाल की कल्पना की नई दुनिया में कुछ लचीलापन लाता है।

उनके इस्लाम का शायर बननेवाले दौर की कम से कम दो नज़्में उनके इस बयान की भावना के अनुरूप हैं :

चिश्ती ने जिस जमीं में पैग़ामे-हक़ सुनाया
नानक ने जिस चमन में वहदत (अद्वैतवाद) का गीत गाया
तातारियों ने जिसको अपना वतन बनाया
जिसने हिजाज़ियों से दश्ते-अरब (अरब-भूमि) छुड़ाया
मेरा वतन वही है, मेरा वतन वही है

सदाक़्त की तलाश में सिर से पाँव तक
जलाने का नाम मज़हब है
इसका हासिल मोहब्बत है
सभी बन्दे हैं खुदा के, मुसल्माँ भी, नास्तिक भी
मोहब्बत की राह चलनेवालों के लिए
मुसल्माँ भी वही नास्तिक भी

(भावानुवाद)

कुछ और शब्द-चित्र और नज़्मों से इक़बाल के मुसलमानपने की हमारी तस्वीर पूरी होगी। पैगम्बर और अरब इस्लाम की अपनी अवधारणा पर ही इक़बाल गर्व करते हैं; पर उनका हिन्दुस्तानीपन रास्ते में बाधक नहीं बनता। उनके पुत्र ज़ावेद इक़बाल ने लिखा, "कमरे में बैठे किसी ने मुझसे पैगम्बर के बारे में हाली के शेर पढ़ने को कहा जिसकी शुरुआत इस तरह होती है कि 'पैगम्बरों में एक का नाम दयालुता है।" दूसरा शेर शुरू हो सके, इससे पहले ही अब्बा की आँखों से आँसू निकलने लगे।" जावेद आगे लिखते हैं, "वे इस्लामी इतिहास से कहानियाँ सुनाया करते थे।...उन्होंने मुझसे कहा कि नेपोलियन के पुरखे अरब के ही थे और यह भी कि अरबों ने ही वास्कोडिगामा को हिन्दुस्तान का रास्ता बताया था।"[91]

1932 में स्पेन घूमते हुए इक़बाल ने इसे "मुसलमानों के खून का खजाना और इस्लाम की पाक जगह" कहा था। कोरदोबा की मस्जिद के सामने, जिसे 1236 में गिरिजाघर में तब्दील कर दिया गया था, हाथ उठाकर उन्होंने खुदा से दुआ की, उनकी आँखों से आँसू ढलककर गालों पर आ गए और एक नज़्म उनके मन में आई जिसका भावार्थ इस प्रकार है :

> *सारी खूबसूरत कलाकृतियाँ एक बार फिर से गुम होने के लिए पैदा होती हैं। जमीन पर बनी हर चीज डूबती है क्योंकि यह रेत पर खड़ी है फिर भी खुदा के बन्दों की बनाई कुछ चीज़ें अमर जैसी लगती हैं। ये चीज़ें मोहब्बत की खूबसूरती वाली होती हैं। कोरदोबा की मस्जिद, तुम मोहब्बत की इमारत हो, उस मोहब्बत की जो अजर-अमर है।*[92]

स्पेन के अल-हाम्रा महल के पास पहुँचकर वे महामानववाली अपनी अवधारणा पर वापस लौटे। बाद में उन्होंने लिखा, "मैंने जिधर नज़र दौड़ाई दीवार पर यही खुदा हुआ देखा 'अल्लाहो अकबर'। मैंने खुद से कहा, "यहाँ हर कहीं अल्लाह ही प्रभावी है। कहीं आदमी भी प्रभावी हो, यह ठीक ही होगा।"[93]

लेकिन 'शिकवा' के, जिसका पाठ इक़बाल ने 1911 में किया था, जिन शेरों का चुनाव स्मिथ ने किया है वे बहुत ही महत्त्व के हैं, जिनमें शायर न तो उत्तेजित है न स्वाग्रही। वह परेशान और नाराज है। सभी लोगों की तुलना में मुसलमानों को एक खुदा की इबादत करने को प्रोत्साहित किया जाता है लेकिन खुदा ने बदले में क्या किया है ?

> **उम्मतें (सम्प्रदाय) और भी हैं उनमें गुनहगार भी हैं**
> **अज्ज (नम्रता) वाले भी हैं, मस्ते-मये-पिंदार (घमंड से चूर) भी हैं**
> **उनतें कामिल भी हैं, गाफिल भी होशियार भी हैं**
> **सैकड़ों हैं कि तेरे नाम से बेजार भी हैं**
> **रहमतें हैं कि गिरी अगियार (पराए) के काशानों (महलों) पर बर्क (बिजली) गिरती है तो बेचारे मुसलमानों पर!**[94]

मेल-जोल और साहचर्य में भरोसा रखते हुए भी उन्होंने अपनी नई दुनिया के लिए हिन्दुस्तान के मुसलमान समाज को शुरुआत के लिए चुना, जबकि यह समुदाय अक्सर उम्मीदों पर खरा नहीं उतरा था। इसने उन्हें निराश किया, कई बार मन में गुस्सा भी भर दिया। एक बार उन्होंने यहाँ तक लिखा, "सियासी गिरावट के बाद से ही हिन्दुस्तान के मुसलमानों में तेजी से नैतिक गिरावट आई है। दुनिया की सभी मुसलमान क़ौमों में चरित्र के मामले में वे ही शायद सबसे घटिया हैं।[95]

गतिशीलता का यह वकील और ऊर्जावान आदमी का प्रशंसक धार्मिक सुधारक की भूमिका लेने से कन्नी काट गया। इतिहासकार इक़राम कहते हैं, "एक समय वे मुसलमानों की हालत सुधारने के लिए जरूरी सभी सुधारों के जोरदार पक्षधर थे।" पर यह इतिहासकार भी उनकी "सुधारविहीन दकियानूसी की जोरदार वकालत" से निराश हुआ।[96] इक़राम मानते हैं कि यूरोप से इक़बाल की वापसी के बाद के वर्षों में भारत के भावनात्मक माहौल ने ऐसा बदलाव करने में एक भूमिका निभाई। इस दौर में भारत के मुसलमान शिब्ली नोमानी और अकबर इलाहाबादी जैसे शायरों और विद्वान सम्पादक अबुल कलाम आज़ाद जैसे लोगों के प्रभाव में थे, जो सभी गैर-मुसलमान और पराए शासन के अधीन रहने की बदनामी के बारे में बोल रहे थे और यह चीज़ सैयद अहमद की सोच और काम के विपरीत थी। यूरोप ने इक़बाल के दिमाग में उत्तेजना तो पैदा की लेकिन अलीगढ़ जैसी आधुनिक शिक्षा के बारे में उन्होंने लिखा :

यह नई शराब दिमाग को और खराब करेगी
यह नई रोशनी अँधेरे को और गहरा करेगी[97]
(भावार्थ)

सैयद अहमद के अनुयायियों पर अपने व्यंग्य के वाण छोड़नेवाले अकबर इलाहाबादी को इक़बाल ने कहा, "मैं आपको उसी अन्दाज में देख रहा हूँ जैसे कोई शागिर्द अपने आध्यात्मिक उस्ताद को देखता है।" इक़राम के अनुसार इक़बाल ने "खुलेआम अकबर की नकल में शायरी की।"[98]

जब विश्वयुद्ध में ब्रिटेन और तुर्की परस्पर विरोधी खेमों में आ गए तो आज़ाद और अकबर तथा हिन्दुस्तानी मुसलमानों के काफी बड़े हिस्से की सहानुभूति तुर्की के पक्ष में थी; यह सिर्फ एक मुसलमान देश-भर नहीं था, इसका सुल्तान सभी सुन्नी मुसलमानों, जिसमें हिन्दुस्तानी भी शामिल थे, का खलीफा भी था और अरब स्थित इस्लाम के सारे पवित्र स्थलों का रखवाला भी था। युद्ध के बाद ब्रिटेन ने पराजित तुर्की के साथ जो रुख अपनाया, उससे भारतीय मुसलमान आहत हुए; सुरक्षा के एक नए कदम, रौलट कानून, ने हिन्दुओं और मुसलमानों को एक समान परेशान किया। 1915 में दक्षिण अफ्रीका से भारत लौटे गांधी ने राष्ट्रवादी संघर्ष के लिए हिन्दुओं और मुसलमानों को एकजुट करने में

इस मौके का फायदा उठाया। उन्होंने खिलाफत आन्दोलन ही शुरू किया और इसमें हिन्दू-मुसलमान एकता की अपूर्व मिसाल कायम हुई। इक़राम बताते हैं, "कुछ समय तक तो इक़बाल भी इस आन्दोलन के प्रति आकर्षित थे।"[99] अपनी कुछ छोटी नज़्मों में उन्होंने महात्मा की तारीफ की। लेकिन यह आन्दोलन इक़बाल को अपने साथ बाँधे नहीं रह पाया।

1922 में अंग्रेजी राज ने उन्हें 'सर' की उपाधि दी। यह सम्मान उन्हें शायरी के लिए दिया गया, पर खिलाफत आन्दोलन के जोरवाले दौर के बीच इक़बाल का यह ब्रिटिश पदवी लेना भारतीय राष्ट्रवाद से रिश्ता तोड़ने जैसा था और इस पर तीखी प्रतिक्रिया हुई :

'सर' बनने के लिए अल्लामा से आम बन गए इक़बाल
क़ौम के ताज रहे, अब ताज का प्यादा रह गए इक़बाल[100]
(भावानुवाद)

इक़बाल खिलाफत आन्दोलन के राजनैतिक पक्ष से अलग हुए थे, खिलाफत आन्दोलन में लगे अधिकांश लोगों की मजहबी दकियानूसी से नहीं। कई बार वे निष्ठा और औचित्य की दुविधा में फँसे। 1925 में एक दोस्त को लिखे खत में उन्होंने कहा :

> *मैंने इतिहाद (जहाँ हदीस और कुरान का आदेश स्पष्ट न हो वहाँ अपनी राय से रास्ता निकालना) पर एक अंग्रेजी परचा लिखा है जिसे यहाँ की एक बैठक में पढ़ा गया और खुदा ने चाहा तो छप भी जाएगा, लेकिन कुछ लोगों ने मुझे काफ़िर कहा। जब तुम लाहौर आओगे तब हम इस पर ब्यौरेवार बात करेंगे। आजकल खासकर हिन्दुस्तान में, बहुत ही सावधानी से चलना चाहिए।*[101]

यह लेख कभी नहीं छपा, लेकिन सम्भव है कि इसके कुछ विचार इक़बाल की पुस्तक 'रिकंस्ट्रक्शन ऑफ रिलीजियस थॉट इन् इस्लाम' (इस्लाम के धार्मिक विचारों का पुनर्निर्माण) में आ गए हों जो 1931 में प्रकाशित हुई। इस किताब में उन्होंने "मुसलमान उदारवादियों की मौजूदा जमात द्वारा अपने अनुभवों और बदले हालात के आधार पर शरीयत के नियमों की नई व्याख्या" करने के हक़ में पक्ष लिया था। उन्होंने आगे लिखा, "हर पीढ़ी को अपनी मुश्किलें सुलझाने देना चाहिए और इसमें पुरानी पीढ़ी के लोगों को रास्ता तो बताएँ लेकिन बाधा न बनें।"[102]

इन शब्दों से सुधारकों को भारी प्रोत्साहन मिलता है और वे अक्सर इनको उद्धृत करते हैं लेकिन इक़बाल ने इनके खिलाफ बातें भी कहीं और उदारवाद के खिलाफ चेतावनी दी। खिलाफत आन्दोलन के मर जाने के काफी समय बाद भी उन्होंने 'गम्भीर आत्मपरीक्षण' दिखाना जारी रखा। इन चीजों पर इक़बाल की वैचारिक राय का सार मुजीब इन शब्दों में रखते हैं, "कुछ बदलाव भले ही कहीं

भी हो गए हों, पर दिलेरी से ज्यादा जरूरी है सावधानी।''[103] स्मिथ के ख्याल में इक़बाल ''सिद्धान्तों को प्रतिज्ञापित करने में बहुत ही जोखिम लेते दिखते हैं। लेकिन औरतों की हालत, खाने-पीने के इस्लामी रीति-रिवाज वगैरह के बारे में वे नई बात कहने से हिचकते हैं...उन्हें पुराने नियमों के पक्ष में और इन पर आचरण न करनेवाले आधुनिक लोगों की आलोचना करते देखा जा सकता है।''[104]

फिर भी यह नाइंसाफी होगी और हम इक़बाल के नजरिए को सिर्फ चौकन्नापन कहकर व्याख्यायित करते हैं तो उनके साथ अन्याय होगा। जब वे शरीयत के गुण गाते हैं, तब वे दिमाग के कहने पर नहीं दिल के कहने पर चल रहे होते हैं :

सूरज और सितारे मानेंगे हुक्म जिसका,
उसे नियमों का गुलाम बनने दो
सितारे नियम मान डूबने चले,
पर ओ आजाद हुए आदमी
फिर से अपने पैर जंजीरों से जकड़ दो।[105]
(भावानुवाद)

हमने पहले देखा है कि सूफी मत से इस्लाम के रिश्ते को अशुद्ध मानते हुए इक़बाल उससे इस्लाम को मुक्त कराना चाहते थे। उन्होंने अहमदी आन्दोलन का भी इस आधार पर विरोध किया कि इसके संस्थापक खुद के पैगम्बर होने का दावा करते थे (अगर दावा नहीं तो कम से कम इस चर्चा का कभी खंडन नहीं किया)। इस कारण इक़बाल के ख्याल से इस्लामी जगत में अहमदियों का कोई स्थान नहीं रहा क्योंकि इनमें सिर्फ वही लोग आ सकते थे जो मानते हों कि मुहम्मद साहब के बाद पैगम्बर पैदा नहीं हुआ और न होगा। ऐसे में जब उनके भाई अता मुहम्मद अहमदी हो गए तो इक़बाल की नजरों में वे मुसलमान रह ही नहीं गए।

खुद को निष्ठावान मुसलमान और शरीयत का पक्षधर बतानेवाले ही इक़बाल को पसन्द आते थे, भले ही वे उनकी गहरी आस्थाओं से पूरी तरह सहमत हों या नहीं। ऐसे ही एक व्यक्ति थे अब्दुल अला मौदूदी नामक नौजवान लेखक। उन्होंने मौदूदी को पठानकोट आने के लिए प्रोत्साहित किया, जहाँ जमाते इस्लामी की शुरुआत करनेवाले इस लेखक को ''अपनी निगरानी में एक बड़ी रियासत और एक प्रिंटिंग प्रेस मिल गया।''[106] विभाजन के बाद मौदूदी पाकिस्तान गए और वहाँ उन्होंने इस नए देश को ऐसा इस्लामी राष्ट्र बनाने के लिए आन्दोलन किया ''जिसमें इस्लाम का थोड़ा-बहुत नहीं, पूरा कार्यक्रम'' व्यवहार में उतारा जा सके और अगर जरूरी हो तो इसके लिए सत्ता की भी मदद ली जाए।[107]

अमेरिकी विद्वान फ्रीलैंड एब्बोट के अनुसार मौदूदी का मानना था कि ''आदमी को इस्लामी तौर-तरीकों को उसके अन्तर्निहित भाव के साथ मानना चाहिए क्योंकि बिना भावना के बाहरी ढाँचे का कोई मतलब नहीं है...ढाँचे की मौजूदगी का सिर्फ यह सबूत-भर है कि अन्दर शायद भावना भी हो सकती है।''[108]

यह सोच इक़बाल के दिल की धड़कन से तो कदापि मेल नहीं खाता, जो खुदी को बुलन्द करके उसकी मुक्ति तक ले जाना चाहते थे और जिन्हें "रचना के सुख में जीवन की गति" दिखाई देती थी।[109] फिर भी यह तथ्य है कि इक़बाल ने मौदूदी को प्रोत्साहन दिया। दूसरी तरफ यह भी लगता है कि इक़बाल ने "आधुनिक जीवन के बदले हालात" में शरीयत की नई व्याख्या करनेवाली किताब लिखने की उम्मीद की थी। दुर्भाग्य से, मौत ने ऐसा होने नहीं दिया।[110]

अगर उदारवादी, अनुदारवादी और प्रतिक्रियावादी अपने-अपने पक्ष में इक़बाल को उद्धृत कर सकते हैं तो समाजवादी भी ऐसा कर सकते हैं। एक बार उन्होंने कहा, "बोल्शेविज्म और खुदा मिलाकर करीब-करीब इस्लाम के करीब पहुँच जाते हैं।"[111] 'खुदा के सामने लेनिन' में इक़बाल के लेनिन गरीबों का सारा दुख-दर्द सुनाते हैं और आगे की एक नज़्म में खुदा फरिश्तों को आदेश देते हैं कि वे अमीरों को बर्बाद कर दें और गुलामों को आजाद कर दें। साम्यवादियों द्वारा खुदा न मानने से इक़बाल चिन्तित तो थे लेकिन उन्होंने इसे रूसी ऑर्थोडोक्स गिरिजों के भ्रष्टाचार के खिलाफ एक प्रतिक्रिया माना।[112]

लोकतन्त्र के पक्षधर भी इक़बाल के बयान उद्धृत कर सकते हैं। उन्होंने लिखा, "इस्लाम में निजी सत्ता का आतंक है;" और उन्होंने मुसलमान संविधान का एक बुनियादी सिद्धान्त "समुदाय के हर आदमी को पूर्ण बराबरी मिलना" माना। इसके बावजूद इक़बाल ने ही लिखा और कहा कि "दो सौ गदहों के दिमाग भी एक आदमी के ख्याल पैदा नहीं कर सकते।"[113]

अब हम इक़बाल की दार्शनिक और धार्मिक विरासत का वर्णन करने की स्थिति में हैं। उन्होंने दिलेरी दिखाई और हिचके भी। उन्होंने गाने में ढीठपन दिखाया और काम करने में सावधानी। वे अपने पंखों के सहारे हमें नए जहान में ले जाते हैं पर अगर हम पुराने रास्ते पर ही चलना चाहें तो हमारे साथ ही कीचड़ में फँसे भी दिखते हैं। उन्होंने पूरी मनुष्य जाति के बन्धुत्व का सपना देखा, पर अक्सर भारत की मुसलमान क़ौम के हितों के साथ ही जोर-शोर से जुटे रहे। उन्होंने जबरदस्त छापें छोड़ी हैं—पर वे सभी अलग-अलग दिशा बताती हैं।

अक्सर इक़बाल की कथनी और करनी में अन्तर रहा। उनके शेरों में बाज और शेर की खूब वाहवाही हुई है (और शाकाहारी जीवों की खिल्ली उड़ाई गई है) लेकिन जैसाकि उनके पुत्र ने बताया, वे खुद "खून को देखकर खड़े नहीं रह सकते थे।" उनकी शायरी में गतिशीलता की खूब तारीफ हुई, लेकिन "अपने आँगन में चहलकदमी" के अलावा उन्होंने कोई भी शारीरिक कार्य नहीं किया। जैसाकि जावेद कहते हैं :

> *वे बाहर निकलना नापसन्द करते थे और आरामकुर्सी पर बैठकर या बिस्तर पर पड़कर पढ़ना या लिखना पसन्द करते थे...आम तौर पर शाम को अब्बा*

के दोस्त और प्रशंसक उनसे मिलने आया करते थे। उनके बिस्तर के चारों ओर कुर्सियाँ लगा दी जाती थीं, वे हुक्का पीते हुए दोस्तों से बात करना पसन्द करते थे।[114]

वे इश्क के गीत गाते रहे, पर शायद ही कभी अपने बच्चों को चूमा। इस्लाम में उनकी गहरी आस्था थी और क़ौम ही उनकी दुनिया बन गई थी, फिर भी उनके दो सबसे घनिष्ठ मित्र सिख थे, सर जोगेन्द्र सिंह और उमराव सिंह; और एक मर्तबा उन्होंने निराशा के गर्त और आत्महत्या के कगार पर पहुँच गए एक नौजवान हिन्दू को "प्यार की दृष्टि, आँखों में खुशी की चमक और कर्म के सिद्धान्त का भाषण" देकर बचाया था।[115]

वे लोभी नहीं थे और अक्सर उनको पैसे की तंगी रहती थी। शायरी की कमाई के अलावा उन्होंने वकालत भी की, लेकिन वे ऐसे मामले हाथ में नहीं लेते थे जिसमें शायरी या दोस्तों से गप्प का समय भी नहीं रहे। उन्होंने चित्रकारी के प्रति जावेद की दिलचस्पी जगाने के लिए यूरोप के प्रमुख कलाकारों की कृतियों के प्रिंट खरीदे लेकिन जब इस लड़के ने तब यूरोप में रह रहे अपने पिता से एक ग्रामोफोन खरीदकर लाने को कहा तो इक़बाल ने एक शेर लिखकर उससे कहा कि, "साउंड बॉक्स से नहीं, गुलाबों और ट्यूलिप की लम्बी खामोशियों से बोलना सीखो।"[116]

सूफी मत का यह विरोधी मन से रहस्यवादी रहा, सच्चे सूफियों के बारे में रूमी की नज़्मों को पढ़ते या सुनते हुए वह इतना भावुक हो उठता था कि आँखों से आँसू निकल आते थे। एक प्रशंसक ने इक़बाल के सामने इस नज़्म को उद्धृत किया :

हैरान है बुअली (ईरानी दार्शनिक) कि मैं आया कहाँ से हूँ
रूमी ये सोचता है कि जाऊँ किधर को मैं
जाता हूँ थोड़ी दूर हर इक रहरौ (यात्री) के साथ
पहचानता नहीं हूँ अभी राहबर को मैं

और उसने शायर से इस बात की पुष्टि करने को कहा कि इन पंक्तियों में यूरोप में रहते हुए लाहौर और सियालकोट के प्रति प्रेम झलकता है। इक़बाल ने जवाब दिया कि इसका यह मतलब नहीं है। असल में वे "इस जहाँ में आने से पहलेवाले 'घर' का जिक्र कर रहे थे।"[117]

इक़बाल के जीवन का अध्ययन करनेवाले सभी लोग उनकी उदासी के दौरों का जिक्र करते हैं। रहबर ने लिखा है, "उनकी आत्मा गहरे दुख में डूबी रही।" उन्होंने आगे लिखा है, "जिन्दादिली-भरी बातचीत के बीच इक़बाल की इस अनुभवातीत उदासी ने उनकी मौजूदगी में एक नाटकीय ढंगवाला चुम्बकीय आकर्षण पैदा किया जो लोगों को काफी आकर्षित करता था"[118] पहले हम इक़बाल का यह शेर देख चुके हैं कि पश्चिम की शराब में देने लायक गम नहीं है, लेकिन खुद उनमें

गम की शायद ही कभी कमी रही। कुरान को पढ़ने या पैगम्बर के जिक्र या फिर अपनी या किसी और की शायरी के कुछ हिस्से पढ़ते-सुनते समय ही शायद गम का यह दौर खत्म होता था।

एक बार दोस्तों की मंडली के बीच बैठे वे जब पैगम्बर को दोस्तों द्वारा उन बारहसिंघों से ईर्ष्या करनेवाला किस्सा सुना रहे थे, जिन्होंने पैगम्बर के पाँव चूम लिए थे, तो इक़बाल की जुबान से आवाज आनी बन्द हो गई और जब वे मुहम्मद साहब की प्रतिक्रिया सुनाने लगे तो उनकी आवाज लड़खड़ाने लगी कि, "सिर्फ खुदा से शिकवा करो और अपने बड़ों की तरह उसका अदब करो।" थोड़ा संयत होने के बाद इक़बाल बोले, "पूरी दुनिया के साहित्य में इससे बढ़िया वाक्य कोई और नहीं है।" जैसा कि रहबर कहते हैं, "इक़बाल का जिस्म, मजाकिया तबियत और बात करने का शानदार तरीका आँसुओं की धारा को रोकनेवाले बाँध के लोहा-लक्कड़-कंकड़-पत्थर थे। फिर भी यह बाँध गाहे-बगाहे टूटता ही रहता था..."[119]

अपनी मौत के काफी पहले ही इक़बाल ने लिखा, "मोहब्बत की जगह मंच नहीं फाँसी का फंदा है।"[120] यह बात 9वीं सदी के रहस्यवादी हल्लाज़ के सन्दर्भ में कही गई थी, जिन्हें उनके विवादास्पद विचारों के चलते फाँसी दे दी गई थी। उन्हें पंथवादी मानकर एक बार इक़बाल ने उनके विचारों की आलोचना की थी लेकिन बाद में उन्होंने इन्हीं विचारों को खुदी के पक्ष में माना और अपनी तुलना हल्लाज़ से करने लगे। 'जावेदनामा' में हल्लाज़ इक़बाल से कहते हैं :

पुनर्जीवन की आवाज़ें मेरे सीने में आती हैं
मैंने लोगों को उनकी कब्रों की तरफ बढ़ते देखा है
वे खुद को भूले रहते हैं
मेरे दोस्त, खुद से डरो, मैंने जो किया वह तुम भी करो।[121]

(भावानुवाद)

कैम्ब्रिज में इक़बाल के साथ पढ़े रेनाल्ड निकोल्सन ने जब 'अस्रार-इ-खुदी' का अनुवाद करने की इजाजत के लिए उन्हें लिखा तो इक़बाल "अपने आँसू नहीं रोक पाए।"[122] वहाँ मौजूद किसी ने जानना चाहा कि इक़बाल इतने भावुक क्यों हो गए। शायर ने जवाब दिया, "अपने लोगों ने, जिनकी खुदी मैंने फिर से बुलन्द करनी चाही थी, न तो इसकी तारीफ की ना ही इसका मोल पहचाना। जिन यूरोपियन लोगों के लिए यह किताब नहीं लिखी गई, वे मेरी बात समझना चाहते हैं। जैसा कि जावेद ने पाया था कि चिड़चिड़ेपन के चलते इक़बाल "बिना स्पष्ट कारण के रोने" लगते थे या फिर इस जैसी टिप्पणी करते थे, "मेरे पास न तो कोई आता है न बैठता है।"[123]

दरअसल, उन्हें शायद ही कभी अकेला रहने दिया जाता था। लोग उनकी आवाज सुनने-भर के लिए उनके दरवाजे पर लाइन लगाए रहते थे। "सुबह से शाम तक यह आदमी साधारण कपड़ों में साधारण पलंग पर या आरामकुर्सी पर बैठा रहता

था और मिलनेवालों का रेला आता-जाता था।'' वे ''किसी की मौजूदगी से ऊबने का कोई संकेत नही देते थे,'' और ना ही किसी को इक़बाल ऊबाऊ लग सकते थे। किसी की टाँग-खिंचाई, शरारतें और ठहाके उनकी पहचान थे और हर बार मजहब पर बात आती ही थी। बातचीत अधिकांश पंजाबी में या कभी-कभी पंजाबी अन्दाज की उर्दू में होती थी।

इक़बाल की पंजाबी या उर्दू के हास्य को ठीक-ठीक प्रस्तुत करना तो मुश्किल है लेकिन वहाँ के माहौल का वर्णन रहबर ने किया है :

> *आनेवालों के सलाम का जवाब वे गर्मजोशी से नहीं देते थे। वे सिर्फ दाहिना हाथ उठाते थे और फिर यूँ ही नीचे कर लेते थे। लेकिन जल्दी ही उनके चेहरे पर गर्मजोशी दिखने लगती थी। बातचीत के लिए उकसाए जाने पर वे 'हुँह' कहकर अपनी स्वीकृति देते थे। और यह सुनकर उनके प्रशंसक बातचीत में असंख्य चीजें सुनने को तैयार हो जाते थे...बीच-बीच में चुप होने पर उँगलियों से वे बाल सुलझाते हुए कभी-कभी ''या अल्लाह'' कहा करते थे...आम तौर पर आधी बन्द उनकी आँखें उनका उत्साह बढ़ने के साथ पूरी तरह खुल जाती थीं।''*[124]

रहबर आगे लिखते हैं, ''अपने दिल से इक़बाल किसी भी और चीज से अधिक शुक्रिया मिलने आनेवाले, अपने चाहनेवालों का करते थे। सुननेवाला खुद-ब-खुद उसके पास आ जाए, शायर को इससे अधिक क्या चाहिए।''[125]

कई बार इक़बाल की गप्पबाजी का अड्डा उनके दोस्त मिर्जा जलालुद्दीन का घर भी होता था, जहाँ जोगेंद्र सिंह और उमराव सिंह वगैरह भी मौजूद होते थे। ''अपने मनोरंजन के लिए वे सितारवादन आयोजित करते थे और एक-दूसरे की चुटकी लेते थे।''[126] कई बार सितारवादक की धुनें इक़बाल को शायरी के लिए प्रेरित करती थीं। रहबर के शब्दों में, ''उनको शेर ख्याल आ गया है, इस बात का संकेत मिलते ही संगीतकार अपने राग को बजाना छोड़कर उनके शेर की संगत के लिए नाजुक धुन छेड़ देते थे।''[127]

ऐसी प्रेरणा घर पर भी आती थी जहाँ बच्चों समेत हर किसी को खामोश रहना होता था; कई बार शेर का ख्याल बीच रात में भी आता था। जावेद बताते हैं :

> *जब उनको ख्याल आ जाता था तो उनके चेहरे का रंग बदल जाता था और वे ऐसा जताते थे मानो शारीरिक कष्ट में हों। देर रात वे अक्सर अपने नौकर अली बक्श को ताली बजाकर बुलाते थे और कलम-कागज लाने को कहते थे। जब वे कागज पर शेर लिखते जाते थे तो उनका चेहरा राहत महसूस करता लगता था। ऐसा लगता कि उन्हें भारी दर्द से मुक्ति मिल गई है।*[128]

कल्पना की उड़ान में इक़बाल ने इस्लामी विश्वबन्धुत्व के गीत गाए लेकिन उनके पाँव पंजाब की जमीन पर ही टिके थे, जहाँ की राजनीति में उन्हें खींच लिया गया था। एक दोस्त ने उनसे कहा, "आप जिन चीजों पर भरोसा करते हैं, उनको आगे बढ़ाने के लिए आपकी इज्जत का उपयोग होना ही चाहिए।" और उन्होंने खुद को एक स्वप्नदर्शी ही नहीं, एक व्यावहारिक नेता के रूप में भी पाया। 1926 में उन्होंने कोई प्रचार नहीं किया और घर के अन्दर ही पड़े रहे लेकिन एक मुसलमान सीट से पंजाब लेजिस्लेटिव कौंसिल के लिए चुन लिए गए। तीन साल बाद आल इंडिया मुस्लिम लीग के सदर की हैसियत से उन्होंने एक महत्त्वपूर्ण और ऐतिहासिक तकरीर की। 1931 और 1932 में लन्दन में हुई गोल मेज बैठकों में उन्होंने भी हिस्सा लिया जिनमें भारत में सियासी सुधारों के बारे में बात हुई। 1935 में इक़बाल और उनका परिवार अपनी मिल्कियतवाले पहले मकान में गया। उसके दो दिन बाद ही सरदार बेग़म की मौत हो गई। जावेद ने इस दर्दनाक दृश्य का वर्णन किया है :

हम दोनों (11 वर्षीय जावेद और 5 वर्षीय मुनीरा) खूब रोए। एक-दूसरे का हाथ पकड़े हुए हम अब्बा के कमरे में गए। वे बिस्तर पर लेटे थे क्योंकि उनकी तबीयत खराब थी। उनकी आवाज भी गुम हो गई थी और बहुत साफ नहीं बोल पाते थे। मुनीरा और मैं, दरवाजे पर ही खड़े रहे, अब क्या किया जाए, यह समझ नहीं पा रहे थे। उन्हें हमारे आने का पता चला और उन्होंने हमें पास बुलाया। जब हम उनके निकट आए, उन्होंने हमें दाएँ-बाएँ बैठ जाने को कहा। फिर अपने हाथों को हमारे कंधों पर रखते हुए उन्होंने कुछ नाराज होकर मुझसे कहा, "तुमको इस तरह नहीं रोना चाहिए। याद रखो कि तुम मर्द हो...और मर्द नहीं रोते" फिर उन्होंने हम दोनों का माथा चूमा—शायद अपने जीवन में पहली बार।...[129]

1930 के अन्त में इक़बाल ने एक उम्मीद जाहिर की जो हर किसी को विसंगत लगी, पर यह पूरी होने के लिए ही थी। मुस्लिम लीग के लखनऊ जलसे की अध्यक्षता करते हुए उन्होंने कहा :

मैं यह देखना पसन्द करूँगा कि पंजाब-पश्चिमोत्तर सीमा प्रान्त, सिन्ध और बलूचिस्तान को मिलाकर एक राज्य बना दिया जाए...पश्चिमोत्तर मुसलमान राज्य ही मुझे मुसलमानों, कम से कम हिन्दुस्तान के उत्तर-पश्चिम हिस्से के मुसलमानों की अन्तिम मंजिल लगती है।[130]

इस इच्छा के पीछे क्या कारण थे? एक कारण भारत के परिदृश्य के बारे में उनकी राय थी। 1927 में उन्होंने कहा था :

साझा कौमियत की बात बेमतलब है। यह लफ्ज़ इस मुल्क के लोगों के लबों पर पिछले पचास बरसों से हैं और मुर्गी की तरह यह बिना एक अंडा दिए

काफी कुड़कुड़ा चुके...इस मुल्क में एक क़ौम हरदम दूसरी क़ौम को बरबाद करने पर ही लगी है।[131]

लेकिन इससे भी ज्यादा असर इक़बाल की अपनी इस कल्पना का ही था कि एकरूप मुसलमान राष्ट्र दुनिया-भर के मुसलमानों के बीच बन्धुत्व के सन्देश का वाहक बनेगा। प्रथम विश्वयुद्ध में तुर्क साम्राज्य विखंडित हो गया। इक़बाल ने सोचा कि अब इस्लाम का झंडा बुलन्द करने का जिम्मा हिन्दुस्तानी मुसलमानों पर है। 1930 के अपने भाषण के कुछ समय पहले ही उन्होंने कहा था, "हिन्दुस्तानी मुसलमानों को, जो संख्या में एशिया के सभी दूसरे देशों के मुसलमानों को एक साथ जोड़ने पर भी अधिक हैं, खुद को इस्लाम की सबसे बड़ी जायदाद मानना चाहिए।"[132] जैसा कि पाकिस्तानी विद्वान रिफ़अत हसन कहते हैं, इक़बाल एक नए मुसलमान मुल्क को "मोहब्बत-भरे लोगों में विश्व-बन्धुत्व हासिल करने का माध्यम-भर मानते थे।"[133]

इक़बाल का जोर शुरुआत पर था, अलगाव पर नहीं; एक नए समाज का गठन करना न कि एक अलग देश हिन्दुस्तान से बाहर निकल जाना। हिन्दुस्तान में एक मुसलमान राज्य के गठन में उन्हें व्यावहारिक लाभ दिखा लेकिन उनकी असली प्रेरणा आदर्शवादी थी। इक़बाल ने जिस राज्य के गठन का प्रस्ताव किया था, उसके लोग उनके सपनों को साकार करने में सक्षम थे या नहीं, यह अलग बात है। यह सम्भव है कि हम इक़बाल को अत्यधिक कल्पनाजीवी करार दें, लेकिन उन्होंने ऐसा हिन्दुओं के प्रति किसी नफरत के चलते नहीं किया।

हमें यह भी देखना चाहिए कि किस तरह के राज्य की कल्पना इक़बाल के दिमाग में थी, लखनऊ में उन्होंने कहा था कि "हिन्दुस्तान के अन्दर ही एक मुस्लिम हिन्दुस्तान" चाहिए और इससे सारे रिश्ते तोड़नेवाला देश नहीं।[134] वे खुद को आला दर्जे की फिरकापरस्ती में यकीन करनेवाला माने जाने के हक़ में थे, लेकिन उन्होंने स्पष्ट किया कि "हर समूह को अपने हिसाब से आज़ाद तरक्की करने का हक़ है, यह सिद्धांत किसी तंगदिल फिरकापरस्त सोच से नहीं बना है।" इक़बाल ने कहा, "मैं दूसरी कौमों के रीति-रिवाजों, कायदे-कानूनों, उनकी समाजी और मज़हबी संस्थाओं के प्रति बहुत आदर रखता हूँ। इतना ही नहीं, कुरान की सीख के अनुसार, यह मेरी जिम्मेवारी है कि जरूरत पड़ने पर उनकी पूजा की जगहों की हिफाजत करूँ।"[135]

नया राज्य मुस्लिम राज्य होगा लेकिन "हिन्दुओं को डरना नहीं चाहिए" कि इसमें एक मजहबी शासन हो जाएगा।[136] इक़बाल की योजना से जुड़े दो अन्य मुद्दे भी महत्त्वपूर्ण हैं। पहला तो यह कि उन्होंने कहा कि वे इस राज्य में से पंजाब के पूर्वी हिस्से के हिन्दू-बहुल इलाकों को बाहर करने को तैयार हैं जबकि जिन्ना, जैसा कि हम आगे चलकर देखेंगे, इसके लिए तैयार नहीं थे। दूसरा उपमहाद्वीप के पूर्वी हिस्से के मुस्लिम-बहुल इलाके साफ तौर पर इक़बाल की योजना में

शामिल नहीं थे। साफ है कि इक़बाल ने एक निश्चित मुस्लिम-बहुल इलाके में ही अपनी वैचारिक अवधारणाओं के आगे बढ़ने की सम्भावना देखी, जैसा कि हम आगे जानेंगे। जिन्ना का जोर गैर-मुसलमानों के बराबर हक़ पाने पर था, न कि वैचारिक मुद्दों पर पाकिस्तान हासिल करने पर। जिन्ना की ऐतिहासिक भूमिका है लेकिन मुस्लिमों का अपना मुल्क हो, इस बारे में इक़बाल की निष्ठा निश्चित रूप से अधिक थी।

1916 में कांग्रेस-लीग के बीच अन्य बातों के अलावा देश-भर में मुसलमानों के लिए अलग निर्वाचन क्षेत्र बनाने और पंजाब प्रान्त के हिन्दू और सिख अल्पसंख्यकों को विशेषाधिकार, जैसे मुद्दों पर सहमति कराने में जिन्ना ने महत्त्वपूर्ण भूमिका निभाई थी। इक़बाल ने अलग निर्वाचन क्षेत्र की व्यवस्था का तो स्वागत किया लेकिन पंजाब में मुस्लिम प्रभाव को कम करने की निन्दा की। फिर बीस के दशक के आखिर में जिन्ना ने लीग-कांग्रेस समझौते का प्रस्ताव रखा, जिसमें मुसलमानों के लिए 'विशेषाधिकार' की बात थी। कांग्रेस ने जिन्ना का प्रस्ताव क्यों नहीं माना इसकी चर्चा जिन्ना वाले अध्याय में होगी, यहाँ हमें यह ध्यान देना है कि इक़बाल भी इसके खिलाफ थे, दो राष्ट्रवाले सिद्धान्त को माननेवाले इस शायर ने हिन्दू-मुस्लिम साझा चुनाव प्रणाली को नहीं माना।

1936–37 में जिन्ना और इक़बाल ने एक-दूसरे को अनेक खत लिखे। इक़बाल के खतों को जिन्ना ने 1946 में छपवाया था। ऐसा लगता है कि इक़बाल को लिखे जिन्ना के खत अब उपलब्ध नहीं हैं। यह चिट्ठी-पत्री कांग्रेस के उस समय के अध्यक्ष जवाहरलाल नेहरू द्वारा मुसलमानों से जनसम्पर्क अभियान चलाने सम्बन्धी घोषणा के बारे में थी। नेहरू की समाजवादी घोषणाओं की भी इसमें चर्चा हुई थी। "जवाहरलाल नेहरू के नास्तिक समाजवाद को मुसलमानों से बहुत अच्छा जवाब नहीं मिलेगा" यह कहते हुए भी इक़बाल ने जवाबी कार्रवाई की पेशकश की थी। उनकी नजर में जिन्ना "मुस्लिम प्रान्तों के अलग संघ" को लीग और मुसलमानों का लक्ष्य घोषित करके नेहरू को "सबसे अच्छा" जवाब दे सकते हैं।

इक़बाल ने खत में पूछा था, "उत्तर-पश्चिम और बंगाल के मुसलमान क्यों नहीं आत्मनिर्णय के हकदार राष्ट्र माने जाएँ?" अब वे बंगाल को भी अलग मुसलमान राष्ट्र मानने लगे थे, पर उत्तर-पश्चिम से अलग। इन खतों में इक़बाल एक किस्म के इस्लामी समाजवाद की वकालत करते भी लगते हैं, "इस्लाम का शरीयत कानून" गुजारा करने का "अनिवार्य अधिकार" देता है लेकिन "एक स्वतन्त्र मुस्लिम देश" ही इस्लामी कानून को लागू कर सकता है जो "आधुनिक विचारों के मद्देनजर इस्लामी आचरण संहिता बना सकता है।" और आखिर में इक़बाल जिन्ना से लीग का अगला सालाना जलसा लाहौर में करने को कहते हैं, कम मुस्लिम आबादीवाले प्रान्तों में नहीं, जिनकी अभी 'अनदेखी' की जा सकती है।

अभी विभाजन की माँग करने के लिए तैयार नहीं हुए जिन्ना ने इक़बाल के एक भी सुझाव को नहीं माना। उन्होंने कम मुस्लिम आबादीवाले संयुक्त प्रान्त की

राजधानी लखनऊ को ही लीग के अगले जलसे के लिए चुना। 1937 के मध्य में हुए चुनाव में सभी हिन्दू-बहुल प्रान्तों में कांग्रेस की सरकारें चुनी गईं। इससे मुसलमानों में 'हिन्दू-राज्य' का खौफ आ गया। जायज हो या नाजायज, इस खौफ ने लीग को संयुक्त प्रान्त जैसे प्रदेशों में पैर पसारने का मौका दे दिया, जिसके लिए जिन्ना तत्पर बैठे थे।

जिन्ना पर एक और बड़ा असर सर सिकन्दर हयात खाँ का पड़ा। वे यूनियनिस्ट पार्टी के, जिसे अमीर मुसलमानों, हिन्दुओं और सिखों का समर्थन प्राप्त था, नेता के तौर पर पंजाब के प्रधानमन्त्री चुने गए थे। जिन्ना सिकन्दर को अपने पक्ष में लाना चाहते थे, जबकि इक़बाल गरीबों को एकजुट करके यूनियनिस्ट पार्टी को सत्ता से बाहर करने की रणनीति सुझा रहे थे।[137]

आखिरकार 1940 में लीग ने लाहौर में अपना जलसा रखा और अलग मुस्लिम राज्य घोषित किया। लेकिन तब तक इक़बाल स्वर्गवासी हो गए थे और अपने अध्यक्षीय भाषण में जिन्ना ने न तो इक़बाल का जिक्र किया, न उनकी योजना का।

अपनी किताब 'भारत एक खोज' में नेहरू कहते हैं कि अपनी मौत के कुछ महीनों पहले इक़बाल ने उनसे कहा था, "आपमें और जिन्ना में क्या मेल है ? वे सियासतबाज हैं और आप देशभक्त।"[138] अंग्रेज लेखक एडवर्ड थॉमस दावा करते हैं कि अपने जीवन के अन्तिम दिनों इक़बाल ने उनसे तब चल रही अलग मुसलमान देश बनाने की बात पर अपनी "गम्भीर आपत्तियाँ" जाहिर की थीं।[139] हम इन कथनों से क्या निष्कर्ष निकालें ? इनसे इस बात की पुष्टि होती है कि इक़बाल-जिन्ना सम्बन्ध हरदम मधुर ही नहीं रहे और भविष्य में बननेवाले पाकिस्तान को लेकर दोनों के नजरिए में अन्तर था। लेकिन इन कथनों से इस बात का खंडन नहीं होता कि इक़बाल के अन्दर मुसलमानों का अपना वतन हो, इसके लिए उत्कट इच्छा थी और यह कि जिन्ना और इक़बाल ने एक-दूसरे को बहुत महत्त्व दिया। इस बात से इनकार नहीं किया जा सकता कि 1937 में इक़बाल ने जिन्ना को लिखा था कि "अकेले" वही (जिन्ना) भारतीय मुसलमानों का मार्गदर्शन कर सकते थे। इस बात से भी इनकार नहीं किया जा सकता कि बाद में जिन्ना ने इक़बाल को "चट्टान की तरह खड़ा रहने" वाला आदमी बताया।"[140]

इक़बाल और सिकन्दर के रिश्ते बहुत अच्छे नहीं थे। शायर के सम्मान में इक़बाल दिवस मनाया जाना है, यह जानते हुए और साथ ही इक़बाल की बीमारी और खस्ताहाली को जानते हुए दिसम्बर 1937 में प्रधानमन्त्री सिकन्दर ने कहा :

> *आज वर्षों की नींद के बाद, मुसलमान जागे हैं और ऐसा मोटे तौर पर इक़बाल के सन्देश से हुआ है...मैं प्रस्ताव करूँगा कि जिन शहरों में इक़बाल दिवस मनाया जाए, वहाँ के शहरी पैसा जमा करें और महान शायर को भेंट करें।*

दुश्मन की दरियादिली पर वार करते हुए स्वाभिमानी इक़बाल ने कहा, "समाज की जरूरतें किसी एक आदमी की जरूरत से ज्यादा मायने रखती हैं, भले ही उस आदमी का काम ज्यादातर लोगों के लिए प्रेरणा का स्रोत रहा हो।" इक़बाल ने आगे कहा कि अगर लोग उनका सम्मान करना चाहते हैं तो "स्थानीय इस्लामिया कॉलेज" में आधुनिक तरीके से इस्लामी शोध के लिए एक चेयर (पीठ) की स्थापना करें। उनके प्रस्ताव को "प्रधानमन्त्री की मंजूरी" मिल जाएगी। यह उम्मीद जाहिर करते हुए इक़बाल ने अपनी ओर से इस पर अमल के लिए "सौ रुपए का अदना-सा चन्दा" दिया।[141]

वैसे उन्होंने पंजाब की राजनीति पूरी गम्भीरता के साथ की और लन्दन में हिन्दुस्तान के भविष्य को लेकर हुई दो दौर की महत्त्वपूर्ण बातचीत में भी उन्होंने हिस्सा लिया, फिर भी इक़बाल एक राजनेता की जगह कल्पनाशील व्यक्ति ही अधिक थे और उनके सपने कवि की कल्पना की तरह ही थे। खुदा, आदमी और दुनिया से उनका गहरा लगाव भी शायरवाला ही था। हादी हुसैन के शब्दों में, इक़बाल का "खुदा मूल रूप से शायर है, सबसे उत्कृष्ट रचनात्मक कलाकार, आत्माभिव्यक्ति के गहरे आवेश को उसी वक्त रचना का रूप देनेवाला।" हुसैन आगे कहते हैं कि इक़बाल का आदर्श आदमी :

> *रचनात्मक कामों में खुदा का सहायक और शागिर्द है जो हरदम अपने उस्ताद के काम में कुछ-कुछ जोड़ने और उसको खूबसूरत करने की हिम्मत दिखानेवाला है...उसका ब्रह्मांड वह अनिन्द्य कविता है जिसे खुदा और आदमी मिल-जुलकर लिख रहे हैं।*[142]

मुहम्मद इक़बाल इस सदी के एक महान शायर हैं। उनकी शायरी का प्रिय विषय प्रकृति या खूबसूरत औरत नहीं गतिशील मनुष्य है :

बरतरअज़ अन्देशा-ए-सूद-ओ-जियाँ है जिन्दगी
(हानि-लाभ की चिन्ता से ऊँची)
है कभी जाँ और कभी तस्लीम-जाँ (मृत्यु) है जिन्दगी
तू उसे पैमाना-ए-इमरोज-ओ-फदी से न नाप
(आज-कल के पैमाने से)
जाविंदा (शाश्वत) पैहम दवाँ (निरन्तर गतिशील)
हर दम जवाँ है जिन्दगी
है सदाकत (सत्य), के लिए जिसे दिल में मरने की तड़प
पहले अपने पैकरे-ख़ाकी (माटी की देह) में जाँ पैदा करें
फूँक दें यह जमीन-ओ-आस्माने-मुस्तआर
(अस्थायी पृथ्वी और आसमान)
और खाकिस्तर (राख) से अपना जहाँ पैदा करें[143]

कुछ अन्य शायरों और खुदा के बन्दों लिए आदमी ऐसी ख़ाक है जिसमें सोना मिला है, जबकि इक़बाल का आदमी आत्मसम्मान-भरा और गतिशील है—जैसा कि खुद इक़बाल थे। लाहौर में उनसे मिलने के बाद अफगानिस्तान के बादशाह ने कहा, "आप तो इक़बाल हैं। मैं हैरान हूँ। मेरे ख्याल में तो आप दाढ़ीवाले थे।" इक़बाल ने जवाब दिया, "मेरी हैरानी तो आपसे भी बड़ी है। आप तो फौज में जनरल हैं। मैंने सोचा था कि आप भारी-भरकम जिस्मवाले होंगे। लेकिन आप तो इतने दुबले और ठिगने हैं।"[144]

जब वे अपनी पसन्द के लोगों की संगत में होते थे तो चैन महसूस करते थे और जिन्दगी पर ठहाके लगाते थे। रमजानवाले एक दिन शाम को रोजा तोड़ने के वक्त से कुछ ही पहले दो दोस्त उनसे मिलने आए। इक़बाल ने ताली बजाकर नौकर रेहमा को बुलाया और "सन्तरे, खजूर, मिठाइयाँ और सिवैइयाँ" लाने को कहा। एक दोस्त मौलाना मलिक ने कहा, "मेहरबानी करके कोई औपचारिकता न कीजिए। सिर्फ खजूर काफी हैं।" इक़बाल ने कहा, "बड़ी लिस्ट से आप पर रौब ही गालिब कर लेने दीजिए।" इस जगह मौजूद एक आदमी के अनुसार, "रेहमा ने उनकी बताई सभी चीज़ों को लाना बेकार समझा और उसने सिर्फ मौलाना मलिक की इच्छी ही पूरी की।"[145]

1938 में नव वर्ष के अवसर पर विश्ववादी इक़बाल ने ऑल इंडिया रेडियो के लाहौर स्टेशन से भाषण में कहा :

"सिर्फ एक एकता भरोसेमन्द है, और यह एकता है आदमी के भाईचारे की जो जाति, रंग, कौमियत या जुबान से ऊपर है...जब तक लोग अपने कामों से यह नहीं दिखाते कि पूरी दुनिया खुदा का परिवार है—आज़ादी, बराबरी और भाइयों के सारे खूबसूरत ख्याल धरे रह जाएँगे।"[146]

इक़बाल अब बीमार हो गए थे, दमा का जोर बढ़ गया था। 20 अप्रैल, 1938 को उन्होंने अपने एक नौजवान कद्रदान के आग्रह पर कुछ महीने पहले रची अपनी चार लाइनें सुनाईं :

गया राग आए न आए
हेजाज की बयार आए न आए
इस फकीर के दिन पूरे हुए
दूसरा दीदावर आए न आए[147]

(भावानुवाद)

इसे सुनाने के कुछ घंटों बाद जावेद अपने अब्बा के पास गए पर तब तक इक़बाल की हालत इस कदर बिगड़ चुकी थी कि वे अपने इस 14 वर्षीय बेटे को भी नहीं पहचान सके। उन्होंने पूछा, "तुम कौन हो ?" "मैं जावेद हूँ," बच्चे ने जवाब दिया। इक़बाल मुस्कुराए और एक दोस्त की तरफ मुँह करके बोले, " 'जावेद को' वाला हिस्सा पढ़ ले।"[148] इसके कुछ समय बाद ही इक़बाल ने दम तोड़ दिया।

इस भावना-प्रधान मुसलमान ने अपने बेटे को सम्बोधित करके जो पंक्तियाँ लिखी थीं उनमें ये भी हैं:

हर एक मुकाम से आगे मुकाम है तेरा
हयात (जीवन) ज़ौके-सफ़र (सफर की रुचि) के बिना कुछ और नहीं
अमल से ज़िन्दगी बनती है जन्नत भी जहन्नुम भी
ये खाकी माटी का पुतला अपनी फितरत में न नूरी (दैवीय) है
ना नतरी (नारकीय) है।[149]

अध्याय 4

मुहम्मद अली (1878-1931)

हिन्दुओं और मुसलमानों के बीच 1919 और 1921 के बीच जैसी एकता कभी नहीं रही। पाकिस्तानी इक़राम कहते हैं, "इस दौरान जो दृश्य देखने को मिले, उसकी कोई कल्पना भी नहीं कर सकता। हिन्दुओं और मुसलमानों ने सचमुच एक प्याले से पानी पिया।"[1] उसी समय इस बारे में लिखते हुए एक प्रोफेसर ने उसे "एक अद्भुत सपने में भी न सोची गई, कल्पना से परे और आदमी की उम्मीद से दूर-दूर तक न आनेवाली घटना" बताया था।[2] दिसम्बर, 1919 में मुस्लिम लीग के अधिवेशन की अध्यक्षता करते हुए हकीम अजमल ख़ाँ ने, जो इसके संस्थापकों में से एक थे, कहा, "अगर जुबान से एहसानमन्दी जताई जा सकती है तो मैं हिन्दुओं का तहेदिल से हिन्दुस्तानी मुसलमान कौम की तरफ से शुक्रिया अदा करता हूँ।"[3]

किस तरह हिन्दुओं और मुसलमानों के बीच यह एकता कायम हुई और फिर कैसे दूरी हो गई, इसका किस्सा मुहम्मद अली के शानदार, उठापटकवाली घटनाओं से भरे और दुखी जीवन से जुड़ा है। उनका जन्म 1878 में दिल्ली से 150 मील पूरब में स्थित रामपुर रियासत में हुआ था। वे "रामपुर के शासक नवाब यूसुफ अली ख़ाँ के एक प्रिय दरबारी अब्दुल अली के पाँचवें पुत्र थे।"[4] अब्दुल अली के पिता इलाही बक्श भी रामपुर के दरबारी थे। 1857 के विद्रोह में बक्श और उनके नवाब ने अंग्रेजों का पक्ष लिया और बदले में उन्होंने बक्श को एक जमीन दी थी। अब्दुल अली आमदनी से अधिक खर्च करनेवाले थे। हवेली के मर्दाना हिस्से में दोस्तों और चापलूसों की भीड़ लगी रहती थी। उनकी खूब आवभगत होती थी और तीतर लड़ाकर मनोरंजन किया जाता था। इस बड़े परिवार की औरतें और बच्चे हवेली के जनाना हिस्से में रहते थे, जहाँ औरतें "सुपारी काटते, पान चबाते, नौकरों-लौंडियों से काम कराते और पास-पड़ोस की घटनाओं पर गप्प लड़ाते हुए वक्त गुजारा करती थीं।"[5]

अब्दुल अली की मौत जब हैजे से हुई तो उनकी उम्र 30 बरस ही थी और उन पर 30,000 रुपए कर्ज था। उनकी बीवी 27 बरस की ही थी और मुहम्मद अली

की उम्र मात्र 2 बरस थी। सौभाग्य से मुहम्मद अली की माँ अब्दी बानो बेगम, जिन्हें बाद में हिन्दुस्तान के अनेक लोग बी अम्मा कहने लगे, दृढ़ निश्चय और हिम्मतवाली महिला थीं। इस नौजवान विधवा ने अपने बच्चों को मोटे कपड़ों, साधारण भोजन और पैगम्बर की उक्तियों के सहारे पाला। उन्हें बरेली के इंग्लिश स्कूल में पढ़ने को भेजा। परिवार चला रहे चाचा ने कहा कि वे बच्चों को नास्तिक बनानेवाली पढ़ाई का खर्चा नहीं देंगे, लेकिन अम्मा ने एक नौकरानी की मदद से अपने गहने हिन्दू पड़ोसी के यहाँ बन्धक रखकर खर्चा दिया।

बरेली के बाद काली आँखोंवाले खूबसूरत मुहम्मद अली अपने बड़े भाई शौकत अली के साथ अलीगढ़ गए, जहाँ 'एम.ए.ओ.' था और इसी से जुड़े एक स्कूल में दाखिला लिया। लम्बे, चौड़े और दाढ़ीवाले शौकत स्कूल की क्रिकेट टीम के कप्तान हो गए लेकिन मुहम्मद अली पढ़ाई-लिखाई में तेज थे। मुहम्मद अली ने तब के बारे में लिखा था :

> *मुझसे करीब छह बरस सीनियर होना, अलीगढ़ कॉलेज की नामी क्रिकेट टीम का कप्तान होना, कॉलेज यूनियन का सेक्रेटरी होना तथा कई और चीजें, शौकत को बहुत बड़ा 'बॉस' बना देती थीं और वे मेरे जैसे अदने स्कूली छोकरे को कुछ नहीं गिनते थे। इस तथ्य के बावजूद कि मैं छोटा वजीफा पाता था और उन्हें एक स्मार्ट क्रिकेट कप्तान पर फबनेवाली पोशाक बनवाने में मदद करता था। इसके लिए हम दोनों का जेब खर्च मिलाकर, जो उन्हीं की जेब के हवाले होता था, पूरा नहीं पड़ता था। और कुछ मौकों पर ही वे अपने छोटे भाई की सुध लेते थे, और छोटा भी गुमनाम ही रहने की दुआ करता था, क्योंकि ऐसे मौके तभी आते थे जब स्कूल के कुछ साथी उनसे मेरी उग्रता की शिकायत करते थे और बदले में मैं भाई साहब की और अधिक उग्रता का शिकार हो जाता था...हाँ उन दिनों वे मुझे पीटकर स्केल नहीं तोड़ते थे जैसा कि जेलवाले दिनों में करते थे, पर झापड़ मारने के बाद जोर से कान उमेठते थे...*[6]

दुनिया के मुश्किल थपेड़ों को सहते हुए समय से पूर्व ही बड़े हो जाना मुहम्मद अली का जीवन था। इस उद्धरण में सिर्फ एक बात नहीं आई है : पूरे जीवन इस्लाम से गहरा प्रेम जो उनके व्यक्तित्व का महत्त्वपूर्ण हिस्सा था। इसकी शुरुआत बहुत शुरू में ही हो गई। स्कूल में होने के चलते मुहम्मद अली 'एम.ए.ओ.' के प्रिंसिपल्स हॉल में कुरान पर दिए जानेवाले शिब्ली नोमानी के भाषण में शामिल नहीं हो सकते थे, लेकिन वे दरवाजे के पीछे खड़े होकर इन्हें सुना करते। उनकी दिलचस्पी और उनकी प्रतिभा के बारे में जानकर शिब्ली ने उन्हें बुलवाया। शिब्ली के सवालों के, इस लड़के ने ठीक जवाब दिए ; इसके बाद आमन्त्रित वक्ता के तौर पर मुहम्मद अली इस भाषण में शामिल होते थे, कॉलेज के लड़कों और अध्यापकों के बीच अकेले स्कूली बालक।

उन्होंने कक्षाएँ छोड़नी शुरू कीं और कॉलेज में आने पर यूनियन में बड़ी दिलेरीवाले भाषण देने लगे। धर्मवाली कक्षा में वे मसखरी की चीजें लिखा करते थे या उस्ताद के ऊटपटाँग चित्र बनाया करते थे। लेकिन जब इलाहाबाद विश्वविद्यालय के, जिससे 'एम.ए.ओ.' तब सम्बद्ध था, बी.ए. के रिजल्ट आए तो मुहम्मद अली का नाम सूची में पहले नम्बर पर था। अब यहाँ से कहाँ जाएँ? अगर सम्भव हो तो इंग्लैंड और फिर इंडियन सिविल सर्विस की परीक्षा दी जाए। शौकत जो तब तक संयुक्त प्रान्त की पी.सी.एस. के लिए चुने जा चुके थे, ने कहा कि वे मुहम्मद की ऑक्सफोर्ड की पढ़ाई का खर्चा उठाएँगे।

मुहम्मद अली ऑक्सफोर्ड गए और लिंकन कॉलेज में दाखिला लिया। उनके समकालीनों, अंग्रेज और हिन्दुस्तानी, के अनुसार इंग्लैंड में वे बड़े ठाठ से रहते थे, उन्होंने आधुनिक कपड़े अपना लिए, खूब तस्वीरें खिंचवाते थे, दोस्ती बनाने में माहिर हो गए थे और कुछ दोस्तों को लगा कि जल्दी ही मुसीबत में पड़ेंगे।[7] लेकिन इस्लाम के प्रति उनकी मोहब्बत बरकरार रही। उन्हीं के शब्दों में :

> *मैं कुरान के नए अनुवाद के प्रति काफी आकर्षित हुआ जो अच्छी और समझ आनेवाली उर्दू में किया गया था; ऑक्सफोर्ड में मेरे पास इसकी एक कॉपी आई थी। अपने मजहबी जुनून और उदार भाई द्वारा भेजे गए पैसों से मैंने बोड्लेइन के जिल्दसाज से इस पर बहुत ही खूबसूरत जिल्द चढ़वाई। कॉलेज के मेरे कमरे की ताख पर रखी किताबों में सबसे भव्य यही दिखती थी। लेकिन आदमी के स्वभाव की अस्थिरता के चलते घर से इस तत्परता से आई कुरान की यह प्रति एक शोभा की चीज ही बनी रही...*[8]

यूनियन के कुछ वाद-विवादों में उन्होंने हिस्सा लिया। अपनी प्रतिभा को कभी भी कम करके न आँकने की प्रवृत्ति के चलते उन्होंने नौ विद्यार्थियों की मंडली को नौरत्न का नाम दिया। सम्राट अकबर के नौरत्नों की तरह। इन नौ लोगों में हिन्दू थे, जिनमें एक बड़ोदा के शासक का बेटा था, मुसलमान थे, और एक पारसी लड़का था। लेकिन वे आई.सी.एस. पास नहीं हो सके जो उनके और शौकत के लिए परेशानी का सबब बना। वे फेल क्यों हो गए ? मुहम्मद अली कहते हैं, "ब्रिटेन के एक झरने और एक नौजवान की मूर्खतापूर्ण आसक्ति के चलते।"[9] लेकिन वे यहीं रुक जाते हैं और झरने या आसक्ति के बारे में बहुत कुछ नहीं बताते। खैर जो भी हो, एक पुरानी कामना के पूरा होने का वक्त आ गया था। जिस लड़की, दूर के रिश्ते की बहन, से वे शादी करना चाहते थे, वह हिन्दुस्तान में उनका इन्तजार कर रही थी। अपने बेटे की पसन्द पर सहमति देनेवाली बी अम्माँ को भरोसा था कि यह शादी मुहम्मद अली के आई.सी.एस. में फेल होने के गम को मिटा देगी। मुहम्मद अली शादी करने के लिए हिन्दुस्तान लौटे, फिर ऑक्सफोर्ड गए और आधुनिक इतिहास में ऑनर्स की डिग्री लेकर कुछ महीनों में ही वापस आ गए।

अब वे मुहम्मद अली, बी.ए. (ऑक्सफोर्ड) थे। रामपुर में इस पदवी को पानेवाले पहले आदमी, और इस पर उन्हें नाज भी था।

वे एम.ए.ओ. में अध्यापन करना चाहते थे लेकिन वहाँ के अंग्रेज प्रिंसिपल ने उनमें आन्दोलनकारी होने के लक्षण देखे और उन्हें अपने यहाँ नहीं रखा। रामपुर के शासक ने उन्हें मुख्य शिक्षा अधिकारी बना दिया लेकिन सामन्ती ढाँचे की उलझनों ने मुहम्मद अली को परेशान कर दिया और साल-भर से कम समय में ही उन्होंने नौकरी छोड़ दी। लेकिन, बड़ोदा के राजकुमार फतेह सिंह, जो ऑक्सफोर्ड में मुहम्मद अली के नौरत्नों में एक थे, की कृपा से मुहम्मद अली को बड़ोदा के सिविल सर्विसेज में ले लिया गया। इसके शासक सायजी राव गायकवाड़ (1875–1936) प्रगतिशील विचारोंवाले थे और उन्होंने मुहम्मद अली को अपना काम चुनने और लिखने, बोलने और घूमने की आज़ादी दी थी।

इस नौजवान अधिकारी ने राज्य के राजस्व को बढ़ाने में मदद की और अपनी खुशमिजाजी, अच्छी अंग्रेजी और नेकटाई तथा रूमाल का मैच मिलाने की धुन के लिए नाम कमाया। लेकिन प्रशासनिक सेवा की गुमनामी उन्हें रास नहीं आई। अगर लिखने और बोलने की आज़ादी न होती तो वे यहाँ सात साल भी नहीं रहते।

इस मौके तक आकर उनकी राय थी कि अंग्रेज शैतान नहीं हैं। उनमें से कुछ 'उदार भाव' से काम कर रहे हैं। 1907 में मुहम्मद अली ने लिखा..."शायद ही किसी देशभक्त हिन्दुस्तानी ने मुल्क की उतनी सेवा की है जितनी बुर्क, ब्राइट, मैकाले और बेंटिक ने की है। उन्होंने आगे लिखा, "लेकिन सभी अंग्रेज फरिश्तोंवाले पंख नहीं ले सकते। अगर औसत अंग्रेजों के कंधों पर यह पंख नहीं हैं तो इसका मतलब यह तो नहीं है कि सभी खुरवाले जानवर हैं? हिन्दुस्तान में रह रहे गोरों की गलती यहाँ मैकियावलीवाद चलाना नहीं, यहाँ के प्रति संकीर्णता है; "वे दुनिया की आबादी के छठे हिस्से को छूना नहीं चाहते।"[10]

उन्हें इस्लाम-प्रेम और हिन्दुस्तान-प्रेम में कोई आपसी विवाद नहीं दिखता था। मुहम्मद अली ने माना कि हिन्दू-मुस्लिम तनाव एक वास्तविकता है लेकिन, "धर्मान्धता से यहाँ के थोड़ा पढ़े-लिखे लोग ही उत्तेजित होते हैं अनपढ़ और निरक्षर नहीं।"[11] उनका दूसरा निष्कर्ष था कि "हम अपने मजहब के प्रति मोहब्बत के चलते मुल्क के दूसरे मजहब के लोगों से नहीं लड़ते बल्कि खुद से मोहब्बत और छोटी-छोटी महत्वाकांक्षाओं के चलते लड़ते हैं।"[12] उन्होंने हिन्दुस्तानी मुसलमान कौम से कहा कि :

> *...हो सकता है कि तात्कालिक जरूरतों के चलते राज-काज के मसलों में हम जब-तब दूसरे लोगों से उलझने की स्थिति में पहुँच जाएँ...लेकिन आखिरकार सभी मजहबी हितों को हिन्दुस्तान के हितों के लिए खपा देना होगा।*[13]

इस्लाम के प्रति मोहब्बत के साथ ही उनके मन में हिन्दुस्तान के लिए भी एक खाका था :

करोड़ों लोगोंवाले इस मुल्क में, जहाँ लोग मजहब से गहरे जुड़े होने के बावजूद कौम, पंथ और जातियों में बँटे हैं, खुदा ने हमारे लिए अपनी तरह की अकेली समस्या को सुलझाने और नए तरह का संश्लेषण करने, आस्थाओं का रुँध बनाने का उद्देश्य तय किया है।[14]

उनके लम्बे वाक्यों में सूक्तियाँ या रूपक जुड़े हैं। राज से मुफ्त और अनिवार्य शिक्षा की माँग करने में हिचक रहे परम्परावादी मुसलमानों से उन्होंने कहा, "सबसे अच्छी आज़ादी मुफ्त तालीम है और सबसे सुखदायी अनिवार्यता, अनिवार्य शिक्षा है।"[15] और उर्दू में आनेवाले कुछेक अरबी और फारसी शब्दों को न पसन्द करनेवाले हिन्दुओं को उन्होंने यह कहा था :

क्या मुसलमान उर्दू को अरब या फारस या अफगानिस्तान से ले आए थे ? नहीं, हिन्दुस्तानी छावनियों और बाजारों से ही उन्होंने इसे पाया है और रोजाना की बातचीत में वे जिन 80 फीसदी शब्दों का इस्तेमाल करते हैं, उनका किसी अरब, किसी फारसी, किसी तुर्क या किसी अफगान के लिए कोई मतलब नहीं है...कोई भी हिन्दुस्तानी सेठ खालिस सोने या चाँदी को सिर्फ इसीलिए नहीं फेंक देगा कि इसे अरब या फारस में गढ़ा गया था...संयुक्त प्रान्त और पंजाब के हिन्दुओं को फारसी और अरबी के शब्दों पर आपत्ति नहीं करनी चाहिए और इन्हें विदेशी नहीं करार देना चाहिए।[16]

1906 में आगा ख़ाँ एक मुस्लिम प्रतिनिधिमंडल को वायसराय, लॉर्ड मिंटो के पास शिमला ले गए। इस दल ने बहुत ही स्पष्ट आश्वासन माँगा कि राज जिन प्रतिनिधि संस्थानों को गठित करने जा रहा है उनमें अलग निर्वाचन क्षेत्र के आधार पर अपने प्रतिनिधि चुनने का हक़ मुसलमानों को मिले। इसके अलावा इस दल ने "मुसलमानों को पर्याप्त प्रतिनिधित्व" की माँग की जो सिर्फ "मुसलमानों की संख्या" के आधार पर नहीं, "उनके राजनैतिक महत्त्व" और "साम्राज्य की रक्षा में उनके योगदान के महत्त्व" के आधार पर तय हो।[17] मिंटो यह मान गए और प्रतिनिधि सदनों की व्यवस्था करनेवाले 1909 के कानून में यह वादा जोड़ा गया। मुस्लिम प्रतिनिधियों के चुनाव के लिए सिर्फ मुसलमान वोट देंगे और सिर्फ संख्या के आधार पर बननेवाली सीटों से अधिक सीटें मुसलमान प्रतिनिधियों के लिए होंगी। हिन्दुस्तान को खानों में बाँटा जाएगा; इस बारे में एक प्रभावी कदम उठाया गया।

शिमला की बातचीत में मुसलमान सीटों का जो आश्वासन मिला, उससे एक मुस्लिम पार्टी की भी जरूरत आ पड़ी। मिंटो से हुई इस भेंट के कुछ महीनों के अन्दर ही ढाका में आल इंडिया मुस्लिम लीग का जन्म हो गया। पहले जलसे में, इसकी अध्यक्षता ढाका के नवाब ने की थी, आगा ख़ाँ को इसका स्थायी अध्यक्ष बनाया गया। इस जलसे में शामिल होने के लिए गायकवाड़ से छुट्टी लेकर आए

मुहम्मद अली ने भी लोगों की गलतफहमियाँ दूर करने के लिए जरूरी स्पष्टीकरण देने और बाद में पहले जलसे की अधिकृत रिपोर्ट लिखकर अपनी भूमिका निभाई।[18]

लीग का नारा था, "अवज्ञा नहीं आत्मरक्षा, राजद्रोह नहीं राजनिष्ठा, आन्दोलन नहीं अध्ययन" (डिफेंस नॉट डिफायंस; लॉयल्टी नॉट सेडिसन; एजुकेशन नॉट एजिटेशन)।[19] 1885 में स्थापित कांग्रेस का यह रास्ता नहीं था, वह राज की नजरों में दिन-ब-दिन अधिक क्रान्तिकारी होती जा रही थी। ऐसी परिस्थिति में यह आरोप सामने आना स्वाभाविक है कि "बाँटो और राज करो" की अंग्रेजों की चालाकी-भरी नीति के तहत ही लीग का गठन हुआ। लेडी मिंटो द्वारा बाद में लिखी किताब का अंश इस आरोप की पुष्टि करता लगता है। उन्होंने एक अंग्रेज अधिकारी को उद्धृत किया है जिसने मुस्लिम प्रतिनिधि-मंडल की माँग पर वायसराय के फैसलों को "6.2 करोड़ लोगों को देशद्रोही विरोधी खेमे में जाने से वापस खींच लेने जैसा" काम बताया है।[20] लेकिन किसी घटना पर खुश होने से उसको संरक्षण देना साबित नहीं होता। राज लीग की शुरुआत पर खुश था और बेशक उसने इसमें मदद भी की,* लेकिन मुसलमानों के दिलों में प्रतिनिधित्व और अतिरिक्त सीटें हासिल करने की इच्छा अपनी ही थी।

वैसे लीग के गठन में सक्रिय भाग लेने के बावजूद मुहम्मद अली ने अपने सहधर्मियों से हिन्दू-मुस्लिम एकता की दिशा में काम करने को कहा। ढाका सम्मेलन के तुरन्त बाद ही अपनी तकरीरों में उन्होंने बताया कि "मैं कभी भी ऐसे संगठन की वकालत नहीं करूँगा जिससे लोगों में अलगाव होने का अन्देशा है।" उन्होंने कहा कि लीग "एकता की ही एक कोशिश है।"[21]

सयाजी राव के पुत्र और ऑक्सफोर्ड में मुहम्मद अली के नौरत्नों में से एक फतेह सिंह तभी मर गए जब मुहम्मद अली ने बड़ौदा में पाँच साल ही गुजारे थे। तब यह हिन्दू राजकुमार 24 बरस का ही था। मुहम्मद अली बच्चों की तरह बिलख-बिलखकर रोए और उनकी याद में उर्दू में एक नज़्म लिखी। दो बरस बाद वे बड़ोदा छोड़कर कलकत्ता आए जो अभी भी देश की राजधानी थी, एक अंग्रेजी साप्ताहिक पत्रिका 'कॉमरेड' निकालने के लिए जिसे उन्होंने किसी का भी पक्षधर नहीं, और सबका दोस्त बताया था। फतेह सिंह की गैर-मौजूदगी से बड़ोदा में आकर्षण नहीं रहा। अधिक महत्त्वपूर्ण बात थी कि मुहम्मद अली अब कभी-कभार नहीं, लगातार बात कहना चाहते थे। यह फैसला दिलेरी का था क्योंकि उनके पास कोई कोष नहीं था और उन्होंने एक रियासत के मन्त्री पद का लुभावना प्रस्ताव भी ठुकरा दिया था। यह प्रस्ताव उनके कलकत्ता रवाना होने के कुछ ही समय पहले आया था। राज के एक रखवाले सर माइकेल ओ'डायर, जो जल्दी ही पंजाब के

---

*यहाँ कुछ पाकिस्तानी यह कह सकते हैं कि कांग्रेस के गठन में भी वायसराय समेत अंग्रेज अधिकारियों ने मदद की थी। लेकिन बाद में इस मदद पर अफसोस जाहिर किया गया। ऐसी मदद यह सोचकर दी गई कि विचारों को व्यक्त करने की आज़ादी देने से हिंसा कम होगी।

गवर्नर बन गए, ने यह प्रस्ताव स्वीकार कर लेने के लिए मुहम्मद अली पर दबाव भी डाला था। ओ'डायर ने कहा कि 'कॉमरेड' निकालनी ही है तो यह पत्रिका नई रियासत से भी निकाली जा सकती है। हालाँकि मुहम्मद अली ने राजा और ओ'डायर को ना कह दिया था, पर उन्हें लालच था; और कलकत्ता पहुँचने पर जब उन्हें राजा का दूसरा टेलीग्राम मिला तो उन्होंने 'कॉमरेड' का पहला अंक छपकर बाजार जाने तक इसे न खोलने का निश्चय किया। 'कॉमरेड' का आदर्श वाक्य (मोटो) था ''सीधे खड़ा होना, सीधी बात करना, सच्चाई बताना, दिलेरी से हर कहीं अपनी बात रखना।''[22]

14 जनवरी, 1911 के इसके पहले अंक में घोषित नीतियों में हिन्दू-मुस्लिमों को ''विभाजित करनेवाले मुँह फैलाए मतभेदों की साफ-साफ स्वीकृति'' शामिल थी, ''लेकिन,'' मुहम्मद अली ने आगे कहा :

> *...अगर हिन्दू या मुसलमान एक-दूसरे का विरोध करके या एक-दूसरे से सहयोग लिए बिना सफलता हासिल करना चाहते हैं तो वे सिर्फ असफल ही नहीं, बुरी तरह असफल होंगे। जब यूरोप के राजनेता और मानवप्रेमी स्वार्थों के झगड़ों और राष्ट्रीय ईर्ष्याओं के होते हुए भी युद्ध रोकने के सत् प्रयासों में लगे रहते हैं तो क्या हमें हिन्दुस्तानी राष्ट्रीयता से हताश हो जाना चाहिए ? हो सकता है कि हम चार करोड़ की एकरूप आबादीवाले जापान की तरह की देशभक्ति की लहर न पैदा कर सकें, लेकिन कनाडा की तरह आम सहमति बना पाना असम्भव नहीं है, ...यह आसान लक्ष्य नहीं है...लेकिन हिन्दुस्तान के बेटे-बेटियों के लिए प्रयास करने लायक लक्ष्य जरूर है।*[23]

एक ही आदमी द्वारा लिखित और सम्पादित महँगे कागज पर छपी पत्रिका 'कॉमरेड' ने तेजी से लोकप्रियता और प्रभाव हासिल कर लिया। अखबार के रंग-रूप के बारे में एक बंगला पत्रकार ने टिप्पणी की कि मुहम्मद अली ने ''बंगाली पत्रकारों को सिखा दिया कि इस दुनिया में वेशभूषा भी काफी अन्तर ला देती है।''[24] लेकिन सिर्फ अच्छे रंग-रूप से ही पत्रिका नहीं चली, आत्मविश्वास और अंग्रेजी जीवन और साहित्य से पूरे परिचय के साथ लिखी थी जिसने (पाठकों को) प्रभावित किया।'' उन्होंने समीक्षा की, हास्य लेख लिखे, घटनाओं पर टिप्पणियाँ कीं। मुजीब कहते हैं :

> *जटिल वाक्य, विषयान्तर और अपने बारे में अहंकारी उल्लेख शुरू में नहीं अखरते थे क्योंकि ये बिखरे हुए तथा बिना किसी सोची-समझी रणनीति के तहत लाए गए होते थे। प्रायः बिना किसी मंशा के चुटकी लेनेवाली टिप्पणियाँ, चुटकुले और मनोरंजक किस्से ही प्रमुख हो जाते थे।*[25]

यूरोपीय अधिकारी भी इस पत्रिका के ग्राहक हो गए और वायसराय की बीवी, लेडी हार्डिंग तो किसी भी अंक में कुछ देर हो जाने पर फोन करती थी। 20 महीनों के बाद 'कॉमरेड' दिल्ली आ गया, जो राज की नई राजधानी थी।

और जल्दी ही इसके साथ उर्दू पत्रिका 'हमदर्द' भी निकलने लगी। 'हमदर्द' के लिए मुहम्मद अली ने बेरुत से मशीनें और टाइपफेस मँगाए लेकिन लोगों को इस मशीन की छपाई अजीब लगी और 'हमदर्द' को वापस उर्दू की पुरानी प्रणाली, कातिब और लिथो, पर वापस आना पड़ा। उनका उर्दू लेखन उनकी अंग्रेजी जितना प्रभावी नहीं था लेकिन इसने उन्हें अपनी कौम से मुखातिब कर दिया।

जैसा कि मुजीब, बताते हैं, मुहम्मद अली खुद को "दुनिया में किसी के भी बराबर, चाहे वह हिन्दुस्तान का वायसराय हो या इंग्लैंड का प्रधानमन्त्री, मानने लगे और यह माना कि वे गहरे दोस्तों की तरह ही बड़े से बड़े आदमी से भी बात कर सकते हैं, चुटकुले सुना सकते हैं।" साथ ही अब वे तीखी जवाबी कार्रवाई भी कर सकते थे जैसा कि 1907 में एम.ए.ओ. के प्रिंसिपल आर्कबोल्ड से हुई अपनी बातचीत में उन्होंने किया। मुहम्मद अली के सुझाव पर एम.ए.ओ. के लड़कों ने कांग्रेस के नेता गोखले क़ो अपने यहाँ भाषण के लिए बुलाया। इससे नाखुश आर्कबोल्ड ने कॉलेज में मुहम्मद अली के प्रवेश पर रोक लगा दी लेकिन उन्होंने यह आदेश मानने से इनकार कर दिया और खुद आर्कबोल्ड ने उन्हें कॉलेज की मस्जिद के पास खड़े देखा :

> *आर्कबोल्ड : "क्या आपको मालूम है कि कॉलेज में आपके प्रवेश पर रोक लगी है ?"*
>
> *मुहम्मद अली : "कॉलेज मेरा अपना है। मेरे प्रवेश पर रोक लगानेवाले आप कौन होते हैं? इसके अलावा, मैं तो खुदा के दरवाजे पर खड़ा हूँ।"*
>
> *आर्कबोल्ड : "याद रखिए कि मुझे इंग्लैंड लौटने में सिर्फ दस दिन लगेंगे।"*
>
> *मुहम्मद अली : "एक और अंग्रेज को इसी तनख्वाह पर हिन्दुस्तान आ जाने में भी इतना ही वक्त लगेगा।"*[26]

'हमदर्द' के सम्पादक, काजी अब्दुल गफ्फार ने मुहम्मद अली के स्वभाव का दूसरा चित्र पेश किया है :

> *एक बार मैंने उनके एक लेख का प्रूफ देखा, कुछ गलतियाँ देखीं तो मेरे कमरे में आए और मुझे खूब खरी-खोटी सुनाई। मैंने अपना इस्तीफा भेज दिया और वापस आ गया। अगले दिन शौकत अली मेरे घर आए और कहा कि मेरे दफ्तर से चले आने के बाद से मुहम्मद अली ने कुछ भी नहीं खाया है। जब मैं वापस गया तो मुहम्मद अली ने मुझे सीने से लगा लिया और खूब रोए।*[27]

जिस "मुँह फैलाए दरार" की बात मुहम्मद अली ने की थी, वह 1911 के शाही दरबार के समय हर किसी को दिखाई दे सकती थी, जब बंगाल के विभाजन का 1905 का फैसला रद्द किया गया। कांग्रेस इसके खिलाफ थी। कुछ लोगों ने बमों से भी इसका विरोध किया। हिन्दुओं ने इस फैसले का स्वागत किया, क्योंकि उन्हें लगा कि इससे "बाँटो और राज करो" की नीति पर रोक लगेगी, लेकिन

मुसलमान पूर्वी बंगाल के विलीन होने से दुखी थे क्योंकि यह मुसलमान-बहुल था। इसे ख़लीकुज़्ज़मां "हिन्दुस्तानी मुसलमानों के जीवन का सबसे बड़ा सदमा" बताते हैं।[28] कुछ मुसलमानों ने राज पर आरोप लगाया कि उसने आतंकवाद के आगे घुटने टेक दिए। मुहम्मद अली ने भी इस फैसले को पसन्द नहीं किया लेकिन हिन्दुस्तान के मुसलमानों को इसे कबूल कर लेने की सलाह दी।

उनका और साथ ही 'कॉमरेड' और 'हमदर्द' का रुख 'साम्प्रदायिक' भी था और 'देशभक्ति' का भी। वे अलग निर्वाचन क्षेत्र का पक्ष भी लेते थे और इस पर अफसोस भी जताते थे। 1912 में उन्होंने कहा कि यह "एक नफरत के काबिल जरूरत" है जैसा कि इस्लाम में तलाक है।[29] मजहबों के बीच रिश्तों में सुधार आने से उनको और सरकारी नौकरियों में मुसलमानों के कोटे को धीरे-धीरे खत्म किया जा सकता है।[30] 1909 और 1912 के लीग के अधिवेशनों में मुहम्मद अली ने "दक्षिण अफ्रीका में रंगभेद के खिलाफ हिन्दुस्तानियों की लड़ाई" की बहुत तारीफ की और कहा कि यह लड़ाई मुसलमानों की नहीं, हिन्दुस्तानियों की लड़ाई है।[31] उस समय के तुर्की के हालात के बारे में बोलते समय वे सबसे ज्यादा मुसलमान या 'साम्प्रदायिक' रूप में सामने आते थे, जिसकी चर्चा हम आगे करेंगे; और अगली ही साँस में वे जबरदस्त देशभक्त बन जाते थे और मुस्लिम लीग से आग्रह कर रहे होते थे कि "वह हिन्दुस्तान के लायक स्वशासन को हासिल करना" अपना एक मुख्य लक्ष्य घोषित करे।[32]

हम अब जिस समय में पहुँचे हैं, उसमें अधिसंख्य मुसलमानों के लिए तुर्की और इस्लाम एक ही मतलबवाले शब्द हो गए थे। तुर्की दुनिया का प्रमुख इस्लामी देश था। इस्लाम के पवित्र स्थल इसके प्रभाव क्षेत्र में थे। इसका शासक दुनिया-भर के सुन्नी मुसलमानों का खलीफा था। भारत के मुसलमान तुर्की पर किसी खतरे को इस्लाम पर खतरा और इसलिए खुद पर खतरे के रूप में देखते थे; उन्होंने कुछ तुर्कों द्वारा ही इस्लामी परम्पराओं को खत्म करने की कोशिश को नापसन्द किया। भारतीय मुसलमान नेताओं के अनुसार, खुद को पश्चिमी रंग-ढंग में ढालने की तुर्की की कोशिश असफल रही है। पश्चिम की नकल करते हुए तुर्क सेना ने रूसी पोशाक अपनाई, बेल्जियम की राइफलें लीं, तुर्क टोपी रखी, हंगरी के जीन लिये, अंग्रेजी तलवारें लीं और फ्रांसीसी ड्रिल करके यूरोप की पैरोडीवाली हालत बना ली। तुर्की का भविष्य इस्लाम के साथ था, जैसा कि इसका इतिहास रहा है; भारत के मुसलमानों का भविष्य भी चन्द्राकार तुर्की से बहुत गहरा जुड़ा था। मुहम्मद अली को लगा कि गैर-मुसलमानों से घिरे एक तुर्क शहर ने पूरी दुनिया में इस्लाम की बुनियादी बातों के प्रति चेतना जगाई है : मैं इस्लाम हूँ—तुम्हारे अल्लाह की एकता, उसके पैगम्बर की सच्चाई। मैं एक संकेत हूँ। मुझे इन्तजार है।[33] इसीलिए 1911 में इटली द्वारा ट्रिपोली पर, जो अब लीबिया में है लेकिन तब तुर्की के अधीन था,

हमला करने पर अंग्रेजों ने तुर्कों को कह दिया कि वे मिस्र होकर ट्रिपोली नहीं जा सकते तो 'कॉमरेड' ने अंग्रेजों की आलोचना की और एम.ए.ओ. के लड़कों ने रोजाना विरोध सभाएँ कीं। ट्रिपोली के हाथ से निकलने के बाद 1912-1913 का बाल्कन युद्ध शुरू हुआ जिसमें सदियों से तुर्कों के गुलाम रहे बुल्गारों, सर्बों और ग्रीकों ने इस सबसे प्रमुख मुसलमान देश को धराशायी कर दिया। भारत के मुसलमानों ने भी खुद को पराजित महसूस किया। मुहम्मद अली ने अपने ऊपर हुए असर के बारे में लिखा है :

बाल्कन की इस बरबादीवाली जंग के दौरान मेरे अन्दर के जज़्बात इतने तीखे थे कि मुझे यह कबूल करना चाहिए कि मैंने खुदकशी करने की भी सोची थी...रायटर से नवीनतम खबर यह मिली कि बुल्गारियाई सैनिक कांस्टेंटिनोपल की दीवार से—जो पाँच सदियों तक हर मुसलमान के दिल में सबसे अधिक आदरवाला नाम रहा था—मात्र 25 मील दूर रह गए हैं।

मुझे बहुत ही आकस्मिक ढंग से पहुँचे कैम्ब्रिज में पढ़े एक मुसलमान दोस्त ने बचा लिया। इससे मुझे अपनी दिलेरी और कायरता की जाँच का मौका ही नहीं मिला। उस समय यह दोस्त अपने उस अंग्रेज दोस्त के साथ था जो उसके साथ ही पढ़ता था और अब उसका मेहमान था। उसे हिन्दुस्तानी नाच देखने की तमन्ना थी।

मेरे दोस्त ने मुझे भी साथ चलने की जिद की, और मैं एडीटर होने की व्यस्तता का जितना बहाना बनाऊँ और उससे भी अधिक रायटर की नवीनतम खबर से मन में पैदा बेचैनी की बात कहूँ, वह उतना ही कुछ भी सुनने को तैयार नहीं हुआ और उसने मुझे करीब-करीब जबरन सम्पादकवाली कुर्सी से उठा लिया और फिर एक नाच पार्टी में ले गया...सो टूटी हड्डियों और लहू निकलते जिस्मों के दर्द को महसूस करके आतंकित होने की जगह मैं अपने ऑक्सफोर्ड में पढ़े एक आदमी के लिए आनन्दोत्सव में मदद कर रहा था।[34]

बड़े भाई शौकत पर भी इसका असर हुआ। कौम की मदद के लिए सरकारी नौकरी छोड़ने के बाद उन्होंने एम.ए.ओ. के लिए पैसा इकट्ठा किया और बम्बई में फँसे हज यात्रियों की मदद की। मुहम्मद अली के शब्दों में :

सरकार के चुस्त-दुरुस्त यूरोपीय फैशनवाले अधिकारी से, जो अलीगढ़ क्रिकेट टीम के नामी कप्तान थे और रेशमी कमीज की पसन्द के लिए नामी थे, (शौकत) एकदम ही साधारण पोशाकवाले बम्बइया बन गए जो ढीला-ढाला लम्बा हरा कोट पहने रहते थे। पहले के चिकने और चमकदार गालों पर अब झबरी दाढ़ी उग आई थी, जो यूरोप और ईसाइयत के खिलाफ थी।[35]

'कॉमरेड' ने तुर्की की राहत के लिए चन्दा माँगा। अलीगढ़ के लड़कों ने कम खाना खाया और पैसे बचाकर भेजे। औरतों ने गहने दिए। मुहम्मद अली के भेंट

करने पर वायसराय ने इस राहत कोष का पैसा भिजवाने की व्यवस्था की। डॉ. मुख्तार अहमद अंसारी के नेतृत्व में आठ डॉक्टरों का जत्था घायल सैनिकों की मदद के लिए तुर्की गया, तुर्की के सुल्तान ने "आँखों में आँसू भरकर" डॉ. अंसारी का शुक्रिया अदा किया।[36] इस मिशन को भेजने के पीछे अपनी संगठन क्षमता लगानेवाले मुहम्मद अली ने वायसराय को सुझाव दिया कि इस टोली के लोगों को सम्मानित किया जाए।

लॉर्ड हार्डिंग ने मुहम्मद अली की सलाह पर काम नहीं किया। यह कोई अचरज की बात नहीं थी क्योंकि डॉ. अंसारी और उनकी टोली को विदा करने के तुरन्त बाद मुहम्मद अली ने घोर ब्रिटेन विरोधी भाषण दिया था। इस डॉक्टर टोली वाली पोशाक में ही उन्होंने लाहौर की सभा में कहा था कि अगर ब्रिटेन तुर्की को परेशान करनेवाली मंडली में शामिल हुआ तो "हिन्दुस्तानी गणतन्त्रवाद अंग्रेजों का सिर तोड़ देगा।"[37]

जैसा कि मुजीब कहते हैं, मुहम्मद अली ऐसे जज़्बात के मालिक थे "जो समय-समय पर उन्हें एकदम गैर-जवाबदेह बना देते थे।"[38] यह वैसा ही एक मौका था और 1913 में जब वे इंग्लैंड के दौरे पर गए तो इन्हीं भावनाओं ने मुहम्मद अली के हाथ एकदम कमजोर कर दिए थे। उन्होंने लीग के एक साथी वजीर हुसैन के साथ कानपुर की एक मस्जिद के मसले को लेकर यह यात्रा की थी। मुसलमानों के विरोध के बावजूद सड़क को सीधा करने के लिए मस्जिद के एक हिस्से को गिरा दिया गया था। शहर-भर के मुसलमान जमा हो गए और उन्होंने फिर से इस हिस्से को बनाने की कोशिश की। जब उन्होंने वहाँ से हट जाने के आदेश नहीं माने तो पुलिस ने गोलियाँ चलाईं जिसमें अनेक लोग मारे गए। मुहम्मद अली को लगा कि उन्हें इस मसले पर खुद ही लन्दन जाकर महारानी से नालिश करनी चाहिए; उन्होंने हिन्दुस्तान के मुसलमानों की तुर्की के बारे में भावनाओं को समझने में मदद की।

जब मुहम्मद अली और हुसैन बाहर ही थे, तभी हार्डिंग ने यूपी के गवर्नर सर जेम्स मेस्टन से मस्जिद के टूटे हिस्से को ठीक कराने को कहा। साथ ही हार्डिंग ने लन्दन स्थित हिन्दुस्तानी मसलों के मन्त्री क्रीव को सन्देश दिया कि वे "चालाक" और "शरारती आन्दोलनकारी" मुहम्मद अली को प्रोत्साहन न दें।[39]

लेकिन हिन्दुस्तान के मुसलमान उनको ऐसा नहीं मानते थे। ख़लीकुज़्ज़मां के अनुसार इस मौके पर कौम ने मुहम्मद अली को एक ऐसा "मजबूत, ईमानदार और सक्षम नेता माना जिसकी काबलियत कायम हो चली थी।"[40] लेकिन हार्डिंग के सन्देश से लन्दन में सारे मन्त्रियों के दरवाजे मुहम्मद अली के लिए बन्द हो गए।

इसी समय एक और हिन्दुस्तानी एम.ए. जिन्ना लन्दन में थे। उस समय कांग्रेस की एक प्रमुख हस्ती जिन्ना ने यहीं मुहम्मद अली और हुसैन से बात करने के बाद मुस्लिम लीग में आने का फैसला किया, पर साथ ही यह स्पष्टीकरण भी दिया कि वे कांग्रेस से रिश्ता नहीं तोड़ेंगे। जिन्ना का यह कदम भारतीय मुसलमानों के अन्दर तुर्की से जुड़ी भावनाओं की ताकत को बताता है।

अगस्त, 1914 में प्रथम विश्वयुद्ध शुरू हुआ। तुरन्त मुहम्मद अली ने कहा कि उन्होंने अंग्रेजों के साथ "विवादवाले अध्याय बन्द कर दिए हैं" और यह कि हिन्दुस्तान जिन सुधारों की माँग कर रहा था "वे उचित मौके" तक इन्तजार कर सकते हैं।[41] अब तक मेडिकल टोली को जो चीजें भेजी जा रही थीं, वह समर्थन जताने के तौर पर राज को दी जानी लगीं। लेकिन अगर तुर्की जर्मनों के साथ हो गए तब क्या होगा ? यह सम्भावना वास्तविक थी। मुहम्मद अली और अंसारी ने तुर्की के रक्षा मन्त्री तलत बे को एक तार भेजा–"हम आपसे प्रार्थना करते हैं कि जंग में शामिल होने के पहले हजार बार सोचिएगा। तुर्की और इंग्लिस्तान की जंग की सूरत में हमारी हालत बहुत मुश्किल हो जाएगी।"[42] मुहम्मद अली की पहल पर उनके आध्यात्मिक सलाहकार मौलाना अब्दुल बारी, जो लखनऊ के नामी फिरंगी महल के प्रमुख थे, ने सुल्तान से अपील की : "हम बाअदब आपसे अर्ज करते हैं कि या तो इंग्लिस्तान के पक्ष में जंग करें या खामोश बैठे रहें।"[43]

लन्दन के 'टाइम्स' ने एक ऐसा सम्पादकीय लिखा था जिससे मतलब निकलता था कि तुर्क लोगों को या तो मित्र देशों के साथ आना होगा या उन्हें दुश्मन माना जाएगा। मुहम्मद अली ने इसका जवाब 'कॉमरेड' में दिया। टाइम्स ने अपने सम्पादकीय का शीर्षक दिया था 'तुर्कों के लिए विकल्प', इसी शीर्षक से अपना लेख लिखते हुए अली ने एक लम्बी सूची दी कि अंग्रेजों के हाथों तुर्कों को क्या-क्या नुकसान उठाना पड़ा है, फिर भी उन्होंने तुर्की से आग्रह किया कि वह इंग्लैंड के दुश्मनों के साथ न जाए। लेकिन, नवम्बर में तुर्की जर्मनी के साथ चला गया।

अधिकांश भारतीय मुसलमानों की तरह मुहम्मद अली भी इससे बहुत आहत हुए। "वैसे तो तुर्की जर्मनी के साथ चला गया है लेकिन हम उसे माफ नहीं कर सकते।"[44] ये शब्द तो ख़लीकुज़्ज़मां के हैं लेकिन यह प्रतिक्रिया बहुतों की थी, जिसमें अली बन्धु भी शामिल हैं। उस समय अलीगढ़ में पढ़ रहे ख़लीकुज़्ज़मां मेडिकल टोली के साथ तुर्की गए थे। वहाँ के बारे में वे कहते हैं :

> *दिसम्बर की एक रात अली बन्धु मेरे कमरे में आए और फुसफुसाकर मुझसे कहा कि अब समय आ गया है जब हम यह जता दें कि अगर ब्रिटेन तुर्की और खिलाफत को समाप्त करने की सोच रहा हो तो हम पूरी ताकत से इसका विरोध करेंगे और सुझाव दिया कि हमें कबीलाई इलाकों (पश्चिमोत्तर प्रान्त के) में असलाह कारखानों के हालात जानने के तरीके ढूँढ़ने चाहिए।"*[45]

इस बातचीत के बाद ख़लीकुज़्ज़मां और उनके दोस्त अर्द्धस्वायत्त कबीलाई इलाकों में गए और ऐसा ही अली बन्धुओं ने भी किया। ये लड़के तो कुछ हथियारों को जाँचने-परखने में सफल रहे लेकिन "भयावह दिखनेवाले पठानों" जैसा कि ख़लीकुज़्ज़मां ने लिखा है, से मित्रता करने के बावजूद अली बन्धु कुछ कर नहीं पाए क्योंकि "हरदम सी.आई.डी. के लोग उन्हें घेरे रहते थे।"[46]

जंग में तुर्की के शामिल हो जाने के बाद मुहम्मद अली जैसे आदमी के लिए जंग को उसी नजरिए से देखना असम्भव हो गया, जिस नजरिए से अंग्रेज इसे देखते थे। ख़लीकुज़्ज़मां ने लिखा, "मुसलमान भारी गम के दौर से गुजर रहे थे जो उनके दिल को गहराई से झझकोर रहा था।"[47] मुहम्मद अली के इस कथन में कुछ सच्चाई है कि ऑक्सफोर्ड की पढ़ाई ने, जिस दौरान कॉलेज और उसके बाहर की गतिविधियों में सक्रियता से भाग लिया था, उनके अन्दर "अंग्रेजों के पक्ष में झुकाव ला दिया है।"[48] लेकिन इस्लाम के प्रति उनकी मोहब्बत ने तुर्की के खिलाफ जंग को समर्थन देने से उनको रोका। मुहम्मद अली ने कहा, "तुर्की का शासक खलीफा, अर्थात् पैगम्बर का वारिस और मुसलमानों का प्रमुख था और खिलाफत हमारे लिए उसी तरह मजहबी चिन्ता का विषय बना है जैसा कि कुरान।"[49]

अपनी बाध्यताओं के चलते राज ने अली बन्धुओं को जेल में डाल दिया। पहले उन्हें रामपुर के एक मकान में रखा गया। फिर दिल्ली के निकट महरौली में और इसके बाद यूपी के लैंसडाउन में। जब यह पाया गया कि कुछ 'गैर वफादार' लोग लैंसडाउन में अली बन्धुओं से मिलते हैं तो दोनों को मध्यप्रदेश के छिंदवाड़ा में ले जाया गया। अन्तिम छह महीने मध्य प्रान्त के ही बैतूल जेल में कटे। बैतूल को छोड़कर बाकी सभी जगहों पर उनके परिवारों को भी साथ रहने की इजाजत थी। 'कॉमरेड' की जमानत राशि जब्त कर ली गई। 'कॉमरेड' तथा 'हमदर्द'—दोनों निकलने बन्द हो गए। राज ने उनके लिए जो गुजारा भत्ता तय किया था, वह पूरा नहीं पड़ता था, सो अली बन्धुओं ने वह जमीन बेच दी जिसे अंग्रेजों ने 1857 में अपना साथ देने पर उनके दादा को दी थी।

चार साल की जेल के दौरान मुहम्मद अली एक बार फिर कुरान की तरफ मुड़े। उन्होंने बहुत धीरे-धीरे पढ़ा, याद किया। और इससे बहुत प्रेम किया। उन्होंने लिखा :

> *हम किस तरह अक्सर यह महसूस नहीं करते थे कि जो हिस्सा हम उस खास दिन पढ़ रहे होते थे, वह हमें नमाज के जवाब में तत्काल अपना मतलब साफ कर देता था या फिर किसी उलझे मुद्दे या गुत्थी को सुलझा देता था। मेरे भाई साहब अपने कमरे से आवाज देकर मुझे बुला लेते थे और एक आयत सुनाते थे या फिर मैं यही करता था और बताता था कि यह कितना मौजूँ है...*[50]

कुरान से यह मोहब्बत आस्था की आग जैसी शक्ल ले गई। अब वे खुद को सिर्फ बादशाहों, राजाओं और वायसरायों के बराबर ही नहीं, उनसे ऊँचा मानते थे क्योंकि उनके पास इस्लाम रूपी जो मोती है, वह उन लोगों के पास नहीं है और इस्लाम "आदमी की मुक्ति का आखिरी लफ्ज है।"[51] अब वे खुद को बहुत ही खुशी से भरा महसूस करते थे। उनके अन्दर का शायर भी जोर मार रहा था और साथ ही उनमें जंग का कारण बने संकीर्ण राष्ट्रवाद के शिकार यूरोप को उपदेश देने की बेचैनी हो रही थी।

जेल जाने से कुछ ही समय पहले मुहम्मद अली पहली बार गांधी से मिले। वैसे दक्षिण अफ्रीका में हिन्दुस्तानियों के जिस संघर्ष का नेतृत्व गांधी कर रहे थे उस ओर वे अपना ध्यान आकर्षित कर चुके थे। बाद में महात्मा ने कहा, "हम लोगों के बीच पहली नजर में ही प्रेम हो गया।"[52] लैंसडाउन में अली बन्धुओं से मिलनेवालों में एक ख़लीक़ुज़्ज़मां लिखते हैं :

अली बन्धु गांधी जी के बारे में बहुत ऊँचे ख्याल रखते थे और उन्होंने हमसे जल्दी से जल्दी उनसे सम्पर्क करने को कहा। उन्होंने हमें यह राय दी कि "सिर्फ वे ही हमारे आदमी हो सकते हैं।" जिस घटना ने उन्हें गांधी जी के बारे में बहुत प्रभावित किया, वह था कलकत्ता में छात्रों की सभा में गांधी जी का भाषण, जिसमें उन्होंने कहा, "अगर मुझे देशद्रोह करना होगा तो भी मैं बोलूँगा और उसके जो भी परिणाम होंगे भुगतूँगा।"[53]

गांधी जी ने वायसराय से आग्रह किया कि वे अली बन्धुओं को छोड़ दें। कांग्रेस, लीग और अन्य लोगों ने भी यह माँग की। 1918 में वायसराय के सचिव को लिखी चिट्ठी में महात्मा ने इसके लिए अपने कारण बताए :

(अ) अगर यह सोचकर उन्हें अन्दर रखा जाता है कि वे सरकार विरोधी कुछ न कर पाएँ तो यह सोच बेमतलब है क्योंकि चिट्ठी-पत्री लिखते हैं और दूसरे भी इसके माध्यम से जिसे चाहे सन्देश भेज सकते हैं।

(ब) उनकी गिरफ्तारी उनके असर को ही बताती है।

(स) उनकी गिरफ्तारी से नाराजगी और बढ़ती है।

(द) मौलाना अब्दुल बारी साहब हजारों मुसलमानों पर जबरदस्त असर रखनेवाले आदमी हैं। वे उनके आध्यात्मिक सलाहकार हैं, सरकार दोनों भाइयों को रिहा करके उन्हें (बारी साहब) उनके कहे में कर देगी।

(व) जहाँ तक मुझे मालूम है ये दोनों भाई बहुत ही मजबूत इच्छा-शक्तिवाले, कुलीन, सुसंस्कृत, पढ़े-लिखे, शिक्षित मुसलमानों पर काफी असर रखनेवाले, खुले दिमाग के और खुलकर बात करनेवाले हैं...निश्चित रूप से ऐसे लोगों की बाहर बहुत जरूरत है।[54]

साथ ही, गांधी ने अली बन्धुओं को भी सलाह दी कि वे अपनी बोली में उग्रता को कुछ कम करें। 1919 में, वायसराय के नाम लिखी मुहम्मद अली की चिट्ठी का प्रारूप पाने के बाद महात्मा ने मुहम्मद अली से कहा :

आपकी भाषा उग्रता और जोश-भरी थी...आपने न्यूनतम मानी जाने लायक बात लिखने की जगह मुसलमान दावों की जो बात कही है, वह अतिशयोक्तिपूर्ण है...मैं ज़ाती तकलीफोंवाली सारी बातों को निकाल देता। यह ऐसा लगता है कि अपने लिए आप बोलता कोई जिन्दा दस्तावेज रखा

गया हो। अगर आप मेरे प्रस्ताव को मानें तो आपके प्रारूप में संशोधन पसन्द करूँगा।[55]

मुहम्मद अली ने कहा था कि अगर पराजित तुर्की के साथ ब्रिटेन और उसके सहयोगियों ने सही बर्ताव नहीं किया तो हिन्दुस्तानी मुसलमान राज के खिलाफ जेहाद छेड़ने या इस नापाक हो गए हिन्दुस्तान से हिजरत (कूच) करने के बीच किसी एक का चुनाव करेंगे। मुस्लिम पवित्रता पर हमला करनेवाली ताकत द्वारा राज करने के चलते हिन्दुस्तान भी मुसलमानों के रह सकने लायक नहीं रहा। हिजरत की अवधारणा हजरत मुहम्मद द्वारा तय मक्का से मदीना चले जाने की घटना से जुड़ी है, जब मक्का इस्लाम के दुश्मनों के कब्जे में आ गया था। गांधी ने तर्क दिया, "जिन परिस्थितियों में मुहम्मद साहब मक्का से हटे, वे एकदम अलग थीं...वे अपने साथ सारे मुसलमानों को मदीना शरीफ ले गए थे। यह मक्का शरीफ के नास्तिकों के खिलाफ उनका सत्याग्रह था।"[56]

अली बन्धुओं की चिट्ठी मूल रूप में ही वायसराय के पास गई और इससे उनकी रिहाई में देरी हो गई। लेकिन इसमें उन्होंने गांधी को "अपना गाइड, फिलॉस्फर और दोस्त" बताया था।[57] मुहम्मद अली के जीवनी लेखक के अनुसार, एक बार बी अम्मा "परदे की परवाह किए बिना" उस कमरे में दाखिल हुईं जिसमें डीएसपी अली बन्धुओं से उनकी रिहाई के प्रस्ताव पर बात कर रहे थे और यह कहा :

आखिरकार मेरे बेटों को इंसाफ देने की सरकार की ख्वाहिश मैं समझती हूँ लेकिन मुझे लगता है कि सरकार को उन्हें कुछ समझाने की जरूरत आन पड़ी है। लेकिन वे अब इतने बड़े हो चुके हैं कि अपनी भलाई-बुराई और सही-गलत समझते हैं...[57]

लेकिन मैं चाहती हूँ कि सरकार यह जान ले कि अपनी मुश्किलों से निजात पाने के लिए अगर वे अपने ईमान या मुल्क के खिलाफ कुछ भी दावा करते हैं तो यह भी जानते हैं कि खुदा मेरी माँ के दिल और लकवा मारे इन हाथों में इतनी ताकत भर देगा कि भले ही वे मेरे कितने अजीज हों, मैं तुरन्त उनका गला घोट दूँगी...जहाँ तक बाकी बात है, वे हरदम से बादशाह का कानून माननेवाली प्रजा रहे हैं और आपकी मौजूदगी में मैं उनको ऐसा ही रहने का हुक्म देती हूँ।[58]

यह घटना 1917 में हुई और दिसम्बर, 1919 में जाकर अली बन्धु रिहा हुए। उनके कारावास में रहने के दौरान ही हिन्दुस्तान के स्वशासन में मुसलमानों के हिस्से के बारे में कांग्रेस और लीग के बीच समझौता हुआ। अगले साल मुहम्मद अली को उनकी गैर-मौजूदगी में ही लीग का सदर चुना गया। कलकत्ता में मंच पर बी अम्माँ बैठीं और अध्यक्ष की कुर्सी पर मुहम्मद अली की तस्वीर रखी गई थी।

जर्मनी के साथ ही तुर्की भी युद्ध में पराजित हो गया और हिन्दुस्तानी मुसलमान इस बात को लेकर परेशान थे कि सुल्तान और खिलाफत का क्या होगा। 1919 में पास रौलेट कानून ने हिन्दुस्तान में निजी स्वतन्त्रता को खतरा पैदा कर दिया और इसका जोरदार विरोध हुआ, जिसकी अगुवाई गांधी कर रहे थे। अप्रैल, 1919 में जालियाँवाला कांड हो गया, जिसमें राज के सिपाहियों ने अमृतसर के एक चारों ओर से घिरे बाग में हिन्दू-मुस्लिम और सिखों की सामूहिक हत्या की। इस हत्याकांड में करीब 400 लोग मारे गए।

कांग्रेस और लीग दोनों ही ने 1919 के अन्तिम दिनों में अमृतसर में जलसा रखा जहाँ कैद से छूटकर आने पर अली बन्धु भी शामिल हुए। उन्हें रास्ते में हर स्टेशन पर भीड़ ने रोका। कांग्रेस के अधिवेशन में मुहम्मद अली ने वह बात कही जिसे आज़ादी की लड़ाई में हजारों हिन्दुस्तानी कार्यकर्ताओं ने बाद में दोहराया कि, "मैं जेल से आया हूँ--वापसी का टिकट साथ लेकर।"[59]

अब हम उस यादगार दौर में हैं जब पूरा हिन्दुस्तान ही, हिन्दू और मुसलमान, देश की आज़ादी और इस्लाम के आत्मसम्मान के लिए लड़ रहा था। उस संघर्ष में गौरव तो था ही लेकिन दुखद प्रसंग भी आए; सच्चाई थी पर गलतियाँ भी हुईं; एकता थी, पर सन्देह था। हिन्दू और मुसलमान दोनों ही असन्तुष्ट थे, इसीलिए दोनों ने एकजुट होकर इस संघर्ष को सम्भव बनाया।

तुर्की के साथ जो कुछ हो गया था, उससे हैरत में पड़े हिन्दुस्तानी मुसलमानों को अन्देशा था कि जंग में फतह हासिल करने के बाद गैर-मुसलमान ही इस्लाम के उन पवित्र स्थलों पर कब्जा रखेंगे जहाँ पहले तुर्की के सुल्तान का नियन्त्रण होता था, और यह बात बहुत ही डरावनी थी। फिर सभी हिन्दुस्तानी, चाहे हिन्दू हो, मुसलमान हो, सिख हो या कोई और, रौलेट कानून को नापसन्द करते थे। वे सभी जालियाँवाला कांड से और इसके बाद जो आदेश आए थे, उससे सदमे में थे। यह आदेश आया था कि जिस गली में एक अंग्रेज महिला पर हमला हुआ था उससे गुजरनेवाले हिन्दुस्तानी घुटनों के बल सरकते हुए निकलें, अंग्रेज अफसर को देखकर घोड़े या किसी और सवारी से जा रहे हिन्दुस्तानी उतर जाएँ और इसका उल्लंघन करनेवालों को कोड़े लगाए जाएँ। हर आदमी इससे नाखुश या नाराज तो था पर उन्हें यह भी पता था कि राज किस तरह अर्जियों को दबा जाता है और देसी बमों से निपटने की उसमें कितनी ताकत है।

इसी मौके पर गांधी उदित हुए और उन्होंने हिन्दुओं और मुसलमानों से कहा कि एक तीसरा रास्ता भी है : अहिंसक असहयोग का। अगर हिन्दुस्तानी राज को समर्थन नहीं देंगे, उससे अपने सम्पर्क तोड़ लेंगे, उसके ओहदों, पदवियों, इनामों, कौंसिलों और नौकरियों को छोड़ देंगे तो अंग्रेज हमारी बात सुनने को मजबूर होंगे या फिर देश छोड़कर चले जाएँगे। इन चीजों की हिन्दुस्तानियों में ललक और कमजोरी थी।

वे इस तीसरे रास्ते का प्रयोग कुछ समय से कर रहे थे और जैसा कि हमने देखा है, मुहम्मद अली ने राजद्रोह के बारे में गांधी की स्पष्टवादिता पर ध्यान भी

दिया था। 1919 के शुरू में गांधी ने अनेक प्रमुख हिन्दुस्तानियों से यह शपथ ले ली थी कि वे रौलेट कानून के आगे झुकने की जगह इसका उल्लंघन करेंगे। अवज्ञा की बात हवा में थी और साथ ही गांधी ने खिलाफत के सवाल पर नाराज बैठे मुसलमानों को सरकार से असहयोग करने को कहा और हिन्दुओं से कहा कि वे मुसलमानों के सवाल को अपना बना लें।

सभी लोगों ने इस प्रस्ताव का गर्मजोशी से स्वागत नहीं किया। अनेक राजनेताओं, हिन्दू और मुसलमान, ने 1919 के कानून के तहत बननेवाली कौंसिलों में जाने के ख्वाब देखे थे। इन कौंसिलों के पास नाम मात्र के अधिकार थे लेकिन ये नेता बनने के लिए अच्छा मंच हो सकती थीं। लेकिन दूसरे लोगों, हिन्दुओं और मुसलमानों दोनों, ने जो रौलेट, जालियाँवाला बाग और खिलाफत के सवाल पर अपमानित हुए थे, असहयोग को उस वक्त की जरूरत के मुताबिक हथियार माना। जेल से छूटने के बाद इक़बाल के एक शेर के साथ इसे अपनाने की घोषणा करनेवाले मुहम्मद अली इस मामले में पहले नहीं थे, लेकिन वे इसके सबसे सक्रिय प्रवक्ता बन गए और महात्मा के साथ पूरे देश में घूम-घूमकर इसका प्रचार करते फिरे और अपने जोशीले भाषणों से उन्होंने हजारों लोगों को जगाया।

लेकिन सबसे पहले वे एक प्रतिनिधिमंडल लेकर लन्दन गए, महारानी की सरकार को इस बात के लिए मनाने कि वह पवित्र स्थलों को तुर्की प्रभाव से अलग न करें। "घरेलूपन को बहुत पसन्द करने" के बावजूद मजबूरी में उन्हें अपनी रिहाई के एक महीने के बाद ही सात समन्दर की यात्रा पर रवाना होना पड़ा।[60] इस बीच वे खूब घूमे और मात्र तीन से चार दिनों तक ही रामपुर में रहे जहाँ उनका परिवार था। लेकिन यहाँ भी मेहमानों का ताँता लगा रहा। और इंग्लैंड जाने पर उन्हें जो पहली चिट्ठी मिली, वह उनकी बेटियों की थी जिसमें उन्होंने शिकायत की थी कि रिहाई के बाद से एक वक्त का खाना भी वे उनके साथ नहीं खा सकी हैं। बाद में उन्होंने कहा, "मेरे साथ क्या-क्या सामान है इसका पता चला जब मेरे पुराने नौकर ने, जो बचपन से ही हमारे साथ था, बक्सों की चाबियाँ देते हुए इसकी सूची मुझे दी। उसी ने इस अन्दाज में सामान रख दिया था कि यूरोप में मुझे किन-किन चीजों की जरूरत होगी।"[61]

जेल में रहते समय किए चिन्तन, खिलाफत से पैदा निराशा और साधारण जीवन बिताने के गांधी जी के उपदेशों ने मुहम्मद अली का रंग-रूप ही बदल दिया। अच्छी फिटिंग वाले कपड़े-लत्ते और "चाँद-तारे का निशान लगी टोपी" पहनने लगे।[62] इंग्लैंड जाकर उन्होंने अपना वेश फिर बदला और "एकदम सही पोशाक पहननेवाले शिष्ट आदमी" बन गए।[63]

सबसे महत्त्वपूर्ण मुलाकात प्रधानमन्त्री लायड जॉर्ज से हुई जिन्होंने तुर्की के नियन्त्रण से बाहर जाने की अरबों की इच्छा के बारे में उन्हें बताया। मुहम्मद अली ने दावा किया कि वे अरबों को तुर्की के अधीन रहने को मना लेंगे और साथ ही

उन्होंने इस्लाम के पवित्र स्थलों पर मुसलमानों के ही नियन्त्रण की माँग की। तुर्क और अरब, जो दोनों ही मुसलमान हैं, इस बात को तय कर सकते हैं कि इन स्थलों की कैसी देखरेख हो, गैर-मुस्लिम यूरोपीय ताकतों को इस मसले से एकदम ही अलग रहना चाहिए।

लायड जॉर्ज ने तुर्कों के हाथों आर्मेनियन लोगों के नरसंहार के आरोपों का जिक्र किया। मुहम्मद अली ने इस पर कहा, "अगर तुर्क इन ज्यादतियों और ऐसे भयावह अपराध के दोषी हुए तो हम तुर्कों की तरफ से अपने हाथ खींच लेंगे। हमारे लिए यह चीज ज्यादा मतलब की है कि इस्लाम के नाम पर एक भी धब्बा नहीं रहना चाहिए।"[64] इस प्रतिनिधिमंडल की दलीलों पर प्रधानमन्त्री का जवाब बहुत साफ था :

> *तुर्की ने अपने उस पुराने दोस्त के मुँह पर थप्पड़ मारा है जो हमेशा उसके पक्ष में खड़ा रहता आया है...तुर्की के बारे में मुहम्मद अली के दावे मेरी समझ में नहीं आते। वे न्याय का दावा करते हैं और तुर्की को न्याय ही मिलेगा...मैं नहीं चाहता कि हिन्दुस्तान का कोई भी मुसलमान यह सोचे कि हम ईसाई देश के बारे में एक नीति लागू करते हैं तो मुसलमान देश के बारे में दूसरी। आस्ट्रिया को न्याय मिला है। जर्मनी को न्याय मिला है, काफी उचित न्याय। फिर तुर्की क्यों बचे ?*[65]

लायड जॉर्ज असली बात नहीं समझ सके। हिन्दुस्तानी मुसलमान नहीं चाहते थे कि तुर्की के साथ भी वही बर्ताव हो जो जंग में हारे दूसरे मुल्कों के साथ हुआ था। वे चाहते थे कि इस्लाम में तुर्की के महत्त्व को स्वीकार किया जाए और लायड जॉर्ज की उस पुरानी बात को लागू किया जाए कि मित्र सेना "तुर्की को एशिया माइनर के समृद्ध और विख्यात इलाके से वंचित करने के लिए नहीं लड़ रही है।"[66] इसी आश्वासन के चलते हिन्दुस्तानी मुसलमान तुर्की के खिलाफ अंग्रेजों की लड़ाई में उसके साथ कंधे से कंधा मिलाकर खड़े रहे थे।

हिन्दुस्तान के मसलों के मन्त्री, मांटेग्यू को मुहम्मद अली "दम्भी," "बातूनी," "व्यक्तिगत रूप से ईमानदार" और "थोड़ा-बहुत वाद-विवाद के गुण से सम्पन्न" लगे।[67] लेकिन मुहम्मद अली ने जल्दबाजी और बड़बोलापन नहीं छोड़ा। लन्दन की एक मस्जिद की सभा में उन्होंने हिन्दुस्तानी मुसलमानों के एक समूह से कहा कि अगर ब्रिटेन और तुर्की के बीच जंग हुई तो हिन्दुस्तानी मुसलमान तुर्की की ओर से लड़ेंगे। एक अन्य मौके पर, मित्र सेना की तरफ से हिन्दुस्तानी फौज की भूमिका के बारे में उन्होंने दावा किया कि "तुर्कों को पराजित करनेवाली हिन्दुस्तानी फौज ही थी।"[68]

सफलता आसानी से मिलनेवाली नहीं थी। इंग्लैंड में तुर्क लोग लोकप्रिय नहीं थे और वहाँ रहनेवाले आर्मेनियाई और अरबों ने तुर्कों से सहानुभूति रखनेवाले प्रतिनिधिमंडल की आलोचना की थी। इस्लाम को तुर्की के समानार्थ मान लेने और

अरब आज़ादी के नारे को तुर्क-विरोधी यूरोपियन लोगों का नारा मानकर मुहम्मद अली और अधिकांश हिन्दुस्तानी मुसलमानों ने अरब-तुर्क विवाद की उपेक्षा की। यह विवाद भले ही यूरोपीय ताकतों के हक़ में गया हो, इसकी शुरुआत उन्होंने नहीं की थी।

मई, 1920 में तुर्की के बारे में आखिरी फैसला घोषित हुआ। उसे अपने सारे उपनिवेशों और ग्रीक-बहुल इलाकों से, जिन पर उसका कभी कब्जा था, हाथ धोना पड़ा। फैजल के अधीन हेजाज (बाद में सऊदी अरब) को स्वतन्त्र और आज़ाद राज्य घोषित किया गया था। फैजल ने यहाँ सत्ता पर कब्जा कर लिया था। फिलिस्तीन और इराक को, पहले के क्षेत्र में यरुशलम और दूसरे में कर्बला, जो मक्का-मदीना जैसे पवित्र स्थल ही माने जाते हैं, ब्रिटेन की निगरानी में रखा गया। फ्रांस को सीरिया की 'मदद और सलाह' का अधिकार मिला।

हिन्दुस्तानी मुसलमानों के हिसाब से यह एक विश्वासघात और निरादर था। फैजल का मुसलमान होना ही पर्याप्त नहीं था क्योंकि मक्का और मदीना पर खलीफा का हक़ था। जब तक हिन्दुस्तानी मुसलमान खिलाफत को बहाल करने की लड़ाई न लड़ेंगे, वे भी कौम के गद्दार कहलाएँगे।

साल-भर पहले जेल से वायसराय को लिखी चिट्ठी में मुहम्मद अली ने कहा था कि हिन्दुस्तानी मुसलमानों को जिहाद और हिजरत में से किसी एक को चुनना पड़ सकता है। अब 1920 के मध्य में, हजारों मुसलमानों ने, जिनमें अधिकांश तो पश्चिमोत्तर सीमा प्रान्त के थे, पर अनेक पंजाब के भी थे, अपनी जमीन और जानवर बेच डाले और यह मानकर कि अंग्रेजी झंडे की गुलामीवाले भारत में रहना इस्लाम-विरोधी है, अफगानिस्तान चले गए।

उन्होंने सुन रखा था कि अफगानिस्तान का अमीर उनकी देखभाल करना चाहता है पर ऐसा हुआ नहीं। कुछ हफ्तों के बाद अमीर ने देश के दरवाजे बन्द कर लिए। अपमानित और निराश होकर ये लोग भारत लौटे पर कुछ अफगानिस्तान में ही मर गए।

मई, 1920 में ही पंजाब की घटनाओं पर गठित हंटर आयोग की रिपोर्ट भी आ गई। इसने उन दुखद घटनाओं की तो पुष्टि की लेकिन पंजाब के गवर्नर को बख्श दिया था। तभी हाउस ऑफ लार्ड्स ने डायर को जालियाँवाला बाग की कार्रवाई के लिए माफी प्रस्ताव पास किया और अंग्रेजों के एक संगठन ने उन्हें एक तलवार और 20000 पाउंड का पुरस्कार दिया। राज ने सारे हिन्दुस्तानियों, मुसलमानों और गैर-मुसलमानों, सभी को नाराज़ कर दिया।

इन घटनाओं के बाद भारत लौटने पर मुहम्मद अली ने स्वयं को खिलाफत और असहयोग आन्दोलन में लगा दिया और गांधी के मुख्य प्रतिनिधि बन गए। खिलाफत के लिए लड़ने हेतु निर्मित राष्ट्रीय समिति ने सर्वप्रथम असहयोग को स्वीकार किया। कांग्रेसी हिचक रहे थे किन्तु जनता किसी गफलत में नहीं थी और 1920 के खत्म होते-होते कांग्रेस और मुस्लिम लीग खिलाफत समिति से आ जुड़ीं

और भारत के हिन्दुओं और मुसलमानों को एक साथ मिलकर राज के साथ सहयोग को समाप्त करने के लिए आह्वान किया।

गांधी ने हिन्दू और मुसलमान नेताओं से अहिंसा का व्रत लिया। शहर-दर-शहर आयोजित "खिलाफत दिवस," एक पाकिस्तानी विद्वान के शब्दों में, "जबरदस्त कामयाब" रहा[69] और इस दिन हिन्दुस्तानियों ने प्रार्थना की, विरोध प्रदर्शन किया और अहिंसक रहने की कसम खाई। मुहम्मद अली समेत अनेक लोगों ने स्पष्टीकरण दिया, "हमने अहिंसा को जीवन-भर का उसूल नहीं, एक नीति के तौर पर अपनाया है।" महात्मा ने कहा कि अगर उन्हें आन्दोलन के दौरान कहीं भी हिंसा के लक्षण दिखेंगे तो वे इससे नाता तोड़ लेंगे। उन्होंने कांग्रेस से माँग की कि अगर उसने जालियाँवाला कांड की निन्दा की है तो "हिन्दुस्तानियों की ज्यादती" की भी निन्दा करे। उन्होंने कहा कि राज का दिमाग फिर गया था पर "हम भी पगला गए।" कांग्रेस ने एक प्रस्ताव में यह बात स्वीकार की लेकिन गांधी के जोर देने के चलते।[70]

गांधी ने जब प्रसिद्ध चिकित्सक और अपने निकट सहयोगी हकीम अजमल ख़ाँ द्वारा शुरू किए जानेवाले राष्ट्रीय मेडिकल कॉलेज का उद्घाटन किया तो पुराने वायसराय लॉर्ड हार्डिंग और लेडी हार्डिंग की तस्वीरों का अनावरण किया गया। गांधी ने कहा, "यह बताता है कि असहयोग अंग्रेज-विरोधी नहीं है और अच्छा काम चाहे जो करे, अंग्रेज या हिन्दुस्तानी, वह हमारी यादों में बस जाता है।"[71]

मुहम्मद अली ने एम.ए.ओ. से कहा कि वह राज से मिलनेवाला अनुदान लेना बन्द करे। जब ट्रस्टियों ने इससे इनकार किया तो उन्होंने सीधे लड़कों से बात की। उन्होंने झुंड में एम.ए.ओ. छोड़ दिया और एम.ए.ओ. परिसर के बाहर ही टेंट में शुरू हुए "राष्ट्रीय मुस्लिम विश्वविद्यालय" में प्रवेश किया। इस प्रकार जामिया मिलिया इस्लामिया की शुरुआत हुई जो कुछ बरस बाद दिल्ली आ गया। तब जामिया को हकीम अजमल ख़ाँ, डॉ. अंसारी और डॉ. जाकिर हुसैन की देखरेख मिली और यह "अपनी अलग पहचान और उपयोगितावाले संस्थान के रूप में विकसित हुआ"—ये शब्द पाक इतिहासकार इक़राम के हैं।[72] 1921 में गांधी और मुहम्मद अली ने शायर इक़बाल से आग्रह किया कि वे इसका काम-काज सँभालें। गांधी ने इक़बाल से कहा, "मुस्लिम नेशनल यूनिवर्सिटी आपको बुला रही है" पर उन्होंने इनकार कर दिया और मुहम्मद अली इसके पहले प्राचार्य बने।[73]

जनवरी, 1921 में लिखी एक चिट्ठी में मुहम्मद अली ने अपनी सार्वजनिक एवं निजी जिन्दगी के बारे में लिखा :

> *गांधी और मेरे भाई साहब कभी भी हफ्ते में दो रात से अधिक बिस्तर पर नहीं सो सके, दिन-रात रेलयात्रा करके अपने विचारों का प्रचार करते, चन्दा जुटाते और गाड़ी में ही मौका मिलने पर सो लेते...*
>
> *माना गया कि मुझे नेशनल मुस्लिम यूनिवर्सिटी की जंजीर से जकड़ दिया गया था लेकिन इसके बावजूद मुझे इस अतिरिक्त भार के साथ ही पूरे नवम्बर*

में घूमते रहना पड़ा...एक महीने में मैंने लाखों लोगों को सम्बोधित किया होगा।

नवम्बर के आखिर में मैं अपनी दो बेटियों की शादी करा पाने में सफल रहा जिससे इस बोझ से मुक्ति मिले, सरकार के डर से रामपुर के नवाब ने हमें हमारे घर से निकाल दिया और साथ ही हमारे एक चचेरे भाई और एक भतीजे को 20 बरस तक बिना मुकदमा चलाए कैद किए रहे। वहाँ हम शादी नहीं करा सकते थे। मुझे दूल्हे-दुल्हिनों को पड़ोस के शहर ले जाना पड़ा। मैं इतना व्यस्त था कि कुछ भी नहीं कर पाया और मेरी बीवी ने ही अपने से जो इन्तजाम हो सका, किया और मैं शादी में मेहमान की तरह ही शामिल हुआ।[74]

गांधी, अली बन्धु और उनके साथ काम करनेवाले लोग क्या कह रहे थे? उन्होंने वकीलों से अदालत छोड़ने, राजे-महाराजों से अपनी पदवियाँ त्यागने, राजनेताओं से कौंसिलों से त्यागपत्र देने और हर किसी से खादी या खद्दर पहनने को कहा, जो गांधी के लिए आत्मनिर्भरता और गरीबों से प्रेम का प्रतीक था। अन्य लोगों के लिए यह महज 'आज़ादी की पोशाक' था। मुहम्मद अली ने खद्दर धारण किया, बी अम्माँ ने भी ऐसा ही किया और सूत कातना सीखा। गांधी ने कहा कि इस पूरे आन्दोलन का चरम बिन्दु लगानबन्दी के रूप में होगा।

नामी वकीलों ने वकालत छोड़ दी, जिनमें कलकत्ता के चितरंजन दास, यू.पी. के मोतीलाल नेहरू, अहमदाबाद के वल्लभभाई पटेल, मद्रास के राजगोपालाचारी और पटना के राजेन्द्र प्रसाद प्रमुख थे। उन्हें इस बात का जरा भी एहसास नहीं था कि आगे उन्हें क्या शक्ति और लोकप्रियता मिलनी है। सैकड़ों दूसरे वकील भी उनके साथ बाहर निकले। यू.पी. में अदालतों को छोड़नेवालों में ख़लीकुज़्ज़मां भी थे। हजारों कुशाग्रबुद्धि लड़कों ने अपनी पढ़ाई छोड़ दी। इनमें से कुछ तो जामिया जैसे राष्ट्रवादी संस्थानों में दाखिल हुए, पर शेष ने खद्दर, हिन्दुस्तानी प्रचार, अछूतोद्धार, शराबबन्दी, हिन्दू-मुस्लिम एकता या खिलाफत की बहाली के आन्दोलन में खुद को झोंक दिया। जैसा कि मुहम्मद अली के जीवनीकार कहते हैं, "खिलाफत का मंच करीब-करीब कांग्रेस का मंच बन गया," जो कुछ लोगों के लिए खुशी की बात थी तो कुछ के लिए दुख की।

गाँववालों ने अपने मामले अदालतों के बाहर ही निपटा लेना सीखा। शराबबन्दी का असर सरकारी खजाने पर पड़ा। मद्रास में तैनात एक सरकारी अधिकारी ने खबर दी, "असहयोग आन्दोलन के प्रचार और शराब की दुकानों के आगे धरने से इन दुकानों की बिक्री खत्म हो गई है।"[75] यह उम्मीद नहीं की गई थी कि गरीब लोग भी अपनी नौकरी छोड़ देंगे लेकिन विदेशी शासन का डर जाता रहा था। कांग्रेस बहस की संस्था-भर रहने की जगह जनान्दोलन बन गई। अगर अंग्रेज देश छोड़कर नहीं भी गए तो उनका राज सिमट गया। खिलाफत बहाल नहीं हुआ लेकिन वायसराय महारानी सरकार को बार-बार यह आग्रह भेजने को बाध्य

हुए कि "तुर्कों को जायज रियायतें दी जाएँ,[76] और यह मानना सही है कि हिन्दुस्तानी आन्दोलन ने ही तुर्कों के खिलाफ अधिक कठोर कार्रवाई नहीं होने दी।*

हिन्दू-मुस्लिम दोस्ती में अजीब-अजीब नजारे देखने को मिले। कट्टर ब्राह्मणों ने मुसलमानों को अपने घर खाने की दावत दी। हिन्दू पुनर्जागरण के प्रमुख नेता स्वामी श्रद्धानन्द को दिल्ली के जामा मस्जिद के इमामवाली गद्दी से मुसलमानों को सम्बोधित करने को बुलाया गया। गांधी ने बम्बई की मस्जिदों से तकरीरें कीं। 1921 के अन्त में जब मुहम्मद अली यह कहते हैं कि, "पैगम्बर के बाद मैं गांधी जी के हुकुम को मानना अपनी जिम्मेवारी मानता हूँ"[78], तो कोई अचरज नहीं लगता।

हिन्दुओं के प्रति सद्भावना दिखाने और खिलाफत के सवाल पर उनके समर्थन के एहसान के तौर पर मुहम्मद अली ने गोमांस खाना बन्द कर दिया और उन्होंने तथा उनके रूहानी उस्ताद मौलाना अब्दुल बारी ने मुसलमान कौम से भी ऐसा करने को कहा। इन घटनाओं को देखकर वायसराय, लॉर्ड रीडिंग ने अपने बेटे को लिखा कि "हिन्दुओं और मुसलमानों के बीच की खाई पर पुल बन गया है।"[79]

लेकिन लोभ और सन्देह इस पुल को कमजोर कर रहे थे। ऐसे कुछ लोग सामने आए ही जिनमें असहयोग के वायदों पर अमल करने की शक्ति नहीं थी; उनकी मानवीय कमजोरी को साम्प्रदायिक रंग में देखा गया। हिन्दुओं में यह फुसफुसाहट शुरू हो गई कि मुसलमान असहयोग की बात करते हैं पर राज के साथ अपने सम्बन्ध बनाए हुए हैं, हिन्दुओं के बारे में ऐसी ही राय कुछ मुसलमानों की थी। सन्देह और प्रतिद्वन्द्विता के जो बीज इस संघर्ष के दौरान रहे, उसका संकेत इक़राम की इस फतवा सम्बन्धी टिप्पणी में मिलता है। कुछ मुसलमान धार्मिक नेताओं ने फतवा जारी किया था कि मुसलमान, राज की पुलिस और फौज से बाहर निकल आएँ। इक़राम कहते हैं :

> *इस फतवे की पंजाब के हिन्दू अखबारों ने काफी तारीफ की क्योंकि शुरू से उनकी शिकायत थी कि सेना और पुलिस में मुसलमानों की प्रमुखता है, लेकिन इस फतवे का कोई अधिक असर नहीं हुआ क्योंकि बहुत कम ही फौजियों और मुसलमानों ने इस पर अमल किया।*[80]

फिर भी, मुहम्मद अली के जीवनीकार का निष्कर्ष ठीक है :

> *पहली बार हिन्दुस्तान ने एक ऐसा जनान्दोलन देखा जिसने पूरे देश को हिला दिया और अंग्रेजी को करीब-करीब चौपट कर दिया। पहली बार हिन्दुस्तान ने एक नए गौरव का एहसास किया और एकता का भाव ढूँढ़ा...पहली और आखिरी बार, अद्भुत एकता और सद्भावना दिखाते हुए हिन्दुओं और मुसलमानों ने सचमुच एक ही प्याले से पानी पिया।*[81]

---

* लन्दन में मुहम्मद अली के नेतृत्ववाले प्रतिनिधिमंडल से हुई भेंट में लायड जॉर्ज ने कहा था कि तुर्की से समझौता "हिन्दुस्तान की राय, खास तौर से हिन्दुस्तानी मुसलमानों की राय से काफी प्रभावित हुआ है।"[77]

अली बन्धुओं के हर भाषण में अहिंसा ही सबसे प्रमुख नहीं हुआ करती थी। मार्च, 1921 में मुहम्मद अली ने घोषणा करके कि वे "अफगानिस्तान से हिन्दुस्तान पर हमला करनेवाली किसी भी सेना को मदद देंगे,"[82] हिन्दू मित्रों को परेशानी में डाल दिया और अंग्रेजों को मौका दे दिया। उनका स्पष्टीकरण था कि वे ऐसा तभी करेंगे जब अफगान भारत को आज़ाद करने आएँ और वापस लौट जाएँ, पर इस सफाई को किसी ने स्वीकार नहीं किया। गांधी ने हिन्दुओं से कहा कि वे मुहम्मद अली के कहने का असली मतलब समझने की कोशिश करें और "अफगान हमले के वबाल को" खत्म करें।[83] हिन्दुओं की चिन्ता खत्म करने और आन्दोलन के अहिंसक चरित्र को बरकरार रखने के लिए गांधी ने अली बन्धुओं से कहा कि वे अपनी टिप्पणियों से पैदा 'बेमतलब गर्माहट' के लिए माफी माँगें। जब रीडिंग ने गांधीजी से अली बन्धुओं के 'हिंसक भाषणों' के बारे में शिकायत की, तो गांधी ने वायसराय से कहा कि वे उनसे माफी मँगवाएँगे या खुद को इन टिप्पणियों से अलग घोषित करेंगे। अली बन्धुओं ने गांधी की बात मानी और सार्वजनिक तौर पर अफसोस जाहिर किया।

गृहमन्त्री मांटेग्यू ने सोचा कि "अली बन्धुओं द्वारा अपनी बात से मुकरने से उनकी राजनैतिक ताकत जरूर घटनी चाहिए।" उन्होंने वायसराय को लिखा :

> *मैं यह मान सकता हूँ कि गांधी के जोर देने से ही उन्होंने अपनी बात वापस ली। अगर उन्होंने ऐसा नहीं किया होता तो उनके और गांधी के बीच दरार पैदा हो जाती। माफी माँगकर उन्होंने ऐसा न होने दिया। लेकिन उनके दिमाग में निश्चित रूप से कड़वाहट होगी जो अच्छी चीज है।*[84]

राज के गुप्तचर सूत्रों ने खबर दी कि उनकी माफी को कुछ हिन्दुस्तानी 'दुर्भाग्यपूर्ण पराजय' मानते हैं तो कुछ 'बहादुरी' या 'चालाकी'। मांटेग्यू की तरह रीडिंग को भी अली बन्धुओं और गांधी के बीच कड़वाहट आने की उम्मीद थी लेकिन यह मित्रता चलती रही। मुहम्मद अली ने अपने एक दोस्त को लिखा कि "हम हिन्दुओं और मुसलमानों के बीच पूरा मैत्री भाव ला देने का तय कर चुके हैं," इसीलिए उन्होंने अफसोस जाहिर किया। साथ ही कुछ हिन्दुओं के मन में उठी बेमतलब शंकाओं को दूर करने और "गांधी के सामने यह साबित करने के लिए भी कि हम अपने साथियों का और नेता की सलाह का आदर करते हैं, यह माफी माँगी।" उनके इस कदम की तारीफ करते हुए गांधी ने 'यंग इंडिया' में लिखा :

> *अली बन्धु के कन्धों पर भारी भार है। इस्लाम का आकलन उनके व्यवहार की ईमानदारी और उच्चतम दर्जे की सहनशीलता से होगा।*[85]

हिन्दू-मुस्लिम मैत्री-भाव को एक बड़ा धक्का अगस्त, 1921 में लगा, जब अपने धार्मिक नेताओं के अपमान से नाराज मालाबार के मोपला, जो अरब से

आनेवाले मुसलमानों के वारिस थे, पहले सरकार के और फिर हिन्दू जमींदारों के खिलाफ विद्रोह कर उठे। एक 'स्वतन्त्र मुसलमान राज्य' के गठन की घोषणा हुई, आगजनी, लूटपाट और हत्याएँ हुईं और कुछ हिन्दुओं का जबरन धर्म बदलवाया गया। अंग्रेजी राज ने हजारों सैनिकों को इस इलाके में तैनात कर दिया। बड़े पैमाने पर सैनिक अभियान चला जिसमें 2339 लोग मारे गए और 24167 पर बगावत और अन्य अपराधों के मामले चले। यह संख्या काफी बाद में आकर जाहिर हो पाई।[86]

तुर्की के सुल्तान, जिनके लिए हिन्दुस्तानी मुसलमान मरने को तैयार थे, का सितारा ऊपर नहीं चढ़ रहा था। तुर्की में मुस्तफा कमाल का सितारा बुलन्दी की ओर बढ़ रहा था। उन्होंने सुल्तान और उनकी सरकार का उपहास उड़ाया, सरकार ने उन्हें मौत की सजा सुनाई थी। ऐसा लगता है कि कुछ समय तक तो भारत के खिलाफत आन्दोलनवालों को तुर्की की अन्दरूनी खेमेबन्दी का पता नहीं था लेकिन 1921 में एक खिलाफतवाले जलसे में मुहम्मद अली और गांधी ने सुल्तान से अपील की कि वे मुस्तफा कमाल के साथ दोस्ती कर लें जिन्होंने तभी एक अलग सरकार का गठन कर लिया था और जो ब्रिटिश समर्थित ग्रीकों के खिलाफ जंग जीतते जा रहे थे। मुस्तफा कमाल की सफलता का क्रम जारी रहा और हिन्दुस्तान की खिलाफत कमेटी ने "शानदार जीतों और इस्लामी साम्राज्य को बचाने की बहादुरी-भरी कोशिशों के लिए मुस्तफा कमाल और अंगोरा की सरकार को बधाई दी।"[87]

लेकिन क्या कमाल इस्लामी साम्राज्य को बचाने की कोशिश कर रहे थे? क्या उन्हें खिलाफत में कोई गुण दिखता था ? इन सवालों का जवाब मिलने में ज्यादा देर नहीं लगी। उस समय तो कमाल की सफलताओं से खुश हिन्दुस्तानी नेता कमाल-सुल्तान में मेल-मिलाप का भरोसा किए बैठे रहे। जुलाई में कराची में बैठक करके उन्होंने इस अन्देशे पर विचार किया कि "ब्रिटिश सरकार अंगोरा की सरकार के खिलाफ लड़ाई शुरू कर सकती है" और यह फैसला दिया कि "मौजूदा हालात में शरीयत किसी भी मुसलमान को अंग्रेज फौज में काम करने या शामिल होने की मनाही करता है।" "हिन्दुस्तानी मुसलमानों द्वारा, कांग्रेस के साथ मिलकर, सिविल नाफरमानी शुरू करने" और "हिन्दुस्तानी रिपब्लिक की स्थापना" पर भी विचार हुआ।"[88]

हद पार की जा चुकी थी। उस समय जब प्रिंस ऑफ वेल्स के हिन्दुस्तान आने में चार महीने का समय ही रह गया था, रीडिंग ने गृहमन्त्री को सधे हुए तरीके से लिखा, "अगर प्रिंस के यहाँ रहते रिपब्लिक की घोषणा हो गई तो मुझे लगता है कि यह स्थिति बहुत ही असुविधाजनक होगी।"[89]

14 सितम्बर को जब मुहम्मद अली और गांधी मालाबार जाते हुए दक्षिण भारत के वाल्टेयर पहुँचे तो मुहम्मद अली को गिरफ्तार कर लिया गया। वहाँ वे मोपला विद्रोह को देखने के लिए जा रहे थे। शौकत अली भी गिरफ्तार कर लिए गए। गांधी ने वाल्टेयर के दृश्य का वर्णन किया है :

गाड़ी वाल्टेयर में 25 मिनट से ज्यादा समय तक रुकी। मौलाना मुहम्मद अली और मैं स्टेशन के बाहर एक सभा में भाषण देने जा रहे थे। हम दरवाजे से कुछ ही कदम आगे गए होंगे तो मैंने मौलाना को मुझे बुलाते और अपने हाथ में थमाए गए नोटिस को पढ़ते सुना। मैं उनसे कुछ कदम आगे था। गिरफ्तार करने आए दल में दो गोरे और आधा दर्जन हिन्दुस्तानी सिपाही थे। दल के इंचार्ज ने मैलाना को पूरा नोटिस पढ़ने भी नहीं दिया और उनकी बाँह पकड़ ली और अलग ले गया। होठों पर मुस्कान लिये उन्होंने हमसे विदा ली। मुझे झंडा उठाए रखना था।

गांधी ने आगे लिखा :

अली बन्धुओं पर सिपाहियों की निष्ठा तुड़वाने और राजद्रोह भड़काने का आरोप लगा...लेकिन राजद्रोह कांग्रेस के लिए सामान्य काम हो गया था...हर असहयोगी को सरकार के प्रति असन्तोष का प्रचार करने की शपथ लेनी होती थी...लेकिन यह कोई नई खोज नहीं थी। लॉर्ड चेम्सफोर्ड को यह मालूम था। लॉर्ड रीडिंग को यह मालूम था। हम दया की भीख नहीं माँगते, हमें सरकार से इसके मिलने की उम्मीद नहीं है...हमें तब तक खुलेआम नाराजगी का प्रचार करना चाहिए, जब तक इससे सरकार हमें गिरफ्तार करने को बाध्य न हो जाए।[90]

मुकद्दमे की सुनवाई के दौरान मुहम्मद अली ने कहा कि उनका व्यवहार कुरान के निर्देशों के अनुसार होता है। उन्होंने कहा कि उन्हें बादशाह के मुकाबले खिलाफत को चुनना ही था : "बादशाह के खिलाफ (निजी तौर पर) कहने को मेरे पास एक भी लफ्ज नहीं है—बादशाह खानदान के खिलाफ कहने को कुछ नहीं है। लेकिन हम उस बादशाह को नहीं मानते जो खुदा के प्रति निष्ठा रखने का हमारा हक़ नहीं देता।" अपने बचाव में वे दो दिन बोले और जब अपनी बात खत्म की तो "उनका गला रुँध गया था, गालों पर आँसू ढलक आए और वे भावविह्वल होकर बैठ गए।"[91]

शौकत और मुहम्मद अली को दो साल की बामशक्कत कैद हुई। जवाब में गांधी ने नवम्बर के शुरू में घोषणा की कि वे गुजरात के सूरत जिले के बारदौली ताल्लुक में आम सिविल नाफरमानी की अगुवाई करेंगे। बारदौली के लोग कर देना बन्द कर देंगे। गांधी ने कहा :

जब स्वराज्य का झंडा बारदौली में विजेता के रूप में लहराएगा तो बारदौली से लगे ताल्लुक के लोग भी अपने यहाँ स्वराज्य का झंडा लगाएँगे। इस प्रकार जिले के बाद जिला होते हुए स्वराज्य का झंडा पूरे देश में फहराया जाना चाहिए।[92]

17 नवम्बर को प्रिंस ऑफ वेल्स भारत पहुँचे। भारत-भर में हड़ताल रही लेकिन बम्बई में हिंसा ने इसकी सफलता पर दाग लगा दिया। प्रिंस का स्वागत करने आए लोगों पर कुछ शरारती लोगों ने हमला कर दिया। गांधी ने यह कहते हुए बारदौली सत्याग्रह वापस ले लिया कि "इस स्वराज्य की बदबू मेरी नाक में आ रही है।"[93]

सरकार ने प्रेस पर अंकुश लगाया और राजनैतिक सभाओं पर रोक लगा दी। हजारों लोगों ने खुलेआम इस प्रतिबन्ध का उल्लंघन किया और राज की जेलों को भर दिया। जनवरी, 1922 के अन्त तक 30000 लोगों ने गिरफ्तारी दी थी, गिरफ्तारी का आतंक अब समाप्त हो गया था। अपनी गिरफ्तारी के कुछ समय पहले ही मुहम्मद अली ने कहा था :

> *हमारे आन्दोलन की सफलता इस बात से आँकी जानी चाहिए कि इसने कितना डर समाप्त किया है। इसी डर के चलते हमारे 32 करोड़ लोग एक लाख अंग्रेजों के गुलाम बने थे। खुदा का शुक्र है कि अब बड़ी तेजी से यह डर समाप्त हो रहा है। इसके बाद निश्चित रूप से हिन्दुस्तान की गुलामी भी खत्म हो जाएगी।*[94]

इन 30000 लोगों में सैकड़ों लोग अच्छे घरों के थे, बैरिस्टर थे, डॉक्टर थे, प्रोफेसर थे और अली बन्धु, बाप और बेटा नेहरू, वल्लभभाई पटेल, राजगोपालाचारी और खिलाफत के मुख्य सिद्धान्तकार अबुल कलाम आज़ाद जैसे लोग भी थे। अपनी गिरफ्तारी के पहले आज़ाद ने घोषणा की कि इस्लाम को हिन्दू-मुस्लिम एकता पसन्द है।[95]

24 जनवरी को 4000 खद्दरधारी बारदौलीवासियों ने कर देना बन्द करने के लिए तैयार होने की शपथ ली और "बिना किसी हिचक के जेल या मौत की सजा भी भुगतने को तैयार रहने" की घोषणा की।[96] इनमें से कुछ लोग दक्षिण अफ्रीका के उस आन्दोलन में हिस्सा ले चुके थे जिसकी अगुवाई गांधी ने की थी। 1 फरवरी को महात्मा ने रीडिंग को एक अल्टीमेटम भेजा : अगर सात दिनों के अन्दर बंदियों की रिहाई और प्रेस की आज़ादी की घोषणा नहीं की जाती तो करबन्दी आन्दोलन शुरू हो जाएगा। रीडिंग ने जवाब दिया कि सरकार अपने फैसलों पर डटी रहेगी। गांधी ने भी जवाब दिया और हिन्दुस्तान आतुर हो उठा।

तभी अचानक गांधी ने आन्दोलन वापस लेने की घोषणा कर दी। पूर्वी यू.पी. के चौरीचौरा में खुद को असहयोग आन्दोलनकारी कहनेवाली भीड़ ने 22 पुलिसवालों को टुकड़े-टुकड़े कर दिया था। इस समाचार ने गांधी को बेचैन कर दिया, उन्हें लगा कि आन्दोलन रोक देना ही एकमात्र सम्भव जवाब है। आन्दोलन स्थगित करने की घोषणा करते हुए गांधी ने लिखा कि इस नृशंस कांड के, "जो निश्चित रूप से कायरता है," बाद उनकी अन्तरात्मा की आवाज ने ही उन्हें ऐसा करने को मजबूर किया है। "यह अपमान का सबसे कड़वा घूँट है जो पीना पड़ा। शैतान को सच्चाई से इनकार करने के लिए ही न्यौता गया है।"[97]

अनियन्त्रित बलवा फैल जाने के अन्देशे से राज ने अभी तक गांधी को नहीं छुआ था। अचानक आन्दोलन स्थगित करने के उनके फैसले से खिलाफत और कांग्रेस के कार्यकर्ता नाराज हुए। कुछ ने असहयोग के बारे में ही सन्देह जाहिर किया, कुछ महात्मा से निष्ठा हटाकर राज की भक्ति में लग गए। राष्ट्रवादी खेमे में कमजोरी आने से राज का हौसला बढ़ा और मार्च में राज ने गांधी को गिरफ्तार कर लिया। खुद को दोषी बताते हुए गांधी ने कहा कि राजद्रोह फैलाना उनका धर्म और कर्त्तव्य है। उन्हें छह साल की कैद मिली। अपनी गिरफ्तारी के कुछ समय पहले ही उन्होंने कांग्रेसी कार्यकर्ताओं को सलाह दी थी कि वे "सिविल नाफरमानी के लिए बेचैन न हों और रचनात्मक कार्यों में लगें।"[98] चौरीचौरा कांड ने उनको एहसास कराया था कि देश की आज़ादी या इस्लाम के आत्मसम्मान के लिए आम नाफरमानी पर उतारने के पहले हिन्दुस्तानी लोगों को और ट्रेनिंग दिए जाने की जरूरत है।

उस समय बम्बई के गवर्नर रहे लॉर्ड लायड ने कहा, "उन्होंने हमें डरा दिया था। गांधी का विशालकाय प्रयोग सफलता के एकदम निकट पहुँच गया था।"[99] अफजल इक़बाल लिखते हैं, "इस प्रकार आन्दोलन साफ तौर पर तो असफल रहा। लेकिन अब हालात वही नहीं रहे। ये घटनाएँ आधुनिक भारत के मनोवैज्ञानिक विकास में एक विभाजन-बिन्दु हैं। औपनिवेशिक मानसिकता को उखाड़ फेंका गया था।"[100]

बीजापुर जेल में पड़े मुहम्मद अली आन्दोलन स्थगित किए जाने से हैरान रह गए। उन्हें यह बात "आत्मसमर्पण जैसी" लगी।[101] जेल में खाना बहुत कम और गन्दा मिलता था और जीवन अपमानजनक था। शौकत अली को कपड़े उतारकर, हाथ ऊपर करके और मुँह खोलकर यह दिखाने को कहा गया था कि उनके पास कोई हथियार नहीं है। इनकार करने पर उनकी जबरन तलाशी ली गई और उन्हें एकान्त-कोठरी में डाल दिया गया। मुहम्मद अली ने विरोध किया, प्रार्थना की, इस्लाम और पैगम्बर का चिन्तन किया और शायरी की। अपनी कैद पूरी होने के कुछ समय पहले ही उन्हें मालूम हुआ कि उनकी प्रिय बेटी अमीना टीबी से पीड़ित है, उन्होंने लिखा :

मैं लाचार हूँ, पर खुदा सर्वशक्तिमान है
मैं तुमसे दूर हूँ, पर वह तो पास है
मैं तुम्हारी सेहत की दुआ करता हूँ;
उसे अगर मंजूर नहीं, तब भी मुझे कबूल है।

फिर उन्होंने खुदा से दुआ की :

तुम्हारी मेहरबानियाँ तुम्हारे इक़बाल से कम नहीं;
अगर अमीना बच गई तो यह तुम्हारी दया होगी।[102]

(भावानुवाद)

उन्होंने पैगम्बर की जीवनी लिखने की सोची और इसमें मदद दे सकनेवाली किताबें जुटाने की कोशिश की। ऐसी एक किताब थी उन्हें ऑक्सफोर्ड में पढ़ा चुके प्रोफेसर मारगोलियथ की 'लाइफ आफ महोमेट'। अपने पुराने उंस्ताद द्वारा तथ्यों में तोड़-मरोड़ किए जाने से दुखी होकर मुहम्मद अली ने उस किताब पर छपे उनके नाम में से ''ओयूटीएच'' अक्षरों को मिटा दिया। अब उनका नाम रह गया ''मार-गोली'' जिसका हिन्दुस्तानी में मजेदार मतलब हो गया।[103] स्कूली बच्चोंवाला यह स्वभाव गया नहीं।

बीजापुर में ही मुहम्मद अली ने वे पृष्ठ लिखे जो उनकी मौत के बाद 'माई लाइफ : ए फ्रैंगमेंट' (मेरा जीवन : अपूर्ण) नाम से छपे। इसमें उनके जीवन के कुछ दौरों का वर्णन है और पैगम्बर की जीवनी लिखने की काबलियत को स्थापित करने की कोशिश की गई है। जेल की सजा खत्म होने तक मुहम्मद अली ने इस जीवनी पर काम नहीं शुरू किया था और वे रिहा हो गए।

न तो हिन्दुस्तान से न ही तुर्की से कोई खुशखबरी मिली। अक्तूबर, 1932 में, मुहम्मद अली के छूटने के महीने-भर बाद मुस्तफा कमाल ने तुर्की को गणतन्त्र बना दिया, खुद उसके राष्ट्रपति हो गए और सुल्तान की हस्ती समाप्त कर दी। जब 'मुस्लिम जगत के खलीफा' ने अपने 'दरबार' के लिए और कोष की माँग की तो कमाल ने उनके दरबारियों, कर्मचारियों और कौंसलरों को हटा दिया। मार्च, 1924 में उन्होंने औपचारिक रूप से खिलाफत को समाप्त कर दिया औरं सुल्तान को तुर्की से निकाल दिया। मुजीब के अनुसार, मुहम्मद अली ने ''अपने सन्ताप को मुस्तफा कमाल के पास तार भेजकर और खिलाफत के सवाल पर उनसे बातचीत करने का प्रस्ताव देकर'' छुपाने की कोशिश की।[104] अपने फैसलों में कोई बदलाव करने की मंशा न रखनेवाले कमाल ने मुहम्मद अली के आग्रहों पर ध्यान नहीं दिया।

हिन्दुस्तानी मुसलमानों का बाँका और तेज तर्रार नेता, जिसने उन्हें खिलाफत के लिए धन और जरूरत पड़ने पर जान भी देने का आह्वान किया था, अब नहीं समझ पा रहा था कि वह क्या करे। और तब, खिलाफत को खत्म करने के आठ दिनों बाद उनकी दुलारी बेटी अमीना, जिसकी सलामती के लिए उन्होंने जेल में असंख्य दुआएँ की थीं, चल बसी। एक दोस्त को लिखे खत में मुहम्मद अली ने कहा, ''कौम की मुश्किलात ने मेरी ज़ाती परेशानियों को उसी तरह निगल लिया है, जैसे मोजेज के नौकरों ने जादूगरों के साँपों को निगल लिया था।''[105]

यह एक दुख और अपमान देनेवाला दौर था। खिलाफत कमेटी द्वारा जुटाए गए चन्दे में हेराफेरी के भी चर्चे उठे, जो पूरी तरह निराधार भी नहीं थे। मुजीब लिखते हैं, ''जिन लोगों ने खिलाफत मूवमेंट को अपना सब कुछ, मन, जेवरात और नकदी दिया था, वे अब खुद को दिग्भ्रमित और कड़वाहट से भरा पाते थे।''[106] जब कोष में घपला हुआ तो अली बन्धु जेल में थे लेकिन अंग्रेजी राज ने अपने

विरोधियों को बदनाम करने और उनमें फूट डालने का यह मौका हाथ से नहीं जाने दिया। जब अली बन्धु जेल में ही थे तब वायसराय कौंसिल के होम मेम्बर ने कहा :

> *जब मैं इन अभागे मुहाजिरिन के बारे में सोचता हूँ, जिनकी सफेद हड्डियाँ खैबर दर्रा चबा गया और जिन्हें हिन्दुस्तान से हिजरत की सलाह उन दो भले मानुसों और उनके अनुयायियों ने दी, जो खुद कभी पेरिस और लन्दन से आगे हिजरत के लिए नहीं गए, जब गरीब मुसलमानों से वसूले गए पैसों के बारे में सोचता हूँ, जिसे आज तरह-तरह से उड़ा दिया गया है, जब मैं मालाबार में मारे गए और अपमानित किए गए हिन्दुओं के बारे में सोचता हूँ जो मुहम्मद अली, शौकत अली और उनकी तरह सोचनेवालों द्वारा उकसाए गए मोपला लोगों के हाथों मारे गए और बरबाद हुए तो श्रीमान, मैं उस मुसलमान कौम की सादगी और मूर्खता पर हैरान हो जाता हूँ जो इस तरह के व्यवहार को बर्दाश्त करती है और ऐसे लोगों को अपना नेता मानती है।*[107]

वैसे अली बन्धुओं ने हिजरत की बात की थी लेकिन इसकी वकालत करनेवाले प्रमुख लोग वे नहीं थे। जहाँ तक मालाबार के विद्रोही मोपलाओं की बात है उन्होंने कभी भी अली बन्धुओं को न देखा था न उनके बारे में कुछ सुना था और खिलाफत आन्दोलन उनकी बगावत का एकमात्र कारण तो था नहीं, मुख्य कारण भी नहीं था। पर जंग में सब जायज है।

होम मेम्बर ने मालाबार में 'हिन्दुओं के मारे जाने और अपमानित किए जाने' की बात हिन्दू-मुस्लिम एकता को मजबूत करने की नीयत से नहीं उठाई थी। अपनी रणनीति में बिल्कुल स्पष्ट, उन्होंने ठीक उसी घटना पर उँगली रखी जिससे दोनों कौमों के बीच बने सद्भाव को धक्का लगा था। मालाबार में जबरन धर्मान्तरण की खबरें पूरे देश में फैलीं, और हिन्दू कौम को मजबूत करने और धर्मांतरित लोगों को वापस अपने धर्म में लाने का आन्दोलन शुरू हुआ। 'संगठन' और 'शुद्धि' नामक आन्दोलनों से मुसलमानों में बेचैनी हुई और उन्होंने 'तब्लीग' (कार्य-प्रचार) और 'तंज़ीम' (अनुशासन) नामक अभियान शुरू किए।

खिलाफत के समाप्त होने के पहले ही कुछ मुसलमानों ने इसके प्रति हिन्दुओं के ठंडेपन की शिकायत की थी।[108] अब खिलाफत सदा के लिए समाप्त हो गया था, पर स्वराज्य अभी भी एक सम्भावना थी। पर इसे लेकर सभी मुसलमान उत्साहित नहीं थे। अली बन्धुओं के सलाहकार मौलाना अब्दुल बारी ने एक दोस्त को लिखा, "हिन्दू स्वराज्य हासिल करने में कामयाब रहेंगे और यह स्वराज्य किसी भी तरह हमारे फायदे का नहीं होगा।"[109] उधर हिन्दू जबरन धर्मान्तरण और इस्लामी विश्वबन्धुत्व को लेकर आशंकित थे। इनमें से कुछ ने यह सवाल भी खड़ा किया कि क्या हिन्दुस्तान मुसलमानों की पूरी निष्ठा हासिल कर सकेगा जिनके तीर्थ स्थान बाहर हैं। हिन्दू-मुस्लिम रिश्तों में गिरावट से सदमे में आए मुहम्मद अली ने

कहा कि वे पहले की तरह अब भी "हिन्दुस्तानी राष्ट्रीयता में मुस्लिम मदद" पर विश्वास करते हैं, पर इस्लामी विश्वबन्धुत्व को नहीं छोड़ा जा सकता। यह "खुद इस्लाम से न ज्यादा है न कम।"[110]

मुहम्मद अली के अपने बीच आ जाने से निहाल हुए कांग्रेसियों ने उन्हें 1923-24 के लिए अपना अध्यक्ष चुना। उन्होंने जिन लोगों को अपना सचिव मनोनीत किया उनमें जवाहरलाल नेहरू भी थे। काशी में कांग्रेस की एक बैठक आयोजित करने में लगे जवाहरलाल नेहरू को मुहम्मद अली ने लिखा :

> *काशी की पवित्र मिट्टी से इस बैठक को कांग्रेस के और मजबूत, और बड़े संगठन का सन्देश देने दीजिए जिसे गरीबों और दबी मानवता को एकजुट करने का लक्ष्य रखना चाहिए...और हमें इस सम्मेलन से एकदम शुरू होकर, दकियानूसी, पंथवाद और असहनशीलता को छोड़कर चलना चाहिए जिससे अपने मादरे वतन को आज़ाद करा सकें।*[111]

कांग्रेस के वार्षिक अधिवेशन में, जो कोकोनाड में हुआ, मुहममद अली कूटनीतिज्ञ की तरह बोले, "हर कौम सिर्फ अपनी कुर्बानियों को ही याद रखती है और उन बातों को भूल जाती है कि उसने दूसरों को किस तरह तकलीफें दीं।"

धर्मान्तरण और फिर वापस धर्म में लाने की हिन्दू-मुसलमानों की कोशिशों, कभी-कभी जिनमें हरिजनों के धर्मान्तरण का मसला शामिल होता था, का हवाला देते हुए उन्होंने कहा :

> *हमें दबे-कुचले वर्गों से उनके जख्मों के खातिर दोस्ती करनी चाहिए, न कि दूसरों को जख्म देने या अपने जख्मों का बदला लेने के लिए...दोनों ही पक्ष जन्नत को मद्देनजर रखने की जगह अगली जनगणना को ध्यान में रखकर काम कर रहे हैं।*

लेकिन चातुरी, पर जोखिम-भरे मुहावरों के प्रति उनका प्रेम कम नहीं हुआ। हिन्दू-मुस्लिम विवादों से उत्तेजित होकर उन्होंने यह कहा कि "मैं तो उन दिनों के लिए आहें भरता हूँ जब हमारे पूर्वजों ने सिर गिनने की जगह सिर काटकर झगड़े सुलझाए,"[112] तो वे बहुत बुद्धिमता नहीं दिखा रहे थे।

कांग्रेस के अधिकांश सदस्य आज़ाद हो गए थे और अब यह बहुत एकजुट नहीं रह गई थी। राज की कौंसिलों में जाने का लोभ बहुतों को होने लगा था। वे राज को उखाड़ फेंकने के लिए कौंसिलों का बहिष्कार करने को तैयार थे लेकिन बिना संघर्ष के इनसे बाहर रहने में कोई स्वाद नहीं आता था। दास और मोतीलाल नेहरू ने कांग्रेस की नीतियों में बदलाव लाने के प्रयासों की अगुवाई की, उनकी नीतियों का विरोध करने और कौंसिलों का बहिष्कार करनेवालों की अगुवाई राजगोपालाचारी, पटेल और प्रसाद कर रहे थे। मुहम्मद अली, अबुल कलाम आज़ाद और जवाहरलाल नेहरू समझौते की कोशिश करते रहे, लेकिन अपनी कुछ आपत्तियों

के बावजूद मुहम्मद अली मुसलमान समुदाय में व्याप्त इस राय से सहमत ही थे कि स्वराज्य हिन्दुओं के हक़ की चीज होगी। अगर असहयोग त्याग दिया गया है तो मुसलमानों को स्वशासन या स्वराज्य में अपने उचित हक़ की लड़ाई लड़नी होगी।

ख़िलाफत का मुद्दा न रहने पर हिन्दू साथी की जगह प्रतिद्वन्द्वी हो गए। यह सही है कि दास और मोतीलाल के नेतृत्ववाले स्वराज्यवादी गुट की तरह गांधी और असहयोग के पक्षधर सरकारी पदों के फायदों को लेकर बहुत परेशान नहीं थे। लेकिन अब मुसलमानों के लिए गांधी ही कितने महत्त्वपूर्ण रह गए थे ? ख़िलाफत के सवाल पर तो वे उपयोगी नहीं, अपरिहार्य भी थे, लेकिन अब उनके प्रति निष्ठा रखने से मुसलमानों का कोई मतलब नहीं सधता था, बल्कि इससे कटुता ही आ सकती थी। कुछ मुसलमानों ने आरोप लगाया कि मुहम्मद अली "महात्मा गांधी के धार्मिक सिद्धान्तों को माननेवाले शागिर्द हो गए हैं" जिन्होंने अपनी रिहाई पर कहा था, "लोगों के कानों में सिर्फ गांधी, गांधी, गांधी भरा जाना चाहिए, क्योंकि इस शब्द का मतलब है हिन्दू-मुस्लिम एकता और असहयोग।"[113]

उनकी स्थिति में अगर कोई दूसरा होता तो इस आरोप को निराधार या बकवास बताकर शान्त हो जाता लेकिन संक्षिप्तता में मुहम्मद अली का भरोसा नहीं था। विस्तार से बातें रखते और उन सवालों का भी, जो पूछे नहीं गए थे, जवाब देते हुए उन्होंने कहा :

> *मैं उन्हीं विश्वासों को मानता हूँ जैसा कि कोई और सच्चा मुसलमान। और मैं पैगम्बर मुहम्मद का अनुयायी हूँ, गांधी का नहीं। और चूँकि मैं इस्लाम को खुदा का सबसे बड़ा उपहार मानता हूँ, इसलिए मैं महात्माजी के प्रति मोहब्बत के चलते खुदा से दुआ करता हूँ कि वह इस्लाम की असली रोशनी से उनकी अन्तरात्मा को भी रोशन करे।*
>
> *मैं अपनी माँ का बहुत सम्मान करता हूँ...इसी प्रकार मैं मौलाना अब्दुल बारी को अपना मजहबी उस्ताद मानता हूँ। उनकी मोहब्बत-भरी दयालुता मुझे बाँध लेती है...लेकिन इन सबके बावजूद मैं हिम्मत के साथ कहता हूँ कि मुझे अब तक कोई ऐसा आदमी नहीं मिला जो वास्तविक रूप से महात्मा गांधी से बड़ी जगह हासिल करने का हकदार हो।*
>
> *लेकिन आस्था और वास्तविक रूप में काफी फर्क है। इस्लाम का अनुयायी होने के चलते मैं गिरे और नीच मुसलमान को भी किसी गैर-मुसलमान से बड़ा दर्जा देने को बाध्य हूँ, भले ही वह आदमी खुद महात्मा गांधी ही क्यों न हो।* *

* कई शताब्दी पहले प्रसिद्ध सूफी सन्त निजामुद्दीन औलिया से पूछा गया था कि बहुत अच्छे चरित्रवाले गैर-मुसलमान का अगले जहां में क्या होगा तो उन्होंने जवाब दिया था, "यह खुदा द्वारा अपनी मरजी से फैसला करने की चीज है, आप उनकी तरफ से कोई फैसला नहीं कर सकते।"[114]

इस पर शोर मचा और कुछ लोगों ने कांग्रेस अध्यक्ष के इस्तीफे की माँग की। बीमारी के चलते तय समय से चार साल पहले ही फरवरी, 1924 में जब गांधी जेल से छूटे तो उनकी प्रतिक्रिया थी, ''राई जैसे सवाल को पहाड़ बना दिया गया है।''[115] गांधी ने कहा कि मुहम्मद अली ने यह बयान सिर्फ ''अपने मजहब में अपनी आस्था की सफाई'' के लिए दिया था। और निश्चित रूप से यह एक घटना भी मुजीब के दिमाग में थी, जब उन्होंने लिखा कि मुहम्मद अली ''व्यवहारकुशल होने की जरूरत को अक्सर भूल जाना चाहते हैं, क्योंकि वे हर मौके का लाभ, खुद को इस्लाम का और पक्का अनुयायी साबित करने के रूप में उठाने की सोचते थे।''[116]

गांधी और अली बन्धुओं के बीच सम्भावित मेल-मिलाप को हतोत्साहित करने और इसकी टोह लेने के लिए वायसराय कौंसिल के सदस्य मुहम्मद शफी ने अली बन्धुओं और मौलाना अब्दुल बारी के साथ फरवरी, 1924 में तीन घंटे गुजारे। इसके बाद उन्होंने अपनी डायरी में दर्ज किया :

> *मैंने उनसे खुलकर बात की और बताया कि तुर्की के संकटवाले दिनों में लॉर्ड रीडिंग ने क्या कुछ किया और उन्हें संगठन और शुद्धि आन्दोलनों के खतरों के प्रति आगाह किया...उन्होंने मुझसे वादा किया कि हिन्दुस्तान में मुसलमानों के हितों की रक्षा और उन्हें आगे बढ़ाने के उद्देश्य से उनको संगठित करने का विरोध नहीं करेंगे।*[117]

जब मुहम्मद अली और गांधी जुहू में मिले, जहाँ महात्मा स्वास्थ्य-लाभ कर रहे थे, तो उन दोनों ने स्वराज्य के बारे में नहीं, ''हिन्दू-मुस्लिम तनाव'' के बारे में बात की, जैसा कि बाद में मुहम्मद अली ने बताया। गांधी उन साम्प्रदायिक घटनाओं की शृंखला से परेशान लग रहे थे जिनसे मुख्य नुकसान हिन्दुओं का हुआ था। मुहम्मद अली ने कहा कि ''इसका मुस्लिम पक्ष भी है'' और उन्होंने राज से गहरा सम्बन्ध रखनेवाले प्रमुख हिन्दू नेता मदन मोहन मालवीय जैसे लोगों के ''मुसलमान विरोधी'' रुख की शिकायत गांधी से की। गांधी ने कहा कि मालवीय के बारे में उनका मूल्यांकन अलग है। जवाहरलाल को मुहम्मद अली ने लिखा :

> *अगर बापू उनके (मालवीय के) बारे में जो कुछ कहते हैं, उसे मानते हैं तब तो किसी भी हालत में निकट भविष्य में मुझे गायब हो जाना चाहिए...आपके पिता मुझसे मोटे तौर पर सहमत थे कि मालवीय जी गांधीवाद को पराजित करने पर लगे हैं और चूंकि वे हिन्दुओं और मुसलमानों, दोनों के नेता नहीं बन सकते, इसलिए सिर्फ हिन्दुओं के नेता बनने में लगे हैं और हिन्दू-मुस्लिम एकता उनका आदर्श नहीं है...मेरे प्रिय जवाहर, खुदा जानता है कि मुसलमानों के भी अपने मालवीय हैं और उनसे मेरी जरा भी नहीं बनती।*[118]

तभी गांधी ने एक विवादास्पद बयान दिया। हाल के झगड़े के सन्दर्भ में उन्होंने कहा, मेरे मन में कोई सन्देह नहीं है कि अधिकांश झगड़ों में हिन्दू बाद में

ही निकलते हैं। मेरे अपने अनुभव भी इस राय की पुष्टि करते हैं कि सामान्य तौर पर मुसलमान ही बदमाश और हिन्दू दब्बू होते हैं। जहाँ दब्बू रहेंगे, वहाँ दबंग होंगे ही।''[119] यह टिप्पणी उन्होंने मुसलमानों की हिंसा के बारे में हिन्दुओं की शिकायत पर की थी; लेकिन महात्मा ने खुद को हिन्दुओं से डर हटाने को कहने तक ही सीमित नहीं रखा; उन्होंने एक ऐसा सामान्यीकरण कर दिया जो मुसलमानों को झाड़ूमार और अनुचित लगा। एक महात्मा के लिए विवेक रख पाना मुश्किल हो गया।

एक और दंगा, जो पश्चिमोत्तर प्रान्त के कोहट में हुआ था, के बारे में जानकर महात्मा ने 27 दिनों तक शुद्धि उपवास करने का फैसला किया। उन्होंने कहा कि ''लोगों की अपार ऊर्जा को सामने लाने में वे माध्यम रहे हैं,'' और अब जब यह ऊर्जा ''आत्मघाती'' हो गई है तो उन्हें प्रायश्चित करना ही चाहिए। महत्त्वपूर्ण बात यह है कि दिल्ली में जब वे मुहम्मद अली के घर पर मेहमान थे, तभी उन्हें उपवास करने की प्रेरणा मिली।[120]

मुहम्मद अली ने इस उपवास को गलत बताया। उन्होंने कहा कि इस उपवास से गांधी जिन्दा नहीं बचेंगे, और हिन्दू लोग गुस्से में मुसलमानों को बर्बाद कर देंगे। उन्होंने कहा कि महात्मा के मेजबान और कांग्रेस अध्यक्ष होने की हैसियत से उनकी राय ली जानी चाहिए और उनसे यह हक़ छीना गया है। उन्होंने गांधी को कुरान की एक आयत सुनाई जिसमें कहा गया था कि खुदा उसे माफ कर देगा जो बिना सोचे ली गई कसम को तोड़ता है। लेकिन गांधी अपने निर्णय पर अटल रहे। खद्दर अपना चुकी और बीमारी की हालत में पड़ी बी अम्मा को उन्होंने कहा कि अगर वे इस मसले पर अपनी माँ की बात भी मानने की स्थिति में होते तो उनकी बात जरूर मान लेते लेकिन अब यह मसला ईश्वर के हाथ में जा चुका है।

महात्मा को मनाने के लिए शौकत अली बम्बई से भागे-भागे आए। जब अली बन्धु जेल में थे और गांधी आज़ाद थे तो उन्होंने कहा था, ''मुझे मौलाना शौकत अली के अपने साथ रहने की सबसे अधिक जरूरत महसूस हुई। एक मुसलमान के माध्यम के बिना मुसलमानों पर मेरा कोई असर नहीं होता...और कोई भी मुसलमान मुझे उस नजदीकी से और उतनी अच्छी तरह नहीं जानता जैसा कि शौकत जानते हैं।''[121] लेकिन शौकत अली की दलीलों का भी कोई लाभ नहीं हुआ। गांधी को हिन्दुस्तान की तस्वीर ऐसी दिख रही थी जिसमें, ''एक-दूसरे के धर्म को अपशब्द कहना, निर्दोष लोगों का सिर तोड़ देना और मन्दिर या मस्जिद को अपवित्र करना'' रोजाना का काम हो गया था, और इसके जवाब में उन्हें उपवास करना ही था।[122] उपवास शुरू करने के आठ दिन बाद गांधी ने कहा :

हालात के हिसाब से यह बिल्कुल दुरुस्त है कि इस उपवास की शुरुआत और समापन एक मुसलमान के घर में हो...मुझे मुहम्मद अली की छत के

नीचे जो अपनापन और बेहतर व्यवहार मिल रहा है वैसा कभी नहीं मिला। मुझे क्या जरूरत होगी इसका अन्दाजा वे लोग पहले ही लगा लेते हैं। घर के हर आदमी की मुख्य चिन्ता मुझे खुशी और आराम देने की है।[123]

गांधी जी के टिकने के दौरान पूरा ही घर शाकाहारी बन जाता था। उपवास के अन्तिम दिन मुहम्मद अली ने कसाई से एक गाय खरीदी ताकि कसाईखाने से निकलकर यह 'पिंजरापोल' या गोशाला में रह सके। इससे बहुत ही प्रभावित हुए गांधी ने उन्हें एक चिट्ठी लिखी : "किस मोहब्बत से आपने यह काम किया ! शायद आप दोनों भाइयों और मेरे बीच का स्नेह सम्बन्ध हिन्दुओं और मुसलमानों के अटूट सम्बन्ध के रूप में फलीभूत हुआ है।"[124]

गांधी ने मुहम्मद अली के घर में उपवास को "हालात के हिसाब से दुरुस्त" क्यों माना ? मुसलमान के घर में एक हिन्दू के उपवास में नाटकीयता तो थी लेकिन एक और गहरे कारण की तरफ राजगोपालाचारी की एक टिप्पणी से इशारा होता है जो उपवास के समय गांधी के साथ थे। देवदास को, जो गांधी के पुत्र थे, लिखी चिट्ठी में गांधी के सबसे निकट सहयोगियों में से एक राजगोपालाचारी ने "उपवास के मनोविज्ञान" का जिक्र किया है। वह यह था कि "बापू मुसलमानों के एहसानफरामोशी और हिन्दुओं की मुश्किलों तथा मुसलमान नेताओं की उपेक्षा और बेदिली से बहुत ही अधिक दुखी थे..." राजगोपालाचारी ने आगे लिखा कि "मुसलमान नेताओं को इस दुख का रत्ती-भर भी एहसास नहीं हुआ।"[125] उपवास के दौरान अली बन्धुओं ने गांधी का बहुत ख्याल रखा और इस चीज ने उपवास खत्म होने पर गांधी के दिल को छुआ लेकिन उपवास से हिन्दुओं की मुश्किलों के बारे में उनकी चेतना नहीं बढ़ी। ऐसा इसलिए हुआ क्योंकि उनकी मान्यता थी कि यह मामला बहुत ही एकतरफा है।

अगले महीने बी अम्माँ मर गईं। वे 81 बरस की थीं। फिर से शुरू हुए 'कॉमरेड' में मुहम्मद अली ने 'मदर' शीर्षक से बी अम्मा के बारे में तीन लेख लिखे। उनका अन्त पास आ गया है, यह सुनकर उनके पास पहुँचे गांधी ने अन्तिम समय के दृश्य के बारे में लिखा है, "मैंने मौलाना मुहम्मद अली के गालों पर आँसू की बूँदें गिरती देखीं लेकिन मुझे किसी का सुबकना सुनाई न दिया। बड़े भाई ने बड़ी मुश्किल से खुद पर काबू रखा...वे सभी अल्लाह का नाम उच्चारित कर रहे थे।"[126]

यह दोस्ती भी अब खत्म होनेवाली थी। गांधी और शौकत अली कोहट के दंगों की जाँच करने गए और अलग-अलग निष्कर्ष लेकर आए। गांधी ने शौकत से कहा, "मैं हम लोगों का बयान प्रकाशित करते हुए काँप जाता हूँ। इस मसले में हमारे बीच एक बड़ी खाई है।" दोनों ही ब्यौरे 'यंग इंडिया' में प्रकाशित हुए। महात्मा ने कहा, "हम अब भी एक-दूसरे से प्रेम करते हैं।" लेकिन हर कोई देख सकता था कि संयुक्त मोर्चा टूट गया था।[127]

1924 के अन्त में मुहम्मद अली की अध्यक्षता भी खत्म हो गई। गांधी के उपवास के दौरान बनी एकता कमेटी कुछ भी हासिल नहीं कर पाई थी। मुसलमानों के डर और मुसलमानों के बारे में अधिक बात करना शुरू कर चुके मुहम्मद अली को लगा कि कांग्रेस में हिन्दू मजहबी जोर पकड़ते जा रहे हैं। उन्हें उम्मीद थी कि महात्मा इनको दबा सकेंगे लेकिन गांधी ने माना कि हिन्दुओं और मुसलमानों, किसी पर भी उनका असर नहीं रह गया है। हिन्दू-मुस्लिम मेल-मिलाप से आशा खोने और राज की कौंसिलों में स्वराज्यवादियों के समर्पण से निराश गांधी ने खुद को राजनैतिक क्षेत्र से अलग कर लिया। जब एक मुसलमान दोस्त ने गांधी की चुप्पी की शिकायत की तो गांधी ने जवाब दिया :

> *चूँकि मैं एक समझौता निकालने में सक्षम नहीं हूँ इसलिए मेरे लिखने का क्या लाभ ? मैं मालवीय जी और अन्य लोगों को मुसलमानों का दुश्मन नहीं मान सकता। ना ही मैं मुहम्मद अली को हिन्दुओं का दुश्मन कह सकता हूँ। मैं खून का बदला खून और मन्दिर का बदला मस्जिद से, वाले सिद्धान्त से कभी भी सहमत नहीं हो सकता। लेकिन मेरी सुनता कौन है।*[128]

हमें पुनरावलोकन करना चाहिए। खिलाफत को पहले कमजोर और फिर समाप्त करके तुर्कों ने भारतीय आन्दोलन की जान निकाल दी। तुर्की की घटनाओं के अरब-रुख को पढ़ पाने में असफल रहे हिन्दुस्तानी नेताओं ने भी इसमें अपना योगदान दिया। मित्र राष्ट्र तुर्की के प्रति और मुस्तफा कमाल सुल्तान के प्रति नरमी बरतेंगे, उनकी यह सोच भी अस्वाभाविक थी। इतना ही नहीं, इस्लाम को समझने में एक गलती लगती है। मुहम्मद अली के नेतृत्ववाले प्रतिनिधिमंडल के लॉयड जॉर्ज से मिलने के कुछ समय बाद ही एक अंग्रेज अधिकारी जे.डब्ल्यू. होर ने राज को बताया कि "ऐसा कोई कानून नहीं है कि तुर्की के सुल्तान खलीफा हों या सदा बने ही रहें।"[129] होर सही थे और इसके विपरीत दावा करनेवाले हिन्दुस्तानी खिलाफतवादी गलत थे। चाहे जितना पुराना हो, एक परम्परा इस्लाम का कानून नहीं है और इस सच्चाई की पुष्टि तब हो गई जब सुल्तान के निष्कासन के साथ यह परम्परा समाप्त हो गई और किसी भी हिन्दुस्तानी मुसलमान ने यह महसूस नहीं किया कि उसका मुस्लिमपन खत्म हो गया है।

अगर इस्लाम को जानने में गलती थी तो निश्चित रूप से इस्लाम के सम्मान को लेकर भी एक गलतफहमी थी। वे यह नहीं देख पाए कि इस्लाम का सम्मान जितना मुसलमानों के काम से होगा उतना ही गैर-मुसलमानों द्वारा इस्लामी रीति-रिवाजों और संस्थाओं का आदर करने से। जरूरत हिन्दुस्तान में अच्छे मुसलमान पर जोर देने की थी जो कभी शायद ही दिया गया। अक्सर यूरोप के गैर-मुसलमानों से खतरे और उनके हमलों पर ही सारा जोर देकर उन्होंने सच्चे

इस्लाम के प्रचार की जगह धार्मिक उन्माद ही फैलाया। उन्होंने मेल-मिलाप की जगह दोषारोपणवाली बात ही ज्यादा उठाई।

जहाँ तक संघर्ष के तरीके की बात है, निश्चित रूप से असहयोग से राज परेशान और हैरान रह गया और इससे हिन्दुओं, मुसलमानों, और सीधे कहें कि हिन्दुस्तानियों का आत्मसम्मान बढ़ा। फिर भी अनेक लोगों द्वारा उसके लिए जरूरी कुर्बानी न देने की इच्छा दिखाने से इसका असर कम हो गया। और जैसा कि अहिंसक असहयोग के जन्मदाता, गांधी ने माना, लोग शान्तिपूर्ण असहयोग के लिए पूरे प्रशिक्षित नहीं थे। अनेक जानें गईं और आन्दोलन वापस ले लिया गया। इसे स्थगित करने के गांधी के फैसले को अनेक मुसलमानों ने नापसन्द किया, जैसा कि अनेक हिन्दुओं ने भी किया, क्योंकि 'जीत' को काफी पास माना जा रहा था; लेकिन यह देखना मुश्किल है कि आन्दोलन जारी रहता तो मुसलमानों के लक्ष्य को हासिल किया जा सकता था। कम से कम इसका असर तुर्की की घटनाओं पर तो नहीं ही पड़ता, और हिन्दुस्तान में किसी भी जीत के फल हिन्दुओं के हक़ में गए होते।

गोरे अत्याचारों के खिलाफ एकजुटता लम्बे समय तक नहीं रह सकी। हिन्दू-मुस्लिम एकता टिकाऊ नहीं हुई क्योंकि किसी भी पक्ष का यही बुनियादी उद्देश्य नहीं था। हिन्दू स्वराज्य के लिए यह एकता चाहते थे, जबकि मुसलमान खिलाफत को बचाने के लिए। जब खिलाफत ही डूब गया तो मुसलमानों को हिन्दुओं के समर्थन की जरूरत खत्म हो गई। लेकिन स्वराज्य के लिए अभी भी हिन्दुओं को मुसलमानों के समर्थन की जरूरत थी, लेकिन मुसलमान यह समर्थन तभी देना चाहते थे जब हिन्दुओं के प्रभुत्व सम्बन्धी उनकी आशंकाएँ दूर हों। सैयद अहमद ख़ाँ वाला नजरिया वापस आ गया था।

1919-1923 में खिलाफत का सवाल पंजाब की ज्यादतियों के साथ ही आया और मुसलमान हिन्दुओं के साथ कदम से कदम मिलाकर चले और एकता का प्रदर्शन हुआ। लेकिन हिन्दू-मुस्लिम एकता स्वाभाविक अवस्था में नहीं थी। अगर यह एकता किसी और लक्ष्य, भले ही वह हिन्दुस्तान की आज़ादी जैसा महत्त्वपूर्ण ही क्यों न हो, के लिए हो, तो भी नहीं चल सकती थी। और फिर कांग्रेसी हिन्दू-मुस्लिम एकता के लक्ष्य को स्वराज्य से भी बड़ा मानें, यह मुश्किल था। वे मान नहीं सकते थे कि विदेशी शासन को खत्म करने के स्वराज्य के लक्ष्य से अधिक महत्त्वपूर्ण कुछ और हो सकता है। अगर सम्भव हो तो वे मुसलमानों को साथ लेकर इसे हासिल करेंगे लेकिन जरूरत पड़ी तो मुसलमानों के बिना भी इसको पाने की कोशिश करेंगे। खिलाफत के खत्म होने के बाद मुसलमानों का लक्ष्य, कौम की सुरक्षा सबसे महत्त्वपूर्ण थी, स्वराज्य के साथ हो तो ठीक है, वरना उसके बिना भी।

फिर भी असहयोग आन्दोलन का एक धनात्मक पहलू भी था। इसने हीनतावाला डर दूर कर दिया। इसमें आम लोगों की भागीदारी हुई। कई बार उन्होंने

आत्मनियन्त्रण का अभाव दिखाया, पर अक्सर उन्होंने अन्याय का प्रतिकार करने की बात समझी और यह समझा कि किसी भी आदमी से नफरत नहीं करनी चाहिए। ये सभी चीजें अपूर्व थीं और फिर, इस आन्दोलन ने बड़े पैमाने पर हिन्दू-मुस्लिम सहयोग का अनुभव दिया, यह भले ही छोटा हो, पर अनुभव, मुहम्मद अली के जीवनीकार के शब्दों में "बेहद खूबसूरत" था।[130]

एक बार खिलाफत के खत्म होते ही स्वराज्य के पक्षधरों का कोई भी खेमा मुसलमानों का समर्थन नहीं पा सका। मालवीय, लाजपत राय और स्वामी श्रद्धानन्द जैसे लोगों ने इसकी कोशिश भी नही की; वे सिर्फ हिन्दू मन की राजनीति करके ही सन्तुष्ट थे। राज की कौंसिलों में जाने को बेचैन कांग्रेसियों ने मुसलमानों को डरा दिया। खिलाफत के सवाल पर उनकी भूमिका के बावजूद गांधी पर भी भरोसा नहीं रहा। वे गांधी द्वारा अली बन्धुओं से माफी मँगवाने, चौरीचौरा कांड पर आन्दोलन वापस लेने, मुहम्मद अली के घर पर उपवास जैसे उनके कदमों को ही याद करते रहे और इन्हें असुखद और षड्यन्त्र जैसा मान रहे थे।

गांधी ने जिस चीज को सम्पूर्णता से देखा था उसे उन्होंने रणनीति के तौर पर अपनाया था; और अब पीछे पलटकर देखते हुए उन्हें इस रणनीति में खामियाँ नजर आ रही थीं, उन्होंने अपने उपवास को प्रायश्चित बताया था पर कुछ मुसलमानों ने इसे जोर-जबरदस्ती माना। 1922 के शुरू में जब मुसलमान नेता अपनी कौम को सम्बोधित करते थे तो यह जरूर कहते थे, "गांधी के हुकुम पर जेल भरने को तैयार रहिए," "आँख मूँदकर गांधी का अनुसरण कीजिए।" अब 1925 और इसके बाद उन्हें हिन्दुओं का और हिन्दुओं के हित साधनेवाला नेता ही माना गया। सभी मुसलमानों द्वारा नहीं। हक़ीम अजमल ख़ाँ, एम. ए. अंसारी और अबुल कलाम आज़ाद उनके पक्ष में रहे और पूरे जी-जान से स्वराज्य के संघर्ष में जुटे रहे, लेकिन अली बन्धु उनसे दूर हो गए। जैसा कि कौम के अधिकांश हिस्से ने किया। मुहम्मद अली अपने धार्मिक सलाहकार मौलाना अब्दुल बारी से भी अलग हुए। हेज़ाज (बाद में बने सऊदी अरब) के एक विवाद ने उनके बीच दूरी पैदा की। बारी इब्न सऊद के खिलाफ थे जो शरीफ हुसैन को गद्दी से उखाड़ फेंकने के लिए लड़ रहे थे। इब्न सऊद एकदम शुद्धतावादी थे और मकबरों को गिरवा रहे थे। कठोर आचरणवाले अब्दुल वहाब के शिष्य सऊद को लगता था कि किसी के मजार पर गुम्बद बनाना मूर्तिपूजा ही है, भले ही मजार मुस्लिम के किसी नायक का ही क्यों न हो। मुहम्मद अली ने इब्न सऊद का समर्थन किया। इसका कारण उनका गुम्बद गिराना समर्थक होना नहीं था। उन्होंने इन चर्चाओं पर विश्वास किया था कि इब्न सऊद हेज़ाज में गणतन्त्र स्थापित करेंगे और मुस्लिम जगत द्वारा नए खलीफा का चुनाव करने में मदद करेंगे।

इब्न सऊद की फौजों ने मदीना स्थित पैगम्बर के मकबरे को नुकसान पहुँचाया है, इस अपुष्ट खबर ने हिन्दुस्तानी मुसलमानों को सऊद के खिलाफ कर दिया। इस अरब सरदार की निन्दा और आलोचना करनेवाले अभियान की अगुवाई

मौलाना अब्दुल बारी ने की; उनके समर्थकों ने मुहम्मद अली को भी मजार विरोधी और वहाबी कहकर उनकी निन्दा की। अफजल अली कहते हैं, "इस विवाद के समय मुहम्मद अली के नाम से जो गालियाँ दी गईं, वे शालीनता की सारी सीमाएँ लाँघ गईं"।[131] इब्न सऊद ने शरीफ हुसैन को पराजित कर दिया लेकिल अब्दुल बारी उन्हें माफ नहीं कर सके। 'कॉमरेड' के साथ ही फिर से छपने लगे 'हमदर्द' के जनवरी, 1926 के एक अंक में एक लेख लिखकर मुहम्मद अली ने मौलाना से अपने रिश्ते तोड़ने की औपचारिक घोषणा कर दी। चार दिन बाद अब्दुल बारी को दिल का दौरा पड़ा; इसके दो दिन बाद वे चल बसे। मुहम्मद अली दौड़े-दौड़े लखनऊ गए और मौलाना की कब्र पर खूब रोए।

उनका दुख इस बात से और भी बढ़ गया था कि इब्न सऊद ने खुद को "सऊदी अरब का बादशाह" घोषित कर दिया था। यह घोषणा उसी दिन हुई जिस दिन बारी से रिश्ते तोड़ने की घोषणावाला मुहम्मद अली का लेख छपकर बाहर आया। तुर्कों की तरह इब्न सऊद ने भी मुहम्मद अली की उम्मीदों के साथ छल किया था।

देर रात तक जागते हुए पत्रिकाओं के लिए लेख लिखकर, मेहमानों की खूब आवभगत करके, एक साथ अलग-अलग लोगों से अलग-अलग विषय पर बात करके, अपने आसपास के लोगों से और पत्रिकाओं के माध्यम से बड़ी-बड़ी और लगातार चलनेवाली बहसों में उलझकर, अपने विरोधियों से किसी भी विवाद में उलझने को तैयार रहकर, लगातार यात्राएँ करके, अपने लिए जहर जानकर भी गरिष्ठ भोजन करके मुहम्मद अली अपनी सेहत बर्बाद करते जा रहे थे, जिसे मधुमेह पहले ही कमजोर कर चुका था। वे अपनी उम्र से बहुत अधिक के दिखाई देते थे और खुद महसूस भी करते थे। जनवरी, 1926 में जब वे 47 वर्ष के थे तो उन्हें 'कॉमरेड' को बन्द करने को विवश होना पड़ा।

सिर्फ इब्न सऊद वाले मसले पर ही मुहम्मद अली कौम के सामान्य सोच से अलग नहीं गए। 1925 में जब अहमदी सम्प्रदाय के दो लोगों को धर्म त्यागने का दोषी पाने के बाद अफगानिस्तान में पत्थरों से पीटकर मार दिया गया तो मुहम्मद अली ने विरोध किया। उनका मानना था कि धर्म छोड़नेवालों को खत्म कर देने से धर्म छोड़ना नहीं रुकेगा, लेकिन अफजल के शब्दों में, "पूरे मुस्लिम प्रेस और प्रायः सभी मुसलमान धार्मिक नेताओं ने इस कार्रवाई का समर्थन किया"।[132] दो साल मुसलमान पंजाब हाई कोर्ट द्वारा 'रंगीला रसूल' शीर्षक उस परचे को लिखनेवालों को सजा नहीं देने से नाराज हो गए जिसमें पैगम्बर की निन्दा की गई थी। मुहम्मद अली ने 'हमदर्द' में लिखा कि गलती कानून में है, जजों में नहीं। इस पर फिर मुसलमानों का गुस्सा उन पर उबला लेकिन इस मसले पर असली जीत उन्हीं की हुई। किसी की धार्मिक भावनाओं को ठेस पहुँचाने को गैर-कानूनी करार देने का उनका प्रारूप हर पक्ष ने स्वीकार किया और राज ने इसे भारतीय दंड संहिता में शामिल कर लिया।

उन्होंने विभिन्न मुद्दों पर जो रुख अख्तियार किया, उससे 'हमदर्द' पर बुरा असर पड़ा। इसमें उनका नुकसान हो रहा था, पर उन्हें इस बात पर नाज था कि उन्होंने अपने कुछ दोस्तों द्वारा जुटाए गए चन्दे को ठुकरा दिया था। फिर मई, 1928 में 'हमदर्द' का प्रकाशन भी बन्द हो गया। घर के किराए का बकाया बढ़ता गया और कल के इस नायक को, जो अब बीमार, कर्जदार और अपमानित था, घर खाली करना पड़ा।

मुहम्मद अली के शेरों के प्रशंसक, अलवर के हिन्दू महाराजा ने कहा कि वे उन्हें इलाज के लिए यूरोप भेजेंगे। शौकत और डाक्टर अंसारी ने मुहम्मद अली से आग्रह किया कि वे इस प्रस्ताव को मान लें। वे इंग्लैंड गए और उनका स्वास्थ्य कुछ सुधरा, लेकिन अन्य परेशानियों के अलावा खूब तली-भुनी चीजों को खाना मुश्किल था। फिर घरेलू खाने की उनकी पसन्द मरी नहीं थी। एक बार जब वे हाउस ऑफ कॉमंस की दर्शकदीर्घा में गए तो नमाज का वक्त होने पर वहीं दरी फैलाकर नमाज अदा करने लगे और अगली सुबह अखबारों में इस बारे में खबर को पढ़कर खुश हुए (जबकि दूसरों के लिए यह हैरानीवाली खबर थी)।

अपनी वापसी पर, अपने अब तक के व्यवहार के एकदम विपरीत जाकर उन्होंने माँग की कि मुसलमानों को शारदा कानून, जिसमें बाल-विवाह पर रोक का प्रावधान था, के दायरे से बाहर रखा जाए। मुजीब के अनुसार, मुहम्मद अली "जानते थे" कि यह कानून "शरीयत की मंशा" को पूरा करता है लेकिन उन्होंने इसका विरोध इस आधार पर किया कि शरीयत में "बाल या वृद्ध-विवाह चुनाव का विषय" था। नींद और खाना भूलकर मुहम्मद अली ने इस कानून के खिलाफ वायसराय के नाम 25 पृष्ठों का स्मरणपत्र तैयार किया। मुजीब मुहम्मद अली के नजरिए को दुखद मानते हैं क्योंकि उनका मानना था कि "बाल-विवाह की कुप्रथा और कम उम्र में सहवास की खतरनाक प्रवृत्ति ग्रामीण इलाके के मुसलमानों और शहरों के गरीब तबकों में बहुत आम थी और अभी भी है।"[133]

1926 में एक मुसलमान ने स्वामी श्रद्धानन्द की हत्या कर हिन्दू-मुस्लिम रिश्तों को बिगाड़ दिया। साम्प्रदायिक दंगों का सिलसिला तेज होता जा रहा था। 1926 में 11, 1924 में 18, 1926 में 35 और 1927 के नवम्बर तक ही 31 स्थानों पर दंगे हुए। फिर भी संवैधानिक समझौते की कोशिशें जारी रहीं।

1916 के लखनऊ समझौते की शर्तें अब न तो हिन्दुओं को सन्तुष्ट कर पा रही थीं, न मुसलमानों को। इसके तहत हिन्दू और सिख मुसलमानों के लिए अलग निर्वाचन क्षेत्र देने, हिन्दू-बहुल प्रान्तों में मुसलमानों को 'विशेष' मौका देने पर सहमत हुए थे; और बदले में मुसलमानों ने पंजाब की कौंसिल में, जिसमें मुस्लिम-बहुमत था, मुसलमानों और गैर-मुसलमानों को बराबरी का और एक अन्य मुस्लिम बहुल प्रान्त बंगाल में, अल्पसंख्यक जैसा दर्जा देने पर सहमत हुए थे। ख़लीक़ुज़्ज़मां की

राय में, "भारत-विभाजन के बीज तो लखनऊ में ही पड़ गए थे, जब अपनी अनुभवहीनता के चलते मुसलमानों ने पंजाब में बराबरी और बंगाल में अल्पसंख्यक की शर्त मंजूर कर ली।"[134]

1927 तक पंजाब और बंगाल के मुसलमान अपने प्रदेशों की कौंसिलों में मुसलमान बहुमत के लिए बेचैन हो गए थे, साथ ही मुसलमानों में यह मत व्यापक तौर पर फैल गया था कि सिन्ध को बम्बई से अलग किया जाए और पश्चिमोत्तर सीमा प्रान्त और बलूचिस्तान को स्वशासन के कुछ अधिकार मिलें; इन कदमों से तीन नए मुसलमान-बहुल प्रान्त बन जाएँगे। उधर हिन्दुओं की ओर से मुसलमानों के लिए अलग चुनाव क्षेत्र की व्यवस्था का विरोध बढ़ता जा रहा था, इसे एक राष्ट्र के रास्ते में बाधक माना गया। ऐसे में क्या अलग निर्वाचन क्षेत्र की प्रणाली समाप्त करके तीन नए मुस्लिम प्रान्तों का गठन और पंजाब तथा बंगाल में मुसलमानों को बहुमत देकर समझौता होना सम्भव था ?

ऐसा सौदा उस तथाकथित दिल्ली-प्रस्ताव में था जिसे जिन्ना और मुहम्मद अली के नेतृत्व में मुसलमानों ने रखा था और जिसमें सेंट्रल कौंसिल में मुसलमानों को एक-तिहाई प्रतिनिधित्व देने की माँग थी। प्रभावशाली हिन्दू, मुस्लिम और सिख लोगों ने इसका विरोध किया। पंजाब के हिन्दुओं और सिखों ने अपने प्रान्त में मुस्लिम प्रभुत्व कायम हो जाने का अन्देशा जाहिर किया और सेंट्रल कौंसिल में मुसलमानों को एक-तिहाई स्थान देने पर हिन्दुओं ने आम नाराजगी जाहिर की, क्योंकि देश की आबादी में मुसलमानों का हिस्सा 25 फीसदी था। ख़लीक़ुज़्ज़मां के शब्दों में, "मुसलमानों की आम राय निश्चित रूप से संयुक्त निर्वाचन क्षेत्र व्यवस्था के खिलाफ थी।"[135]

लीग में टूट हो गई और साझा चुनाव क्षेत्र का विरोध करनेवाला समूह सर मुहम्मद शफी के नेतृत्व में अलग हुआ। शफी ने जिन्ना और मुहम्मद अली का विरोध एक और कारण से भी किया था। उन्होंने कांग्रेस के इस रुख को माना था कि हिन्दुस्तानियों को राज के साइमन आयोग का बहिष्कार करना चाहिए जो हिन्दुस्तान का भविष्य का संविधान बनाने के लिए 1928 में यहाँ आ रहा था। मुहम्मद अली और जिन्ना ने दिल्ली प्रस्तावों के पक्ष में प्रचार किया और शुरू में लग रहा था कि इसे कांग्रेस की सहानुभूति भी मिली हुई है। लेकिन जल्दी ही कांग्रेस ने खुद को पूरी तरह नेहरू रिपोर्ट के पक्ष में कर लिया। मोतीलाल नेहरू की अध्यक्षतावाली कमेटी द्वारा तैयार होने के चलते इस रिपोर्ट का नाम यही हो गया था। इसमें अलग चुनाव क्षेत्र और पंजाब तथा बंगाल समेत हर कहीं मुसलमानों के लिए विशेष अवसर की व्यवस्था समाप्त करने, तीन नए प्रान्तों के गठन पर सहमति देने लेकिन मुसलमानों को राष्ट्रीय स्तर पर एक-तिहाई की जगह एक-चौथाई सीटें ही देने की बात थी। साथ ही नेहरू रिपोर्ट में एक शक्तिशाली केन्द्रीय सत्ता की कल्पना की गयी थी।

अपनी तरफ से जिन्ना और मुहम्मद अली ने भी अपनी शर्तें कठोर कीं। 1928 के आखिर तक उनकी राय थी कि साझा चुनाव क्षेत्र की बात तभी मानी जाएगी

जब सिन्ध, पश्चिमोत्तर प्रान्त और बलूचिस्तान को नए प्रान्त का दर्जा दिया जाएगा या उनका दर्जा बढ़ाया जाएगा। इसके अलावा उन्होंने कहा कि पंजाब और बंगाल को छोड़कर अन्य स्थानों पर मुसलमानों को विशेष अवसर की व्यवस्था रहे, जबकि इन दो जगहों पर कानून बनाकर उनके बहुमत की व्यवस्था की जाए* और संविधान संघीय स्वरूपवाला हो जिसमें प्रान्त मजबूत हो।

दिसम्बर, 1928 में कलकत्ता में हुई सर्वदलीय बैठक में वैकल्पिक प्रस्तावों पर विचार हुआ। यूरोप में इलाज कराकर हाल ही में लौटे मुहम्मद अली ने पूरे जुनून के साथ अपने तर्कों को रखा। ऐसा ही जिन्ना ने भी किया।

ख़लीकुज़्ज़मां के शब्दों में, मुहम्मद अली का भाषण "ज्वालामुखी फूटने जैसा था, जिससे लावा, धुआँ और धूल निकलती है, जिसमें इधर-उधर तीखे प्रहार, कटाक्ष किए गए थे और धमकियाँ दी गई थीं।"[136] दर्शकों में से कुछ ने उनका मजाक उड़ाया। प्रसिद्ध न्यायविद और वायसराय कौंसिल के पूर्व सदस्य तेज बहादुर सप्रू ने जिन्ना को "बिगड़ैल बच्चा" कहते हुए भी सम्मेलन से जिन्ना-मुहम्मद अली प्रस्ताव को मान लेने को कहा। उनका विरोध हिन्दू महासभा के एम.आर. जयकर ने किया। जयकर का कहना था कि हिन्दू समूहों ने बड़ी मुश्किल से ही नेहरू रिपोर्ट को माना है और अगर इस मुद्दे को फिर से खोला गया तो वे "उग्र और दम्भी दावे" करेंगे। ख़लीकुज़्ज़मां के अनुसार "इन चार तकरीरों के बाद ही मुल्क का भाग्य तय हो गया।"[137] जिन्ना-मुहम्मद अली प्रस्तावों को ठुकरा दिया गया; मोतीलाल नेहरू ने कहा कि अधिक से अधिक केन्द्र में मुसलमानों का हिस्सा 25 से बढ़ाकर 27 फीसदी किया जा सकता है।

ख़लीकुज़्ज़मां मानते हैं कि इस जलसे में आई सबसे मजबूत संस्था कांग्रेस ने नेहरू रिपोर्ट में मुहम्मद अली और जिन्ना के कुछ संशोधनों को मान लिया होता तो "टकराव का यह दुखद अध्याय समाप्त हो गया होता।"[138] यह कहते हुए वे चीजों को बहुत ही सरल ढंग से देख रहे होते हैं। खुद ख़लीकुज़्ज़मां ने मुहम्मद अली की तकरीर का जो ब्यौरा दिया है उससे नहीं लगता कि मुहम्मद अली ने मेल-मिलाप की उम्मीद की थी। कांग्रेस ने कुछ तो हिन्दू और सिख विरोध के चलते लेकिन मुख्य रूप से यह सोचकर कि इन दोनों से समझौता पूरी मुसलमान कौम से समझौता नहीं होगा, जिन्ना-मुहम्मद अली की शर्तों को नहीं माना। शफी गुट साझा चुनाव क्षेत्र का विरोधी है, यह जानकर लगता है कांग्रेसियों ने हिन्दू-मुस्लिम मतभेद की बात को कबूल कर लिया।

कांग्रेस के इस नजरिए का एक और कारण राज के साथ संघर्ष में उसका अत्यधिक व्यस्त होना भी था। कांग्रेसी इसके लिए धीरज खो रहे थे और संघर्ष कैसे हो, इस पर भी विभाजित थे। जवाहरलाल नेहरू और सुभाष बोस की अगुवाई में

---

* इस मांग के पीछे यह आशंका थी कि गरीबी और अशिक्षा के चलते पर्याप्त संख्या में मुसलमान नहीं चुने जा सकेंगे।

नौजवान कांग्रेसी 'पूर्ण स्वराज्य' के लिए संघर्ष शुरू करना चाहते थे, जबकि मोतीलाल नेहरू और अन्य वरिष्ठ लोग सोचते थे कि ब्रिटेन की महारानी के अधीन व्यवस्था ही पर्याप्त होगी और यही बुद्धिमत्तापूर्ण लक्ष्य होगा। तीन साल के बाद राजनैतिक परिदृश्य पर आए गांधी की दिलचस्पी किसी हिन्दू-मुस्लिम संभझौते से अधिक कांग्रेस को एकजुट करके राज के खिलाफ लड़ाई की तैयारी कराने में थी, क्योंकि ऐसा कोई भी समझौता उन्हें अवास्तविक लगता था।

आज़ाद और अंसारी की अगुवाई में कुछ मुसलमानों ने नेहरू रिपोर्ट का समर्थन किया और राज के खिलाफ संघर्ष शुरू होने का इंतजार करते रहे। लेकिन कौम का अधिकांश हिस्सा चुप रहा। उसने मुसलमानों की एकता की माँग की जो मुहम्मद अली, जिन्ना, शफी और अन्य लोगों के साथ आने और साझा चुनाव क्षेत्र की बात को नकारने से हासिल भी हो गई। साथ ही उन्होंने कांग्रेस को उसके राज विरोधी आन्दोलन में समर्थन नहीं देने का भी फैसला किया।

अप्रैल, 1926 में मोतीलाल नेहरू से बातचीत में मुहम्मद अली ने "गांधी, मोतीलाल और जवाहरलाल को छोड़कर बाकी सारे कांग्रेसियों को मुसलमानों का खुला दुश्मन" कहा।[139] अब 1928 के खत्म होने पर मुहम्मद अली ने आरोप लगाया कि मोतीलाल नेहरू ने पहले दिल्ली प्रस्तावों को मान लिया, फिर उन्हें छोड़ दिया; उन्होंने गांधी पर भी आरोप लगाया कि समझौते के लिए अपने प्रभाव का इस्तेमाल करने की जगह वे "बहुसंख्यकों की फिरकापरस्ती को खुली छूट दे रहे हैं।"[140]

दिल्ली प्रस्ताव, जिसे बनाने में उनकी भी प्रमुख भूमिका थी, कूड़ेदान में पहुँच गया। क्रुद्ध मुहम्मद अली ने औपचारिक रूप से कांग्रेस छोड़ दी और मुसलमानों से इसकी सभाओं से दूर रहने को कहा।

उनका स्वास्थ्य गिरता जा रहा था। मधुमेह के चलते उनकी एक आँख चली गई। उनके पाँव सूज गए थे; लिखते हाथ काँपते थे। उनकी जिन्दादिली तो कम हो गई थी, पर चुटकुले तथा उर्दू और फारसी के शेर अब भी उनके मुँह से निकलते थे। अब लोगों की भीड़ का न लगना उन्हें अखरता था। अब वे उनके दुलारे नहीं हो सकेंगे। अब जिस तरह से वे मुसलमानों का पक्ष रख रहे थे, वह अलोकप्रिय तो नहीं था लेकिन इसमें खिलाफत जैसा असर नहीं था; साथ ही इसके दूसरे वकील भी थे, मुहम्मद अली से अधिक स्वस्थ और अधिक भाग्यशाली।

भाग्य उनसे रूठ गया। 1929 में वे आराम करने के लिए बर्मा गए, पर साम्प्रदायिक दंगे फूटने का तार पाकर एक पखवाड़े से भी कम समय में लौट आए। दक्षिण अफ्रीका के हिन्दुस्तानियों की तरफ से एक न्यौता आया; वे जाने के इच्छुक भी थे लेकिन वहाँ भेदभावपूर्ण व्यवहार नहीं होगा, इसका आश्वासन न मिलने से उन्होंने अपना कार्यक्रम रद्द कर दिया। उनकी एक और बेटी तथा एक नाती भी मर गया, जो रामपुर रियासत में ही रहते थे। नवाब का निष्कासन आदेश अभी भी प्रभावी था और मुहम्मद अली इस लड़के की लाश देखने भी नहीं जा सके।

कौम के दुश्मनों ने उन्हें बदनाम किया। कुछ लोगों ने अफवाह फैलाई कि वे राज की नौकरी करेंगे। दूसरों ने उनकी गरीबी का हवाला देते हुए कहा कि उन्हें जो भी नौकरी मिलेगी, करेंगे। जब वे ऐसी कोई चर्चा सुनते तो बहुत ही तीखा जवाब देते। उन्हें इतना गुस्सा आता था कि दिमाग की नसें फटने का खतरा पैदा हो जाता था। लेकिन नजर की कमजोरी उनके लिए सौभाग्य बन गई कि वे सारा कुछ नहीं पढ़ पाते थे।

गांधी के नेतृत्व में कांग्रेस ने 1930 में एक सिविल नाफरमानी आन्दोलन शुरू किया और सबसे पहले नमक कानून का उल्लंघन करने का फैसला किया। हजारों लोगों ने तटीय इलाके में गैर-कानूनी रूप से नमक बनाया और राज की जेलों में गए। इनमें अनेक औरतें भी शामिल थीं। यह एक शानदार कहानी थी। लेकिन सीमा प्रान्त को छोड़कर, जहाँ गफ्फार ख़ाँ और उनके अनुयायियों ने शानदार काम किया, मुसलमानों की भागीदारी कम रही। अपनी कटुता को जारी रखते हुए मुहम्मद अली ने आरोप लगाया कि गांधी का उद्देश्य आज़ादी नहीं, "सात करोड़ मुसलमानों को हिन्दू महासभा का गुलाम बनाना है।"[141]

मुहम्मद अली की तबीयत और खराब हो गई और राज ने उन्हें शिमला अस्पताल में एक कमरा दिया। वायसराय, लॉर्ड इर्विन ने इस पूर्व राजद्रोही को देखने के लिए अपने निजी चिकित्सक को भेजा। हालत कुछ सुधरी और इर्विन ने उन्हें हिन्दुस्तान के भविष्य पर लन्दन में होनेवाली बातचीत में शामिल होने का न्यौता दिया। कांग्रेस इस बातचीत का बहिष्कार कर रही थी; संघर्ष के हिस्से के तौर पर इसने राज की कौंसिलों से अपने सारे सदस्य वापस बुला लिए थे। लेकिन 1920–22 के असहयोग आन्दोलन के इस नायक ने यह न्यौता मान लेने का फैसला किया। पहली बार उनकी बेगम भी उनके साथ यूरोप गईं। उन्होंने अपने एक दोस्त को लिखा, "अपनी बीवी को साथ ले जाने के लिए मुझे तीन से चार हजार रुपये उधार चाहिए। वे पूरी जिन्दगी मेरी सहयोगी रही हैं और मेरी तमन्ना है कि जब मैं अपनी आखिरी यात्रा करूँ तो वे मेरे साथ रहें।"[142]

उन्हें स्ट्रेचर पर लादकर उनके केबिन तक ले जाना पड़ा। आन्दोलन के उनके एक साथी जफर अली ख़ाँ ने 'जमींदार' में व्यंग्यभरी ये पंक्तियाँ लिखीं, "हम खुदा से दुआ करते हैं कि मौलाना तन्दुरुस्त हो जाएँ जिससे कि वे जिस कारण से इस बुढ़ापे में अंग्रेजों के दरवाजे पर दंडवत हुए हैं, वह तमन्ना पूरी कर सकें।"[143]

कांग्रेस के भाग न लेने के चलते लन्दन की बैठक में बहुत कुछ हो जाने की उम्मीद नहीं थी। इंग्लैंड में मुहम्मद अली ने जो हफ्ते गुजारे, वे बीमारी और गुस्से से भरी कुछ टिप्पणियों के लिए ही उल्लेखनीय हैं। अंग्रेजों को सम्बोधित करते हुए उन्होंने कहा, "मैं किसी दूसरे, पर आज़ाद मुल्क में मरना पसन्द करूँगा और अगर आप लोग हिन्दुस्तान को आज़ादी नहीं देते तो आपको मुझे यहाँ एक कब्र देनी पड़ेगी।" "हिन्दू-मुस्लिम समस्या आपकी पैदा की हुई है। लेकिन पूरी तरह आपकी

ही नहीं। 'बाँटों और राज करो' की उक्ति पुरानी है। लेकिन अब श्रम का विभाजन हो गया है। हम बाँटते हैं और आप राज करते हैं।" इससे पहले अपनी बेटी को लिखी चिट्ठी में उन्होंने कहा था :

खुदा हिन्दुओं और मुसलमानों को आपसी न्याय, निष्पक्ष व्यवहार और सहनशीलता का मौका दे और वे दोनों ही गुलामी से इस तरह परेशान हो जाएँ कि वे किसी का भी गुलाम बनना या किसी को भी गुलाम बनाना पसन्द न करें।

किसी भी हिन्दुस्तानी मुसलमान की स्थिति के बारे में लन्दन में की गई उनकी टिप्पणी इतिहास में दर्ज हो गई है :

मैं दो बराबर वृत्तों में एक साथ शामिल हूँ और दोनों का केन्द्र एक नहीं है। एक वृत्त है हिन्दुस्तान और दूसरा मुस्लिम जहाँ...हम हिन्दुस्तानी मुसलमान की हैसियत से इन दोनों वृत्तों का हिस्सा हैं, 30 करोड़ से अधिक लोगों में से प्रत्येक और हम इनमें से किसी भी वृत्त को छोड़ नहीं सकते।

मुहम्मद अली ने कहा कि हिन्दुस्तानी मुसलमान एकात्मक (यूनीटरी) सरकार के किसी भी स्वरूप को ठुकरा देंगे। सिर्फ संघ ही मान्य होगा। उन्होंने आगे कहा कि "मुसलमान लोग मुस्लिम-बहुल प्रान्तों में मुसलमान राज का आश्वासन भी चाहेंगे। इससे हमारी सुरक्षा होगी क्योंकि हम यहाँ हिन्दुओं को बंधक रखेंगे और हिन्दुओं के बहुमतवाले प्रान्तों में हम बंधक रहेंगे ही।"[144]

3 जनवरी, 1931 को उन्होंने ब्रिटेन के प्रधानमन्त्री रेमसे मैकडोनाल्ड के नाम एक लम्बी चिट्ठी लिखवाई। शाम को उन्हें दिल का दौरा पड़ा; अगली सुबह उनकी मौत हो गई। उनकी उम्र 52 वर्ष ही थी। उनके शासक, जिनके प्रभुत्व से वे सदा नफरत करते थे, उनकी विधवा और बड़े भाई से मिले और अपने पूर्व-बागी को श्रद्धांजलि अर्पित की। हिन्दुस्तान में उनकी मौत के पहले ही उनके प्रति नरम हो चुके इक़बाल और ज़फर ने उनके सम्मान में नज्में लिखीं।

उन्हें जिस कब्र में लिटाया गया, वह न तो हिन्दुस्तान में है न इंग्लिस्तान में। उनके रिश्तेदारों, दोस्तों और प्रशंसकों के कहने के अनुसार, उन्हें यरुशलम में दफनाया गया जहाँ से, मुसलमानों की मान्यता के अनुसार पैगम्बर मुहम्मद जन्नत गए थे। खामोश और गमजदा, शौकत अली, जो आखिर तक अपने छोटे भाई को छाया देते रहे थे, मुहम्मद अली को 'डॉम ऑफ रॉक' के निकट की कब्र तक छोड़ने गए। कब्र पर खुदे शिलालेख में लिखा है, "यहाँ अल-सैयद मुहम्मद अली अल-हिन्दी लेटे हैं।"

मुहम्मद अली अपने पीछे न तो कोई वसीयत छोड़ गए, न जायदाद, या बैंक में पैसा। इस्लामी विश्वबन्धुत्व की आग को भड़काते हुए उन्होंने अपना दामन भी जला दिया था। खुशी के छोटे दौर के बाद उनकी कल्पना की हिन्दू-मुस्लिम एकता

की बगिया के काँटों ने उनके दामन को जकड़ लिया। मौत के काफी समय बाद तक तकलीफों ने उनका पीछा नहीं छोड़ा, और उनकी कब्र इजरायल के कब्जेवाले हिस्से में चली गई। फिर भी दुखी, पराजित लेकिन कभी न दब सके मुहम्मद अली की याद करते हुए एक अपनापन महसूस करना मुश्किल नहीं है। ऐसे मुहम्मद अली की याद जिन्होंने "अपना दिल खुला रखा, खुशी में ठहाके लगाए, गम में रोए और खुदा की दयालुता पर भरोसा रखा।"[145]

उनके भाईजान शौकत अली और बी अम्माँ की यादें भी दिल में ऐसे ही भाव लाती हैं।

अध्याय 5

मुहम्मद अली जिन्ना (1876-1948)

वे हिन्दुस्तान का नेतृत्व करने की ओर बढ़ रहे थे; लेकिन उन्होंने बनाया पाकिस्तान। अपने जीवन के अधिकांश समय उन्होंने हिन्दू-मुस्लिम एकता की बात की; बाद में उन्होंने एक अलग मुसलमान देश की माँग की, हासिल किया और साल-भर तक चलाया। वे न तो सुन्नी थे, न शिया मुख्यधारा के, उनका परिवार आगा ख़ाँ द्वारा स्थापित खोजा सम्प्रदाय का था। फिर भी, मुहम्मद अली जिन्ना हिन्दुस्तानी मुसलमानों के असली नेता थे। अंग्रेज़ियत में पले, तौर-तरीकों में अलग, हिन्दुस्तानी जुबान में भाषण कर सकने में असमर्थ, धर्म और राजनीति को मिलाने का विरोध करने के बावजूद आखिरी दौर में वे खुद ही 'इस्लाम खतरे में है' की गुहार का अभिन्न अंग बन गए।

पुराने कराची में उनका जन्म 1876 में क्रिसमसवाले दिन हुआ था। उनके पिता जिनाभाय पूंजा हिन्दू मूल के एक साधारण अमीर चमड़े के व्यापारी थे। काठियावाड़ के गुजराती पूंजा के पिता ही मुसलमान बने थे। पूंजा की पत्नी का नाम मिठबाई था जो गुजरात में अनेक हिन्दू महिलाओं का भी होता है। बचपन में भी जिन्ना आत्मविश्वास से भरे और धुन के पक्के थे। कराची और बम्बई के कई स्कूलों में पढ़ने और अमाईबाई नामक खोजा लड़की से शादी करने के बाद 15 वर्ष की उम्र में वे कानून की पढ़ाई करने के लिए इंग्लैंड चले गए। बाद में उन्होंने लिखा, "मैं एक भी आदमी को नहीं जानता था और लन्दन की सर्दी और धुंध ने मुझे काफी परेशान किया लेकिन जल्दी ही मैं जम गया और खूब खुश था।"[1] लिंकन इन, जहाँ उन्होंने दाखिला लिया था, के इस नए विद्यार्थी ने पैगम्बर को दुनिया का महान कानून निर्माता माना, लेकिन 16 वर्षीय जिन्ना को धर्म आकर्षित नहीं करता था और न ही कला या साहित्य या इतिहास। सिर्फ दो चीजें आकर्षित करती थीं—कानून पढ़ना और राजनैतिक जीवन के लिए तैयार होने की आकांक्षा।

इस दूसरे आकर्षण को दादा भाई नौरोजी द्वारा इंग्लैंड के हाउस ऑफ कॉमंस में प्रवेश की कोशिश से प्रोत्साहन मिला। नौरोजी ने जब यह चुनाव लड़ा था तो

जिन्ना को पहुँचे कुछ महीने ही हुए थे। लिबरल पार्टी के टिकट पर चुनाव लड़े। नौरोजी तीन वोट से जीते थे और सदन में पहुँचनेवाले पहले भारतीय बने। 14 साल बाद जिन्ना ने सचिव बनकर उनकी मदद की थी। 18 वर्ष की उम्र में ही जिन्ना ने अपनी परीक्षाएँ पास कर ली थीं। लेकिन लिंकन इन की औपचारिकताएँ निपटाने के लिए उन्हें दो वर्ष और रहना था, और यह उनकी मान्यता थी कि वे ''वकालत पास करनेवाले सबसे कम उम्र के हिन्दुस्तानी'' थे।[2]

एक बार, ऑक्सफोर्ड और कैम्ब्रिज नौकायन प्रतियोगिता की रात, उन्हें और उनके दो दोस्तों को पुलिस ने उपद्रव मचाने के आरोप में पकड़ा। वे सड़क पर खड़ी एक गाड़ी में आपस में उठापटक कर रहे थे। बाद में जिन्ना ने लिखा, ''लेकिन हमें गिरफ्तार नहीं किया गया। हमें चेतावनी देकर छोड़ दिया गया।''[3] उन्होंने एक शेक्सपियर कम्पनी के साथ कुछ समय का एक दौरा भी किया। एक बार उन्होंने रोमियो की भूमिका निभाई और कई बार परदे के पीछे से 'प्रोम्पटिंग' भी की। यह और हुड़दंगवाली घटना, मात्र एक हल्का भटकाव-भर थी। इंग्लैंड में जिन्ना की मुख्य दिलचस्पी कानून की किताबें और संसद की बहसों में थी। जैसा कि उनके एक जीवनीकार हैक्टर बोलिथो कहते हैं, ''उन्होंने हॉबियों में अपनी ऊर्जा बर्बाद नहीं की, न ही खिलवाड़ में समय।''[4]

जब वे वकालत में अपनी किस्मत आजमाने और हिन्दुस्तान की राजनीति में दाखिल होने की बेचैनी के साथ भारत लौटे तो उनकी उम्र 20 वर्ष भी नहीं हुई थी। लन्दन में बीते वर्षों ने काफी अन्तर ला दिया था। अब वे जिन्ना भाय नहीं, मिस्टर जिन्ना थे और सदा रहे। उनका लिबास विलायती हो गया था। उन्होंने उदारवाद का राजनैतिक दर्शन अपना लिया था। उन्होंने एक आँख पर लगानेवाला चश्मा और यह तकियाकलाम, ''मेरे दोस्त, आप नहीं समझते,'' अपना लिया था। ये दोनों चीजें उनके जीवन-भर की आदत बन गईं।[5]

इस बीच कराची भी बदल गया था। उनकी माँ मर गई थीं। उनकी बीवी भी मर चुकी थीं। उनके पिता खस्ताहाल हो गए थे। जिन्ना बम्बई चले गए। बम्बई के आकर्षणों में हाई कोर्ट भी एक था। इस शहर ने तीन वर्ष तक जिन्ना के आत्मविश्वास की परीक्षा ली जब वे बिना किसी मुकदमे के अपने अदने से घर और अदालत के बीच जूते घिसते रहे। आगे उन्होंने इस दौर की घोर निराशा का जिक्र किया है। यह दौर तब खत्म हुआ जब वे 23 वर्ष की उम्र में दुस्साहस दिखाते हुए अस्थायी प्रेसिडेंसी मजिस्ट्रेट के एक पद पर अपनी सेवाएँ देने का प्रस्ताव लेकर ''सीधे न्याय विभाग के प्रभारी सदस्य, सर चार्ल्स ओलिवेंट के पास पहुँच गए।''[6]

उन्हें यह काम मिल गया, पैसे का संघर्ष खत्म हुआ और वे एक अच्छे घर में आ गए। लेकिन मुश्किल दिनों की याद को उन्होंने भुलाया नहीं। इस याद ने जिन्ना को अपने मार्ग से अलग होने की ओर नहीं झुकाया—सम्भव है कि उनकी जगह कोई और होता तो ऐसा हो जाता—बल्कि उन्हें और जागरूक बनाया तथा उस अकेलेपन का भाव भरा जो सदा उनकी पहचान का अंग रहा।

उन्होंने केवल और केवल अपनी बहन फातिमा पर ही पूरा ऐतबार किया जो भाई-बहनों में सबसे छोटी थीं। उनके तीन भाई और दो बहनें थीं, लेकिन उनके जीवन में इनमें से किसी और का कोई महत्त्व नहीं है। सिर्फ फातिमा का ही है। अस्थायी प्रेसिडेंसी मजिस्ट्रेट बनते ही जिन्ना ने कराची से अपनी बहन को बुलवाया और बान्द्रा के कैथोलिक कान्वेंट के हॉस्टल में भर्ती करा दिया। बाद में दोनों ने एक-दूसरे का ख्याल रखा। मौत के समय तक फातिमा उनके पास रहीं और पूरी निष्ठा से उनको मदद और प्रोत्साहन देती रहीं।

कम समय के लिए ही मजिस्ट्रेट रह लेने के बाद वकील के रूप में उनकी माँग बढ़ गई। लम्बा, सरकंडे की तरह दुबला और खूबसूरत यह वकील महँगा तो था लेकिन फीस से ज्यादा मूल्यवान था। अपनी टिप्पणियाँ तैयार करने में वह काफी समय लगाता था, बहुत साफ मन से सोचता था, विरोधी पक्ष की कमजोरियों को भाँप लेता था, एकदम शान्ति के साथ रखी दलीलों और धीमी बेलाग जुबान से अपनी बात सीधे अन्दर तक पहुँचा देता था। उनके एक समकालीन के अनुसार, "जब वे अदालत में जज की ओर देखते हुए खड़े होते थे और अपना शीशेवाला एक आँख का चश्मा लगाकर बड़े अभिनेतावाले अन्दाज में बोलते थे तो आत्मबल से भरे लगते थे।"[7] कई बार उनके व्यवहार से उनके पास मामले लेकर आनेवाले लोग, जज और दूसरे वकील नाराज हो जाते थे, लेकिन प्रतिभा के चलते यह कमी भी ढक जाती थी। उन्हें गुस्ताख और निरंकुश तो माना जाता था लेकिन इन सबके चलते उनसे मुँह नहीं मोड़ा जाता था। मजाकिया न होते भी उनकी झिड़कियाँ प्रभावी थीं :

जज : मिस्टर जिन्ना, याद रखिए कि आप किसी थर्ड क्लास मजिस्ट्रेट के आगे नहीं बोल रहे हैं।

जिन्ना : माई लॉर्ड, मुझे यह चेतावनी देने की अनुमति दें कि आप भी किसी थर्ड क्लास वकील से बात नहीं कर रहे हैं।[8]

अगर उनके कुछ जिरह क्रूर लगते हैं तो सभी एकदम खुले भी हैं। कुछ लोगों को यह लगता था कि जिन्ना दम्भी हैं तो खुद उन्हें लगता था कि वे बेलाग बात करते हैं। "जिन्ना का स्पष्ट रूखापन उनकी ईमानदारी से भी जुड़ा था," इस बात की पुष्टि करते हुए उनके एक समकालीन ने बोलिथो को यह किस्सा सुनाया था :

एक नामी व्यापारी, हाजी अब्दुल करीम, जिन्हें एक गम्भीर आरोप के सिलसिले में अदालत में हाजिर होना था, जिन्ना के पास गए और पूछा कि आप यह मुकदमा हाथ में लेने के लिए क्या पैसे लेंगे ? जिन्ना ने बड़े दो-टूक अन्दाज में कहा, "पाँच सौ रुपए रोज।"

यह व्यापारी चौंका और उसने पूछा, "यह मामला कितने दिन चलेगा, मेरे पास पाँच हजार रुपए हैं। आप क्या पूरे मामले की अपनी फीस के तौर पर यह रकम रख लेंगे?"

जिन्ना ने जवाब दिया, "मेरी फीस पाँच सौ रुपए रोज़ की है। आपको मुझे रखना है तो इसी शर्त पर रखिए वरना कोई और वकील ढूँढ़ लीजिए।" अब्दुल करीम ने यह शर्त मान ली और जिन्ना ने तीन दिनों में ही मुकदमा जीत लिया। उन्होंने अपनी फीस के तौर पर पन्द्रह सौ रूपए ही लिए।"[9]

वकालत में उनके साथ रहे उनके एक अन्य साथी ने भी जिन्ना की स्पष्टवादिता का किस्सा लिखा है :

मैं एक राहत कोष के लिए चन्दा जुटा रहा था। मैं बार लाइब्रेरी में उनके पास गया और उन्हें चन्दा देनेवालों की सूची दी। उन्होंने इसे लिया, अपना एक आँखवाला चश्मा चढ़ाया, सूची को पढ़ा, मुझे वापस कर दिया और बोले, "मुझे कोई दिलचस्पी नहीं है।"[10]

जिन्ना ने जिन लोगों के मामलों में मुफ्त पैरवी की ऐसे लोगों की संख्या बहुत अधिक नहीं है, पर सफलता के बाद अगर उन लोगों ने पैसे देने की पेशकश की तो उन्होंने वापस कर दिए। अगर किसी ने उनको खुश होकर अधिक पैसे दे दिए तो जिन्ना अतिरिक्त रकम को इस बेलाग टिप्पणी के साथ लौटा देते थे, "आपने मुझे इतनी रकम दी। मेरी फीस इतनी हुई। शेष रकम संलग्न है।"[11]

न तो भावुकता से और न ही लोभ से कभी कमजोर होनेवाले इस आत्मसम्मानी व्यक्तित्व की पुष्टि सरोजिनी नायडू ने भी की है जो कभी उनके करीब थीं। जिन्ना के कैम्ब्रिज से निकलने के कुछ समय बाद ही वहाँ पहुँची सरोजिनी नायडू, जो बाद में महत्त्वपूर्ण कवयित्री और स्वतन्त्रता सेनानी बनीं, इस शताब्दी के शुरुआती वर्षों में जिन्ना से प्रेम करती लगती हैं। लेकिन उनकी भावनाओं का दूसरी तरफ से अनुकूल जवाब नहीं मिला। अदालत के अपने मुकदमों सम्बन्धी पढ़ाई-लिखाई में ही शामें गुजारने और एक मन होकर अपने कैरियर सँवारने में लगे जिन्ना ने उनकी ओर ध्यान नहीं दिया। फिर भी प्रेम-भरी नजरें वह देख लेती हैं जो दूसरों की नजर से छूट जाता है। 1917 में प्रकाशित एक 'जीवनीनुमा मूल्यांकन' में सरोजिनी ने लिखा है कि वैसे तो जिन्ना "अपने मूल्यांकन और जीवन-शैली में प्रमुख रूप से व्यावहारिक और तटस्थ हैं...लेकिन उनके अभिमानी रूप के पीछे एक शर्मीलापन और आदर्शवाद छुपा है।"[12]

उनका यह आदर्शवाद लन्दन के दिनों से ही था और इसके साथ ही उनके अन्दर यह भाव भी आया कि हिन्दुस्तान की राजनीति में उनकी एक भूमिका है। इसी भावना के चलते 1906 में उन्होंने भारतीय राष्ट्रीय कांग्रेस की सदस्यता ली और तीन साल बाद उन्होंने बम्बई के मुसलमानों के प्रतिनिधि के तौर पर इम्पीरियल

लेजिस्लेटिव कौंसिल में प्रवेश की कोशिश की जिसमें वे सफल भी रहे। कांग्रेस के 1906 के सम्मेलन में जिन्ना ने अध्यक्ष दादा भाई नौरोजी के निजी सचिव के तौर पर काम किया। यह एक महत्त्वपूर्ण अधिवेशन था, अपने अध्यक्ष के माध्यम से कांग्रेस ने पहली बार स्वराज्य की माँग की। बाद में जब पुणे के बाल गंगाधर तिलक को "स्वराज्य मेरा जन्मसिद्ध अधिकार है और मैं इसे लेकर रहूँगा," कहने पर राज द्वारा सजा हुई तो जिन्ना इस ब्राह्मण नेता के बचाव में खड़े हुए वकीलों में एक थे।

इम्पीरियल कौंसिल में उनका पहला काम उस प्रस्ताव का समर्थन करना था जो दक्षिण अफ्रीका में हिन्दुस्तानियों के संघर्ष के पक्ष में था। यह संघर्ष लन्दन में ही पढ़े एक अन्य वकील मोहनदास करमचन्द गांधी के नेतृत्व में चल रहा था, जो जिन्ना से सात साल बड़े थे और जिन्ना की तरह ही काठियावाड़ी माँ-बाप की सन्तान थे।

कौंसिल में जिन्ना ने कहा, "इस मुल्क के सभी वर्गों में दक्षिण अफ्रीका में हिन्दुस्तानियों के प्रति क्रूर और कटु व्यवहार को लेकर नाराज़गी और आतंक है।" अध्यक्षता कर रहे लॉर्ड मिंटो ने हस्तक्षेप किया :

> *मुझे माननीय सदस्य को जरूर सचेत करना चाहिए। मुझे लगता है 'क्रूरता' शब्द बहुत कठोर है। माननीय सदस्य को जरूर याद रखना चाहिए कि वे साम्राज्य के मित्रवत हिस्से की बात कर रहे हैं और उन्हें परिस्थितियों के अनुकूल भाषा का ही इस्तेमाल करना चाहिए।"*[13]

मिंटो ने पाया, जैसा कि राज के अन्य रक्षकों को भी महसूस हुआ, कि जिन्ना चुपचाप बैठे रहनेवाले श्रोता नहीं थे। उन्होंने जवाब दिया :

> *"माई लॉर्ड, मुझे तो और भी कठोर भाषा का इस्तेमाल करने की जरूरत महसूस करनी चाहिए। लेकिन मुझे इस कौंसिल के संविधान का पूरा एहसास है और मैं यह भी कहता हूँ कि हिन्दुस्तानियों के साथ जो व्यवहार हो रहा है वह क्रूरतम है और जैसा कि मैंने पहले कहा था, यही राय सबकी है।"*[14]

जिन्ना और गांधी के बीच सम्बन्धों का एक आधार गोपाल कृष्ण गोखले भी थे, जिन्हें दोनों ने जाना, पसन्द किया और जिनका दोनों ही बहुत सम्मान करते थे। एक सांकेतिक वेतन पर पूना में 20 साल अध्यापन करने के बाद गोखले ने कांग्रेस और कौंसिल के माध्यम से देश सेवा का काम किया था। हिन्दुस्तानी लोग निस्वार्थ देशभक्ति के लिए गोखले को पसन्द करते थे, जबकि राज के लोगों को वे अपने कौशल और नरमपंथी विचारों के लिए प्रिय थे। दक्षिण अफ्रीका में गांधी के काम को देखने के बाद गोखले ने कहा था कि गांधी में वे गुण हैं जिनकी जरूरत भारत को है। जिन्ना के बारे में उन्होंने कहा था, "उनके अन्दर सच्चाई है और साम्प्रदायिक पूर्वाग्रहों के मुक्त होने के चलते वे हिन्दुस्तान में हिन्दू-मुसलमान एकता

के सर्वश्रेष्ठ प्रवक्ता हो सकते हैं।"[15] अपनी ओर से जिन्ना ने कहा था कि उनकी "एक इच्छा मुसलमान गोखले बनने की है।"[16] 1912 में गोखले ने जब कांग्रेस के अधिवेशन में प्राथमिक शिक्षा का विधेयक रखा तो जिन्ना ने पूरे उत्साह से उनका समर्थन किया : "महोदय, यह पुराना किस्सा है कि आपके पास पैसा नहीं है। मैं सिर्फ इतना ही कह सकता हूँ—धन जुटाओ! धन जुटाओ! मैं पूछता हूँ कि क्या तीन करोड़ रुपए जुटाना इतना मुश्किल काम है...?"[17]

साल-भर बाद गोखले और जिन्ना साथ-साथ यूरोप दौरे पर गए। आठ महीनों तक दोनों साथ रहे, यूरोप में, इंग्लैंड में और जहाजों तथा रेलगाड़ियों पर, लेकिन दुर्भाग्य से ऐसा कोई भी रिकॉर्ड मौजूद नहीं है जो बताए कि दोनों में क्या बात हुई या उन्होंने क्या देखा या सोचा। इंग्लैंड में रहते हुए जिन्ना ने एक महत्त्वपूर्ण फैसला किया। उसी समय इंग्लैंड के दौरे पर आए मुहम्मद अली और वज़ीर हुसैन के साथ बातचीत करने के बाद उन्होंने 1906 में गठित मुस्लिम लीग में शामिल होने पर सहमति दे दी। उनका यह कदम बताता है कि जिन्ना ने मुसलमानों में बढ़ती बेचैनी को पहचाना और जैसा कि हमने पिछले अध्याय में देखा कि यह बेचैनी तुर्की और उसके गैर-इस्लामी पड़ोसियों से विवाद के चलते पैदा हुई थी। यह स्पष्ट है कि इसके पीछे काफी साफ सोच थी। स्पष्ट रूप से जिन्ना मुस्लिम मुख्यधारा में शामिल होना चाहते थे लेकिन साथ ही वे पूरे हिन्दुस्तान की ज़मीन पर जमे अपने पाँव भी नहीं उखाड़ना चाहते थे। वे यह जता देना चाहते थे कि वे इसे नहीं छोड़ रहे हैं।

सरोजिनी नायडू के शब्दों में, जिन्ना द्वारा लीग की सदस्यता के प्रति हामी भरने के पहले मुहम्मद अली और वज़ीर हुसैन को यह सफाई देनी पड़ी कि "मुस्लिम लीग और मुसलमान हितों के प्रति निष्ठा कभी भी और किसी भी तरह बृहत्तर राष्ट्रीय हितों के रास्ते में नहीं आनी चाहिए जिसके प्रति उनका जीवन समर्पित था।"[18]

ऐसा नहीं है कि 1913 के पहले जिन्ना मुसलमान हितों की अनदेखी करते थे। दो साल पहले उन्होंने वक़्फ मान्यता विधेयक रखा था जिसमें परिवार के किसी व्यक्ति की मौत पर मुसलमान पारिवारिक ट्रस्ट का लाभ पानेवालों के हितों की रक्षा का प्रावधान था। गोखले और जिन्ना के यूरोप रवाना होने के कुछ पहले ही इसे वायसराय की मंजूरी मिल गई थी। विधेयक पास होने से मुसलमानों के बीच जिन्ना की हैसियत बढ़ गई और लीग में उन्हें शामिल करने की मुहम्मद अली को बेचैनी थी।

भाग्य से या फैसलों की चतुराई या दोनों के ही मेल से अभी कम उम्र में ही जिन्ना ने कांग्रेस, लीग और कौंसिल में अच्छी हैसियत बना ली। 1915 में गोखले और फिरोज़शाह मेहता, जो कांग्रेस के एक और दिग्गज थे, की मौत के बाद जिन्ना का महत्त्व बढ़ा। तिलक मांडले की जेल में थे और बाहर बचे लोगों में शायद ही कोई

प्रतिभा और प्रभाव के मामले में जिन्ना का मुकाबला कर सकता था। उनकी स्थिति तब और मजबूत हो गई, जब 1915 में कांग्रेस और लीग, उनकी पहल पर ही, एक ही जगह और एक ही समय अपने वार्षिक अधिवेशन करने पर सहमत हो गए।

बम्बई के कुछ मुसलमानों ने, जहाँ ये अधिवेशन हुए, लीग की बैठक में हुड़दंग मचाना चाहा जिसमें कुछ हिन्दू नेताओं को भी आमन्त्रित किया गया था। जब एक बार पुलिस इन हुड़दंगियों को नियन्त्रित करने में असफल रही तो जिन्ना ने सरकार से उनके 'गुप्त समझौते' का आरोप लगाया।[19] बाद में कांग्रेस के अनेक लोगों ने जिन्ना की 1915 में कही बात से सहमति जताई कि हिन्दू-मुस्लिम एकता न होने के जिए राज की पुलिस ने 'गुप्त समझौते' किए हैं।

अगले वर्ष इलाहाबाद में दिए अपने भाषण में जिन्ना खुले तौर पर आदर्शवादी लगे। आज तक प्रासंगिक लगते शब्दों में उन्होंने कहा :

> *असली नए हिन्दुस्तान के उठ खड़े होने के लिए सभी छोटी और हल्की चीजों को छोड़ना होगा। अपना उद्धार करने के लिए सभी हिन्दुस्तानियों को सिर्फ अपनी अच्छी चीजों की ही नहीं, आँख मूँदकर चिपके रहनेवाली बुरी चीजों--अपनी नफरत, अपने भेदभाव, अपने को बड़ा मानने के दम्भ, अपने झगड़ों और अपनी गलतफहमियों की भी कुर्बानी देनी होगी। ये ऐसी कुर्बानियाँ हैं जिन्हें खुदा भी पसन्द करेगा।*[20]

1916 के अन्त में जिन्ना अपने पूरे रंग में थे। कांग्रेस और लीग के अधिवेशनों से उन्होंने स्वशासन के सवाल पर कांग्रेस-लीग का समझौता कराया और लखनऊ समझौता सामने आया। तिलक की रिहाई और वापसी से कांग्रेस के अधिवेशन में नई जान आ गई थी और लीग के अधिवेशन की अध्यक्षता तो जिन्ना ने ही की थी। कुछ लोगों ने इस समझौते की शर्तों का विरोध किया, पर आम तौर पर लखनऊ समझौते और इसके रचनाकारों, जिन्ना, तिलक और एनी बेसेंट की तारीफ हुई। आइरिश महिला एनी बेसेंट ने भारत को अपना घर बना लिया था और होम रूल को अपने जीवन का उद्देश्य।

अगली गर्मियों में जब एनी बेसेंट को गिरफ्तार करके नीलगिरी पहाड़ियों में रखा गया था तो देश-भर के नए-पुराने नेता, जिनमें बीमार तिलक भी शामिल थे, इस नई नेता से, जिन्ना के घर पर मिले जिसके देश के नेता के रूप में उभरने की सम्भावना दिख रही थी। उन्होंने इसके विरोध में जोरदार आवाज उठाने का फैसला किया और काफी बारीक विश्लेषण के बाद गांधी द्वारा भेजे हुए उस प्रस्ताव को ठुकरा दिया, जिसमें कहा गया था कि बेसेंट की गिरफ्तारी के खिलाफ नीलगिरी तक अहिंसक मार्च किया जाए।[21]

1915 में ही गांधी दक्षिण अफ्रीका से लौटे थे। बम्बई की एक सभा में जिन्ना ने उनके स्वदेश लौटने पर स्वागत किया था, और गांधी उन हिन्दू नेताओं में एक थे जिन्हें जिन्ना ने लीग के 1915 के अधिवेशन में भाग लेने का न्यौता दिया था।

फिर भी, जैसा कि जवाहरलाल नेहरू ने बाद में लिखा कि वे, "एकदम अलग-थलग, अनिच्छुक और अराजनैतिक" लग रहे थे[22] और जिन्ना के घर पर जुटे नेताओं को उनके एकदम अलग तरह के प्रस्ताव को ठुकराने में कोई दिक्कत नहीं हुई। उनमें से किसी ने भी यह नहीं सोचा था कि उपहास योग्य सुझाव देनेवाला यह आदमी 1917 की गर्मियों में उनकी भविष्य की सारी योजनाओं को उलट-पलट देगा।

प्रथम विश्वयुद्ध में हिन्दुस्तानी फौज अंग्रेजों की तरफ से लड़ रही थी। 1914-15 की सर्दियों में फ्रांस और फ्लैंडर्स की लड़ाई में उनके धैर्य और साहस की तारीफ हुई। लेकिन भारत के अन्दर जो लोग राजनैतिक अधिकारों को बढ़ाने की लड़ाई लड़ रहे थे, वे भारत के रक्षा कानूनों की वजह से परेशान हो गए थे, जिसके तहत ही एनी बेसेंट गिरफ्तार हुई थीं। जुलाई, 1917 में जब एड्विन मोंटेग्यू को भारतीय मामलों का प्रभारी मन्त्री बनाया गया और उन्होंने घोषणा की कि "भारत में उत्तरोत्तर जिम्मेवार सरकार के गठन की दिशा में महत्त्वपूर्ण कदम उठाए जाएँगे," तो इन नेताओं की उम्मीदें बढ़ीं।[23] सेना में हिन्दुस्तानियों के कमीशन प्राप्त पद पाने पर लगी रंगभेदी रोक वापस ले ली गई। श्रीमती बेसेंट को रिहा कर दिया गया। नवम्बर, 1917 में सम्भावित सुधारों की बात करने के लिए मोंटेग्यू भारत आए।

भारत-भर में दौरा करते और बड़ी संख्या में लोगों से मिलते हुए मोंटेग्यू ने अपनी एक डायरी में खुद से मिले कुछ लोगों के बारे में लिखा जो 13 वर्ष बाद प्रकाशित हुई। एनी बेसेंट "बहुत प्रभावशाली" लगीं और उनके जैसी खूबसूरत आवाज़ "उन्होंने पहले कभी नहीं सुनी थी।" मोंटेग्यू ने "नामी गांधी" को "समाज सुधारक" कहा है जो "कुली की तरह पोशाक" पहने थे और जैसे "हवा पीकर" रहते थे। जिन्ना "तौर-तरीके जाननेवाले," "बहुत चालाक," "प्रभावित करनेवाले व्यक्तित्व" वाले आदमी थे जो "तर्क करने की क्षमता से भरे" थे।[24]

उन्होंने आगे लिखा, "निश्चित रूप से यह अन्याय ही है कि ऐसे आदमी को अपने देश का काम-काज चलाने का अवसर ही नहीं मिले।" साथ ही मोंटेग्यू ने जिन्ना को हठी भी पाया। अपनी डायरी में मोंटेग्यू ने लिखा कि स्वशासन सम्बन्धी लखनऊ समझौते को लागू करने पर जोर देते हुए जिन्ना "इस योजना को पूरी तरह मानने पर अड़े रहे...इसके अलावा उन्हें कोई भी और चीज़ मंजूर नहीं होती। अगर यह नहीं मिले तो उन्हें कुछ भी मंजूर नहीं था।"[25]

मैनचेस्टर गार्डियन के संवाददाता वाकर ने मोंटेग्यू से कहा, "जिन्ना की गतिविधियों के पीछे उनकी महत्वाकांक्षा है। वे मानते हैं कि जब एनी बेसेंट, तिलक नहीं रहेंगे तो वे नेता हो जाएँगे।[26]

राज के 'मोंटफोर्ड सुधार' जून, 1918 में घोषित हुए। मोंटेग्यू और वायसराय चेम्सफोर्ड द्वारा प्रस्तावित होने के चलते इसे यह नाम दिया गया। प्रान्तों में आंशिक

शासन होगा, जो चुनी गई विधानसभा और भारतीय मन्त्रियों के माध्यम से चलेगा, लेकिन महत्त्वपूर्ण विषय गवर्नर के लिए सुरक्षित रहेंगे जो मनोनीत एक्जिक्यूटिव कौंसिल की मदद से शासन करेंगे। केन्द्र में सत्ता में कोई हिस्सेदारी नहीं होनी थी। पूर्व वायसराय लॉर्ड कर्जन, जो अब ब्रिटेन में भारतीय मामलों के नए मन्त्री हो गए थे, ने इन प्रस्तावों को 'अविवेकपूर्ण और प्रतिक्रियावादी' कहा, जबकि मोंटेग्यू ने इसे बड़ी छलाँग बताया। लेकिन हिन्दुस्तानी अपना मन नहीं बना पाए। जल्दी ही रौलेट कानून, जालियाँवाला बाग कांड और ख़िलाफत के सवाल ही उनके जेहन में प्रमुख हो गए और ये सुधार पृष्ठभूमि में चले गए।

इसी बीच, जिन्ना के जीवन में पहली और आखिरी बार एक लड़की ने उनके मन में जगह बनाई। 1917 में 40 वर्ष के तुनुकमिजाज जिन्ना मालाबार हिल के विशाल परन्तु उदास-से मकान में अकेले रहते थे, औरतों से बड़े अदब से मिलते थे, उनकी साड़ियों की तारीफ करते थे परन्तु उनसे अलग-थलग ही रहा करते थे। पर उस साल के बम्बई के एक प्रमुख पारसी सर दिनशाँ पेटिट की 17 वर्षीय लड़की रतनबाई उर्फ रत्ती से प्रेम कर बैठे। वे लोग पेटिट के घर में ही, जहाँ जिन्ना कभी-कभार भोजन करने जाते थे, और पूना में तथा पर्वतीय नगर दार्जीलिंग में मिले थे। जिन्दादिल, हाज़िरजवाब और मोहक स्त्री ने इस अलग-थलग रहनेवाले वकील की वह भूख जगा दी जिसे वे काफी समय से और बहुत अच्छी तरह दबाए हुए थे। जब सर दिनशाँ को मालूम हुआ कि जिन्ना और उनकी बेटी शादी करना चाहते हैं तो उन्होंने कोर्ट से आदेश हासिल कर लिया कि जिन्ना उनकी बेटी से मिल भी नहीं सकते।

जिन्ना और रत्ती ने साल-भर इंतजार किया। अप्रैल 1918 में जब वे 18 वर्ष की हो गईं तो उन्होंने इस्लाम कबूल लिया और उन दोनों ने शादी कर ली। अपनी एक सहेली को सरोजिनी नायडू ने लिखा, "आखिरकार जिन्ना ने अपने सपनों का नगीना पा लिया। इस बच्ची ने जितनी बड़ी कुर्बानी दी है, उसका एहसास उसे अभी नहीं है।"[27]

जिन्ना के जीवन में खुशी और हँसी शामिल हो गई। मालाबार हिल का मकान जीवित हो गया। अगस्त, 1919 को एक बच्ची, दीना ने जन्म लिया। पर दुर्भाग्य से यह खुशी टिकाऊ नहीं होनी थी। सरोजिनी के संकेतवाली भविष्यवाणी सही हुई। रत्ती जिन्ना के एकरस स्वभाव से ऊब गई। उन्हें राजनेताओं से जिन्ना की निरन्तर चलनेवाली बातचीत पसन्द नहीं थी, इस उम्र में जिन्ना अचानक कला, संगीत या नृत्य के प्रति लगाव विकसित नहीं कर सकते थे।

लेकिन करीब दो वर्ष तक वे अपने रिश्ते को लेकर उत्साहित लगे। वायसराय लॉर्ड चेम्सफोर्ड और बम्बई के गवर्नर लॉर्ड विलिंगडन के साथ खड़े होने के लिए मियाँ-बीवी एक-दूसरे को प्रोत्साहित करने लगे। उन दोनों में तीखी नोक-झोंक और फिर घर से निकल जाने के अनेक किस्से हैं, पर बिना पुष्टि के। लेकिन इस बात में सन्देह नहीं कि जून, 1918 में बम्बई की एक सार्वजनिक बैठक में, जिसमें जिन्ना

मौजूद थे, लॉर्ड विलिंगडन ने "कुछ प्रभावशाली लोगों द्वारा, जिनमें अनेक होमरूल लीग नामक राजनैतिक संगठन के सदस्य हैं, युद्ध के प्रयासों को समर्थन देने पर" खुलेआम शक जाहिर किया।[28] जिन्ना, जो एनी बेसेंट और तिलक की अध्यक्षतावाले इस लीग के सदस्य थे, ने खुद को अपमानित महसूस किया। उनका जवाब साल के अन्त में आया। विलिंगडन गवर्नर पद छोड़ रहे थे तो उनकी सेवाओं की सराहना के लिए बम्बई के नागरिकों की एक सभा हुई। लेकिन बम्बई के लोग अवकाश लेते गवर्नर के कामकाज से इतने प्रभावित और उनके प्रति मोहित नहीं थे। जिन्ना इस सराहना का विरोध करने के लिए बड़ी संख्या में लोगों के साथ टाउनहॉल पहुँचे। सीटों के लिए छीना-झपटी हुई, नारेबाजी हुई और जब तक विलिंगडन की प्रशंसा का कोई भी प्रस्ताव सुना जाता, राज की पुलिस को बल प्रयोग करके हॉल को खाली कराना पड़ा।

इसी प्रक्रिया में जिन्ना पर भी हमला हुआ लेकिन रत्ती को संग लिये उन्होंने हॉल के बाहर अपने समर्थकों के सामने भाषण दिया, "महानुभावो, आप बम्बई के नागरिक हैं। आज आपने लोकतन्त्र के लिए बड़ी जीत हासिल की है। आज, 11 दिसम्बर, बम्बई के इतिहास की एक महत्त्वपूर्ण तारीख बन गई है। घर जाइए और आनन्द मनाइए।"[29]

इस घटना ने जिन्ना को हीरो बना दिया। उनके प्रशंसकों ने उनके नाम पर 30 हजार रुपए चन्दा जमा कर दिया जिससे जिन्ना-हॉल बना जो दर्शकों की कड़वाहट झेलने के बावजूद आज भी मौजूद है। इसकी दीवार पर लगी एक तख्ती पर लिखा है, "मुहम्मद अली जिन्ना के दिलेर और शानदार नेतृत्व में बम्बई के नागरिकों की ऐतिहासिक जीत के उपलक्ष्य में।"[30]

लेकिन राष्ट्रीय स्तर पर उनकी स्थिति 1916-17 वाले दिनों से कमजोर हुई। जेल से रिहा होने पर एनी बेसेंट ने कांग्रेस का मंच हथिया लिया और 1917-18 के लिए इसकी अध्यक्ष चुनी गईं। और 1917 के अन्त में हुई लीग की रैली में इसके सदर मुहम्मद अली की तस्वीरें ही छाई रहीं, जो जेल में थे। 1918 के अन्त में, जंग के खत्म होने के बाद, 'राष्ट्रवादियों' ने, जैसा कि वे खुद को कहा करते थे, मोंटफोर्ड सुधारों की कमियों पर शोर मचाया और कांग्रेस का मंच हथिया लिया। इन सुधारों के इतने पक्के आलोचक न होने के चलते जिन्ना ने खुद को अल्पमत के साथ पाया, लेकिन वे मोंटफोर्ड सुधारों का समर्थन करनेवाले कांग्रेसियों द्वारा गठित लिबरल पार्टी में नहीं गए, उन्होंने सोचा कि समय-धारा कभी उनकी ओर भी मुड़ेगी।

धारा मुड़ी, पर उनकी ओर नहीं। जनवरी, 1919 में इम्पीरियल कौंसिल का देशद्रोह विरोधी रौलेट विधेयक पेश हुआ। वायसराय से इसे वापस लेने की अपील और इसके साथ ही यह चेतावनी देकर कि अगर यह कानून बना तो वे इसका पालन करने से इनकार कर देंगे, गांधी ने पूरे देश का ध्यान अपनी ओर खींचा। उनकी

देखादेखी वल्लभभाई पटेल और सरोजिनी नायडू तथा अनेक दूसरे लोगों ने भी ऐसी घोषणाएँ कीं। साथ ही उन्होंने घोषणा की कि वे हिंसा के खिलाफ हैं। कौंसिल में जिन्ना ने, जो 1909 से ही इसके सदस्य थे, इस विधेयक का जोरदार विरोध किया : "आप लोगों को यह बताना मेरा कर्त्तव्य है कि अगर यह कानून बन गया तो आप देश के इस किनारे से उस किनारे तक ऐसी नाराजगी और आन्दोलन पैदा कर देंगे जैसा कि आपने देखा नहीं है।"[31]

राज पर जिन्ना की चेतावनी या गांधी की अपील का असर नहीं हुआ। इसकी कौंसिल ने, जो असल में मनोनीत लोगों से बनी थी, विधेयक को पास कर दिया। 22 मार्च को वायसराय के दस्तखत हो जाने पर यह कानून बन गया। अगले ही दिन गांधी ने "6 अप्रैल को देश-भर के लोगों से अपना कारोबार बन्द रखने"[32] और "इस दिन उपवास और प्रार्थना करने का आह्वान किया।" पाँच दिन बाद जिन्ना ने "इस काले कानून" के खिलाफ कौंसिल से इस्तीफा दे दिया।[33]

यह कदम न तो साधारण था न बिना मोलवाला, क्योंकि जिन्ना को कौंसिल पसन्द थी और वे यहीं चमके थे। लेकिन इस पर वैसा हंगामा नहीं मचा जैसा गांधी की अपील पर हुआ। विरोध से भी आगे बढ़कर इस कानून का उल्लंघन करने के लिए तैयार देश ने गांधी की अपील को सुना और उन्हें महात्मा कहकर सम्मानित किया। भारत की पहली राष्ट्रव्यापी हड़ताल के दौरान 6 अप्रैल को हर कहीं व्यापार बन्द रहा। जैसा कि हमने पिछले अध्याय में देखा कि इसके बाद के दौर में अनेक भारतीयों की तरफ से गलतियाँ होती गईं। लेकिन यहाँ ध्यान देने की चीज है गांधी का अचानक ही नक्षत्र की भाँति उदय।

और उन्होंने जो जगह ली, जिन्ना हरदम से खुद को उसके काबिल मानते थे, उसके लिए कुछ समय से प्रयास कर रहे थे और 1916-17 में करीब-करीब वहाँ तक पहुँच गए थे। अब इस बात का कोई मतलब नहीं है कि यह सब हुआ कैसे। जिन्ना जिस चीज को पाने के हकदार थे और जिसके लिए उन्होंने धैर्य और कौशल के साथ कोशिश की थी, उससे कैसे दूर हो गए या उन्हें नसीब ने धोखा दिया। असलियत यह है कि अब गांधी उस जगह पर थे जहाँ जिन्ना हो सकते थे।

कुछ समय तक दोनों ने एक-दूसरे की मदद की। अपने खिलाफ राज द्वारा अदालत की मानहानि का दावा कर देने पर गांधी ने जिन्ना की मदद माँगी थी। इंग्लैंड में रत्ती के साथ छुट्टियाँ मना रहे जिन्ना को गांधी की चिट्ठी मिली, जिसमें उन्होंने उम्मीद जाहिर की थी कि वापस लौटने पर बेगम जिन्ना चरखा चलाने की कक्षा में शामिल होंगी और जिन्ना "जल्दी से जल्दी गुजराती और हिन्दी" सीख लेंगे।[34]

यह 1919 की गर्मियों की बात है। उस साल के अन्त में कांग्रेस का अधिवेशन अमृतसर में हुआ जिसमें चेम्सफोर्ड सुधारों के मत पर जिन्ना ने गांधी के रुख का समर्थन किया। ये सुधार अब 1919 के कानून बन चुके थे। अपने भाषण में जिन्ना

ने उन्हें "महात्मा गांधी" कहा।[35] उनकी पहल पर ही और कलकत्ता के चित्तरंजन दास के नेतृत्व में राष्ट्रवादियों की आलोचना के बावजूद कांग्रेस ने सुधारों पर अमल करने पर सहमति दी, लेकिन अमृतसर अधिवेशन ने यह भी स्पष्ट कर दिया कि पंजाब (जलियाँवाला बाग कांड) और खिलाफत के सवाल पर ब्रिटेन के रुख पर ही कांग्रेस-राज सहयोग निर्भर करेगा।

खिलाफत कॉन्फ्रेंस और लीग के अधिवेशन भी अमृतसर में ही हुए। तभी खिलाफत कॉन्फ्रेंस लीग से काफी बड़ी थी। राज के सामने माँग रखने में लीग, खिलाफत और कांग्रेस तीनों एक ही थे।

हमने पिछले अध्याय में देखा है कि राज के जवाब में हिन्दुस्तानी लोग निराश हुए और उनकी भावनाओं को चोट लगी और गांधी ने असहयोग का प्रस्ताव रखा। खिलाफत कॉन्फ्रेंस ने एक बार में ही उनके प्रस्ताव को मान लिया। कांग्रेस के दिग्गज इस मामले में बहुत गर्मजोशी नहीं दिखा रहे थे, बल्कि कुछ तो इस प्रस्ताव के खिलाफ ही थे। सितम्बर, 1920 में कांग्रेस और लीग के लोग कलकत्ता में विशेष अधिवेशनों के माध्यम से मिले और गांधी की योजना पर विचार-विमर्श किया। हावड़ा स्टेशन पर जिन्ना के गाड़ी से उतरते ही मोतीलाल नेहरू उनसे मिले, जिन्होंने गांधी को पराजित करने की रणनीतियों में सहयोग की उम्मीद की थी।[36] तिलक, जो शायद उन्हें प्रभावी समर्थन दे सकते थे, अगस्त 1920 को ही मर गए थे। दास, विपिन पाल, लाजपत राय और मालवीय जैसे लोग असहयोग के सवाल के प्रति ठंडे थे लेकिन वल्लभभाई पटेल, जवाहरलाल नेहरू, राजगोपालाचारी और राजेन्द्र प्रसाद जैसे नौजवान गांधी के साथ थे। आम रुझान को देखते हुए कांग्रेस के सभी लोगों ने ठोस रूप में गांधी का समर्थन किया। पहले कलकत्ता में और फिर दिसम्बर में नागपुर में अपने अधिवेशनों में कांग्रेस और लीग ने असहयोग के पक्ष में फैसला किया, राज की कौंसिलों और समारोहों का बहिष्कार, पदवियाँ छोड़ने तथा राज की अदालतों और स्कूल-कॉलेज का परित्याग करना इसमें शामिल था। एक-एक करके सभी दिग्गजों ने अपना मन बदला और गांधी के साथ हो लिए। अपवाद रहे जिन्ना, एनी बेसेंट और मालवीय।

असल में जिन्ना ने अपनी स्थिति स्पष्ट करने में कुछ समय लिया। कलकत्ता में हुए लीग के विशेष अधिवेशन की अध्यक्षता करते हुए जिन्ना ने खुद को इसके फैसलों से प्रतिबद्ध नहीं किया। उन्होंने कहा :

> *सबसे पहले रौलट बिल आया, फिर पंजाब में दमन हुआ और फिर आटोमन साम्राज्य और खिलाफत की बर्बादी का मामला आया जो जीवन-मरण का सवाल है।*
>
> *तुर्की को तोड़ने और रौलट कानून की बेड़ियाँ बनाने के लिए हिन्दुस्तानी खून और सोने की माँग की गई और दुर्भाग्य से इन्हें उपलब्ध भी कराया गया।*

मिस्टर गांधी ने मुल्क के सामने असहयोग का अपना प्रोग्राम रखा है। अब इसके सिद्धान्त को आप कबूल करते हैं या नहीं, यह आपके ऊपर है। इसकी हर बारीक बात का समर्थन करने की जगह सिद्धान्त रूप में ही इसे कबूल करने का सवाल भी आपके सामने है। मैं अभी भी सरकार से यह गुज़ारिश करूँगा कि वह हिन्दुस्तान के लोगों को बेबस न करे, वरना उनके लिए असहयोग की नीति पर अमल करने के अलावा कोई और रास्ता नहीं रह जाएगा। जरूरी नहीं है कि यह असहयोग मिस्टर गांधी के प्रोग्राम जैसा ही हो।''[37]

कांग्रेस की समानान्तर बैठक में जिन्ना ने विपिन पाल के उस असफल प्रस्ताव के पक्ष में भाषण दिया था जिसमें सिद्धान्त रूप में तो असहयोग को स्वीकार कर लिया गया था लेकिन इसे लागू करने के तरीके सुझाने के लिए एक कमेटी गठित करने की बात कही गई थी। जिन्ना ने वहाँ जो कुछ कहा, उसे रिकॉर्ड में दर्ज नहीं किया गया है। पर इससे शौकत अली नाराज हो गए। इस बैठक की रिपोर्ट ब्रिटेन के गृहमन्त्री को भेजनेवाले बंगाल के गवर्नर के अनुसार, मन्त्री शौकत अली ने ''जिन्ना पर हाथ उठाने की धमकी दी और उन्हें अन्य प्रतिनिधियों के शारीरिक हस्तक्षेप से ही रोका जा सका।''[38]

महीने-भर बाद गांधी और जिन्ना की पहली सीधी भिड़न्त हुई। यह होम़ रूल लीग में हुआ जिसकी अध्यक्षता अप्रैल में गांधी को सौंप दी गई थी। अक्तूबर में गांधी की पहल पर इस संगठन ने अपना नाम स्वराज्य सभा (होम रूल लीग का हिन्दी रूपान्तर) कर लिया। इसने संविधान में भी फेरबदल की और अपना उद्‌देश्य 'साम्राज्य के अधीन स्वशासन' की जगह स्वराज्य हासिल करना घोषित किया। 19 के मुकाबले 42 मतों से ये सुधार पास हो गए। जिन्ना जो एक अर्से से इस संगठन से जुड़े रहे थे, इन 19 में एक थे। वे चाहते थे कि 'साम्राज्य के अधीन' वाली बात रहने दी जाए, साथ ही उन्होंने आरोप लगाया कि इस बैठक को संविधान बदलने का अधिकार नहीं है। गांधी इससे सहमत नहीं थे। गांधी पर तानाशाह जैसा व्यवहार करने का आरोप लगाते हुए जिन्ना ने इस्तीफा दे दिया। साथ ही विरोध में वोट देनेवाले 18 अन्य लोगों ने भी इस्तीफा दे दिया। गांधी ने जिन्ना को पत्र लिखकर कहा कि इन इस्तीफों से उन्हें दुख हुआ है और साथ ही उन्होंने इस्तीफों पर पुनर्विचार का आग्रह किया और ''देश के सामने आई जिम्मेवारियों में से अपने हिस्से का काम लेने'' का न्यौता भी दिया।[39]

मुझे कोई भूमिका सौंपेगा, यह बात जिन्ना को अच्छी नहीं लगी। उन्होंने जवाब दिया :

देश के सामने आई जिम्मेवारियों में से ''अपने हिस्से का काम लेने'' के आपके सुझाव के लिए शुक्रिया। ''नई जिम्मेवारियों'' से आपका मतलब अगर अपने तरीकों और प्रोग्राम से है तो मुझे लगता है कि मैं इन्हें स्वीकार

नहीं कर पाऊँगा, क्योंकि मैं पक्के तौर पर मानता हूँ कि इससे बर्बादी आएगी।[40]

अन्य लोग जिसे मुक्ति-रथ मान रहे थे, उसे मार्ग-अवरोधक माननेवाले जिन्ना ने दिसम्बर में एक बार फिर अपना विरोध जाहिर किया, जब नागपुर में कांग्रेस और लीग ने असहयोग के फैसले पर अन्तिम मुहर लगाने के लिए अपने अधिवेशन किए। नागपुर में चित्तरंजन दास ने कांग्रेस में वही प्रस्ताव रखा था, जो तीन महीने पहले कलकत्ता में रखा गया था; गांधी के कार्यक्रम के अन्य विरोधी भी इसके पक्ष में बोले; कांग्रेस ने गांधी के पक्ष में अपना फैसला दिया। एनी बेसेंट, जिनकी 1917 की लोकप्रियता अब कम हो गई थी, यहाँ आईं ही नहीं, लेकिन मालवीय ने अपनी असहमति जाहिर की और सारे शोरशराबे के बीच जिन्ना विरोध में बोलते रहे। असहयोग पर फैसला करने के साथ ही कांग्रेस ने अपना लक्ष्य भी बदल दिया। होम रूल लीग की तरह यहाँ भी 'स्वराज्य' को लक्ष्य घोषित किया गया और 'साम्राज्य के अधीन' शब्द हटा दिए गए।

जिन्ना ने इसका जोरदार विरोध किया। सबसे पहले 'साम्राज्य के अधीन' शब्दों को बरकरार रखने के सवाल पर शुरू में पाल और दास ने जिन्ना और मालवीय का समर्थन किया जबकि अली बन्धुओं ने प्रस्तावों के जरिए 'पूर्ण स्वतन्त्रता' और गणतन्त्र के लक्ष्यों की वकालत की! 'साम्राज्य के अधीन' और 'पूर्ण स्वतन्त्रता' के बीच गांधी द्वारा निकाले बीच के लक्ष्य 'स्वराज' पर दास और पाल तथा अली बन्धु सहमत हो गए। गांधी ने कहा कि अगर इंग्लैंड से रिश्ते लाभप्रद हों तो वे उन्हें कभी नहीं तोड़ना चाहेंगे, अगर यह 'हमारे राष्ट्रीय आत्मसम्मान के प्रति असंगत' हुआ तभी वे इसे तोड़ेंगे।[41] उनका विरोध करते हुए जिन्ना ने कहा कि नए लक्ष्य में पूर्ण स्वतन्त्रता के लिए गैर-सवैधानिक कोशिश करना निहित है, गांधी ने जो कुछ कहा यह उसका उलटा था।

जब वे अपने भाषण में ''मिस्टर गांधी'' और ''मिस्टर मुहम्मद अली'' कहते थे तो अनेक लोग शोर मचाने लगते थे, ''महात्मा गांधी कहिए'' और ''मौलाना मुहम्मद अली कहिए,'' लेकिन जिन्ना ने उनकी बात नहीं मानी।[42] उन्होंने अपनी बात जारी रखते हुए कहा कि ''सवैधानिक तरीका'' ही ''सही तरीका'' है। जिन्ना के दोस्त दीवान चमन लाल के अनुसार; इस पर मुहम्मद अली उछलकर खड़े हुए और जिन्ना की तुलना उस दन्तकथा के धर्म-प्रचारक से की जो सदा ''सही तरीके'' की बात करता था। चमन लाल कहते हैं कि जिन्ना ''चेहरे पर आहत भाव लेकर बैठ गए। फिर वे एकदम खामोशी में डूब गए।''[43] उसी दिन शाम को, जब तक अधिवेशन समाप्त भी नहीं हुआ था, जिन्ना एक रेलगाड़ी पर सवार हुए और बम्बई चल दिए। कांग्रेस से उनके 14 वर्ष पुराने रिश्ते समाप्त हो गए थे क्योंकि कांग्रेस गांधी की हो गई थी। जिन्ना के जाने के बाद बीमार मालवीय ने एक सन्देश भेजा, जिसे अधिवेशन में पढ़ा गया, जो नए लक्ष्य और असहयोग के प्रस्ताव का विरोध

करता था, लेकिन इसका किसी पर प्रभाव नहीं पड़ा। जब असहयोगवाला प्रस्ताव मतदान के लिए रखा गया तो सिर्फ दो लोगों ने इसके विरोध में वोट दिए। एक सिन्ध के थे और दूसरे संयुक्त प्रान्त के। उनके नाम दर्ज नहीं किए गए।[44]

गांधी और जिन्ना में लन्दन में कानून की पढ़ाई और गुजराती पृष्ठभूमि की ही समानता नहीं थी। दोनों ही हिन्दू-मुस्लिम एकता और स्वशासन चाहते थे। लेकिन उनमें कई अन्तर भी थे। गांधी अपनी धार्मिक आस्था को खुले तौर पर प्रदर्शित करते थे जबकि जिन्ना ने इस बारे में कभी कुछ नहीं कहा। गांधी ने गरीबी को अपनाया, उसको लेकर बोले जबकि जिन्ना ने भरपूर कमाई की और सभी सक्षम लोगों से अपनी क्षमता-भर कमाने को कहा। सबसे अच्छे ढंग से सिले सूट पहनकर जिन्ना मालाबार हिल के एक शानदार घर में रहे; गांधी ने किसानोंवाली पोशाक पहनी और सूखे इलाके के एक गाँव में झोंपड़ी में रहे। करीब-करीब हर आदमी ने गांधी को प्रेम और गर्मजोशी-भरा पाया; शायद ही किसी को एहसास हुआ कि जिन्ना भी किसी से प्रेम कर सकते हैं। गांधी मुश्किल से भी मुश्किल परिस्थितियों में खुश रहे, जिन्ना खुशी के माहौल में भी उदास रहे। अगर गांधी ने सहृदयता विकसित की तो ऐसे अनेक मौके आए जब जिन्ना दम्भ पालते लगे। गांधी ने आम आदमी को साथ लेना चाहा, जिन्ना आभिजात्य में सुख पाते थे। अपवाद सिर्फ लॉर्ड विलिंगडनवाला प्रकरण रहा। दोनों में अन्तर दर्शानेवाली सूची काफी बड़ी है।

नागपुर से नाराज होकर चले आने के दो महीने बाद, बम्बई के एक भाषण में जिन्ना ने गांधी के प्रति "जारी अपने आदर और प्रशंसा भाव" का जिक्र किया, पर साथ ही उन्होंने यह भी कहा कि गांधी लोगों को गलत दिशा में ले जा रहे हैं, और अन्देशा जाहिर किया कि "जन-आन्दोलन से हिंसा फूट पड़ेगी क्योंकि हिन्दुस्तानी लोग आदमी हैं, सन्त नहीं,"[45] साथ ही, जिन्ना के जीवनीकार के शब्दों में, उनके मन में "गांधी की सोच के प्रति एक गहरी हिकारत" थी। बोलिथो यह नहीं बताते कि जिन्ना को इस नफरत का एहसास पहली बार कब हुआ। उनके अनुसार, यह चीज होम रूल लीग वाले प्रकरण में "आखिरकार खुलकर सामने आ गई।"[46] व्यक्तित्व और जीवन-शैली में अलग, स्वशासन के मार्ग के चुनाव में अलग और कांग्रेस तथा पूरे हिन्दुस्तान को अपने पक्ष में करने की होड़ में लगे गांधी और जिन्ना को निश्चित रूप से अलग होना ही था, भले ही उनके बीच भारत की आज़ादी और हिन्दू-मुस्लिम एकता जैसे साझा विचार थे। बोलिथो के शब्दों में, "आनेवाले वर्षों में जिन्ना ने अनेक बार गांधी से विचार-विमर्श किया लेकिन यह गुत्थी बनी रही।"[47]

नागपुर के बाद जिन्ना का राजनीति से मोहभंग हो गया लगा। वैसे उन्होंने लीग से रिश्ता बनाए रखा, पर उसके सदस्यों की खिलाफत के सवाल पर नाराज़गी के चलते इस संस्था का भी उनके लिए कोई मतलब नहीं रहा। तीन वर्षों तक उन्होंने

इसकी बैठकों में हिस्सा नहीं लिया। फिर भी यह उल्लेखनीय है कि उन्होंने लीग को छोड़ा नहीं। उस लीग को जिसने दिसम्बर, 1920 में असहयोग के फैसले को स्वीकृति दी थी और अपने लक्ष्यों की घोषणा में से साम्राज्य का सन्दर्भ हटा दिया था।

राजनैतिक रूप से अपने पाँव जमाने के लिए जिन्ना उदारवादियों के साथ जा सकते थे जिन्होंने 1917–18 में कांग्रेस से नाता तोड़कर अपनी अलग पार्टी बना ली थी। वे लोग नरमपंथी थे और असहयोग के आलोचक भी थे। लेकिन वे उनके साथ नहीं गए। उनका उदारवाद उन्हें पसन्द नहीं आया और शायद वे इस बात के प्रभाव में भी रहे कि यह उदारवादी पार्टी साम्प्रदायिक होने की जगह "भारतीय तो है पर इसके मुख्य नेता हिन्दू ब्राह्मण हैं। उन्होंने एक नई, व्यापक आधारवाली पार्टी के बारे में सोचा लेकिन यह विचार छोड़ दिया।"[48] शायद उन्हें यह एहसास हो गया था कि उनका भविष्य मुस्लिम कौम के साथ ही है, किसी भी धर्मवाली पार्टी के साथ नहीं। कुछ भी हो, उन्हें मालूम था कि उन्होंने कौंसिल में एक मुस्लिम चुनाव क्षेत्र का प्रतिनिधित्व किया था और भविष्य में भी ऐसा कर सकते हैं। क्रान्तिकारिता को छोड़ते हुए उनके सामने उदारवाद और कौम के बीच एक को चुनने की मजबूरी थी और उन्होंने कौम को चुना। वे अभी भी हिन्दू-मुस्लिम एकता के पक्ष में थे, पर मुसलमानों के पक्ष में खड़े होकर, न कि एक साझा आधार पर खड़े होकर।

जनवरी, 1922 में जब गांधी का आन्दोलन अपने चरम बिन्दु पर था, तब जिन्ना ने कुछ समय के लिए नेता बनने की चाह छोड़कर कुछ अन्य 'उदासीन' लोगों के साथ मिलकर गांधी और राज से मेल-मिलाप करने की कोशिश की। यह कोशिश सफल नहीं रही, पर जैसा कि हमने पिछले अध्याय में देखा है, फरवरी में चौरीचौरा कांड हुआ और गांधी ने अपना आन्दोलन वापस ले लिया तथा अंग्रेजी हुकूमत ने उन्हें गिरफ्तार कर लिया। साल-भर बाद जिन्ना फिर कौंसिल, जो मोंटफोर्ड सुधारों के लागू होने के बाद सेंट्रल एसेम्बली कही जाने लगी और पुरानी कौंसिल से ज्यादा प्रभावी थी, में पहुँचे। पहले की तरह वे फिर बम्बई की मुस्लिम सुरक्षित सीट पर आए थे। अगले साल मई में जब तुर्कों ने खिलाफत को समाप्त कर दिया तो मुस्लिम लीग ने, जिसे समझ में नहीं आ रहा था कि क्या किया जाए, अपने लाहौर अधिवेशन की अध्यक्षता के लिए जिन्ना को बुलाया। उन्होंने हिन्दू-मुस्लिमों के बीच परस्पर विश्वास की जरूरत बताई : "मैं कहता हूँ कि जिस दिन हिन्दू और मुसलमान एक हो जाएँगे, हिन्दुस्तान को डोमिनियन (उत्तरदायी) सरकार हासिल हो जाएगी।"[49] तुरन्त जेल से रिहा हुए गांधी ने कहा, "मैं मिस्टर जिन्ना की इस बात से सहमत हूँ कि हिन्दू-मुस्लिम एकता का मतलब स्वराज है।"[50] लेकिन जैसा कि हमने पहले देखा है, 1924, 1925 और 1926 में हिन्दू-मुसलमानों के बीच सन्देह और कटुता घटने की जगह बढ़ी। गांधी और जिन्ना एक-दूसरे से मिले और एक एकता सम्मेलन में एक साथ बैठे, पर कुछ भी ठोस नतीजा नहीं निकला।

ब्रिटिश फौजी अधिकारी कैप्टन ग्रेसी जो बाद में पाक सेना के प्रमुख जनरल सर डगलस ग्रेसी बने, के संस्मरणों से 1925 के जिन्ना की एक अधूरी-सी, परन्तु सही, तस्वीर उभरती है। ग्रेसी जिन्ना और सेंट्रल एसेम्बली के कुछ सदस्यों के साथ सैंडार्स्ट गए थे; वे लोग उस कमेटी में थे जिसे भारत में सैनिक प्रशिक्षण कॉलेज स्थापित करने के बारे में ब्रिटिश हुकूमत को सलाह देनी थी। ग्रेसी लिखते हैं :

प्रतिनिधिमंडल के सामने सबूत पेश करनेवाले अधिकारियों के साथ जिन्ना का व्यवहार बहुत अहंकार-भरा था; ऐसा लग रहा था मानो जज के सामने एकदम ही उग्र गवाहों से पूछताछ कर रहे हों। मुझे विरोध करके यह बताना पड़ा कि अधिकारी स्वेच्छा से सबूत दे रहे हैं, जिसका उद्देश्य उन्हें मदद करना है और यह उनका हक़ बनता है कि उनके साथ अच्छा व्यवहार हो।...वे तुरन्त शान्त पड़ गए...उनकी इस चीज को मैंने हरदम पसन्द किया : एक बार टोक देने पर वे तार्किक बात करने लगते थे और इस बात के लिए आगे बैर-भाव नहीं पालते थे।[51]

इसके बाद हम 1927 और 1928 में हिन्दू-मुस्लिम समझौते की दिशा में जिन्ना द्वारा किए प्रयासों का मूल्यांकन करेंगे। 1924 के अन्त में गांधी द्वारा कांग्रेस की राजनीति को राजनेताओं के हवाले करके अपना ध्यान छुआछूत, गरीबी और मद्यपान समाप्त करने पर लगाने के फैसले से उनके लिए मंच खाली हो गया। मालवीय, मोतीलाल नेहरू और श्रीनिवास आयंगर, जो 1926–27 में कांग्रेस अध्यक्ष थे, जैसे लोग सेंट्रल एसेम्बली में आ गए। 1925 में अपनी अकस्मात हुई मौत के पहले दास का भी बंगाल एसेम्बली में जाना तय हो चुका था। जिन्ना की तरह इन लोगों को भी राज की कौंसिल में आनन्द आता था, पर वह उन्हें शक्तिविहीन भी लगता था। यह सोचकर कि हिन्दू-मुस्लिम मोर्चा बनाकर राज से और शक्ति हासिल की जा सकती है, जिन्ना ने अली बन्धु और कुछ अन्य मुसलमान नेताओं तथा कांग्रेस के स्वराज्यवादियों के साथ मिलकर 1927 और 1928 के दौरान हिन्दू-मुस्लिम समझौते की सम्भावनाओं का पता लगाया।

पिछले अध्याय में हमने देखा कि यह कोशिश सफल नहीं हुई और हमने यह जानने की कोशिश भी की थी कि ऐसा क्यों हुआ। यहाँ हमें दिल्ली प्रस्ताव, जिसमें संयुक्त निर्वाचन क्षेत्र की भी बात थी, पर कांग्रेस की सहमति पाने की जिन्ना की कोशिशों पर ध्यान देना चाहिए। यह एक भारी जोखिम, पर काफी लाभवाला काम था। संयुक्त निर्वाचन क्षेत्र की बात मानकर जिन्ना मुसलमानों के एक बड़े वर्ग को खुद से विमुख कर देते। फिर भी कांग्रेस द्वारा इस पर सहमति देने से संयुक्त मोर्चा बनता, और इससे जिन्ना वापस 1916 वाली हैसियत पा लेते। जिन्ना ने, जिन्होंने एसेम्बली में 1925 में कहा था, "मैं सबसे पहले एक राष्ट्रवादी हूँ, उसके बाद भी राष्ट्रवादी,"[52] इसको हासिल करने के लिए काफी कोशिश की।

यह शुरू से ही एक मुश्किल लक्ष्य था। तब सेंट्रल एसेम्बली में जिन्ना के सहयोगी गज़नफार अली ख़ाँ के अनुसार, 1927 के शुरू में ही मोतीलाल नेहरू और जिन्ना के बीच निजी बातचीत से ही इसकी शुरुआत हो गई थी। मार्च के अन्त तक दिल्ली प्रस्ताव तैयार हो गए थे, लेकिन तुरन्त बाद शफी ने विरोध कर दिया। शायर इक़बाल ने काफी समर्थन किया और पंजाब के मुसलमान अलग चुनाव क्षेत्र की बात पर अड़े रहे। लाला लाजपत राय के नेतृत्व में हिन्दुओं ने प्रान्त में तयशुदा मुस्लिम बहुमत के विचार का विरोध किया, सिखों ने हिन्दुओं का समर्थन किया। लेकिन जिन्ना ने उम्मीद नहीं छोड़ी, कांग्रेस अभी भी इन प्रस्तावों का मूल्यांकन कर रही थी।

जब कांग्रेस का जवाब, नेहरू रिपोर्ट जारी हुई तो जिन्ना देश में नहीं थे। हमने देखा कि इसमें मुसलमानों की माँग के अनुरूप उनको केन्द्र में एक-तिहाई प्रतिनिधित्व नहीं दिया गया था। इसमें पंजाब और बंगाल के गैर-मुसलमानों को अतिरिक्त प्रतिनिधित्व देने की बात नहीं मानी गई थी। नेहरू रिपोर्ट का मानना था कि वयस्क मताधिकार के आधार पर यहाँ मुसलमानों का बहुमत रहेगा ही। इसमें केन्द्र के मुकाबले प्रान्तों को वह सत्ता नहीं दी गई थी जो जिन्ना को पसन्द आती।

लेकिन जिन्ना जब यूरोप से लौटे, तब वे इस पर भी विचार-विमर्श के लिए खुले लगे। उन्होंने कहा, "इस रिपोर्ट के दिल्ली मुस्लिम प्रस्तावों को मानने की दिशा में गम्भीर प्रयास किए गए हैं," और उन्होंने इससे असहमत होनेवाले मुसलमानों से कहा कि वे "इसके खिलाफ भड़कें नहीं, बल्कि शान्ति रखते हुए अपनी बातों पर जोर देने के लिए खुद को संगठित करें।"[53]

उनके समर्थक और अनुयायी इसके ख़िलाफ भड़के तो नहीं लेकिन उन्होंने जिन्ना को नेहरू रिपोर्ट मान लेने के लिए नामजद भी नहीं किया। हिन्दुस्तान लौटने के दो महीने बाद जिन्ना कांग्रेस से इस रिपोर्ट को बदलने और दिल्ली प्रस्ताव को मान लेने का आग्रह करने कलकत्ता गए। उन्होंने कहा, "बहुसंख्यक दमनकारी और आतंककारी होने को तत्पर रहते हैं, जबकि अल्पसंख्यक हर समय अपने हितों और अधिकारों के हनन की चिन्ता से परेशान रहते हैं, और वैधानिक प्रावधानों से जब तक उनकी निश्चित सुरक्षा न की जाए, उन्हें ही नुकसान सहना होता है।" उन्होंने चेतावनी दी कि समझौते का विकल्प "क्रान्ति और गृहयुद्ध" होगा।[54]

1920 में जिन्ना के साथ होम रूल लीग छोड़नेवाले के.एम. मुंशी के अनुसार जिन्ना "विजेतावाले अन्दाज" और "लड़ाकूवाली मुद्रा" में कलकत्ता पहुँचे।[55] उदारवादी हिन्दू नेता सप्रू ने जिन्ना को "शरारती, बिगड़ैल बच्चा" कहा। लेकिन साथ ही कांग्रेस से आग्रह किया कि वे जिस बात की जिद कर रहे हैं, वह मान ली जाए और "मामले को निबटा दिया जाए।"[56] लेकिन कांग्रेस ने यह नहीं करने का तय किया था, उसे हिन्दुओं की जवाबी प्रतिक्रिया का डर था। उसे यह भरोसा

भी नहीं था कि जिन्ना के साथ हुआ समझौता पूरे मुसलमान समुदाय के साथ समझौता होगा।

जिन्ना के एक दोस्त, जमशेद नौसेरवानजी नामक पारसी ने भी, जो बाद में कराची के मेजर हुए, इस घटना का वर्णन किया है :

> *मिस्टर जिन्ना खड़े हुए, वे इंग्लैंड से लाई गई फैशनेबल पोशाकें पहने हुए थे, और अपनी बात रखी...उनकी माँगें ठुकरा दी गईं। एक आदमी ने कहा कि मिस्टर जिन्ना को मुसलमानों की तरफ से बोलने का कोई अधिकार नहीं है। वे उनके प्रतिनिधि नहीं हैं। वे निराश होकर बैठ गए और अपने होटल में वापस लौट गए।*
>
> *अगली सुबह वे रेलगाड़ी से कलकत्ता से रवाना हुए और मैं उन्हें विदा करने गया। वे प्रथम श्रेणी के डिब्बे के दरवाजे पर खड़े थे और उन्होंने मेरा हाथ पकड़ा। उनकी आँखों में आँसू आ गए और उन्होंने कहा, "जमशेद, अब रास्ते जुदा हो रहे हैं।"*[57]

उनको लगी चोट को समझा जा सकता है। उन्होंने सोचा था कि उनकी भाग-दौड़ का नतीजा 1916 के लखनऊ समझौते जैसा निकलेगा, जिससे हिन्दू-मुस्लिम समझौता होगा और उन्हें वह जगह प्राप्त हो जाएगी जिससे वे सिर्फ अपनी कौम का ही नहीं पूरे हिन्दुस्तान का नेतृत्व कर सकेंगे। कलकत्ता ने इस तस्वीर को बिगाड़ दिया था और जिन्ना जान गए कि वे फिर कभी इसकी तरफ नहीं देखेंगे।

नौसेरवानजी के विवरण की पुष्टि करते हुए, कुछ अन्य लोगों ने भी 1928 के कलकत्ता अधिवेशन की घटना को महत्त्वपूर्ण विभाजक माना है। ख़लीक़ुज़्ज़मां के अनुसार, "देश का भाग्य तय हो गया।" वे आगे कहते हैं, "हिन्दू राजनेताओं की कमियों को दूर नहीं किया जा सका।"[58] उस समय भी सप्रू ने कहा था कि समझौते में असफलता का अर्थ "भारी नुकसान होगा जिसकी भरपाई हिन्दुस्तान 25 वर्षों में भी नहीं कर सकेगा।"[59] यह एक सच्चाई है कि कलकत्ता के बाद कांग्रेस के बाहर के किसी भी मुसलमान नेता ने संयुक्त निर्वाचन क्षेत्र की बात नहीं की। फिर भी 1927-28 की जिन्ना की कोशिश चाहे जितनी हंगामेदार हो, यह वास्तविकता पर आधारित नहीं थी। पंजाब के हिन्दू-मुसलमान और सिख, सभी ने अलग-अलग कारणों से दिल्ली प्रस्ताव का जोरदार विरोध किया था। पूरे देश के हिसाब से राजनेताओं के हाथ बँधे थे। मुसलमानों का रुख भाँपकर जिन्ना ने दिल्ली प्रस्ताव* में हेरफेर नहीं किया। और नेहरू प्रस्ताव माननेवाले अंसारी और आज़ाद जैसे नेता दरकिनार हो गए। इसके उलट-भावना ने कांग्रेसी नेता को नेहरू रिपोर्ट

---

* अगर खुद जिन्ना की बात आती तो वे प्रस्ताव को नहीं मान सकते थे। कलकत्ता में उन्होंने कहा था, "क्या आप मेरे यह कहने से सन्तुष्ट होंगे कि मैं आपके साथ हूँ?"[60]

से आगे नहीं देखने दिया जिसके लिए उन्होंने बड़ी मुश्किल से पंजाब के हिन्दू और सिखों का समर्थन हासिल किया था।[61] कलकत्ता में मौजूद गांधी ने जिन्ना से कहा कि वे निजी तौर पर मुसलमानों की माँगें मानने को तैयार हैं, पर उन्होंने सिखों की इस घोषणा का हवाला दिया कि अगर नेहरू रिपोर्ट में कोई बात जोड़ी गई तो वे इससे भी पीछे हट जाएँगे।[62]

कलकत्ता की निराशा ने जिन्ना पर तभी चोट की, जब एक और जख्म नया ही था—शादी की असफलता का। 1928 के शुरू में रत्ती माउंट प्लीजेंट रोड के मकान से निकलकर ताजमहल होटल के एक कमरे में रहने लगीं। जिन्ना और रत्ती के बीच मेल-मिलाप की कोशिश करनेवाले एक पारसी दोस्त से जिन्ना ने कहा, "हम दोनों को कुछ समझदारी की जरूरत है जो हम एक-दूसरे को नहीं दे सकते।"[63] फिर जब रत्ती अपने माँ-बाप के साथ यूरोप चली गईं तो अप्रैल, 1928 में जिन्ना भी उनके पीछे-पीछे वहाँ आयरलैंड गए। वहाँ जाने पर उन्हें मालूम हुआ कि रत्ती पेरिस में गम्भीर रूप से बीमार पड़ी हैं। वे पेरिस गए, तभी पेरिस में ही मौजूद अपने दोस्त चमन लाल के साथ अस्पताल से बाहर निकलते हुए उन्होंने कहा, "मुझे लगता है कि हम उसे बचा सकते हैं। हम उसके डॉक्टर को बदल देंगे और उसे दूसरे अस्पताल में ले चलेंगे।" बाद में चमन लाल ने लिखा :

> *रत्ती जिन्ना ठीक हो गईं और मैं उसके तुरन्त बाद पेरिस से विदा हो गया तथा यह मान रहा था कि उन दोनों में मेल-मिलाप हो गया है। कुछ हफ्ते बीते और मैं फिर पेरिस पहुँचा। मैंने जिन्ना के साथ एक दिन गुजारा और सोचता रहा कि वे अकेले क्यों हैं। शाम को मैंने जिन्ना से पूछा, "रत्ती कहाँ है ?" उन्होंने जवाब दिया, "वह बम्बई चली गई है।" उन्होंने यह बात इतने निश्चयवाले अन्दाज में कही कि कोई और सवाल पूछने की मेरी हिम्मत नहीं हुई।*[64]

जब जिन्ना कलकत्ता की कांग्रेस से दिल्ली प्रस्ताव को मान लेने का आग्रह कर रहे थे तो रत्ती फिर बम्बई में ताज होटल के कमरे में गम्भीर रूप से बीमार थीं। दो महीने बाद, पति से अलग हुई 28 वर्षीय रत्ती ने जब अन्तिम साँसें लीं तब जिन्ना शहर में नहीं थे। एक मुस्लिम कब्रिस्तान में उन्हें दफनाने के लिए जिन्ना वापस आए। इस दौरान वे अपने एक हिन्दू दोस्त द्वारका दास के साथ "अपनी राजनैतिक चिन्ताओं" पर बातचीत करते रहे। द्वारका दास कहते हैं कि जब लाश को कब्र में रखा जाने लगा तो 52 वर्षीय जिन्ना ने "सिर झुका लिया और सुबक पड़े।"[65]

जिन्ना ने अपनी दृढ़ इच्छाशक्ति वापस पा ली। जब एक पुराने दोस्त रत्ती के आखिरी क्षणों का किस्सा सुनाने की मंशा से उनके पास गए तो पाया कि जिन्ना

ने तय कर लिया है कि अब इस प्रसंग पर भावुक नहीं होंगे। "साथ गुजारे वर्षों की सभी तस्वीरें, सभी निशानियाँ हटा दी गईं।" जिन्ना की कमीज के बाजू पर शोक की काली पट्टी लगी थी, पर चेहरे पर यह पक्का निश्चय था कि अब रत्ती के बारे में बात नहीं करनी है। इस दोस्त ने रत्ती के आखिरी समय की बातों का जिक्र नहीं किया।[66]

इस प्रकरण की एक और तस्वीर जिन्ना के ड्राइवर मुहम्मद आज़ाद ने रखी है। आज़ाद के अनुसार :

> *आप जानते हैं कि घर के नौकर-चाकर सब कुछ जानते हैं। बेगम जिन्ना की मौत के बाद भी कभी मालिक बीच रात में उठकर एक बड़े काठवाले बक्स को खोलने का ऑर्डर देते थे, जिसमें उनकी मृत बीवी के कपड़े रखे थे...वे उन्हें देर तक देखा करते थे...फिर उनकी आँखें नम हो जाती थीं...।*[67]

जैसाकि हमने मुहम्मद अली वाले अध्याय में देखा है, कलकत्ता के बाद से मुसलमानों की तरफ से आनेवाली शर्तें कड़ी होती गईं। अब इनमें दिल्ली प्रस्ताव के साथ निर्वाचन क्षेत्र की बात भी जुड़ी होती थी। 1929 में गांधी ने दो दफे जिन्ना से बात की, पर कोई सहमति नहीं बनी। दिल्ली में मुसलमानों के विभिन्न समूह मिले और कौम की स्थिति स्पष्ट की। इस बैठक के पीछे आग़ा ख़ाँ और मुहम्मद शफी की पहल थी। जिन्ना इसमें शामिल नहीं हुए, उन्होंने लीग में बँटवारा करने के लिए शफी को माफ नहीं किया। लेकिन यह नाराजगी कम दिनों की ही थी। कौम की मुख्यधारा में वापस होते हुए जिन्ना ने दिल्ली सम्मेलन के फैसलों को 14 ठोस माँगों का रूप दिया। जल्दी ही ये 'जिन्ना के 14 सूत्र' के नाम से जाने जाने लगे।

इस बीच कांग्रेस राज के खिलाफ अपने दूसरे बड़े हमले की तैयारी में थी। महात्मा ने फिर इसकी बागडोर सँभाल ली थी और नमक कानून तोड़ने तथा सविनय अवज्ञा का अभियान चला रहे थे। खान अब्दुल गफ्फार ख़ाँ और उनके भाई डॉ. खान साहिब के नेतृत्व में पश्चिमोत्तर सीमा प्रान्त के मुसलमानों, डॉ. अंसारी, अबुल कलाम आज़ाद और अन्य स्थानों पर कुछ दूसरे मुसलमानों ने इसमें हिस्सा लिया। लेकिन मुस्लिम कौम इससे अलग ही रही।

1930 की सर्दियों में जब गांधी और हजारों अन्य लोग राज की जेलों में थे तो संवैधानिक तरीके से स्वशासन में भरोसा रखनेवाले प्रमुख मुसलमान, सिख, रजवाड़े, हिन्दू महासभा के लोग और उदारवादियों ने लन्दन में ब्रिटिश सरकार के साथ बातचीत की। ऐसे गोलमेज सम्मेलन की माँग करनेवाले अनेक भारतीयों में से एक जिन्ना ने भी एक मुसलमान नेता की हैसियत से इसमें भाग लिया। उनके बारे में वायसराय इर्विन ने प्रधानमन्त्री बाल्डविन को लिखा कि वे शायद ही जिन्ना जैसे "तेज बुद्धि और स्वतन्त्र रायवाले" किसी हिन्दुस्तानी से मिले होंगे।[68]

बैठक असफल रही। भारतीय पक्ष, जिसके मुस्लिम धड़े का नेतृत्व आग़ा ख़ाँ कर रहे थे, अंग्रेजों से सहमत नहीं हुआ या एक-दूसरे से सहमति नहीं हुई। निराश जिन्ना ने सीधे भारत न आने का फैसला किया। उन्होंने लन्दन में ही वकालत करने की सोची, जहाँ स्थित प्रिवी कौंसिल में अनेक हिन्दुस्तानी मामले चला करते थे। उन्होंने ऑक्सफोर्ड में पढ़नेवाले एक मुसलमान विद्यार्थी से कहा :

> *हिन्दुओं में दूरदृष्टि का अभाव है और मुझे लगता है कि इस कमी को दूर नहीं किया जा सकता। मुस्लिम खेमे में बिना रीढ़ के लोगों की भरमार है जो हर काम जिलाधिकारी से पूछकर ही करेंगे। इन दोनों के बीच मेरे जैसे लोगों के लिए कहाँ जगह है?*[69]

कुछ साल बाद जिन्ना ने इस घटना के बारे में लिखा, "मैं इतना निराश हुआ कि मैंने लन्दन में ही बस जाने का फैसला किया। ऐसा नहीं है कि मैं हिन्दुस्तान से मुहब्बत नहीं करता लेकिन मैंने खुद को एकदम बेसहारा पाया।"[70] असहाय महसूस करने का एक कारण यह भी था कि 1920 की तरह 1930 में भी कांग्रेस ने खुद को पूरी तरह गांधी के हाथ में सौंप दिया था।

साल-भर बाद जिन्ना ने फिर लन्दन में ही हुए दूसरे गोलमेज सम्मेलन में भाग लिया। इस बार अवकाश ले रहे वायसराय इर्विन द्वारा रिहा किए गए गांधी ने भी इसमें हिस्सा लिया। लेकिन राष्ट्रवादी मुसलमानों के प्रतिनिधि के तौर पर डॉ. अंसारी को भी बैठक में बुलाने का गांधी का आग्रह इर्विन की जगह आए नए वायसराय विलिंगडन ने ठुकरा दिया।

लन्दन में गांधी ने कहा कि आज़ाद और अंसारी जैसे मुसलमानों की भागीदारीवाली कांग्रेस एक हिन्दू संगठन नहीं, भारतीय संगठन है। जिन्ना और आग़ा ख़ाँ ने कहा कि ऐसा नहीं है। गांधी ने कहा कि सबसे पहले स्वराज मिलना चाहिए। उन्होंने कहा, "आज़ादी की गरमी, साम्प्रदायिक अलगाव रूपी बर्फ के टापुओं को गला देगी।"[71] उनके विरोधियों, मुसलमानों, रजवाड़ों और अछूतों के प्रतिनिधियों ने कहा कि पहले सभी समूहों में समझौता हो जाए, तभी आज़ादी मिलनी चाहिए, वरना स्वराज से अल्पसंख्यकों का दमन होगा। एक बार फिर बातचीत असफल हुई।

इस समय तक जिन्ना ने हैंपस्टीड में तिमंजिला मकान ले लिया था। उनकी बहन फातिमा भी वहाँ आ गई थीं और वही घर चला रही थीं। उनकी 13 वर्ष की बेटी दीना एक इंग्लिश आवासीय विद्यालय में दाखिल हो गई थी और छुट्टियों के दिन उनसे मिला करती थी। उन्होंने उसे मुस्तफा कमाल की जीवनी 'ग्रे वूल्फ' यह कहकर पढ़ने को दी थी कि "इसे पढ़ो, यह अच्छी किताब है।" किताब पढ़कर वह उन्हें छेड़ती थी, "इधर आओ ग्रे वूल्फ, मुझे नाटक दिखाने ले चलो।" जीवन में इससे पहले न तो उन्हें किसी ने छेड़ा था, न भविष्य में छेड़ा।[72]

उनकी वकालत खूब चलती थी। इतवार की छुट्टियों में वे खूबसूरत जगहों पर घूमने जाते थे। वहाँ जीवन भारत से भी अधिक व्यवस्थित, अधिक शान्त था।

लेकिन उन्होंने भारत से अपने सम्बन्ध नहीं तोड़े थे। दूसरे गोलमेज सम्मेलन के कुछ पहले वे भारत आए थे और यहाँ उन्होंने कांग्रेस के मुसलमान नेताओं को मुस्लिम मोर्चे में लाने के लिए राजी करने की असफल कोशिश की थी। उन्होंने 14 सूत्री माँगों पर जोर दिया, पर साथ ही कहा कि निजी तौर पर वे साझा निर्वाचन क्षेत्र के पक्ष में हैं।[73] और उन्होंने चेतावनी दी, "अगर ब्रिटिश सरकार ने हिन्दुओं को उनकी इच्छा के अनुसार संविधान दे दिया तो स्वाभाविक रूप से मुसलमान इस संविधान को तोड़ने, खत्म करने के लिए सब कुछ करेंगे।[74] उन्होंने इतनी उग्र भाषा का प्रयोग पहले कभी नहीं किया था। कम से कम हिन्दू-मुस्लिम सवाल पर तो कभी नहीं।

हैम्पस्टीड वापस लौटकर उन्होंने इक़बाल से भेंट की जो 1931 और 1932 में इंग्लैंड गए थे; यह सम्भव है कि उन्होंने अलग मुसलमान देश बनाने के इक़बाल के विचार पर भी बातचीत की होगी। जैसा कि कई बार होता है, अगर हिन्दुस्तानी मुसलमानों ने जिन्ना से उनकी राय पूछी तो वे कुछ सलाह देने के काबिल हो गए। यह सलाह सूत्र रूप में यही थी कि हिन्दुस्तानी मुसलमानों को कांग्रेस और राज दोनों के काम-काज पर नजर रखनी चाहिए।

1932 में जब लन्दन में तीसरा गोलमेज सम्मेलन हुआ तो जिन्ना को, जो तब भारत से बाहर ही रह रहे थे, नहीं बुलाया गया। गांधीजी भी इसमें नहीं गए क्योंकि उन्हें एक बार फिर कैद में डाल दिया गया था। क्या जिन्ना को अपनी राजनीति के खत्म हो जाने का अन्देशा हुआ ? उन्हें कई बार "सख्त नाराज" देखा गया।[75] लेकिन कौम उन्हें अकेला छोड़ देगी, इस बात का अन्देशा न था। आगा ख़ाँ असम्भव को सम्भव करने की कोशिश कर रहे थे; फ्रांस और स्विटजरलैंड में बैठकर वे हिन्दुस्तानी मुसलमानों की अगुवाई करने की कोशिश कर रहे थे। मुहम्मद अली की मौत हो चुकी थी। लीग में जिन्ना के एकमात्र प्रतिद्वन्द्वी मुहम्मद शफी भी मर चुके थे। लीग की ताकत और अनुशासन में कमी आ गई थी। इसके कोष का दुरुपयोग हो रहा था; बिना अविश्वास प्रस्ताव के कोई भी पदाधिकारी पद छोड़ने को तैयार नहीं था। जहाँ तक कांग्रेस की बात है, 1932 में उसके द्वारा फिर से शुरू किए गए सविनय अवज्ञा आन्दोलन को विलिंगडन ने कुचल दिया था। 1933 में गांधी की ताकत इससे पहले के तीन वर्षों के मुकाबले काफी कम दिखी।

जिन्ना की तरह से जुलाई, 1933 को यूरोप में अपनी बीवी के साथ हनीमून मनाने गए एक 37 वर्षीय आदमी को अपनी बीवी के साथ हैम्पस्टीड हाउस आने का न्यौता दिया गया। उसका नाम था लियाक़त अली ख़ाँ; जो आगे चलकर पाकिस्तान का पहला प्रधानमन्त्री बना। बेगम लियाक़त अली के अनुसार उनके शौहर को भरोसा था कि "जिन्ना ही एक ऐसे आदमी हैं जो लीग और मुसलमानों को बचा सकते हैं।" उन्होंने और उनकी बेगम ने जिन्ना पर हिन्दुस्तान वापसी का दबाव डाला। लम्बे समय तक चले भोजन के बाद, जिस दौरान बेगम लियाक़त अली को महसूस हुआ कि कोई भी चीज जिन्ना को इंग्लैंड से हिला नहीं सकती, जिन्ना

ने कहा, "आप वापस जाइए और हालात का जायजा लीजिए। देश के हर भाग में लोगों की भावनाओं का अन्दाजा लगाइए। अगर आप कहेंगे कि आ जाइए तो मैं यहाँ का जीवन त्यागकर वापस आ जाऊँगा।"[76]

लियाक़त अली ने वैसा ही किया। उन्होंने सबसे बात की। आखिर में उन्होंने सन्देश भेजा, "वापस आइए।" जिन्ना ने मकान बेच दिया, फर्नीचर को हटा दिया और फातिमा के साथ वापस आ गए। हैम्पस्टीड के उनके कुछ पड़ोसियों के अनुसार, विदा होते समय उनके चेहरे पर किसी महान यात्रा पर निकलने जैसे भाव थे।

अप्रैल, 1934 में लीग ने सर्वसम्मति से जिन्ना को अपना आजीवन अध्यक्ष चुना। छह महीने बाद वे फिर सेंट्रल एसेम्बली में आ गए, बम्बईवाले अपने पुराने निर्वाचन क्षेत्र से ही चुनकर। यहाँ आकर वे 22 सदस्योंवाले स्वतन्त्र समूह के, जिसमें 18 मुसलमान सदस्य थे, नेता बन गए। 60 सदस्य कांग्रेस के या उसके सहयोगी थे; कांग्रेस ने अवज्ञा का अपना तीन साल का दौर स्थापित करके फिर से एसेम्बली में प्रवेश का फैसला किया था। कांग्रेस मंच से गांधी के हटने के बाद यह नीतिगत बदलाव किया गया था। अधिकारियों, सदस्यों और कुछ राजभक्तों जैसे साठ सदस्यों पर राज भी भरोसा कर सकता था। इस सन्तुलन का लाभ जिन्ना ने उठाया। उनका समूह अक्सर विजेता पक्ष में होता था। कांग्रेसी प्रस्ताव के समय वह सरकारी पक्ष में वोट देकर उसे हरा देता था, तो सरकारी प्रस्ताव के खिलाफ कांग्रेस के साथ मिलकर मतदान कर उसे। चूँकि वायसराय एसेम्बली के फैसलों को बदल सकते थे इसलिए सरकारी विधेयकों के गिरने से कोई खास असर नहीं होता था। लेकिन लोगों का मनोबल बढ़ाने के लिए ऐसे फैसलों की उपयोगिता थी।

एसेम्बली में अपना कौशल दिखाने के साथ ही जिन्ना हिन्दुस्तान के शहरों का दौरा करके लीग के सदस्य भी बना रहे थे और इसे कौम का सर्वमान्य प्रवक्ता बना देने की कोशिश भी कर रहे थे। 1937 में प्रान्तीय एसेम्बलियों के चुनाव में इसकी लोकप्रियता की परीक्षा हुई। चुनाव 1935 के कानून के अनुसार हुए जिसमें प्रान्तीय एसेम्बलियों को पर्याप्त अधिकार मिले थे और जिसमें मुसलमानों, ईसाइयों और सिखों के लिए अलग तथा आरक्षित चुनाव क्षेत्रों की व्यवस्था थी। ब्रिटिश सरकार ने साझा निर्वाचन क्षेत्र की कांग्रेस की माँग को ठुकरा दिया था।

कांग्रेस और लीग ने एक जैसे घोषणा-पत्र जारी किए। उन्होंने अंग्रेज-परस्त क्षेत्रीय दलों को अपना प्रतिद्वन्द्वी माना, एक-दूसरे को नहीं। अनेक मुस्लिम निर्वाचन क्षेत्रों में कांग्रेस ने लीग के उम्मीदवार के खिलाफ अपने उम्मीदवार नहीं खड़े किए, और सोचा कि इससे चुनाव के बाद लीग से उसके मेल-मिलाप में मदद मिलेगी। इक़राम कहते हैं, "चुनाव के पहले और उसके दौरान भी कांग्रेसी नेताओं का लीग के प्रति दोस्ताना व्यवहार था।"[77]

कांग्रेस को अपनी और किसी की भी उम्मीद से ज्यादा बड़ी सफलता मिली। जैसा कि इक़राम कहते हैं, "यह महात्मा के जादुई नाम" और "जवाहरलाल नेहरू के तूफानी दौरों" जो 1936 और 1937 में कांग्रेस अध्यक्ष थे—और वल्लभभाई पटेल

के सांगठनिक कौशल, जो 1936 में डॉ. अंसारी की मौत के बाद कांग्रेस संसदीय बोर्ड के अध्यक्ष बने थे, का परिणाम था।[78] सभी हिन्दू-बहुल प्रान्तों और पश्चिमोत्तर सीमा प्रान्त में खान बन्धुओं के सहयोग से भारी बहुमत मिला।

लीग ने हिन्दू-बहुल प्रान्तों में भी अनेक मुस्लिम सीटें जीतीं। खासकर संयुक्त प्रान्त और बम्बई में। लेकिन पंजाब में पस्त हो गई, जहाँ यूनियनिस्ट पार्टी ने मन्त्रिमंडल बनाने का दावा तो किया पर प्रधानमन्त्री का पद फजलुल हक़ को देने के बाद ही, जिनकी कृषक प्रजा पार्टी ने चुनाव में लीग के अनेक उम्मीदवारों को परास्त किया था।

इसके सबक बहुत साफ थे; कौम उन्हीं प्रान्तों में लीग को समर्थन दे रही है, जहाँ मुसलमानों की संख्या हिन्दुओं से अधिक थी। जिन्ना ने यह सबक एक बार में ही समझ लिया और जैसा कि हम आगे देखेंगे, अपने दाँव बहुत ही सावधानी से चले। अभी हम सिर्फ इसी बात पर ध्यान दें कि उनका आत्मसम्मान, दरकिनार हो जाने से इनकार करना, उनकी कौम के उस वक्त काम आया जब उसका आत्मबल एकदम हिल गया था और इसके कारणों पर हम जल्दी ही प्रकाश डालेंगे। जिन्ना ने इस आत्मसम्मान या अवज्ञा का प्रदर्शन चुनाव के पहले भी किया। जनवरी, 1937 में जवाहरलाल नेहरू की इस टिप्पणी पर कि भारत को कांग्रेस और अंग्रेजी राज में से एक को चुनना होगा, जिन्ना ने जवाब दिया, "मैं यह मानने से इनकार करता हूँ। एक तीसरा पक्ष भी है–मुसलमानों का और हम किसी आदमी के इशारों पर नहीं नाचनेवाले हैं।"[79] कांग्रेस को मिले अपार बहुमत की परवाह न करते हुए जिन्ना ने अपनी तीखी मुद्रा बरकरार रखी और उसमें तब तक कोई ढील नहीं दी, जब तक हर आदमी ने यह महसूस नहीं कर लिया कि जिन्ना और लीग को छोड़कर भारत में कोई समझौता नहीं हो सकता।

मई, 1937 में जब कांग्रेस को भारी जीत मिल गई थी लेकिन यह स्पष्ट नहीं था कि वह सरकार में जाएगी या नहीं, तब जिन्ना ने गांधी को सन्देश भेजा। कांग्रेस से अलग होकर भी वे इसके मुख्य दिशा-निर्देशक थे। बम्बई एसेम्बली में कांग्रेस के विजेता दल के चुने गए नेता बी. जी. खेर के माध्यम से भेजे गए इस सन्देश में गांधी से हिन्दू-मुस्लिम एकता के मामले में अगुवाई करने का अनुरोध किया गया था। इस सन्देश के बारे में और कुछ तो मालूम नहीं, पर इसे भेजने का समय, संवादवाहक के रूप में खेर का चुनाव और इसके बाद की घटनाएँ बताती हैं कि जिन्ना के दिमाग में अन्य बातों के अलावा प्रान्तों में कांग्रेस और लीग के बीच सत्ता में भागीदारी की बात भी थी। गांधी का लिखित जवाब जिन्ना को झिड़की की तरह लगा, "खेर ने मुझे आपका सन्देश दिया। काश मैं इस मामले में कुछ कर पाता लेकिन मैं एकदम असहाय हूँ। एकता में मेरी आस्था सदा की तरह है, हाँ मुझे अभी कोई उम्मीद की रोशनी नजर नहीं आती..."[80]

प्रान्तीय सरकारों के कामकाज में आज़ादी के विषय पर लम्बे विचार-विमर्श के बाद जुलाई में कांग्रेस ने सरकार में जाने का फैसला लिया। इसके बाद दो प्रान्तों, बम्बई और संयुक्त प्रान्त में सत्ता में साझीदारी के सवाल पर कांग्रेस और लीग में विचार-विमर्श चला। बम्बई में जिन्ना और खेर ने अनौपचारिक रूप से थोड़ी बातचीत की, संयुक्त प्रान्त में अबुल कलाम आज़ाद ने, जिन्हें कांग्रेस ने उत्तर भारत में सरकारों के गठन का काम देखने की जिम्मेवारी सौंपी थी, वहाँ के लीग के नेता ख़लीकुज़्ज़मां से बात की।

बम्बई में बातचीत पटेल, जिनकी स्वीकृति खेर के लिए आवश्यक थी, के इस बात पर अड़ जाने से टूट गई कि लीग के विधायक मन्त्री बनने के पहले कांग्रेस में आएँ, जबकि जिन्ना दो अलग पार्टियों के बीच सिर्फ गठबन्धन के पक्षधर थे। "गठबन्धन बनाम विलय" का मसला संयुक्त प्रान्त की बातचीत में भी उठा था, पर जिन्ना ने इसे पसन्द नहीं किया था क्योंकि यह बात उन्हें बताए बगैर शुरू की गई थी। अपने संस्मरणों में ख़लीकुज़्ज़मां लिखते हैं कि 1937 में कांग्रेसियों की इच्छा "लीग द्वारा खुद को समाप्त" करा देने की थी"[81] लेकिन आज़ाद संयुक्त प्रान्त में बातचीत टूटने का कारण, नेहरू का अप्रत्याशित हस्तक्षेप बताते हैं। आज़ाद कहते हैं कि नेहरू ने कांग्रेस द्वारा दिए जा रहे दो मन्त्री पद के प्रस्ताव को घटाकर एक कर दिया।[82]

कारण चाहे जो रहा हो, संयुक्त प्रान्त, बम्बई और कांग्रेस के बहुमतवाले पाँच प्रान्तों में लीग की मदद के बिना ही सरकारों का गठन हो गया। इसे कांग्रेसियों ने स्वशासन और "स्वराज्य की तरफ प्रगति" बताया, वहीं दूसरे लोगों ने "हिन्दू शासन" कहा और कौम के अनेक लोग इसे मानते भी थे कि अधिकांश कांग्रेसी हिन्दू ही हैं। इस बात को न तो छुपाया जा सकता है, न इनकार किया जा सकता है। इक़राम कहते हैं, "देश के अधिकांश हिस्सों में जहाँ कांग्रेसी सरकारों ने सत्ता सँभाली, मुसलमानों को लगा कि हिन्दू राज आ गया है।"[83]

अनेक लोगों का, जिनमें विद्वान और नेता दोनों हैं, मानना है कि 1937 में कांग्रेस ने लीग के साथ सत्ता में साझीदारी न करके मुसलमान कौम को, पाकिस्तान की दिशा में मोड़ दिया। गांधी के सचिव और जीवनी लेखक प्यारेलाल इसे "पहले दर्जे की राजनीतिक भूल" करार देते हैं और कहते हैं कि "लीग से रिश्ता न रखने का फैसला कांग्रेस हाई कमान ने गांधी के सर्वश्रेष्ठ फैसले के विपरीत लिया।"[84]

फ्रैंक मोरेस के अनुसार : "अगर कांग्रेस ने 1937 के चुनाव के बाद लीग के साथ सूझबूझ से निबटा होता तो सम्भव था कि पाकिस्तान कभी बनता ही नही।"[85] आज़ादी के पहले और बाद भी आई.सी.एस. अधिकारी के रूप में काम करनेवाले अंग्रेज पैंडरेल मून मानते हैं कि 1937 में लीग के साथ सहयोग करने में कांग्रेस की असफलता ही "पाकिस्तान के बनने का मुख्य कारण" बनी।[86]

हम 1937 की कांग्रेस पर अहंकारी और कृपण होने का आरोप आसानी से लगा सकते हैं। वह खुलेआम लीग को साझीदार बनने का न्यौता देकर इस आरोप

को समाप्त कर सकती थी कि वह हिन्दू राज लाना चाहती थी। फिर भी यह निष्कर्ष निकाल लेना गलत होगा कि कांग्रेस ने जिन्ना से साझेदारी सिर्फ कंजूसी के चलते नहीं की या जीत ने उसका दिमाग खराब कर दिया था; उसने ऐसा फैसला सामंजस्य बनाए रखने के लिए भी किया। नेहरू, पटेल और आज़ाद का मानना था कि जिन्ना के साथ निभाना मुश्किल होगा। हर फैसले पर उनकी सहमति लेने की बात इन लोगों या अन्य कांग्रेसियों को नहीं सुहा रही थी।* यह भी साफ है कि गांधी भी जिन्ना को वह महत्त्व नहीं देना चाहते थे जो नेहरू, पटेल और आज़ाद के प्रभाव को कम करता और कांग्रेसी मुख्यमन्त्रियों के अधिकारों में दखलन्दाजी करता। वैसे गांधी का 'सर्वश्रेष्ठ फैसला' लीग के साथ गठबन्धन के पक्ष में था, पर यह भी उल्लेखनीय है कि जब जिन्ना ने खेर के माध्यम से सन्देश दिया तो उन्होंने बहुत उत्साह से उसे स्वीकार नहीं किया। अपने मतभेदों के बावजूद गांधी, नेहरू, पटेल और आज़ाद ने साथ-साथ काम करना सीखा था; और उन्हें भरोसा नहीं था कि जिन्ना के साथ इसी तरह टोलीवाले भाव से काम किया जा सकता है। लेकिन सिर्फ व्यक्तियों में संगति बैठाने की मुश्किल ही नहीं थी, जैसा कि दिखता है। महत्त्वपूर्ण वैचारिक मतभेद भी थे। गांधी, नेहरू, पटेल और आज़ाद जिन्ना के इस नजरिए से सहमत नहीं हो सकते थे कि जिस तरह लीग मुसलमानों के लिए है, वैसे ही कांग्रेस हिन्दुओं के लिए है। लीग-कांग्रेस के बीच किसी भी औपचारिक समझौते की पूर्व शर्त के तौर पर जिन्ना ने यह बात 1938 से ही शुरू कर दी थी। अगर गांधी या नेहरू या पटेल ने उनसे 1937 में ही समझौते की बात की होती तो शायद उसमें भी वे इसे रखते।

सम्भव है कि कांग्रेस ने और उदारता या होशियारी दिखाई होती तो जिन्ना से समझौता हो गया होता और आंशिक रूप से ही सही, मुस्लिम कौम का अन्देशा दूर होता, और यह लीग के एक हिस्से को भी अपने पक्ष में करा देता। पंजाब में यूनियनिस्ट पार्टी के प्रधानमन्त्री सिकन्दर हयात को स्पष्ट बहुमत था, फिर भी उन्होंने हिन्दू महासभा को एक मन्त्री देने का प्रस्ताव किया था। हिन्दू-बहुल प्रान्त में लीग को कांग्रेस की तरफ से इस तरह की पेशकश की जाती तो जिन्ना द्वारा मुस्लिम कौम को यह बताने का काम मुश्किल हो जाता कि कांग्रेस कौम की दुश्मन है।

अब अटकलबाजी छोड़कर तथ्यों पर गौर करें। कांग्रेस ने अनाड़ी की तरह मौके गँवाए लेकिन जिन्ना ने इनका फायदा उठाया। कांग्रेस के सत्ता सँभालने के कुछ महीनों के भीतर ही उन्होंने कहा, "देहाती इलाकों में दस हजार कांग्रेसी कमेटियों में से अनेक तथा कुछ हिन्दू अधिकारियों ने इस तरह व्यवहार करना शुरू कर दिया, मानो हिन्दू राज आ गया हो।"[88] उन्होंने कहा कि मुस्लिम कौम को एक

---

* बम्बई के गृहमन्त्री बने कन्हैयालाल माणिकलाल मुंशी को लगता था कि जिन्ना की बात पर मुस्लिम लीग के मन्त्रियों को लेने का मतलब होता "जिन्ना के हाथों में कांग्रेस को ब्लैकमेल करने, परेशान करने, उसका विरोध करने और बाधा डालने का हक़ दे देना।"[87]

होना होगा; और वह एक हो गई। कांग्रेस ने साथ ही कहा कि उसके टिकट पर जीते कुछ मुसलमान, उसकी सरकारों में मन्त्री हैं, पर लीग ने उन्हें पिट्ठू कहा। फिर अब कांग्रेस ने मुसलमान कौम की सोच को देखते हुए कुछ निर्दलीय जीते मुसलमानों को मन्त्री बनाया—तो दन से आरोप लगा कि वह "कुछ महत्त्वाकांक्षी और सिद्धान्तविहीन मुसलमानों को," भ्रष्ट कर रही है।[89] अब लीग के लिए कांग्रेस सिर्फ साम्प्रदायिक ही नहीं, एक दुश्मन के रूप में भी सामने थी।

अक्सर बीमार रहनेवाले जिन्ना ने अपनी बीमारी की परवाह नहीं की। उनके दाँव बहुत मजबूत नहीं थे, लेकिन वे उन्हें खेलते रहे। लगातार मिलते रहने से उनके दाँवों में मजबूती आने लगी। अक्तूबर, 1937 में लखनऊ में हुए लीग के सालाना जलसे में पंजाब और बंगाल के मुसलमान प्रधानमन्त्रियों हयात और हक़ का भाग लेना उल्लेखनीय था। जैसा कि इक़राम कहते हैं, "चुनाव में लीग को बुरी तरह पराजित करने के बाद हयात और हक़ ने जिन्ना से मेल कर लिया और इस बात पर सहमत हो गए कि अखिल भारतीय मामलों में वे लीग के फैसलों को मानेंगे।"[90]

एक तरफ कांग्रेस की ताकत से दबे और दूसरी ओर राज से विरोध सहते इन क्षेत्रीय नेताओं ने जिन्ना की लीग को एक राष्ट्रीय सहयोगी माना। अपने प्रान्त के मुसलमानों में भी पूरी कौम की एकता के प्रति सहानुभूति को भाँपकर हयात और हक़ अपने-अपने प्रान्तों को भी जिन्ना की 'फौज' में बनाए रखना चाहते थे। चालाकी से जिन्ना ने एक आश्वासन भी दिया, जो जिन्ना-हयात सन्धि में शामिल था, कि लीग की पंजाब सूबा इकाई हयात की सत्ता को चुनौती नहीं देगी।

जिन्ना की रणनीति इक़बाल की उस रणनीति से अधिक चालाकी-भरी थी जिसे इस समय मानने के लिए वे जोर दे रहे थे। यूनियनिस्टों के मुकाबले लीग की ताकत को मजबूत करने के उद्देश्य से इक़बाल लीग का 1937 का सालाना जलसा पंजाब में ही कराना चाहते थे, पर जिन्ना ने हयात को अपने और लीग से दूर करने की जगह उन्हें अपने पक्ष में करने का चालाकी-भरा फैसला लिया। इक़बाल ने सोचा कि पंजाब में लीग की ताकत बढ़ाने के लिए उन्हें जिन्ना की जरूरत है लेकिन जिन्ना जानते थे कि पूरी कौम की एकता के लिए उन्हें हयात की जरूरत है। साथ ही, जैसा कि हम पहले कह चुके हैं, जिन्ना ने चुनाव परिणाम आते ही भाँप लिया था कि उन्हें मुख्य ताकत हिन्दूबहुल प्रान्तों के मुसलमानों के समर्थन से मिलेगी। इसीलिए उन्होंने लीग के जलसे के लिए लखनऊ का चुनाव किया जो जिन्ना के नए रूप को सामने लाती। हिन्दू-मुस्लिम एकता की वकालत करनेवाले की जगह मुस्लिम अलगाववाद की वकालत करनेवाला। 1916 में लखनऊ के जलसे में ही जिन्ना ने लीग-कांग्रेस सन्धि का आधार तैयार किया था।

जलसे में जिन्ना ने आरोप लगाया कि कांग्रेस "पूर्णतः हिन्दू नीति से चल रही है।"[91] और "बहुसंख्यक समुदाय ने बहुत साफ तौर पर जाहिर कर दिया है कि वे हिन्दुओं के लिए हिन्दुस्तान के पक्ष में हैं।"[92] जिस आदमी ने दोनों समुदायों

के बीच पुल बनाने का प्रयास किया था, उसका स्वार्थ अब पहली बार इस खाई को और चौड़ा करने से जुड़ गया लगा; जो आदमी पूरे हिन्दुस्तान का नेतृत्व सँभालने के एकदम पास पहुँच गया था, अब पहली बार खुद को सिर्फ कौम तक सिमटाकर सन्तुष्टि पा रहा था। मिस्टर जिन्ना अब जनाब जिन्ना हो गए थे और जल्दी ही कायद-ए-आजम बननेवाले थे। लखनऊ में पहली बार वे शेरवानी और पायजामे जैसे हिन्दुस्तानी मुसलमानों की पोशाक में आए, न कि अपने बढ़िया विलायती सूट में।

कांग्रेस के प्रति कठोर रुख के साथ लीग ने राज के प्रति भी अपने रुख में नरमी नहीं की। लखनऊ में इसने भी 'पूरी आज़ादी' को अपना लक्ष्य घोषित किया जो कांग्रेस आठ साल पहले कर चुकी थी। हमें ख़लीकुज़्ज़मां के संस्मरणों में जिन्ना का दिलचस्प पक्ष दिखता है, जिन्होंने पूरी आज़ादी का प्रस्ताव रखा था :

> *मुझे हैरानी में डालते हुए मिस्टर जिन्ना ने इस बदलाव का विरोध शुरू कर दिया...मैं पूरी गम्भीरता से मानता था कि लक्ष्य के अन्तर का लाभ उठाते हुए कांग्रेस हमें भारी मुश्किल में डाल देगी। आखिरकार मैंने मिस्टर जिन्ना से अपील की कि वे मुस्लिम लीग को ख़त्म करने में भागीदार न बनें...फिर वे बड़े उत्साह से खड़े हुए और बोले, "ठीक है, मैं 'सम्पूर्ण आज़ादी' की जगह 'पूरी आज़ादी,' कम्पलीट नहीं फुल इंडिपेंडेंस कहता हूँ।" ऐसे थे मिस्टर जिन्ना। वे कभी भी हार कबूल नहीं करते थे बल्कि वे भारी लापरवाही से इसे भी जीत में बदल देते थे।"*[93]

इसके बाद से जिन्ना ने कभी भी गांधी या कांग्रेस के किसी आदमी के साथ बातचीत की पेशकश नहीं की। मई, 1937 का सन्देश आखिरी था। नए जिन्ना इस बात का इंतजार करते रहे कि कांग्रेस ही उनके पास आए, वे इस बात से आश्वस्त थे कि उसे यही करना होगा; कांग्रेस को राज के इस सवाल का जवाब देना ही था कि "क्या मुसलमान आपके साथ हैं?" जैसा कि इक़राम कहते हैं, "कांग्रेस के साथ सहमति बनाने के लिए जिन्ना अब अपना झंडा झुकानेवाले नहीं थे। शर्तों को मानने की जगह अब वे ही शर्तें थोपनेवाले हो गए थे।"[94] कौम को उनका यह तरीका पसन्द था।

लखनऊ जलसे के तुरन्त बाद गांधी ने उनको लिखा : "मैंने सावधानीपूर्वक आपका भाषण पढ़ा...जैसा कि मैंने इसे पढ़ा, यह जंग के एलान की तरह लगा।" जिन्ना ने जवाब दिया, "मुझे अफसोस है कि आप मेरी लखनऊ की तकरीर को जंग का एलान मानते हैं। यह तो सिर्फ आत्मरक्षा है।" गांधी ने फिर लिखा, "ऐसा लगता है कि आप इस बात का खंडन कर रहे हैं कि आपका भाषण जंग का एलान नहीं था, लेकिन आपकी राष्ट्रवाद की घोषणाएँ भी इस पहली धारणा

की पुष्टि करती हैं। आपके भाषण में मुझे वह पुराना राष्ट्रवादी रूप नहीं दिखता...क्या आप अभी भी वही मिस्टर जिन्ना हैं?" जिन्ना ने करारा जवाब दिया :

साफ लग रहा है, आपको पता नहीं है कि कांग्रेसी अखबार क्या कर रहे हैं...रोज मेरे खिलाफ जितना दुष्प्रचार, मेरा चरित्रहनन, मुझे गलत ढंग से उद्धृत किया जा रहा है उससे आप वाकिफ नहीं है...अन्यथा मैं निश्चित रूप से मानता हूँ कि आप मुझे दोष नहीं देते।

आप कहते हैं कि मेरे भाषण में आपको मेरा पुराना राष्ट्रवादी रूप नहीं दिखता।...मैं वह सब कहना पसन्द नहीं करूँगा कि लोग 1915 में आपके बारे में क्या कहते थे और आज भी वे क्या सोचते और कहते हैं।

लखनऊ में जिन्ना ने सार्वजनिक तौर पर गांधी की आलोचना की कि उन्होंने मई में उनके सन्देश पर ध्यान नहीं दिया। इस पत्र-व्यवहार के बाद गांधी ने जिन्ना से बम्बई में भेंट करने पर सहमति दी। उन्होंने पूछा कि क्या जिन्ना वर्धा आ सकते हैं, पर जिन्ना का जवाब था कि उन्हें वहाँ जाना सूट नहीं करेगा। गांधी अपने साथ आज़ाद को भी लाना चाहते थे। लेकिन जिन्ना ने कहा, "मैं आपसे अकेले मिलना पसन्द करूँगा।" आखिर में गांधी-जिन्ना की बातचीत में सुभाषचन्द्र बोस भी शामिल हुए, जो नेहरू की जगह कांग्रेस अध्यक्ष बने थे। अब कांग्रेस लीग के साथ गठबन्धन करने को सहमत लगी, पर यह बातचीत असफल रही। जिस मुद्दे पर बात टूटी उसका जिक्र जिन्ना ने गांधी को लिखी अपनी चिट्ठी में किया :

हम इस स्थिति में पहुँच गए हैं जिसमें आपको यह मानने में सन्देह नहीं होना चाहिए कि मुस्लिम लीग हिन्दुस्तानी मुसलमानों की प्रतिनिधि है, जबकि आप खुद कांग्रेस और देश के दूसरे हिन्दुओं के प्रतिनिधि हैं। हम सिर्फ इसी आधार पर आगे की ओर बढ़ सकते हैं.....[95]

इस माँग के बारे में मरियम कहती हैं, "जिन्ना ने बहुत साफ पहचान को मान्यता देने की बात कही थी जो कांग्रेस नहीं मान सकती थी और असल में जो हिन्दुस्तान की राजनैतिक स्थिति में अनुचित था।"[96] लीग उस समय सारे मुसलमानों का प्रतिनिधित्व नहीं करती थी। मरियम के शब्दों में, कांग्रेस को "काफी मुसलमानों का समर्थन हासिल था।"[97] इसके साथ ही अनेक दूसरे मुसलमान संलग्न भी थे। यह दावा तथ्यों के आधार पर सही नहीं साबित होता, फिर भी जल्दी ही दावे के पक्ष में तथ्य भी पेश किए जाने लगे। ऐसा करने के पीछे जिन्ना का निश्चय ही था...जिसे कुछ लोग जिद मानते हैं तो कुछ उनकी दृढ़ता।

इसी सोच को आगे बढ़ाते हुए अप्रैल, 1938 में जिन्ना ने कांग्रेस से यह माँग भी कर दी कि वह अपनी केन्द्रीय समिति में किसी मुसलमान को न रखे। बोस ने जवाब दिया कि कांग्रेस न तो अपनी परम्परा से हट सकती है, न अपने मुसलमान

समर्थकों के साथ भेदभाव कर सकती है।[98] अब वैचारिक अन्तर इतना हो गया था कि उसे भरा नहीं जा सकता था। तथ्यों को भी अपने-अपने रंग में रँगकर देखा जाने लगा था। कोई उन पर अनुग्रह कर रहा है, यह बात भाँपते या कल्पना करते ही जिन्ना कितने कड़वे और तीखे हो सकते थे, इसकी झलक 1938 में नेहरू से हुए उनके पत्राचार से मिलती है :

जिन्ना को नेहरू, 25 फरवरी, 38 : मुझे अन्देशा है, फिर भी मुझे यह जरूर कबूल करना चाहिए कि विवाद के मौलिक बिन्दु क्या हैं, इसका पता मुझे अभी तक नहीं है। इसी कारण से मैं आपसे स्पष्टीकरण माँग रहा हूँ।

नेहरू को जिन्ना, मार्च 38 : मैं आपकी अज्ञानता को देखकर सिर्फ हैरान ही हूँ।

जिन्ना को नेहरू, 6 अप्रैल 38 : निश्चित रूप से मुस्लिम लीग एक महत्त्वपूर्ण साम्प्रदायिक संगठन है और हम उसे यही मानकर व्यवहार करते हैं। लेकिन हमें अपनी जानकारी में आए सभी संगठनों और लोगों से भी व्यवहार रखना होता है...हम उनके महत्त्व या विशिष्टता को नहीं आँकते। किसी संगठन को अपनी अन्दरूनी ताकत से महत्त्व मिलता है, बाहर से मान्यता मिलने से नहीं।

नेहरू को जिन्ना, 10 अप्रैल 38 : आपका लहजा और आपकी भाषा फिर उसी अहंकार और लड़ाकू प्रवृत्ति को दर्शा रही है जैसे कांग्रेस सार्वभौम सत्ता हो। जब तक कांग्रेस मुस्लिम लीग को पूरी बराबरी का दर्जा नहीं देती...हमें अपनी विशिष्टता और महत्त्व के मूल्यांकन के लिए अपनी अन्दरूनी ताकत पर ही निर्भर रहना होगा।[89]

गांधी के प्रति उनकी नापसन्दगी उनके मन से जा नहीं रही थी और दिसम्बर, 1938 में उन्होंने गांधी को "कांग्रेस को हिन्दूवाद के पुनर्जागरण के उपकरण और भारत में हिन्दू राज की स्थापना की तरफ मोड़ने के लिए" जिम्मेवार ठहराया।[100] फिर भी उनमें अपने प्रिय लोगों की झिड़कियाँ भी बर्दाश्त कर लेने की क्षमता थी। बोलिथो जिन्ना और एक नौजवान इब्राहिम हबीबुल्लाह के बीच हुई बातचीत का विवरण देते हैं। इब्राहिम ने एक ही आम सभा में जिन्ना और जवाहरलाल नेहरू दोनों को भाषण देते सुन रखा था :

जिन्ना हॉल से हबीबुल्लाह के साथ बाहर निकले तो जिन्ना ने उनसे पूछा, "तुमको नहीं लगता कि नेहरू बकवास कर रहे थे ?"

"नहीं," हबीबुल्लाह ने जवाब दिया, "मैं उनके नजरिए से सहमत हूँ।"

फिर जिन्ना ने नेहरू के भाषण में आए कुछ बिन्दुओं का जिक्र करते हुए कहा, "जंगलवाले स्वाभाविक नियम सदा चलने चाहिए। जब तक तुम यह बात नहीं समझते, बेवकूफ ही रहोगे।"

हबीबुल्लाह ने जवाब दिया, "हम खुद को इंसान कहते हैं क्योंकि हमने खुद को जंगलवाले दौर से आगे कर लिया है। अगर आप इससे सहमत न हों तो जनाब आप ही नासमझ हैं।"

जिन्ना अपनी उम्र के आधे से भी कम उम्रवाले से चुनौती पाकर खुश हुए। उन्होंने कहा, "हाँ, मुझे तुम जैसे नौजवानों की जरूरत है। आओ और मेरे साथ काम करो।"[101]

उनके जीवन में निजी खुशियाँ थीं ही नहीं, उनकी बेटी दीना अब जिन्ना के साथ रहने की जगह अधिक समय अपने ननिहालवालों के पास ही रहती थी। आखिरकार उसने जिन्ना की मर्जी के खिलाफ एक ईसाई लड़के से शादी कर ली और कुछ समय तक उनसे रिश्ता तोड़े भी रही। वैसे फातिमा जिन्ना का पूरा ख्याल रखती थीं लेकिन वे कभी-कभार अपनी पूरी न हुई तमन्नाओं को भी जाहिर करते थे, जैसा कि उन्होंने एक विद्यार्थी से उसके बचपन की ढेर सारी बातें सुनने के बाद कहा, "काश, मेरा भी एक बेटा होता।"[102] एक बार वे अपनी राजनैतिक यात्रा के समय भी वक्त निकालकर एक खिलौने की दुकान पर गए और चाबी से चलनेवाला घोड़ा खरीद लाए जिसे उन्होंने अपनी मेजबान के छोटे बच्चे को भेंट किया। 1937 के चुनाव के साल-भर से भी कम अवधि में लीग की सदस्य संख्या हजारों से बढ़कर लाखों में पहुँच गई।[103] जिन्ना ने अपनी झिझक भी छोड़ दी और वे आसानी से किसी भी सभा में कह सकते थे, "अगर हिन्दुस्तान के मुसलमानों के सामाजिक, आर्थिक और राजनैतिक स्तर को उठाने के लिए मुझे फिरकापरस्त कहा जाता है तो साहबान, मैं आपको विश्वास दिलाता हूँ कि ऐसा फिरकापरस्त होने पर मुझे फख्र है।"[104] अब वे अक्सर अरबों के पक्ष में बोलते थे और कहा करते थे कि ब्रिटेन ने "अपने मित्र देश को भेड़ियों के आगे फेंक दिया है," और वे भारतीय मुसलमानों की तुलना सुडेटन जर्मनों से करते थे "जो चेक बहुमत के अन्दर दबे हैं, उसके द्वारा होनेवाले दमन और बर्बादी को सह रहे हैं।"[105]

पूरे हिन्दुस्तान में लीग प्रवक्ता यह आरोप लगाने लगे कि कांग्रेसी सरकारें मुसलमानों को रोजगार नहीं देतीं, उन पर संस्कृतनिष्ठ हिन्दी थोप रही हैं, मुसलमान स्कूली बच्चों को गांधी की तस्वीर की पूजा करने को बाध्य करती हैं और ऐसे गीत गवा रही हैं जो इस्लाम की मान्यताओं के विरुद्ध हैं। ये आरोप सही हैं या गलत, इस पर विवाद चाहे जितने जोर-शोर से चला हो उसका कोई खास महत्त्व नहीं है, क्योंकि मुस्लिम कौम ने इन आरोपों को सच माना। दूसरे विश्वयुद्ध ने जिन्ना को दूसरा बड़ा मौका दिया। इसने राज और कांग्रेस की सन्धि को तोड़ दिया। कांग्रेस जंग के प्रयासों में मदद को तैयार थी बशर्ते आज़ादी की दिशा में भी कदम उठाए जाएँ; राज कदम उठाने को तैयार नहीं था। लेकिन राज ऐसा क्यों कर रहा था ? इसका एक कारण तो यह था कि जंग के समय सौदेबाजी को कुछ लोग पसन्द

नहीं करते थे; कुछ अंग्रेज कांग्रेस के गरम दल की पहले की कई बातों से नाराज थे, फिर कुछ अंग्रेज यह भी मानते थे कि भारत के स्वशासन में अल्पसंख्यक सुरक्षित नहीं होंगे और फिर भारत को आज़ादी देने का ख्याल अंग्रेजों को पसन्द न आना भी बड़ा कारण था ही। अपनी माँगों को ठुकराए जाने के बाद कांग्रेस ने अपने मन्त्रिमंडलों से इस्तीफा दे देने को कहा। अब देखने पर भले ही यह कदम मूर्खतापूर्ण लगे, पर उस समय स्वतन्त्रता के पक्ष में जनमत का जो दबाव था उसमें कांग्रेस के लिए विकल्प भी नहीं था। अगर आज़ादी की दिशा में प्रगति न होने पर भी यह सत्ता में बनी रहती तो इसे चापलूस पार्टी करार दिया जाता।

एक बार फिर जिन्ना ने अपने दाँव बहुत ही होशियारी से चले। उन्होंने राज को संकेत दिया कि लीग और हिन्दुस्तानी मुसलमान सिर्फ आगे बननेवाले संविधान में अपने हितों की हिफाजत की शर्त पर जंग की कोशिशों में मदद को तैयार हैं; और उन्होंने आज़ादी की दिशा में तत्काल कदम उठाने की माँग नहीं की। लीग अब आज़ादी के लिए थोड़ा ज्यादा इंतजार कर सकती थी जबकि कांग्रेस नहीं, क्योंकि मुस्लिम कौम अब अंग्रेजों की जगह हिन्दुओं को अपना पहला दुश्मन मानने लगी थी।

राज को भी इसमें अपना मौका नजर आया, जैसा कि ब्रिटेन के महाराजा को लिखी वायसराय लिनलिथगो की चिट्ठी से स्पष्ट है :

> *जैसे ही मुझे एहसास हुआ कि जंग की कोशिशों में कांग्रेस से सहयोग की कीमत बड़ी राजनैतिक रियासतों के रूप में चुकाने के लिए मुझ पर भारी और निरन्तर दबाव पड़नेवाला है, मैंने हिन्दुस्तान के सभी समुदायों और समूहों के प्रतिनिधियों को बुलावा भेजा, जिनमें रजवाड़ों के संगठन के प्रमुख और मिस्टर जिन्ना भी शामिल हैं...और उन सबसे बारी-बारी बात की...यह एक भारी और थकानवाला काम था, पर परिणामों के लिहाज से काफी उपयोगी काम था।*[106]

जिन्ना ने सोचा कि वायसराय से उन्हें न्यौता आने से "गांधी और कांग्रेस को सदमा लगा।"[107] कांग्रेस की ताकत का मुकाबला करने के लिए लीग और राज ने आपस में सहयोग किया, लेकिन कांग्रेस के नेता जानते थे कि यह जिन्ना द्वारा आज़ादी का अपना लक्ष्य छोड़ना नहीं, एक राजनीतिक चाल ही है। जैसा कि मद्रास के प्रधानमन्त्री राजगोपालाचारी ने जिन्ना-लिनलिथगो भेंट के तुरन्त बाद कहा, "क्या मैं मिस्टर जिन्ना को नहीं जानता हूँ ? क्या मैं नहीं जानता हूँ कि उनकी दिली इच्छा हिन्दुस्तान को आज़ाद देखने की है ?" लेकिन कांग्रेस की बेचारगी को भी जताते हुए उन्होंने आगे कहा, "अगर लीग ने खेल किया है तो आज़ादी हमारी हथेली पर होनी चाहिए थी। पर जानबूझकर हम एक पर एक गलत कदम उठाते गए हैं—लीग हिन्दुस्तानी कार के टायर पंचर कर रही है और इसकी प्रगति को रोक रही है।"[108]

जब कांग्रेसी सरकारों ने इस्तीफा दे दिया तो जिन्ना ने मुसलमानों से उस दिन को 'मुक्ति दिवस' के रूप में मनाने को कहा, 'हिन्दू' सरकारों के 'दमन' से मुक्ति के उपलक्ष्य में। कांग्रेसी नेता नाराज हुए, सही या गलत, पर उन्होंने सोचा कि मुसलमानों के साथ हमने कोई भेदभाव नहीं किया था। लेकिन कौम के अधिकांश हिस्से ने मुक्ति दिवस मनाया।

कौम का मन "मजहब से मुसलमान कैफियत से हिन्दुस्तानी" से बदलकर "मजहब से मुसलमान और कैफियत से भी मुसलमान" हो रहा था। गांधी ने इस बदलाव की धारा को रोकने की काफी कोशिश की। उन्हीं के सुझाव पर कांग्रेस ने 1940 के लिए अबुल कलाम आज़ाद को अपना अध्यक्ष चुना। 1940 में जिन्ना को लिखी अपनी चिट्ठी में गांधी ने उन्हें 'प्रिय क़ायद-ए-आज़म' कहकर सम्बोधित किया है। अपनी पत्रिका 'हरिजन' में उन्होंने जिन्ना को 'मेरे पुराने दोस्त' कहकर देश की सभी गैर-कांग्रेसी ताकतों की अगुवाई करने के लिए प्रोत्साहित किया, जिनमें अछूतों के नेता अम्बेडकर और कांग्रेस के खिलाफ तमिलों को एकजुट करनेवाले रामास्वामी नायकर के अनुयायी भी शामिल हैं। स्पष्ट रूप से गांधी इस सोच से काम करते लगते हैं कि जिन्ना कांग्रेस के खिलाफ अखिल भारतीय लड़ाई में मुस्लिम अलगाववाद को दूसरे नम्बर पर कर देंगे; यह लड़ाई कांग्रेस को तो नुकसान पहुँचाएगी, पर यह मुस्लिम कौम को हिन्दुस्तान से जुड़ा ही रखेगी। लेकिन जिन्ना इस प्रलोभन में पड़नेवाले नहीं थे। उन्होंने जवाब दिया, "मुझे इस मसले में कोई गलतफहमी नहीं है कि हिन्दुस्तान न तो एक राष्ट्र है, न एक देश, यह अनेक राष्ट्रीयताओं वाला उपमहाद्वीप है।" वे खुशी-खुशी कांग्रेस का मुकाबला करनेवाले थे, पर साथ ही इस अवधारणा का भी विरोध किया कि भारत एक राष्ट्र है। दरअसल उन्होंने अम्बेडकर और नायकर जैसे लोगों को भी इस अवधारणा के खिलाफ आवाज उठाने के लिए प्रोत्साहित किया।[109]

मार्च, 1940 में औपचारिक रूप से वह बड़ा फैसला हो गया। मुस्लिम लीग के लाहौर में हुए सालाना जलसे में फ़ज़्लुल हक़ ने एक प्रस्ताव रखा जिसमें कहा गया था कि लीग को "अलग और सार्वभौम मुस्लिम देश जो भौगोलिक रूप से जुड़ा होगा...जिसमें देश के पश्चिमोत्तर और पूर्वी भाग जैसे मुस्लिम-बहुल इलाके होंगे" के अलावा कुछ भी मान्य नहीं होगा।[110] 1937 में इक़बाल ने जिन्ना से आग्रह किया था कि वह लीग का लक्ष्य इसी जैसा घोषित करें। दरअसल इस शायर ने तो 1930 में ही अलग मुसलमान देश बनाने की माँग की थी। इक़बाल ने इसे 'पाकिस्तान' नहीं कहा था, ना ही लाहौर के प्रस्ताव में यह नाम था। यह नाम 1930 के दशक के शुरू में पहली बार ख्वाजा अब्दुल रहीम नामक एक सज्जन ने दिया था। 'पाकजमीन' मतलब के साथ ही यह पंजाब, अफगानिस्तान-पश्मिोत्तर सीमा प्रान्त, कश्मीर, सिन्ध और बलूचिस्तान के पहले और आखिरी शब्द को मिलाकर बना था। तभी कैम्ब्रिज में पढ़ रहे रहमत अली ने पहली बार इस नाम को छपवाया और इसे कुछ ख्याति दिलाई। यह बात 1933 की है, जिन्ना द्वारा माँग उठाने से सात साल

पहले उनकी राय का प्रतिनिधित्व करनेवाला यह शब्द प्रचलित हुआ था। लाहौर प्रस्ताव ने जिस स्वतन्त्र राष्ट्र के गठन की माँग की थी, उसको कोई नाम देने की जरूरत महसूस करते हुए प्रेस ने ही इसे 'पाकिस्तान' का नाम दिया। कुछ समय बाद लीग ने इस नाम को स्वीकार कर लिया।

यह बात उल्लेखनीय है कि लाहौर प्रस्ताव में इस नए देश की सीमाओं का उल्लेख नहीं हुआ था। इसका कारण जलसे के दौरान ही लीग के सचिव लियाक़त अली ने बताया। एक प्रतिनिधि ने अन्देशा जाहिर किया कि प्रस्ताव के लफ्जों का इस्तेमाल पंजाब और बंगाल के बँटवारे को वाजिब ठहराने के लिए किया जा सकता है; इसलिए प्रान्तों के नाम बहुत साफ ढंग से बताने चाहिए। इस पर लियाक़त ने जवाब दिया :

> *अगर हम पंजाब कहते हैं तो हमारे देश की सीमा गुड़गाँव में ही समाप्त हो जाएगी जबकि हम अपने प्रस्तावित देश में दिल्ली और अलीगढ़ को भी शामिल करना चाहते हैं जो हमारी संस्कृति के केन्द्र रहे हैं...इस बात के लिए निश्चित रहिए कि हम पंजाब का कोई भी हिस्सा नहीं छोड़ेंगे।*[111]

1940 में जिन्ना ने जिस जुनून से मुस्लिम राष्ट्र की वकालत की, उसने अनेक लोगों के मन की यह बात भुला दी कि शुरू में इस माँग को लेकर उन्हें हिचक थी। वे बहुत धीमे-धीमे इस कदम तक आए थे क्योंकि यह चीज उनकी अब चलाई हिन्दू-मुस्लिम एकता की वकालत के खिलाफ थी। 1939 के अन्त में लिनलिथगो ने जब जिन्ना से यह कहा कि उनके नए रुख की तार्किक परिणति एक अलग राष्ट्र के रूप में ही होगी तो वे "शर्म से लाल हो गए"।[112] मुस्लिम कौम में बढ़ते अलगाववाद के चलते वे मुस्लिम राष्ट्र की वकालत करने को बाध्य हुए। साथ ही इसमें 1930 के दशक के शुरू में किया गया वह फैसला भी प्रभावी हुआ कि अब वे अपने को सिर्फ कौम तक ही सीमित रखेंगे। निश्चित रूप से कौम में अलगाववाद की भावना बढ़ाने में उनकी भूमिका थी; उन्होंने और कौम ने एक-दूसरे का काम बनाया। फिर भी इस बढ़ते अलगाववाद की जड़ में 1937 की कांग्रेसी जीत थी। जब भारत ने आज़ादी की तरफ रुख किया, मुस्लिम कौम ने पाकिस्तान की तरफ मुँह फेर लिया।

लाहौर में जिन्ना ने घोषित किया कि हिन्दू और मुसलमान "कभी भी साझा राष्ट्रीयता नहीं विकसित कर सकते" और "एक राज्य के अधीन इन जैसी दो राष्ट्रीयताओं को, जिनमें एक अल्पसंख्यक है और दूसरी बहुसंख्यक, एक ही जुए में जोत देने का मतलब, ऐसे राज्य की सरकार के सारे उसूलों को बर्बाद कर देना होगा।"[113] अगर आप मुस्लिम राज्य हासिल करने में सफल न हुए तो क्या करेंगे, यह पूछे जाने पर जिन्ना ने जवाब दिया, "मैं इसे हासिल करने के लिए अपना जीवन

कुर्बान कर दूँगा।" लन्दन के टाइम्स ने खबर छापी, "तालियों और वाहवाही के शोर ने" इस वाक्य को डुबो दिया।[114]

गांधी ने 'हरिजन' के अगले ही अंक में इस पर प्रतिक्रिया जाहिर की। उन्होंने कहा कि कांग्रेस हिन्दू संस्था नहीं है : इसके अध्यक्ष मुसलमान हैं और इसकी 15 सदस्यीय कार्यसमिति के चार सदस्य भी मुसलमान हैं। उन्होंने जोर देकर कहा कि हिन्दू और मुसलमान दो राष्ट्रीयताएँ नहीं हैं, वे हो नहीं सकते। उन्होंने कहा कि भारत के मुसलमानों के इस्लाम अपना लेने से उनकी राष्ट्रीयता नहीं बदली है। जिन्ना के बारे में गांधी ने कहा कि, "उनका उपनाम किसी भी हिन्दू का हो सकता है। उनकी भारतीयता उनके चेहरे और तौर-तरीकों पर लिखी है।"

जिन्ना ने गांधी को जवाब दिया, उन्होंने दावा किया, "निश्चित रूप से आज भारत प्रकृति द्वारा विभाजित है...मैं समझ नहीं पाता कि इतनी हायतौबा क्यों मची है? वह देश है ही कहाँ जिसे विभाजित किया जा रहा है?" गांधी ने कहा, "मैं अपने पूरे अन्तर्मन से मानता हूँ कि कुरान का ख़ुदा ही गीता का ईश्वर है।" धार्मिक शब्दावली अपनाते हुए धर्मनिरपेक्ष रहे जिन्ना ने खुद को "अपने मजहब का अदना और स्वाभिमानी अनुयायी" बताया और पाकिस्तान के लिए लड़ना "इस्लाम के सेवकों का पवित्र कर्त्तव्य" बताया, क्योंकि "हिन्दू और मुसलमान" अलग-अलग सभ्यताओं के हैं जो परस्पर विरोधी विचारों और अवधारणाओं पर आधारित हैं।"[115]

यह विवाद सात वर्षों तक चला। इसमें व्यक्तिगत मामला भी जुड़ा था। यह बात जिन्ना के लाहौर के भाषण से जाहिर होती है, "जंग का एलान होने के वक्त तक वायसराय ने विधायिका की एक महत्त्वपूर्ण पार्टी के बारे में क़भी भी नहीं सोचा था...वायसराय ने कभी भी मेरे बारे में नहीं सोचा था।[116]

लाहौर के बाद जिन्ना ने शायद ही कभी ज़ाती मामले का जिक्र किया हो। वे हिन्दू-मुसलमानों के बीच मेल न बैठ सकने की बात कहकर सन्तुष्ट थे। 1942 में उन्होंने जो बयान दिया उसे मरियम ने उचित ही "जोरदार बयान" कहा है[117] :

> *हिन्दुओं और मुसलमानों के बीच अन्तर बहुत गहरे और न समाप्त किए जा सकनेवाले हैं। हम अपनी अलग संस्कृति और सभ्यता, भाषा और साहित्य, कला और वास्तुशिल्प, नाम और नामावली, मूल्य और अनुपात बोध, कानून और नैतिक आचार संहिता, रीति-रिवाजों और पंचांग, इतिहास और परम्परा, नजरिए और महत्वाकांक्षावाली कौम हैं।"[118]*

कांग्रेस ने अंग्रेजी हुकूमत से हिन्दुस्तानी लोगों का प्रतिनिधित्व करनेवाली "राष्ट्रीय सरकार गठित करने" की माँग जारी रखी। संगठन अध्यक्ष की हैसियत से अबुल कलाम आज़ाद ने जिन्ना का समर्थन माँगा और उन्हें भरोसा दिया कि कांग्रेस "एक मिला-जुला मन्त्रिमंडल बनाना चाहती है जो किसी एक पार्टी के लोगों भर का न हो।" आज़ाद ने अपना प्रस्ताव बड़े विनम्र शब्दों में रखा था। जिन्ना का रूखा और तीखा जवाब उनकी अपनी सोच और फैसले से न डिगना तो बताता

ही है, साथ ही आज़ाद के प्रति नाराजगी को भी बताता है कि वे क्यों गांधी के साथ हैं। जिन्ना ने कहा :

> *मैं आपके साथ चिट्ठी-पत्री या किसी भी और तरीके से विचार-विमर्श नहीं करना चाहता...क्या आपको महसूस नहीं होता कि आप कांग्रेस के मुस्लिम 'शो ब्वाय' अध्यक्ष बनाए गए हैं? कांग्रेस एक हिन्दू संस्था है। अगर आपमें आत्मसम्मान है तो तत्काल इस्तीफा दीजिए। आपने अब तक लीग के खिलाफ अपना पूरा जोर लगा लिया है। आप जानते हैं कि इसमें आप असफल रहे हैं। इसे छोड़ दीजिए।*[119]

अगर कांग्रेस ने मुस्लिम कौम को विभाजित करने की कोशिश की तो जिन्ना उन लोगों को मदद देने को तैयार थे जो हिन्दुस्तान को विभाजित करना चाहते थे। लाहौर प्रस्ताव के साल-भर बाद जिन्ना मद्रास गए और रामास्वामी नायकर के अनुयायियों, जो दक्षिण के आर्य प्रभुत्व का विरोध करने के लिए उठ खड़े होने का आह्वान कर रहे थे, के बीच भाषण दिया : "यह जमीन सचमुच द्रविड़ है...मैं द्रविड़िस्तान की स्थापना में आपकी जो भी मदद कर सकता हूँ, करूँगा।"[120]

नई दिल्ली में उन्हें बहुत सँभल-सँभलकर कदम बढ़ाना था। वे यह आश्वासन चाहते थे कि अंग्रेज कांग्रेस के हाथ में सत्ता नहीं सौंपेंगे, लेकिन वे राज से गठजोड़ करने की धारणा भी बनने देना चाहते थे। इससे लीग का नुकसान होता; क्योंकि मुसलमान यह नहीं भूले थे कि अंग्रेजों ने ही मुस्लिम राज समाप्त किया था। वर्षों से कांग्रेसी संघर्ष से नाराज राज के कर्त्ताधर्ता भी हिन्दुस्तान को कांग्रेस के हाथ में सौंपने को उत्सुक नहीं थे। फिर भी अनेक अंग्रेज हिन्दुस्तान में अपने उपनिवेश के कायम रहने को लेकर परेशानी महसूस करते थे। इनमें लेबर पार्टी के नेता भी शामिल थे, जो अब चर्चिल की साझी सरकार में भागीदार हो गए थे।

जिन्ना ने फैसला कर लिया था कि अगर अंग्रेजी हुकूमत कांग्रेस के आगे नहीं झुकती तो वे जंग में अंग्रेजों का समर्थन करके उनकी सहानुभूति हासिल करेंगे, पर साथ ही यह भी जाहिर कर देंगे कि अगर कांग्रेस के सिर पर ताज रखा गया तो मुसलमान बगावत कर देंगे।

यह नीति सफल रही। अगस्त, 1940 में अंग्रेजी हुकूमत ने वायसराय को यह जाहिर करने को कहा कि ब्रिटेन "अपनी जिम्मेवारियों को पूरी तरह सरकार की किसी भी ऐसी प्रणाली को नहीं सौंपेगी जिसकी सत्ता को भारतीय राष्ट्रीय जीवन के बड़े और प्रभावशाली तबके न मानें।"[121] इस बारे में किसी भी गलतफहमी को दूर करने के लिए मन्त्री लियोपोल्ड एमरी ने संसद को बताया कि "इन तबकों में सबसे प्रमुख है नौ करोड़ मुसलमानों का समुदाय जो उत्तर-पश्चिम और उत्तर-पूर्वी भारत के बहुमत में है।"[122] जिन्ना को तुरप का पत्ता हाथ लग गया। कांग्रेस ने इसे प्रगति के रास्ते में वीटो बताया।

अंग्रेजों के प्रति जिन्ना और कांग्रेस के नजरिए की तुलना करना ज्ञानप्रद है। जब युद्ध शुरू हुआ तो गांधी ने लिनलिथगो से कहा कि वे चाहते हैं कि कांग्रेस ब्रिटेन को बिना शर्त समर्थन दे। लेकिन कांग्रेस ने ऐसा नहीं किया। जनमत को देखते हुए कांग्रेस ने समर्थन की पूर्व शर्त स्वतन्त्रता की तरफ ठोस प्रगति की रखी। हमने देखा है कि लिनलिथगो ने 'कांग्रेस के भारी और निरन्तर दबाव' को नापसन्द किया था और उनकी प्रतिक्रिया से राज के अन्य अधिकारी भी सहमत थे। जिन्ना ने भी शर्तें रखीं, पर तब जबकि राज को ये आसान और सुविधाजनक लगीं। ये शर्तें सत्ता के हस्तान्तरण को जल्दी से करने की जगह और देर से करने की थीं। मरियम ब्रिटेन और जिन्ना के बीच 'अस्थायी प्रेम' का जिक्र करती हैं और साथ ही कहती हैं कि जिन्ना निश्चित रूप से ब्रिटिश शासन को नापसन्द करते थे।[123] और 'अस्थायी प्रेम' पाने में जिन्ना को कांगेस द्वारा गांधी की बिना शर्त समर्थन देने की बात न मानने से भी मदद मिली।

गांधी के कदमों से कदम मिलाकर चलने की जिन्ना की बेचैनी का पता आल इंडिया मुस्लिम स्टूडेंट्स फेडरेशन के पहले सचिव मोहम्मद नोमान द्वारा सुनाए एक प्रसंग से चलता है :

> *एक दिन मैं सुबह तड़के ही जिन्ना से मिलने गया। वे बिस्तर पर बैठकर गांधी के एक भाषण को पढ़ रहे थे—यह जनवरी या फरवरी 1940 की बात है। जिन्ना ने मुझसे कहा, "जानते हो, मैं रात में पलक भी नहीं मूँद सका हूँ, उनके दिमाग में ठीक-ठीक क्या है, यही सोचता रहा था।"*[124]

जिन्ना का दिमाग जिस एक और आदमी पर लगा रहता था वे थे बंगाल के प्रधानमन्त्री फज़्लुल हक़। हक़ ने कांग्रेस की तुलना में लीग की छतरी में खड़े होना पसन्द किया था लेकिन वे मजबूत जनाधारवाले नेता थे। साथ ही वे स्वतन्त्र और मेधावी थे। 1941 के मध्य में हक़ ने जिन्ना को बिना बताए राष्ट्रीय सुरक्षा परिषद में आने का वायसराय का प्रस्ताव मान लिया। वैसे हक़ को बंगाल के प्रधानमन्त्री की हैसियत से बुलाया गया था, न कि लीग के नेता की हैसियत से, लेकिन उनका व्यवहार जिन्ना को नाखुश कर गया और लीग ने इसकी आलोचना की। लीग द्वारा इस परिषद से इस्तीफा देने का निर्देश तो हक़ ने माना, पर साथ ही जिन्ना से सम्बन्ध-विच्छेद कर लिया और दूसरे सहयोगी ढूँढ़ने लगे। प्रधानमन्त्री के पद से उन्हें हटाने की लीग की कोशिश असफल हो गई; हक़ ने सफलतापूर्वक नई सरकार का गठन किया और बंगाल जिन्ना की 'मंडली' से टूट गया। जिन्ना ने हक़ को 'दगाबाज' और उनकी नई सरकार को 'जाति-बहिष्कृत' करार दिया। हक़ ने जिन्ना पर 'तानाशाह' होने का आरोप लगाया।[125]

पर्ल हार्बर की घटना के बाद ब्रिटेन को एशिया में कदम वापस खींचने पड़े। हांगकांग, मलाया और सिंगापुर जापान को सौंप दिए गए। मार्च, 1942 में रंगून के पतन के बाद ब्रिटेन सरकार में लेबर पार्टी के मन्त्री सर स्टेफोर्ड क्रिप्स, जो जिन्ना

की तरह ही तेज-तर्रार वकील थे, नए प्रस्ताव लेकर भारत आए। अंग्रेजी हुकूमत की ओर से क्रिप्स ने जंग के बाद भारत को पूर्ण 'डोमिनियन स्टेट' का दर्जा, जिसे राष्ट्रमंडल से निकलने का अधिकार भी होता, संविधान सभा के गठन, जंग के बाद चुनी गई प्रान्तीय सरकारों के गठन, जिसमें रजवाड़ों को आनुपातिक प्रतिनिधित्व मिलना था और तत्काल प्रमुख पार्टियों के लोगों को लेकर एक राष्ट्रीय सरकार के गठन की पेशकश की। रजवाड़ों को सत्ता में भागीदारी देनेवाली बात छोड़कर बाकी शर्तों ने कांग्रेस को आकर्षित किया। इन प्रस्तावों को जिन्ना की स्वीकृति मिले, इस उद्देश्य से क्रिप्स ने हर प्रान्त को डोमिनियन, जब यह बनता, से बाहर जाने का अधिकार देने का प्रस्ताव किया।

लेकिन लीग और कांग्रेस दोनों ने ही प्रस्तावों को ठुकरा दिया। भारत को विभाजित करने के सवाल पर ब्रिटेन की हामी से गांधी को चोट लगी, कांग्रेस की ओर से बात करने आए आज़ाद और नेहरू ने इन प्रस्तावों को ठुकरा दिया क्योंकि प्रस्तावित राष्ट्रीय सरकार को वायसराय के वीटो के अधीन काम करना होता। जिन्ना ने प्रान्तों के अलग होनेवाले प्रस्ताव को "व्यवहार रूप में पाकिस्तान को मान्यता मिल जाना" मानकर इसका स्वागत किया लेकिन इस पूरे प्रस्ताव को उन्होंने ठुकरा दिया क्योंकि इसके प्रान्तों को, न कि "मुस्लिम राष्ट्र" को देश से अलग हो जाने का हक़ दिया था।[126]

उन्होंने अपनी आपत्ति को बहुत स्पष्ट ढंग से नहीं रखा; बाद में यह स्पष्ट हुआ कि लीग चाहती थी कि अलग होने का फैसला मुस्लिमबहुल प्रान्तों के सभी मुस्लिम वोटों के आधार पर ही हो, न कि पूरी आबादी के वयस्क मताधिकार के आधार पर।

अंग्रेजी हुकूमत की तरफ से आए प्रस्ताव में देश के किसी हिस्से के अलग हो जानेवाली धारा के आ जाने से जिन्ना का मोल अतिरिक्त रूप से कुछ अधिक हो गया। फिर भी क्रिप्स ने कांग्रेस को सन्तुष्ट करने के लिए जिस तरह बदलाव की इच्छा दिखाई उससे वे दुखी हुए। क्रिप्स और भी आगे जाते लेकिन चर्चिल ने, जिन्हें लिनलिथगो और भारतीय सेनाध्यक्ष वावेल ने अपना समर्थन देने का संकेत भेजा, उन्हें रोक दिया।

गांधी और भी परेशान थे। उन्होंने पाया कि मुस्लिम कौम तक पहुँचने का उनका रास्ता वीटो से लैस जिन्ना रोके खड़े हैं। उन्होंने भारत का विभाजन करने के लिए चर्चिल के हाथ में उपकरण आ गया देखा। उन्होंने हिन्दुस्तानियों के चेहरों पर ब्रिटेन के प्रति बढ़ती नफरत और दिलों में जापान के प्रति बढ़ते गुप्त प्रशंसाभाव और सुभाष बोस के प्रति, जिन्होंने भारत में कैद से छूटकर भारत को बन्दूक के जोर और जापान के समर्थन से आज़ाद कराने के लिए आज़ाद हिन्द फौज का गठन किया था, बढ़ता करीब-करीब एकदम स्पष्ट प्रशंसाभाव देखा।

गांधी ने जो कुछ सोचा या उम्मीद की उसके लिए इनकार हो जाने और इन्हीं सम्भावनाओं के मद्देनजर उन्होंने 'भारत छोड़ो' का नारा बुलन्द करने का फैसला

किया। उन्होंने सोचा कि अंग्रेजों से सीधे भारत छोड़ने की माँग करके अपनी माँग के समर्थन में अहिंसक जन-आन्दोलन खड़ा करेंगे। उन्होंने सोचा कि अगर जापानियों ने भारत पर हमला किया तो अंग्रेज वैसे भी इस देश को छोड़ेंगे ही। उन्होंने कहा, ''अगर अंग्रेज पराजित हो गए तो वे सिंगापुर, मलाया और बर्मा की तरह चुपचाप यहाँ से विदा हो जाएँगे। भारत अंग्रेजों का घर नहीं है।'' लेकिन वे जापानियों के आने के पहले ही उनसे चले जाने की अपील करेंगे—अंग्रेज भारत बाँट दें, इससे भी पहले। उन्होंने कहा, ''कायदे से गए तो'' उनके प्रति पैदा नफरत प्रेम में बदल जाएगी और हिन्दुस्तानियों का मन जापान से दूर हट जाएगा।''[127] अगर नहीं भी जाते तो 'भारत छोड़ो' का नारा हिन्दुस्तानियों के मन को वापस अपनी ओर अपने रास्ते की तरफ मोड़ लाएगा।

लोगों की—मुस्लिम कौम के अधिकांश हिस्से को छोड़कर प्रतिक्रिया जबरदस्त थी। पर कुछ नेता हिचके। नेहरू को अन्देशा था कि 'भारत छोड़ो' से धुरी राष्ट्रों के हमले के खिलाफ चीन और रूस की सुरक्षा प्रभावित होगी। लेकिन जल्दी ही उनके अन्दर का राष्ट्रवादी मन जागृत हुआ और उसने ये सन्देह मिटा दिए। उन्होंने कहा, ''अगर दूसरे देश बच जाते हैं और भारत बर्बाद हो जाता है तो मुझे क्या लाभ होगा।''[128] आज़ाद ने सोचा कि अंग्रेज इस आन्दोलन को उभरने से पहले ही दबा देंगे।[129] राजगोपालाचारी ने कहा कि अंग्रेज भारत छोड़कर नहीं जाएँगे और उन्हें नहीं जाना चाहिए। मद्रास के इस पूर्व प्रधानमन्त्री ने कहा, ''इस देश को विदेशी ताकतों की महत्वाकांक्षा के सामने बदहाली में छोड़कर ब्रिटेन अपने अपराधों की सूची और नहीं बढ़ा सकता।''[130]

गांधी ने जवाब दिया कि अगर जापान ने अंग्रेजों की जगह भारत पर कब्जा करने की कोशिश की तो हम इसका मुकाबला करेंगे, वे और अहिंसा में विश्वास करनेवाले अहिंसक तरीके से और अन्य लोग हथियारों से। उन्होंने कहा कि आज़ाद भारत विधिवत रूप से मित्र राष्ट्रों के साथ आएगा और फिर जापानियों का मुकाबला करने के लिए अपनी जमीन पर मित्र राष्ट्रों की फौज को आने देगा। 8 अगस्त को कांग्रेस ने 'भारत छोड़ो' प्रस्ताव मंजूर किया जिसे नेहरू ने रखा। आज़ाद भी इस फैसले से सहमत हो गए थे। अकेले राजगोपालाचारी ही असहमत थे।

अगर सम्भव हुआ तो मुस्लिम कौम के साथ वरना उसके बिना भी जरूरी—एक बार फिर गांधी और कांग्रेस ने आज़ादी की यात्रा के लिए यही तय किया। गांधी ने माना कि अभी तो लीग ने मुस्लिम मन तक पहुँचने का उनका रास्ता रोका है लेकिन हिन्दुस्तानी अब और ''समय बर्बाद नहीं कर सकते।''[131] भारत छोड़ो आन्दोलन शुरू करते हुए गांधी ने जिन्ना का उल्लेख किया :

> *जिन्ना साहब पहले कांग्रेसी रहे हैं...मैं उनके दीर्घायु होने की कामना करता हूँ और मानता हूँ कि वे मेरे बाद भी जिन्दा रहें। एक दिन ऐसा आएगा जब उन्हें एहसास हो जाएगा कि मैंने कभी भी उनका या मुसलमानों का कोई*

नुकसान नहीं किया है...जिन्ना साहब के भारत की आज़ादी के पक्ष में होने तक इंतजार मैं नहीं कर सकता।[132]

लीग से सहमति बनाए बिना आगे बढ़ने के गांधी के फैसले और गांधी के यह मान लेने पर कि, वे भारत की ओर से दुनिया से सम्बन्ध बना सकते हैं, जिन्ना काफी नाराज हुए। जहाँ तक 'भारत छोड़ो' की बात है, जिन्ना ने इसे आज़ादी के लिए आन्दोलन न मानकर ''मिस्टर गांधी और उनकी हिन्दू कांग्रेस की हिन्दू राज को तत्काल सत्ता सौंपने के लिए अंग्रेजों के साथ ब्लैकमेल और जोर-जबरदस्ती करने की नीति और कार्यक्रम की चरम 'परिणति' माना।''[133]

जंग में फँसी अंग्रेजी सरकार ने कोई जोखिम मोल नहीं लिया। गांधी, आज़ाद, पटेल, नेहरू और उनके सैकड़ों साथी कांग्रेस द्वारा भारत छोड़ो प्रस्ताव स्वीकार करने के कुछ घंटों के अन्दर ही गिरफ्तार कर लिये गए। कांग्रेस पर प्रतिबन्ध लग गया। कुछ दिनों तक पूरे भारत में, मुसलमान कौम के अधिकांश हिस्से को छोड़कर, आग-सी लग गई। जहाँ-तहाँ अनेक इलाकों ने खुद को आज़ाद घोषित कर लिया। हर जगह प्रदर्शनकारी सड़कों पर निकल आए। एक लाख लोगों को गिरफ्तार किया गया। अगस्त क्रान्ति के पहले कुछ दिनों में ही राज के सिपाहियों के हाथों कम से कम छह सौ भारतीय प्रदर्शकारी मारे गए। लेकिन सितम्बर में विद्रोह की ताकत कुचली जा चुकी थी। फिर भी 1857 के बाद अंग्रेजी राज पर आया यह सबसे बड़ा खतरा था।

कुछ समय के लिए जिन्ना भी इससे प्रभावित लगे। अगस्त, 1942 के अन्त में, जब आन्दोलन पूरे जोरों पर था, जिन्ना के दोस्त काज़ी द्वारका दास जब उनसे मिले थे तो वे ''एकदम कमजोर और पस्त हाल'' ही नहीं थे, खुद को बहुत अकेला भी महसूस कर रहे थे।[134] गांधी और कांग्रेस सुर्खियों में छाए थे और हर आदमी उनके बारे में ही बात कर रहा था। जिन्ना खुद को दरकिनार हो गया महसूस कर रहे थे। लेकिन जब राज ने हालात पर काबू पा लिया और कांग्रेसियों को जेल में डाल दिया या वे भूमिगत हो गए तो जिन्ना को अपनी स्थिति मजबूत होती लगी। जैसे बंगाल में हक़ से इस्तीफा ले लिया गया। उनकी जगह लीग के ख़्वाजा नज़ीमुद्दीन को प्रधानमन्त्री बनाया गया जिन पर जिन्ना भरोसा कर सकते थे। अन्य जगहों पर भी लीग राज के उत्तराधिकारी के रूप में उभरी, कांग्रेस के सत्ता से हटने और बगावत के चलते खाली हुई जगह को लेने की दावेदार। तब जीवनदान पाए जिन्ना ''मुस्लिम राष्ट्रवाद का प्रचार करते हुए सारे हिन्दुस्तान में घूमे।''[135]

1944 में जिन्ना ठोस सफलता का स्वाद चख सकते थे। लीग ने अब 20 लाख मेम्बरी का दावा किया जो 17 वर्ष पहले 1330 ही थी। 1937 से 1943 के बीच प्रान्तीय एसेम्बलियों के लिए 61 मुस्लिम सीटों पर उपचुनाव हुए थे। इनमें से लीग ने 47 स्थान जीते, स्वतन्त्र मुसलमान उम्मीदवारों ने 10 और कांग्रेस मात्र 4 स्थान ही जीत पाई थी।

फिर भी मुसलमानों का एक छोटा समूह उनसे नफरत करता था और लीग तथा कांग्रेस के बीच विरोधी मोर्चा न बनाने के लिए उन्हें देशद्रोही कहा करता था।

जुलाई, 1943 में रफीक सबीर नामक एक नौजवान जिन्ना के मालाबार हिल वाले मकान पर गया और संयोग से जिन्ना उसे दरवाजे के पासवाले कमरे में ही अपने एक सहायक से बात करते मिल गए। जिन्ना जैसे ही दूसरे कमरे में रखी अपनी मेज पर बैठने के लिए जाने लगे, सबीर ने उन पर हमला कर दिया। वहाँ क्या कुछ हुआ, यह खुद जिन्ना ने सबीर के मुकदमे की सुनवाई के दौरान सुनाया :

> *मेरा पूरा ध्यान अपने पत्राचार पर लगा था और जैसे ही मैं कमरे से निकलने वाला था, पलक झपकते ही मुजरिम मुझ पर झपटा और अपनी बँधी मुट्ठी से उसने मेरे जबड़े पर बाईं ओर वार किया। मैं थोड़ा लड़खड़ा गया, तब उसने अपनी कमर से एक छुरा निकाला।*

सबीर ने चाकू उठा लिया लेकिन 66 वर्ष के होने के बावजूद जिन्ना चौकन्ने और फुर्तीले थे। उन्होंने हमलावर का हाथ पकड़ लिया और अपने ड्राइवर तथा अन्य लोगों द्वारा उसे दबोच लिए जाने के पहले उसके वारों का असर कम कर दिया। जिन्ना की ठोढ़ी और हाथ में जख्म लगे थे। एक डॉक्टर आया और फातिमा की मदद से मरहम-पट्टी कर दी। फिर जिन्ना ने अपनी बेटी को फोन किया, जो अब भी उनसे रिश्ता तोड़े हुई थी और बताया कि क्या-क्या हुआ और फिर आखिर में बोले, "मैं बिल्कुल ठीक हूँ।"[136]

उनकी रणनीति बहुत साफ थी। वे हिन्दू-मुस्लिम भेद पर जोर देंगे, वे इस बात पर जोर देंगे कि जेल में बन्द गांधी की हिन्दुओं के नेता के अलावा और कोई हैसियत नहीं है। दिसम्बर, 1943 में जिन्ना ने अंग्रेज लेखक बेवरली निकोलस को कहा, "जीवन में ऐसा कुछ भी नहीं है जो हिन्दुओं और मुसलमानों को साथ जोड़े।"[137] गांधी के 1924 के उस बयान को उद्धृत करते हुए कि "मेरा रोम-रोम हिन्दू है" जिन्ना ने अपने इस प्रतिद्वन्द्वी द्वारा सिर्फ हिन्दुओं की बात करने से इनकार करने का मजाक उड़ाया।[138]

जिन्ना की रणनीति में एक और बात शामिल थी। अपनी पाकिस्तान की अवधारणा को परिभाषित न करना। वे जानते थे कि बहुत बारीकी से इसे सामने रखने से खुद कौम और लीग के अन्दर ही विवाद छिड़ जाते। अपने लक्ष्य को अपरिभाषित रखते हुए उन्होंने विभिन्न मुस्लिम समूहों को इसमें वही देखने दिया जो वे देखना चाहते थे। मरियम के शब्दों में :

> *मुसलमान व्यापारियों को हिन्दुओं की प्रतिद्वन्द्विता से मुक्त नए बाजार नजर आ रहे थे। जमींदारी प्रणाली जारी रहेगी। बौद्धिकों को अंग्रेजों और हिन्दुओं से अलग होने के बाद सांस्कृतिक पुनर्जन्म की उम्मीद लग रही थी। कठमुल्ला लोगों के लिए पाकिस्तान का मतलब मजहबी व्यवस्था थी। अधिकारियों और*

नौकरशाहों के लिए नए राष्ट्र का मतलब तरक्की का जाना था। इस प्रकार पाकिस्तान की माँग को अमूर्त रखने से जिन्ना का काम आसान हो गया।[139]

जिन्ना इस तरह की प्रतिक्रियाओं की सोच भी नहीं सकते थे। फिर भी उन्हें एहसास हो गया था कि इस अवधारणा को अमूर्त रखना उनके हक़ में है। जैसा कि हमने पहले देखा है कि नए राष्ट्र की सीमा के बारे में भी जानबूझकर कुछ नहीं बोल रहे थे। लेकिन अप्रैल, 1944 में उन्हें मजबूरन इस मामले में अधिक स्पष्ट बात कहनी पड़ी, जब कांग्रेस के जेल न गए एकमात्र नेता राजगोपालाचारी उनसे मिले और कहा कि वे जेल में गांधी से मिलकर आ रहे हैं और गांधी विभाजन के मसले पर भी बात करने को तैयार हैं।

गांधी ने राजगोपालाचारी के एक फॉर्मूले पर सहमति दी थी जिसमें कांग्रेस और लीग दोनों की तरफ से एक ऐसी राष्ट्रीय सरकार के गठन की माँग की जाए जो इस समझदारी के आधार पर बने कि आज़ादी के बाद वयस्क मताधिकार के आधार पर अगर मुस्लिम बहुल जिले चाहेंगे तो वे देश से बाहर निकल सकते हैं। इस फॉर्मूले में आगे कहा गया था, "अलग होने की स्थिति में रक्षा, संचार जैसे मसलों पर आपसी समझदारी से समझौता हो सकता है।" जिन्ना ने इसे "विकलांग और सड़ा-गला" पाकिस्तान करार दिया और कहा कि उनकी पाकिस्तान की योजना में पंजाब और बंगाल, सिन्ध का एक हिस्सा, पश्चिमोत्तर सीमा प्रान्त और बलूचिस्तान शामिल हैं।[140] यह महत्त्वपूर्ण है क्योंकि इसका मतलब था कि जिन्ना ने हिन्दू-बहुल विशाल इलाकों--पूर्वी पंजाब और पश्चिमी बंगाल पर भी अपना दावा किया था।

जिन्ना-राजगोपालाचारी वार्ता के महीने-भर बाद गांधी को अप्रत्याशित ढंग से रिहा कर दिया गया। उन पर मलेरिया का करीब-करीब जानलेवा हमला हुआ था और अंग्रेजी हुकूमत नहीं चाहती थी कि वे जेल में मरकर शहीद बन जाएँ। महात्मा से बात करने के बाद राजगोपालाचारी ने जिन्ना से कहा कि गांधी का रुख उनके फॉर्मूले के प्रति अभी भी सकारात्मक है और वे इसे प्रेस को जारी करना चाहते हैं। राजगोपालाचारी ने कहा कि वे यह घोषणा भी करेंगे कि जिन्ना ने इसे ठुकरा दिया है। क्या जिन्ना इस बात का बुरा तो नहीं मानेंगे? जिन्ना ने तुरन्त तार भेजा कि यह कहना गलत है कि उन्होंने इस फॉर्मूले को ठुकरा दिया है। उन्होंने कहा कि अगर गांधी उनसे सीधे बात करेंगे तो वे इसे लीग के सामने रखेंगे।

अंग्रेजों द्वारा रिहा करने के ढाई महीने बाद ही 17 जुलाई को गांधी ने जिन्ना को चिट्ठी लिखी—गुजराती में, जिसका अंग्रेजी तरजुमा भी साथ था। "भाई जिन्ना" से शुरू की गई इस चिट्ठी में गांधी ने लिखा, "अपनी रिहाई के बाद से मैंने आपको पत्र नहीं लिखा है। लेकिन आज मेरा दिल कहता है कि मैं आपको लिखूँ। आप जब चाहें हम मिल सकते हैं। मुझे इस्लाम का या इस देश के मुसलमानों का दुश्मन न मानिए...आपका भाई, मो. क. गांधी।"[141]

जिन्ना ने कश्मीर से, जहाँ वे आराम कर रहे थे, जो जवाब भेजा वह इतनी आत्मीयतावाला नहीं था, पर विनम्रतावाला था।[142] अंग्रेजी में—"एकमात्र भाषण जिसमें मैं गलतियाँ नहीं करता" लिखी चिट्ठी में कहा गया था, "डियर मिस्टर गांधी, अपनी वापसी पर बम्बई के अपने घर में आपका स्वागत करके मुझे खुशी होगी। मुझे उम्मीद है कि तब तक आप पूरी तरह स्वस्थ हो चुके होंगे...हमारी भेंट तक मैं कुछ और कहना पसन्द नहीं करूँगा।"[143]

75 वर्ष से एक माह कम के गांधी और 68 के पास पहुँचे जिन्ना, दोनों ही बीमार थे, लेकिन जहाँ गांधी अपना स्वास्थ्य वापस पा रहे थे, वहीं दुबले-पतले जिन्ना को तभी ही मालूम हुआ था कि "उनके फेफड़ों में न ठीक होनेवाला निमोनिया समा चुका है।"[144] कैल्सियम की सूइयों, पौष्टिकों और शॉर्ट-वेव डायथर्मी ने उन्हें लाभ पहुँचाया था, फिर भी चालीस के दशक के मध्य में हिन्दुस्तान में निमोनिया जानलेवा रोग ही था।

सितम्बर माह में इन दोनों ने जिन्ना के मालाबार हिल्स वाले मकान में 14 बार भेंट की और अपनी बातचीत को पत्रों की शृंखलाओं में दर्ज किया। जेल में बन्द कांग्रेसी नेता इस बातचीत को लेकर परेशान थे, जैसे आज़ाद ने सोचा कि "गांधी जी भारी गलती कर रहे थे।"[145] लेकिन अखबारों में छपी तस्वीरों में दोनों नेता मुस्कुरा रहे थे; देश के अनेक लोगों ने दुआएँ कीं; रोज-रोज़ मुख्य पात्रों के भेंट करने से उम्मीदें बढ़ीं। वावेल ने भी जो लिनलिथगो के बाद वायसराय बन गए थे, दोनों के बीच सहमति की उम्मीद की थी। अपनी डायरी में उन्होंने लिखा कि "मुझे पूरा भरोसा है कि गांधी-जिन्ना बैठकों का नतीजा कार्यकारिणी के लोगों की रिहाई की माँग के रूप में सामने आएगा।" [146] लेकिन बातचीत असफल रही और ज़िन्ना ने गांधी के इस प्रस्ताव को ठुकरा दिया कि उनके बीच किसी तीसरे को पंच रखा जाए।

गांधी जो पाकिस्तान दे रहे थे उससे जिन्ना सन्तुष्ट नहीं थे। वे इसे पर्याप्त बता नहीं पा रहे थे—पंजाब और बंगाल के हिन्दू-बहुल जिले इसमें शामिल नहीं थे। ना ही वे इसे पर्याप्त सार्वभौम पा रहे थे क्योंकि गांधी "हिन्दुस्तान और पाकिस्तान के बीच सहयोग के बन्धन" चाहते थे। गांधी अलग होने के मुद्‌दे को भी मुस्लिम बहुल क्षेत्रों के सभी वयस्क लोगों के वोट के फैसले से जोड़ना चाहते थे। और फिर गांधी भारत के आज़ाद होने के बाद एक अलग देश बनाने के पक्ष में थे जबकि जिन्ना आज़ादी से पहले ही विभाजन चाहते थे, उन्हें भरोसा नहीं था कि कांग्रेस के शासनवाला भारत पाकिस्तान बनाने के वादे को निभाएगा।[147]

इसके लिए गांधी सहमत नहीं हो सकते थे। भाई-भाई के बीच बँटवारा हो सकता था। लेकिन वे यह मानने को तैयार न थे कि अंग्रेज विदा होने से पहले भारत को बाँट जाएँ। दोनों के बीच अन्तर काफी बड़े थे।

इसी बातचीत के दौरान जिन्ना ने गांधी से कहा कि वे निजी तौर पर बात करने की जगह कांग्रेस का प्रतिनिधित्व करने का हक़ भी ले लें। यह प्रक्रिया न तो

सम्भव थी—कांगेसी नेता जेल में थे—और ना ही जरूरी। कांग्रेस पर गांधी के असर के बारे में कोई विवाद नहीं था, खुद जिन्ना ने ही राजगोपालाचारी को जवाब देते हुए सीधे गांधी से प्रस्ताव की माँग की थी। फिर भी जिन्ना ने गांधी के अनधिकृत दर्जे का उल्लेख करते हुए दावा किया कि इससे "मुझे काफी परेशानी हुई।" उन्होंने बताया कि "लीग का अध्यक्ष होने के नाते मुझ पर किसी भी समझौते को मनवाने की बाध्यता होगी जबकि आप निजी हैसियत से सिर्फ इसकी सिफारिश-भर करेंगे।"[148]

शायद जिन्ना को यह अन्देशा था कि कांग्रेस जिन्ना-गांधी सन्धि को मानने से इनकार कर सकती है। वैसे यह भी सम्भव है, जैसा कि मरियम कहती हैं, 1928 में हिन्दुओं के हाथ हुए अपने अपमान, जोकि अधिकृत प्रतिनिधि न होने के चलते हुआ था, की बात भी जिन्ना के अन्तर्मन में हो और उन्होंने इस बार बदला लिया हो।[149] गांधी द्वारा लीग के कौंसिल से बात करने के आग्रह को जिन्ना द्वारा ठुकरा देना भी गौर करने की चीज है। जिन्ना ने कहा कि सिर्फ प्रतिनिधि ही कौंसिल की बैठक में जा सकते हैं। क्या उन्होंने शायद यह भी याद किया कि 1920 की नागपुर कांग्रेस में नाराज दर्शक जिन्ना की बात भी सुनने को तैयार न थे।

बातचीत के बाद जिन्ना ने कहा कि गांधी ने उनके साथ बहुत ही 'साफगोई' से बात की।[150] गांधी ने जिन्ना को 'भला आदमी' कहा[151] लेकिन 'साफगोई' और 'भलमनसाहत' से जिन्ना की प्रतिष्ठा बढ़ने और पाकिस्तान के बारे में उनके नजरिए के स्पष्ट होने के अलावा और कुछ भी हासिल न हुआ। गांधी 14 बार जिन्ना के घर गए, यह चीज कायद के महत्त्व को बताती है, और अनेक लोगों की राय है कि इससे मुसलमानों के बीच उनके अनुयायियों की संख्या बढ़ी, जो पहले से ही काफी थी।

बम्बई की बातचीत के तीन साल बाद जिन्ना ने पूर्ण स्वायत्त पाकिस्तान हासिल कर लिया और आज़ाद भारत की कांग्रेसी सरकार की जगह अंग्रेजी हुकूमत से ही। फिर भी यह पाकिस्तान के क्षेत्र के हिसाब से ठीक वैसा ही था जैसा गांधी ने देने की पेशकश की थी। जिन्ना और गांधी दोनों ने ही अपनी इच्छा के विपरीत बातों को कबूल किया। बम्बई की बातचीत के बारे में ख़लीकुज़्ज़मां, जो जिन्ना की मौत के बाद पाकिस्तान में लीग के अध्यक्ष बने, कहते हैं :

> *अगर मिस्टर जिन्ना की मंशा काट-छाँटवाले पाकिस्तान को कबूल कर लेने की होती तो उन्होंने आगे की बातचीत में आनेवाली परेशानियों का जिक्र किया होता...दुर्भाग्य से मिस्टर जिन्ना ने बातचीत तोड़ने से पहले मुस्लिम लीग की कार्यकारिणी की बैठक नहीं बुलाई।"*[152]

हम जिन्ना द्वारा पंजाब और बंगाल के हिन्दू-बहुल इलाकों की माँग की वैधता पर सवाल खड़े कर सकते हैं। जैसा कि मरियम बताती हैं, आत्मनिर्णय का दावा

"आम तौर पर इस इलाके के निवासियों के नाम पर" आगे किया जाता है।[153] ख़लीक़ुज़्ज़मां के अधिक कड़े शब्दों में, "सिर्फ एक ही समुदाय के लोगोंवाले इलाके के आत्मनिर्णय का अधिकार माँगने का दूसरा उदाहरण विश्व के इतिहास में नहीं है।"[154] अपने कौम के हकों के जुनून ने जिन्ना को इस स्थिति तक पहुँचाया था।

लेकिन विभाजन के समय के मामले में जिन्ना बिना तर्क की बात नहीं कह रहे थे। कांग्रेस के अधीन आ गया हिन्दुस्तान कहीं विभाजन का फैसला बदल न दे, इस अन्देशे से उन्होंने अंग्रेजों से कहा कि वे पहले हिन्दुस्तान को विभाजित कर दें, फिर विदा लें। गांधी की तरह ही इस पूरब के राष्ट्रवादी, जिसके राष्ट्रवाद में अब "हिन्दुस्तानी" की जगह "मुस्लिम" उपसर्ग जुड़ गया था, की इच्छा "अपनी सुविधा के अनुसार तुरन्त सारा कुछ निबटा लेने की"[155] थी और यह बात जिन्ना ने गांधी से भी कही थी। लेकिन वे चाहते थे कि समझौते पर अमल कांग्रेस सरकार की जगह अंग्रेजी हुकूमत करे। इसे स्वीकार करके गांधी को कोई भौतिक नुकसान नहीं होता। हम नहीं जानते कि ऐसी रियायत देने से समझौता हो जाता या नहीं, पर हम जानते हैं कि गांधी के राष्ट्रवादी जुनून ने उन्हें ऐसा नहीं करने दिया। जिन्ना के साथ उनकी बातचीत के तर्क का जवाब तर्क से, भावना का जवाब भावना से दिया गया था।

अब सारा कुछ शिमला स्थित वायसराय निवास पहुँचता है। गांधी और जिन्ना की अंग्रेजी राज से रिश्ता तोड़ने की इच्छा को जनमत का समर्थन हासिल है, यह बात पक्के तौर पर जानकर, और खुद इंग्लैंड में भी युद्ध के बाद का जनमत भारत को आज़ादी देने के पक्ष में होगा, यह सोचकर वावेल ने भारत को नई पेशकश करने पर चर्चिल की सहमति माँगी। चर्चिल ने जवाब दिया, "अभी हम पर कृपा कीजिए,"[156] लेकिन वावेल अपनी बात मनवाने में सफल रहे। ब्रिटिश हुकूमत से सहमति लेकर उन्होंने घोषणा की कि कांग्रेसी नेता रिहा किए जाएँगे; शिमला में बातचीत होगी, लेकिन आज़ादी और विभाजन के सवाल पर नहीं, "सभी राजनैतिक संगठनों के प्रतिनिधियों" की नई एक्जिक्यूटिव कौंसिल के बारे में।[157]

1945 की गर्मियों में जिन्ना और गांधी इस पहाड़ी शहर में पहुँचे। गांधी बातचीत में हिस्सा लेने नहीं, कांग्रेसी टोली को सलाह देने गए थे, जिसकी अगुवाई आज़ाद कर रहे थे। अपनी पक्की राय को मानते हुए जिन्ना ने आज़ाद की उपेक्षा की। वावेल के साथ बातचीत में भी उन्होंने कोई फलदायी बात नहीं की। उन्होंने नई 'राष्ट्रीय सरकार' में हिन्दुओं और मुसलमानों के बीच बराबरी की माँग की। वावेल और कांग्रेस सहमत हो गए। फिर उन्होंने जोर दिया कि लीग के अध्यक्ष की हैसियत से ही वे ही सभी मुसलमान मन्त्रियों का चुनाव करेंगे। वावेल और कांग्रेस इस पर सहमत नहीं हुए। कांग्रेस को निराश करते हुए और लीग को लाभ पहुँचाते

हुए वावेल ने बीचबचाव करने से इनकार कर दिया। उन्होंने सिर्फ यही घोषणा कर दी कि बातचीत असफल हो गई है और यथास्थिति बनी रहेगी।

राज के अनेक गवर्नरों ने वावेल से आग्रह किया कि वे नई मन्त्रिपरिषद का गठन करें और उन स्थानों को खाली छोड़ दें जिन्हें जिन्ना अपना मन बदलने की स्थिति में भरें, लेकिन इसका मतलब कांग्रेस के बहुमतवाला मन्त्रिमंडल होता। वावेल इसके खिलाफ थे। साल-भर बाद ब्रिटेन के महाराजा को लिखे पत्र में उन्होंने कहा कि वायसराय के रूप में वे कभी भी अपने दिमाग से उस याद को निकाल नहीं पाते कि भारत छोड़ो आन्दोलन ने युद्ध-प्रयासों को कितना नुकसान पहुँचाया था, जब वे सेना प्रमुख थे।[158]

जिन्ना की दृढ़ता या सख्ती का फायदा हुआ। शिमला की बातचीत के बाद मुसलमानों को लग गया कि ताकत जिन्ना के पास ही है। महत्त्वपूर्ण प्रान्त पंजाब में प्रधानमन्त्री खिजर हयात की जमीन जिन्ना के पास आ गई।

अपने अभियान को तेज करते हुए जिन्ना ने आरोप लगाया कि कांग्रेस के हिन्दू राज में मुसलमानों का वही हाल होगा जो "जर्मनी में यहूदियों का हुआ।" 1945 के उनके शब्द पहले से अधिक जुनूनी थे, "मैं कभी भी मुसलमानों को हिन्दुओं का गुलाम नहीं बनने दूँगा।" "जब समय आएगा तो मैं हिचकूँगा नहीं और एक भी कदम वापस नहीं खींचूँगा।" "मिस्टर गांधी और कांग्रेस ने हमें रौंदने की पूरी कोशिश की...इस धरती का कोई भी आदमी मुस्लिम लीग को नहीं कुचल सकता।" "जब कुर्बानी देने का समय आएगा तो सबसे पहले मैं अपने सीने पर गोली खाऊँगा।"[159]

उनका व्यक्तित्व पूरी कौम पर छा गया था। इस सफलता का रहस्य था उनकी ईमानदारी, एकनिष्ठा और निरन्तर एक बात कहने का मेल। कौम को मालूम था कि कायद जो कह रहे हैं उसका मतलब वही है, कि उन्होंने कभी भी अपने लक्ष्य को अपनी आँखों से ओझल नहीं होने दिया है, और कि उन्होंने एक ही रास्ते पर चलना जारी रखा है। अपनी ताकत का अन्दाजा होने के साथ ही जिन्ना ने अपने तौर-तरीकों से इसे बढ़ाया। बेगम लियाक़त अली ने लिखा है :

> *मैंने उन्हें किसी की तरफ उँगली उठाकर बात करते सुना है, "तुम बकवास करते हो, तुम क्या बात कर रहे हो, तुम्हें नहीं मालूम।" और ऐसे लोग हर बार उनके आगे खामोश हो जाते थे। बड़ी सभाओं में भी वे एक आँख वाला अपना चश्मा चढ़ाते, फिर उतारते और भाषण देते थे। जुबान की मुश्किल के बावजूद उनका पूरा रौब पड़ता था। वे उनसे अंग्रेजी में बोलते थे—लेकिन लोग सुनते थे। एकदम मोहित होकर।*[160]

जब वे सबसे मुँह मोड़कर अलग हो जाते थे तो मुस्लिम कौम के लोग उन्हें आज़ाद कहकर उनकी तारीफ करते थे, उनकी तरह कोई और व्यवहार करता तो उसे उद्दंड कहकर उसे दरकिनार कर दिया जाता। बेगम लियाक़त ने बलूचिस्तान

में जिन्ना के एक दौरे का किस्सा बयान किया है जिसमें एक भोज में उन्हें सैकड़ों लोगों से मिलना था : "एक बुजुर्ग कबीलाई सरदार जिन्ना की तरफ बढ़े और उनका हाथ अपने हाथ में ले लिया। अचानक ही अलगाव के मूड में आए जिन्ना ने कहा, "अगर मैं आपसे हाथ मिलाता हूँ, तो मुझे यहाँ मौजूद सभी लोगों से हाथ मिलाना होगा और उसके लिए वक्त नहीं है।"[161]

ऐसा नहीं है कि पार्टी के कार्यकर्ता या आम लोग क्या कहते हैं, इससे उन्हें कोई मतलब नहीं था। मार्च, 1946 में कलकत्ता में लीग के कार्यकर्ताओं को सम्बोधित करते हुए उन्होंने कहा, "मैं एक बूढ़ा आदमी हूँ। खुदा ने मुझे बहुत कुछ दिया है...फिर क्यों मैं अपना खून पानी करता हूँ, दौड़-भाग करता हूँ और इतनी मुसीबतें उठाता हूँ? पूँजीपतियों के लिए नहीं। आप गरीब लोगों के लिए।"[162] लीग को मिलनेवाले चन्दे की हर रसीद पर वे खुद दस्तखत करते थे। वे कहा करते थे, "जब मैं एक रसीद पर दस्तखत करता हूँ तो मैं जानता हूँ कि मैंने अपने लक्ष्य से सहानुभूति रखनेवाला एक और आदमी पा लिया है।"[163] रूढ़िवादी इलाकों में जाने पर वे इस बात का ख्याल जरूर रखते थे कि उनकी बहन, जो बुरका नहीं पहनती थीं, मंच पर उनके पास न बैठें। और उन्होंने अपने उद्देश्यों में मदद के लिए 'डॉन' नामक दैनिक अखबार शुरू किया। वे बहुत ही चालाक और सावधान अभियानकर्ता थे, जिन्हें पता था कि निजी तौर पर अलग-थलग रहने की अपनी आदत बदलने की जरूरत नहीं है, इससे उनका करिश्मा और बढ़ता ही है।

बहुत कम चीजों से कायद का मनोरंजन होता था। कभी-कभार वे घर में रखी बिलियर्ड की मेज पर खेल लेते थे या ताश खेलते थे। बस इतना ही। जैसा कि बोलिथो कहते हैं, "मेज ही उनका सब कुछ था, दिन के अधिकांश समय और रात में—सिर्फ बाहर के दौरों को छोड़कर।"[164] अपने फेफड़े के रोग की परवाह न करते हुए वे अपने दोस्तों से कहा करते थे, "कोई गम्भीर बात नहीं है,"[165] और घंटों श्रम करनेवाले जिन्ना अपनी धुन में ही खो गए थे। बाहर भले ही सारा कुछ फल-फूल रहा था, पर अपने विशाल घर में अकेले जिन्ना को निश्चित रूप से ऐसे आत्मीय लोगों की कमी खटकती होगी जिनके चेहरे पर सफलता की झलक दिखती। शुक्र है कि पूरी तरह निष्ठावान फातिमा उनके पास थीं। वैसे यह भी जान लेना चाहिए कि उनके घर का रसोइया हिन्दू था।

विश्वयुद्ध समाप्त हो गया था। लन्दन में चर्चिल की जगह एटली प्रधानमन्त्री बन गए थे और उन्होंने 1946 में चुनाव कराने के आदेश दे दिए थे। परिणाम जिन्ना की शानदार जीत के रूप में आए। लीग ने सेंट्रल एसेम्बली की सभी 30 मुस्लिम सीटों पर जीत हासिल की थी और प्रान्तीय एसेम्बलियों की 507 मुस्लिम सीटों में से 472 पर भी उसे जीत मिली थी। नौ साल पहले वह चुनाव में एकदम पिट गई थी। इस परिणाम के नौ वर्ष पहले जिन्ना से कहा गया था कि आप हिन्दुस्तान के

मुसलमानों की तरफ से नहीं बोल सकते। अब उनके गौरव के क्षण आ गए थे। सिर्फ एक ही जगह थी–पश्चिमोत्तर सीमा प्रान्त जहाँ मुस्लिम क़ौम ने उनकी बातों पर ध्यान नहीं दिया था और कांग्रेस-लाल कुर्ता गठबन्धन एक बार फिर सत्ता में आया था। अन्यथा बाकी सभी जगहों पर जिन्ना और पाकिस्तान के आह्वान को मुसलमानों का वोट मिला था। कांग्रेस ने एक बार फिर बड़ी जीत हासिल करते हुए सेंट्रल एसेम्बली की 56 सामान्य सीटें और प्रान्तीय एसेम्बली की 930 सामान्य सीटें जीती थीं और आठ प्रान्तों में उसकी सरकारें बनीं, लीग के नेतृत्व में बंगाल और सिन्ध में मिली-जुली सरकारें बनीं, जहाँ यह अकेली सबसे बड़ी पार्टी थी। पंजाब में भी लीग की स्थिति ऐसी ही थी, पर वहाँ वह सरकार नहीं बना पाई। कांग्रेस अध्यक्ष अबुल कलाम आज़ाद ने वहाँ खिजर हयात के नेतृत्व में यूनियनिस्ट-कांग्रेस-अकाली गठबन्धनवाली सरकार बना दी।

एटली ने अब घोषणा की कि जल्दी ही नई दिल्ली की सरकार को हिन्दुस्तानी करने के लिए एक कैबिनेट मिशन भारत जाएगा। इसके आगे उन्होंने जो कहा वह कांग्रेस को बहुत प्रिय लगा, "हमें अल्पसंख्यक के अधिकारों का पूरा एहसास है। दूसरी ओर हम एक अल्पसंख्यक को बहुसंख्यक के रास्ते में बाधा डालने का वीटो का अधिकार नहीं दे सकते।"[166]

24 मार्च को तीन सदस्यीय कैबिनेट मिशन भारत पहुँचा। भारतीय मामलों के ब्रिटिश मन्त्री लॉर्ड पेंथिक-लारेंस, जो भारतीय लोगों की आकांक्षाओं के पक्षधर थे; बोर्ड ऑफ ट्रेड के अध्यक्ष सर स्टेफोर्ड क्रिप्स, सदा की तरह तेज थे, पर जैसा कि वावेल कहा करते थे, "काले और सफेद, दोनों को भूरा मनवाने की क्षमता" से घनघोर आत्मविश्वास से भरे थे, और एडमिरल्टी के फर्स्ट लॉर्ड ए.वी. एलेक्जेंडर इसके सदस्य थे।

इस मिशन के दो उद्देश्य थे, वायसराय की एक्जिक्यूटिव कौंसिल को अस्थायी राष्ट्रीय सरकार में बदलना और एक दीर्घकालिक समाधान ढूँढ़ना, जिसका मतलब था पाकिस्तान की समस्या का सामना करना। इस 'त्रिमूर्ति' ने जिन्ना को राजगोपालाचारी के फॉर्मूलेवाला ही 'कटा-छँटा पाकिस्तान' देने की पेशकश की और कहा कि यह पूरी तरह स्वायत्त होगा और वे इसे सीधे अंग्रेजी हुकूमत से हासिल कर सकते हैं। कायद ने इस प्रस्ताव को ठुकरा दिया। इसके बाद उन्होंने एक वैकल्पिक प्रस्ताव रखा जिसमें एक ढीले-ढाले भारतीय संघ के अधीन ही जिन्ना के दावेवाला पूरा पाकिस्तान जिसमें पूरे बंगाल और पंजाब, असम, पश्चिमोत्तर सीमा प्रान्त, सिन्ध और बलूचिस्तान शामिल थे, देने की बात थी।

जिन्ना ने अपनी आपत्तियाँ दर्ज कराईं। इस संघ में कोई केन्द्र नहीं होगा, अगर यह बना भी तो दो बराबर हिस्सों को मिलाकर बनेगा जिसमें एक भाग मुसलमान समूहों का होगा और दूसरा, उनके कहे अनुसार हिन्दू समूहों का, और इसके अधिकार कम से कम होंगे। मुस्लिम समूह को पाँच से दस वर्षों के बाद अलग होने का अधिकार होगा।

कांग्रेस ने, जिसका प्रतिनिधित्व आज़ाद, जिनसे जिन्ना ने हाथ मिलाने से इनकार कर दिया, नेहरू और पटेल ने किया था, समूहों के अलग होने और शक्तिविहीन केन्द्र के विचार का विरोध किया। साथ ही इसने 'पाकिस्तान' समूह से अलग रहने के किसी प्रान्त के अधिकार के लिए दबाव डाला। कांग्रेस के दिमाग में असम, जो हिन्दूबहुल था और पश्चिमोत्तर सीमा प्रान्त थे, जहाँ पाकिस्तान को मुख्य मुद्दा बनाकर हुए चुनाव में लीग पराजित हो गया था।[167] कांग्रेस का मानना था कि इन दो प्रान्तों को 'पाकिस्तान' समूह में न जाने का हक़ मिलना ही चाहिए। जिन्ना उनको अनिवार्य रूप से इस समूह में रखने के लिए लड़ते रहे। उन्होंने कहा, "असम को पाकिस्तान के अलावा कहीं और रखने का कोई रास्ता नहीं है।"[168] जहाँ तक पश्चिमोत्तर सीमा प्रान्त की बात है, यह एक मुस्लिम प्रान्त है, और पाकिस्तान के अलावा इसकी और कोई जगह थी ही नहीं।

शिमला और दिल्ली में हफ्तों चली लम्बे-लम्बे दौर की बातचीतों के बाद जब यह स्पष्ट हो गया कि सहमति बननी मुश्किल है तो इस त्रिमूर्ति ने अपना अद्भुत और असंगत फैसला सुनाया। 16 मई को घोषित इस फैसले में सीमित परन्तु महत्त्वपूर्ण विदेश, प्रतिरक्षा और संचार कामों को देखनेवाले केन्द्र, काफी शक्तियों से लैस प्रान्त और पर्याप्त शक्ति से युक्त समूहों के गठन पर जोर दिया गया था। इसमें स्पष्ट रूप से कहा गया था कि बँटवारा एक उचित ख्याल नहीं है और मौजूदा प्रान्तीय विधायिकाओं द्वारा संविधान सभा चुनने का प्रस्ताव किया गया था। यह स्पष्ट रूप से इस बात की घोषणा करने में असफल रहा कि क्या असम और पश्चिमोत्तर सीमा प्रान्त को 'पाकिस्तान' समूह के साथ जाना अनिवार्य होगा। फैसले के 15वें पैराग्राफ में कहा गया था कि "प्रान्त विधायी और कार्यकारिणीवाले समूह बनाने के लिए आज़ाद होंगे," इसके 19वें पैराग्राफ में कहा गया था कि समूह के प्रतिनिधि प्रान्तों के संविधान बनवाएँगे "और यह फैसला भी करेंगे कि क्या ऐसे प्रान्तों में कोई सामूहिक संविधान भी लागू किया जाए।"[169] जैसा कि हम देखेंगे, इसकी असंगतियों ने काफी नाराजगी पैदा की।

जिन्ना और लीग एकदम सन्तुष्ट नहीं थे। फिर भी 6 जून को लीग ने इस योजना को मंजूर कर लिया, और साथ ही दावा किया कि "अनिवार्य समूहीकरण" की योजना में पाकिस्तान का गठन "खुद-ब-खुद" शामिल है। उसने इस बात को दोहराया कि "पूर्ण स्वायत्त पाकिस्तान" ही उसका अन्तिम लक्ष्य है[170] और कहा कि लागू होने पर यही योजना मुस्लिम समूह को "अलग होने का अधिकार और मौका देगी।" जैसा कि राज के दस्तावेज बताते हैं, कैबिनेट मिशन के एक सहयोगी वुडरो वाट ने जिन्ना को सलाह दी थी कि अपनी नापसन्दगी के बावजूद लीग इस योजना को "पाकिस्तान के गठन की दिशा में पहले कदम के रूप में"[171] मंजूर कर सकती है।

कांग्रेस उलझन में थी। पाकिस्तान की बात को साफ तौर पर ठुकराने और 15वें पैराग्राफ को उसने पसन्द किया। लेकिन यह 25 मई के मिशन के इस बयान से परेशान थी कि समूहीकरण की कांग्रेस की व्याख्या "प्रतिनिधिमंडल की मंशा से

मेल नहीं खाती।''[172] कांग्रेस का अन्तिम फैसला राज के एक अन्य बयान से प्रभावित था जो नई ''राष्ट्रीय सरकार'' के बारे में था।

16 जून को वायसराय ने घोषणा की कि वे नई राष्ट्रीय सरकार के गठन के लिए 14 लोगों को न्यौता दे रहे हैं। जिन्ना और लीग के उनके चार सहयोगियों, नेहरू, जो तभी आज़ाद की जगह कांग्रेस अध्यक्ष बने थे, और पाँच अन्य हिन्दू कांग्रेसियों, जिनमें एक हरिजन हो; तथा तीन अन्य, एक सिख, एक पारसी और एक ईसाई, को। अगर कांग्रेस या लीग दोनों ने ही नई सरकार में न आने का फैसला किया, तब क्या होगा ? वायसराय ने कहा, और यह महत्त्वपूर्ण था, कि ऐसी स्थिति में नया मन्त्रिमंडल संवैधानिक एवार्ड को ''माननेवालों का अधिक से अधिक प्रतिनिधित्व करेगा।'' यह धारा जोड़ना क्रिप्स का प्रस्ताव था जिससे लीग और कांग्रेस इस फैसले को मानें।*

जिन्ना ने नई सरकार के गठन के प्रस्ताव को पसन्द नहीं किया। लीग के पाँच लोगों के मुकाबले कांग्रेस के छह लोगों को न्यौतने के साथ ही जिन सिख, पारसी और ईसाई प्रतिनिधियों को न्यौता गया था, वे भी कांग्रेसपरस्त लगते थे। फिर भी वह एक महत्त्वपूर्ण बात पर सन्तुष्ट थे : जिन मुसलमानों को न्यौता गया था, वे सभी लीग के थे। उन्होंने प्रस्ताव को नहीं ठुकराया, उन्होंने कांग्रेस का रुख साफ होने का इंतजार किया। वे जानते थे, जैसा कि वावेल और अन्य लोगों को भी मालूम था कि कांग्रेस वावेल को हाँ नहीं कह सकती। लीग के अलावा किसी और मुसलमान को न बुलाने से ऐसा निश्चित हो गया था। अगर कांग्रेस वावेल प्रस्ताव को ठुकरा दे और जिन्ना न करें तो क्या यह सम्भव न होता कि वे नई सरकार का नेतृत्व करें, जो अंग्रेजी हुकूमत के बाद पहली हिन्दुस्तानी सरकार होती ?

पैंथिक-लारेंस और क्रिप्स को सिर्फ लीग के हाथ में सत्ता सौंपने की बात सोचना भी असम्भव लगता था। एलेक्जेंडर और वावेल को सूचित किए बिना या उनसे राय-मशविरा किए बिना उन्होंने पटेल, नेहरू और आज़ाद को संवैधानिक योजना मान लेने की सलाह, वावेल के शब्दों में ''भड़काया,''[174] दी। कांग्रेसी नेताओं को कहा गया कि अगर वे वायसराय के नए मन्त्रिमंडल के प्रस्ताव को ठुकराते हुए संवैधानिक एवार्ड को मान लेते हैं तो क्रिप्सवाली धारा के चलते उन्हें मन्त्रिमंडल में स्थान ही नहीं मिलेगा, उन्हें अपने प्रतिनिधियों का चुनाव करने की आज़ादी भी रहेगी।

लीग के हाथ में सरकार को सौंप देना कांग्रेसी नेताओं को कभी भी मंजूर नहीं होता। उन्होंने इसके बदले संवैधानिक एवार्ड को मान लिया। लेकिन उन्होंने इसे अपनी इस व्याख्या के साथ माना, जो महत्त्वपूर्ण है, कि 15वाँ पैराग्राफ प्रान्तों को पाकिस्तान समूह से बाहर रहने का विकल्प देता है। जहाँ तक कांग्रेस की बात

---

* अगर इस तरह शर्तों के अनुसार दो मुख्य पार्टियाँ या उनमें से कोई भी गठबन्धन सरकार में नहीं आती तो वायसराय 16 मई के बयान से सहमत लोगों का अधिक से अधिक प्रतिनिधित्व करनेवालों की अन्तरिम सरकार गठित करने की दिशा में कदम उठाएँगे।[173]

है, इसके लिए मिशन की 25 मई की व्याख्या का कोई महत्त्व नहीं था, उसके लिए मिशन की मंशा की जगह इस पैराग्राफ के शब्दों का महत्त्व था। गांधी ने, जो असम और पश्चिमोत्तर सीमा प्रान्त को उनकी मंजूरी के बिना पाकिस्तान के क्षेत्र में शामिल करने के एकदम विरोधी थे, कांग्रेस को इस संवैधानिक एवार्ड को ठुकरा देने की सलाह दी थी। लेकिन उसे मन्त्री पद ललचा रहा था; उसे गांधी की सलाह नहीं भायी।

यह 25 जून की सुबह की बात है। उस दिन बाद में सरकार और जिन्ना को बता दिया गया कि कांग्रेस वावेल प्रस्ताव को नामंजूर कर रही है और कैबिनेट मिशन के प्रस्ताव को स्वीकार कर रही है। जवाब के तौर पर कायद ने तुरन्त घोषित किया कि लीग वावेल की शर्तों को मानेगी और उनके द्वारा प्रस्तावित सरकार में शामिल होगी। इसके साथ ही उन्होंने अंग्रेजी हुकूमत से आग्रह किया कि वह कांग्रेस की दीर्घावधि एवार्ड की 'गैरजिम्मेदाराना' स्वीकृति को न माने। इस तरह वे जिन्ना सरकार के गठन की और माँग की उम्मीद कर रहे थे।

लेकिन काफी देर हो गई थी। लीग की तरह वावेल को भी लगा कि "कांग्रेस का स्वीकृति-पत्र असल में गैर-ईमानदारीवाली स्वीकृति की तरह मानना ही होगा।"[175] एक बार ऐसा मान लेने के बाद क्रिप्सवाली धारा के चलते कांग्रेस को नई सरकार की संरचना के बारे में वावेल से फिर से बात शुरू करने का अधिकार मिल गया। वावेल का 16 जून का प्रस्ताव रद्द कर दिया गया।

जिन्ना काफी निराश हो गए। बिगड़ते स्वास्थ्य के बावजूद उन्होंने उल्लेखनीय चौकसी और दिलेरी का प्रदर्शन किया था। उन्होंने हर प्रस्ताव की हरेक बात की बारीक छानबीन की थी। उन्होंने वावेल से अनेक वायदे करा लिये थे और इससे लीग की स्थिति काफी सुदृढ़ कर ली थी। फिर उन्हें झुककर राज के प्रस्तावों को स्वीकार करना पड़ा। यह सही है कि वह तब भी मानते थे कि 'पूर्ण स्वायत्त पाकिस्तान' ही उनका लक्ष्य है; लेकिन पहली बार उन्होंने एक ऐसे प्रस्ताव पर हामी भरी जिसमें पाकिस्तान बनाने की बात शामिल नहीं थी। उनकी रणनीति और कांग्रेस के नजरिए ने उन्हें अपने इस महान लक्ष्य के एकदम पास ला दिया था। पर अन्तिम क्षण में यह लक्ष्य गायब हो गया।

वे गुस्से से भरे हुए थे। उन्होंने कांग्रेस पर बेईमानी, पैंथिक-लारेंस और क्रिप्स पर विश्वासघात और वावेल पर दगाबाजी का आरोप लगाया। उन्हें लगता था कि उनके द्वारा दोनों प्रस्तावों को मानने और कांग्रेस द्वारा वावेल प्रस्ताव को ठुकरा देने के बाद वायसराय जिन्ना को सरकार के गठन के लिए आमन्त्रित करने के लिए "वचनबद्ध"[176] हैं। यहाँ जिन्ना गलत सोच रहे थे, और पाकिस्तानी लेखक जे. अहमद भी जो कहते हैं, "सर स्टैफोर्ड क्रिप्स ने 8वें पैराग्राफ में गलत व्याख्या की थी।" अहमद दावा करते हैं कि इस पैराग्राफ का 'सीधा मतलब'–क्रिप्स की धारा–लीग को सरकार बनाने के लिए बुलाना था।[177] लेकिन क्रिप्सवाली धारा के शब्दों के अनुसार कांग्रेस द्वारा संवैधानिक एवार्ड को स्वीकार कर लेने से वावेल के हाथ बँध गए और लीग की सरकार के गठन की सम्भावनाएँ समाप्त हो गईं।

अपनी सारी सावधानी के बावजूद जिन्ना क्रिप्सवाली धारा के निहितार्थों को नहीं समझ पाए। अपनी नाराजगी में जिन्ना ने आरोप लगाया कि क्रिप्स ने इस धारा के "शानदार और बेईमानी-भरे निर्माण" में अपनी "पूरी क्षमता लगा दी थी।"[178] ऐसा नहीं था, फिर भी मिशनवाली योजना पर कांग्रेस द्वारा बेईमानी करने और पैंथिक-लारेंस तथा क्रिप्स पर कांग्रेस से हेलमेल करने का उनका आरोप सही था। एक बार जब मिशन ने अनिवार्य समूहीकरण की बात रखने की मंशा जाहिर की थी तो कांग्रेस को या तो इसे स्वीकार करना था या ठुकरा देना था।

अंग्रेजी हुकूमत कांग्रेस की स्वीकृति को गम्भीर न होने के आरोप में ठुकरा नहीं सकती थी क्योंकि पैराग्राफ 15 की बातें कांग्रेस की स्थिति का समर्थन करती थीं। दूसरी ओर 19वें पैराग्राफ की बनावट लीग के पक्षवाली थी। यह असंगति जानबूझकर छोड़ी गई थी और जैसा कि हम देखते हैं, कांग्रेस और लीग दोनों ने ही बाद में अलग-अलग कहा कि स्वीकृति प्रामाणिक नहीं हो सकती। मिशन ने यह गड़बड़ दोनों पक्षों की स्वीकृति पाने के लिए की थी; उन्हें एटली और हाउस ऑफ कॉमंस को यह सूचित करने की बेचैनी थी कि नई दिल्ली में भारतीय सरकार सत्ता सँभाल रही है। लेकिन असल में 'सफेद और स्याह रंगों को तटस्थ और स्वीकार्य धूसर बता देने' की चालाकी ने कांग्रेस-लीग की खाई को पाटने की दिशा में होने के आरोप के जवाब में यह आरोप लगाया कि जिन्ना ने ही मिशन की योजना को नहीं माना था। क्या उन्होंने खुलेआम यह संकेत नहीं दिया था कि वे इसका उपयोग बृहत्तर पाकिस्तान के लिए सीढ़ी के रूप में करेंगे?

नेहरू ने अब आक्रामक बयान जारी किए। उन्होंने घोषणा की कि मिशन ने जितना माना है, संघ उससे कहीं अधिक मजबूत होगा, कि समूहीकरण की योजना शायद कभी भी फलीभूत नहीं होगी, और कि मिशन की योजना के अनुसार जो संविधान सभा बन रही है उसे इसके प्रावधानों को भी बदलने का अधिकार होगा।

कुछ लोगों को उम्मीद थी कि जिन्ना हिम्मत हार जाएँगे। इसी समय कायद से मिले उनके एक अनुयायी ने सोचा कि उनका "बूढ़ा नेता अब सचमुच बूढ़ा लगता है।" इस अनुयायी ने बाद में कहा, "जिन्ना के हाथ में गिलास काँप रहा था। जितने वर्षों से मैं उन्हें जानता था, पहली बार वे पराजित से लगे, मानो आखिरकार उनके ऊपर का बोझ उन्हें बहुत भारी लगने लगा हो।"[179]

लेकिन इस अनुयायी ने गलत समझा। जिन्ना ने नेहरू की टिप्पणियों के खिलाफ हथियार उठाए। लीग ने मिशन के प्रस्ताव पर अपनी स्वीकृति को रद्द कर दिया और पाकिस्तान हासिल करने के लिए 'डायरेक्ट एक्शन' का फैसला किया।[180] मुसलमानों से अपनी पदवियाँ छोड़ने और 'डायरेक्ट एक्शन डे' मनाने को कहा गया। कायद ने कहा :

आज हमने जो कुछ किया है वह हमारे इतिहास का सबसे ऐतिहासिक काम है...पूरे समय अंग्रेजों और कांग्रेस ने अपने-अपने हाथों में पिस्तौल पकड़े रखी, एक के हाथ में सत्ता और फौज की पिस्तौल थी तो दूसरे के हाथ में

जन-आन्दोलन और असहयोग की। आज हमने भी एक पिस्तौल हासिल कर ली है और इसे इस्तेमाल करने की स्थिति में हैं।[181]

'डायरेक्ट एक्शन' की घोषणा करते हुए जिन्ना ने दावा किया कि लीग ने "भलमनसाहत में पूरे हिन्दुस्तान की आज़ादी के लिए कांग्रेस की बेदी पर पाकिस्तान का पूर्ण स्वायत्त राज्य कुर्बान कर दिया।"[182] लेकिन बदले में उसे "अपमान और तिरस्कार" ही मिला।

जिन्ना ने कभी किसी कानून का उल्लंघन नहीं किया था, पर अपने जीवन में पहली बार उन्होंने अवज्ञा की भाषा बोली थी। उन्होंने लीग की रैली में कहा कि मैं जेल ज़ाना चाहता हूँ, और निश्चित रूप से उन्होंने सोचा था कि उन्हें गिरफ्तार कर लिया जाएगा। एक 75 वर्ष का बूढ़ा उठ खड़ा हुआ और जोर से बोला, "कायद-ए-आजम को जेल नहीं जाना चाहिए। पहले हम लोगों को अपना जीवन कुर्बान कर देना चाहिए। मैं खुद को अपनी खुली छाती पर पुलिस की पहली गोली खाने के लिए पेश करता हूँ।"[183] लेकिन इस बात का कोई संकेत नहीं है कि राज जिन्ना को जेल में डालने की सोच भी रहा था।

'डायरेक्ट एक्शन डे' हंगामेदार रहा। बंगाल की राजधानी कलकत्ता में हत्या, आगजनी, लूटपाट और बलात्कार हुए। यहाँ सुहरावर्दी के नेतृत्व में लीग के प्रभुत्ववाली सरकार थी। वावेल के साथ विवाद में जिन्ना का पक्ष लेनेवाले और लीग के प्रति कोई प्रतिकूल रुख रखनेवाले अखबार स्टेट्समैन ने लिखा, "इस भयावह नरसहांर–जिसे हम भारत के इतिहास का सबसे बुरा साम्प्रदायिक दंगा मानते हैं–की शुरुआत मुस्लिम लीग के राजनैतिक प्रदर्शन से हुई।"[184] अगर लीग ने हत्याओं की शुरुआत की तो तुरन्त हिन्दू गिरोहों ने इसमें बढ़त ले ली। राजगोपालाचारी को लिखी चिट्ठी में वल्लभभाई पटेल ने लिखा, "यह कलकत्ता का नरसंहार लीग के लिए एक अच्छा सबक होगा क्योंकि मैं सुनता हूँ कि मरनेवालों में मुसलमानों की संख्या बहुत ज्यादा है।"[185]

इस बीच वावेल ने नेहरू से अन्तरिम सरकार के लिए मन्त्रियों की टोली जुटाने को कहा था। सितम्बर के शुरू में कांग्रेस द्वारा मनोनीत मन्त्रियों, जिनमें एक मुसलमान कांग्रेसी और दो स्वतन्त्र मुसलमान थे, ने शपथ ले ली। भोपाल के नवाब, जो जिन्ना और गांधी दोनों के दोस्त थे, की पहल पर इन दोनों ने अक्तूबर, 1946 में बातचीत की। दो वर्षों के दौरान यह उनकी पहली बातचीत थी। गांधी ने स्वीकार किया कि "हिन्दुस्तान के मुसलमानों का प्रतिनिधित्व करने का निर्विवाद अधिकार" सिर्फ लीग को ही है और आखिर में जिन्ना इस बात पर सहमत हुए कि कांग्रेस-लीग गठबन्धन में "कांग्रेस जिसे अपना उचित प्रतिनिधि माने रख सकती है।"[186] लेकिन दिल नहीं मिले, ये दोनों पाकिस्तान या समूहीकरणवाले मसले पर सहमत नहीं हुए।

वावेल भी गठबन्धन के सवाल पर जिन्ना से बात कर रहे थे। कायद ने कहा कि लीग सरकार में शामिल होगी और वे तब बातचीत से उठकर नहीं चले गए,

जब वावेल ने उनसे कहा कि कांग्रेसी मुसलमान मन्त्री को हटाना सम्भव नहीं है–कायद अब सत्ता की कीमत चुकाने को तैयार थे। लेकिन उन्होंने अपनी तरफ से भी चौंकाने वाला फैसला किया : लीग की ओर से मन्त्री बननेवालों की सूची में जोगेन्द्रनाथ मंडल का भी नाम था जो पूर्वी बंगाल के (हिन्दू) हरिजन थे। अगर कांग्रेस ने मुसलमानों को बाँटा है, जैसा कि जिन्ना आरोप लगाते थे, तो वे भी हरिजनों को तोड़ेंगे।

जिन्ना ने खुद को सरकार से बाहर रखा। वे नेहरू के अधीन काम नहीं कर सकते थे। और उन्होंने स्पष्ट कर दिया कि गठबन्धन में शामिल होने का मतलब न तो संघ को मान लेना है, न पाकिस्तान की माँग को छोड़ना। अमेरिका में जिन्ना के 'निजी दूत' इस्पहानी ने कहा, "लीग की भागीदारी का सिर्फ इतना ही मतलब है कि पाकिस्तान का संघर्ष सरकार के अन्दर और बाहर दोनों जगह चलेगा।"[187] समानान्तर संस्था के रूप में काम करते हुए लीग के मन्त्रियों ने नेहरू के काउंसिल के उप-राष्ट्रपति और असल में प्रधानमन्त्री के दर्जे की अवहेलना की। जिन्ना ने सार्वजनिक तौर पर कहा, "अगर वह (नेहरू) असलियत पर उतरें और शान्ति से सोचें तो उन्हें जरूर समझ आ जाएगा कि वे न तो प्रधानमन्त्री हैं, ना ही यह नेहरू सरकार है; वे सिर्फ विदेशी मामलों और राष्ट्रमंडल विभाग के सदस्य हैं।"[188] पहले दिन से ही गठबन्धन सरकार विवाद का कारण बन गई थी।

दिसम्बर, 1946। कांग्रेस अभी भी लीग को संघ बनाने पर सहमत करने के लिए मना रही थी और लीग अनिवार्य समूहीकरण के लिए जोर दे रही थी, ब्रिटेन की सरकार ने समझौते की उम्मीद से जिन्ना, नेहरू और वावेल को बातचीत के लिए लन्दन बुलाया। जिस विमान से उन तीनों ने यात्रा की थी, उसमें हुई बातचीत संक्षिप्त लेकिन सद्भावनापूर्ण थी। लन्दन में बेलाग बातचीत हुई, पर इससे कोई सहमति नहीं बन पाई। ब्रिटिश मन्त्रिमंडल में क्रिप्स और पैंथिक-लारेंस कांग्रेस के नजरिए को समर्थन देते लगे, एलेक्जेंडर और वावेल ने लीग का पक्ष लिया। एटली ने पलड़े को जिन्ना के पक्ष में झुका दिया। ब्रिटिश सरकार ने फैसला दिया कि प्रान्तों को अपने समूहों में जाना ही होगा और समूह द्वारा बनाए संविधान को मानना होगा। जैसा कि पटेल कहते हैं, "जवाहरलाल एकदम टूटा दिल लेकर लौटे।"[189] खुद पटेल भी क्रोधित थे। उन्होंने क्रिप्स को लिखा :

> *आप जानते हैं कि गांधी जी हमारी सन्धि के सख्त खिलाफ थे, मैंने अपना वजन इसके पक्ष में डाला था...एक विश्वासघात हुआ है...ब्रिटिश सरकार की व्याख्या का मतलब तो यह होता है कि बंगाल के मुसलमान असम के लिए संविधान बना सकते हैं...क्या आपको लगता है कि ऐसे राक्षसी प्रावधान को असम के हिन्दू मान लेंगे।*[190]

जब कांग्रेस ने घोषणा की कि ब्रिटिश हुकूमत के फैसले के बावजूद असम और पश्चिमोत्तर सीमा प्रान्त "अपनी इच्छा से जो उचित समझें, करने को आज़ाद हैं,"[191] तो जिन्ना ने मिशन योजना को समाप्त करने, संविधान सभा को भंग करने और पाकिस्तान के गठन की माँग की।

बीमार और थके जिन्ना मानसिक असन्तुलन के छोटे दौर से भी गुजरे; कुछ समय के लिए उन्हें रेडियो पर समाचार सुनने की भी मनाही थी। लेकिन ब्रिटेन सरकार द्वारा किए एक बड़े फैसले के तुरन्त बाद उनका स्वास्थ्य सामान्य हो गया। 20 फरवरी, 1947 को एटली ने घोषणा की कि ब्रिटेन "जून 1948 तक निश्चित रूप से जिम्मेदार हिन्दुस्तानी हाथों में सत्ता सौंप देगा।" उन्होंने आगे कहा कि ब्रिटिश सरकार "को विचार करना होगा कि तय तारीख को हिन्दुस्तान की सत्ता किसे सौंपी जाए, किसी एक केन्द्रीय सरकार को या कुछ इलाकों की मौजूदा प्रान्तीय सरकारों को या फिर किसी और उपयुक्त तरीके से।"[192] एटली ने कहा कि वावेल हिन्दुस्तान से हट जाएँगे और उनकी जगह ब्रिटेन के महाराजा के चचेरे भाई लॉर्ड लुईस माउंटबेटन नए वायसराय होंगे।

नेहरू को लिखी एक चिट्ठी में गांधी ने कहा, "इससे उन प्रान्तों अथवा इलाकों का पाकिस्तान बन सकता है जो इसे चाहेंगे।"[193] अगर ब्रिटेन हिन्दुस्तान के बँटवारे को राजी लग रहा था तो इसका प्रतिरोध करने की कांग्रेस की इच्छाशक्ति समाप्त हो गई लगती थी। गठबन्धन का उसका अनुभव कुंठा पैदा करनेवाला था। कांग्रेसी मन्त्री एक भी पद पर नियुक्ति या एक भी तबादला लीग के विरोध के बिना नहीं कर सकते थे। देश में अन्न की कमी थी और हड़ताल आम हो गई थी, फिर मन्त्रिमंडल और नौकरशाही में हुए ध्रुवीकरण कुछ भी उपाय नहीं होने दे रहे थे। नेहरू और पटेल ने निष्कर्ष निकाला कि ऐसे 'एकीकृत' भारत से, जिसमें उनके हाथ बँधे हों, छोटा भारत ही बढ़िया है जिसमें वे पूरी आज़ादी से काम कर सकें। एटली की घोषणा से तीन दिन पहले पटेल ने वावेल से कहा था कि, "वे मुसलमानों को पश्चिमी पंजाब, और सिन्ध और वहाँ के लोग चाहें तो पश्चिमोत्तर सीमा प्रान्त तथा पूर्वी बंगाल भी देने को एकदम तैयार हैं।"[194]

एटली की इस घोषणा से कि प्रान्तों को भी आज़ादी दी जा सकती है, उन पर नियन्त्रण की लड़ाई छिड़ गई। पहले से ही बंगाल और सिन्ध में सरकारें चला रही और बलूचिस्तान को भी अपना गिन सकने में सक्षम लीग पंजाब और पश्चिमोत्तर सीमा प्रान्त हासिल करने को कृतसंकल्प थी। असम की कांग्रेसी सरकार को गिराने की कोशिश असफल हो गई, लेकिन मुस्लिम प्रान्तों में 'पाकिस्तान' और 'इस्लाम खतरे में है,' के नारे संयुक्त रूप से बुलन्द हुए और उन्हें जबरदस्त समर्थन मिला। लीग के नेतृत्ववाले सिविल नाफरमानी आन्दोलन ने पश्चिमोत्तर सीमा प्रान्त में डॉ. खान साहिब की लाल कुर्ता कांग्रेस मन्त्रिमंडल की सत्ता समाप्त कर दी और पंजाब में चले इसी तरह के अभियान के भी ठोस नतीजे निकले।

अब और अधिक इस्लाम का दगाबाज कहलाना पसन्द न करनेवाले खिजर हयात ने 2 मार्च को इस्तीफा दे दिया। अगले दिन पंजाब एसेम्बली में लीग के नेता ममदोत के खान को मन्त्रिमंडल का गठन करने को कहा गया। खिजर मन्त्रिमंडल को समर्थन देनेवाले सिखों ने इसे दमन की शुरुआत माना; उनके नेता मास्टर तारा सिंह ने चार सिख युवकों से तलवारें उठाने को कहा, लेकिन मुसलमान रक्षक भी तैयार थे। लाहौर, अमृतसर, रावलपिंडी और मुल्तान में नरसंहार हुए और विभाजन का विरोध करने के मामले में कांग्रेस और कमजोर हुई।

अगस्त, 1946 में कलकत्ता में हुई हत्याओं के बाद पूर्वी बंगाल के नोआखली में हिन्दुओं की तथा बिहार और संयुक्त प्रान्त में मुसलमानों की हत्याएँ हुईं। क्रूरताओं के किस्से रोंगटे खड़े करनेवाले थे। ऐसा लगा कि भारत को एकजुट रखने की कीमत गृहयुद्ध के रूप में चुकानी होगी। माउंटबेटन के भारत आगमन के करीब तीन हफ्ते पहले कांग्रेस कार्यसमिति ने, जिसने गांधी को बुलाए या उनकी राय लिए बिना बैठक की, खास तौर से पंजाब के विभाजन का प्रस्ताव किया और बंगाल का विभाजन भी मान लेने का संकेत दिया। और साथ ही इसने कहा कि संविधान सभा जिस संविधान का निर्माण कर रही है, वह सिर्फ उसी इलाके में लागू होगा जो इसे मानेगा।[195] नतीजा यह कि आखिरकार कांग्रेस पाकिस्तान को मान्यता दे रही थी।

फिर भी यह वह पाकिस्तान नहीं था जिसकी माँग जिन्ना कर रहे थे। उन्होंने पंजाब और बंगाल को विभाजित करने के सुझाव का जोरदार विरोध किया। गांधी ने भी इस सुझाव को नापसन्द किया, वे अभी भी एक हिन्दुस्तान की अवधारणा से चिपके रहे। पर जल्दी ही उन्होंने इसे बिखरते देखा, और जिन्ना को भी 'पूर्ण' पाकिस्तान बिखरता दिखा जिस पर उन्होंने अपना दिल लगा रखा था। एक बार फिर वे दोनों, माउंटबेटन के आने के तुरन्त बाद ही, जिन्ना के दिल्लीवाले घर में मिले। उनकी बातचीत करीब तीन घंटों तक चली और दोस्ताना थी। पटेल ने इस बैठक का यह कहते हुए विरोध किया कि इससे सिर्फ जिन्ना की प्रतिष्ठा बढ़ेगी। गांधी ने जवाब दिया कि अगर जरूरी हुआ तो वे 'हजार बार' खुशी-खुशी विनती करेंगे।[196] विभाजन के सवाल पर असहमति की सहमति के साथ ही दोनों ने शान्ति की अपनी अपील दोहराई, जिसे वे पहले भी कर चुके थे। दोनों के तौर-तरीकों का वैषम्य कम नहीं हुआ था। जिन्ना ने अपील पर अंग्रेजी में दस्तखत किए और गांधी ने उर्दू, हिन्दी और अंग्रेजी में।

गांधी ने अब पाकिस्तान को रोकने की आखिरी कोशिश की। उन्होंने माउंटबेटन के सामने प्रस्ताव रखा कि वे अन्तरिम सरकार को भंग कर दें और जिन्ना से नई सरकार बनाने को कहें, उन्हें अपना मन्त्रिमंडल चुनने और पाकिस्तान के लिए काम करने की पूरी आज़ादी हो। दस साल पहले वे नेहरू और पटेल की कीमत पर जिन्ना को कुछ बोलने का हक़ भी नहीं देना चाहते थे। अब वे उन दोनों की राजनैतिक बलि देने पर विचार करने को भी तैयार थे। गांधी ने कहा कि जब तक माउंटबेटन जिन्ना को भारत के हित में काम करता मानेंगे, तब तक सेंट्रल एसेम्बली

में अपने बहुमत के चलते कांग्रेस जिन्ना के नेतृत्ववाली सरकार के मार्ग में रुकावट न डालने का वचन देगी।

कांग्रेस के नेता जिन्ना-माउंटबेटन की जोड़ी के शासन को स्वीकार करना नहीं चाहते थे। आज़ाद के अनुसार, "जवाहरलाल और पटेल, दोनों ने इसका जोरदार विरोध किया और गांधी जी को इसे वापस लेने के लिए विवश किया।"[197] कांग्रेस के आश्वासनों पर कभी भरोसा न करनेवाले जिन्ना ने क्या इस प्रस्ताव को मंजूर किया था? चौधरी मुहम्मद अली सोचते हैं कि नहीं; पर जिन्ना के हाल के जीवनीकार स्टेनली बोल्पर्ट गांधी की "अकेली उदार पेशकश" की बात करते हुए कहते हैं, "सम्भव है कि यह काम कर गई होती, निश्चित रूप से यही रामबाण इलाज था।"[198] लेकिन यह ऐसा साबित नहीं हुआ, जिन्ना को तो यह परेशान करनेवाला साबित हुआ।

हमें माउंटबेटन योजना के विस्तार में जाने की जरूरत नहीं है जिसे सभी पार्टियों ने स्वीकार कर लिया और जिसे पर्याप्त चर्चा मिल चुकी है। जिन्ना ने कटे-छँटे पाकिस्तान के गठन की निन्दा की, पर इसे स्वीकार कर लिया। उन्होंने "पूर्वी और पश्चिमी पाकिस्तान को जोड़ने के लिए एक गलियारे" की माँग की, जिसे ठुकरा दिया गया।[199] (उन्हें सारे मुस्लिम-बहुल इलाके मिल गए जिनमें पश्चिमोत्तर सीमा प्रान्त भी है जहाँ जनमत संग्रह के परिणाम पाकिस्तान के पक्ष में गए थे।) उन्होंने कहा, "नहीं पाकिस्तान से तो बेहतर है काना पाकिस्तान।"[200] माउंटबेटन ने बहुत साफ शब्दों में कायद को कह दिया था कि "एकमात्र दूसरा विकल्प भारत को एक रखना ही है।"[201] 1955 से 1956 तक पाकिस्तान के प्रधानमन्त्री रहे चौधरी मुहम्मद अली के अनुसार, माउंटबेटन की कूटनीति ने भी अपनी भूमिका निभाई। चौधरी मुहम्मद अली कहते हैं कि जिन्ना और लियाक़त अली तथा कांग्रेसी नेता "राजवंश के सदस्य की चमक से चौंधिया गए थे।"[202] चौधरी मुहम्मद अली आगे कहते हैं :

> *जिन्ना जैसा अलग-थलग रहनेवाला और स्वाभिमानी आदमी भी माउंटबेटन के बारे में असाधारण रूप से अच्छे लहजे में बात करता है...माउंटबेटन ने जिन्ना की भावनाओं का उचित जवाब नहीं दिया...लेकिन जिन्ना को इसकी परवाह नहीं थी। माउंटबेटन ने कांग्रेस के आगे मुस्लिम लीग और लीग के आगे कांग्रेस के नेताओं की आलोचना करके दोनों ही पक्ष के नेताओं का दिल जीत लिया था। जब वे कांग्रेसी नेताओं को अपने पक्ष में करने के लिए दिन-रात जुटे थे तो वे उनके सामने जिन्ना को हठी आदमी बताते रहे।*[203]

जिन्ना ने कटा-छँटा पाकिस्तान ही कबूल कर लिया क्योंकि वे कुछ और नहीं कर सकते थे; जिस तर्क के आधार पर लीग ने पाकिस्तान की माँग की थी उसी के आधार पर पंजाब और बंगाल का बँटवारा हुआ था। फिर भी कायद ने अपनी लिखित सहमति देने से इनकार कर दिया।

वे अपना "हठी रूप और न झुकनेवाली मुद्रा" नहीं छोड़नेवाले थे। ये विशेषण चौधरी मुहम्मद अली के हैं जो "पाकिस्तान की लड़ाई"[204] में इस मुद्रा को महत्त्वपूर्ण मानते हुए इसकी तारीफ करते हैं। जिन्ना तब भी नहीं झुके जब उनके दस्तखत चाह रहे माउंटबेटन ने "एकदम एकीकृत भारत" ही रखने की चेतावनी दी जिसमें मुसलमान "हिन्दुओं की दया" पर रहेंगे।[205] इस डरावनी तस्वीर को रखने पर जिन्ना की प्रतिक्रिया को माउंटबेटन के प्रेस सहायक एलन कैंपबेल-जानसन ने दर्ज किया है : "जिन्ना बहुत शान्त थे और सिर्फ यही कहा कि किसी भी हालत में वे ऐसे कदम को नहीं रोक पाएँगे। यह शगूफा छूटा और फिर नीचे आकर फुस्स हो गया, पर इससे सिर्फ इसी बात का सबूत मिला कि जिन्ना बहुत पक्के निश्चयवाले आदमी हैं।"[206] जिन्ना ने दस्तखत नहीं किए, पर जैसा हम सभी जानते हैं, उनकी हामी ही काफी थी।

7 अगस्त, 1947 को जिन्ना विमान से दिल्ली से कराची पहुँचे, अपने बनाए राष्ट्र की अस्थायी राजधानी में। विमान में सवार होने से पहले उन्होंने पीछे मुड़कर उस शहर को देखा जहाँ उन्होंने तीन दशकों तक बहस, बातचीत और लड़ाई की थी। उस शहर को, जहाँ से कौम की सन्तानों ने शताब्दियों तक हिन्दुस्तान पर शासन किया था, और फिर जोर से बोले, "मुझे लगता है कि मैं आखिरी बार दिल्ली को देख रहा हूँ।" और जब हवाई जहाज शहर को पार कर गया तो वे बोले, "यह अध्याय समाप्त हुआ।"[207] विमान में वे खामोश थे। जब यह डकोटा विमान कराची में नीचे आने लगा तो उन्होंने देखा कि उनके इंतजार में दसों हजार लोग खड़े हैं और वह "अचानक उत्साह और जवानीवाले जोश से भर गए।" वे और फातिमा विशाल और खुशियाँ मना रही भीड़ के बीच से कार पर निकले। कराची के गवर्नमेंट हाउस की सीढ़ियाँ चढ़ने के बाद उन्होंने अपने एक सहायक अधिकारी से कहा, "आपको मालूम है कि मैंने कभी भी अपने जीवन में पाकिस्तान के बन जाने की उम्मीद नहीं की थी। हमने जो कुछ हासिल किया है उसके लिए हमें खुदा का शुक्रगुजार होना चाहिए।"[208]

इस नाटकीय घटनाक्रम के प्रति एक अचरज, कई बार जिसमें अफसोस भी जुड़ा है, का भाव एक से अधिक पाकिस्तानी लोगों के विवरण में मिलता है। पंजाब और बंगाल के विभाजन सम्बन्धी कांग्रेस के मार्च, 1947 के प्रस्ताव का हवाला देते हुए चौधरी मुहम्मद अली कहते हैं, "साँचा बन चुका था, भारत का विभाजन अवश्यंभावी हो गया था।"[209] पाकिस्तानी इतिहासकार इक़राम, जो विभाजन के समय एक वरिष्ठ सिविल सर्वेंट थे, कैबिनेट मिशन के फैसले के बारे में कांग्रेसी नजरिए का जिक्र करते हुए कहते हैं, "कायद के सम्पर्क में रहनेवाले लोग बताते हैं कि (कांग्रेस के) इसी व्यवहार ने पाकिस्तान के मुद्दे को जिता दिया।"[210] इक़राम के अनुसार, एटली द्वारा वावेल की जगह माउंटबेटन का चुनाव करना "कांग्रेस-लीग के उद्देश्य को पूरा करने की दिशा में एक निर्णायक उपलब्धि थी।"[211] इशारा यह है कि अगस्त, 1947 में कांग्रेस का लक्ष्य हासिल हुआ, न कि लीग का। चौधरी

मुहम्मद अली जिन्ना द्वारा मिशन योजना को मंजूर करने को "एक दिलेर और दूरगामी असरवाला फैसला" मानते हैं। चौधरी मुहम्मद अली के अनुसार, इस फैसले से "यह लगा कि हिन्दू-मुस्लिम मतभेद शान्तिपूर्ण ढंग से सुलझ गए।"[212]

खुद जिन्ना का यह बयान, जिसे पहले उद्धृत किया गया है, कि मिशन योजना को मंजूर करने में उन्होंने 'भलमनसाहत' में पूर्ण स्वायत्त पाकिस्तान की बलि दे दी,' भी वैसा ही इशारा करता है। ऐसी बातों का मतलब यह है कि लाहौर के प्रस्ताव के बावजूद पाकिस्तान जिन्ना का कोई एकदम ही पक्का लक्ष्य नहीं था; और साथ यह भी कि अगर कांग्रेस ने मिशन योजना पर राजनैतिक नजरिया अपनाया होता तो पाकिस्तान नहीं बना होता या पाकिस्तान बनने की जरूरत ही नहीं रह जाती। इस प्रकार पाक विद्वान शरीफ अल मुजाहिद जोर देकर कहते हैं कि "कांग्रेस ने बिना हिचक कैबिनेट मिशन योजना को मंजूर कर लिया होता तो बहुत सम्भव है कि पाकिस्तान की माँग का सारा जोर और उत्साह ही खत्म हो गया रहता।"[213]

चौधरी मुहम्मद अली के अनुसार, कांग्रेस कैबिनेट मिशन योजना की "बाल की खाल निकालती रही" क्योंकि "हिन्दू नेता जरा भी उदारता नहीं दिखा सकते थे" और "पूरी सत्ता हथियाए बिना मुसलमानों के साथ साझेदारी में नहीं रह सकते थे।"[214] महात्मा गांधी की "आदमियत की भावना को स्वीकार करते हुए चौधरी मुहम्मद अली उन पर पूरे उपमहाद्वीप पर हिन्दू राज कायम करने की इच्छा रखने का आरोप लगाते हैं।" वे "पाकिस्तान के इलाके घटाने के उद्देश्यवाली गांधी की रणनीति" और "प्रेम तथा एकता के नाम पर हिन्दू महत्वाकांक्षा को अमली जामा पहनाने के गांधी के प्रयत्नों" का भी जिक्र करते हैं।[215] ऐसी ही बात जिन्ना ने माउंटबेटन से कही कि हिन्दू "हरदम रुपए का सत्रह आना बनाने" के चक्कर में रहते हैं।[216]

हिन्दू शासन कायम कराना गांधी और कांग्रेस का उद्देश्य था या नहीं, यह इस अध्ययन के दायरे के बाहर की चीज है। यहाँ इतना ही कहना काफी है कि इन आरोपों का खंडन किया गया था। पर यह बात निर्विवाद है कि गांधी और कांग्रेस कैबिनेट मिशन योजना के अनुसार पश्चिमोत्तर सीमा प्रान्त और असम के 'पाकिस्तान' के इलाके में अनिवार्य समूहीकरण के खिलाफ थे और उनके विरोध तथा नेहरू की तीखी टिप्पणियों ने इस योजना को खत्म कर दिया।

चौधरी मुहम्मद अली सोचते हैं कि कांग्रेस और गांधी ने यह रुख "पूरे उपमहाद्वीप पर हिन्दू-बहुमत का शासन स्थापित करने की दिली इच्छा" के चलते अपनाया था।[217] लेकिन एक दूसरी व्याख्या भी है। कांग्रेस इस बात से डर गई कि अनिवार्य समूहीकरण लम्बी और कष्टकारी कहानी का अन्त नहीं करेगा। उसे शक हुआ कि लीग अनिवार्य समूहीकरण को 'पूर्ण स्वायत्त पाकिस्तान' के बीच रास्ते में दम भर लेने की चीज बना लेगी। लीग ने जब पहले मिशन योजना को स्वीकृति दी तो भी यही कहा था। पाकिस्तानवाले इलाके के अलग हो जाने की बात के मद्देनजर कांग्रेस ने असम और पश्चिमोत्तर सीमा प्रान्त को इसमें रखने

का विरोध किया था। जैसा कि पटेल ने ब्रिटिश हुकूमत द्वारा अनिवार्य समूहीकरण के पक्ष में फैसला करने के बाद क्रिप्स को अपनी चिट्ठी में कहा, "जिन्ना पाकिस्तान की कसमें खाते हैं और उन्हें जो कुछ भी दिया गया, उसका उपयोग इसी को हासिल करने के लिए होगा।"[218]

जिन्ना ने जब यह कहा कि अगर पाकिस्तान को स्वायत्त होना है तो उसे पर्याप्त बड़ा होना ही चाहिए, तो उनके तर्क में दम था। इसका हवाला देते हुए अबुल कलाम आज़ाद ने भी माना है, "मिस्टर जिन्ना के तर्क में दम है।"[219] जिन्ना ने कांग्रेस को इस बात के लिए मनाने का काम नहीं किया कि अनिवार्य समूहीकरण सबसे आखिर में आएगा। इसके लिए उन्होंने प्रयास तक नहीं किया। उनकी उम्र और उनके स्वास्थ्य को देखते हुए निश्चित लगता है कि अगर उन्होंने खुद से दिलचस्पी ली होती तो निस्सन्देह अनिवार्य समूहीकरण का किस्सा खत्म हो जाता : कुर्बानी देने का उनका दावा खोखला था। लेकिन लीग के इस बयान ने कि 'पूर्ण स्वायत्त पाकिस्तान' ही उसका अन्तिम उद्देश्य बना हुआ है, कांग्रेस के मन में सन्देह पैदा किया।

तीनों पक्ष राज, कांग्रेस और लीग स्पष्टवादिता न बरतने के दोषी थे। ऐसा लगता है कि अंग्रेजी हुकूमत अनिवार्य समूहीकरण के पक्ष में थी, पर उसने साफ-साफ नहीं कहा। कांग्रेस ने कहा कि उसने मिशन योजना को 'मान लिया' है, जबकि उसने इसके मूल तत्त्वों को ही ठुकरा दिया था। लीग पाकिस्तान के गठन से कम पर भी राजी हो जाना चाहती थी, पर उसने ठीक उलट बातें कहीं। न राज ने, न हिन्दुस्तानी पक्ष ने, गांधी या नेहरू की मौजूदगी में सीधे जिन्ना से यह पूछा कि अगर उनकी माँग के मुताबिक सारे प्रान्तों को मिलाकर "पाकिस्तान बना दिया जाए तो क्या वे स्वायत्त पाकिस्तान की माँग छोड़ देंगे।" इसी प्रकार किसी ने भी जिन्ना की मौजूदगी में गांधी या नेहरू से यह नहीं पूछा कि अगर जिन्ना स्वायत्त पाकिस्तान की माँग छोड़ देंगे तो क्या वे असम और पश्चिमोत्तर सीमा प्रान्त को 'पाकिस्तान जोन' में जाने देंगे।

इलाकों के सवाल पर जिन्ना-कांग्रेस का विवाद सदा राष्ट्रवाले सिद्धान्त के आधार पर ही नहीं चला। कांग्रेस ने अपनी ओर से तो कभी भी इस सिद्धान्त को माना ही नहीं, उसने आखिर में यही माना कि अगर मुस्लिम-बहुल इलाके चाहें तो पाकिस्तान बना सकते हैं। जहाँ तक कायद की बात है, वे नहीं मानते थे कि पाकिस्तान सिर्फ मुस्लिम-बहुल इलाकों तक ही सीमित रहे। ब्रिटिश सरकार ने देसी रियासतों को अपने राज को आज़ाद रखने या किसी देश में विलीन करने की आज़ादी दे दी, तो जिन्ना ने पंजाब और सिन्ध की सीमा से लगे हिन्दू-रजवाड़ों को पाकिस्तान में शामिल होने के लिए राजी करने की कोशिश की। इसमें वे असफल रहे। पटियाला के सिख शासक ने कहा कि जिन्ना ने सिखों का समर्थन भी माँगा था।[220] चौधरी

मुहम्मद अली के शब्दों में, "जिन्ना ने बार-बार सिखों को आश्वासन दिया कि उनके हक़ों की हिफाजत की जाएगी और उनके दावों पर उदारता से विचार किया जाएगा।"[221] जे. अहमद के अनुसार, "सत्ता के हस्तान्तरण की बातचीत के अन्तिम दौर में मुस्लिम लीग के नेताओं ने सिखों को मनाने और उनकी माँगों को खपाने के लिए सारी कोशिशें कीं।" और जैसा अहमद कहते हैं, "सिखों की तरफ से कोई प्रतिक्रिया नहीं आई।"[222]

1947 के तनाव का दौर जून के आखिरी दिनों से शुरू हुआ और सितम्बर के अन्त तक चला। इस दौरान हिन्दुस्तान की आज़ादी और पाकिस्तान का जन्म हुआ–और इससे जुड़े हर आदमी ने इसके दर्द को महसूस किया। ख़लीकुज़्ज़मां इसे "हिन्दुस्तान के इतिहास का सबसे अँधियारा दौर" कहते हैं।[223] आदमी शैतान हो गया। पड़ोसी ने पड़ोसी का खून किया। बच्चों और गर्भवती औरतों को भी निर्दयता से खत्म कर दिया गया। बड़ी संख्या में लोगों ने अपना घर-बार छोड़ा और हिन्द-पाक की नई सीमा को पार किया। मुस्लिम एक तरफ गए, हिन्दू और सिख दूसरी ओर।

बोलिथो ने उस समय के जिन्ना की स्थिति का विवरण दिया है : "जब नरसंहार की खबरें उन तक पहुँचाई गईं तो वे अभी भी दिल्ली के अपने मकान में थे। लेकिन असहाय थे, शब्दों की लम्बी लड़ाई में थक गए थे, अपने प्रच्छन्न रोग से पहले ही कृशकाय हो गए थे और इस त्रासदी को कम कर पाने में अक्षम थे।"[224] 1 अगस्त को दिल्ली में जिन्ना से मिलनेवाले ख़लीकुज़्ज़मां के अनुसार, "इतने बेचैन पहले कभी नहीं दिखे थे" और "हिन्दुस्तान में रह जानेवाले मुसलमानों का क्या होगा" इस सवाल का जवाब देने में असमर्थ थे।[225] पाकिस्तान बनने के महीने-भर बाद सुहरावर्दी को, जिनका प्रधानमन्त्री पद बंगाल के बँटवारे से छिन गया था, लगा कि "हिन्दुस्तान में मुसलमानों को बेसहारा छोड़ दिया गया है।"[226]

लेकिन कम से कम एक बार जिन्ना के चेहरे पर असहायता के भाव की जगह मुस्कुराहट आई। पाकिस्तान के जन्म के बाद अगली सुबह, 15 अगस्त को जिन्ना के एक सहायक अधिकारी ने देखा, "कायद बालकनी में जहाँ, किसी की नजर न पड़े, मन्त्रिमंडल के सदस्यों जो शपथ लेने के लिए जमा हुए थे और उनके पीछे बैठी भीड़ को देखने के लिए गए।" यह अधिकारी कहता है कि तब "वे मुस्कराए"। इस अधिकारी ने पहली बार "जिन्ना के चेहरे पर खुशी देखी थी।" यह विजय की मुस्कान थी और आनी भी चाहिए थी। लेकिन कायद ने झट से इसे दबा लिया और "पूरे समारोह में बिना कोई भाव प्रदर्शित किए हुए शामिल रहे।"[227]

चार दिन पहले, पाकिस्तान की संविधान सभा को इसके पहले अध्यक्ष की हैसियत से सम्बोधित करते हुए जिन्ना ने उल्लेखनीय बात कही थी :

अगर आप अपने बीते जीवन को बदलते हुए इस भावना से काम करें कि आप में से हर आदमी, चाहे वह जिस समुदाय का हो, इसी देश का समान अधिकार प्राप्त नागरिक है...तो प्रगति का कोई अन्त नहीं रह जाएगा। मैं

इस बात पर ज्यादा जोर नहीं दे सकता। हमें इसी भावना से काम शुरू करना चाहिए और समय के साथ ही अल्पसंख्यक और बहुसंख्यक समुदाय, हिन्दू और मुसलमान कौम जैसे सारे विवाद समाप्त हो जाएँगे। हमें अपने सामने इसे आदर्श की तरह रखना चाहिए और आगे चलकर हम पाएँगे कि हिन्दू हिन्दू नहीं रहे और मुसलमान मुसलमान नहीं, धार्मिक अर्थ में नहीं क्योंकि यह तो हर आदमी की अपनी निजी आस्था है, बल्कि राजनैतिक अर्थ में, देश के नागरिक के रूप में।[228]

बोलिथो इसे "उनके जीवन का सबसे महत्त्वपूर्ण भाषण" मानते हैं।[229] लेकिन यह जिन्ना के लाहौर के भाषण के खिलाफ जाता है जिसमें लीग ने पहली बार मुसलमान शब्द की माँग की थी। तब जिन्ना ने कहा था, "यह एक सपना ही है कि हिन्दू और मुसलमान कभी भी एक साझी राष्ट्रीयता विकसित कर पाएँगे।"[230] ख़लीकुज़्ज़मां के अनुसार, 11 अगस्त के अपने भाषण में जिन्ना ने "दो राष्ट्रवाले सिद्धान्त को अलविदा कह दिया।"[231] इससे सहमत होते हुए नईम कहते हैं कि अपने भाषण में जिन्ना ने "बहुत पक्के शब्दों के साथ दो राष्ट्र के सिद्धान्त को नकार दिया।"[232] मरियम के शब्दों में, "राष्ट्रीय एकता की हिफाजत, जो विभाजन के पूर्व गांधी का सबसे प्रमुख लक्ष्य था, विभाजन के बाद जिन्ना का एक मुख्य लक्ष्य बन गया।" मरियम आगे कहती हैं, "सत्ता में आते ही जिन्ना ने हिन्दू-मुस्लिम सम्बन्धों के मामले में एकदम ही रंग बदल लिया।"[233] कराची के हिन्दू पत्रकार एम.एस.एम. शर्मा ने जिन्होंने पाकिस्तान के जन्म के साल-भर तक यह जगह नहीं छोड़ी थी, जिन्ना से हुई अपनी बातचीत का विवरण दिया है :

मुझे दिए उनके भाषण का लब्बो-लुआब यही था। अब उन्होंने पाकिस्तान हासिल कर लिया है सो अब हिन्दुओं से उनकी कोई नाराजगी नहीं है। दरअसल वे 'हिन्दू-मुस्लिम एकता के प्रतिनिधि' वाली अपनी पुरानी और जानी-पहचानी भूमिका में वापस लौटना चाहते थे। उन्होंने जोर से कहा, "मेरे अज़ीज दोस्त, अब मैं खुद को पाकिस्तान के हिन्दू अल्पसंख्यकों का महासंरक्षक नियुक्त करने जा रहा हूँ।"[234]

जिन्ना का आत्मविश्वास अन्य चीजों के अलावा पाकिस्तान के हिन्दुओं और सिखों की रक्षा करने की अपनी क्षमता में अब उनके हठी रूप से अधिक प्रमुख हो गया था। कराची में हुए दंगों, जिनमें हिन्दुओं का बहुत नुकसान हुआ था, पर जिन्ना की प्रतिक्रिया के बारे में शर्मा लिखते हैं, "जिन्ना के प्रति न्याय बरतते हुए मुझे जरूर कहना चाहिए कि वे सबसे गहरे सदमे में डूबे इंसान थे...वे हिन्दू शरणार्थी शिविरों में गए और इनमें से कम से कम एक में यह कठोर निश्चयवाला आदमी भी अपनी भावनाओं पर काबू नहीं रख पाया और उसकी आँखों से आँसू की कुछ बूँदें निकल ही गईं।"[235]

कराची के तत्कालीन नगर प्रमुख जो पारसी थे और कायद के दोस्त थे, भी उनके साथ एक शिविर में गए। उन्होंने लिखा, "उन्होंने जब उनकी (हिन्दुओं की) दुर्दशा देखी तो रो पड़े। मैंने उनके गाल पर आँसू देखे।"[236] सिन्ध से हिन्दुओं के पलायन से वे नाखुश हुए। वे इसे रोक पाने में असमर्थ थे लेकिन हिन्दू और सिख पाकिस्तान में रहें, उनका यह उम्मीद करना ही महत्त्वपूर्ण है।

इतनी ही महत्त्वपूर्ण बात है कि पाकिस्तान के जन्म के कुछ महीने बाद ही उन्होंने "मुस्लिम लीग को बदलने" की कोशिश की। वे तब भी इसके अध्यक्ष थे और उन्होंने इसे "गैर-साम्प्रदायिक और राष्ट्रीय संगठन" में बदलना चाहा "जिसकी सदस्यता धर्म के भेदभाव के बिना सारे नागरिकों के लिए खुली रहेगी।"[237] ये शब्द शर्मा के हैं, पर इक़राम मानते हैं कि उनका विवरण "बहुत हद तक सही है।"[238] और दिसम्बर, 1947 में 'डॉन' ने, जो जिन्ना के साथ ही कराची चला आया था, कायद को यह कहते हुए उद्धृत किया था कि "पाकिस्तान में एक खालिस मुस्लिम संगठन बनाने का नियम अटल नहीं है। इसे जब भी जरूरी हो, बदला जा सकता है।"[239]

ऐसा लगता है कि वे गांधी के प्रति भी थोड़े नरम पड़े थे। शर्मा के अनुसार, उन्होंने लीग की कौंसिल से कहा, "गांधी मुसलमानों के सच्चे दोस्त थे और हिन्दुस्तान के मुसलमानों को मुस्तैदी से उनके पीछे खड़े होना चाहिए।"[240]

पाकिस्तान के जन्म के बाद जिन्ना से बातचीत में शर्मा को उस आदर्शवादी जिन्ना की झलक मिली, जिसकी अनुभूति सरोजिनी नायडू को तीस वर्ष पहले हुई थी। शर्मा को लगा, "जिन्ना के जीवन की सबसे बड़ी महत्वाकांक्षा एक अस्पष्ट राष्ट्र का निर्माण करना था जिससे उन्हें गुलामी के बन्धन में जकड़े लोगों का जन्मजात उद्धारक माना जाए।"[241] इस आदर्शवाद को विशिष्टता के बोझ की जरूरत थी। जब चमक-दमक खत्म हो गई तो जिन्ना के अन्दर का आदर्शवादी पीछे हट गया। जब पाकिस्तान बन गया और निर्विवाद नेता फिर रोशनी में आ गया तो आदर्शवादी फिर सामने आ गया।

हमने देखा है कि अपने इस नए देश के, आबादी के लिहाज से दुनिया के पाँचवें सबसे बड़े और सबसे बड़े मुसलमान देश के—जिन्ना राष्ट्राध्यक्ष थे, विधायिका के (संविधान सभा पाकिस्तान की पहली संसद थी) प्रमुख थे और शासक दल के अध्यक्ष थे। साथ ही उन्होंने खुद से ही पहले प्रधानमन्त्री (लियाक़त अली) और मन्त्रिमंडल के अन्य लोगों को चुना था, अपने लिए कश्मीर के मामलों, जिस पर जल्दी ही भारत-पाकिस्तान के बीच तीखी और महँगी भिड़ंतें हुईं और संवेदनशील सीमावर्ती इलाकोंवाला विभाग रखा। जैसा कि पाकिस्तानी विद्वान सलीम कुरैशी कहते हैं, "सिर्फ संसदीय सरकार की परम्पराएँ ही जिन्ना पर लागू नहीं हुईं बल्कि संविधान सभा में गवर्नर जनरल की शक्ति को और बढ़ा दिया।[242] चलते-चलते हमें यह भी याद रखना चाहिए कि संविधान सभा ने प्रस्ताव पास करके फैसला किया

कि सरकारी कामकाज, दस्तावेजों, चिट्ठियों और पत्राचार में उन्हें 'कायद-ए-आजम' कहकर सम्बोधित किया जाएगा।[243]

फिर भी, जैसा कि कुरैशी सही ही कहते हैं, "सत्ता के केन्द्रीकरण और एक व्यक्ति में सीमित होने को हमें सत्ता या नाम की लिप्सा से जोड़ने की जरूरत नहीं है क्योंकि मुस्लिम भारत के कायद-ए-आज़म के चलते जिन्ना के पास ये दोनों थीं ही।"[244] किसी ने भी जिन्ना के अधिकारों पर आपत्ति नहीं की, ऐसा लगता है कि उनकी हैसियत से ये खुद-ब-खुद निकल रहे थे। तुरन्त पहले की घटनाओं ने यही ढर्रा पकड़ा दिया था। कुरैशी कहते हैं :

> *अनेक लोगों का मानना है कि एक स्वर में बोलने की मुसलमानों की जरूरत और अंग्रेजों तथा कांग्रेस से लीग की लड़ाईवाली राजनीति ने ही अनेक आवाजों को बड़ी आधिकारिक आवाज के आगे खामोश हो जाने की जरूरत पैदा कर दी थी और यह आवाज सदा और सिर्फ जिन्ना की ही होती थी...जिन्ना ने पाकिस्तान सरकार का कामकाज इस तरह चलाया जैसाकि उन्हें मुस्लिम लीग के कामकाज चलाने की आदत लगी थी।*[245]

जैसा कि चौधरी मुहम्मद अली कहते हैं, "अगर जिन्ना ने पाकिस्तान में कोई पद नहीं भी लिया होता तब भी सत्ता में गए लोग दिशा-निर्देश के लिए उनके पास आते।"[246] जिन्ना और लीग ने इस प्रस्ताव को ठुकरा दिया था कि माउंटबेटन भारत और पाकिस्तान के साझा गवर्नर जनरल हों। ऐसा होने से अलग होने का उत्साह उतना अधिक नहीं रह जाता। दूसरे, जिन्ना का माउंटबेटन की निष्पक्षता पर से भरोसा उठने लगा था। और फिर लीग यह नहीं देख सकती थी कि वरीयता में कायद दूसरे नम्बर पर आएँ; जिन्ना के फैसले ही चलेंगे, यह चीज उनके लिए पर्याप्त नहीं थी।

अक्सर वे मन्त्रिपरिषद की बैठक की अध्यक्षता करते थे जिसमें वे सबकी बात सुनते थे, फैसले करते थे, मन्त्रियों को समझाते थे। कभी-कभी वे मूर्खता पर नाराज भी होते थे। उस समय पाकिस्तान के सबसे बड़े अधिकारी रहे चौधरी मुहम्मद अली ने पाया कि जिन्ना "अपने पास आए सारे कागजात को बहुत सावधानी और कर्त्तव्यनिष्ठा के साथ पढ़ा करते थे" और "उनसे कोई भी ब्यौरा छूटता नहीं था।"[247] उन्होंने मेहनत और निष्ठा के उच्च प्रतिमान कायम किए, पर उनके पास अपने बनाए राष्ट्र के लिए संविधान बनाने का न तो समय था न ऊर्जा थी। लेकिन अपने पीछे वे कुछ महत्त्वपूर्ण विचार छोड़ गए :

> *मैं नहीं जानता कि हमारा संविधान आखिर में क्या रूप लेता है, लेकिन मुझे पक्का भरोसा है कि यह लोकतान्त्रिक ढंग का होगा जिसमें इस्लाम के बुनियादी उसूल भी शामिल होंगे। इस्लाम और इसके आदर्शों ने हमें जम्हूरियत की शिक्षा दी है...किसी भी हालत में पाकिस्तान एक धर्म आधारित राष्ट्र नहीं बनने जा रहा है—जिसमें खुदाई ताकत से लैस मुल्लाओं का शासन चले। हममें अनेक गैर-मुसलमान—हिन्दू, ईसाई और पारसी हैं, पर वे सभी*

पाकिस्तानी हैं। उन्हें भी वही अधिकार और विशेषाधिकार मिलेंगे जो किसी और नागरिक को मिलेंगे।[248]

1941 में जिन्ना ने मद्रास में कहा था, "खुदा का शुक्र है कि हिन्दी इतनी दूर तक नहीं पहुँची है।"[249] लेकिन यह एहसास करते हुए कि उनके नए राष्ट्र की एकता एक राष्ट्रीय भाषा पर निर्भर करती है, उन्होंने पूर्वी पाकिस्तान के लोगों से उर्दू को कबूल करने का आग्रह किया। बंगाली की अपने प्रान्त में जगह है पर "उर्दू में इस्लामी संस्कृति की सर्वश्रेष्ठ चीजें शामिल हैं"[250] उनके इस नजरिए का विरोध हुआ। कायद ने कहा, "हम मुसलमान हैं, हम पाकिस्तानी हैं।"[251] साथ ही उन्होंने "हमारे बीच बैठे हिन्दुस्तानी दुष्प्रचारकों और उनके एजेंटों" को सावधान किया, लेकिन विरोध समाप्त नहीं हुआ, और अपनी मौत के पहले ही उन्होंने बंगाल का नाराज चेहरा देख लिया था।

अब हमको जरूर खूबसूरत कश्मीर का जिक्र करना चाहिए। 80 प्रतिशत मुस्लिम आबादीवाले कश्मीर पर एक हिन्दू राजा का शासन था और यह भारत और पाकिस्तान दोनों की सीमा से लगा है तथा अनेक महत्त्वपूर्ण नदियों का उद्गम स्थल है। कश्मीरी ब्राह्मण परिवार के वंशज जवाहरलाल नेहरू को यह इलाका बहुत प्रिय था। कश्मीर के लोकप्रिय नेता शेख मुहम्मद अब्दुल्ला नेहरू को पसन्द करते थे और हिन्दुस्तान समर्थक थे। उधर जिन्ना को पक्का भरोसा था कि "मुस्लिम आबादी और अपनी भौगोलिक स्थिति के चलते कश्मीर निश्चित रूप से पाकिस्तान में आएगा।"[252] चौधरी मुहम्मद अली के अनुसार, जिन्ना कहा करते थे, "कश्मीर पके फल की तरह हमारी गोद में आ गिरेगा।"[253]

ब्रिटिश सरकार ने यहाँ के शासक महाराजा हरि सिंह पर अपने राज के बारे में फैसला करने का जिम्मा छोड़ दिया, तो वे ढुलमुल रवैया अपना रहे थे। वे हिन्दुस्तानपरस्त नहीं थे। हिन्दुस्तानियों को अन्देशा था कि वे अपनी आज़ादी की घोषणा कर सकते हैं या पाकिस्तान में जा सकते हैं, पाकिस्तानियों को डर था कि हिन्दू होने के चलते वे भारत में जा सकते हैं। चौधरी मुहम्मद अली बताते हैं कि "सितम्बर के मध्य में कायद-ए-आज़म खुद ही कश्मीर जाना चाहते थे, उन्हें उम्मीद थी कि महाराजा से उनकी दोस्ताना बातचीत होगी लेकिन महाराजा नहीं चाहते थे कि वे कश्मीर आएँ।"[254]

24 अक्तूबर, 1947 को पाकिस्तान के कबीलाई इलाकों के पाँच हजार छापामारों ने पाकिस्तान-कश्मीर सीमा पार की। बाद में भारत ने आरोप लगाया कि पाकिस्तान ने हमले की योजना बनाई थी। इस आरोप का खंडन किया गया, लेकिन चौधरी मुहम्मद अली ने स्वीकार किया है कि पाकिस्तानी अधिकारियों को इस हमले की जानकारी पहले से थी। वे लिखते हैं :

21 अक्तूबर को बहुत ही उत्तेजना के भाव के साथ लियाक़त अली ख़ाँ ने मुझे बताया कि कई हजार कबीलाइयों का लश्कर कश्मीर रवाना हो चुका है। मैंने उनसे पूछा कि क्या आपने इसकी खबर कायद-ए-आज़म को दी है तो वे बोले, "अभी तक नहीं," मानो अभी-अभी यह खबर मिली थी।

चौधरी मुहम्मद अली आगे कहते हैं, "इस मसले में पाकिस्तानी सरकार कुछ भी नहीं कर सकती थी।" इसके बाद क्या हुआ, इसका चौधरी मुहम्मद अली का ब्यौरा भी दिलचस्प है :

इस कबीलाई लश्कर ने जल्दी ही राज की फौज को परास्त कर दिया और 26 अक्तूबर तक यह कश्मीर की राजधानी श्रीनगर के करीब तक पहुँच गया था। उससे पहलेवाली रात को महाराजा श्रीनगर से भागकर जम्मू चले गए थे। अगर यह कबीलाई लश्कर अधिक अनुशासित होता और अगर उसने वहाँ तक जाने के रास्ते में लूटपाट नहीं की होती तो इसने 26 अक्तूबर को ही कश्मीर घाटी पर कब्जा जमा लिया होता।"[255]

कबीलाई लोगों के आ धमकने से हरि सिंह की अनिर्णय की स्थिति समाप्त हुई। भारत के अनुसार, उन्होंने हिन्दुस्तानी फौज की मदद माँगी, जो विमानों से कश्मीर घाटी पहुँचाई गई और कबीलाई लोगों को पीछे धकेल दिया।

जिन्ना तब लाहौर में थे और उन्होंने वहीं से पाक सेना के कार्यकारी प्रमुख जनरल ग्रेसी को आदेश दिया कि फौज को कश्मीर भेजा जाए। ग्रेसी ने फील्ड मार्शल सर कलाड आचिनलेक से सम्पर्क किया जो हिन्दुस्तानी फौज के बँटवारे की देखरेख के लिए रुक गए थे और भारत तथा पाकिस्तान में रह गए सभी अंग्रेज अधिकारियों के प्रमुख थे। आचिनलेक ने ग्रेसी से कहा कि कश्मीर में भारतीय सेना की मौजूदगी उचित है क्योंकि खुद महाराजा ने ही उसे बुलाया है। आचिनलेक ने आगे कहा कि अगर पाक सेना कोई कार्रवाई करती है तो वे उसमें तैनात सभी अंग्रेज अधिकारियों को वापस बुलाने के लिए बाध्य होंगे। जिन्ना ने यह कदम उस समय तो रोक लिया लेकिन अप्रैल, 1948 में उन्होंने नियमित सेना को कश्मीर भेज दिया। चौधरी मुहम्मद अली लिखते हैं, "कश्मीर की घटनाओं का कायद-ए-आज़म की सेहत पर बुरा असर पड़ा। उनकी शुरुआती उम्मीदों की जगह एक गहरी नाउम्मीदी ने ले ली। उन्होंने कहा, हम गलत बस में दाखिल हो गए हैं।"[256]

नवम्बर के अधिकांश समय वे लाहौर में बिस्तर पर ही पड़े रहे। कराची में जिन्ना के अंग्रेज सैनिक सचिव कर्नल बिर्नी ने अपनी डायरी में जिन्ना की बीमारी का हवाला देते हुए लिखा, "सारा कुछ रुका पड़ा है...मन्त्री भी बेकार बैठे हैं क्योंकि वे किसी भी मसले पर कोई भी फैसला नहीं कर सकते हैं।"[257] जब जिन्ना कराची लौटे तो उनका

रूप देखकर बिर्नी "एकदम हैरान" रह गए, उन्होंने लिखा, "जिन्ना यहाँ से साठ साल के लगते हुए रवाना हुए थे और अब वे अस्सी वर्ष से ज्यादा के लगते हैं।"[258]

लेकिन अन्दर वही लड़ाकू मन अभी भी था। जिन्ना ने माउंटबेटन के आगे प्रस्ताव रखा कि दोनों गवर्नर जनरलों को कश्मीर में अमन बहाल करने और नेहरू के वायदे के अनुसार जनमत संग्रह कराने का पूरा अधिकार दिया जाना चाहिए।[259] नेहरू इससे सहमत नहीं थे, लेकिन जनवरी, 1948 के शुरू में वे कश्मीर विवाद को राष्ट्रसंघ में इस आरोप के साथ ले गए कि पाकिस्तान हमलावर कबीलाइयों को समर्थन दे रहा है। जिन्ना ने एक विस्तृत जवाबी शिकायत दर्ज कराई।

जनवरी के मध्य में गांधी ने दिल्ली में हिन्दुओं और सिखों द्वारा मुसलमानों पर किए अत्याचार के प्रायश्चित के लिए उपवास शुरू किया। जब उन्होंने सुना कि भारत सरकार पाकिस्तान को उन 55 करोड़ रुपयों का भुगतान रोक रही है, जिसका वायदा किया गया था तो महात्मा ने कहा कि यह पैसा देना ही होगा। भारत सरकार और दिल्ली के हिन्दुओं और सिख नेताओं ने गांधी की शर्तों को पूरा किया। छठे दिन उन्होंने उपवास तोड़ा, बारह दिन बाद 30 जनवरी 1948 को एक उग्रवादी हिन्दू समूह के एक सदस्य के हाथों गांधी मार डाले गए।

जिन्ना ने खुले तौर पर कहा कि "हिन्दू कौम में पैदा हुए महानतम लोगों में" गांधी भी एक थे, लेकिन निजी बातचीत में उन्होंने यह भी स्वीकार किया कि उनकी मौत से "मुसलमानों का कितना भारी नुकसान हुआ है।"[260] इस हत्या ने कर्नल बिर्नी के प्रस्ताव पर उनके विरोध को प्रभावित किया। सैनिक कब से कह रहे थे कि कराची के गवर्नमेंट हाउस के उस हिस्से को ऊँची चारदीवारी से घेर दिया जाए, जहाँ जिन्ना रहा करते थे। जिन्ना हरदम यह कहकर बात टाल देते थे कि "मुझे कोई नुकसान नहीं होगा। और फिर यह पैसे की बर्बादी ही है।" गांधी की मौत की खबर सुनकर 30 जनवरी की शाम को जिन्ना ने बिर्नी से कहा, "उस चारदीवारी को आप तुरन्त बनवाना शुरू कर सकते हैं।"[261]

सलीम कुरैशी कहते हैं, "जिन्ना अपने फैसलों के बारे में बहुत सावधान रहते थे, कुछ लोग उन्हें कंजूस भी कह सकते हैं, क्योंकि वे अपने निजी कामों के अलावा किसी और चीज पर अपना पैसा नहीं खर्च करते थे।"[262] राष्ट्रसंघ में पाकिस्तान के राजदूत इस्पहानी, जिन्होंने अक्सर जिन्ना को काफी करीब से देखा था, ने पाया कि "पूरे जीवन किए गए निवेश बहुत सोच-समझकर किए गए"[263] और मुनाफा देनेवाले थे। इस्पहानी आगे कहते हैं, "यह सही है कि वे अपने जीवन में अपने पैसे को लेकर बहुत उदार नहीं थे।" लेकिन सार्वजनिक धन को खर्च करने में भी वे किफायती थे। कई लोगों ने उनकी इस आदत का जिक्र किया है, जिसमें इस्पहानी भी हैं, जो यह देखकर हैरान रह गए कि जिन्ना "निरन्तर घूम-घूमकर गवर्नर जनरल हाउस के बेकार जल रहे बल्बों को बुझाते थे।"[264] फिर भी, जैसा कि उनकी मौत के बाद जाहिर हुआ कि किफायती कायद दूसरों के प्रति जिम्मेवारी का पूरा ध्यान रखते थे। इस्पहानी के शब्दों में, "अपने कमाए काफी सारे पैसे उन्होंने अनेक

शैक्षिक और अन्य संस्थाओं के नाम वसीयत करके दे दिए थे।"[265] उनका पैसा पानेवालों में अलीगढ़ मुस्लिम विश्वविद्यालय भी है।

"अनुशासन के लिए भावनाओं को त्यागना पड़ता है।" जैसा कि इस्पहानी बताते हैं, यही जिन्ना का आदर्श वाक्य था। कायद द्वारा इसका कठोर पालन करने से कई बार प्रशंसक 'सदमे में' आ जाते थे, उनकी 'घिग्घी बँध' जाती थी। ऐसा एक उदाहरण उस समय देखने को मिलता है, जब जिन्ना से कहा गया कि वे अस्पताल में भर्ती लीग के एक प्रमुख नेता को देखने चलें। जिन्ना ने कहा कि अगर वे बीमारों को देखने में लग जाएँगे तो कुछ कर ही नहीं पाएँगे। इस्पहानी लिखते हैं, "ये शब्द कहकर जिन्ना फिर अपनी मेज पर पड़े कागजों की तरफ मुड़ गए।"[266]

पाकिस्तान बनने के बाद पंजाब के गवर्नर सर फ्रांसिस मुडी ने कहा, "अगर उनका वश चलता तो कभी भी समझौता नहीं करते।" जिन्ना जब लाहौर आते थे तो मुडी उनके मेजबान रहा करते थे। फिर भी मुडी कह सकते थे, "जिन्ना का मुझ पर अभी तक मिले किसी भी व्यक्ति से ज्यादा प्रभाव पड़ा और मैं उनको बहुत चाहता था।"[267]

चालीस के दशक के मध्य में बंगाल के गवर्नर रहे आर.ए. केसी ने अपना मूल्यांकन दिया, "वे अपने दाँव बहुत छुपाकर रखते हैं। वे गर्मजोशीवाले आदमी नहीं हैं। वे मताग्रही हैं और खुद पर बहुत भरोसा करनेवाले, मैं नहीं मानता हूँ कि वे कभी भी खुद को गलत मान सकते हैं।" लेकिन केसी ने आगे कहा, "लेकिन उनकी आँखों में ऐसा कुछ है जो हास्य के भाव का संकेत देता है।"[268] जिन्ना का "लौह अनुशासन" केसी का दिया मुहावरा इस भाव को अधिकांश समय दबाए रहता था।[269] नैतिक पुनर्निर्माण आन्दोलन से जुड़े अंग्रेज रोजर हिक्स, जिन्होंने दिसम्बर 1946 में लन्दन में जिन्ना के कामकाज को देखा, ने दो बार इस हास्यबोध को देखा। हाउस ऑफ कॉमंस की एक बैठक में जब एक सांसद ने खुद अपने ऊपर ही चुटकुला सुनाया तो जिन्ना मुस्कुरा उठे। दूसरा मौका 'द फॉरगौटन फैक्टर' नामक नाटक को देखते समय आया। मंच पर जब एक पात्र ने अखबार लेकर उसका शीर्षक जोर से पढ़ा 'विल नाट बज' तो कायद हँस पड़े।[270]

जब वावेल से जिन्ना के बारे में उनकी राय पूछी गई तो उन्होंने गहरी साँस छोड़ी और बोले, "व्यवहार रखने के हिसाब से बहुत ही मुश्किल आदमी थे।"[271] उन्हें बहुत कठोर पाने के बावजूद माउंटबेटन ने एक बार अपने सूचना सहायक से कहा, "तुमको मालूम है, मैं उस बुजुर्ग को सचमुच बहुत पसन्द करता हूँ।"[272] आचिनलेक जैसे आदमी भी जिन्ना के 'कठोर निश्चय'[273] के प्रशंसक थे। इस निश्चय ने गांधी के हिन्दुस्तान को एक रखने की कोशिश को समाप्त कर दिया, फिर भी महात्मा ने कायद को 1944 में 'अच्छा आदमी' और 1946 में 'एक महान भारतीय' कहा था।[274] इससे पहले बीस के दशक के आखिरी दिनों में गांधी ने जिन्ना और सर तेज बहादुर सप्रू को "हिन्दुस्तान के दो सबसे चालाक वकील" कहा था।[275]

मुस्लिम कौम उनसे मोहब्बत करती थी और उन पर नाज करता थी। उनके चलते ही मुसलमानों ने इस उपमहाद्वीप का एक हिस्सा हासिल किया। देखने में तो

ऐसा लगता था कि हल्के झटके से भी वह दुबला बूढ़ा आदमी गिर पड़ेगा। असल में उनके निश्चय में पत्थरवाली सख्ती और ताकत थी और उनका दिमाग तेज धारवाले उस्तरे की तरह चलता था। जैसी भी धमकी हो, डर हो या प्रलोभन हो वे अपनी जगह से हिले नहीं और ना ही तर्क या बातचीत में अपने विरोधियों को अपने से आगे निकलने दिया।

वे सुन्नी बहुमतवाली मुस्लिम कौम में एक शिया हैं, यह बात उनको परेशान नहीं करती थी। उन्होंने और लीग ने "एक खुदा, एक किताब कुरान, एक पैगम्बर" का नारा सफलतापूर्वक इस्तेमाल किया था। कौम की गलतफहमियाँ हटाने के लिए उन्होंने उसी फॉर्मूले का इस्तेमाल किया जिसे सभी युगों में हर कहीं इस्तेमाल किया गया था कि, "चचेरे भाइयों से मुकाबला हो तो हम भाइयों का साथ देंगे, बाहरवालों से मुकाबला हो तो चचेरे भाइयों का।"

जिन्ना ने तो कभी आम आदमी के संग न रोटी खाई न मजाक ही किया, फिर भी उन्होंने मुसलमानों के पिछड़ेपन की शिकायत करके उन्हें शर्मिन्दा भी नहीं किया। समाज सुधारक सैयद अहमद खान ने अपनी लोकप्रियता की कीमत पर भी ऐसा किया था। जिन्ना ने उनसे अपने तौर-तरीके बदलने को नहीं कहा, उन्होंने राजनैतिक उद्देश्यों के लिए उनका समर्थन-भर माँगा। यह जानते हुए कि न झुकने वाले की छवि के चलते लीग मजबूत हुई और आम मुसलमानों ने न सिर्फ उनके रूखेपन को भुला दिया बल्कि उनकी इस छवि को भी पसन्द किया और इसके लिए उनकी प्रशंसा की।

वे न तो धार्मिक या सामाजिक सुधारक थे, न धार्मिक या सामाजिक विचारक लेकिन सलीम कुरैशी कुछ ज्यादा बढ़ा-चढ़ाकर कहते हैं, "जिन्ना में कोई गहरी आंतरिक सोच नहीं दिखती।"[276] हम जानते हैं कि सरोजिनी नायडू ने जिन्ना के आंतरिक आदर्शवादी आवेग को उसी समय पहचान लिया था, जब वे चालीस से भी कम उम्र के थे; और हमने देखा यह आवेग कभी भी पूरी तरह मरा नहीं। आइए हम दो और ऐसे उदाहरण देखें जिनमें इस आवेग की झलक दिखी थी।

मार्च, 1948 में जब कश्मीर के सवाल पर कड़वाहट नई ही थी, 'न्यूई ज्युर्कर जिएतंग' अखबार के एरिक स्ट्रेइफ ने पूछा कि कोई बाहरी हमला हो तो क्या भारत और पाकिस्तान एक-दूसरे से सहयोग करेंगे। जिन्ना ने जवाब दिया :

> *निजी तौर पर मेरे दिमाग में कोई शक नहीं है कि अपनी सीमाओं की निगरानी करने में भारत और पाकिस्तान स्वतन्त्र स्वायत्त देशों की हैसियत से दोस्ताना ढंग से साझेदारी करें, यह काफी महत्त्वपूर्ण है। लेकिन यह इस बात पर निर्भर करता है कि भारत और पाकिस्तान अपने महत्त्वपूर्ण मतभेदों को झट से सुलझा सकते हैं या नहीं...अगर हम अपने घर को अन्दर से व्यवस्थित कर लें तो हम अन्तर्राष्ट्रीय मसलों में बहुत महत्त्वपूर्ण भूमिका निभाने में सक्षम हो सकते हैं।*[277]

दूसरा उदाहरण 1939 में ईद के अवसर पर किए गए उनके रेडियो प्रसारण का है। जिन्ना ने कहा :

अगर खुदा के बन्दों के प्रति, चाहे वे जिस भी कौम के हों, मोहब्बत और उदारता में हमारा भरोसा है तो हमें अपने रोजाना के काम-काज में उस पर अमल करना चाहिए...हमारे पैगम्बर ने अपने अनुयायियों से सभी मनुष्यों के प्रति मोहब्बत और सहनशीलता बरतने से अधिक अनिवार्य कोई और कर्त्तव्य नहीं माना है।[278]

1948 के शुरुआती महीनों में जिन्ना ने कुछ ऐसे 'आनन्दवाले काम' किए, जिनसे वे बहुत दिनों से वंचित थे। वे गवर्नमेंट हाउस के बगीचे में बैठा करते थे, चिन्तन करते थे, कई बार खुले में एकाध झपकी भी ले लेते थे। या वे झुककर कोई फूल तोड़ लेते थे। लेकिन वे काम से मुँह नहीं मोड़ रहे थे। उनसे मिलने आनेवाले उन्हें "मानो फाइलों के ढेर से घिरा" पाते थे।[279] अपने दस्तखतवाले हर कागज को वे बारीकी से देखते थे। अक्सर वे अधिक स्पष्ट भाषा में बात लिखने के निर्देश के साथ इन्हें वापस कर देते थे।

अप्रैल 1948 में वे इतने बीमार हो गए कि अपनी मेज पर बैठकर काम नहीं कर सकते थे। गवर्नमेंट हाउस के अपने कमरे में सोफे पर लेटकर अखबार, सरकारी दस्तावेज और टेलिप्रिंटर की खबरें देखा करते थे। अगले महीने उन्हें पर्वतीय नगर जियारत ले जाया गया, जो क्वेटा से 70 मील दूर है। लेकिन यहाँ वे छुट्टी मनाने नहीं गए थे। वहाँ रोज उस काले बक्से में भरे कागजात आते थे जिसके ऊपर एक 'एम. ए. जे.' लिखा होता था और कायद उनको पढ़ा करते थे। जियारत में उनके साथ रहे एक सहयोगी अधिकारी ने बाद में कहा, "मेरे मन में उनकी सबसे साफ तस्वीर कागजात में उलझे उनके दुबले हाथों की है।"[280] एक अन्य सहयोगी याद करते हैं कि जिन्ना तुरन्त गरम हो सकते थे, पर माफी माँगने को भी तैयार रहते थे। वे बाद में कहा करते थे, "मैं बूढ़ा और कमजोर हूँ और कई बार धीरज खो बैठता हूँ। मुझे उम्मीद है कि तुम मुझे मेरी अशिष्टता के लिए माफ कर दोगे।"[281]

जुलाई के अन्त में फातिमा ने जिस डॉक्टर, कर्नल इलाही बक्श को बुलाया था, उन्होंने पाया कि कायद के फेफड़ों में बीमारी बुरी तरह बैठ गई है। उन्होंने जिन्ना और उनकी बहन को यह 'गम्भीर खबर' दे दी, पर सरकार को तत्काल नहीं सूचित किया गया। जब लियाक़त अली ख़ाँ जियारत आए और डॉक्टर से पूछा कि आपको किस बीमारी का शक है तो बक्श ने कोई सीधा जवाब नहीं दिया। अगली सुबह जिन्ना ने बक्श से कहा, "प्रधानमन्त्री ने मेरे बारे में आपसे क्या पूछा ?" जब बक्श ने जवाब दिया कि उन्होंने प्रधानमन्त्री से कुछ नहीं कहा तो जिन्ना ने कहा, "बहुत-बहुत शुक्रिया, मैं, राष्ट्राध्यक्ष की हैसियत से जब उचित समझूँगा, देश को अपनी बीमारी की गम्भीरता के बारे में बताऊँगा।"[282]

29 जुलाई को क्वेटा के सिविल अस्पताल की नर्सिंग सुप्रिंटेंडेंट, अंग्रेज महिला फिलिस डनहम जिन्ना की देखरेख के लिए आईं। कायद को जबकि यह चीज पसन्द नहीं थी, पर मान गए। 9 अगस्त को उन्हें जियारत की खतरनाक ऊँचाई से क्वेटा लाया गया। एक समय ऐसा प्रतीत हुआ जैसे उनके स्वास्थ्य में सुधार हो रहा हो, किन्तु 29 अगस्त को उन्होंने डॉ. बक्श से कहा, "आप जानते हैं, जब आप पहली बार जियारत आए थे तो मैं जीना चाहता था। लेकिन मेरे जीने, न जीने की बात कोई मतलब नहीं रखती।"[283] डॉक्टर ने देखा, ऐसा कहते समय उनकी आँखों में आँसू भर आए थे।

11 सितम्बर को गवर्नर जनरल का वाइकिंग विमान उन्हें कराची ले जाने के लिए क्वेटा आया। बेचैनी न फैले, इसके लिए इस यात्रा को गुप्त रखा गया था। प्रधानमन्त्री को खबर दी गई थी पर उनसे हवाई अड्डे पर न आने को कहा गया था।

कराची, जहाँ 72 वर्ष पहले जिन्ना का जन्म हुआ था, उस वक्त अपने सामान्य काम-काज में व्यस्त था, जब वाइकिंग वहाँ उतरा। कायद को एक स्ट्रेचर पर लिटाकर सेना के एम्बुलेंस में लाया गया। हवाई अड्डे से शहर की तरफ आने के रास्ते में, एक भीड़वाली शरणार्थी बस्ती को पार करने के बाद यह गाड़ी खराब हो गई। कराची से जब तक दूसरा एंबुलेंस आए तब तक 60 मिनट गुजर गए।

उस पूरे घंटे तक गवर्नर जनरल, जिन्हें हर आदमी कायद-ए-आज़म कहता था और जिन्हें राष्ट्रपिता कहकर सम्मानित करता था, अपने एम्बुलेंस में उसी तरह बेबस पड़े थे जैसे कि पीछे छूटी शरणार्थी बस्ती में कोई मरनेवाला पड़ा होता था। सिस्टर डनहम ने ढूँढ़कर एक गत्ता निकाला और मक्खियों को भगाने के लिए हवा करती रहीं। कुछ मिनट बाद जिन्ना ने एक हाथ उठाया और सिस्टर की बाँहों में डाल दिया। उन्होंने कुछ नहीं कहा लेकिन "उनकी आँखों में कृतज्ञता का भाव था," जैसा कि सिस्टर डनहम ने बाद में कहा। दूसरा एम्बुलेंस उन्हें गवर्नमेंट हाउस ले गया जहाँ उन्हें बिस्तर पर रखा गया। रात 10.20 पर उन्होंने अन्तिम साँस ली।

अध्याय 6

फ़ज़्लुल हक़ (1873-1962)

वायसराय लिनलिथगो को 1937 में लिखे पत्र में बंगाल के गवर्नर सर जॉन एंडरसन ने कहा था कि फ़ज़्लुल हक़ "मुस्लिम राजनीति की सबसे अनिश्चित वस्तु हैं, पूरी तरह सिद्धान्तविहीन आदमी हैं, जिन पर किसी तरह का विश्वास नहीं किया जा सकता।"[1] 1940 में हक़ ने लाहौर में लीग का सबसे महत्त्वपूर्ण प्रस्ताव रखा; दो साल बाद जिन्ना ने उन्हें "बंगाल के मुसलमानों को बेहिसाब नुकसान पहुँचानेवाला दगाबाज आदमी" कहा।[2] लेकिन दूसरे लोगों ने हक़ को मेहनतकश लोगों का दोस्त और बंगाल का शेर कहा है; उन्हें "इस उपमहाद्वीप का दिग्गज"[3], "जादूगर राजनेता"[4] और "बाज की नजरवाला राजनेता"[5] भी कहा गया है।

अब्दुल कासिम फ़ज़्लुल हक़ का जन्म 26 अक्तूबर, 1873 को अपने ननिहाल, बारीसाल जिले के सतुरिया गाँव में, जो अब बांग्लादेश में है, हुआ था। 19वीं शताब्दी के अधिकांश भाग में बंगाल के मुसलमान अंग्रेजी राज के स्कूल, कॉलेज और दफ्तरों से दूर ही रहे या उन्हें दूर रखा गया। उनकी गरीबी और राज का विश्वास इसमें आड़े आता था। इसके चलते 1845–52 के दौरान बंगाल सरकार की नौकरी के लिए योग्य घोषित किए गए लोगों की सूची में एक भी मुसलमान का नाम नहीं था।[6]

अब्दुल कासिम फ़ज़्लुल हक़ के अपने परिवार और ननिहाल के लोग न तो गरीब थे, न दकियानूस। उनके पिता मुहम्मद वाज़िद, जो बारीसाल ज़िले के चकहर गाँव के थे, को 'अंग्रेजी' तालीम दी गई थी; वे बंगाल के तीसरे मुसलमान स्नातक थे और कानून की डिग्री हासिल करनेवाले प्रान्त के दूसरे मुसलमान। राज ने वाज़िद को बारीसाल शहर में सरकारी वकील बना दिया। इस पद पर वे खूब फले-फूले, और आगे चलकर "हिन्दू और मुसलमान सदस्यों के संयुक्त वोट से" जिला परिषद के उपाध्यक्ष बने।[7]

हमारे अध्ययन के विषय वाज़िद के बेटे को, घर पर ही अरबी, फारसी और उर्दू की शिक्षा मिली और कलकत्ता जाकर गणित और कानून पढ़ने तथा आगे चलकर मोहम्मडन स्पोर्टिंग फुटबाल क्लब की स्थापना करने में मदद देने के पहले बारीसाल के स्कूल में ही भेजा गया। पढ़ाई-लिखाई में उनका रिकॉर्ड विलक्षण रहा

और उन्हें एम.ए. (गणित) का परीक्षक बनाया गया। लेकिन उन्होंने पेशे के रूप में कानून को ही अपनाया और प्रसिद्ध शिक्षाशास्त्री और न्यायविद सर आशुतोष मुखर्जी के सहयोगी के रूप में काम शुरू किया।

1901 में वाज़िद की मौत के कारण हक़ वापस बारीसाल आए, जहाँ उन्होंने अपने पिता द्वारा छोड़ी जायदाद को सँभाला, वकालत की, नगरपालिका में सदस्य हुए, नौजवानों के लिए एक रिसाला निकाला, अंशकालिक रूप से गणित पढ़ाया और परिवार का भरण-पोषण किया। उनकी बीवी खुर्शीद बेगम, जो एक अमीर जमींदार की बेटी थीं, ने उन्हें दो बेटियाँ दीं। खुर्शीद बेगम के एक भाई सैयद हुसैन मोतीलाल नेहरू के निजी सचिव थे और देश आजाद होने के बाद मिस्र में भारत के राजदूत बने। खुर्शीद बेगम की एक बहन सर हसन सुहरावर्दी, जो कलकत्ता विश्वविद्यालय के पहले मुसलमान उपकुलपति बने, से ब्याही थीं। सर हसन के भतीजे एच.एस. सुहरावर्दी बाद के वर्षों में कभी हक़ के दोस्त तो कभी दुश्मन बनकर रहे।

हक़ सियासत और तकरीरों के लिए ही बने थे। रौबदार आवाज के मालिक और धाराप्रवाह बाँगला, अंग्रेजी और उर्दू में शेरो-शायरी से भरी तकरीर करनेवाले हक़ ने बंगाल के विभाजन की माँग का समर्थन किया। इस माँग के उठानेवाले सबसे प्रमुख व्यक्ति थे ढाका के नवाब सलीमुल्लाह। 1905 में यह माँग मान ली गई, और ढाका नए प्रान्त, पूर्वी बंगाल तथा असम की राजधानी बन गया।

बारीसाल हक़ के व्यक्तित्व के लिए काफी छोटा था। 1906 में वे मुस्लिम लीग के स्थापना सम्मेलन में भाग लेने के लिए ढाका गए, जहाँ उन्हें कमिटी को संविधान निर्माण में सहयोग करने के लिए कहा गया। ढाका में सर बैम्फील्ड फल्टर, जो नवगणित प्रान्त के गवर्नर थे, ने उन्हें डिप्टी मजिस्ट्रेट पद सम्हालने का न्यौता दिया, जिसे हक़ ने स्वीकार किया और ढाका, जमालपुर और मदारीपुर में काम किया। कांग्रेस के व्यापक विरोध की वजह से 1911 में राज को बंगाल का विभाजन रद्द करना पड़ा। विभाजन की समाप्ति और अपने उक्त पद, जिसके लिए कभी वे बड़े इच्छुक रहे थे, को नापसन्द करते हुए हक़ ने राज की सेवा छोड़ दी और कलकत्ता चले गए। मुखर्जी ने वहाँ अदालत में उनका स्वागत किया, जहाँ हक़ ने बहुत तेजी से प्रगति की। उन्होंने अपने राजनेता को भी ऊपर उठाया। 1913 में उन्होंने बंगाल प्रान्तीय कौंसिल ढाका सीट से जीत हासिल की, जहाँ उनके अभिभाषण-कौशल का तुरंत नोटिस लिया गया और उन्हें बंगाल मुस्लिम लीग का सचिव बनाया गया। वे और मुस्लिम लीग जिन चीजों की माँग कर रहे थे, उनमें ढाका में एक विश्वविद्यालय की स्थापना भी थी; यह 1921 में स्थापित हो गया। 1914 में सलीमुल्लाह की मौत हो गई और हक़ को बंगाल में लीग का अध्यक्ष बनाया गया। अपने अध्यक्षीय भाषण में उन्होंने राज द्वारा की गई अलग मुस्लिम निर्वाचन क्षेत्रवाली व्यवस्था का पक्ष लिया।[8] लेकिन साथ ही उन्होंने कहा :

लीग ने जिन सिद्धान्तों को अपनाया था, वे धीरे-धीरे एक ही वर्गवाला चरित्र छोड़ रहे हैं और एक पार्टी के सिद्धान्त होने की जगह पूरे भारतवर्ष का सिद्धान्त बनते जा रहे हैं।[9]

इस भाषण का सार असल में राज को यह चेतावनी देना था कि वह मुसलमानों को आँख मूँदकर अपने पक्ष में चलनेवाला न माने। बंगाल के विभाजन को समाप्त करने के फैसले को याद करते हुए हक़ ने कहा कि "एक पूरी कौम की भावनाओं को पैरों तले कुचल दिया गया था," और कि मुसलमानों को "राजनीति की बिसात में एक बेमोल प्यादा माना जा रहा था जिसे राजनैतिक जरूरतों के अनुसार निर्दयता से कुर्बान कर दिया जाता है।"[10] यह दावा करते हुए कि "राजनैतिक मंच से हमारे समुदाय की गैर-मौजूदगी कांग्रेस के हमलों के खिलाफ सरकारी बचाव का मुख्य अस्त्र रही है,"[11] हक़ ने संकेत दिया कि अगर राज ने मुसलमानों की बातों पर ध्यान नहीं दिया तो मुस्लिम लीग कांग्रेस से हाथ मिला सकती है।

दो वर्षों में ही इस धमकी के साकार होने का वक्त भी आ गया। तुर्की की घटनाओं ने हिन्दुस्तानी मुसलमानों को ब्रिटेन के खिलाफ कर दिया। 1916 के अन्त में कांग्रेस और लीग ने लखनऊ सन्धि की जिसमें हक़ ने महत्त्वपूर्ण भूमिका निभाई थी। कांग्रेस ने मुसलमानों के लिए अलग निर्वाचन क्षेत्र और हिन्दू-बहुल इलाकों में अतिरिक्त प्रतिनिधित्व की बात मान ली, बदले में लीग ने भी पंजाब में हिन्दुओं और सिखों तथा बंगाल में हिन्दुओं को अतिरिक्त प्रतिनिधित्व देने की बात मानी और दोनों संगठनों ने भारत के दावों के लिए संयुक्त रूप से काम करने का फैसला किया।

हमने पहले देखा है कि लखनऊ में सबसे प्रमुख मुसलमान नेता थे जिन्ना, जो उस वर्ष लीग के अध्यक्ष भी थे, लेकिन हक़ की भूमिका को भी कम नहीं आँकना चाहिए। बंगाल के प्रमुख मुसलमान नेता होने के चलते प्रदेश के हिन्दुओं को अतिरिक्त प्रतिनिधित्व देने में उनका ही नुकसान होनेवाला था। उनका उदाहरण देखकर ही लखनऊ आए पंजाब के मुसलमान प्रतिनिधियों ने अपने प्रान्त में भी हिन्दुओं और सिखों को अतिरिक्त प्रतिनिधित्व देने की बात मान ली। हक़ ने एक दाँव चला था : उन्हें उम्मीद थी कि बंगाल में जानबूझकर अपना नेतृत्व खोने के जोखिम के बदले उन्हें अखिल भारतीय स्तर पर यही रुतबा हासिल हो जाएगा। लखनऊ में उन्होंने एक बंगाली या एक मुसलमान की जगह एक हिन्दुस्तानी होनेवाले अन्दाज में भाषण दिया और यह उम्मीद जाहिर की :

हिन्दुओं और मुसलमानों को एकजुट होकर सत्ता के हस्तान्तरण...लोकतन्त्र को हासिल करने के लिए सभी सवैधानिक और वैध तरीकों का उपयोग करना चाहिए। मेरा मानना है कि भारतवर्ष ने करवट बदली है...अब हम स्वप्न भूमि की झलक पा सकते हैं।[12]

ऐसा लगा कि यह दाँव काम कर रहा है। 1918 में हक़ लीग के अध्यक्ष बने। साथ ही कांग्रेस की सदस्यता लेकर, उस समय अनेक मुसलमान दोनों संगठनों के सदस्य थे, वे इसके महासचिव बने। अगले वर्ष उन्होंने बंगाल कांग्रेस के अधिवेशन की अध्यक्षता की और जालियाँवाला बाग नरसंहार की जाँच करनेवाले कांग्रेसी दल के सदस्य भी बनाए गए।

यह सफलता ईर्ष्या योग्य है। पर वे एक साथ कांग्रेस और लीग में महत्त्व पाने के साथ ही राज की एक कौंसिल में भी आ गए। उनसे तीन साल छोटे जिन्ना ने भी ऐसा ही किया था। दोनों ही सफल वकील थे, लेकिन एक बड़ा अन्तर था। जिन्ना आम लोगों से मेलजोल पसन्द नहीं करते थे, पर हक़ ने बंगाल के किसानों में अपना व्यापक आधार बनाया था, उनकी भाषा बोलते थे और उनकी तरफ से बंगाल के जमींदारों का विरोध करते थे। इसी गतिविधि के चलते 1917 में कलकत्ता कृषक संघ की स्थापना हुई।[13]

1919 में जिन्ना और हक़ के बीच का यह अन्तर बहुत महत्त्वपूर्ण नहीं लगता था। उस साल दोनों ही राष्ट्रीय नेतृत्व हासिल कर सकने के सम्भावित उम्मीदवार लगते थे। हमने देखा है कि 1920 की घटनाओं—गांधी के उदय और खिलाफत आन्दोलन के दबावों ने जिन्ना को मुसलमान कौम की तरफ मोड़ दिया। इन घटनाओं का असर हक़ पर उनको बंगाल तक ही सीमित कर देने के रूप में हुआ। इस समय अली बन्धु गांधी के काफी घनिष्ठ थे और आज़ाद ने खिलाफतवाले मामले में केन्द्रीय मंच हासिल कर लिया, जो 1920 में हिन्दुस्तानी मुसलमानों के लिए मुख्य मंच था। हक़ ने खिलाफत का पक्ष लिया और बंगाल में उनकी सभाओं में लोग उमड़ पड़ते थे। लेकिन उर्दू में जानदार भाषण देने की क्षमता के बावजूद वे अली बन्धुओं और आज़ाद की अखिल भारतीय हैसियत की बराबरी नहीं कर सकते थे। साथ ही वे गांधी द्वारा प्रस्तावित असहयोग के मसले पर भी बहुत उत्साहित नहीं थे। उनका अन्तर्मन कह रहा था कि राज की कौंसिलों, अदालतों और कॉलेजों से फायदा उठा रहे लोग इस कदम का विरोध करेंगे; उनका मस्तिष्क कह रहा था कि कॉलेजों का बायकाट करने से बंगाल के मुसलमान नौजवानों का नुकसान होगा। इससे भी बड़ी बात थी कि वे तथाकथित कांग्रेसी प्रतिनिधियों द्वारा "खुद से अलग राय रखनेवालों पर व्यग्य कसने और उन्हें अपमानित करने" से नाराज थे।[14]

सितम्बर, 1920 में जब कलकत्ता में कांग्रेस ने असहयोग के सवाल पर विचार किया तो हक़ ने इसके पक्ष में वोट दिया, पर फरवरी, 1927 में बंगाल के एक प्रमुख कांग्रेसी नेता शरत बोस को, जिन्होंने बारीसाल में होनेवाले असहयोग-सम्मेलन में हक़ से उपस्थित रहने को कहा था, लिखी चिट्ठी में इस कार्यक्रम की आलोचना की :

आप लोगों ने कांग्रेस में एक ऐसे आदर्श को अपना लिया है, जिससे मैं सहमत नहीं हो सकता हूँ...मैं एक ही मंच पर उन नेताओं के साथ नहीं बैठ सकता जिन्होंने मेरे साथ सबसे ज्यादा दुर्व्यवहार किया हो...मैंने कभी भी असहयोग कार्यक्रम में भरोसा नहीं रखा है लेकिन मैंने खुद को उन लोगों के साथ ही चलने दिया जिनके साथ मैं कभी सहमत नहीं रहा हूँ...मेरी नीति आपके सम्मेलन में असहयोग की रहेगी।[15]

कांग्रेस से अपने रिश्ते तोड़ते हुए हक़ ने विधायिका में अपनी सक्रियता बढ़ाई। 1918 में उन्होंने उन सुधारों की आलोचना की जो राज की कौंसिलों को कुछ और अधिकार देते थे और इन्हें 'चकमा' करार दिया।[16] लेकिन 1927 में वे फिर बंगाल कौंसिल में आ गए। हिन्दू और मुस्लिम सदस्यों को एकजुट करके उन्होंने वहाँ जो सफलताएँ हासिल कीं, उनमें राज के अधिकारियों को दिए जानेवाले मोटे वेतन और "बंगाल सरकार के प्रतिवर्ष दार्जिलिंग पलायन"[17] के विरोध में प्रस्ताव पास कराना था। ऐसे प्रस्तावों को मानना राज के लिए अनिवार्य नहीं था, पर उन लोगों के मनोबल पर इसका अच्छा असर होता था।

1924 की कौंसिल में हक़ ने तरक्की पाई। वे मन्त्री बन गए। वैसे असल ताकत मन्त्रियों की जगह गवर्नर द्वारा नियुक्त एक्जिक्यूटिवों के हाथ में होती थी, पर शिक्षामन्त्री के रूप में हक़ ने प्रतिभावान मुस्लिम विद्यार्थियों के लिए एक कोष बनाने, कलकत्ता के इस्लामिया कॉलेज के उदय में मदद करने और प्रेसिडेंसी कॉलेज के प्रिंसिपल पद पर एक हिन्दुस्तानी, बी.एम. सेन को रखवाने में सफल रहे।[18] लेकिन छह महीने में ही मन्त्रियों ने सदन का विश्वास खो दिया और उन्हें इस्तीफा देना पड़ा।

पूरे भारत की जगह बंगाल को ही अपना राजनैतिक क्षेत्र बनाने का फैसला कर चुके हक़ अब लखनऊ सन्धि के तहत, जिस पर राज ने अमल कर दिया था, बंगाल के हिन्दुओं को मिले अतिरिक्त प्रतिनिधित्व को हटाने पर भिड़ गए। इसे हटाने के एवज में वे साझा निर्वाचन क्षेत्र की बात मानने को तैयार थे। यह प्रस्ताव मोतीलाल नेहरू रिपोर्ट में किया गया था जिसका आज़ाद और अंसारी जैसे मुसलमानों के साथ हक़ ने समर्थन किया था।* जिस आदमी ने लखनऊ सन्धि कराने में महत्त्वपूर्ण भूमिका निभाई थी, अब कहा :

मुझे लगता है कि लखनऊ सन्धि के बारे में जितना ही कम कहा जाए अच्छा है...जहाँ तक मुसलमानों की बात है, थोड़े ही महत्त्वपूर्ण मुसलमान नेताओं

* जैसाकि हमने पिछले अध्यायों में देखा है जिन्ना, मुहम्मद अली और अधिकांश मुसलमान नेता नेहरू रिपोर्ट को मानने को तैयार नहीं थे।

ने देखा है कि इस सन्धि में पंजाब और बंगाल के मुसलमानों के साथ भारी अन्याय हुआ है, लिहाजा उन्होंने इसका परित्याग किया है।[19]

किसानों के प्रति हक़ की सहानुभूति उस समय दिखी, जब बंगाल कौंसिल में बंगाल जोतदारी संशोधन विधेयक पर बहस हुई। सरकार द्वारा रखा गया और जमींदारों के प्रतिनिधियों के लिए आरक्षित स्थानों पर बैठे पार्षदों, चाहे वे हिन्दू हों या मुसलमान, तथा सदन में मौजूद विशाल यूरोपीय टोली द्वारा समर्थित यह विधेयक जमींदारों के पक्ष में था लेकिन इसे रखा गया था जोतदारों के पक्ष में बताकर। हक़ ने पूरे जोर से इसका विरोध किया। जैसोर के नौशेर अली और अन्य मुसलमान विधायकों ने भी ऐसा ही किया। दो हिन्दू सदस्यों जे. एल. बनर्जी और नरेश सेनगुप्त ने उनका समर्थन किया। लेकिन अन्य हिन्दू सदस्यों ने, जिनमें से अनेक कांग्रेस से जुड़े माने जाते थे और इनमें बोस बन्धु, शरत और सुभाष भी शामिल थे, विधेयक का समर्थन किया जो पास भी हो गया।

जोतदारों के पक्ष में हक़, नौशेर, बनर्जी और सेनगुप्त ने जो संशोधन रखे थे, उन्हें नहीं शामिल किया गया। इस विधेयक और संशोधनों पर हुई बहस और मतदान ने बंगाल के किसानों में कांग्रेस को प्रिय नहीं बनाया। अधिकांश किसान मुसलमान थे। वे अब कांग्रेस को जमींदार-समर्थक और हिन्दू-समर्थक मानने लगे। मुस्लिम साप्ताहिक पत्र 'ज़मीर' जो अभी तक कांग्रेस के प्रति दोस्ताना माना जाता था, ने लिखा कि इस घटना ने "हमें अपना नजरिया बदलने पर मजबूर किया है," जबकि किसानों का मन भाँपकर मुस्लिम लीग ने नए कानून को "ग्रामीण आबादी के हितों के लिए भारी हानिकारक" बताया।[20]

इस घटना के बाद बंगाल में अनेक मुसलमानों ने कांग्रेस छोड़ दी। 1929 के शुरू में हक़, जिन्होंने "अपने सार्वजनिक जीवन की शुरुआत के समय ही तय कर लिया था कि उनके राजनैतिक महल का आधार ग्रामीण क्षेत्र ही होगा"[21] ने निखिल प्रजा समिति बनाने की पहल की। इस नए संगठन के अधिकांश सदस्य मुसलमान थे, लेकिन पूरे नहीं। हक़ ने एक समुदाय की पार्टी बनाने की जगह 'कृषक-उन्मुख राजनैतिक संगठन' बनाने की इच्छा की थी।[22] हक़ के किसानों से सम्बन्धों ने मदद की और यह समिति ताकतवर हुई : यह पूर्वी बंगाल के ग्रामीण इलाकों में सबसे मजबूत थी।[23]

फिर भी, गाँवों में ही गुम हो जाने की हक़ की कोई मंशा नहीं थी। वैसे बंगाल के किसान उन्हें अपना दुख-सुख सुननेवाला और अपने हितों का रखवाला मानते रहे, पर वे राजधानियों में रहनेवालों को जो सुख-सुविधाएँ और मान-सम्मान मिलते हैं, उनसे खुद को वंचित रखनेवाले नहीं थे। भारत के भविष्य पर बात करने के लिए 1930 और 1931 में लन्दन में हुई गोलमेज बैठकों में भाग लेने का न्यौता

उन्हें मिला और वे लन्दन गए। लन्दन में उनके प्रवास के विवरण प्रायः नहीं मिलते। अगर उनकी गुणगान-भरी जीवनी लिखनेवाले अब्दुर रब पर भरोसा करें तो, दूसरी गोलमेज बैठक के समय उन्होंने वहाँ एक चुनाव सभा को भी सम्बोधित किया था।

> *उनका भाषण उनकी बोलने की क्षमता का शानदार उदाहरण था और दस हजार से ज्यादा लोग मन्त्रमुग्ध होकर सुनते रहे और तालियाँ बजाते रहे.. .उन्होंने अंग्रेजों के कुशासन और दमन का साफ चित्र खींचा। जिस उम्मीदवार के पक्ष में उन्होंने भाषण दिया, वह भारतीय हितों का पक्षधर था और वह बहुत आसानी से चुनाव जीत गया।"*[24]

अब्दुर रब ये नहीं बताते कि यह उम्मीदवार कौन था, यह सभा कब और कहाँ हुई थी। निश्चित रूप से यह विवरण बढ़ा-चढ़ा लगता है, पर ब्रिटेन में हक़ ने एक चुनाव सभा में भाषण दिया, इस पर विश्वास किया जा सकता है। हक़ ने गोलमेज बैठकों में जो कुछ कहा था उसका रिकॉर्ड मौजूद है। यह दिलचस्प है कि उन्होंने यहाँ पूरे भारत की जगह सिर्फ बंगाल के लिए और बंगाल के बारे में बातें कहीं। वे एक मुसलमान की तरह भी बोले और 'राष्ट्रवादी' तथा 'मजहबी' मुसलमानों के बीच भेद करने के लिए कांग्रेस की आलोचना की :

> *मेरे दोस्त ने कहा है कि मुसलमानों की एक संस्था है, जिसे वह राष्ट्रवादी मुसलमान कहते हैं...मैंने इस विचार का इस्तेमाल भी देखा है और मैं यह कहना चाहता हूँ कि मेरे लिए इस विचार का कोई मतलब नहीं है। हर मुसलमान राष्ट्रभक्त है, राष्ट्रवादी और गैर-राष्ट्रवादी का भेद भी बस इतना ही किया जा सकता है जैसे मोटे-पतले और लम्बे-छोटे का भेद किया जाए।*[25]

उन्होंने भारतीय कौंसिलों में 'विशेष हित' वाली राज की व्यवस्था की आलोचना की :

> *एक संगठन है—महाजन सभा। इसके 213 सदस्यों को एसेम्बली में एक सदस्य भेजने का विशेषाधिकार है जबकि मेरे चुनाव क्षेत्र में 21000 मतदाता हैं : यह सिर्फ गड़बड़ नहीं है, बल्कि इस तरह का विशेष प्रतिनिधित्व देना लोगों के साथ घोर अन्याय करना है।*[26]

उन्होंने माना कि भारत की मुश्किलें सिर्फ अंग्रेजों की करतूत नहीं है :

> *गोलमेज बैठक ने इस लांछन को धो दिया है कि ब्रिटेन की संसद हिन्दुस्तान के सवैधानिक विकास के रास्ते में बाधा डालना चाहती है। यहाँ आए प्रतिनिधियों में से एक भी यह नहीं कह सकता कि हमारी अपनी समस्याएँ सुलझाने के लिए जिस लगन, मेहनत, उत्साह और एकनिष्ठा से कोशिश की गयी है उससे बहुत प्रभावित नहीं हुआ है।*[27]

ग्रामीण लोगों के इस प्रवक्ता ने 1934 में देश के सबसे बड़े नगर का नगर-प्रमुख बनने की कोशिश की और कलकत्ता नगर-निगम के हिन्दू, मुसलमान पार्षदों की सहमति से प्रमुख बन गए। जीत से भाव-विह्वल हक़ ने कहा :

ऐसे लोग भी हैं जो सोचते हैं कि भारत में हिन्दू और मुसलमान सिर्फ लड़ते रहे और एक-दूसरे के खून के प्यासे रहते हैं। वे कहते हैं कि भारत का भविष्य अन्धकारमय है, यहाँ मेरी दाईं तरफ, हक़ ने उपप्रमुख की ओर इशारा किया, हिन्दुओं के हिन्दू बैठे हैं...क्या मैं यह कह सकता हूँ कि हिन्दू-मुसलमानों का यह साझा प्रयास हमारी साझी मातृभूमि की भलाई के लिए ईश्वरीय कोशिश जैसा है।

अगर मैंने कभी विस्मृति के कारण या किसी भी तरह से किसी की भावना को ठेस पहुँचाई हो तो मुझे उम्मीद है कि आप मुझे माफ कर देंगे, क्योंकि मुझमें भी कमजोरियाँ हैं और बहुत ऊँचे मानदंडों के आधार पर मुझे नहीं परखा जाना चाहिए।[28]

हक़ ऊपर बढ़ते ही गए। उन्होंने अपने लिए जो शिखर चुना था, वह था बंगाल का प्रधानमन्त्री पद। 1935 के नए कानून ने 'एक्जिक्यूटिव मेम्बर' वाला प्रावधान हटा दिया था और प्रधानमन्त्री के पद को शक्ति-सम्पन्न बना दिया था। 1937 के शुरू में चुनाव होने को थे। अप्रैल, 1936 में हक़ और उनके दोस्तों ने निखिल प्रजा समिति को कृषक पार्टी में बदल दिया।

इस पार्टी के अध्यक्ष बने हक़ को मालूम हो गया कि यह पार्टी अकेले ही सत्ता हासिल नहीं कर सकती। इसके लिए सहयोगी जरूरी होंगे। हक़ को उम्मीद थी कि कांग्रेस से उनका गठबन्धन हो जाएगा और बंगाल के कुछ कांग्रेसी नेताओं ने भी इस बात के पक्ष में राय जाहिर की। ऐसी दोस्ती अस्वाभाविक नहीं होती। कृषक प्रजा पार्टी के उद्देश्य धर्मनिरपेक्ष शब्दावली से लैस थे और अब कांग्रेस की घोषणाएँ भी जमींदार समर्थक नहीं रह गई थीं।

लेकिन यह गठबन्धन नहीं हो पाया। कांग्रेसियों ने मुसलमानों के लिए अलग निर्वाचन क्षेत्र निश्चित करने के ब्रिटेन सरकार के फैसले की आलोचना की और इससे मुस्लिम-बहुल कृषक पार्टी कांग्रेस के प्रति सशंकित हो उठी। मुसलमानों की भावनाओं के मद्‌देनजर कांग्रेस सरकार के इस फैसले को ठुकराने से बचती रही पर अपने सिद्धान्तों के चलते वह इसे मंजूर भी नहीं कर सकती थी। इस मसले पर उदासीन रहने का उसका फैसला बंगाल के कांग्रेसियों को नहीं सुहा रहा था। सरकार के इस फैसले की निन्दा करके उन्होंने मुसलमानों को खुद से अलग कर दिया, जो उनकी तरफ बढ़ने को तैयार थे।[29]

एक आरोप यह भी लगता है कि कलकत्ता निगम में पर्याप्त संख्या में मुसलमानों का न आ पाना भी गठबन्धन होने देने में बाधक बना। कलकत्ता में

रहनेवाले मुसलमानों ने इस आरोप पर विश्वास किया और मुस्लिम समाज में यह भावना इतनी प्रबल थी कि एक को छोड़कर सारे मुसलमान पार्षदों ने, जिनमें पिछले वर्ष के नगर-प्रमुख हक़ भी शामिल थे, अपने पदों से इस्तीफा दे दिया।[30]

हक़ प्रधानमन्त्री पद चाहते थे। जिन्ना बंगाल चाहते थे । लीग ने अपने अध्यक्ष जिन्ना को 1937 के चुनावों की तैयारी के सिलसिले में "मुस्लिम कौम को एक करने" की दिशा में बढ़ने के लिए केन्द्रीय संसदीय बोर्ड में प्रान्तों के मुसलमान नेताओं को शामिल करने का अधिकार दिया।[31] हक़ की लोकप्रियता से वाकिफ जिन्ना ने बंगाल के इस नेता को केन्द्रीय संसदीय बोर्ड में मनोनीत किया; यह स्पष्ट नहीं है कि उन्होंने ऐसा करने के पहले हक़ से सम्पर्क किया था या नहीं।

लीग की बंगाल इकाई निर्जीव थी। बंगाल में हक़ के मुस्लिम प्रतिद्वन्द्वी लीग में नहीं यूनाइटेड मुस्लिम पार्टी में थे जिसे मई, 1936 में तुरत-फुरत खड़ा किया गया था। इसके नेता थे, ढाका के नवाब हबीबुल्लाह, सर ख्वाजा नज़ीमुद्दीन, एस. एच. सुहरावर्दी, ए. आर. सिद्दीकी और एम. ए. एच. इस्पहानी।* ये सारे लोग जमींदार थे या व्यापारी। उनका नारा था इस्लाम के नाम पर मुसलमानों की एकता।

कलकत्ता पहुँचकर जिन्ना ने कृषक प्रजा पार्टी और यूनाइटेड मुस्लिम पार्टी को लीग के दायरे में लाने की कोशिश की। शुरू में दोनों ने ही हिचक दिखाई। कृषक प्रजा पार्टी लीग में विलीन हो जाए और जमींदारी प्रथा के खिलाफ अपने रवैये में कुछ नरमी लाए, जैसी जिन्ना की दो शर्तें हक़ को मान्य नहीं थीं। इतना ही नहीं, हक़ ने यह भी कहा कि लीग में विलय करना उन हिन्दुओं के प्रति अन्याय होगा जो उनकी पार्टी के सदस्य या समर्थक हैं।[32]

जिन्ना की अगुवाई में आजादी चाहनेवाले यूनाइटेड मुस्लिम पार्टी के नेता भी विलय से हिचक रहे थे लेकिन उससे बाहर रहने पर यह आरोप भी लग जाता कि वे कौम की एकता में बाधक हैं; सो उन्होंने जिन्ना की शर्तों को मान लिया। जिन्ना के कलकत्ता से विदा होने के बाद यह घोषणा हुई कि यूनाइटेड मुस्लिम पार्टी स्वैच्छिक रूप से खुद को समाप्त और लीग में विलीन कर रही है, और लीग के बंगाल संसदीय बोर्ड में इसके 15, बंगाल लीग के 7 और 11 अन्य सदस्य रहने थे, जिनमें 4 जिन्ना द्वारा मनोनीत किए जानेवाले थे। कृषक प्रजा पार्टी से कहा गया कि अगर वह जिन्ना की शर्तों को मान लेती है तो बोर्ड में अपने 15 सदस्य भेज सकती है।[33]

जब हक़ ने जिन्ना के प्रस्ताव को ठुकरा दिया तो उन्हें लीग के केन्द्रीय बोर्ड से हटा दिया गया और कहा गया कि "हक़ बंगाल समझौते के उल्लंघन के दोषी हैं।"

---

* नज़ीमुद्दीन और सुहरावर्दी बाद में पाकिस्तान के प्रधानमन्त्री बने।

बांग्लादेशी लेखक इनायतुर रहीम के शब्दों में, "हक़ को उस बोर्ड से हटा दिया गया जिसमें वे अपनी सहमति से नहीं गए थे और उन्हें उस समझौते का उल्लंघन करने का दोषी करार दिया गया जो उन्होंने कभी किया ही नहीं।"[34] जवाब में हक़ ने जिन्ना पर 'तानाशाही रवैया' अपनाने का आरोप लगाया।[35]

चुनाव में जोरदार मुकाबला हुआ। हक़ ने सर ख्वाजा नज़ीमुद्दीन को उनके क्षेत्र में ही चुनौती देकर इसे नाटकीय बना दिया। नज़ीमुद्दीन ढाका के नवाब के भतीजे, बड़े जमींदार, व्यवहार कुशल राजनेता और एक्जिक्यूटिव मेम्बर रहे थे। हालाँकि उन्हें साधन या कार्यकताओं की कमी नहीं थी, पर दूर-दूर से लीग के अनेक कार्यकर्ता उनको मदद करने के लिए पहुँचे। हक़ जैसा कि उनके जीवनीकार ने लिखा है, "जननेता और चुनावी कला में प्रवीण थे।" लेकिन सच्चाई की जगह चालाकी का सहारा लेते हुए उन्होंने अपने मतदाताओं से कहा कि वे "एक साधनहीन परिवार में पैदा हुए थे।" साथ ही उन्होंने यह दावा भी किया कि "खुदा की मेहरबानी से वे जल्दी से जल्दी" जमींदारी प्रथा समाप्त करेंगे, और कि "बंगाल के किसान उन्हें हृदय से सबसे अधिक प्रिय हैं।"[36]

उन्होंने सर ख्वाजा को पराजित कर दिया। 250 सदस्योंवाले सदन में कांग्रेस ने 60 स्थान, लीग ने 40, कृषक प्रजा पार्टी ने 35, निर्दलीय मुसलमानों ने 41, हरिजनों ने 23 और यूरोपीय लोगों ने 25 स्थान पाए। निर्दलीय मुसलमान विधायक लीग या कृषक प्रजा पार्टी में चुने गए और इस प्रकार लीग के सदस्यों की संख्या 60 और कृषक प्रजा पार्टी के सदस्यों की संख्या 58 हो गई।

तीन करीब-करीब बराबर समूहों, कांग्रेस, लीग और कृषक प्रजा पार्टी में से दो मिलकर सरकार बना सकते थे। हक़-नज़ीमुद्दीन वाली तीखी लड़ाई के बाद तो लीग-कृषक प्रजा पार्टी का गठबन्धन सम्भव नहीं लग रहा था। कृषक प्रजा पार्टी-कांग्रेस गठबन्धन की सम्भवना लग रही थी। लेखक गौतम चट्टोपाध्याय की राय में, "कृषक प्रजा पार्टी के करीब सारे नेता कांग्रेस के समर्थन से सरकार बनाने को उत्सुक थे।"[37]

यह उम्मीद पूरी नहीं हुई। दो मुश्किलें थीं, एक सैद्धान्तिक और दूसरी व्यावहारिक। सैद्धान्तिक परेशानी थी कि कांग्रेस के केन्द्रीय बोर्ड ने फैसला किया था कि जिन प्रान्तों में कांग्रेस को बहुमत नहीं मिला है, वहाँ के कांग्रेसी मन्त्री पद न लें। ऐसे सिद्धान्तों से शायद ही कभी 'सम्भावनाओं का पता लगानेवाली वार्ता' रुकी है। अगर ऐसी बातचीतों में कुछ ठोस स्वरूप उभरता तो फिर सिद्धान्त में बदलाव या उसकी नई व्याख्या की जा सकती थी।

बातचीत हुई और समझौता होता लगा। हक़ को प्रधानमन्त्री होना था, कांग्रेस को पदों के मामले में बराबर का हिस्सा मिलना था और कांग्रेस तथा कृषक प्रजा पार्टी को संयुक्त रूप से राजनैतिक और आर्थिक सुधार शुरू करने थे। एक कांग्रेसी

विधायक के घर पर भोज आयोजित हुआ, इसके बाद दोनों पक्षों को एक समझौते पर दस्तखत करने थे। भोज में कृषक प्रजा पार्टी के लोगों ने कहा कि नई सरकार को सबसे पहले जोतदारों और कर्ज में डूबे किसानों की मुक्ति का कानून बनाना चाहिए। कांग्रेसी पक्ष ने कहा कि ऐसे कदमों की जरूरत है, पर पिछली सरकार द्वारा बन्दी बनाए गए कांग्रेस समर्थक स्वतन्त्रता सेनानियों की रिहाई के बाद ही इसे बनाया जा सकता है। कृषक प्रजा पार्टी के लोगों ने कहा कि फैसलों का यह क्रम उनकी पार्टी को समाप्त कर देगा। अंग्रेज गवर्नर रिहाई पर आपत्ति करेंगे। मन्त्रिमंडल इस्तीफा देने के लिए विवश हो जाएगा, और किसी भी नए चुनाव में मुस्लिम लीग सफलतापूर्वक 'कृषक प्रजा पार्टी को कांग्रेस का पिछलग्गू' कहकर प्रचारित करेगी। लीग किसानों की मदद न कर पाने के लिए भी पार्टी का उपहास उड़ाएगी। वहाँ मौजूद कृषक प्रजा पार्टी के एक आदमी, अबुल मंजूर अहमद के अनुसार :

> *कांग्रेसी नेताओं ने अपने रुख में बदलाव करने से इनकार कर दिया। उन्होंने बहुत भावुकता के साथ कहा कि बंगाल के सैकड़ों सपूत अंडमान की जेलों में हड़ताल पर हैं, उनका जीवन दाँव पर लगा है, इसलिए उनके मुद्दे को दरिद्र किसानों की माँगों से अधिक प्रधानता मिलनी चाहिए। उस रात एक बजे एकता वार्ता टूट गई और हम सभी लोग मिस्टर सेनगुप्त के घर से निराश और हताश वापस हुए।*[38]

जिन अन्य प्रान्तों में कांग्रेसी सरकारें बनी थीं, वे जेलों में बन्द कांग्रेस समर्थकों को रिहा कराने में सक्षम रही थीं, उनके अंग्रेज गवर्नरों को यह कदम अच्छा तो नहीं लगा, लेकिन उन्होंने इसे रोका नहीं। लेकिन कृषक प्रजा पार्टी को कैसे मालूम हुआ कि राज ऐसा नहीं होने देगा ?

जैसा कि उस समय के कांग्रेसी विधायक निहारेन्दु दत्त मजूमदार ने कहा है, "कांग्रेस ने स्वर्णिम मौका गँवा दिया।"[39] जिन्ना ने हक़ के साथ अपने पुराने विवाद की याद को इस मौके का लाभ उठाने के रास्ते में आने नहीं दिया। उन्होंने लीग की बंगाल इकाई को निर्देश दिया कि वह लीग-प्रजा पार्टी गठबन्धन सरकार का नेतृत्व हक़ को सौंपने की पेशकश करे। हक़ को अपना वांछित मिल गया। हक़ के ग्यारह सदस्यीय मन्त्रिमंडल में लीग के चार सदस्य थे जिनमें सुहरावर्दी और नज़ीमुद्दीन भी थे, जो तब तक एक उपचुनाव जीतकर विधानसभा में पहुँच गए थे। कृषक प्रजा पार्टी के दो मन्त्री, हक़ और नौशेर अली तथा सरकार को टिकाऊ बनाने और बंगाल के हिन्दुओं को आश्वस्त करने के लिए पाँच गैर-कांग्रेसी हिन्दुओं को भी मन्त्रिमंडल में शामिल किया गया, जिनमें दो हरिजन थे।

कृषक प्रजा पार्टी और लीग के बीच गठबन्धन कराने में कलकत्ता के मुस्लिम छात्रों और पत्रकारों ने भी महत्त्वपूर्ण भूमिका निभाई, जिन्होंने मुस्लिम समाज के एकजुट होने की माँग की और कांग्रेस पर 'मुसलमानों में विभाजन' की कोशिश करने

का आरोप लगाया।[40] बंगाल के गवर्नर एंडरसन ने वायसराय लिनलिथगो को सूचित किया कि "मुसलमानों की यह भावना कि उनके नेता कैसे भी एकजुट हो जाएँ, इस नए घटनाक्रम के पीछे मुख्य ताकत थी।"[41]

प्रधानमन्त्री होने का एहसास तो अच्छा था लेकिन इस भूमिका में टिके रहना आसान नहीं था। लीग ने शिकायत की कि पाँच हिन्दुओं को मन्त्री बनाना बहुत अधिक है। मुसलमानों की सभाओं में 'सरकार को मुस्लिम रंग देने' में हक़ की असफलता की निन्दा की गई।[42] कृषक प्रजा पार्टी के वामपंथी धड़े ने जमींदारी उन्मूलन के प्रश्न पर हक़ की समझौतापरस्ती की आलोचना की। उन्होंने 'कम से कम सम्भव समय में' जमींदारी समाप्त करने की जगह इस मसले पर विचार करने के लिए एक कमेटी गठित कर दी। लेकिन इस समझौतापरस्ती के बिना हक़ को लीग के साथ ही कम से कम दो हिन्दू मन्त्रियों के समर्थन से भी वंचित रहना पड़ता। दूसरे शब्दों में कहें तो प्रधानमन्त्री का पद उनके हाथ से निकल जाता। इन हिन्दू मन्त्रियों में से एक वी. पी. सिंह राय ने जमींदारों की एक सभा में "जमींदारी व्यवस्था के गुणगान किए और इसको चालू रखने की वकालत की।"[43] फिर राय के पास राजस्व विभाग था और हक़ कमेटी द्वारा जमींदारी उन्मूलन सम्बन्धी दिए जानेवाले किसी भी सुझाव पर उन्हें ही फैसला लेना था।

हक़ ने राज द्वारा निर्धारित वेतन को बहुत ज्यादा बताकर उसकी आलोचना की थी और मन्त्रियों का वेतन कम करने का वादा किया था, पर उनके गठबन्धन के सहयोगी राज द्वारा तय प्रतिमाह 3000 रु. का वेतन ही लेने पर जोर देते रहे। उनकी माँग मानने के साथ ही हक़ ने खुद 3600 रु. प्रतिमाह का वेतन लिया। कांग्रेस शासित प्रान्तों के मन्त्री 500 रु. प्रतिमाह का वेतन ले रहे थे, लिहाजा कृषक प्रजा पार्टी के उग्र सुधारवादी सदस्य एकदम नाराज हो गए। उन्होंने हक़ का साथ छोड़ दिया और कांग्रेस में चले गए, जिससे हक़ लीग पर और भी अधिक आश्रित हो गए।

अक्तूबर, 1937 में लखनऊ में वे जिन्ना से गले मिले, लीग के शपथ-पत्र पर दस्तखत किए और घोषणा की कि वे गठबन्धन के अपने सभी सहयोगियों से लीग में शामिल होने को कहेंगे। कायद ने बंगाल हासिल कर लिया था। 1916 में जिन्ना और हक़ ने कांग्रेस और लीग के बीच लखनऊ समझौता कराया था। एक बार फिर वे लखनऊ में बाँह में बाँह डाले खड़े थे, पर कांग्रेस के प्रभाव को रोकने के लिए।

हक़ ने मुसलमानों से कहा कि वे 'स्वार्थी, कपटी और आडम्बरी कांग्रेसियों' से दूर ही रहें और इस्लाम के झंडे तले एकजुट हों। उन्होंने चेतावनी दी, "अगर कांग्रेस शासित प्रान्तों में मुसलमानों के साथ अच्छा व्यवहार नहीं हुआ तो बंगाल सरकार बदला लेगी।"[44] लेकिन बंगाल के उनके हिन्दू मित्र जानते थे कि "हक़ इस धमकी पर अमल करनेवाले आदमी नहीं हैं।"[45] हक़ ने आगे चलकर कहा, "उस क्षण के सर्वोच्च आवेग ने ही मेरी हर चीज को संचालित किया था।"[46] लखनऊ में आवेश में बह चुकने के बाद वे कलकत्ता लौटे। खुद को हिन्दुओं की एक सभा

में पाकर उन्होंने कहा, "जब तक मैं सत्ता में हूँ आप लोगों को भयाक्रान्त होने की जरूरत नहीं है।"[47] फिर बंगाल मुस्लिम कांफ्रेंस की एक सभा में उन्होंने लखनऊ की अपनी उग्रता को कुछ कम करने की कोशिश की :

विधानसभा में सबसे अधिक संख्या होने के चलते मुसलमानों के हाथ में सत्ता आई है। लेकिन जब हाथ में शक्ति हो तो स्वार्थी नहीं होना चाहिए। आपको हिन्दू हितों को भी देखना है और आपको पक्षपातरहित भी होना चाहिए।[48]

हक़ के लखनऊ के फैसलों ने पूर्वी बंगाल के मुसलमानों को लीग के पक्ष में ला दिया, जिससे अब वे लीग की तरफ से और उसकी बंगाल शाखा के अध्यक्ष की हैसियत से सम्बोधित करते थे। जिन्ना उन्हें पहले भी लीग की सेंट्रल वर्किंग कमेटी में स्थान देने के साथ अध्यक्ष पद भी सौंपने के इच्छुक थे। लीग के कामकाज के आगे बढ़ाने की इस नई भूमिका में हक़ ने खुद को सिर्फ बंगाल तक ही सीमित नहीं रखा। उड़ीसा, असम, बिहार और दूसरी जगहों पर भाषण देकर उन्होंने लीग की लोकप्रियता को काफी बड़े इलाके में फैलाया।

लीग को हुआ लाभ कृषक प्रजा पार्टी की हानि थी। हक़ ने लखनऊ में कृषक प्रजा पार्टी के विलय के लिए पड़े दबावों को नहीं माना था। लेकिन वे इसके विखंडन को नहीं रोक पाए। पार्टी के उनके प्रति निष्ठावान धड़े लीग के सहयोगी हो गए, उसके वामपंथी और हिन्दू लोग कांग्रेस में चले गए। दो सम्प्रदायोंवाला एक महत्त्वपूर्ण बल समाप्त हो गया था।

खुद उनके यहाँ भी दोस्ती का प्रस्ताव लेकर आनेवाले कांग्रेसियों से उन्होंने कभी दो-टूक ना नहीं कहा, पर वे 'कांग्रेसी षड्यन्त्र' को उजागर करनेवाले की भूमिका से जो लाभ मिल सकता था, उसे भुनाने से भी नहीं चूके। उन्होंने कहा :

बंगाल में कांग्रेस ने मुसलमानों में विभेद पैदा करके, भाई को भाई के खिलाफ लड़ाने में शैतान को भी पीछे छोड़ दिया है। लेकिन हिन्दुस्तान के मुसलमान अगर खुद को मुस्लिम लीग के अधीन एकजुट कर लेते हैं तो अपने दुश्मनों के षड्यन्त्रों पर आसानी से पानी फेर सकते हैं।[49]

हक़ के नेतृत्ववाली टोली से भी लोग टूटे। हरिजन विधायक कांग्रेस में चले गए। हक़ के अलावा सरकार में कृषक प्रजा पार्टी के दूसरे अकेले मन्त्री नौशेर अली भी विपक्ष में चले गए। अगस्त, 1938 में 25 यूरोपियन लोगों के वोट से ही हक़ सरकार अविश्वास प्रस्ताव के संकट को पार कर सकी। यह प्रस्ताव 111 के मुकाबले 130 मतों से गिरा। इसके बाद हक़ ने कृषक प्रजा पार्टी के दो विधायकों को मन्त्री पद देकर वापस अपने पक्ष में किया लेकिन 1939 के अन्त में उनके वित्तमन्त्री नलिनी रंजन सरकार ने उनका साथ छोड़ दिया। पूर्व कांग्रेसी नलिनी रंजन एक प्रमुख हिन्दू थे और हक़ सरकार में उनकी मौजूदगी से इसके प्रति हिन्दुओं की नाराजगी कम रही। उन्होंने दूसरा विश्वयुद्ध शुरू होने के कुछ समय बाद ही इस्तीफा दे दिया।

जैसा कि हमने पिछले अध्यायों में देखा है, युद्ध ने कांग्रेस और लीग के बीच की खाई को और चौड़ा कर दिया। अगर सरकार इसके बाद भी लीग के सहयोगी बने रहते तो हिन्दुओं में उनकी प्रतिष्ठा और उनका समर्थन समाप्त हो जाता। उनके निकलने के बाद कोई भी हिन्दू विधायक हक़ सरकार में मन्त्री बनने को तैयार न था।

नलिनी रंजन सरकार ने विधानसभा में हक़ और हिन्दू महासभा के नेता श्यामा प्रसाद मुखर्जी, जो उन्हीं सर आशुतोष मुखर्जी के पुत्र थे जिनके सहायक बनकर हक़ ने वकालत शुरू की थी, के बीच तीखी झड़प के बाद इस्तीफा दे दिया था। कलकत्ता नगर-निगम के लिए पहली बार विशेष मुस्लिम-निर्वाचन क्षेत्र तय करने के लिए लाए गए एक विधेयक का विरोध करते हुए मुखर्जी ने कहा :

> *आज घने और अमंगलकारी बादल दिख रहे हैं...सरकार ने ही शान्ति और विवाद के बीच चुनाव कर दिया है...अगर आप लड़ेंगे तो हम भी अपनी जान, अपने अधिकारों और अपनी आजादी के लिए लड़ेंगे।*[50]

हक़ ने इस विधेयक का बचाव किया, जो पास हो गया और आगे कहा :

> *डॉ. श्यामा प्रसाद मुखर्जी ने केवल गठबन्धन दल के मुसलमान सदस्यों को ही नहीं, बंगाल के तीन करोड़ मुसलमानों को मरणांतक संघर्ष के लिए ललकारा है। मुझे उनको बहुत साफ-साफ कह देना चाहिए कि उन्होंने बंगाल के एक सबसे अधिक साम्प्रदायिक सोचवाले की ख्याति अर्जित कर ली है।*[51]

दुर्भाग्य कि सिर्फ बंगाल विधान सभा में ध्रुवीकरण नहीं हुआ था। हमने पिछले अध्यायों में देखा कि सही या गलत, मगर कांग्रेस शासित राज्यों के मुसलमानों ने कांग्रेसी सरकारों को हिन्दू-प्रभुत्व स्थापित करनेवाला मान लिया था, और हमने यह भी देखा है कि जब युद्ध के शुरू होने के बाद इन सरकारों ने इस्तीफे दे दिए तो काफी बड़ी संख्या में मुसलमानों ने खुशियाँ मनाईं।

हक़ ने न सिर्फ इस ध्रुवीकरण को ध्यान में रखा, उसके अनुसार तैयारी भी की। जब मार्च, 1940 में लीग ने लाहौर में बैठक की तो उन्होंने हिन्दुस्तान के मुस्लिम-बहुल इलाकों को अलग करने की माँगवाला प्रस्ताव रखने की पूरी तैयारी की थी। प्रस्ताव रखने से पहले 'तालियों की गड़गड़ाहट के बीच' उन्होंने कहा :

> *हमने बंगाल में मुसलमानों और दूसरे लोगों की ओर से 1937 में सत्ता हासिल की। दो सदियों के बाद खुदा ने हमें अपने लोगों की सेवा करने का अवसर दिया और हम अपनी ताकत और इस अवसर को एक अजनबी और खयाली केन्द्रीय सत्ता के नाम पर कुर्बान नहीं कर सकते। मैं सबसे पहले एक मुसलमान हूँ...उसके बाद मैं बंगाली...1906 में बंगाल में ही पहली बार मुस्लिम लीग का झंडा फहराया था और बंगाल के नेता की हैसियत से मुझे*

मुसलमानों के लिए अपनी मातृभूमि का प्रस्ताव उसी मुस्लिम लीग के मंच से रखने का सौभाग्य प्राप्त हो रहा है।[52]

हक़ ने अपने भाषण में 'मातृभूमि' कहा था जो एकवचन में था, पर उन्होंने जो प्रस्ताव रखा उसमें कहा गया था "भौगोलिक रूप से संलग्न इकाइयाँ, जिनमें संख्या के हिसाब से मुसलमान बहुमत में हों, जैसा कि हिन्दुस्तान के उत्तर पश्चिमी और पूर्वी भाग में हैं, मिलाकर स्वतन्त्र राष्ट्रों का निर्माण होना चाहिए।" उस समय तो बहुत लोगों ने इस पर ध्यान नहीं दिया पर भविष्य के बांग्लादेश के बीज भी लीग के 'पाकिस्तान' सम्बन्धी पहले प्रस्ताव में ही डाल दिए गए थे।

हक़ और जिन्ना, दोनों ही लाहौर के नायक थे और बंगाल की सत्ता में भी उनकी भागीदारी थी लेकिन दोनों का विकास एक तरह से नहीं हुआ था। वर्षों से खुद को बंगाल का स्वाभाविक नेता मान रहे हक़ ने जिन्ना और बंगाल लीग के उनके समर्थकों पर आश्रित होने की बात पर नाराजगी जाहिर की, और उधर जिन्ना भी 1937 के चुनाव के पहले हक़ द्वारा उनके साथ आने से इनकार करने की बात याद रखे हुए थे और उनके मन में यह अन्देशा भी था कि हक़ और बंगाल के हिन्दुओं के बीच समझौता हो सकता है।

लाहौर की अपनी टिप्पणी के बावजूद हक़ सबसे पहले बंगाली ही थे और यह बात जिन्ना भी अच्छी तरह से जानते थे। चूँकि उन्होंने अपनी महत्वाकांक्षा को बंगाल तक ही सीमित रखा था इसलिए हिन्दू-मुस्लिम सद्भाव में उनका स्वार्थ भी था। बंगाल में हिन्दुओं की आबादी 43.8 प्रतिशत (मुसलमानों की आबादी 54 प्रतिशत थी)[53] का मतलब था कि कोई भी मुसलमान शासक हिन्दुओं के कुछ समर्थन के बिना खुद को सुरक्षित नहीं मान सकता था। इस राजनैतिक वास्तविकता की पुष्टि संस्कृति और आर्थिक विचार से भी होती है। सांस्कृतिक वास्तविकता का विवरण रहीम ने दिया है, "फ़ज़्लुल हक़ और उनके साथी अपनी बँगला पहचान और विरासत के प्रति सचेत थे और आपस में खाँटी बँगला लोकाचार रखते थे।"[54] आर्थिक रूप से हक़ ने किसानों की भलाई की बात उठाई थी और जानते थे कि धार्मिक नारेबाजी इस उद्देश्य को हासिल करने में अपर्याप्त है।

लीग के लाहौर अधिवेशन में प्रस्ताव पेश करने के ठीक तीन हफ्ते पहले ही उन्होंने कलकत्ता में "सभी जाति और धर्म के मेरे देशवासियो" सम्बोधित किया था और 'हम सबकी मातृभूमि' की बात की थी।[55] लाहौर की बैठक के पहले और उसके बाद भी उन्होंने साम्प्रदायिक सद्भाव के लिए भावुक अपीलें जारी कीं और लाहौर के महीने-भर बाद ही उन्होंने कांग्रेस अध्यक्ष आज़ाद के साथ संवैधानिक और साम्प्रदायिक मसलों पर बातचीत के लिए खुद के तैयार होने की बात कही थी।[56] यह जिन्ना के निर्देशों का उल्लंघन था, जिनकी आज़ाद के प्रति नफरत जगजाहिर थी और जिन्होंने कांग्रेस से तब तक कोई बात न करने का फैसला किया था जब तक कांग्रेस लीग को हिन्दुस्तान के मुसलमानों का एकमात्र प्रतिनिधि न मान ले। जिन्ना

के कलकत्ता के दोस्तों ने हक़ को चेतावनी दी थी कि वे ''मुस्लिम सीमा को लाँघकर'' कांग्रेस से बातचीत की पेशकश न करें और जनवरी, 1941 में खुद जिन्ना ने ही हक़ पर मुस्लिम खेमे में बँटवारा करने का आरोप लगाया।[57]

जब अगस्त, 1941 में टैगोर की मौत हुई तो विधानसभा में उन्हें श्रद्धांजलि देते हुए हक़ ने खुद को 'महान बंगाली जाति का गर्वीला सदस्य' बताया। हक़ ने कहा :

> *रवीन्द्रनाथ महान थे, यही कहना पर्याप्त नहीं है। वे कवि के रूप में महान थे। वे दार्शनिक के रूप में महान थे। वे शिक्षाशास्त्री के रूप मे महान थे। वे मानववादी के रूप में महान थे...मुझे उम्मीद है कि (मेरे) शब्दों को हमारी गहरी शोकानुभूति की अभिव्यक्ति माना जाएगा...महान बँगला जाति का सदस्य होने के चलते हमें अभिमान है कि हमारे बीच भी रवीन्द्रनाथ जैसे महापुरुष थे...।*[58]

इस समय तक हक़ ने जिन्ना से रिश्ते तोड़ लेने का फैसला कर लिया था। जिस मुद्दे पर यह टूट हुई, वह था हक़ का राज द्वारा गठित की जा रही राष्ट्रीय प्रतिरक्षा परिषद में सदस्य बनने का वायसराय का प्रस्ताव मान लेना। यह बात जुलाई, 1941 की है। हक़ के काम को 'भारी आपत्तिजनक'[59] बताते हुए जिन्ना ने फैसला दिया कि लीग के सदस्य होने के चलते हक़ को वायसराय को स्वीकृति देने के पहले पार्टी से अनुमति लेनी चाहिए थी। हक़ और इसी 'अपराध' के दोषी असम और पंजाब के प्रधानमन्त्रियों से इस परिषद से इस्तीफा देने को कहा गया। पंजाब के प्रधानमन्त्री सिकन्दर हयात और असम के प्रधानमन्त्री सादुल्लाह ने तुरन्त इस्तीफा दे दिया, पर हक़ ने काफी देर से इस्तीफा दिया। पर हक़ ने लीग की कार्यसमिति से भी इस्तीफा दे दिया और लीग के महासचिव लियाक़त अली को लिखी चिट्ठी में जिन्ना को ''अकेले बंगाल प्रान्त के 3.3 करोड़ मुसलमानों का सर्वशक्तिमान भाग्यविधाता बनने की लालसा रखनेवाला आदमी''[60] करार दिया।

इस विवाद की जड़ में था, हक़ द्वारा जिन्ना और लीग के केन्द्रीय संगठन के मुकाबले अपनी और बंगाल की स्वायत्तता पर जोर देना। लियाक़त को लिखी चिट्ठी में उन्होंने कहा :

> *अपनी तरफ से मैं कभी भी बंगाल के 3.3 करोड़ मुसलमानों को किसी बाहरी सत्ता, वह कितनी ही प्रमुख क्यों न हो, के अधीन नहीं जाने दूँगा।*[61]

उनके शब्द बहुत तीखे और अपूर्व थे, पर हक़ ने जब तक अन्य कहीं बात न बन जाए, तब तक इस टूट की घोषणा न करने की सावधानी बरती। उन्होंने अपना यह समय निकालने के लिए हर हथकंडा अपनाया। सबसे पहले उन्होंने अपनी

कैफियत पेश की और कहा, जिसमें कुछ सच्चाई भी थी, कि उन्हें प्रतिरक्षा परिषद में लीग के सदस्य की हैसियत से नहीं, प्रधानमन्त्री की हैसियत से वायसराय ने न्यौता था। फिर, यह कहते हुए भी कि मैंने कोई गलती नहीं की है, उन्होंने प्रतिरक्षा परिषद से इस्तीफा दे दिया और कहा कि उनके इस्तीफे ने उनके अनुशासित होने की पुष्टि कर दी है। जिन्ना पर हमला करने के कुछ समय बाद ही उन्होंने इसके लिए थोड़ा अफसोस जाहिर कर दिया था।

साथ ही—और चुपचाप—वे बंगाल के हिन्दू राजनेताओं के दिमाग की टोह भी लेते रहे थे। वे लोग उनकी मदद करने को तैयार थे। नवम्बर में हक़, शरतचन्द्र बोस, श्यामा प्रसाद मुखर्जी और कुछ अन्य विधायक, हिन्दू और मुसलमान दोनों ही, कांग्रेसी विधायक जे. सी. सेनगुप्त के घर पर मिले। इसी घर पर 1937 का वह भोज हुआ था जिसमें कांग्रेस से दोस्ती की बात टूटी थी। लेकिन इस बार की बातचीत फलदायी रही।

दो दिन बाद ही लीग के विधायकों ने "विधानसभा में इस बैठक और इस तरह की बातचीत की सच्चाई जानने के लिए शोर-शराबे के साथ सवाल उठाए लेकिन फ़ज़्लुल हक़ ने सभी आरोपों का जोरदार खंडन किया।"[62] यह जानकर कि "जीवन-मरण की लड़ाई शुरू हो गई है," जैसा कि कलकत्ता में जिन्ना के निष्ठावान सहयोगी इस्पहानी ने उन्हें चिट्ठी में लिखा, हक़ मन्त्रिमंडल में शामिल नज़ीमुद्दीन और सुहरावर्दी जैसे लीग के सदस्यों ने मन्त्री पदों से इस्तीफा दे दिया। उन्हें पूरी उम्मीद थी कि गवर्नर सर जान हरबर्ट हक़ से भी इस्तीफा देने को कहेंगे और यह उम्मीद पूरी हुई। लेकिन इन लोगों ने यह भी सोचा था कि गवर्नर नज़ीमुद्दीन से नई सरकार गठित करने को कहेंगे, पर यह उम्मीद गलत साबित हुई।[63]

जैसे ही लीग मन्त्रिमंडल ने इस्तीफा दिया, हक़ ने घोषणा की कि नई प्रगतिशील संविद पार्टी बन गई है और विधान सभा में उसका बहुमत है। कांग्रेस, कृषक प्रजा पार्टी के विक्षुब्धों, हरिजन और गैर-कांग्रेसी हिन्दू सदस्यों ने हक़ और उनकी 'अधिकृत' कृषक प्रजा पार्टी को सहयोग का आश्वासन दिया था। यह सरकार बनाने के लिए पर्याप्त था। वैसे इस समय बंगाल के कांग्रेसी विधायक भी दो खेमों में बँटे थे—1939 में हुए गांधी-सुभाष विवाद के चलते, लेकिन दोनों धड़ों ने हक़ को समर्थन दिया। बोस धड़े ने गठबन्धन में शामिल होने का आश्वासन दिया जबकि 'अधिकृत' कांग्रेस ने विधान सभा में समर्थन का आश्वासन दिया।

हैरान हरबर्ट हक़ को नई सरकार बनाने का न्यौता देने से पहले थोड़ा हिचके, लेकिन पहले गणित पढ़ा चुके इस अध्यापक की गिनती गलत होनेवाली नहीं थी। काफी लम्बे और असामान्य इंतजार के बाद हक़ ने आरोप लगाया कि हरबर्ट नज़ीमुद्दीन को प्रधानमन्त्री बनाना चाहते थे[64]—एक बार फिर हक़ को दूसरा मन्त्रिमंडल बनाने का न्यौता मिला। यह 10 दिसम्बर की बात है। कांग्रेस के सुभाष धड़े के नेता शरत बोस नई सरकार में उप-प्रधानमन्त्री बननेवाले थे, पर अंग्रेजी सरकार ने 11 दिसम्बर को उन्हें भारत रक्षा कानून के तहत गिरफ्तार कर लिया।

अगले दिन हक़ ने मन्त्रिमंडल के नामों की घोषणा की। खुद वे तथा ढाका के नवाब और हर आदमी को हैरान करते हुए श्यामा प्रसाद मुखर्जी भी इसमें मन्त्री बने, जिन्हें दो साल पहले हक़ ने बंगाल का एक सबसे साम्प्रदायिक आदमी करार दिया था। सात अन्य लोगों, तीन मुसलमान और चार हिन्दुओं को कुछ दिनों के बाद शामिल किया गया।

लीग के समर्थकों ने हक़ को विश्वासघाती—'मीर जाफर' कहा। जिन्ना ने हक़ की 'करतूत को दगाबाजी' मानते हुए उन्हें लीग से निकाल दिया और भविष्य में उनकी वापसी पर रोक लगा दी।[65] इन सबके प्रति उपेक्षा दिखाते हुए हक़ हिन्दू-मुस्लिम एकता को बनाए रहे, जिसने उनकी नई सरकार बनवा दी थी :

> *इस पार्टी का गठन, जिसमें भारत के राष्ट्रीय जीवन के अलग-अलग तरह के तत्त्व एकजुट हुए हैं, भारत के इतिहास की एक अपूर्व घटना है।*[66]

शरत बोस ने भी दावा किया कि हिन्दू-मुस्लिम एकता की बात ने ही उनको भी यह सब करने को विवश किया। जेल से उन्होंने हरबर्ट की जगह आए नए गवर्नर केसी को लिखा :

> *मैं हरदम इस विचार का पक्षधर रहा हूँ कि बंगाल के लोगों के हितों और अधिकारों की रक्षा और संवर्द्धन तभी हो सकता है जब हिन्दू और मुसलमान ब्रिटिश साम्राज्यवाद के एजेंटों के प्रभाव से खुद को मुक्त करने के लिए एकजुट हों। इसी उद्देश्य से मैंने नवम्बर, 1941 में बंगाल में एक संविद पार्टी के गठन में मदद की।*[67]

सफल दिखनेवाला यह काम चार साल देरी से हुआ था। हिन्दू और मुसलमान विधायकों को 1937 में एकजुट किया जाना चाहिए था। वह मौका बोस और दूसरे कांग्रेसियों ने गँवा दिया था। हक़ की निजी लोकप्रियता के बावजूद बंगाल के मुसलमानों ने इस बदलाव को लीग को सत्ता से हटाने का हिन्दुओं का षड्यन्त्र ही माना। और जब बंगाल में इसके बाद 1945–46 में चुनाव हुए तो मुसलमानों का वोट ठोस रूप से लीग के पक्ष में गया।

जिन्ना ने नहीं सोचा था कि यह सरकार टिकेगी। उन्होंने कहा था कि इसे हटाना "एक डाल गिराने जितना आसान"[68] होगा। फिर भी यह 16 महीने चली। हक़ ने बड़े हंगामेदार ढंग से दावा किया कि "वे हिन्दू हितों के सबसे अच्छे रक्षक होंगे और मुखर्जी मुस्लिम हितों के रखवाले होंगे।"[69] लाहौर में रखे अपने प्रस्ताव से अपना पल्ला झाड़ते हुए उन्होंने कहा, "पाकिस्तान योजना बंगाल में नहीं लागू की जा सकती।"[70] अपनी ओर से मुखर्जी ने कुछ सरकारी विभागों और कलकत्ता विश्वविद्यालय में कुछ मुसलमानों को जगह दिलवाई।[71] वैसे इस सरकार ने हिन्दुओं

और मुसलमानों को एक तो नहीं किया, पर इसने साम्प्रदायिक हिंसा न होने देने में जरूर सफलता पाई।

लेकिन आखिरकार इस सरकार को एक साथ तीन बड़ी घटनाओं ने समाप्त कर दिया। जापान का युद्ध में उतरना, कांग्रेस का 'भारत छोड़ो' आन्दोलन और बंगाल में भीषण अकाल की शुरुआत। पहले दो के चलते अंग्रेजी राज सख्त हो गया और हक़ दुविधा में फँस गए। विश्वयुद्ध के दौरान कांग्रेस के बगावत के आह्वान को समर्थन देने का मतलब अपनी बर्खास्तगी को न्यौता देना होता और जब भारत का स्वतन्त्रता संग्राम अपने चरम पर हो तो अंग्रेजी राज के दमन का समर्थन करने का मतलब लोगों की नाराजगी मोल लेना था।

अकाल की भीषणता ने हक़ के बाद बनी सरकारों को भारी मुश्किल में रखा, पर हक़ की सरकार को नहीं। फिर भी एक भीषण चक्रवात और बर्मा पर जापानी कब्जे से, जहाँ से चावल बंगाल आता था, चावल की कमी हो गई और मन्त्री भी अंग्रेजी हुकूमत से नाराज होते गए। राज का एक उद्देश्य बंगाल के चावल को जापानियों के हाथ न लगने देना था। इस उद्देश्य से और साथ ही अतिरिक्त चावल को कमीवाले इलाकों में पहुँचाने के लिए गवर्नर और उसके स्थायी अधिकारियों, जिनमें अंग्रेज और हिन्दुस्तानी दोनों ही थे, ने चावल की खरीद और उसे बाहर भेजने की कठोर और जैसे-तैसे बनी नीतियों पर अमल किया। राज द्वारा चावल की खरीद शुरू करने पर इसकी कीमत तेजी से बढ़ी। जैसे-तैसे भर्ती किए गए एजेंटों ने चावल विक्रेताओं से मोटा कमीशन वसूला।

राज की चावल नीति का असर मन्त्रियों की लोकप्रियता पर पड़ना ही था, जबकि यह नीति उन्होंने नहीं बनाई थी। फिर अगर प्रधानमन्त्री हक़ सरकार के चावल सम्बन्धी उपायों की आलोचना करते तो यह बात अजीब ही नहीं लगती, बल्कि सरकार की बर्खास्तगी का खतरा भी हो जाता और कुछ न कर पाने की उनकी अक्षमता का प्रचार भी।

उन्होंने अलोकप्रियता को झेला और फूँक-फूँककर कदम बढ़ाते रहे। लेकिन आखिरकार गवर्नर हरबर्ट ने उन्हें हटा ही दिया। फरवरी 1943 में जब मुखर्जी ने राज के दमन की तीखी आलोचना की, तभी से हक़ मुश्किल में फँस गए। मिदनापुर में 'भारत छोड़ो' की अपील का काफी असर हुआ था और वहाँ के अधिकारियों ने काफी दमन किया था। अधिकारियों की ज्यादतियों का ब्यौरा देते हुए मुखर्जी ने कहा था कि वे असहाय मन्त्री नहीं रह सकते। उन्होंने इस्तीफा दे दिया। कांग्रेसी विधायकों ने मिदनापुर की घटनाओं की जाँच की माँग की और सदन में हक़ ने भी स्वीकार किया कि "जाँच जरूरी है।"[72]

राज के रक्षकों के खिलाफ जाँच? नाराज हरबर्ट ने "अगली सुबह तक ही उनके व्यवहार की कैफियत माँगी।" हक़ ने जवाब दिया कि उनके पास कोई कैफियत नहीं है, साथ ही उन्होंने कहा, "आपकी चिट्ठी में जो अशिष्ट भाषा का प्रयोग किया गया है, भविष्य में उससे बचा जाए, इसकी हल्की चेतावनी देना मेरा

कर्त्तव्य है।"[73] हक़ के खिलाफ एक निन्दा प्रस्ताव, निश्चित रूप से हरबर्ट की पहल पर लाया हुआ, मात्र 10 वोटों से गिरा। अगले दिन हरबर्ट ने हक़ पर इस्तीफे पर दस्तखत के लिए दबाव डाला या इसके लिए राजी कर लिया।

हक़ ने क्यों दस्तखत किए, यह स्पष्ट नहीं है। शायद उन्हें यह कहा गया था कि अगर वे इस्तीफा नहीं देंगे तो उन्हें बर्खास्त कर दिया जाएगा। हम सिर्फ इतना ही जानते हैं कि यह तैयार और टाइप किया हुआ इस्तीफा हरबर्ट ने हक़ को दिया, जिस पर उन्होंने दस्तखत कर दिए :

> *प्रिय सर जॉन,*
>
> *अपने इस्तीफे के बाद अधिकांश पार्टियों को लेकर सरकार बनाने की सम्भावनाओं को जानकर, मैं इस्तीफा दे रहा हूँ...इसी उम्मीद से कि यह बंगाल के लोगों के हित में साबित होगा।*
>
> *आपका विश्वासभाजन*
>
> *ए.के. फ़ज़्लुल हक़*[74]

खुद अपने लिखवाए इस्तीफे को दन से स्वीकार करते हुए हरबर्ट ने महीने भर बंगाल का शासन सँभाला और प्रेस पर पाबन्दियाँ लगाईं। 24 अप्रैल को उन्होंने नज़ीमुद्दीन को प्रधानमन्त्री पद की शपथ दिलाई। पर्याप्त समर्थन जुटाने के लिए नज़ीमुद्दीन को इतना वक्त चाहिए था और इस काम में भी उन्हें हरबर्ट का भरपूर सहयोग मिला। गवर्नर, जिन्होंने हक़ को 10 मन्त्रियों और एक संसदीय सचिववाले मन्त्रिपरिषद के विस्तार की अनुमति नहीं दी थी, ने नज़ीमुद्दीन के 14 मन्त्री, 13 संसदीय सचिव और 4 सचेतक रखने दिए।

वैसे वायसराय लिनलिथगो ने "हक़ से पिंड छूटने में काफी लाभ" देखा, पर लन्दन भेजी इस आशय की गोपनीय चिट्ठी में उन्होंने हरबर्ट द्वारा "राजनीति करने की महा गलती" पर "निराशा" जाहिर की थी। लेकिन गवर्नर को एक "कड़ी चिट्ठी" लिखने के अलावा वायसराय ने इस बारे में और कुछ नहीं किया। लिनलिथगो ने भारतीय मामलों के मन्त्री एमरी से कहा कि वे "हरबर्ट की स्थिति बचाने और उनकी प्रतिष्ठा बचाने की जरूरत" को एकदम उचित मानते हैं।[75]

गवर्नर की करतूतें उतनी ही सफल और निन्दनीय थीं जितनी दिसम्बर, 1941 में हक़ द्वारा अपनी गद्दी बचाने के लिए की गई करतूतें। दूसरी गलती पहली गलती को सही नहीं कर देती। अब विधानसभा में गुस्से से आग उगलनेवाले हक़ भी निर्दोष नहीं थे, पर उन्होंने बहुत तीखी बातें कहीं। उन्होंने प्रधानमन्त्री का पद तो गँवा दिया, पर बहस में बाजी जीत ली :

> *मेरी स्मृति अपने उन सुखद दिनों की तरफ जाती है जो मैंने सर जॉन हरबर्ट से मिलने के पहले के चार गवर्नरों के साथ गुजारे थे...इन गवर्नरों के साथ काम करते हुए हम सभी ने यह महसूस किया कि मन्त्रिपरिषद और गवर्नर की एक टीम है...।*

कुछ समय तक जॉन हरबर्ट भी मेरे दोस्त थे...लेकिन धीरे-धीरे उन्होंने प्रशासनिक कामों के ब्यौरे में दखल की प्रवृत्ति दिखानी शुरू की...हमें उनकी आपत्तियों और दखलन्दाजी का इतना तीखा एहसास हुआ कि मैंने उन्हें एक पत्र लिखा।

2 अगस्त 1942 को मैंने लिखा : "मुझे पक्का यकीन हो गया है कि आपसे खुलकर बात करने का समय आ गया है...आप इस तरह काम कर रहे हैं जैसे मन्त्री हैं ही नहीं। मन्त्रिमंडल की बैठकों में आप सभी विषयों की बहस पर एकाधिकार जमाकर बैठ जाते हैं और व्यवहारतः अपने मन्त्रियों पर ऐसे फैसले थोपते हैं जो अक्सर आपके स्थायी अधिकारियों की सलाह से निकले होते हैं।"

इसी दौरान गलत समझी गई चावल नीति के बर्बादी लानेवाले कुप्रभाव सामने आने लगे...

एक बार मेरा तथाकथित इस्तीफा हासिल कर लेने के बाद सर जॉन हरबर्ट इसी बात पर जुटे कि किसी न किसी तरह सर नज़ीमुद्दीन को सत्ता में पहुँचवा दिया जाए। वे मुझसे किए गए अपने इस पवित्र वादे को भूल गए कि वे एक राष्ट्रीय मन्त्रिपरिषद का गठन करने की कोशिश करेंगे। गवर्नर द्वारा खुद ही लिखवाए और टाइप कराके तैयार रखे गए उस तथाकथित इस्तीफे में भी इस बात पर जोर दिया गया है।

गवर्नर जिन गलतियों के दोषी हो सकते हैं उनमें सबसे बड़ी है पक्षपात...पक्षपाती गवर्नर भी पक्षपाती जज की तरह इतनी ऊँची कुर्सी के योग्य नहीं रह जाता।

नए मन्त्रियों को अपने विपक्ष के वोट से नहीं, बंगाल के अकालपीड़ित लोगों की कराह से डरना चाहिए...जब तक खुदा उनके गुनाहों के लिए माफ नहीं करेगा, मन्त्रियों को कोई नहीं बचा सकता...एक दिन उन्हें मिट्टी में मिला दिया जाएगा।[76]

बेचारे सर जॉन हरबर्ट की दिसम्बर, 1943 में कलकत्ता में मृत्यु हो गई।

छह साल तक प्रधानमन्त्री रहते हुए हक़ की उपलब्धियाँ क्या रहीं? उनके पहले मन्त्रिमंडल ने जोतदार किसान को जमींदार और सूदखोर के मुकाबले मजबूत कर दिया। यह मदद प्रधानमन्त्री के पहले किए गए वादे के मुताबिक न तो उतनी जल्दी की गई, न उतनी बड़ी थी और न ही उससे बटाईदार को लाभ हुआ, लेकिन निश्चित रूप से यह उनकी बेहतरी के लिए उठाया गया कदम था। पहले मन्त्रिमंडल ने मुस्लिम लड़कों के लिए अनेक स्कूल, कॉलेज और छात्रावास भी खोले, सरकार की नई नौकरियों में मुसलमानों के लिए 50 प्रतिशत और हरिजनों के लिए 15 प्रतिशत आरक्षण तय किया। मन्त्रिमंडल पूर्वी बंगाल के जूट उत्पादकों की मदद नहीं कर सका, जिसका एक कारण तो यह था कि हक़ को विधानसभा में जूट मालिकों

का प्रतिनिधित्व करनेवालों के वोटों की जरूरत थी। उनके दूसरे मन्त्रिमंडल ने, जो अपने बचाव के लिए पहले से भी ज्यादा मशगूल रहा, सामाजिक-आर्थिक सुधारों की पहल नहीं की।

नज़ीमुद्दीन मन्त्रिमंडल 23 महीने चला। यह अकाल से नहीं निपट सका और अकाल की बदहाली का अन्दाजा लगाने में ब्रिटिश सरकार भी असफल रही। वायसराय के पद पर लिनलिथगो की जगह आए वावेल ने शिकायत की कि ब्रिटेन सरकार ने गवर्नर की नियुक्ति करने में बहुमूल्य दो महीने का समय बर्बाद कर दिया, और कार्यकारी गवर्नर रदरफोर्ड सिर्फ "छुट्टी पर निकल जाने के चक्कर में ही लगे रहे।"[77] वावेल का मानना था कि नज़ीमुद्दीन के मन्त्रिमंडल की अकाल के मसले पर हालात का सामना करने की न तो मंशा थी न क्षमता।[78] जनवरी, 1944 में उन्होंने ब्रिटेन सरकार से आग्रह किया कि लीग के नियन्त्रणवाले मन्त्रिमंडल को बर्खास्त कर दे और प्रत्यक्ष ब्रिटिश हुकूमत लागू करे, पर चर्चिल और एमरी ने इस प्रस्ताव पर वीटो लगा दिया। वे उस लीग को कमजोर नहीं करना चाहते थे, जिसने 'राजद्रोही' कांग्रेस के आगे बढ़ने के रास्ते को रोक दिया था।

लाखों लोग अकाल का शिकार हुए। वावेल ने अपनी डायरी में लिखा कि "बूढ़े मर्द, स्त्री और बच्चे कलकत्ता शहर में आने लगे जहाँ भोजन और शरण देने की पर्याप्त व्यवस्था नहीं थी और वे मक्खी-मच्छरों की तरह दम तोड़ने लगे।"[79]

नज़ीमुद्दीन मार्च, 1945 तक प्रधानमन्त्री रहे, जब उनकी सरकार झटपट हुए मतदान में हार गई थी। सरकार बना सकने के हक़ के दावे की परीक्षा नहीं ली गई, और फैसला हुआ कि नए गवर्नर केसी सीधे ही शासन करेंगे। सितम्बर में विधानसभा भंग कर दी गई।

वैसे हक़ ने सीधे चर्चिल के पास 'न्याय' पाने के लिए तार किया था, पर वे जानते थे कि अब बंगाल उन्हें नहीं चाहता। उसका मानस दो भागों में बँट गया है और हिन्दू या मुसलमान कोई भी पक्ष हक़ के नेतृत्व को नहीं चाहता है। वे मुसलमानों के लिए दगाबाज थे जबकि विधानसभा का काम समाप्त होते ही हिन्दुओं के लिए भी उनका कोई उपयोग नहीं रह गया था। फिर इस 72 वर्षीय जबरदस्त सक्रिय रहे बुजुर्ग ने अपनी सहज बुद्धि से सलाह माँगी और पाया कि राजनीति से संन्यास लेने का कोई मजा नहीं है। हो सकता है यह मारक बन जाए। सहज बुद्धि ने उनसे कहा कि अगर राजनीति में उनके लिए कुछ बचा है तो वह मुस्लिम कौम के माध्यम से ही हासिल होगा।

यह जानते हुए भी कि कौम की राजनीति में उनके पुनर्वास का रास्ता लम्बा, मुश्किलों-भरा होगा, उन्होंने इसी रास्ते पर चलना शुरू किया। अक्तूबर, 1945 में उन्होंने दावा किया कि मुसलमानों के अलग होने के विचार में उनकी आस्था नहीं रही। यह चर्चा गलत है, और "मैं अब भी उस प्रस्ताव को मानता हूँ जिसका एक-एक शब्द मैंने लिखा था और मैंने ही लाहौर जलसे में रखा था।"[80] जिन लोगों

ने उनसे कहा कि आप जिन्ना से मेल-मिलाप कर लीजिए, उनसे हक़ ने कहा कि "वे जिन्ना को पत्र लिखकर कहें कि मेरे ऊपर लगाया गया प्रतिबन्ध वे उठा लें, जिससे मैं मुस्लिम लीग में शामिल हो सकूँ।"[81] दूसरे शब्दों में, वे लीग में शामिल होना चाहते थे।

लेकिन जिन्ना को अभी तक हक़ की जरूरत नहीं थी। हक़ के शरत बोस और मुखर्जी से गठजोड़ कर लेने के बाद बंगाल में जितनी मुस्लिम सीटों पर उपचुनाव हुए थे, उन सभी पर लीग ने जीत हासिल की थी और जिन्ना को भरोसा था कि ब्रिटेन की नई लेबर सरकार ने जो चुनाव कराने का फैसला किया है, उसमें लीग सत्ता में वापस लौटेगी। हक़ की कृषक प्रजा पार्टी की जो शक्ति बची थी, उसी से उन्होंने लीग को चुनौती दी, लेकिन 1936 में 1957 वाली बात नहीं थी। हक़ ने खुद जिन दो जगहों से चुनाव लड़ा था, उन दोनों से वे खुद तो जीत गए पर उनकी कृषक प्रजा पार्टी बुरी तरह पराजित हुई। लीग को 114 स्थान मिले और कृषक प्रजा पार्टी को मात्र 3, कांग्रेस ने सामान्य निर्वाचन क्षेत्रों में भारी जीत हासिल की, और 86 स्थान पाए। बंगाल में लीग की इस जीत के कर्णधार और नए मुख्यमन्त्री थे एच. एस. सुहरावर्दी।

खुर्शीद बेगम के साथ हक़ की शादी, जिसमें उन दोनों की दो बेटियाँ हुईं, सफल नहीं रही। उन्होंने हक़ को छोड़ दिया और गुजारे के लिए उन पर मुकदमा किया। अदालत ने उन्हें एक मकान और प्रतिमाह 500 रुपए गुजारा भत्ता देने का आदेश दिया। उनकी दूसरी बीवी मुसम्मात जन्नतुन्निसा बेगम थीं, जो पश्चिम बंगाल के हावड़ा के नामी फुरफुराह शरीफ के मीर की भतीजी थीं। उनसे कोई सन्तान नहीं थी। प्रधानमन्त्री ने तीसरी शादी की। इस बार की बीवी खरीजा बेगम मेरठ की थीं और उन्होंने एक बेटे, फैजल को जन्म दिया।

हक़ के अनेक चचेरे भाई, भतीजे और भतीजियाँ थीं। हक़ उनके लिए जो कुछ कर सकते थे, उन्होंने किया। उनके एक भतीजे यूसुफ अली ने, जो मैट्रिक पास था, उस समय पंजीयन के मुख्य निरीक्षक पद के लिए आवेदन किया, जब उसके चाचा प्रधानमन्त्री थे। हक़ ने पंजीयन के महानिरीक्षक एम. मुखर्जी से "यूसुफ अली के मामले पर गौर करने को" कहा। मुखर्जी ने इस पर विचार तो किया पर एक अधिक योग्यतावाले आदमी का चुनाव किया। 'आहत' हक़ ने गवर्नर सर जॉन एंडरसन से शिकायत की जिन्होंने उसे विशेष नियुक्ति दी। एक विधायक ने विधानसभा में पूछा, "मिस्टर यूसुफ अली की योग्यताएँ क्या हैं ?" अपनी कुर्सी से उठते हुए हक़ ने कहा "महाशय, उसकी योग्यता है कि वह बंगाल के प्रधानमन्त्री का भतीजा है।"[82]

जब हम हक़ के गुणों पर गौर करते हैं तो उनमें 'ईमानदारी' की बात हमारे दिमाग में नहीं आती, 'निरन्तरता' भी नहीं। हक़ ने खुद कहा कि उनका

"कार्यनीतियों में बदलाव सिद्धान्तों से भटकाव नहीं" है। उन्होंने एक बार कहा था कि कार्यनीतियाँ तो छाते की तरह हैं जिनका उद्देश्य धूप और बारिश से शरीर की रक्षा करना है। ऐसा करने के लिए "हमें जरूरत के मुताबिक छाते को अलग-अलग दिशाओं में थामना पड़ता है।"[83]

इस तर्क को उद्धृत करनेवाले अब्दुर रब हक़ के प्रति इतनी अन्धश्रद्धा रखते हैं कि यह भी नहीं बताते कि इसका असल में मतलब क्या हुआ। इस तर्क का यह मतलब निकलता है कि हक़ का सिद्धान्त खुद को बारिश और धूप से बचाना था। इस मामले में हक़ के लचीलेपन की सफलता से शायद ही कोई इनकार करेगा। साथ ही रब यह भी बताते हैं कि आम तौर पर इस लचीलेपन की भी एक हद हुआ करती थी। हक़ ने कांग्रेस से झगड़ा किया, पर राज से पदवियाँ लेने तक दोस्ती नहीं बनाई; उन्होंने कृषक प्रजा पार्टी के गरमपंथियों को निराश किया, लेकिन जमींदारों से गठजोड़ करने तक बढ़े और जिन्ना से उनकी टकराहट कभी पाकिस्तान-विरोधी अभियान तक नहीं गई। वे बार-बार पलट तो जाते लेकिन उन्होंने अपने उसूलों को पूरी तरह नहीं छोड़ दिया था।

जिन्ना और हक़ तीन ऐतिहासिक मौकों पर दो बार लखनऊ में और एक बार लाहौर में, एक मंच पर रहे, पर वे कई मामलों में एक-दूसरे के उलट थे। जिन्ना ईमानदार, मेहनती और तटस्थ थे जबकि हक़ लचीले, लापरवाह और गर्मजोशी-भरे थे। जिन्ना ने अपने दिमाग का कहा माना तो हक़ ने अपनी सहज बुद्धि का। जिन्ना अलग-थलग रहते थे, जबकि हक़ हर आदमी के लिए तुरन्त उपलब्ध थे। जिन्ना ने उस बलूच नेता से हाथ नहीं मिलाया क्योंकि बड़े भोज में उपस्थित सारे लोगों से हाथ मिलाने का समय नहीं था, लेकिन हक़ चाहे घर पर हों, मंच पर हों, हजारों लोगों की भीड़ में हों, किसी भी किसान को बाँहों में भरकर गले लगा सकते थे। पूर्वी बंगाल के नौजवान विद्यार्थी उनके कलकत्ता निवास में भरे पड़े रहते थे। निर्धन छात्रों, विधवाओं और धार्मिक स्थलों को वे पैसा दिया करते थे। जिन्ना काफी किफायती थे, जबकि हक़ रब के उपयुक्त मुहावरे में 'उदार कंगाल' थे।

जिन्ना वाक्यों और अनुच्छेदों का मतलब समझने-निकालने में उलझे रहते थे, हक़ को अल्फाजों से मोहब्बत थी। जिन्ना कानून और प्रस्तावों पर पिले रहते थे, जबकि हक़ शायरी और मजहबी किताबें पढ़ा करते थे। दिल्ली के एक प्रमुख इस्लामी पुस्तक विक्रेता के अनुसार, "हिन्दुस्तान में इस्लामी साहित्य के दो सबसे बड़े खरीदारों में" हक़ भी एक थे।[84] वे रोज पाँच वक्त नमाज पढ़ते थे और प्रायः रोज सुबह कुरान का पाठ करते थे, जिन्ना ने कभी उस तरह के कर्मकांडों पर अमल नहीं किया।

सहानुभूति हक़ का विशिष्ट गुण थी। उनके समय में भोजन और आजादी की तरह सहानुभूति का भी अकाल था। और जब हक़ ने यह बाँटा तो बंगाल के आम आदमी ने भी आभार जताया। और इस प्रकार हक़ चाहे सत्ता में रहे या नहीं, उन्होंने अपने पास आ गए प्रायः हर आदमी की सिफारिश करते हुए पत्र लिखे।

शायद ही कभी इन पत्रों का लाभ होता था। जिस आसानी से और जितनी संख्या में पत्र लिखे जाते थे, उन्होंने ही इन पत्रों का मोल घटा दिया था। फिर भी जिनके लिए ये पत्र लिखे गए थे उनके लिए ये अनमोल थे। सीधे-सादे लोगों को अपने प्रति जरा भी सहानुभूति कभी नहीं मिलती थी। और चूँकि हक़ ने काफी सारे लोगों के प्रति यह सहानुभूति दिखाई और लम्बे समय तक, सो ये लोग उनको दिल से चाहते थे।

ऐसा लगता है कि एक हाथ से तो वे अपनी कार्यनीतिवाली छतरी को जरूरत के अनुसार मोड़ रहे थे और दूसरे से जरूरतमन्द लोगों को भी इसकी छाया में समेटते जा रहे थे। यह उपमहाद्वीप सहानुभूति पसन्द करता है, यह बात हक़ की लोकप्रियता से एक सबब के तौर पर जाहिर होती है। गवर्नर एंडरसन की तरह वावेल ने भी सोचा कि हक़ सिद्धान्तविहीन आदमी हैं। जब 1946 की गर्मियों में नेहरू ने केन्द्रीय मन्त्रिमंडल के लिए हक़ का नाम प्रस्तावित किया तो उन्होंने गवर्नर की तीखी प्रतिक्रिया देखकर उनका नाम हटा दिया। फिर भी, असंख्य लोगों के लिए हक़ में ईमानदारी का अभाव उनकी सहानुभूति के आगे दब गया था या उसी में मिल गया था। हमें रब की इस राय को भी देखना चाहिए, अगर हम उससे सहमत नहीं भी हों तब भी कि हक़ ''बंगाल के सबसे बड़े सपूत'' थे।[85]

अन्य विशेषताओं और स्वाभाविक गुणों ने उनकी मदद की। उनमें जबरदस्त ऊर्जा थी। जैसा कि वे खुद कहा करते थे, वे हरदम ''तगड़े आशावादी'' रहे।[86] उन्होंने कभी हार नहीं मानी। उनकी भाषण कला मोहक थी। उन्होंने सत्ता के आगे कभी घुटने नहीं टेके। किसी भी अन्य भारतीय प्रधानमन्त्री ने अपने गवर्नर को 'हल्की चेतावनी' नहीं दी। उनकी स्पष्टवादिता भी राज के रक्षकों द्वारा उन्हें नापसन्द करने का एक कारण थी जबकि हिन्दुस्तानी लोग इसे बहुत पसन्द करते थे।

उनके हिन्दू मित्रों का दायरा काफी बड़ा था। वे उनके अकादमिक रिकॉर्ड, उनके कानूनी कौशल और भारत के स्वशासन के प्रति उनकी प्रतिबद्धता का आदर करते थे और उनके ''पक्का बंगाली'' होने को पसन्द करते थे।[87]

अगस्त, 1947 में पाकिस्तान बन जाने पर न तो हक़ की सराहना में कुछ कहा गया न उनकी कोई भूमिका ही तय थी। 1941–45 की उनकी राजनीति के मद्देनजर यह चीज हैरानी पैदा नहीं करती। लेकिन वे खामोश नहीं बैठे थे। विभाजन के कुछ ही पहले उन्होंने रैडक्लिफ आयोग के आगे विवादास्पद जिलों को पाकिस्तान को देने की वकालत की थी। उन्होंने कलकत्ता को भी या उसके एक हिस्से को पूर्वी पाकिस्तान को देने की माँग की और तर्क दिया कि मुस्लिम-बहुल बंगाल से 'अलग हो रहे' हिन्दू इसकी राजधानी को भी अपने साथ नहीं ले जा सकते। बाद में उन्होंने कहा, जो बहुत सही नहीं है, कि जिन्ना ने कलकत्ता के लिए पूरे जोर

से लड़ाई नहीं की। जिन्ना ने यह किया था, पर वे हिन्दू-मुस्लिम वाले गणित को नहीं बदल सकते थे।

सच्चाई यह थी कि हक़ पाकिस्तान और कलकत्ता दोनों में ही रहना चाहते थे, और यह तभी सम्भव होता जब कलकत्ता पाकिस्तान को मिल जाता। इसी शहर ने उन्हें प्रेम, गौरव और प्रशंसा दी थी। यहीं उन्होंने पढ़ाई की, वकालत की, राजनीति की और सरकार में रहे-निकले। वे इसके तौर-तरीकों और इसके दाँव-पेंच, इसकी गलियों और इमारतों को जानते थे। वे इसे छोड़ना नहीं चाहते थे। लेकिन भविष्य का लालच अधिक बड़ा था। वे पाकिस्तान रवाना हुए पर "घनघोर बंगाली" होने के चलते कराची की जगह ढाका ही गए।[88]

कलकत्ता में रहनेवाले हजारों मुसलमानों ने भी यही किया और ढाका में जगह पाने के लिए मारामारी करते रहे। उनका शेर और बंगाल का पूर्व प्रधानमन्त्री भी उनकी तरह ही था, विस्थापित लोगों में से एक, भले ही उसे पाकिस्तान की संविधान सभा में एक स्थान मिल गया। साल-भर वे अपने एक प्रशंसक द्वारा खाली किए गए उसके फ्लैट में रहे। फिर उन्होंने के.एस. दास रोड पर एक घर खरीद लिया। इसे खरीदने के बाद उन्होंने सुना कि सरकार ने इस मकान को अपने इस्तेमाल में ले लेने का फैसला किया है। इस पर हक़ ने इतना शोर मचाया कि नज़ीमुद्दीन ने, जिन्होंने पूर्वी बंगाल के मुख्यमन्त्री पद की दौड़ में सुहरावर्दी को हराया था, सरकारी फैसला बदल दिया।

हक़ को भीड़ की जरूरत थी। ढाका में उनके लिए एक जनसभा आयोजित की गई, पर उनके राजनैतिक दुश्मनों से जुड़े बदमाशों ने इसमें हुड़दंग कर दिया। "बैठक के लिए पार्क में लाए गए फर्नीचर जलाकर रख दिए गए।"[89]

विभाजन के साल-भर बाद हुई जिन्ना की मौत के बाद हक़ के पुराने प्रतिद्वन्द्वी नज़ीमुद्दीन गवर्नर जनरल बन गए। 1950 के अन्त में, 77 वर्ष की उम्र में भी बेचैन हक़ ने अपने एक दोस्त को लिखी चिट्ठी में कहा :

> *ऐसा लगता है कि कराची के खुदाओं ने मान लिया है कि पूर्वी बंगाल के लोग भेड़-बकरी हैं और उन्हें दंड-मुक्ति के लिए बलि चढ़ाया जा सकता है...वे सोचते हैं कि पूर्वी बंगाल में सिर्फ दुधारू गाएँ ही होती हैं और रायल बंगाल टाइगर मर गए हैं। समय आ गया है कि शेरे-बंगाल फिर से गरजेगा। मैं इसी माह की 15 तारीख को कराची जा रहा हूँ और वहाँ से वापस आकर सोचूँगा कि क्या करना है।*[90]

पाकिस्तान के शासकों, प्रधानमन्त्री लियाक़त अली ख़ाँ और नज़ीमुद्दीन ने, हक़ का मिजाज भाँप लिया और उन्हें पूर्वी पाकिस्तान के महाधिवक्ता का पद देने की पेशकश की। यह पद उन्हें खुश भी करता और उन्हें राजनीति से बाहर भी रखता। उन्होंने यह पद स्वीकार कर लिया, पर इसको देने के पीछे की गोपनीय इच्छा को पूरा नहीं होने दिया।

इस बीच लियाक़त अली ख़ाँ की हत्या हो गई और खानदानी नज़ीमुद्दीन पाकिस्तान के प्रधानमन्त्री बने। सम्माननीय परन्तु कमजोर नज़ीमुद्दीन को डेढ़ साल के अन्दर ही गवर्नर जनरल गुलाम मोहम्मद ने बर्खास्त कर दिया और उनकी जगह तभी वाशिंगटन में तैनात पाक राजदूत एम.ए. बोग्रा को नया प्रधानमन्त्री बनाया। वैसे नज़ीमुद्दीन की तरह बोग्रा भी बंगाली थे, पर पूर्वी बंगाल को यह लगता रहा कि वह पाकिस्तान का उपेक्षित अंग है। वह जो विदेशी मुद्रा कमाता था, वह देश के पश्चिमी भाग में ही लगा दी जाती थी। वहाँ के लोगों ने जिन्ना की घोषणा का विरोध किया था कि उर्दू ही राज्य की एकमात्र सरकारी भाषा होगी। ढाका विश्वविद्यालय के लड़कों ने बांग्ला को भी बराबरी का दर्जा देने की माँग की, क्योंकि पूरे देश में बांग्लाभाषी लोगों की संख्या उर्दू या पंजाबी बोलनेवालों से अधिक थी। पुलिस ने छात्रों के जुलूस पर गोलियाँ बरसाईं जिसमें अनेक लड़के मारे गए और एक बड़ा आन्दोलन खड़ा हो गया।

लीग द्वारा सरकार के आलोचकों को फट से राजद्रोही करार देने की आदत ने भी लोगों के मन में 'हम' और 'वे' का भेद पैदा किया। पूर्वी बंगाल के अधिक से अधिक लोग यह महसूस करने लगे कि सुदूर कराची में बैठकर शासन कर रहे 'उन लोगों' को 'हमारी' परिस्थितियों की समझ नहीं है। जनमत के इस बदलाव का सबसे ज्यादा लाभ हक़ के दूसरे प्रतिद्वन्द्वी सुहरावर्दी को मिलता लग रहा था। तेज-तर्रार मुस्लिम समाजवादी नेता मौलाना भाषनी और नौजवान शेख मुजीबुर रहमान की मदद से और नई पार्टी, अवामी लीग के मंच का उपयोग करते हुए सुहरावर्दी पूर्वी बंगाल के नाराज लोगों को एकजुट करने में लगे थे।

एक बार फिर हक़ की सहज बुद्धि ने उन्हें नेतृत्व के शिखर पर पहुँचा दिया, जहाँ उनके फिर से पहुँचने की उम्मीद किसी को भी नहीं थी। उन्होंने अपने सरकारी पद से इस्तीफा दिया, कृषक प्रजा पार्टी को फिर से जिन्दा किया। इसका नाम बदलकर कृषक श्रमिक किसान और मज़दूर पार्टी कर दिया। मुस्लिम लीग को सत्ता में वापस आने की उम्मीद थी। चुनाव प्रचार के दौरान लीग के सारे नेता, जिनमें फातिमा जिन्ना भी शामिल थीं, और मन्त्रियों ने ढाका का दौरा किया। शुरू में उन्हें 80 प्रतिशत स्थानों पर जीत की उम्मीद थी। यह अनुमान धीरे-धीरे नीचे आता गया, पर कभी भी 50 प्रतिशत से नीचे नहीं आया।[91]

इस चुनावी लड़ाई ने हक़ में नई जान फूँक दी, जो तब 80 वर्ष के हो गए थे। वे पूर्वी बंगाल में इस छोर से उस छोर तक गरजते फिरे। उनकी भाषण कला और ''सुहरावर्दी के संगठन कौशल ने'' पूर्वी बंगाल की नाराजगी को संयुक्त मोर्चे की हैरतनाक जीत में बदल दिया।[92] इसने 223 स्थान जीते, जबकि लीग को मात्र 10 स्थान ही मिले। इस मोर्चे की तरफ से खड़े एक विद्यार्थी ने निवर्तमान मुख्यमन्त्री नरूल अमीम को परास्त किया, जिनकी जमानत भी नहीं बची।

अप्रैल, 1954 में हक़ फिर से मुख्यमन्त्री बने। लेकिन दो महीने से भी कम समय में हट भी गए। उनके भावनात्मक आवेग ने उनके विरोधियों को एक अच्छा बहाना दे दिया। मुख्यमन्त्री बनने के बाद कलकत्ता घूमने जाने का लोभ बड़ा था। वे इसे रोक नहीं पाए। अपने पुराने मित्रों, जिनमें उनकी बंगाली पहचान को चाहनेवाले भी थे, के सामने हक़ ने कह दिया कि हिन्दुस्तान और पाकिस्तान में उन्हें कोई अन्तर नहीं दिखता। थोड़े समय बाद 'न्यूयार्क टाइम्स' ने उन्हें यह कहते हुए उद्धृत किया कि वे पूर्वी बंगाल की आजादी चाहते हैं, हक़ ने दावा किया कि "मैंने स्वतन्त्रता नहीं स्वायत्तता का जिक्र किया था।"[93] जल्दी ही आदमजी जूट मिल में बंगालियों और गैर-बंगालियों के बीच दंगा भड़क उठा। हक़ ने समर्थकों से कहा कि यह दंगा कराया गया है। उधर पश्चिमी पाकिस्तानियों ने कहा कि यह बाहरी लोगों के खिलाफ उग्रता का नतीजा है। 30 मई को हक़ मन्त्रिमंडल को बर्खास्त कर दिया गया और केन्द्रीय शासन लागू कर दिया गया। बोग्रा ने रेडियो प्रसारण किया और हक़ के लिए 'देशद्रोही' शब्द का प्रयोग किया, जो शेरे-बंगाल ने अपने जीवन में कभी नहीं सुना था।

अगर उग्रता नहीं तो, गुस्से और नाराजगी ने ही हक़ की जान ले ली होती लेकिन 'तगड़ी आशावादिता' ने आगे के लिए उम्मीद रहने दी। उन्होंने कॉलेज से निकलनेवाले किशोर जैसी आशावादिता से भविष्य को देखा और उन्हें इसका फल भी मिला। 1955 में वे पाकिस्तान के गृहमन्त्री बने। कैसे ? सबसे पहले अपनी कुर्सी को हिलता पाकर बोग्रा उनकी तरफ झुकने को मजबूर हुए। पूर्वी बंगाल से केन्द्रीय शासन वापस लिया गया और हक़ द्वारा मनोनीत अबू हुसैन सरकार को मुख्यमन्त्री बनाया गया। फिर, अगस्त 1955 में हक़ ने बोग्रा के प्रतिद्वन्द्वी चौधरी मुहम्मद अली से हाथ मिला लिया और उन्हें प्रधानमन्त्री बनने में मदद की। इसी दोस्ती के परिणामस्वरूप साल-भर पहले का 'देशद्रोही' पाकिस्तान का गृहमन्त्री बन गया। लचीले बोग्रा भी फिर से वाशिंगटन में राजदूत होकर चले गए। हक़ अब कलकत्ता की अपनी टिप्पणी के बारे में क्या सोचते थे? "बेखबरी में, शायद शब्दाडम्बर के चक्कर में मेरे मुँह से ऐसी बात निकल गई जिसे मुझे नहीं कहना चाहिए था।"[94] वे कराची आ गए और पाकिस्तान के पहले संविधान को बनाने में चौधरी मुहम्मद अली की मदद की। यह संविधान इस्लाम और एक आधुनिक राष्ट्र की जरूरतों को पूरा करता लगा। साथ ही बांग्ला को भी उर्दू के साथ राष्ट्रभाषा का दर्जा दिया गया और पाकिस्तान गणतन्त्र बन गया।

अब हक़ ने अपने जीवन की अन्तिम उपलब्धि हासिल की। मार्च, 1956 में वे कराची से वापस आ गए और पूर्वी बंगाल के गवर्नर होकर उन्होंने ढाका के गवर्नमेंट हाउस में डेरा जमाया। यह पद उन्हें कराची में किए गए श्रम के प्रतिदान के रूप में मिला था। लेकिन उन्हें खतरे का एहसास भी हो गया। मुहम्मद अली-हक़ गठबन्धन से सिर्फ बोग्रा को ही नुकसान नहीं उठाना पड़ा था। बोग्रा की जगह लेने की आस लगाए बैठे सुहरावर्दी भी नाराज थे। बोग्रा तो चुपचाप वाशिंगटन लौट गए,

पर सुहरावर्दी बदला लेना चाहते थे। उनके खजाने में घातक तीर थे और उनका कौशल भी जबरदस्त था। हक़ ने कराची में उन पर नजर रखी थी और ढाका में गवर्नमेंट हाउस से भी उन पर नजर रखे रहे।

लेकिन इस चौकसी का कोई लाभ नहीं हुआ। सबसे पहले सुहरावर्दी ने पूर्वी बंगाल के मन्त्रिमंडल को उलट दिया, जबकि हक़ गवर्नर थे, और अपने सहयोगी अताउर रहमान ख़ाँ को सरकार की जगह मुख्यमन्त्री बनवाया। फिर चौधरी मुहम्मद अली का तख़्ता पलटते हुए वे पाकिस्तान के प्रधानमन्त्री बने। हक़ को उस कुर्सी पर बैठना सुखद लगता था जिस पर कभी एंडरसन और हरबर्ट बैठा करते थे। उन्होंने हरबर्टवाली बुरी यादों को शायद भुला दिया था और अताउर रहमान को लिखी चिट्ठी में "हरबर्ट के साथ अपने सुखद दिनों" का जिक्र किया था[95]...पर जब उन्हें प्रधानमन्त्री के रूप में मिस्टर एच.एस. सुहरावर्दी की अगवानी के लिए हवाई अड्डे पर जाना होता था तो दूसरा ही जायका लगता था।

ऐसे मौके आए, जब तकदीर की सूई कुछ ज्यादा रफ्तार में चलने लगी, मगर रुकी कभी नहीं। 13 महीने तक प्रधानमन्त्री रहने के बाद सुहरावर्दी संसद में हार गए और उन्हें जाना पड़ा। उनके पुराने प्रतिद्वन्द्वी हक़ अभी भी बंगाल में गवर्नर थे। लेकिन 13 मार्च, 1958 को, सुहरावर्दी के हटने के छह महीने बाद तकदीर की यह सूई शेरे-बंगाल के सीने में ही धँस गई। राष्ट्रपति इस्कन्दर मिर्जा ने हक़ को बर्खास्त कर दिया। 'मात्र' 85 वर्ष की उम्र में और फिर से छलाँग लगाने की उम्मीद करते हुए वे कृषक श्रमिक पार्टी के अध्यक्ष बने। आम चुनाव साल-भर से भी कम समय में ही होनेवाले थे। लेकिन चुनाव नहीं हुए। सितम्बर, 1958 में मिर्जा ने सैनिक शासन की घोषणा कर दी।

हक़ की लोकप्रियता के और उनके तौर-तरीकों के गवाह थे, पूर्वी पाकिस्तान के गवर्नर के ए.डी.सी. मेजर जिलानी। जिलानी लिखते हैं :

> *गवर्नर हक़ अपने गाँव, चाखर गए। हम बारीसाल तक स्टीमर से गए, फिर कच्ची सड़क पर 20 मील तक एक जीप से और आखिरी एक मील पैदल। गाँव के लोग गवर्नर साहब को पालकी में ले गए और हर आदमी पालकी ढोने में अपनी बारी आने को बेचैन था। गाँव के लोगों ने जो प्रेम, स्नेह और आदर दिखाया वह बहुत ही प्रभावशाली था।*[96]

बारीसाल में हक़ से एक मेडिकल कॉलेज की माँग की गई। जिलानी के अनुसार, गवर्नर साहब इस माँग पर "लोगों को लेकर एक खुले मैदान में गए, वहाँ प्रतीकात्मक नींव खोदी और जल्दी मेडिकल कॉलेज खुलने की दुआ करके लोगों को हैरान और खुश कर दिया।[97] असल में बारीसाल में मेडिकल कॉलेज की स्थापना कराना हक़ का पुराना सपना और वादा था। हरबर्ट ने 1939 में यहाँ इसकी नींव

भी रखी थी। कृषक श्रमिक सरकार ने 1956 के शुरू में इस योजना को फिर से शुरू किया था, लेकिन जैसा कि हक़ ने आरोप लगाया, अताउर रहमान ने इसे कोल्ड स्टोर में डलवा दिया। हक़ ने वादा किया, "मैं इस अपमान को चुपचाप बर्दाश्त नहीं करूँगा।"[98] आखिरकार जब बारीसाल में मेडिकल कॉलेज और अस्पताल बना तो हक़ को कब्र में पहुँचे छह साल बीत गए थे।

हक़ किस तरह की सिफारिशी चिट्ठियाँ लिखा करते थे, इसका एक उदाहरण गवर्नर के रूप में एक जिले के अधिकारी को भेजी गई यह सरकारी चिट्ठी भी है :

पत्रवाहक मो. इस्हाक मुंशी अपनी जायदाद के मामले में गम्भीर मुश्किल में फँसे हैं। वे इसमें बेदखल और गली के भिखारी बन जाएँगे...कृपया इनकी बात गौर से सुनें और उचित सलाह दें। यह बहुत लम्बी कथा होगी पर मुझे उम्मीद है कि आपको इसे सुनने का धैर्य होगा।[99]

गवर्नमेंट हाउस में रहते हुए अक्सर उनका चिन्तन पुरानी घटनाओं की तरफ जाता रहा। बारीसाल के एक दोस्त को उन्होंने अपने मकान के बारे में लिखा जो उन्हें अपने पिता से मिला था, "मेरा उद्देश्य उस जगह पर संगमरमर की एक पट्टी लगवाना है जहाँ मेरी माँ और मेरे पिता ने अन्तिम साँसें ली थीं। मैंने सुखमय बाबू को आपसे मिलने को कहा है—मैं चाहता हूँ कि मेरे पुरखों की याद सुरक्षित रहे।"[100]

गवर्नमेंट हाउस से हटाए जाने के कुछ पहले ही हक़ ने अपनी आत्मकथा लिखने की सोची थी और अपने ठेठ हिसाब से उन्होंने सोचा था कि "इससे मेरे सार्वजनिक जीवन को दुरुस्त रखने में मदद मिलेगी।" उन्होंने कहा कि उनकी मुश्किल यह है कि "मैं क्या-क्या रहा हूँ या मैंने क्या-क्या किया है यह मुझे याद नहीं है।" दुर्भाग्य से, उन्होंने जिन दोस्तों को "अपने जीवन की घटनाओं को जुटाने" को कहा, उन्होंने समय रहते उनको ऐसा करके नहीं दिया।[101]

मैं जितना बोलना चाहता था उससे अधिक बोला। मेरा एकमात्र बहाना यही है कि मैं बूढ़ा आदमी हूँ और बूढ़े लोग बातूनी होते ही हैं।

मैं बंगाल और पूर्वी पाकिस्तान के पिछले 60 वर्षों का जिन्दा इतिहास हूँ। मैं उन निःस्वार्थ और दिलेर मुसलमानों के समूह का अन्तिम बचा आदमी हूँ जिसने भारी मुश्किलों के खिलाफ निर्भयता से लड़ाई लड़ी। अब मेरे जीवन की साँझ आ गई है और छह दशकों के दौरान मुझे जो जख्म लगे हैं, वे अब टीस रहे हैं। मैं शारीरिक रूप से बूढ़ा होता जा रहा हूँ, लेकिन मेरा दिल जवान है और मेरी आशावादिता अक्षुण्ण है।[102]

जिस आदमी ने खुद को 'जिन्दा इतिहास' कहा, वह बहुत ही विनम्र होने में भी सक्षम था। जुलाई, 1957 में बतौर गवर्नर ढाका लॉ कॉलेज का उद्घाटन करते हुए हक़ ने कहा कि वे उस महापुरुष की याद को श्रद्धांजलि देना चाहते हैं जिनके

चरणों में बैठकर उन्होंने कानून का प्रशिक्षण हासिल किया था और बड़े नाज के साथ याद किया कि "डॉ. सर आशुतोष मुख्वन्दा अपने जूनियर वकीलों के चुनाव में बहुत सख्त थे और उन्होंने मुझे इस खास सम्मान के लिए चुना।"[103] गवर्नमेंट हाउस छोड़ने के चार वर्ष बाद फज़्लुल हक़ ढाका अस्पताल में मरे। 1943 में जिन्होंने नज़ीमुद्दीन और सुहरावर्दी को धूल में मिलाना चाहा था, अब वही उनके साथ उसी कब्रिस्तान में सदा के लिए सो गए। ढाका हाई कोर्ट के मैदान में तीनों की कब्रें साथ-साथ बनी हैं। इनमें से दो कुछ-कुछ समय के लिए पाकिस्तान के प्रधानमन्त्री कहलाए, पर हक़ को यह उपाधि नहीं मिली। पर शेरे-बंगाल कहलाना सिर्फ उन्हें ही नसीब हुआ।

अध्याय 7

अबुल कलाम आज़ाद (1888-1958)

"जन्म के समय ही उन्हें 50 वर्ष के बुजुर्ग जितना ज्ञान था।"[1] युवावस्था में मौलाना अबुल कलाम आज़ाद की जानकारी की परिपूर्णता देखकर यह बात सरोजिनी नायडू ने कही थी। अपनी किशोरावस्था में ही उन्होंने शायरी की, लेख लिखे और पत्रिकाएँ निकालीं। प्रसिद्ध शायर हाली जब उनसे पहली बार मिले तो उन्हें आज़ाद को देखकर लगा कि वे उस शायर के बेटे से मिल रहे हैं जिनसे वे मिलने गए थे। अबुल कलाम मोहिउद्दीन अहमद, जो उनका असली नाम था, का जन्म 1888 में मक्का में हुआ था। उनके पिता मौलाना खैरुद्दीन एक विद्वान और पहुँचे हुए धार्मिक व्यक्ति थे जिन्होंने 1857 में राज के हाथों काफी कष्ट सहा था। खैरुद्दीन ने करीब तीस साल अरब में गुजारे थे, जहाँ उन्होंने एक नहर की मरम्मत में मदद की, अरबी में किताबें लिखीं और अरब विद्वान शेख मुहम्मद जाहिर वली की बेटी आलिया से निकाह किया। खैरुद्दीन के पूर्वजों में कुछ सूफी रहे थे। अन्य मुगलों के दरबार में पहले आगरा और फिर दिल्ली में ऊँचे ओहदों पर रहे थे। अरब प्रवास के बाद खैरुद्दीन ने कलकत्ता में अपना डेरा जमाया जहाँ उनके अनेक अनुयायी बने।

आज़ाद की एक बहन फातिमा बेगम बचपन की बातें याद करते हुए लिखती हैं, "आज़ाद जब बच्चे थे तब वे एक ऊँचे मंच पर खड़े हो जाते थे और अपनी बहनों से अपने आसपास आने और अपनी बातों पर ताली बजाने को कहते थे और फिर नीचे उतरकर धीरे-धीरे बाहर निकलते थे।"[2] जब उनकी माँ का इन्तकाल हुआ तो वे 11 वर्ष के थे। दस साल बाद उनके पिता भी नहीं रहे। 13 वर्ष की उम्र में ज़ुलेखा नामक लड़की से उनका निकाह हुआ। जिस समय उनके पिता की मौत हुई, उसी के आसपास उनकी वासना और लालसाएँ जगीं, जिनका उन्होंने बाद में जिक्र किया लेकिन विस्तार से नहीं बताया। अपने तज़किरा (1913 में लिखे गए) में उन्होंने जीवन के इस दौर का जिक्र, जो 17 महीने चला, सामान्य शब्दावली में किया है :

नशा-सा चढ़ गया। जवानी का जोश मुझे हाथ पकड़कर बहा ले गया। समर्पित हो गए दिल ने थाह लिया था कि वासना और लालसाएँ ही सही

लक्ष्य पर पहुँचाएँगी। शुरू में चेतना और बुद्धि ने इस पर हैरानी जाहिर की, पर बाद में उन्होंने भी हामी भर दी थी कि जीवन का आनन्द उठाने का यही सही समय और सही रास्ता है...मैं जहाँ भी नजरें घुमाता था मुझे शहर मोहब्बत और चाहत से ही भरा दिखता था...हर आदमी अपने दिल और दिमाग को खुशी में सराबोर कर रहा है, प्रिय की हर झलक बिजली की कड़क सी लगती थी जिसमें आप अपना आत्मसम्मान और आत्मनियन्त्रण खो रहे हैं..., एक झलक आपके प्रतिरोध को ध्वस्त कर रही है।

मैंने जिस किसी कोने में शरण लेने की कोशिश की वही मेरे तर्क और पवित्रता के लिए कैद में बदल गया...इस बात को खुलेआम कबूल कर लेना बेहतर है...मैंने कोई उच्छृंखलता और कोई विधर्मी काम नहीं छोड़ा होगा।[3]

मजहब के प्रति आधुनिक नजरिया अपनाने की सैयद अहमद की बात ने आज़ाद को प्रभावित किया, इसने उनकी मानसिकता से करीब ढंग की साँठगाँठ कर ली।

कुछ दिनों के परेशानी भरे सोच-विचार के बाद एक रात मैंने अपना मन बना लिया और अगली सुबह से नमाज पढ़ना बन्द कर दिया। मुझे वह रात अब तक याद है और हमेशा रहेगी।

आज़ाद यह नहीं बताते कि वे किस तरह फिर से मजहब और नियम-निष्ठा की तरफ लौटे, लेकिन उन्होंने अपनी आस्था के फिर से पनपने की बातें रूपकात्मक ढंग से ही कही हैं :

एकतरफा मुहब्बत के सदमे ने मेरी आँखें खोल दीं। जैसे मैं किसी दूसरे जहाँ में पहुँच गया हूँ--हर पत्ता एक खत की तरह था। फूलों ने अपनी पंखुड़ियाँ खोल दीं। पत्थर गिरकर कुछ इशारे कर रहे थे। आसमान मेरी गुत्थियाँ सुलझाने के लिए नीचे उतर आया। देवदूतों ने मेरे हाथ थाम लिये कि मैं कहीं लड़खड़ा न जाऊँ। सूरज मेरे रास्ते को रौशन करने आया जिससे कि मुझे ठोकर न लगे। सारे नकाब उतर गए।[4]

आज़ाद के वालिद को न तो अंग्रेजी तालीम की बात पसन्द थी, न सैयद अहमद का बताया रास्ता। उनके द्वारा घर में ही किए गए पढ़ाई के बन्दोबस्त से आज़ाद ने 16 वर्ष की उम्र में अरबी और फारसी तथा मजहबी पढ़ाई में काफी ऊँचा ज्ञान हासिल कर लिया। अब खुशी, गम और शान्ति के अनुभवों ने उस्तादों द्वारा दी गई तालीम के प्रति भरोसा भर दिया। उन्होंने इस्लाम को फिर से अपनाया और ज्यादा जोशोखरोश के साथ, पर "परम्परागत रिश्तों से आज़ाद होने का एहसास" होने पर उन्होंने जो 'आज़ाद' उपनाम रखा था, उसे रहने दिया।[5]

1906 में ढाका में हुए मुस्लिम लीग के पहले जलसे में आज़ाद 18 वर्ष की उम्र में शरीक हुए थे। लेकिन लीग द्वारा राज के प्रति वफादारी निभाने के सिद्धान्त के विरुद्ध उनके दिल ने बगावत की और वे बंगाल के क्रान्तिकारी समूहों में से एक में दाखिल हो गए। उस समय बिना अपवाद के सारे क्रान्तिकारी हिन्दू ही होते थे और सभी हिन्दू मुसलमानों को राज से मिला हुआ मानते थे। बंगाल के बँटवारे को लेकर मुसलमानों के जोश को देखकर वे आहत हुए थे, और जब पूर्वी बंगाल के लेफ्टिनेंट गवर्नर फुलर ने कहा कि, "सरकार मुस्लिम कौम को अपनी पसन्दीदा बीवी मानती है,"[6] तब भी उनकी भावनाओं मे कोई बदलाव नहीं आया। ऐसे में आज़ाद की अपने साथ आने की इच्छा देखकर क्रान्तिकारी हैरान हुए। जैसा कि उन्होंने बाद में कहा, "शुरू में उन्होंने मुझ पर भरोसा नहीं किया और मुझे अपनी अन्दरूनी परिषदों से बाहर ही रोकने की कोशिश की। आगे चलकर उन्हें अपनी गलती का एहसास हुआ और मुझे उनका पूरा भरोसा मिल गया।"

"उनकी गतिविधियों को बंगाल और बिहार तक ही सीमित" देख आज़ाद ने उन्हें "उत्तर भारत के अनेक महत्त्वपूर्ण शहरों और बम्बई में सीक्रेट सोसाइटी की शाखाओं के गठन" का सुझाव दिया। यह बात आज़ाद कहते हैं, और इसके साथ ही "पूरा विवरण देने" और नए संगठनों को खड़ा करने तथा नए सदस्यों को प्रशिक्षित करने के दिलचस्प और साथ ही मनोरंजक किस्से बाद में बताने का उनका वादा उनकी मौत के समय तक अधूरा ही रह गया।[7]

आज़ाद की एकमात्र सन्तान, बेटा हसीन, चार साल की उम्र में ही मौत का शिकार हो गया। अपने "राजनैतिक विचारों के क्रान्तिकारी गतिविधियों की तरफ मुड़ने" के कुछ समय बाद ही 1908 में आज़ाद ने इराक, मिस्र, सीरिया और तुर्की की यात्रा की, वहाँ वे उन लोगों से मिले जो "यह नहीं समझ पाते थे कि हिन्दुस्तानी मुसलमान अंग्रेजों के पिछलग्गू क्यों बने हुए हैं।" वे इस बात के प्रति और पक्का निश्चय लेकर लौटे कि "हिन्दुस्तानी मुसलमानों को देश की राजनीतिक आजादी के काम में जरूर मदद करनी चाहिए।"[8] इसी निश्चय का फल था 'अल हिलाल' जो डब्ल्यू. सी. स्मिथ के शब्दों में, "अद्भुत असरवाला शानदार अखबार था, जो नई प्रभावकारी और जबरदस्त ताकतवर भाषा में था।"[9]

इसका पहला अंक कलकत्ता में 13 जुलाई, 1912 को निकला। आज़ाद के कुछ पहलुओं के भारी आलोचक विद्वान मुशीर हक़ के अनुसार, "अल हिलाल हिन्दुस्तान के उर्दू पढ़नेवाले मुसलमानों में इतना जबरदस्त लोकप्रिय हुआ कि बहुत कम समय में ही आज़ाद का नाम देश के इस छोर से उस छोर तक जाना जाने लगा।"[10] पाक इतिहासकार इक़राम कहते हैं कि इस अखबार ने "महात्मावाली भाषा" रखी जिसने अपने पाठकों को "एकदम अपने साथ बहा दिया।"[11]

'अल हिलाल' ने एक साथ विशुद्ध इस्लाम और हिन्दुस्तान की आज़ादी का प्रचार किया। आज़ाद ने जब यह पत्रिका शुरू की तो उन्हें इन दोनों में कोई विवाद

नहीं दिखता था, उन्होंने आगे भी कभी नहीं देखा। उन्होंने दावा किया कि कुरान गुलामी से लड़ने को कहता है और इस उद्देश्य के लिए हिन्दू-मुस्लिम सहयोग की इजाजत देता है। बाद में उन्हें इस तर्क से जवाब दिया गया कि इस पाक किताब में सत्ता के प्रति आज्ञाकारिता बरतने और हिन्दुओं से मेलजोल रखने की बात कही गई है, और जो लोग यह तर्क दे रहे थे उनको अनुयायी मिल गए, पर उनमें से कोई भी आज़ाद की विद्वता का मुकाबला नहीं कर सकता था।

जैसा कि एक पर्यवेक्षक ने कहा है कि "पत्रकारिता और रचनात्मक लेखन के बीच की दीवार को गिराते हुए,"[12] संघर्ष पर केन्द्रित, पर साथ ही गालिब और उमर खैयाम जैसे विषयों पर भी चर्चा करते रहनेवाले 'अल हिलाल' को पाठकों ने सिर आँखों पर बिठाया। इसके निकलना शुरू होने के तीन महीने बाद सारे पुराने अंकों को फिर से छपवाना पड़ा—हर ग्राहक पूरा सेट ही चाहता था। दो वर्षों में ही इसकी प्रसार संख्या 26,000 से अधिक हो गई, जो अन्य उर्दू अखबारों की प्रसार संख्या से काफी अधिक थी।

राज को 'अल हिलाल' का सन्देश पसन्द न था। अखबार को दो बार 2,000 और 10,000 रु. की जमानत देनी और जब्त करानी पड़ी। नवम्बर, 1914 में यह अखबार बन्द हो गया। साल-भर बाद यह निकला, पर 'अल बेलाग' नाम से और छह महीने के लिए ही क्योंकि अप्रैल, 1916 में आज़ाद को भारत रक्षा कानून के तहत कलकत्ता से शहर-बदर कर दिया गया। वे राँची चले गए। अंग्रेजी हुकूमत ने उन्हें शहर से बाहर जाने की मनाही कर दी, वे वहीं रहे। उनकी स्थिति 1 जनवरी, 1920 तक कमोबेश कैदी जैसी ही रही।

आज़ाद के प्रति राज का नजरिया और उनके अखबार की लोकप्रियता तुर्की से जुड़ी थी। मुहम्मद अली वाले अध्याय में हमने देखा है कि हिन्दुस्तानी मुसलमान प्रथम विश्वयुद्ध के पहले और बाद में तुर्की के साथ हुए अन्याय को लेकर नाराज थे। मुहम्मद अली के 'कॉमरेड' और आज़ाद के 'अल हिलाल' और 'अल बेलाग' ने एक ही समूह को सम्बोधित किया, पर मुहम्मद अली के ठीक विपरीत आज़ाद शुरू से ही इस मामले में एकदम स्पष्ट लग रहे थे कि तुर्की के सवाल को हिन्दुस्तान के राष्ट्रवाद की मदद के लिए इस्तेमाल किया जा सकता है। 1920 के बाद मुहम्मद अली ने खुद को गांधी के साथ जोड़ लिया और कुछ समय के लिए स्वराज को अपने दिल में बैठे खिलाफत के साथ गुँथ जाने भी दिया; लेकिन वे हिन्दुस्तानी मंच पर मुस्लिम कौम के प्रवक्ता के रूप में आए थे और उन्होंने उसी रूप में यह मंच छोड़ा भी। आज़ाद के मामले में भारतीय राष्ट्रवाद और विश्व इस्लामवाद कभी भी अलग-अलग अवधारणा रहे ही नहीं। 1912 में ही उन्होंने कहा था, "हिन्दुओं के लिए राष्ट्रभक्ति भले ही एक गैर-मजहबी मसला हो सकता है, पर मुसलमानों के लिए यह एक मजहबी जिम्मेवारी है।"[13]

जैसा कि मुशीर हक़ बताते हैं, आज़ाद ने "कभी भी मुसलमानों से हिन्दुओं का अनुसरण करने को नहीं कहा, वे सदा दोनों कौमों में सहयोग पर जोर देते

रहे।"[14] उनका मानना था, "जब तक हम इस्लाम के उसूलों पर चलते हैं, तब तक हमें सियासत में हिन्दुओं के पीछे चलने की जरूरत नहीं है।"[15] पर साथ ही उन्होंने कहा :

हिन्दुस्तानी मुसलमान आँख मूँदकर अंग्रेजी हुकूमत की पॉलिसी को मानते रहे हैं...उन्होंने देश के असली गतिशील समूह, हिन्दुओं के साथ सारे रिश्ते तोड़ लिए हैं...हमें डराया गया कि हिन्दू बहुमत में हैं और अगर हम उनके साथ गए तो वे हमें रौंद डालेंगे...नतीजा यह हुआ कि मुसलमानों के भालों का निशाना जिस सरकार को बनना चाहिए था, वह तो बच गई और उनके अपने पड़ोसी ही निशाना बन गए।[16]

आज़ाद ने आगे कहा :

हमें हिन्दुओं से नहीं डरना है। सिर्फ खुदा से डरना है। अगर आप हिन्दुस्तान में रहना चाहते हैं तो आपको अपने पड़ोसी को गले लगाना ही होगा...अगर उनकी तरफ से सहयोग में कोई बाधा आती है तो उस पर ध्यान ही न दीजिए...अगर दूसरे आपके साथ उतना अच्छा बर्ताव न करें, तब भी आप भले आदमी जैसा बर्ताव ही कीजिए। बच्चे जब छेड़ते हैं तो बुजुर्ग लोग रोते नहीं। सिर्फ हँसकर माफ कर देते हैं।[17]

एक अन्य मौके पर उन्होंने लिखा :

यह निश्चित है कि एक दिन आएगा जब आजादी के तूफान से गुलामी के बन्धन टूट जाएँगे। आपको एहसास है कि उस वक्त मुसलमानों के बारे में क्या लिखा जाएगा ? तब यह लिखा जाएगा कि एक ऐसी अभागी कौम भी थी जो अपने दुष्ट शासकों के हाथ का खिलौना बनी हुई थी, विदेशियों के खेलने के लिए ताश की गड्डी बनी थी...यह कहा जाएगा कि जब जंगे-मैदान में बिगुल बजा तो मुसलमान भाग खड़े हुए और गुफाओं में जा दुबके।[18]

ये उद्धरण बताते हैं कि आज़ाद के अन्दर कुलीन मुगल खून और भावना थी, जिनके घर, हिन्दुस्तान पर अब फिरंगी राज कर रहे थे। फिरंगियों को उनके घर वापस भेजना आज़ाद की पहली चिन्ता थी, आजाद भारत मुस्लिम कौम को मिले यह बात दूसरे नम्बर पर थी। उन्होंने कहा, "अगर हम मजहब को सियासत से अलग कर दें तो कुछ भी नहीं बचेगा,"[19] लेकिन उन्होंने यह बात मुस्लिम एकता के लिए नहीं, यह बात भारत के स्वतन्त्रता संग्राम में मुसलमानों की भागीदारी को बढ़ावा देने के लिए कही थी। अगर उनका इस्लाम साम्प्रदायिकता की जगह राष्ट्रभक्ति से जुड़ा तो इसमें एक सार्वभौमिकता का भाव भी था। जनवरी, 1913 के 'अल हिलाल' में यह महत्त्वपूर्ण पैरा था :

इस्लाम तंगदिली और जातीय या मजहबी पूर्वाग्रहों की अनुमति नहीं देता। यह जाति और धर्म के आधार पर आदमी की खूबियों और बुद्धि, आदमी की उदारता, दया और प्रेम को नहीं परखता। यह हमें हर अच्छे उस आदमी का सम्मान करने की शिक्षा देता है, जो अच्छा है, भले ही उसका मजहब कोई भी हो।[20]

आज़ाद का धार्मिक दृष्टिकोण साहसी, विलक्षण और हठधर्मिता से परे था। फिर भी उनकी वक्तृत्व शक्ति और शुद्ध विश्वास से युक्त उनके स्वच्छ सन्देशों की वजह से धर्मप्राण मुसलमानों की एक बड़ी संख्या उनके साथ थी। जब आज़ाद जोश के साथ कहते कि इस्लाम ने उत्पीड़न के खिलाफ लड़ाई लड़ी और इसकी पुष्टि में कुरान को उद्धृत करते तो श्रोताओं को लगता कि वे कोई प्रामाणिक आवाज सुन रहे हैं। जैसा कि मुशीर हक़ लिखते हैं, ''ऐसा नहीं था कि उनमें सभी आज़ाद के धार्मिक विचारों को पचा लेते थे, लेकिन उनमें अधिकांश आज़ाद की लेखनी से सम्मोहित थे।''[21]

आज़ाद की योजना समर्पित मुसलमानों को एकजुट करके एक संगठन खड़ा करने, फिर हिन्दुओं से समझौता करके अंग्रेजों के खिलाफ एक साझा लड़ाई शुरू करने की थी। अप्रैल, 1913 में उन्होंने 'अल हिलाल' में ऐसे लोगों से नाम और प्रतिज्ञा भेजने की अपील छापी। हफ्ते-भर के अन्दर करीब 800 ऐसे लोगों ने अपने नाम भेजे। दिसम्बर, 1913 के अंक में आज़ाद ने बताया कि उन्होंने ''खुदा की इच्छा के अनुसार लोगों की देखरेख करनेवाली सरकार गठित करने'' के उद्देश्य से काम करनेवाले दल हिजमुल्लाह (अल्लाह की पार्टी) का गठन किया है। उन्होंने लिखा, ''इसे चलानेवाले संगठन के तौर-तरीके गोपनीय हैं।''[22]

हम जानते हैं कि 1920 में हिन्दू-मुस्लिम साझा आन्दोलन शुरू हुआ, और जल्दी ही हम इसमें आज़ाद की भूमिका पर गौर करेंगे। हमें यहाँ यह देखना है कि हिजमुल्लाह बहुत सफल नहीं रहा। उन्होंने देश-भर में काफी संख्या में मुसलमानों को जाग्रत किया लेकिन उलेमा लोगों का समर्थन आज़ाद को नहीं मिला। उन्होंने बाद में कहा :

1914 में ही मैंने उलेमाओं और सूफी सम्प्रदाय के प्रमुखों को उनके कर्त्तव्यों का एहसास कराने की बात सोची थी। मैंने उम्मीद की थी कि उनमें से कोई आगे आकर उस समय की चुनौतियों को कबूल करेगा। लेकिन देवबन्द के मौलाना महमुदुल हसन को छोड़कर बाकी सभी ने मेरे न्यौते को फित्ना माना और इसे ठुकरा दिया।''[23]

आज़ाद के अनुसार, उलेमा लोगों ने कहा कि सियासत में हिस्सेदारी से हो सकता है कि मुसलमान अपनी रोज की तय नमाजें न अदा करें और मुमकिन है

कि इस दौरान उनका "सम्पर्क बिना बुर्केवाली गैर-मुसलमान औरतों से हो जिससे उनमें फित्ना [वासना] जगे।"[24]

परम्परागत उलेमा लोगों का साथ न मिलने पर आज़ाद ने धार्मिक व्याख्याकारों की नई जमात खड़ी करने की कोशिश की। एक प्रशंसक ने एक स्कूल और छात्रावास बनाने के लिए जमीन और पैसा दिया और अक्तूबर, 1914 में कलकत्ता में दारुल-इर्शाद की कक्षाएँ शुरू हुईं। आज़ाद ने सोचा था कि दारुल-इर्शाद के माध्यम से वे विश्वविद्यालयों और संस्थाओं में पढ़नेवाले नौजवान लोगों तक कुरान की अपनी व्याख्या पहुँचाएँगे, लेकिन अप्रैल, 1916 में शहर-बदर होने के चलते यह संस्था जल्दी ही मर गई।

जैसा कि पहले बताया जा चुका है, 1916 के आखिर में अंग्रेजी हुकूमत ने आज़ाद को राँची में ही बन्दी जैसा बना दिया। यहाँ वे तीन साल तक चैन से पड़े रहे। जिन आदिवासियों के बीच वे रहने लगे थे, उनके जीवन को दर्शानेवाली चीजें उन्होंने लिखीं और स्थानीय मस्जिदों में तकरीर की। उनका 'तज़किरा' भी राँची में ही लिखा गया, यह किताब भी इसलिए छप पाई कि उनके एक दोस्त और मददगार फजलुद्दीन अहमद ने इसकी पांडुलिपि हासिल कर ली थी।

राँची में ही आज़ाद ने कुरान के तरजुमा और टीका पर भी काम किया। उन्होंने यह काम पहले ही शुरू किया था और सरकार द्वारा कलकत्ता छोड़ने का आदेश देने के पहले इसके आठों पारों का 'तरजुमा' पूरा हो चुका था। लेकिन अंग्रेजी हुकूमत ने इसे जब्त कर लिया और वापस करने से इनकार कर दिया। राँची में आजाद ने "पहले पारे से नए सिरे से 'तरजुमा' शुरू किया।"[25] उन्होंने इसमें प्रगति की पर 1 जनवरी, 1920 को रिहाई के वक्त यह काम अधूरा ही था।

अब उन्होंने जो हिन्दुस्तान पाया वह उनकी दुआओं के अनुकूल था। आजादी के लिए हिन्दू और मुसलमान साथ-साथ काम करने को तैयार थे। जहाँ आज़ाद के आह्वानों का कोई फल नहीं निकला था, वहीं विभिन्न घटनाओं—रौलेट कानून, जालियाँवाला बाग हत्याकांड और खिलाफत के मामले पर हुई कई बातों ने यह सफलता दिला दी थी। अपनी रिहाई के तीन हफ्ते के अन्दर ही आज़ाद दिल्ली पहुँच गए थे जहाँ पहली बार गांधी से उनकी मुलाकात हुई। आज़ाद और अन्य मुसलमान नेताओं से गांधी ने राज के साथ अहिंसक असहयोग और हिन्दू-मुस्लिम एकता के लिए काम करने को कहा। अन्य लोगों ने महात्मा के प्रस्तावों पर गौर करने के लिए वक्त माँगा लेकिन आज़ाद ने, जैसा कि उन्होंने बाद में लिखा, "एक पल की हिचक के बिना ही कह दिया कि उन्हें प्रोग्राम मंजूर है।" आज़ाद ने आगे लिखा है :

> *जैसे ही गांधीजी ने अपने प्रस्ताव का विवरण दिया, मुझे याद आया कि अनेक वर्ष पहले टालस्टाय ने इसी कार्यक्रम का खाका पेश किया था...*

किसी भी दमनकारी शासन के काम को ठप्प कर देने का सबसे अच्छा तरीका टैक्स न देना, उसकी सेवाओं से इस्तीफा दे देना और सरकार की मददकारी संस्थाओं का बायकाट करना ही है...ऐसा कार्यक्रम किसी भी सरकार को सही रास्ते पर उतरने को मजबूर करेगा। मुझे यह भी याद आया कि 'अल हिलाल' के कुछ लेखों में मैंने भी इसी तरह के प्रोग्राम की सिफारिश की थी।[26]

आज़ाद ने 'अल हिलाल' में साझा हिन्दू-मुस्लिम संघर्ष की अपील की थी लेकिन असहयोग या अहिंसा की बात नहीं की थी। जब गांधी ने ये शब्द कहे तो आज़ाद ने तत्काल उनका महत्त्व समझ लिया और खुद को गांधी का सहयोगी घोषित किया, और ऐसा करनेवाले वे पहले प्रमुख मुसलमान थे। थोड़ी देर से गांधी के साथ आए अली बन्धु भी दन से केन्द्रीय मंच पर पहुँच गए और यह साफ हो गया कि थोड़े शहरी तौर-तरीकेवाले आज़ाद के मुकाबले जिन्दादिल मुहम्मद अली आम लोगों को ज्यादा पसन्द आएँगे। फिर भी आज़ाद अपने भाषण से भी लोगों पर वही जादुई असर पैदा कर सकते थे, जो अपने लेखन से करते थे। देश भर के लोगों ने उनको सुना और उनकी अनेक तकरीरों में से एक ने बिहार के नौजवान जयप्रकाश नारायण को राष्ट्रसेवा के प्रति पूर्ण समर्पित बना दिया।

महात्मा के पक्ष में आते हुए भी आज़ाद ने यह साफ कर दिया कि वे अहिंसा को एक नीति के तौर पर मान रहे हैं, सभी समय और हालात में वाजिब बैठनेवाले सिद्धान्त की तरह नहीं। महात्मा और मौलाना शुरू से ही एक-दूसरे को पसन्द आ गए और दोनों ने एक-दूसरे को अच्छी तरह समझ भी लिया। 1920 में आज़ाद ने हिन्दुस्तान की लड़ाई में गांधी की सरपरस्ती मान ली, पर गांधी के सारे विचारों को नहीं। जैसा कि मुजीब बताते हैं, "आज़ाद ने न सिर्फ यह घोषणा की कि अहिंसा उनके लिए विश्वास नहीं, नीति है," बल्कि "महात्मा की मौजूदगी में खुलेआम सिगरेट पीते रहे, जबकि यह सभी जानते थे कि महात्मा ऐसी चीजों के घोर विरोधी थे।"[27]

1920 के हिन्दुस्तान ने आज़ाद को एक और तरह से सन्तुष्ट किया। इस बार उलेमा भी आ गए थे। तुर्की के प्रति ब्रिटेन के नजरिए से उनकी भावनाओं को चोट लगी थी और अब वे राजनैतिक संघर्ष में हिस्सा लेने और हिन्दू-मुस्लिम मेल-मिलाप का जोखिम लेने को भी तैयार थे। अब वे आज़ाद का खास आदर करने लगे। 1921 में लाहौर में हुई एक सभा में करीब 10,000 उलेमा लोग उनको अमीरुल-हिन्द या इमामुल-हिन्द (हिन्दुस्तान का नेता) चुनने के करीब पहुँच गए थे और कम से कम एक बार उनको कायद-ए-आज़म कहा गया जो पदवी बाद में जिन्ना के साथ जुड़ गई।[28]

कुरान को उद्धृत करते हुए आज़ाद ने 1920 में कहा था कि हिन्दुस्तान में एकता और अनुशासन के लिए एक इमाम (नेता) की जरूरत है। आज़ाद ने कहा,

"वह जो भी आदेश दे, अगर वे कुरान और सुन्नत के खिलाफ नहीं हों तो उनका अनिवार्यतः पालन होना चाहिए।"[29] इस बात में सन्देह नहीं कि आज़ाद ने खुद में यह इमाम देखा था, पर इमाम की उनकी बात में सिर्फ दम्भ या आत्मप्रचार ही नहीं था। हिन्दुस्तान की सियासत में मजहब को लाने के बाद आज़ाद इसके असर को नियन्त्रण में रखना चाहते थे। जैसा कि उन्होंने गांधी के सचिव महादेव देसाई से एक बातचीत के दौरान कहा था :

> *मजहब की ताकत असीमित है। मजहब ताकतवर इंजन के जैसा है जिसे एक होशियार और समझदार ड्राइवर चाहिए। ट्रेन दुर्घटना के नुकसान का अन्दाजा लगाना मुश्किल होता है...अगर मजहब की ताकत का सही आदमी ने इस्तेमाल नहीं किया तो भारी नुकसान हो जाएगा।*[30]

आज़ाद को मजहबी गतिविधियों पर अपनी पकड़ बनाने की इच्छा इस एहसास के चलते भी हुई कि अगर उन्हें मुस्लिम कौम से इस्लाम के प्रति अपने नजरिए को मनवाना है तो उन्हें इमाम का प्रभाव हासिल करना जरूरी है। उन्होंने बहुत दिलेरी से कहा कि एक इमाम की जरूरत है और उतनी ही दिलेरी से यह इशारा किया कि वे भी इमाम बन सकते हैं। वैसे, जैसा कि 1920–21 के समय का जिक्र करते हुए हक़ कहते हैं, "हिन्दुस्तान के मुसलमानों में मौलाना आज़ाद को आम तौर पर इमामुल-हिन्द के नाम से ही जाना जाता था,"[31] पर असलियत यही है कि कोई इमाम नहीं चुना गया। यह सम्भव है कि इस सम्मान के लिए प्रतिद्वन्द्विता शुरू होने के अन्देशे से उलेमा लोगों ने कोई फैसला नहीं किया। खैर जो भी हो, आज़ाद की कोशिश असफल हो गई।

उन्होंने जिस मंच की उम्मीद की थी, वह तो नहीं मिला, पर अभी कलम और आवाज उनके पास थीं। 1921 में उन्होंने कहा कि हिन्दू-मुस्लिम दोस्ती तो खुद पैगम्बर के एक अपने उदाहरण से ही मंजूर हो जाती है :

> *जब पैगम्बर मुहम्मद मदीना चले आए तो उन्होंने मदीना के मुसलमानों और यहूदियों के लिए प्रतिज्ञापत्र तैयार किया, इसमें कहा गया था कि आखिर में मुसलमान और गैर-मुसलमान एक राष्ट्र (उम्मा वहीदा) बन जाएँगे।*
>
> *उम्मा का मतलब होता है कौम या राष्ट्र, वहीदा का मतलब एक। इस प्रकार अगर मैं कहता हूँ कि हिन्दुस्तान के मुसलमान अपनी जिम्मेवारियों का तब तक निर्वाह नहीं कर सकते जब तक वे हिन्दुओं के साथ एकजुट नहीं हो जाते, तो यह बात पैगम्बर की परम्परा में है जो खुद भी मुसलमानों और गैर-मुसलमानों का एक राष्ट्र बनाना चाहते थे।*[32]

उल्लेखनीय है कि 1921 में एक भी मुसलमान ने आज़ाद के विचार को चुनौती नहीं दी। हमें यह भी देखना चाहिए कि आज़ाद ने पैगम्बर का उदाहरण पेश किया, पर असल में उनके विचार, जैसा कि मुजीब बताते हैं "अपनी इस निश्चित

राय के चलते थे कि दोस्ती और सहयोग इस्लाम के बुनियादी गुण हैं और इसकी असली भावना को सामने लाते हैं।''[33]

आज़ाद की यह 'पक्की राय' उनके जीवन-भर बनी रही, लेकिन खिलाफत आन्दोलन के दौरान उन्होंने जो एक और बयान दिया था उस पर निश्चित रूप से उनकी राय बदली होगी। यह था 1920 का उनका फतवा, जिसमें उन्होंने कहा था कि शरीयत के अनुसार अगर सम्भव हो तो मुसलमानों को हिन्दुस्तान से बाहर चले जाना चाहिए। या बाहर जानेवालों की मदद करनी चाहिए। खिलाफत पर हमला करनेवाली ताकत के अधीन रहनेवाला हिन्दुस्तान अब मुसलमानों के रहने लायक जगह नहीं रही।[34] जैसा कि हमने मुहम्मद अली वाले अध्याय में देखा है कि इस फतवे को अन्य लोगों का समर्थन भी हासिल था और इस पर हजारों लोगों ने अमल भी किया और अफगानिस्तान जाने और वहाँ से लौटने में भारी मुसीबतें उठाईं।

आज़ाद ने पूरे 1920 के दशक में जो कुछ कहा और किया, इस फतवे का उससे कोई मेल नहीं बैठता और यह बहुत ही अजीब और दुर्भाग्यपूर्ण था कि इसे आज़ाद ने जारी किया था। यह अजीब इसलिए भी है कि आज़ाद अपने में व्यावहारिक बात करने और सैद्धान्तिक रूप से बहुत स्पष्ट रहने के बारे में बहुत ही चौकन्ने थे। 1921 में आगरा में हुई खिलाफत कांफ्रेंस के सदर की हैसियत से तकरीर करते हुए उन्होंने कहा :

> *सबसे पहले अपने कामकाज के इलाके को तय करना चाहिए। क्या हमारा निशाना हिन्दुस्तान से कहीं बाहर है? यह इराक या सीरिया या एशिया माइनर नहीं है। हमारा उद्देश्य अपनी आस्था, अपने इरादे और कामकाज की परीक्षा लेना है। लक्ष्य हमारा अपना मुल्क ही है। जब तक आप अपने में कामयाब नहीं होंगे तब तक कहीं भी दूसरी जगह कामयाबी आपके कदम नहीं चूमेगी...हिन्दुस्तान खिलाफत आन्दोलन का पहला लक्ष्य है।*[35]

आज़ाद का सन्देश था कि खिलाफत के किसी भी काम आने के लिए हिन्दुस्तान को आजाद होना ही चाहिए।

हम 1920 और 1921 की घटनाओं या माहौल पर गौर नहीं करेंगे, इस पर पहले ही चर्चा हो चुकी है। हमने देखा है कि इन वर्षों में हिन्दुस्तानी लोग घटनाक्रमों से पूरी तरह प्रभावित हुए। उन्होंने आजादी की हवा में भी कुछ समय साँस ली, कुर्बानी का आनन्द और बेचैनी को अनुभव किया, दशकों बाद पहली बार अपनी ताकत का एहसास किया, हिन्दू-मुस्लिम दोस्ती के मीठे फल और जेल का मजा भी चखा।

अगर इस दौर में मुहम्मद अली कौम की आवाज थे तो अबुल कलाम आज़ाद इसके दिमाग थे। वे इसके विचारक थे, धर्मग्रन्थों से परिचित, विचारों और अभिव्यक्ति में एकदम स्पष्ट और प्रामाणिक अन्दाज में बोलनेवाले। लेकिन अब

उनका श्रोता समूह कौम से भी बड़ा हो गया था, क्योंकि अब दिन-ब-दिन कांग्रेस के मंच पर उनकी जरूरत बढ़ गई थी।

उन्होंने इस मंच पर रहनेवाले अनेक लोगों से गहरी दोस्ती भी बनाई। इनमें से चित्तरंजन दास का नाम उल्लेखनीय है। जैसा कि आज़ाद ने बाद में माना, दास की "कलकत्ता में शानदार वकालत चलती थी और वह विलासिता की चीजों की पसन्द के लिए भी नामी थे लेकिन उन्होंने एक पल की हिचक के बिना यह वकालत छोड़ दी और दिलोजान से कांग्रेसी आन्दोलन में जुट गए।" आजाद की तरह ही हिन्दू-मुस्लिम मैत्री के प्रति अति उत्सुक दास ने 1923 में यह घोषित करके "बंगाल कांग्रेस में हंगामा मचा दिया कि अगर कांग्रेस बंगाल में सत्ता में आती है तो नई सरकारी नियुक्तियों में 60 प्रतिशत स्थान मुसलमानों के लिए आरक्षित रहेंगे। और यह तब तक रहेगा जब तक इस समुदाय को सरकारी नौकरियों में समुचित प्रतिनिधित्व नहीं मिल जाता।[36] 1925 में दास की मौत से आज़ाद ने अपना मूल्यवान दोस्त और हिन्दुस्तान ने हिन्दू-मुस्लिम रिश्तों में सुधार के प्रति एक राजनेता खो दिया।

लेकिन हम 1921 में वापस चलें। 10 दिसम्बर को पुलिस उपायुक्त मिस्टर गोल्डी पुलिस की एक टुकड़ी लेकर आज़ाद के कलकत्तावाले घर पर आए और उन्हें सूचित किया कि शहर की एक मस्जिद में आपने हिंसा भड़कानेवाले जो दो भाषण दिए थे, उसी अपराध में आपको गिरफ्तार किया जाता है। उसी रात आज़ाद को अलीपुर प्रेसिडेंसी जेल के एक कमरे में डाल दिया गया, और जैसा कि आज़ाद ने बाद में लिखा, वह "दो वर्षों में पहली बार भरपूर नींद सोए।"[37] नजरबन्दी के दौरान उन पर मुकदमा चला और फरवरी, 1922 में उन्हें एक साल जेल की सजा सुनाई गई।

अंग्रेजी राज की अदालतों का बायकाट करने के सिद्धान्त पर अटल आज़ाद ने अपने मामले की पैरवी नहीं की। लेकिन उन्होंने कॉल-ए-फैसल नामक लिखित बयान दिया जिसे गांधी ने "किसी भी सत्याग्रही द्वारा दिया गया सबसे जोरदार और सच्चा बयान" करार दिया।[38] यह विस्तार से उद्धृत किए चन्दे योग्य है :

> *निश्चित रूप से मैंने कहा कि यह हुकूमत जुल्मी है। अगर मैं यह न कहूँ तो और क्या कह सकता था ? अगर मेरी निश्चित राय है कि यह हुकूमत बुरी है तो मैं इसके लम्बे जीवन की दुआ नहीं कर सकता।...बन्धन में पड़े लोगों के लिए चाहे कुछ भी आकर्षक किया जाए, गुलामी गुलामी ही है। अपने देश और अपने लोगों को इस गुलामी से आजाद कराना मेरा राष्ट्रीय, धार्मिक और मानवीय कर्त्तव्य है।*
>
> *मौजूदा हुकूमत की मौजूदगी करोड़ों लोगों की इच्छा और भावनाओं का नकार है। यह जलियाँवाला बाग के नरसंहार को सही बताती है। यह लोगों को जानवर की तरह पेट के बल चलने को मजबूर करने को गलत नहीं*

मानती...[30] करोड़ लोगों की लगातार गुहार के बावजूद यह इस्लामी खिलाफत को रौंदने से बाज नहीं आती।

ऐसा कोई भी शहर नहीं है जहाँ मैंने उन दो भाषणों में कही बातें नहीं दोहराई होंगी। दरअसल, मुझे यह स्वीकार करना चाहिए कि इससे पहले की तकरीरें और भी साफ, स्पष्ट और बेलाग थीं। अपने खिलाफ पेश तकरीरों में मैंने कहा था कि आजादी के बीज को जब तक हिंसा और दमन से सींचा न जाए, वह बढ़ेगा नहीं। और सरकार ने उसे सींचना शुरू कर दिया है।

जब मैं कटघरे के महान और महत्त्वपूर्ण इतिहास पर गौर करता हूँ और पाता हूँ कि मुझे भी इसमें खड़े होने का गौरव मिला है तो मेरा दिल खुदा के प्रति एहसान और उनकी तारीफ से भर जाता है।[39]

आज़ाद की बीवी जुलेखा बेगम ने गांधी जी को तार भेजा जो राज के अधिकारियों ने गांधी तक नहीं पहुँचाया। इसमें कहा गया था :

अदालत ने मेरे पति के मामले में आज फैसला सुनाया। उन्हें सिर्फ एक साल कैद की सजा हुई है। हम जिस सजा के लिए तैयार थे, यह उससे स्पष्ट रूप से कम है।...आप भी सहमत होंगे कि उनके साथ इस मामले में अन्याय किया गया है। मैं आपको सूचित करना चाहूँगी कि उनकी गैर-मौजूदगी से बंगाल में जो जगह खाली हुई है उसे भरने के लिए मैंने अपनी सेवाएँ अर्पित की हैं। आज की तारीख से मैं बंगाल खिलाफत कमेटी के सारे काम करूँगी।[40]

आज़ाद को गिरफ्तार करने के बाद राज की पुलिस उनके अधिकांश कागजात, कुरान का अधूरा तरजुमा और टीका उठा ले गई। अलीपुर जेल में आज़ाद ने टीका लिखने या किसी और काम के लिए कलम नहीं उठाई। उनकी कैद जिस शान्ति के साथ शुरू हुई थी वह बाहर की घटनाओं के चलते टूटी, जिनसे शुरू में उन्हें उत्तेजना हुई, पर बाद में हतप्रभ कर दिया। दिसम्बर से फरवरी तक आज़ाद ने अपनी जेल के बाहर चल रहे संग्राम और बारदोली से शुरू हुए लगानबन्दी के आन्दोलन के किस्से सुने।

फिर फरवरी के दूसरे हफ्ते में, जब आज़ाद को 12 माह की कैद हुई, उन्हें मालूम हुआ कि चौरीचौरा में पुलिसवालों की हत्या के बाद गांधी ने अचानक ही असहयोग आन्दोलन समाप्त कर दिया है। अहिंसा को एक सिद्धान्त के रूप में न माननेवाले आज़ाद यह बात मन से स्वीकार नहीं कर पाए कि पूर्वी उत्तर प्रदेश में एक स्थान पर भीड़ द्वारा अहिंसा के सिद्धान्त को छोड़ देने के चलते ही पूरे आन्दोलन को रोक दिया जाए। बाद में उन्होंने लिखा, "आन्दोलन स्थगित करने से राजनैतिक हलके में तीखी प्रतिक्रिया हुई और इससे देश का मनोबल गिरा।"[41] आज़ाद ने यह

नहीं कहा कि अनेक मुसलमान नेता इस बात से नाराज हुए कि गांधी ने यह फैसला लेने से पहले उनसे या अली बन्धुओं से सलाह-मशविरा नहीं किया। वैसे यह मशविरा हो पाना सम्भव नहीं था। आज़ाद और अली बन्धु जेल में थे। जो भी हो मुसलमानों का असन्तोष और आज़ाद की नाराजगी, यथार्थ थे।

आज़ाद की तरह ही हैरान रहे जवाहरलाल नेहरू ने गांधी को पत्र लिखकर इस फैसले से लगे सदमे को बताया था। उन्हें गांधी ने जवाब दिया, "मैं आपको भरोसा दिलाता हूँ कि अगर आन्दोलन को स्थगित न किया गया होता तो हम लोग एक अहिंसक लड़ाई का नहीं, पूरी तरह हिंसक संघर्ष का नेतृत्व कर रहे होते।"[42] जैसा कि अंग्रेज इतिहासकार जुडिथ ब्राउन कहती हैं, गांधी "ऐसे आन्दोलन को चलाकर अपनी सत्यनिष्ठा को नहीं बचा सकते थे।"[43] उन्होंने अपनी सत्यनिष्ठा की रक्षा की, पर आज़ाद ने इसे पीछे हटना माना और कुछ और बात देखी जो निराशाजनक थी। वह थी हिन्दू-मुस्लिम विश्वास के महल में दरार पड़ जाना।

जनवरी, 1923 को जब अबुल कलाम आज़ाद जेल से बाहर आए तो अभी पूरे 35 वर्ष के भी नहीं थे। हिन्दुस्तान का परिदृश्य हतोत्साहित करनेवाला था। 1920–21 में आन्दोलन के दौरान गिरफ्तार किए गए अधिकांश लोग जेल से छूट गए थे, पर गांधी जेल में थे और 1928 तक उनके वहीं रहने का अन्देशा था। हिन्दू और मुसलमान अंग्रेजों से अपनी लड़ाई भूलकर आपस में ही भिड़े हुए थे। कांग्रेस भी विभाजित थी। दास और मोतीलाल नेहरू के नेतृत्व में बदलाव का पक्षधर धड़ा राज की कौंसिलों में जाना चाहता था जबकि 1920 से शुरू किए गए असहयोग को जारी रखने के पक्षधरों की अगुवाई राजगोपालाचारी, पटेल और राजेन्द्र प्रसाद कर रहे थे।

आज़ाद का वैचारिक कौशल तो जगजाहिर था। और उन्होंने मेलमिलाप करानेवाला अपना कौशल दिखाया और कांग्रेस को विभाजित होने से बचा लिया। जैसा कि बाद में कांग्रेस के अध्यक्ष कृपलानी ने कहा, "बदलाव चाहनेवालों और न चाहनेवालों की गुत्थी को आज़ाद के प्रभाव से ही दूर किया जा सका।"[44]

दोनों धड़ों के विश्वासपात्र आज़ाद से सितम्बर, 1923 की उस बैठक की अध्यक्षता करने को कहा गया जिसमें आगे की रणनीति तय होनी थी। उनसे कम उम्र के किसी भी आदमी को न तो यह सम्मान अब तक मिला था, न आगे मिला। अपने अध्यक्षीय भाषण में उन्होंने कहा :

> *व्यक्तियों की तरह ही किसी राष्ट्र में गतिविधियों का असली स्रोत उनका दिमाग ही है। जब संघर्ष आगे बढ़ता है लेकिन रुक-रुककर, और रास्ते में रुकावटें आती हैं तो हम पर निराशा और थकान का भाव आता ही है, मतभेद उभर आते हैं और राष्ट्रीय आन्दोलन पर बहुत ही थकानेवाला समय उतर*

आता है। फिर भी, अगर आन्दोलन के महत्त्वपूर्ण पुर्जे दुरुस्त हों, तो यह (मौजूदा दौर की) खामोशी थोड़ी देर की होगी।

आन्दोलन के लिए और उससे भी बड़ी क्या चीज है, इस बारे में आज़ाद का दिमाग एकदम साफ था। उन्होंने कहा :

अगर आज जन्नत से फरिश्ते उतर आएँ और कुतुब मीनार से यह एलान करें कि अगर मैं हिन्दु-मुस्लिम एकता की माँग छोड़ दूँ तो हिन्दुस्तान 24 घंटे में स्वराज हासिल कर सकता है तो मैं कहूँगा : "नहीं मेरे दोस्त, मैं स्वराज तो छोड़ सकता हूँ पर हिन्दू-मुस्लिम एकता नहीं, क्योंकि अगर स्वराज मिलने में देरी हुई तो यह तो हिन्दुस्तान का ही नुकसान होगा, पर हिन्दू-मुस्लिम एकता चली गई तो यह पूरी इंसानियत के लिए एक नुकसान होगा।"[45]

अगर जिन्ना ने हरदम बढ़िया ढंग से सिला विलायती सूट पहना तो आज़ाद रोएँदार टोपी, शेरवानी और चुस्त पाजामे में एकदम अलग नजर आते थे। दोनों ही लम्बे और सुबह जल्दी उठनेवाले थे। दोनों की आँखों में चमक थी और दोनों के विचार एकदम स्पष्ट थे। जिन्ना सफाचट थे, जबकि आज़ाद कटी-छँटी छोटी दाढ़ी और उमेठकर ऊपर उठाई मूँछें रखते थे। जिन्ना से 11 वर्ष छोटे आज़ाद ने 'अल हिलाल' के माध्यम से मुसलमानों में उतनी ही हलचल पैदा की जितनी 25 वर्ष बाद जिन्ना ने पाकिस्तान की माँग उठाकर। दोनों के लिए आम लोगों से हेलमेल रखना, उनके दुख-दर्द को सुनना मुश्किल काम था, फिर भी दोनों की सभाओं में खूब भीड़ आती थी। जिन्ना के दृढ़ निश्चय से लोग बँधते थे जबकि आज़ाद की भाषण कला उन्हें आकर्षित करती थी। दोनों ही अकेला रहना पसन्द करते थे। जब जिन्ना अकेले होते थे तो वे बचाव या हमले की अपनी चालें सोच रहे होते थे। आज़ाद इतिहास, किसी उपन्यास, उर्दू, फारसी, अरबी, तुर्की या अंग्रेजी भाषा की शायरी की किताब या फिर कुरान की अपनी टीका को पढ़ते थे। जिन्ना अपने साथ रहनेवाले की निष्ठा के बारे में जब तक पूरे आश्वस्त न हों तो वे या तो एकदम खामोश रहा करते थे या फिर एकदम उलझने की मुद्रा में। आज़ाद बहुत ही दोस्ताना, साफ-सुथरा और आदरवाला व्यवहार करते थे और खूब गपोड़ी थे, फिर भी हरदम यह लगता था कि वे किताबें ही पढ़ना चाहते हैं।

दोनों ने ही आम राय के विरोध में जाने को मुश्किल नहीं माना। बीस के दशक के शुरू में जिन्ना ने गांधी लहर के साथ जाने से इनकार कर दिया और आज़ाद ने इस्लाम की एकदम ही नई व्याख्या प्रस्तुत की, जिसे हम जल्दी ही देखेंगे। दोनों ने ही नेता की भूमिका में खुद को बहुत आराम की स्थिति में पाया। जहाँ जिन्ना लीग के निर्विवाद नेता रहे वहीं आज़ाद, जब वे कांग्रेस अध्यक्ष रहे तब भी, कांग्रेसी नेताओं की एक टोली के सदस्य रहे। ऐसे मौके भी आए जब कांग्रेस की परिषदों में उनकी बात नहीं चली, लेकिन ऐसे सभी अवसरों पर आज़ाद ने बहुमत

का फैसला माना। लेकिन ऐसे भी मौके आए, जैसा कि 1923 में हुआ, जबकि आज़ाद अपने विरोधी तर्कों को शान्त करने में सफल रहे। कांग्रेस की अनेक बैठकों को करीब से देखनेवाले और गांधी की पत्रिका 'हरिजन' का सम्पादन करनेवाले महादेव देसाई ने कहा, "ऐसा कभी भी नहीं लगा कि उन्हें उपयुक्त शब्द नहीं मिल रहा है...कांग्रेस कमेटी की बैठकों में उनका सर्वश्रेष्ठ रूप सामने आता है।"[46]

1930 में आज़ाद ने कुरान के 30 अनुच्छेदों में से 18 का तरजुमा और टीका पूरी की। इसमें उन्होंने निष्कर्ष दिया कि कुरान दूसरे मजहब के माननेवालों को इस्लाम को एकदम ही नया मजहब मानकर अपनाने को नहीं कहता। असल में यह उनसे "उनके अपने धर्मों के मूल स्वभाव की ओर लौटने को" कहता है।[47] दीन और उसके रूपों के बीच फर्क करते हुए आज़ाद ने कुरान की अवधारणा को "सभी किस्म के एकेश्वरवाद को समेटने लायक व्यापक" बताया।[48] इसमें हिन्दुओं की भी एक जगह है। वैसे आज़ाद ने, जैसा कि मुजीब कहते हैं, "इस बात पर अफसोस जाहिर किया कि जो हिन्दू इस तथ्य को जानते थे उन्होंने बहु-ईश्वरवाद या मूर्तिपूजा के साथ मोलजोल की तत्परता दिखाई है।" फिर भी वह एक ईश्वर को माननेवाले हिन्दुओं और मुसलमानों के सहयोग को "इस्लाम का एक बुनियादी आदेश" मानते रहे।"[49] तरजुमा में आज़ाद ने कुरान के उस अंश को उद्धृत किया जो उनके लिए महत्त्वपूर्ण था :

> *हमने आप में से सभी समूहों के लिए एक खास आचार संहिता और रास्ता तय किया है। अगर खुदा ने ऐसा ही चाहा होता तो उसने आपको एक ही बनाया होता, लेकिन वह आपके लिए अलग-अलग नियम बनाकर आपकी परीक्षा लेता है...इसलिए खुद को इन अन्तरों में न उलझाओ और अपने नेक कामों से एक-दूसरे से आगे निकलने की कोशिश करो।*[50]

आज़ाद के तरजुमा का सन्देश हिम्मत-भरा है। अमेरिकी विद्वान फ्रीलैंड एब्बोट ने अपनी किताब 'इस्लाम एंड पाकिस्तान' में इसे संक्षिप्त रूप में दिया है :

> *मनुष्य की आध्यात्मिक सन्तुष्टि का नियम सबके लिए एक ही है। धार्मिक लोगों का सबसे बड़ा दोष खुद को परस्पर बैरी समूहों में विभाजित कर लेना है। कर्मकांड और रीति-रिवाज अलग-अलग होते हैं, पर धर्म सबके लिए एक होता है—इसमें ईश्वर के आगे खुद को समर्पित करना और सत्कर्मोंवाला जीवन जीना शामिल होता है।*[51]

आज़ाद की इस सार्वभौमिक व्याख्या के पीछे कौन सी ताकत या सोच थी ? मुजीब के अनुसार, कुरान ने ही आज़ाद के विचारों को गढ़ा था :

> *कुरान ने ही उनके सारे चिन्तन को प्रेरणा दी। लेकिन उन्होंने परम्परागत व्याख्याओं को मानकर अपने अनुभव स्तर को सीमित नहीं किया। उन्होंने*

अन्य स्रोतों से अपने नजरिए को व्यापक किया और कुरान की आयतों को विधिवत सबूत के रूप में लिया। इस कारण वे दूसरों की तुलना में अधिक आजादी से सोच पाए और पूरे आत्मविश्वास के साथ कौम को चेतावनी और दिशा निर्देश दे सके।[52]

मुजीब का मानना है कि आज़ाद की व्याख्या को "पूरी तरह लागू करना तो मुसलमानों और अन्य धर्मों के एकेश्वरवादियों के बीच के अन्तर को एकदम ही खत्म कर देना होगा।" फिर मुसलमान "अपनी आस्था और गतिविधियों को किसी एक समुदाय तक सीमित करने का कोई औचित्य साबित नहीं कर सकेंगे" या "शरीयत का कोई विकल्प नहीं है" ऐसा नहीं मान सकेंगे। अगर आज़ाद सही हैं तो फिर कुरान शरीयत की किसी भी उस एक बात पर फिर से विचार करने की अनुमति देता है, अगर वह लोगों को एक करने की जगह बाँटता है।[53]

आज़ाद ने खुद अपने निष्कर्षों के इतने दूर तक के असर को नहीं बताया है लेकिन उनकी इस मान्यता से ये अर्थ निकलते ही हैं कि "इस्लाम का उद्देश्य एक ईश्वर में आस्था रखनेवाले सभी लोगों को यह एहसास कराना है कि उन सभी को एकजुट करनेवाला एक रूहानी बन्धन मौजूद है।"[54] खैर जो भी हो, आज़ाद की नीतियाँ और काम शुरू से ही हिन्दू-मुस्लिम सहयोग के रहे, अपने जीवन के अन्तिम दौर में वे हिन्दुस्तानियों और यूरोपवासियों के बीच सहयोग पर भी अमल करने लगे थे।

1921 में किसी भी मुसलमान ने आज़ाद के धार्मिक और राजनैतिक दृष्टिकोण को चुनौती नहीं दी। ऐसा भी समय आया जब कुछ मुसलमानों ने इसकी पुष्टि की। फिर भी, जैसा कि मुजीब कहते हैं, आज़ाद की "आस्थाएँ इतनी गहरी थीं कि वे अकेले खड़े हो सकते थे, और शायद किसी दिन ऐसा होगा कि हिन्दुस्तानी मुसलमान इस बात को मानेंगे कि उन्होंने धार्मिक विचार की नई दुनिया ढूँढ़ी थी जिससे विचारों की पुरानी दुनिया की कमियों की भरपाई की जा सके।"[55]

एक नजर में आज़ाद आधुनिकतावादी नहीं लगते। जैसा कि इक्राम कहते हैं, 'अल हिलाल' के कुछ पन्नों में "पुनरुत्थानवादी, आधुनिकता-विरोधी और बौद्धिक-विरोधी" स्वर दिखता है।[56] पाकिस्तान को शरीयत के अनुसार चलाने की माँग करनेवाले जमाते-इस्लामी के लोगों ने अनेक बार दावे किए हैं कि आज़ाद उनके "उद्देश्यों को उठानेवाले पहले व्यक्ति थे।"[57] लेकिन जैसा कि हमने देखा है, 'अल हिलाल' का जोर भी हिन्दू-मुस्लिम सहयोग पर था, और अगर उन्होंने इस पत्रिका में इस्लाम के शुरुआती और गौरववाले दिनों की बातें कहीं तो इसका उद्देश्य मुस्लिम कौम को विदेशी हुकूमत के खिलाफ जगाना था, आधुनिक संस्थाओं का विरोध करना नहीं। निश्चित रूप से आज़ाद के वालिद "पश्चिम की हर चीज के विरोधी थे," जैसा कि महादेव देसाई बताते हैं, और यह चीज "1857 की बगावत की कड़वी यादों" से जुड़ी थी, लेकिन आज़ाद ने हरदम माना कि मुस्लिम समाज "पश्चिमी

शिक्षा और विज्ञान से फायदे में'' रहेगा।[58] जो भी हो, जैसा कि इक़राम बताते हैं, 'तरजुमा' का लेखक 'अल हिलाल' का तेज-तर्रार नौजवान नहीं रह गया था।''[59]

1940 में आज़ाद ने बहुत साफ तौर पर कहा कि ''सामाजिक मसलों में पुनरुत्थानवाद प्रगति को नकारना है।''[60] उन्होंने जिस पुनरुत्थान को समर्थन दिया वह था एक ईश्वर और पैगम्बर मोहम्मद के दीन के आगे समर्पण। अगर हम कट्टरता के पैमाने पर आज़ाद की स्थिति देखना चाहें तो विल्फ्रेड कैंटवेल स्मिथ को उद्धृत करने से बढ़िया कुछ और नहीं होगा, जिन्होंने आज़ाद के जिन्दा रहते हुए ही लिखा था :

> *आज़ाद इस्लाम के प्रकांड विद्वान हैं, उनकी विद्वता उदारवादी है। धर्म के शास्त्रीय जानकारों में उनका स्थान अलग पंक्ति में है, वे आधुनिकों में भी अग्रणी हैं। उनका इस्लाम मानवतावादी है।*[61]

आज़ाद के निष्कर्षों को मुजीब ''स्पष्ट, तार्किक और सन्तोषजनक'' और 'तरजुमा' को ''कुरान में जो कुछ नहीं है उसे पढ़ लेने की कोशिश से एकदम मुक्त'' पाते हुए इसे ''मुसलमानों के रचनात्मक चिन्तन का सर्वश्रेष्ठ उदाहरण'' मानते हैं।[62]

आज़ाद के नजरिए से सहमत न होनेवाले लोगों ने भी 'तरजुमा' की स्पष्टता और इसे करनेवाले के ज्ञान की तारीफ की है। खुद आज़ाद ने कहा है, ''मैंने जीवन के 23 वर्ष कुरान के अध्ययन में लगाए। मैंने हर अध्याय, हर आयत, हर सूक्ति, हर शब्द पर गौर किया है। मैं दावा कर सकता हूँ कि इस पर हुई अधिकांश टीकाएँ मैंने पढ़ी हैं।[63]

आज़ाद का 'तरजुमा' की तरफ मुड़ जाना राजनैतिक खामोशी का प्रमाण है। 1923 से 1930 तक के दौर में आज़ादी की तरफ प्रगति नहीं हुई। हिन्दू-मुस्लिम दंगे हुए। इस दौरान आज़ाद ने गांधी के मेलमिलाप के असफल और विरामी कामों में मदद की या राहत के काम किए, ''हिन्दू बस्ती में फँसे साठ से सत्तर मुसलमान दर्जियों'' या फिर ''मुसलमान बस्तियों में मुसलमानों के यहाँ शरण लिए हिन्दुओं'' को निकालने के लिए लारी का प्रबन्ध करने जैसे काम किए।[64] 1927 में जब जिन्ना और मुहम्मद अली ने कांग्रेस-मुसलमान समझौता कराने की कोशिश की तो आज़ाद ने उनका समर्थन किया। 1928 में जब कांग्रेस की मोतीलाल नेहरू कमेटी ने ऐसी ही कोशिश की, तब उनका समर्थन किया।

हमने पिछले अध्यायों में देखा है कि कांग्रेस ने जिन्ना-मुहम्मद अली की माँगों को नहीं माना। समझौता न होने पर आज़ाद की टिप्पणियों से उनका नजरिया स्पष्ट होता है। उन्होंने कहा कि ये माँगें रखकर मुसलमानों ने बेवकूफी की है और उन्हें मानने से इनकार करके हिन्दुओं ने उससे भी बड़ी बेवकूफी की है।[65] यह 1928 के अन्त की बात है, जब कांग्रेस ने ब्रिटेन को यह चेतावनी दी थी कि अगर भारत को डोमिनियन दर्जा नहीं दिया गया तो वह आन्दोलन शुरू करेगी।

इस मामले के आगे बढ़ने का अन्देशा देखकर आज़ाद ने मुसलमानों से कहा कि उनकी माँगें चाहें लाख सही हों, पर अभी उन्हें छोड़ दें। उन्होंने कहा, ''जंग शुरू हो गई है।''[66] उनकी इस सलाह को ठुकराते हुए मुस्लिम लीग के बहुमत ने 1929 के अन्त में शुरू हुई जंग को ही छोड़ देने का फैसला किया। उस समय तक आज़ाद, अंसारी और उनके दोस्तों ने लीग छोड़ दिया था और ''व्यापक देशभक्ति को बढ़ाने और फिरकापरस्ती का विरोध करने के लिए'' मुस्लिम नेशनलिस्ट पार्टी को प्रोत्साहित किया[67] जिसके अध्यक्ष और सचिव क्रमशः अंसारी और ख़लीकुज़्ज़मां थे। वैसे उन्होंने कभी भी औपचारिक रूप से इसकी सदस्यता नहीं ली, पर यह स्पष्ट हो गया कि धुरंधर विद्वान और धर्म का यह जानकार अपनी कौम से अलग-थलग रह गया था।

1930 के सिविल नाफरमानी आन्दोलन में आज़ाद ने एक बड़ी भूमिका निभाई, पर पश्चिमोत्तर सीमा प्रान्त को छोड़कर कहीं भी मुसलमान बड़ी संख्या में इसमें शामिल नहीं हुए। पश्चिमोत्तर सीमा प्रान्त में खान बन्धुओं ने हजारों खुदाई खिदमतगारों (ईश्वर के सेवक) को इस आन्दोलन में उतारा जिन्होंने गांधी के कहने पर अहिंसा को बरतने की सौगन्ध ली थी। मुस्लिम नेशनलिस्ट पार्टी के गठन में मदद करनेवाले ख़लीकुज़्ज़मां ने भी खुद को इस आन्दोलन से बाहर रखा क्योंकि जैसा कि उन्होंने बाद में लिखा, ''उनका निश्चित मानना था कि मुसलमानों को रूठा छोड़कर आजादी की लड़ाई छेड़ना एक भयंकर भूल थी।''[68]

हमें इस संघर्ष के उतार-चढ़ाव या इसकी खास बातों के विवरण में जाने की जरूरत नहीं है। हाँ, इस बात का उल्लेख जरूरी है कि इसके बाद तत्कालीन वायसराय इर्विन और गांधी के बीच सन्धि हुई और लन्दन में निरर्थक गोलमेज बैठक हुई। आज़ाद ने इस सन्धि के पहले छह महीने मेरठ की जेल में बिताए और लन्दन वार्ता के असफल होने के बाद 1932 में छह महीने दिल्ली जेल में रहे। अपनी हर गिरफ्तारी के पहले उन्होंने कांग्रेस के 'डिक्टेटर' के तौर पर काम किया था। यह नाम वही 'डिक्टेटर' तय करता था जिसकी गिरफ्तारी से यह पद खाली होता था।

एकदम हिल जाने के बावजूद अंग्रेजी हुकूमत को फिर अपनी जगह जमा ही पाकर कांग्रेस ने 1934 में नागरिक अवज्ञा आन्दोलन बन्द कर दिया और राज की कौंसिलों के जरिए लड़ाई का फैसला किया। अभी तक कांग्रेस ने इन कौंसिलों को एक जाल माना था, या इनमें हिस्सेदारी इन्हें मानते हुए की थी। कांग्रेस के नजरिए के बदलाव का सम्मान करते हुए हाउस ऑफ कॉमंस में विधेयक लाया गया जिसने जल्दी ही 1935 के कानून का रूप ले लिया और इसमें प्रान्तीय सरकारों को कुछ वास्तविक अधिकार मिले। आज़ाद विधानसभाओं में जाने के काम को सुचारु रूप से चलाने के लिए कांग्रेस संसदीय बोर्ड के एक प्रमुख सदस्य बने।

कैसे अधिकांश प्रान्तों की सरकारें 1937 में कांग्रेस के अधीन आ गईं, यह हमने जिन्नावाले अध्याय में देखा है। यहाँ उल्लेखनीय यह है कि कांग्रेस ने उत्तरी प्रान्तों में कांग्रेसी सरकारों के गठन का काम देखने की जिम्मेवारी आज़ाद को सौंपी।

संयुक्त प्रान्त की सरकार में उन्होंने लीग के दो लोगों को लेने का प्रस्ताव रखा। इनमें एक थे ख़लीकुज़्ज़मां, जो तब तक लीग में शामिल हो गए थे और दूसरे थे नवाब इस्माइल ख़ाँ। वे लोग सरकार में आने के इच्छुक भी लग रहे थे लेकिन उस समय के कांग्रेस अध्यक्ष जवाहरलाल नेहरू ने फैसला किया कि सिर्फ एक ही आदमी को लिया जा सकता है। जब आज़ाद के कहने से गांधी ने भी दोनों लोगों को लेने की सिफारिश की, तब नेहरू अपनी बात पर अड़ गए। लीग के लोग एक पद पर माननेवाले नहीं थे और संयुक्त प्रान्त में कांग्रेस-लीग गठबन्धन की आज़ाद की कोशिश असफल हो गई।

बाद में आज़ाद ने कहा कि नेहरू के इस रुख के चलते ही जिन्ना संयुक्त प्रान्त की लीग के महत्त्वपूर्ण समर्थन को बचाए रख सके "जो मिस्टर जिन्ना का साथ छोड़ने ही को था।" आज़ाद ने आगे कहा, "जवाहरलाल के इस काम ने मुस्लिम लीग को संयुक्त प्रान्त में नया जीवन दे दिया। हिन्दुस्तान की राजनीति का हर विद्यार्थी जानता है कि संयुक्त प्रान्त से ही लीग ने खुद को पुनर्गठित किया। मिस्टर जिन्ना ने हालात का पूरा फायदा उठाया और ऐसा हमलावर रुख अपनाया जिसने आखिरकार पाकिस्तान का गठन करा दिया।"[69]

अपने संस्मरणों में ख़जीकुज़्ज़मां कहते हैं कि आज़ाद का "यह निष्कर्ष निकालना सही है कि पाकिस्तान की नींव संयुक्त प्रान्त में बातचीत टूटने से ही पड़ी।" ख़लीकुज़्ज़मां के अनुसार, यह बातचीत इसलिए टूटी कि कांग्रेस लीग को "संयुक्त प्रान्त से अपना बोरिया-बिस्तर समेटने पर" राजी कराना चाहती थी, मन्त्रिमंडल में एक पद की पेशकश उतनी बड़ी चीज नहीं थी। ख़लीकुज़्ज़मां का दावा है कि आज़ाद की बात कांग्रेस के मुस्लिम-विरोध और कम्युनिस्ट-समर्थक तत्त्वों के आगे दब गई, जो चाहते थे कि लीग को मन्त्रिमंडल में आने की कीमत खुद को समाप्त करने के रूप में चुकानी चाहिए। ख़लीकुज़्ज़मां मानते हैं कि "अगर आज़ाद अपनी बात पर अड़ गए होते और उत्तरी क्षेत्र के प्रमुख पद से इस्तीफे की धमकी देते तो हालात बदल सकते थे।" ख़लीकुज़्ज़मां कहते हैं, "लेकिन आज़ाद की हिम्मत जवाब दे गई।"[70]

यह समझौता न हो पाया तो ख़लीकुज़्ज़मां जैसे लोग निराश हुए और कड़वाहट से भरे ख़लीकुज़्ज़मां लिखते हैं कि कैसे यह बातचीत टूटने के बाद वे संयुक्त प्रान्त विधानसभा के अन्दर और पूरे प्रान्त में कांग्रेस का विरोध करने लगे और "आखिरकार इस नतीजे पर पहुँचे कि शायद अलग हो जाना ही हिन्दुओं और मुसलमानों, दोनों के लिए सबसे अच्छी चीज होगी।"[71]

विश्वयुद्ध शुरू होने और कांग्रेसी सरकारों द्वारा इस्तीफा देने के पहले 1939 के शुरू में ख़लीकुज़्ज़मां इंग्लैंड गए थे और उन्होंने भारतीय मामलों के मन्त्री लॉर्ड जेटलैंड के आगे प्रस्ताव रखा कि विभाजन ही असली समाधान है। अपनी वापसी पर उन्होंने यही सुझाव जिन्ना को भी दिया, जिन्होंने "बड़े गौर से हर लफ्ज को सुना...कई बार मुझसे कुछ लफ्जों को दोहराने को कहते थे और मुझे भरोसा

दिलाते रहे कि वे इस खयाल के विरोधी नहीं हैं।" बाद में जिन्ना ने कहा कि विभाजन के सवाल पर "हर पहलू से गौर करना होगा।"[72] साल-भर बाद जिन्ना और लीग ने विभाजन की माँग की।

सात साल बाद, जब पाकिस्तान बन गया था और ख़लीकुज़्ज़मां संयुक्त प्रान्त से पाकिस्तान चले गए थे, तब लखनऊ की एक सभा में वल्लभभाई पटेल ने उन्हें "पाकिस्तान बनवाने के लिए जिम्मेवार आदमी" बताया था।[73] लेकिन हमने देखा है कि आज़ाद मानते थे कि इसके लिए नेहरू जिम्मेवार थे, जबकि ख़लीकुज़्ज़मां इसका दोष आज़ाद पर मढ़ते हैं। बाद की एक घटना का जिक्र करते हुए चौधरी मुहम्मद अली कहते हैं, "पटेल बँटवारे के लिए मानसिक तौर पर तैयार थे और अपने सामान्य दृढ़ निश्चय के चलते तत्परता से उस काम में लग गए।"[74] सच्चाई कौन बयान कर रहा है? कोई भी नहीं और हरेक। और जैसा कि ख़लीकुज़्ज़मां कहते हैं, "पाकिस्तान हमारी पसन्द से ज्यादा नियति थी।"[75]

नेहरू की जगह सुभाष चन्द्र बोस कांग्रेस के अध्यक्ष बने। 1938 में जब बोस का कार्यकाल खत्म हुआ तो, जैसा कि महादेव कहते हैं, "आज़ाद का नाम सबकी जुबान पर था।"[76] और गांधी ने उनसे यह पद मंजूर कर लेने को कहा। उधर बोस एक साल और अध्यक्ष रहना चाहते थे। यह बात असामान्य तो थी, पर अनजान नहीं, नेहरू ठीक पहले ही लगातार दो वर्षों तक अध्यक्ष रहे थे। बोस के मुकाबले चुनाव लड़ने की बात आज़ाद को रुचि नहीं थी, सो उन्होंने गांधी के प्रस्ताव को नहीं माना। आज़ाद बंगाल के अपने असंख्य दोस्तों को दुखी नहीं करना चाहते थे जहाँ बोस नायक बन गए थे। बोस दोबारा चुन लिए गए, उन्होंने गांधी के खुले समर्थनवाले उम्मीदवार तेलुगु प्रान्त के पट्टाभि सीतारमैया को पराजित किया।

आज़ाद को काम की कमी नहीं थी। 1936 में डॉ. अंसारी की मौत हो गई थी। इसलिए कांग्रेस में आज़ाद के मुकाबले खड़ा होने लायक कोई मुसलमान नेता नहीं था। उन्होंने उत्तरी प्रान्त की कांग्रेसी सरकारों का दिशा-निर्देश किया और समय-समय पर उनके संकटों को दूर किया। डॉ. राजेन्द्र प्रसाद के शब्दों में, बिहार में "उनकी कूटनीति और मनाने के धैर्य" के चलते ही जमींदारों ने जोतदारों को काफी राहत देनेवाले कानून को चुनौती नहीं दी।[77]

गांधी-बोस का साझा नेतृत्व चल पाना असम्भव हो गया। उनके व्यक्तित्व और विचारों में टकराव होता रहा। महात्मा की तरफ झुकते हुए कांग्रेस ने बोस से कहा कि वे "गांधी की इच्छा के अनुरूप" कार्य-समिति बनाएँ।[78] बोस ने इस्तीफा दे दिया और कांग्रेस छोड़ दी और उनके कार्यकाल के बाकी समय राजेन्द्र प्रसाद ने अध्यक्ष के रूप में काम किया।

1939 के अन्त में गांधी ने एक बार फिर आज़ाद से कांग्रेस का नेतृत्व करने को कहा। इस बार इस पर सहमति देते हुए आज़ाद वामपंथी एम.एन.राय को मिले 183 मतों के खिलाफ 1854 वोट पाकर विजयी हुए। आज़ाद एक और बार अध्यक्ष रहे थे, 35 वर्ष की उम्र में ही। अब वे 52 वर्ष के थे, पर उन्हें एकदम ही दूसरी

दुनिया और हिन्दुस्तान से पाला पड़ा था, जिसमें हिटलर ने दूसरा विश्वयुद्ध शुरू कर दिया था और हिन्दुस्तान में जिन्ना तथा लीग ने कांग्रेस की प्रगति की राह को रोक-सा दिया था।

मार्च, 1940 में कांग्रेस का अधिवेशन बिहार के रामगढ़ में हुआ। अपने अध्यक्षीय भाषण में आज़ाद ने कांग्रेस की स्वतन्त्रता की माँग के प्रति राज के जवाब को जिन्ना के उद्धरणों के माध्यम से देने के प्रति अपने गुस्से का इजहार किया। इस भाषण में इस्लाम और स्वतन्त्रता के प्रति आज़ाद के प्रेम, आज़ाद हिन्दुस्तान में कौम की सुरक्षा का भरोसा, और भारत की एकता के प्रति उनका विश्वास भी जाहिर हुआ। पाकिस्तान के विचार से असहमत मुसलमानों के नजरिए की नुमाइंदगी करनेवाला यह भाषण महत्त्वपूर्ण है। इतना ही नहीं, यह भाषण शानदार भी था। आज़ाद ने कहा :

हिन्दुस्तान नाजीवाद और फासीवाद के खतरे को बर्दाश्त नहीं कर सकता, लेकिन वह उससे भी अधिक परेशान ब्रिटिश साम्राज्यवाद से है...

कांग्रेस बहुत ही साफ और साधारण माँग रख रही है जिससे सम्भवतः कोई भी इनकार नहीं कर सकता। इसने कहा कि अगर हिन्दुस्तान को जंग में शामिल करने का न्यौता दिया जा रहा है तो बदले में इसे बदले माहौल में साँस लेने का मौका भी मिले...यह बात हमारे सोच में कहीं थी भी नहीं कि इस सिलसिले में मजहबी मसले को उठाया जाएगा।...निश्चित रूप से मजहबी विवाद हमारे यहाँ हैं लेकिन इसे कबूल करने का यह मतलब नहीं है कि हिन्दुस्तान की राष्ट्रीय आजादी के खिलाफ इसे हथियार के तौर पर इस्तेमाल किया जाए। हिन्दुस्तान में मुसलमान एक बड़ी जमात हैं जो पूरे देश में फैले हैं। वे बेचैन हैं, और उनकी संख्या आठ से नौ करोड़ है। यह सही है कि कुल आबादी में उनका हिस्सा सिर्फ एक चौथाई ही है लेकिन सवाल अनुपात का नहीं, इतनी बड़ी संख्या और उसके पीछे की ताकत का है। अगर सात सूबों में वे अल्पमत में हैं तो पाँच में उनका बहुमत है। हम, हिन्दुस्तानी मुसलमान, हिन्दुस्तान के भविष्य को शक और अविश्वास की नजरों से देखते हैं, या साहस और विश्वास से? पहली सूरत है तो निश्चित रूप से हमारी राह दूसरी हो जाती है। अभी होनेवाला कोई भी ऐलान भविष्य के लिए कोई वायदा, कोई भी संवैधानिक व्यवस्था हमारे शक और डर को दूर नहीं कर सकती। तब हम तीसरी ताकत की मौजूदगी को बर्दाश्त करने के लिए मजबूर हैं। मेरे दिल का हर रेशा इस विकल्प से इनकार कर रहा है। मैं इस बात पर यकीन नहीं कर पा रहा हूँ कि जब तक कोई मुसलमान अपने दिल के एक-एक कोने से इस्लाम को निकाल न दे, इसे बर्दाश्त नहीं कर सकता।

मैं एक मुसलमान हूँ और मुझे इस चीज का फख्र है। इस्लाम की तेरह सौ वर्षों की शानदार परम्परा मेरी विरासत है। मैं इस विरासत के एक भी

हिस्से को छोड़ने को तैयार नहीं हूँ। इसके साथ ही मुझे हिन्दुस्तानी होने का भी फख्र है। मैं उस अदृश्य एकता का एक हिस्सा हूँ जो हिन्दुस्तान की कौमियत है।

मैं इस शानदार इमारत का जरूरी हिस्सा हूँ। मेरे बिना हिन्दुस्तान की यह खूबसूरत इमारत अपूर्ण है। मैं इस हिन्दुस्तान को बनाने में लगा एक जरूरी हिस्सा हूँ। मैं अपने इस दावे को कभी भी नहीं छोड़ सकता।

यह हिन्दुस्तान का इतिहास रहा है कि अनेक मानव जातियाँ और संस्कृतियाँ और मजहब उसकी तरफ आए, और कि इनमें से अनेक ने यहीं राहत महसूस की ...ऐसे आनेवालों में अन्तिम कारवाँ मुसलमानों का था। यह यहीं आकर सदा के लिए रम गया।

हम अपने साथ अपना खजाना ले आए और हिन्दुस्तान भी अपने बहुमूल्य भंडारों से भरा था। हमने उसे इस्लाम के खजाने का सबसे बेहतरीन तोहफा--सभी लोगों के समान होने का सन्देश दिया और उसे इसकी सबसे अधिक जरूरत थी। उसके बाद से पूरे ग्यारह सौ साल बीत गए हैं। अब इस जमीन पर इस्लाम का भी उतना ही दावा है जितना हिन्दू धर्म का। हर चीज पर हमारी साझा कोशिशों की छाप है। हमारी जुबानें अलग थीं, पर हमने साझा जुबान का इस्तेमाल करना शुरू किया। हमारे तौर-तरीके और रीति-रिवाज अलग थे, लेकिन एक नया संश्लेषण पैदा हुआ। हमारी पुरानी पोशाकें अब सिर्फ पुरानी तस्वीरों में ही देखी जा सकती हैं...

इस एकता को तोड़ने या बाँटने का कोई भी सपना या बनावटी षड्यन्त्र कामयाब नहीं हो सकता।[79]

उसी महीने लाहौर में एक बैठक करके मुस्लिम लीग ने पाकिस्तान की माँग पेश की। मुसलमान कौम ने एक बार में विचार को नहीं मान लिया। लाहौर में प्रस्ताव पास होने के महीने-भर बाद दिल्ली में एक संयुक्त रैली करके सात मुसलमान संगठनों ने इस प्रस्ताव का विरोध किया। जैसाकि इतिहासकार स्मिथ बताते हैं, ये संगठन ''उस समय के मुस्लिम बहुमत'' का प्रतिनिधित्व करते थे।[80] लेकिन आजादी के लिए कांग्रेस की बेकरारी ने जिन्ना के हाथ में बागडोर पकड़ा दी जिन्होंने मुसलमानों को सावधान किया कि वह गोरों की जगह हिन्दू मालिकों को बर्दाश्त न करें। उन्होंने एक तार में आज़ाद को 'कांग्रेस का मुस्लिम शो ब्याय' कहा। ख़लीकुज़्ज़मां के शब्दों में, 'अशिष्ट भाषा' वाले इस तार की बातें जिन्नावाले अध्याय में दी गई हैं। आजाद ने इसका तीखा जवाब नहीं दिया और जिन्ना की इस बात का खंडन किया कि हिन्दू और मुसलमानों की ''अलग-अलग सभ्यता, अलग-अलग धार्मिक ग्रंथ, अलग-अलग महापुरुष'' रहे हैं और कि ''अक्सर एक कौम का नायक दूसरे का दुश्मन रहा है।''[82] आज़ाद ने कहा :

खुदा की मेहरबानी से हम हिन्दू और मुसलमान हजार साल पूर्व एक साथ हुए। हमारी लड़ाई हुई, पर सगे भाई भी तो लड़ते हैं...नहीं, सिर्फ दोनों के बीच अन्तरों पर ही सारा जोर देने का कोई मतलब नहीं हैं। उस नजरिए से देखो तो कोई भी दो आदमी समान नहीं हैं। अमन के हरेक हिमायती को समानताओं पर ही जोर देना चाहिए।[83]

अपनी माँगों के प्रति ब्रिटेन की सार्थक प्रतिक्रिया न देखकर कांग्रेस ने चुने हुए सत्याग्रहियों के माध्यम से ही नागरिक अवज्ञा आन्दोलन चलाने का फैसला किया। इसके पीछे यह सोच थी कि ब्रिटेन का ध्यान भी खींचा जाए और जर्मनी से लड़ रहे ब्रिटेन को ज्यादा परेशान न किया जाए। जैसा कि आज़ाद ने बाद में लिखा, वे "अधिक व्यापक और सघन युद्ध विरोधी अभियान" चलाने के पक्ष में थे, लेकिन, उन्हीं के शब्दों में, "गांधी जी इसके लिए सहमत नहीं होते।"[84]

इस अभियान ने आज़ाद को पाँचवीं बार जेल भेजा। कांग्रेस द्वारा तय गैरकानूनी घोषणा "अंग्रेजों को युद्ध के लिए न एक पाई और न एक भाई"—को पढ़ने के पहले ही आज़ाद को गिरफ्तार कर लिया गया और उन्हें दो साल की कैद हुई तथा इलाहाबाद के निकट नैनी जेल में रखा गया। अब जिन्ना ऐसे एक आदमी की चुनौती के बगैर ही पाकिस्तान का प्रचार कर सकते थे, जिसे एक बार इमामुल हिन्द कहा गया था और अभी भी कौम की नजरों में काफी सम्मानित था। साल-भर बाद, पर्ल हार्बर पर जापानी हमले के ठीक पहले, आज़ाद को रिहा कर दिया गया। उन्होंने लिखा है :

जब रिहाई के आदेश मुझ तक पहुँचे तो मैं मानसिक रूप से बहुत परेशान था। दरअसल मुझे अपना अपमान महसूस हो रहा था...मैंने बहुत पेचैनी से सोचा कि जंग दो साल से भी अधिक समय से चल रही है, फिर भी हमने आज़ादी हासिल करने की दिशा में कोई प्रभावी कदम नहीं उठाया है।[85]

दो चीजों में से कोई एक, इस अपमानबोध को खत्म कर सकती थी : राज की तरफ से उदारता या उसके खिलाफ संघर्ष। जेल से ही रिहा हुए राजगोपालाचारी ने "खुलेआम अंग्रेजों से सन्धि करने को तैयार रहने" की वकालत की।[86] उनका मानना था कि एशिया-भर में जापानी विजय अंग्रेजों को भारत के साथ बेहतर व्यवहार करने को मजबूर करेगी। उनसे असहमत गांधी ने कहा कि "सरकार से कोई भी उम्मीद करना बेकार है।"[87] आज़ाद ने राजगोपालाचारी का पक्ष लिया और पूरी कांग्रेस ने इन दोनों का। जनवरी, 1942 में "विश्व की नई स्थिति" को देखते हुए इसने भारत को आजाद करने की घोषणा की शर्त पर मित्र राष्ट्रों को मदद की पेशकश की। जापान का बढ़ना रोकने का निश्चय कर चुके रूजवेल्ट ने चर्चिल से कहा कि वह भारत को सन्तुष्ट करे। चियाँग काई शेक ने भी यही किया, फरवरी में वे भारत आए और उन्होंने राज और कांग्रेस को साथ लाने की कोशिश की।[88]

आज़ाद ने कहा कि "अगर ब्रिटेन हमें जंग के बाद स्वतन्त्रता देने" और जंग के दौरान वायसराय की एक्जिक्यूटिव कौंसिल में मौजूद भारतीय लोगों को "जिम्मेवारी और आजादी" के काम करने का अवसर देने का वादा करे तो कांग्रेस "इस पेशकश को नहीं ठुकराएगी।"[89]

मार्च में रंगून का पतन हो गया और चर्चिल पर दबाव बढ़ा। उन्होंने वकील, राजनयिक और राजनेता स्टेफोर्ड क्रिप्स को भारत को युद्ध के बाद डोमिनियन का दर्जा और तत्काल लीग और कांग्रेस को सरकार में लेने के प्रस्ताव के साथ भारत भेजा। इस प्रसंग को हम पिछले अध्यायों में भी देख चुके हैं। जिन्ना की स्वीकृति हासिल करने के लिए क्रिप्स ने हिन्दुस्तान को डोमिनियन का दर्जा मिलने के बाद हर प्रान्त को इससे अलग होने का अधिकार देने की पेशकश की।

हमने देखा है कि गांधी इस अलग होने के अधिकारवाले प्रावधान के सख्त विरोधी थे। कांग्रेस की तरफ से बात करनेवाले आज़ाद और नेहरू ने भी इसे नापसन्द किया और इसे "हिन्दुस्तान की एकता की अवधारणा पर गहरी चोट" बताया। फिर भी वे इसे मान लेने को तैयार लगे। क्रिप्स ने कहा था कि "असल में कोई भी प्रान्त इस अधिकार की माँग नहीं करेगा," और पंजाब के प्रधानमन्त्री सिकन्दर हयात ने आज़ाद को भरोसा दिया था कि "पंजाब विधानसभा का वोट मजहबी आधार पर नहीं राष्ट्रीय हिसाब से पड़ेगा।"[90]

आज़ाद नई सरकार के फैसलों पर वायसराय के वीटो के अधिकार को मंजूर नहीं कर पाए। असल में, शुरू में क्रिप्स ने संकेत दिया था कि वीटो का प्रावधान वापस ले लिया जाएगा। बाद में उन्होंने कहा कि ऐसा नहीं किया जा सकता। आज़ाद ने क्रिप्स से कहा कि वायसराय के वीटो के अधिकार को बरकरार रखनेवाला कोई भी सुधार "हम सबकी अब तक की इच्छा से एकदम अलग चीज" होगी।[91] जैसा कि उन्होंने बाद में कहा कि वे "फासीवादी ताकतों की जगह जम्हूरियत को पसन्द करते थे...;" और साथ ही वे चाहते थे कि "अगर हिन्दुस्तान जंग में समर्थन दे तो यहाँ जम्हूरियत के कायदे को लागू भी होना चाहिए।"[92] आज़ाद की अध्यक्षता में कांग्रेस की कार्यसमिति ने क्रिप्स के प्रस्तावों पर विचार किया और इसे ठुकरा दिया।

अब संघर्ष ही रास्ता बच गया था और गांधी ने इसी की सलाह दी थी। उन्होंने कांग्रेसी नेताओं से कहा कि वे ब्रिटेन से सीधे माँग करें "भारत छोड़ो।" उनको लगता था, जैसा कि उन्होंने तब जाहिर भी किया था कि बातचीत में "कांग्रेस जहाँ तक जा सकती थी, जा चुकी है," और अब काम करने का समय आ गया है।[93] फिर जापान भारत के मुहाने पर आ गया था और इसके अन्दर पहुँच जाने में सक्षम लगता था। आज़ाद ने कहा कि ऐसी स्थिति में ब्रिटेन किसी भी हिन्दुस्तानी बगावत को तेजी से कुचल देगा। आन्दोलन की घोषणा होते ही कांग्रेसी नेता गिरफ्तार कर लिए जाएँगे, फिर लोग या तो हिंसा पर उतर आएँगे या दमन के आगे घुटने टेक देंगे।

इन सबका खंडन करते हुए गांधी ने कहा कि अब हाथ पर हाथ धरे बैठे रहने या धीरज रखने की अपील करने से कांग्रेस अलग-थलग पड़ जाएगी और हिन्दुस्तानियों के दिमाग पर चढ़ रहे उग्रवादी, हिंसक और धुरी राष्ट्रों के समर्थक तत्त्वों का जोर बढ़ जाएगा। अब एक साथ तीन लड़ाइयाँ लड़ी जा रही थीं। ब्रिटेन धुरी राष्ट्रों के खिलाफ लड़ रहा था, भारत ब्रिटेन से लड़ रहा था और लीग कांग्रेस से लड़ रही थी। कोई भी कांग्रेस के संघर्ष को स्थगित करने के पक्ष में नहीं था। आज़ाद ने प्रस्ताव किया कि "कांग्रेस को घटनाक्रम को देखते हुए इंतजार करना चाहिए,"[94] पर गांधी नहीं माने।

कुछ पल के लिए नेहरू भी 'भारत छोड़ो' के खिलाफ तर्क देने में आज़ाद के साथ हुए और कहा कि इससे चीन और रूस की रक्षा पर बुरा असर पड़ेगा, पर अन्त में उनके अन्दर बैठा राष्ट्रवादी उन पर हावी हो गया। बाद में आज़ाद भी सहमत हो गए। उन्हें और नेहरू को मालूम था कि गांधी का यह रुख सही है कि आन्दोलन छेड़ने के लिए उन्हें कांग्रेस की जरूरत नहीं है। गांधी ने घोषणा की थी कि अगर कांग्रेस सक्रिय नहीं हुई तो हिन्दुस्तान की मिट्टी कांग्रेस से भी बड़े आन्दोलन को जन्म देगी।

आज़ाद की बीवी जुलेखा, 1941 में अधिकांश समय बीमार ही थीं। 1942 के मध्य तक बेहतर महसूस करने लगीं, इसमें राँची प्रवास ने भी फायदा किया था। उनका एकमात्र लड़का चार साल की आयु में ही मर चुका था और पति भी अधिक समय तक साथ नहीं रहते थे। 1941 में वे जेल में थे और रिहा होने के बाद से लगातार दौरे ही कर रहे थे। जैसा कि उन्होंने बाद में लिखा, "जैसे ही मैं पहुँचता था, दूसरी जगह से तत्काल जरूरी बुलावा आ जाता था।"[95] 31 जुलाई को आज़ाद तीन हफ्तों का दौरा करके कलकत्ता पहुँचे थे, 3 अगस्त को बम्बई रवाना हो गए। घर में रहे चार दिनों के बारे में उन्होंने लिखा है :

> *इन चार दिनों के अन्दर, जो मैंने दो सफरों के दरमियान बसर किए, मैं इस कदर कामों में मशगूल रहा कि हमें आपस में बातचीत करने का मौका बहुत कम मिला। वह मेरी तबीयत की उफ्ताद से वाकिफ थी। वह जानती थी कि इस तरह के हालात में हमेशा मेरी खामोशी बढ़ जाती और मैं पसन्द नहीं करता कि इस खामोशी में खलल पड़े। इसलिए वह भी खामोश थी।... 3 अगस्त को जब मैं बम्बई के लिए रवाना होने लगा तो वह हस्बे-मामूल दरवाजे तक खुदा-हाफिज़ करने के लिए आई। मैंने कहा—अगर कोई नया वाकया पेश नहीं आया तो 13 अगस्त तक वापसी का निश्चय है। उसने खुदा हाफिज़ के सिवा और कुछ नहीं कहा। लेकिन अगर वह कहना भी चाहती तो इससे ज्यादा कुछ नहीं कह सकती थी जो उसके चेहरे का खामोश इज्तिराब (बेचैनी) कह रहा था। उसकी आँखें खुश्क थीं लेकिन चेहरा*

अश्कबार था। गुजश्ता पच्चीस बरस के दौरान कितने ही सफर पेश आए लेकिन मैंने इस तरह अफ़सुर्दा (उदास) कभी नहीं देखा था।[96]

8 अगस्त को बम्बई की बैठक में ऑल इंडिया कांग्रेस कमेटी ने भारी बहुमत से 'भारत छोड़ो' के प्रस्ताव को पास किया। अपने सन्देहों के बावजूद नेहरू ने यह प्रस्ताव पेश किया कि इस विचार के जनक, गांधी इसके पक्ष में बोलें। पर सबसे जोरदार भाषण पटेल का था :

वे नेताओं को गिरफ्तार कर लेंगे, हम सभी को गिरफ्तार कर लेंगे। तब यह हर हिन्दुस्तानी का कर्तव्य होगा कि वह अपना सारा जोर–अहिंसक तरीके से, इसके लिए लगा दे। कोई भी तरीका न छोड़ा जाए, कोई भी हथियार न छोड़ा जाए। जीवन में ऐसा मौका फिर नहीं आएगा।[97]

अहिंसा आज़ाद के लिए सिद्धान्त नहीं था, तो भी जुलाई के उत्तरार्द्ध में जिन कांग्रेसियों से भेंट हुई थी, उनसे उन्होंने कहा था :

अगर सरकार हमें काम करने देती है, तब तो आन्दोलन गांधी के निर्देशों के अनुसार ही चलेगा। लेकिन, अगर वह गांधी और अन्य कांग्रेसी लीडरों को गिरफ्तार करती है तो लोग सरकारी हिंसा का विरोध किसी भी तरीके से, हिंसक या अहिंसक करने को आज़ाद होंगे।[98]

8 अगस्त की रात को, 'भारत छोड़ो' प्रस्ताव पास होने के कुछ घंटे बाद ही, आज़ाद के एक रिश्तेदार ने, जिसका एक दोस्त बम्बई पुलिस में काम करता था, उन्हें सूचित किया कि भोर में कांग्रेसी नेता गिरफ्तार किए जानेवाले हैं। उसके बाद क्या हुआ आज़ाद ने लिखा है :

मैंने भूलाभाई देसाई (बम्बई में आज़ाद के मेजबान) से कहा कि अगर यह खबर सही है तो मेरी आजादी अब कुछ घंटों की ही है। इसलिए बेहतर होगा कि मैं जल्दी खाना खाकर सो जाऊँ जिससे सुबह के हालात का बेहतर मुकाबला कर सकूँगा। जल्दी ही मैं सोने चला गया। मैं भोर में चार बजे जगा। अभी भी बहुत थकान महसूस कर रहा था, मैंने एस्प्रिन की दो टिकिया लीं और राष्ट्रपति रूजवेल्ट को पत्र लिखने बैठा लेकिन इसे पूरा नहीं कर पाया। मुझे आलस लगा और फिर सोने के लिए लेट गया। मैं 15 मिनट ही सो पाया हूँगा कि लगा कि कोई मेरे पाँव छू रहा है। मैंने आँखें खोलीं तो पाया कि भूलाभाई के पुत्र धीरूभाई देसाई हाथ में एक कागज लिए खड़े हैं।[99]

यह आज़ाद की गिरफ्तारी का वारंट था। सूर्योदय के पहले गांधी, पटेल और सैकड़ों अन्य लोग भी गिरफ्तार कर लिए गए थे और कांग्रेस पर पाबन्दी लग चुकी थी। गांधी को पूना में रखा गया, आज़ाद, नेहरू, पटेल और कार्यसमिति के अन्य लोगों को रेलगाड़ी और कारों से अहमदनगर किले के दरवाजे तक ले जाया गया,

जहाँ एक पुलिस अधिकारी ने उन्हें सेना के अधिकारी के हवाले कर दिया। बारी-बारी से एक-एक आदमी का नाम पुकारकर यह आदमी उनसे किले के अन्दर जाने को कह रहा था। बाहर, हजार से भी अधिक स्थानों पर अगस्त क्रान्ति का विस्फोट हुआ और आगे चलकर इसे दबा भी दिया गया।

आज़ाद ने इससे पहले की कैद के दौरान क्या किया या सोचा, इसकी हमें बहुत कम जानकारी है, पर अहमदनगर किले में उन्होंने जेल डायरी लिखी। उनका छोटा रेडियो सेट जब्त कर लिया गया और रिहाई के समय ही वापस किया गया। उन्हें और उनके साथियों को लोहे की थालियों में खाना खिलाया जाता था। पहले छह हफ्तों तक अखबार और चिट्ठियाँ भी नहीं दी गईं। जवाहरलाल की पहल पर उन्होंने एक फुलवारी लगाई, इसके पौधों को बढ़ते और खिलते देखा और इन सभी ने लेखन भी किया।

ऐसी 'चिट्ठियों' में जो कहीं भेजने के लिए नहीं लिखी गई थीं, आज़ाद ने अपने आसपास घटित होनेवाली बातों का जिक्र किया है और अपने विचार लिखे हैं। उनकी रिहाई के बाद गुबारे-खातिर नाम से छपी इन चिट्ठियों को इक़राम ने ''साहित्यिक शिल्पी का कौशल'' कहा है।[100] गुबारे-खातिर में आज़ाद परवरदिगार की बात करते हैं, ''चाँदनी में नहाए संगमरमर के गुम्बद के नीचे और चाँदी-सी चमकती जमुना की लहरों'' के पास बैठकर सितार बजाने की कल्पना करते हैं और कौओं और गौरय्यों की कहानी कहते हैं और नवजात चिड़िया की पहली उड़ान का विस्तार से जिक्र करते हैं :

> *यकायक आँखें खोलकर उसने एक झुरझुरी-सी ली। फिर गरदन आगे करके फ़जा की तरफ देखने लगा। फिर गिरे हुए परों को सिकोड़कर एक-दो मर्तबा खोला, बन्द किया। उसकी सोई हुई 'खुदनासी' जाग उठी और उसे इस हकीकत का इरफान (ज्ञान) हासिल हो गया कि 'मैं उड़नेवाला परिन्दा हूँ।' अचानक काबिले बेजान की हर चीज अज़-सरे-माँ जानदार बन गई। और फिर जो एक मर्तबा गस्त लगाकर उड़ा तो बयक दफा तीर की तरह मैदान में जा पहुँचा और फिर हवाई जहाज की तरह फ़जा में उड़कर गायब हो गया।*[101]

धर्म के बारे में वे लिखते हैं :

> *मुझे नहीं मालूम कि सुन्नी क्या होते हैं और शिया किन चीजों में यकीन करते हैं। अल्लाह और उसकी पाक किताब में मेरा पूरा यकीन है। मुझे तर्क बुद्धि भी मिली है और तथ्यों को जाँच-परखकर आगे बढ़ता हूँ। जो सफेद है सफेद रहता है, जो स्याह है स्याह...।*[102]

जुलेखा अप्रैल 1944 में मरीं, गांधी की धर्मपत्नी कस्तूरबा की मौत के कुछ हफ्ते बाद। अपने पति के साथ ही जेल में पड़ी कस्तूरबा ने गांधी की गोद में सिर

रखकर दम तोड़ा, पर जुलेखा अपने पति से 1500 मील दूर थीं। गुबारे-खातिर में 11 अप्रैल, 1944 को लिखी यह चिट्ठी भी है :

23 मार्च को पहली इत्तला उसकी खतरनाक अलालत की मिली, एक टेलिग्राम के मार्फत। दूसरे दिन जब अखबार आए तो उनमें भी खबर थी। सुप्रिंटेंडेंट मेरे पास आया और कहा कि अगर मैं हुकूमत से कुछ कहना चाहता हूँ तो वह उसे फौरन बम्बई भेज देगा। लेकिन मैंने साफ-साफ कह दिया कि मैं हुकूमत से कोई दरख्वास्त करना नहीं चाहता।

मैंने महसूस किया कि तबीयत का सकून हिल गया है। अखबारात यहाँ बारह से एक बजे के अन्दर आया करते हैं। मेरे कमरे के सामने दूसरी तरफ सुप्रिंटेंडेंट का दफ्तर है। जेलर वहाँ से अखबार लेकर सीधा मेरे कमरे में आता है। ज्यों ही उसके दफ्तर से निकलने और चलने की आहट आना शुरू होती थी, दिल धड़कने लगता था कि नहीं मालूम आज कैसी खबर मिलेगी। लेकिन फिर मैं फौरन चौंक उठता।

मेरे सोफे की पीठ दरवाजे की तरफ है। जब तक एक आदमी अन्दर आके सामने खड़ा न हो जाए, मेरा चेहरा नहीं देख सकता। जब जेलर आता था तो मैं हस्बे-मामूल मुस्कुराते हुए इशारा करता कि अखबार टेबल पर रख दें और फिर मैं लिखने में मशगूल हो जाता, गोया अखबार देखने की कोई जल्दी नहीं। मैं स्वीकार करता हूँ कि यह तमाम जाहिरदारियाँ दिखावे का एक पार्ट थीं जिन्हें दिमाग का मगरूराना एहसास खेलता रहता था। और इसलिए खेलता था कि कहीं उसके दामने सब्र-व-बकार पर बेहाली और परेशां-खातिरी का कोई धब्बा न लग जाए।

बिलआखिर 9 अप्रैल को ज़हे-ग़म जाम का प्याला लबरेज हो गया : 2 बजे सुप्रिंटेंडेंट ने गवर्नमेंट बम्बई का एक तार हवाले किया जिसमें हादसे की खबर दी गई थी। इस तरह हमारी छत्तीस बरस की अज़दवाजी (वैवाहिक) जिन्दगी खत्म हो गई। मेरे अज़्म (निश्चय) ने मेरा साथ नहीं छोड़ा, मगर मैं महसूस करता हूँ कि मेरे पाँव शल (बेदम) हो गए हैं।

यहाँ अहाते के अन्दर एक पुरानी कब्र है। नहीं मालूम किसकी है? जब से यहाँ आया हूँ, सैकड़ों मर्तबा उस पर नजर पड़ चुकी है, लेकिन अब उसे देखता हूँ तो ऐसा महसूस होने लगता है कि नए तरह का उन्स (प्रेम) उससे तबीयत को पैदा हो गया है। कल शाम मैं उसे देर तक देखता रहा।[103]

जुलेखा बेगम की मौत के तीन महीने बाद आज़ाद की बहन आबरू बेगम, जो भोपाल में रहती थीं, भी मर गईं।

उन्हें जब यह मालूम हुआ कि गांधी, जो बीमारी के चलते छूट गए थे, जिन्ना की तरफ दोस्ती का हाथ बढ़ा रहे हैं, तो वे खुश नहीं हुए। जिन्ना वाले अध्याय में हमने

इस पहल और इसके नतीजों की चर्चा की है। यहाँ उल्लेखनीय है कि आज़ाद ने अपने एक दोस्त से इस प्रयास को एक भारी भूल कहा था। बाद में आज़ाद ने लिखा :

> *हिन्दुस्तानी मुसलमानों के काफी बड़े हिस्से को मिस्टर जिन्ना और उनकी पॉलिसी के बारे में शक था, लेकिन जब उन्होंने पाया कि गांधी जी लगातार उनके पीछे भाग रहे हैं, उन्हें आदर दे रहे हैं तो उनमें से अनेक के मन में उनके लिए नई इज्जत पैदा हुई। गांधी जी ने ही पहली दफा मिस्टर जिन्ना की पदवी, कायद-ए-आजम को मोल दिया।*[104]

आज़ाद के मूल्यांकन में शायद प्रतिद्वन्द्विता का भी असर होगा, लेकिन हमें भी ध्यान देना चाहिए कि पटेल और कांग्रेस के कुछ अन्य नेताओं ने भी सोचा था कि जिन्ना के प्रति गांधी के व्यवहार से जिन्ना की स्थिति मजबूत हो रही है। लेकिन इस बात से सहमत न होते हुए ख़लीकुज्जमां ने लिखा है, "हिन्दुस्तान के मुसलमानों ने उन्हें कायद-ए-आजम कहना शुरू कर दिया था। और अगर गांधी उन्हें इस नाम से नहीं भी बुलाते तो मिस्टर जिन्ना की लोकप्रियता या प्रतिष्ठा में कमी नहीं आती।"[105]

अप्रैल 1945 में, गिरफ्तारी के 32 महीने बाद, आज़ाद को अहमदनगर किले से हटाकर बंगाल के बाँकुड़ा की एक दो-मंजिला इमारत में रखा गया और रेडियो सुनने की इजाजत दे दी गई। जून की एक शाम को उन्होंने सुना कि वायसराय कांग्रेस और लीग के अध्यक्षों को एक कांफ्रेंस के लिए शिमला बुला रहे हैं। अगले दिन छूट गए आज़ाद ने कलकत्ता की ट्रेन पकड़ी। बाद में उन्होंने लिखा :

> *हावड़ा प्लेटफॉर्म और स्टेशन पर लोगों का सैलाब उमड़ पड़ा था। बड़ी मुश्किल से मैं अपने डिब्बे से निकलकर कार में घुस पाया...जब कार हावड़ा पुल पार कर रही थी, मेरा मन पीछे लौटा...मेरी बीवी मुझे अलविदा करने के लिए घर के दरवाजे तक आई थी, अब मैं तीन बरस बाद लौट रहा हूँ लेकिन वह कब्र में पड़ी है और मेरा घर खाली है।*
>
> *मैंने अपने साथी से कार मोड़ने को कहा क्योंकि घर जाने से पहले मैं उसकी कब्र पर जाना चाहता था। मेरी कार में मालाएँ भरी पड़ी थीं। मैंने एक माला ली और उसकी कब्र पर रख दी और खामोशी से फातेहा पढ़ा।*[106]

उनका वजन 40 पौंड कम हो गया था, वे थके थे और छुट्टी मनाने को बेचैन। लेकिन उन्हें और उनके साथियों को साथ ही जाना था। वे बम्बई में जमा हुए, जहाँ आज़ाद भूलाभाई देसाई के उसी कमरे में रुके जहाँ से तीन साल पहले उन्हें जेल ले जाया गया था। "परिचित माहौल और वही पुराने दोस्त थे। वही अरब सागर दूर तक फैला था।" आज़ाद को ऐसा लगा जैसे, "9 अगस्त, 1942 के बाद घटनाएँ कभी हुई ही नहीं।"[107]

लेकिन दुनिया बदल चुकी थी। यूरोप की लड़ाई खत्म हो चुकी थी। और वावेल का न्यौता यह संकेत दे रहा लगता था कि हिन्दुस्तान की आजादी की लड़ाई शायद जल्दी ही खत्म हो जाए। बम्बई से आज़ाद, गांधी, नेहरू, पटेल और कार्यसमिति के अन्य लोग शिमला गए। बैठक की मेज पर वावेल ने आज़ाद को अपने से बाएँ और जिन्ना को दाएँ बैठाया। आज़ाद से कोई रिश्ता न रखने के अपने सिद्धान्त पर अटल जिन्ना ने कांग्रेस अध्यक्ष से हाथ भी नहीं मिलाया। वावेल और आज़ाद ने एक-दूसरे से गर्मजोशी-भरा व्यवहार किया और कांग्रेस वायसराय के प्रस्ताव पर सहमत हो गई। नई एक्जिक्यूटिव कौंसिल हिन्दुस्तान के चुने हुए प्रतिनिधियों की होगी। वावेल ने बताया कि नई कौंसिल में उनके वीटो के इस्तेमाल होने की सम्भावना नहीं है।

वावेल ने ही पाँच कांग्रेसी, पाँच लीगी और सिख, अछूत समेत चार अन्य सदस्योंवाली कौंसिल बनाने की योजना रखी थी। उन्होंने तीसरी श्रेणी में पंजाब के यूनियनिस्ट पार्टी के भी एक सदस्य को रखने की उम्मीद की थी। कांग्रेस ने अपनी ओर से आज़ाद, नेहरू, पटेल और दो अन्य लोगों--जिनमें एक पारसी और एक भारतीय ईसाई थे--का नाम दिया। अगर जिन्ना ने अपने नाम दिए होते तो 14 सदस्यीय कौंसिल में सात मुसलमान होते जबकि मात्र दो सवर्ण हिन्दू। लेकिन जिन्ना ने कोई नाम नहीं दिया। उन्होंने इस प्रस्ताव को सिर्फ इस आधार पर ठुकरा दिया कि कांग्रेस और वायसराय मुस्लिम सदस्य को मनोनीत नहीं कर सकते। जैसा कि वावेल कहते हैं, ''जब तक सभी मुसलमानों के नाम चुनने का हक़ अकेले जिन्ना को न दिया जाता तब तक वे अपनी तरफ से रखे जानेवाले नामों पर चर्चा करने को भी तैयार नहीं हुए। मैंने कहा कि यह बात एकदम नहीं मानी जा सकती।''[108]

कांग्रेस अपने अध्यक्ष आज़ाद के नाम को भी शामिल करेगी, यह हर आदमी मान रहा था। शिमला कांफ्रेंस के शुरू होने के पहले भारतीय मामलों के मन्त्री ल्योपाल्ड एमरी ने भी आज़ाद और नेहरू के पद सँभालने की सम्भावना बताई थी।[109] शिमला में जिन्ना ने घोषित कर दिया कि अगर आज़ाद या कोई भी गैर-लीगी मुसलमान शामिल हुआ तो लीग कौंसिल में शामिल नहीं होगी। वावेल बिना लीग के आए कौंसिल का गठन कर सकते थे। अनेक गवर्नरों ने भी सलाह दी कि पाँच जगह खाली छोड़कर कौंसिल बनाई जाए जिन्हें कभी मन बदलने पर जिन्ना भर सकते हैं। लेकिन वायसराय नहीं माने। उन्होंने सिर्फ इतना ही घोषित किया कि बातचीत असफल हो गई। भारत छोड़ो आन्दोलन ने ब्रिटेन के युद्ध प्रयासों को धक्का पहुँचाया था, और तब वावेल सेनाध्यक्ष थे, सो उसे याद करके वावेल ने कांग्रेस के प्रभुत्ववाली सरकार न बनने देने का फैसला किया। आज़ाद बहुत दुखी हुए। अगर नई कौंसिल बनती तो कांग्रेस अध्यक्ष होने के चलते आज़ाद इसके उपाध्यक्ष अर्थात् व्यवहार रूप में प्रधानमन्त्री बनते, जिस पद पर जवाहरलाल नेहरू सितम्बर, 1946 से अगस्त, 1947 तक रहे।

1946 के चुनाव का विवरण पिछले अध्याय में दिया जा चुका है। हमें यहाँ सिर्फ यही दोहराना है कि आज़ाद की कोशिशों के फलस्वरूप ही पंजाब में यूनियनिस्ट खिज्र हयात के नेतृत्व में बनी गठबन्धन सरकार में कांग्रेस भी भागीदार बन गई। ब्रिटिश कैबिनेट के तीन सदस्यीय दल के दौरे का विवरण भी दिया जा चुका है। यहाँ उल्लेखनीय है कि आज़ाद उन कुछ कांग्रेसियों में से एक थे जो अनिवार्य समूहीकरण को कबूल करते थे, भले ही कुछ लोगों को यह अप्रिय लगे, पर यह विभाजन का विकल्प था और आज़ाद इस पर राजी होना फायदेमन्द ही मानते थे।

इतना ही नहीं, आज़ाद को कैबिनेट मिशन का यह प्रस्ताव भी अच्छा लगता था कि कुछ महत्त्वपूर्ण पर सीमित अधिकारोंवाला केन्द्र हो और प्रान्त अधिक अधिकार सम्पन्न हों। नेहरू और पटेल के विपरीत वे सर्वसत्तावादी केन्द्र के पक्ष में नहीं थे। अगर प्रान्तों का प्रतिरक्षा, विदेशी मामले और संचार छोड़कर बाकी सभी मामलों पर नियन्त्रण हो तो मुस्लिम-बहुल प्रान्तों पर भी हिन्दू केन्द्र सरकार के नियन्त्रण का अन्देशा समाप्त हो जाता, लेकिन मजबूत प्रान्तीय सरकार की बात आज़ाद सिर्फ साम्प्रदायिक नजरिए से सोचने के चलते ही पसन्द नहीं करते थे। उनके विचार से हिन्दुस्तान जितने बड़े और विभिन्नताओं वाले देश में ''संवैधानिक औचित्य और व्यावहारिक प्रशासन के खयाल से सबसे बढ़िया उपाय प्रान्तीय स्वायत्तता ही है।''[110]

जब गांधी ने कहा कि अनिवार्य समूहीकरण मान्य नहीं होगा तो वे नाराज हुए, पर बेबस थे। बाद में नेहरू ने भी गांधी के सुर में सुर मिलाते हुए कहा कि यह सम्भव नहीं है। कांग्रेस ने अनिवार्य समूहीकरण को छोड़कर कैबिनेट मिशन की बाकी योजना को स्वीकृत करने का जो पत्र भेजा, उस पर अध्यक्ष की हैसियत से आज़ाद ने ही दस्तखत किए, पर मन से नहीं, पार्टी के फैसले के प्रति निष्ठा के चलते ही यह किया था।

विश्वयुद्ध के दौरान और उसके बाद भी आज़ाद कांग्रेस के अध्यक्ष थे। आन्दोलनों और कांग्रेसी नेताओं को जेल की सजा ने साल-भर के इस कार्यकाल को साढ़े छह साल का बना दिया। जुलाई, 1946 में आज़ाद की जगह नेहरू अध्यक्ष बने। नेहरू और पटेल में से किसी एक को चुना जाना था और जब मसला गांधी के पास गया तो उन्होंने नेहरू को चुना और तुरन्त बाद में बननेवाली अन्तरिम सरकार का नेतृत्व नेहरू ही सँभालें, यह पक्का कर दिया। इन दोनों में पटेल अच्छे प्रशासक थे, लेकिन नेहरू मुसलमानों को अधिक स्वीकार्य। नेहरू की अन्तर्राष्ट्रीय छवि भी थी और दक्षिणपंथी पटेल के विपरीत वे कांग्रेसी उग्रवादियों और मुसलमानों के बीच एक पुल का काम करते थे।

अपने संस्मरणों में आज़ाद इस आम माँग का जिक्र करते हैं कि ''मुझे ही फिर से चुना जाना चाहिए'' और यह कि एक रेल-यात्रा के दौरान हर स्टेशन पर बड़ी संख्या में लोग जुट जाते थे और नारे लगाते थे कि ''मुझे ही अध्यक्ष के तौर

पर काम करते रहना चाहिए।"[111] लेकिन यह नारेबाजी कांग्रेस के बहुमत का प्रतिनिधित्व नहीं करती थी।

वैसे आज़ाद काफी समय तक अध्यक्ष रह लिए थे लेकिन उन्हें अपना पद सौंपना आसान नहीं लगा। उन्होंने विश्वयुद्ध के दौरान क्रिप्स मिशन, वावेल प्रस्ताव और युद्ध के बाद कैबिनेट मिशन जैसी महत्त्वपूर्ण वार्ताओं में कांग्रेस का प्रतिनिधित्व किया था। आखिरकार इन वार्ताओं का फल निकला और कांग्रेस को सरकार बनाने का बुलावा मिलने ही वाला था। यह बहुप्रतीक्षित न्यौता उनके नाम न होकर किसी और के नाम होगा, इस कल्पना से आज़ाद के मन में उमंग नहीं आई होगी, भले ही वे इस भाग्यशाली आदमी से अपने रिश्तों के बारे में यह ईमानदारी-भरी टिप्पणी ही क्यों न करें :

> *बहुत शुरू से ही...जवाहरलाल नेहरू और मैं सबसे अच्छे दोस्त रहे हैं। हम हरदम एकमत रहा करते हैं और एक-दूसरे से मदद लेते रहे हैं। हमारे बीच प्रतिद्वन्द्विता या ईर्ष्या का सवाल कभी भी नहीं उठा है।*[112]

खैर, जो भी हो, अध्यक्षता सँभालने के कुछ दिनों के अन्दर ही जब जवाहरलाल ने कहा कि मिशन योजना द्वारा बनाई गई संविधान सभा में कांग्रेस का प्रवेश, "किसी भी समझौते से पूर्णतः मुक्त होगा," तो आज़ाद को लगा कि "जो लोग मुझे कम से कम एक और वर्ष अध्यक्ष रहने देना चाहते थे, वे सही थे।"[113] नेहरू की टिप्पणी के बाद, जैसाकि हमने जिन्ना वाले अध्याय में देखा है, लीग ने खुद को कैबिनेट मिशन योजना से अलग घोषित कर लिया और पाकिस्तान हासिल करने के लिए 'डायरेक्ट एक्शन' की घोषणा की। इसके बाद क्या हुआ, यह भी पहले कहा जा चुका है।

गांधी, नेहरू और पटेल के आग्रह के बावजूद आज़ाद सितम्बर, 1946 में गठित अन्तरिम सरकार में शामिल नहीं हुए। चार महीने बाद जब गांधी ने उनसे कहा, जैसा कि उन्होंने बाद में लिखा, "कि मेरे निजी विचार या मेरी निजी भावनाएँ जो भी हों, सरकार में शामिल होना मेरा कर्त्तव्य है" और "जवाहरलाल भी यही सोचते हैं" तो इसके बाद आज़ाद शिक्षा मन्त्री बन गए।[114] भारत छोड़ने की एटली की ऐतिहासिक घोषणा महीने-भर बाद हुई। फिर मार्च में वावेल की जगह माउंटबेटन आ गए।

अवकाश लेते समय वायसराय ने आज़ाद को "जिन्ना के मुकाबले हिन्दुस्तानी मुसलमानों का अधिक सच्चा प्रतिनिधि"[115] माना और उनसे इतिहास तथा अरब जगत के बारे में बात करने को आनन्ददायक कहा। आज़ाद ने भी वावेल के 1946 के प्रस्ताव की तारीफ की, जिस पर पहली बार कांग्रेस राज के साथ सहमत हो सकी। जिन्ना के फैसलों ने इस समझौते को समाप्त कर दिया लेकिन जैसा कि उन्होंने कहा कि जब उन्हें वावेल के विदा होने की जानकारी मिली, आज़ाद ने यह माना कि वावेल ने "ब्रिटेन सरकार के शुरुआती विरोध के बावजूद एक बन्द दरवाजा खोला।"[116]

माउंटबेटन ने आने के तुरन्त बाद ही बँटवारे के पक्ष में जो प्रचार किया, आज़ाद ने उसे रोकने की कोशिश की। जिन्ना भी इसके खिलाफ थे, उनको लग रहा था कि माउंटबेटन जिस पाकिस्तान की बात कह रहे हैं, वह बहुत छोटा है। आज़ाद बँटवारे के ही खिलाफ थे। हिन्दुस्तानी होने के नाते उन्हें अपने देश के दो टुकड़े होते देखना पसन्द नहीं था। मुसलमान होने के नाते उन्होंने सोचा, जैसा कि अप्रैल, 1946 में उन्होंने कहा था, कि हिन्दू-बहुल प्रान्तों में रहनेवाले करोड़ों मुसलमान "रातोरात अपनी ही जमीन पर परदेशी हो जाएँगे...और अब बचे विशुद्ध हिन्दू राज की दया के भरोसे रह जाएँगे।"[117] इतना ही नहीं आज़ाद, जैसा कि उन्होंने बाद में कहा, "पूरे हिन्दुस्तान को अपना इलाका मानते थे और इस हक़ को एक पल के लिए भी नहीं छोड़ना चाहते थे या इसका एक हिस्सा पाकर सन्तुष्ट नहीं हो जाना चाहते थे।"[118]

लेकिन हमने देखा है कि मार्च, 1947 तक पटेल बँटवारा करने को तत्पर हो गए और नेहरू ने भी यह बात कबूल कर ली। आज़ाद, खुद उन्हीं के अनुसार, तब हैरान और दुखी हुए जब अन्तरिम सरकार में हर बात पर गुटबन्दी और ध्रुवीकरण से दुखी हो गए पटेल ने उनसे कहा, "हम पसन्द करें या नहीं, पर हिन्दुस्तान में दो राष्ट्र हैं"।[119] नेहरू ने आज़ाद से दुख के साथ बात की, पर उन्होंने भी "उनसे कहा कि वह विभाजन का विरोध करना छोड़ दें।"[120]

आज़ाद ने जवाहरलाल नेहरू से कहा कि मैं "सम्भवतः आपके विचारों को नहीं मान सकूँगा।" 31 मार्च को वे गांधी से मिले, जो उसी दिन सुबह पूर्वी बंगाल और बिहार से लौटे थे। आज़ाद के अनुसार, गांधी ने उनसे कहा, "बँटवारा अब एक खतरा हो गया है। ऐसा लगता है कि वल्लभभाई और जवाहरलाल ने भी घुटने टेक दिए हैं। क्या आप मेरे साथ रहेंगे या आप भी बदल गए हैं?"

आज़ाद ने जवाब दिया, "विभाजन का अब जितना कड़ा विरोधी मैं कभी भी नहीं था।...अब मेरी उम्मीदें सिर्फ आपमें हैं। अगर आप भी राज के साथ हो गए, तो मुझे अन्देशा है कि हिन्दुस्तान गया।"

आज़ाद के अनुसार, इस पर महात्मा ने कहा : "यह भी कोई पूछने की बात है? अगर कांग्रेस बँटवारे को मानना चाहती है, तो यह मेरी लाश पर ही सम्भव होगा।" फिर भी गांधी दो महीने में ही यह कहते हुए हार मान गए कि विभाजन अवश्यंभावी लगता है और इससे आज़ाद को 'जीवन का सबसे बड़ा सदमा' लगा। नेहरू और पटेल ने गांधी के इस सुझाव का, जिसे विभाजन टालने का अन्तिम अस्त्र माना गया, जोरदार विरोध किया कि जिन्ना को ही अखिल भारतीय सरकार बनाने का मौका दिया जाए। गांधी ने आज़ाद से कहा कि अब सिर्फ यही सवाल रह गया है कि विभाजन क्या रूप लेता है?[121]

खुद आज़ाद भी हार मान गए। अपनी किताब 'इंडिया विंस फ्रीडम' में उन्होंने विभाजन को रोकने के अपने संघर्षों का विवरण दिया है लेकिन कांग्रेस की बैठक में उन्होंने माउंटबेटन योजना का विरोध नहीं किया। न तो महात्मा ने और

न मौलाना ने नेहरू और पटेल का विरोध किया, जिनको राजगोपालाचारी, राजेन्द्र प्रसाद, गोविन्दवल्लभ पंत और अनेक दूसरे लोगों का समर्थन प्राप्त था। कांग्रेस के ये नेता आजादी और पद पाने को बेचैन हो गए थे और बूढ़े भी होते जा रहे थे। साथ ही वे इस बात को निश्चित मान रहे थे कि माउंटबेटन प्रस्ताव को ठुकराने का मतलब निश्चित रूप से गृहयुद्ध शुरू कराना होगा। आज़ाद ने आल इंडिया कांग्रेस कमेटी में कहा, "हमें अपनी हार कबूल कर लेनी चाहिए।"[122] गांधी ने कांग्रेस पार्टी से कहा कि जब तक वह "एक बड़ी क्रान्ति" के लिए तैयार न हो जाए, "उसका प्रतिनिधित्व करते हुए विभाजन पर राजी हुए नेताओं का कांग्रेसी लोग परित्याग न करें।"[123] जून के मध्य में आल इंडिया कांग्रेस कमेटी और लीग ने माउंटबेटन योजना के तहत आज़ादी और बँटवारे का प्रस्ताव मान लिया।

आज़ादी के चालीस बरस से अधिक बीत जाने के बाद भी हम हिन्दू, मुस्लिम या सिख लोगों ने अपनी आज़ादीवाले भारतवर्ष में जितनी क्रूरताएँ होने दीं, उनके बारे में कह पाना मुश्किल है। आज़ाद पर इसका क्या असर हुआ, उसकी एक झलक वे देते हैं :

> *अनेक मुसलमानों ने मेरे घर में शरण माँगी। अमीर और अच्छे खाते-पीते परिवार भी मेरे पास एकदम ही बेसहारा और दरिद्र होकर आए। उनके पास बदन पर कपड़ों के अलावा कुछ भी नहीं था। जल्दी ही मेरा घर भर गया और मैंने अहाते में टेंट लगवा दिए। औरत और मर्द, बूढ़े और जवान सिर्फ मौत के डर से धक्कमधक्का किए हुए थे।*[124]

लीग का सारा कुछ उठकर पाकिस्तान चला गया। लाखों आम मुसलमानों ने भी यही किया। लेकिन हर आदमी घर-बार छोड़कर नहीं जा सकता था। भारत में रह गए अधिकांश लोगों का आगे क्या होगा ? उनके वोट ने लीग को मजबूत किया था, सो उन्हें सन्देह और नफरत की नजर से देखा जाता था। फिर वे मुसलमान थे तो उन पर ऐसे ही गुस्सा उतरना था। पाकिस्तान से भागने को मजबूर हुए हिन्दुओं और सिखों की नाराजगी थी ही। ऐसे में वे लोग आतंकित, बेसहारा और ठगे-से थे।

विभाजन के तीन महीने बाद ऐसे लोगों की एक बड़ी सभा को आज़ाद ने जामा मस्जिद के मंच से सम्बोधित किया। ऐसी कौम के सामने होने पर, जिसने उनकी बात नहीं सुनी थी, आज़ाद का आत्मनियन्त्रण का बाँध टूट गया और उनकी भावनाएँ प्रवाह की तरह भाषण में फूट पड़ीं। दुख, गुस्सा, मैंने तो पहले ही कहा था वाली शिकायत, इस्लाम के गौरव और कौम के भविष्यवाली सारी चीजों के मेलवाला यह भाषण एक झिड़की भी था :

मेरे लिए शाहजहाँ की इस यादगार मस्जिद में सभा कोई बात नहीं है। मैंने उस ज़माने में जिस पर रात-दिन की बहुत-सी ग़र्दिशें बीत चुकी हैं, तुम्हें यहीं से ख़िताब किया था। जब तुम्हारे चेहरों पर कमज़ोरी के बजाय इत्मीनान था और तुम्हारे दिलों में शक के बजाय भरोसा।...तुम्हें याद है, मैंने तुम्हें पुकारा, तुमने मेरी जुबान काट ली। मैंने कलम उठाया और तुमने मेरे हाथ कलम कर दिए। मैंने चलना चाहा, तुमने मेरे पाँव काट दिए। मैंने करवट लेनी चाही, तुमने मेरी कमर तोड़ दी। हत्ता–कि पिछले सात बरस की तल्खनवा सियासत (द्वेषपूर्ण राजनीति) जो तुम्हें आज दाग़-ए-जुदाई दे गई है, उसके अहद-ए-शबाब में भी मैंने तुम्हें ख़तरे की शाहराहों पर झिंझोड़ा, लेकिन तुमने मेरी सदा से न सिर्फ परहेज किया बल्कि गफ़लत व इनकार की सुन्नतें ताज़ा करीं। नतीजा यह कि आज उन ही ख़तरों ने तुम्हें घेर लिया है जिनका अन्देशा तुम्हें सीधे रास्ते से दूर ले गया था।

मैंने तुमसे कहा था कि दो कौमों का नज़रिया हक़ीकी ज़िन्दगी के लिए जानलेवा बीमारी का दरज़ा रखता है, उसको छोड़ दो।...तुम देख रहे हो कि जिन सहारों पर तुम्हें भरोसा था, वह तुम्हें लावारिस समझकर तकदीर के हवाले कर गए। मैं तुम्हारे ज़ख़्मों को कुरेदना नहीं चाहता और तुम्हारे एजतेराब में मज़ीद इजाफा मेरी ख्वाहिश नहीं। लेकिन अगर कुछ दूर माज़ी (अतीत) की तरफ पलट जाओ तो तुम्हारे लिए बहुत-सी गुर खुल सकती है।

यह देखो, मस्जिद के बुलन्द मीनार तुमसे सवाल करते हैं कि तुमने अपनी तारीख के सफहात को कहाँ गुम कर दिया है ? अभी कल की बात है कि जमना के किनारे तुम्हारे काफिलों ने वजू किया था। और आज तुम हो कि तुम्हें यहाँ रहते हुए खौफ महसूस होता है। हालाँकि देहली तुम्हारे ख़ून से सींची हुई है।

चन्द इंसानी चेहरों के गायब-अज-नज़र हो जाने से डर नहीं उन्होंने तुम्हें जाने के लिए इकट्ठा किया था। आज उन्होंने तुम्हारे हाथ से अपना हाथ खींच लिया है, तो एक ऐब की बात नहीं है। यह देखो, तुम्हारे दिल तो उनके साथ रुख्सत नहीं हो गए।

मैं यह नहीं कहता कि तुम हाकिमाना इक्तेदार की मदद से वफादारी का सर्टिफिकेट हासिल करो और खुशामदी की ज़िन्दगी अख़्तियार करो। मैं कहता हूँ कि जो उजले नक्श व निगार (बेल-बूटे) तुम्हें इस हिन्दुस्तान में बीते दिन की यादगार के तौर पर नजर आ रहे हैं, यह तुम्हारा ही काफला था। उन्हें भुलाओ नहीं। उन्हें छोड़ो नहीं। उनके वारिस बनकर रहो। और समझ लो कि अगर तुम भागने के लिए तैयार नहीं तो फिर तुम्हें कोई ताकत भगा नहीं सकती। आओ अहद करो कि यह मुल्क हमारा है, हम इसके लिए हैं और इसकी तकदीर के बुनियादी फैसले हमारी आवाज़ के

बगैर अधूरे ही रहेंगे। मेरे पास तुम्हारे लिए कोई नया नुस्खा नहीं है। वही पुराना नुस्खा है जो बरसों पहले काएनात-ए-इंसानी (मानव संसार) का सबसे बड़ा मोहसिन (एहसान करनेवाला) लाया था। वह नुस्खा है कुरान का : 'न सुस्त हो न मलूल हो, और याद रखो, तुम ही गालिब रहोगे अगर तुम मननेवाले हो।''[125]

'अल हिलाल' और ख़िलाफतवाले दौर को छोड़कर और कभी बहुत अधिक अनुयायियों वाले नेता न होने के बावजूद आज़ाद विचारों के मामले में नेता थे और हैं। लोगों ने नेहरू को पसन्द किया और भीड़ उनमें नया जोश भी भरती थी। उनके बगैर नेहरू उदास हो जाते थे। आज़ाद अकेलेपन में ही बड़े हुए थे, वैसे लोगों को आन्दोलित या डोज पिलाने की कला में वे माहिर थे, पर उनके सामने आने के लिए आज़ाद को मनाना पड़ता था। लोगों से मेल-जोल न रखने के आज़ाद जैसे स्वभाववाले जिन्ना ने मुस्लिम कौम पर उसके अन्दर बैठे डर को उभार-उभारकर एकदम जादू-सा कर दिया था, उनके ऐसे नजरिए ने लोगों का उनके पीछे लगना लाज़िमी बना दिया।

आज़ाद ने मुसलमानों से कहा कि वे हिन्दुओं पर यकीन करें और यह कहकर उन्होंने खुद को मुख्यधारा से काट लिया, पर जब पाकिस्तान बना और हिन्दुस्तान के अधिकांश मुसलमानों को लगा कि उन्हें यहीं रहना है, तब उन्हें आज़ाद की बातें याद आईं। आज़ाद भारत में कौम ने उनकी तरफ नेतृत्व की आस के साथ देखा। जिन्ना के मुकाबले खड़े होने के कारण हिन्दू भी उन्हें बहुत आदर के साथ देखते थे। लेकिन आज़ाद न तो नेहरू या जिन्ना जैसी लोकप्रियता हासिल कर सके, न पटेल जितनी ताकत।

लेकिन विचार प्रशंसकों से ज्यादा टिकाऊ होते हैं और हिन्दू-मुस्लिम सहयोग के बारे में आज़ाद की सदाबहार राय ने उनका नाम ऊपर कर दिया। विद्वतावाले तर्क और धर्मिक प्रमाण देकर उन्होंने इस नजरिए को गलत ठहराया कि हिन्दू-मुस्लिम सहयोग गैर-इस्लामी है और उन्होंने अपने विचारों को एकदम अडिग होकर रखा। मुहम्मद अली ने उन्हें 'लिद्दी' और जिन्ना ने 'कांग्रेस का शो ब्वाय' कहा, पर एक अन्य प्रेक्षक ने 1946 में लिखा कि आज़ाद के सबसे बड़े विरोधियों को भी ''उनके चरित्र में स्थिरता और विचारों में अपरिवर्तनीयता'' को स्वीकार करना पड़ता है।[126]

आज़ाद की जो पूँजी थी—'अल हिलाल' की ख्याति, मक्का से उनका सीधा रिश्ता, उनके पुरखों की महानता, उनकी विद्वता, लेखन और भाषण की उनकी कला—उसमें उन्होंने अगर मात्र एक चीज—अलगाववाद को समर्थन—और जोड़ ली होती तो कौम का नेतृत्व उनके हाथ में होता ही। लेकिन उनकी निष्ठा आड़े आई और उन्होंने तख्तो-ताज को ठोकर मार दी।

इसी निष्ठा के साथ संस्कार भी जुड़े थे। जैसा कि मुजीब बताते हैं, अपनी किताब 'इंडिया विंस फ्रीडम' में आज़ाद ने ''अपने मुस्लिम प्रतिद्वन्द्वियों द्वारा किए

गए अपमानों, गाली-गलौज या अपशब्दों का जिक्र तक नहीं किया है।"[127] यह बात पाक विद्वान इक़राम ने भी उठाई है और अब्दुल मजीद दरयाबादी का उद्धरण देते हैं जो "किसी भी तरह आज़ाद के दोस्त या प्रशंसक नहीं थे।"[128] पाकिस्तान बनने के कुछ महीनों बाद आज़ाद के घर पर हुए एक मजमे में दरयाबादी ने आज़ाद द्वारा "अपने प्रतिद्वन्द्वियों, खासकर मुस्लिम लीग के प्रतिद्वन्द्वियों के बारे में की गई टिप्पणियों में लेशमात्र भी शिकायत या आलोचना नहीं" पाई।[129]

राजनैतिक हिसाब से आज़ाद का आत्मनियन्त्रण कमजोरी ही साबित हुआ। 1940 में उनके एक प्रशंसक की शिकायत थी कि "अपने विरोधियों द्वारा फैलाई भ्रांतियों को दूर करने की जगह आज़ाद उनके तीखे से तीखे आरोपों को भी चुपचाप सुनते रहते हैं।"[130] मुज़ीब की इस टिप्पणी में भी यही शिकायत दिखती है कि "आज़ाद वैसे राजनेता थे जो नेताओंवाले आम तौर-तरीकों को नहीं अपना सकते थे।"[131] आज़ाद की मौत के 12 वर्ष बाद और पाकिस्तान के बनने के 23 वर्ष बाद, 1970 में विद्वान मुशीर हक़ ने आरोप लगाया कि जब पाकिस्तान के लिए जमीन तैयार हो रही थी तो आज़ाद हाथ पर हाथ धरे बैठे रहे। हक़ के हिसाब से आज़ाद में "हालात का उपचार करने के लिए साफ नजरिया, बौद्धिक ऊर्जा और राजनैतिक प्रभाव था।"[132]

उन पर दोनों ओर से हमले हुए। 1945 में जिन्ना द्वारा स्थापित अख़बार 'डॉन' में एक मुसलमान विद्वान ने पूछा, "क्या मौलाना ने कभी सरकारी दफ्तरों को देखा है जहाँ बड़े हिन्दू अधिकारी हर सम्भव तरीके से मुसलमानों का दमन करते हैं ?"[133] मुशीर हक़ का मानना है कि आज़ाद ने अपने जिन्दा रहते इस बात का एहसास नहीं कराया, जो उनकी मौत के बाद 'इंडिया विंस फ्रीडम' के मार्फत उन्होंने किया :

> *लोगों के साथ सबसे बड़ी धोखाधड़ी यह सुझाव देना है कि भौगोलिक, भाषायी और सांस्कृतिक रूप से एकदम भिन्न इलाकों के लोगों को सिर्फ मजहब के नाम से एक किया जा सकता है।...इतिहास ने साबित किया है कि पहले कुछ दशकों को छोड़कर कभी भी इस्लाम सभी मुस्लिम मुल्कों को सिर्फ इस्लाम के आधार पर ही एक नहीं रख पाया है।*[134]

हक़ आगे कहते है, "जब जरूरत थी तब अगर आज़ाद ने जोर देकर अपनी राय जाहिर की होती तो हालात अलग होते।"[135] हक़ का मानना है कि उलेमा लोगों की प्रतिक्रिया के डर से आज़ाद ने पाकिस्तान के खिलाफ एक धर्मनिरपेक्ष तर्क नहीं दिया। यह बात सही हो सकती है। जिन्ना के रुख के प्रति आम आकर्षण के बावजूद उलेमा लोगों का एक वर्ग आज़ाद के साथ रहा और आज़ाद उनके समर्थन से हाथ धोना नहीं चाहते थे। क्या अधिक जोशो-खरोशवाले आज़ाद पाकिस्तान का बनना रोक सकते थे, यह एक अलग सवाल है।

खैर जो भी हो, वे न तो अधिक जोशो-ख़रोश से लड़ने जा रहे थे, न अपने पक्ष में, दलीलें देने। अबुल कलाम आज़ाद इतने स्वाभिमानी थे कि ऐसा नहीं कर

सकते थे। वे अपने एकदम नए विचार जाहिर कर सकते थे, फिर उन पर जीवन भर अडिग रहते हुए इतिहास को अपना फैसला देने का इंतजार कर सकते थे। इससे ज्यादा करना शान के खिलाफ होता।

अभिमान आज़ाद की कमजोरी थी। 'इंडिया विंस फ्रीडम' में हम इसकी झलक देखते हैं, सिर्फ इसके मूल्यांकनवाले पहलू में ही नहीं, जिसका उल्लेख मुजीब करते हैं और जिसमें आज़ाद ने अपने विरोधियों पर कोई जवाबी हमला नहीं किया है, बल्कि "मैं-ही-सबसे-होशियार-था" वाली शैली में लिखी पूरी किताब में ही कौम के मन को मोड़नेवाली लड़ाई के वक्त और अपने समय के जनमत से बेखबर रहनेवाले आज़ाद 'इंडिया विंस फ्रीडम' में इतिहास के नजरिए को प्रभावित करने के लिए बेचैन दिखते हैं। बार-बार गांधी, नेहरू और पटेल की गलतियों का उल्लेख करते हुए अपना फैसला सुनाते हैं, "बाद की घटनाओं ने साबित किया कि मेरा अन्देशा कितना सही था।"[136] ऐसे वाक्य हमें अक्सर मिलते हैं। यह अबुल कलाम आज़ाद की बेहतरीन लेखक की पुरानी छवि को भी खराब करता है।[137] 'तज़किरा' और 'गुबारे खातिर' कैदखाने की शान्ति में यादों के सहारे लिखे गए हैं। इसके विपरीत 'इंडिया विंस फ्रीडम' हिन्दुस्तान के व्यस्त शिक्षामन्त्री के काम के बीच से निकाले गए वक्त में लिखी गई किताब है और वह भी इस बेचैनी के बीच कि आगे हमारे बारे में क्या सोचा जाएगा। जल्दबाजी और बेचैनी और मुख्यतः अपनी यादों के सहारे ही लिखे जाने के कारण कई जगह एकतरफा फैसले तो दिए ही गए हैं, कुछ छोटी तथ्यात्मक गलतियाँ भी रह गई हैं। आजादी और बँटवारे के विद्यार्थियों के लिए महत्त्वपूर्ण होने के बावजूद 'इंडिया विंस फ्रीडम' के साथ कुछ और चीजें पढ़ना और इसकी भूलों को सुधार लेना जरूरी होगा।

वे ईर्ष्या से पूरी तरह मुक्त नहीं थे। मुजीब मानते हैं कि आज़ाद की "सोच और दिलेरी उन्हें दुनिया के महान लोगों के बीच जगह के योग्य बनाती है।"[138] पर साथ ही वे कहते हैं कि "मौलाना आज़ाद नहीं चाहते थे कि डॉ. जाकिर हुसैन दिल्ली में असर और अधिकारवाले पद पर पहुँचें, और जब 1957 में हुसैन को बिहार का राज्यपाल बनाया गया तो वे "बहुत खुश नहीं हुए"।[139] निश्चित रूप से आज़ाद नीचे गिरे। पर वे ऊपर भी चढ़े और चढ़ते समय निर्भय, आत्मविश्वास से भरे और भव्यता लिये हुए थे। और अकेले भी रहे। फिर भी ऐसा समय आ सकता है जब आज़ाद को अकेला नहीं, समय से आगे चलता हुए माना जाएं।

जनवरी, 1948 में गांधी ने आज़ाद को बुलावा भेजा और कहा कि वे उपवास कर रहे हैं जो तभी टूटेगा जब दिल्ली के मुसलमानों में असुरक्षा का भाव खत्म होगा। यह उपवास भारत सरकार द्वारा पाकिस्तान को 55 करोड़ रु. देने में आनाकानी करने के विरोध में भी था। पटेल, जो गृहमन्त्री थे, दुखी हुए, महात्मा से बातचीत में उन्होंने आरोप लगाया कि यह उपवास अनुचित है और इससे उनकी और

हिन्दुओं की बदनामी हुई है। उन्होंने कहा कि सरकार मुसलमानों को बचाने के लिए हर सम्भव उपाय कर रही है। पटेल और नेहरू के साथ ही गांधी के पास बैठे आज़ाद ने गांधी की टिप्पणी का उल्लेख किया है, "मैं अभी चीन में नहीं दिल्ली में हूँ। आप मुझसे अपनी आँखों और कानों पर भरोसा नहीं करने को कहते हैं।"[140]

आज़ाद का मानना है कि इस उपवास का जादू-सा असर हुआ। हथियार समर्पित किए गए। प्रायश्चित के तौर पर हिन्दू और सिख नेताओं ने ख्वाजा कुतबुद्दीन के मजार की मरम्मत में मदद की। हजारों हिन्दुओं और सिखों ने शपथ ली कि वे मुसलमानों पर हमला रोकेंगे और अपने घर से बेघर हो गए लोगों के पुनर्वास के लिए काम करेंगे। उपवास के छठे दिन, 18 जनवरी को जब दिल्ली के 25 हिन्दू और सिख नेताओं ने गांधी के आगे यही शपथ दोहराई तो गांधी ने कहा कि वे उपवास तोड़ेंगे। उनकी पोती गिलास में सन्तरे का रस ले आई। तब, जैसा कि आज़ाद ने लिखा है, "उन्होंने संकेत किया वह (पोती) गिलास मुझे दे दे। मैंने उनके होठों से गिलास को लगाया और गांधी जी ने उपवास तोड़ा।"[141]

12 दिन बाद एक तिपहरे आज़ाद महात्मा के साथ एक घंटे तक थे। घर लौटने पर जब उन्हें महसूस हुआ कि कुछ महत्त्वपूर्ण मुद्दों पर उन्होंने बात ही नहीं की, वे फिर बिड़ला भवन गए, "हजारों लोग लॉन में खड़े थे और भीड़ सड़क तक पहुँच गई थी। किसी ने कहा, 'गांधी जी को गोली मार दी गई है।' मुझे अजीब महसूस हुआ और फिर मैंने जैसे सपने में ही सुना, 'गांधी जी नहीं रहे।'[142]

उसी साल सितम्बर में जिन्ना मरे। आज़ाद की पिछली बातें भुलाने की क्षमता को देखते हुए इक़राम लिखते हैं, "पाकिस्तान और उसके नेताओं के प्रति मौलाना का नजरिया गरिमामय और राजनेतावाला था।"[143] यह गुण देखकर आगे पाकिस्तान के प्रधानमन्त्री बने चौधरी मुहम्मद अली भी हैरान हो गए। 1950 में भारत-पाक सन्धि की सम्भावनाओं का पता लगाने के लिए दिल्ली आए चौधरी, जो तब बड़े प्रशासनिक अधिकारी थे, ने पाया कि आज़ाद "दोनों ही देशों में अल्पसंख्यकों के साथ बराबरी के और न्यायोचित व्यवहार के प्रति तत्पर थे।"[144]

वल्लभभाई पटेल 1950 में मरे। हिन्दू-मुस्लिम सवाल पर उनका नजरिया नेहरू से अलग था। इस मसले पर आज़ाद नेहरू से एकमत लगते हैं जो शिक्षामन्त्री रहने के साथ ही अनेक तरह के मसलों पर नेहरू को सलाह दिया करते थे। ऐसे भी मौके आए जब आज़ाद ने प्रधानमन्त्री नेहरू और उनके ताकतवर उप-प्रधानमन्त्री पटेल के बीच मध्यस्थ का काम किया। नेहरू पर वी.के. कृष्ण मेनन के असर को न तो आज़ाद पसन्द करते थे, न पटेल। जैसा कि आज़ाद ने बाद में लिखा, "मैं इस बारे में खुशी नहीं महसूस करता क्योंकि मुझे लगता है कि

कृष्ण मेनन नेहरू को अक्सर गलत सलाह देते हैं। सरदार पटेल और मेरी हमेशा असहमति रहती थी लेकिन कृष्ण मेनन के बारे में हम दोनों एक-दूसरे के मूल्यांकन से सहमत थे।"[145]

पटेल की मौत से नेहरू सर्वशक्तिमान बन गए और उनके लिए आज़ाद का महत्त्व कम हो गया, जैसा कि आज़ाद की मौत पर नेहरू ने कहा, वह "साथी, मित्र, सहयोगी और कॉमरेड" थे।[146] चालीस के दशक में नेहरू ने लिखा था कि आज़ाद को देखकर उन्हें फ्रांसीसी भाषा के विश्वकोष निर्माता की याद आती है और उन्होंने आगे लिखा, "उनके पास ज्ञान की ऐसी-ऐसी बातें भरी हैं कि मुझे हरदम हैरानी होती है।"[147] 1958 में भी नेहरू ने लिखा कि आज़ाद को देखकर उनके मन में "विश्व ज्ञान कोष जितनी जानकारी रखनेवाले, प्रखर बुद्धिवाले और काम करनेवाले" की याद आती है।[148] फिर भी जितने दिन पटेल जिन्दा थे, आज़ाद भी नेहरू के सहयोगी थे और पटेल-नेहरू विवाद में मध्यस्थ होते थे, लेकिन पटेल की मौत के बाद उनकी ये भूमिकाएँ समाप्त हो गईं।

कृष्ण मेनन का असर बढ़ा और आज़ाद का गिरा। पचास के दशक में नेहरू और आज़ाद के नियमित सम्पर्क में रहे बदरुद्दीन तैयबजी लिखते हैं, "पंडितजी और मौलाना की भेंट दिन-ब-दिन कम होती गई और मिस्टर कृष्ण मेनन, जो मन्त्रिमंडल में नहीं लिए गए थे, प्रधानमन्त्री के असली सलाहकार बन गए, खासकर विदेशी मामलों में।"[149]

अपने इस अध्ययन में हमें आजाद के शिक्षामन्त्री के रूप में किए गए कामों में जाने की जरूरत नहीं है। जो लोग अंग्रेजी पर रोक लगाकर आजादी का जश्न मनाना चाहते थे, आज़ाद ने उनकी नहीं चलने दी। भले वे खुद भी अरबी और फारसी की परम्परागत पढ़ाई ही किए हुए थे। उन्होंने तकनीकी, वयस्क महिला शिक्षा पर जोर देने की कोशिश की। जब वे मन्त्री थे, तभी अनेक संस्थाओं का जन्म हुआ—अनुदान आयोग, सांस्कृतिक सम्बन्ध परिषद, साहित्य अकादमी, भारतीय तकनीकी संस्थान, एक अरबी त्रैमासिक और कई अन्य चीजें शुरू हुईं। इनमें से कुछ संस्थाओं की कल्पना खुद आजाद की थी।

मन्त्रालय में सचिव सैम साइदैन की नजर में वे किसी कमेटी के ऐसे उपयुक्त अध्यक्ष जैसे थे "जो ब्यौरों में दखल नहीं देता, न इनमें बहुत दिलचस्पी दिखाता।"[150] उससे भी अधिक सरल भाषा का प्रयोग करते हुए मुजीब कहते हैं कि आजाद "सिद्धान्तों में इतने उलझे हुए थे कि वे कुशल प्रशासक नहीं बन सकते थे।"[151]

मन्त्रीवाली कलम पकड़ने के बाद आजाद ने लेखकवाली अपनी कलम छोड़ दी। मन्त्रिमंडल में उनकी मौजूदगी से मुस्लिम कौम को सुरक्षा का भरोसा हो गया था, और भारत आनेवाले विदेशी मेहमानों को उनके ज्ञान का लाभ लेने का अवसर मिलता था, लेकिन 'इंडिया विंस फ्रीडम' के अलावा उन्होंने 1945 से 1958 के बीच कुछ भी नहीं लिखा, यह एक बड़ा नुकसान था।

अबुल कलाम आज़ाद की मौत 22 फरवरी, 1958 को 70 वर्ष की उम्र में हुई। पुरानी दिल्ली के एक सम्मानित स्थल के नीचे उनकी अस्थियाँ पड़ी हैं। गांधीजी की समाधि राजघाट और आज़ाद से छह साल बाद मरे नेहरू की समाधि शान्तिवन यहाँ से ज्यादा दूर नहीं है। लाल किला भी पास ही है जहाँ आजाद के पूर्वजों ने मुगलों के साथ काम किया। पास ही जामा मस्जिद है जहाँ से उन्होंने मुस्लिम कौम को जगाया, अपना दिल दिया। उनकी बीवी जुलेखा जरूर यहाँ से एक हजार मील पूरब रह गई हैं।

अध्याय 8

लियाक़त अली ख़ाँ (1895-1951)

आज़ाद और मुहम्मद अली कांग्रेस के अध्यक्ष बने थे, जिन्ना एक समय इसके चढ़ते सितारे थे और हक़ उसके महासचिव रह चुके थे। कम ही समय के लिए, मगर कांग्रेस के 1920 के आन्दोलन का समर्थन करते हुए इक़बाल ने गांधी की प्रशंसा में नज़्म लिखी थी। जाकिर हुसैन, जिनकी चर्चा हम अगले अध्याय में करेंगे, कांग्रेस की तरफ से भारत के राष्ट्रपति पद के उम्मीदवार हुए। इस पुस्तक में हमने जिन आठ लोगों के जीवन का अध्ययन किया है, उनमें सिर्फ दो—सैयद अहमद और लियाक़त अली ख़ाँ—का ही कांग्रेस से किसी भी किस्म का रिश्ता नहीं रहा है।

पुस्तक के शुरू में हमने देखा है कि लाख मान-मनौव्वल के बावजूद सैयद अहमद ख़ाँ ने कांग्रेस में शामिल होने से इनकार कर दिया था, जो उनके इंतकाल से 13 साल पहले अस्तित्व में आ चुकी थी। सैयद अहमद की मौत के 25 बरस बाद कुछ कांग्रेसियों ने लियाक़त अली को कांग्रेस में लाने की कोशिश की थी, पर सफल नहीं हुए। इस नवाबजादे ने भी अंग्रेजी राज के विरोधियों से हाथ मिलाने के पहले सैयद अहमद की तरह ही कई बार विचार किया।

लियाक़त का जन्म 1895 में करनाल में हुआ था, जो अब हरियाणा में है, पर तब पंजाब सूबे में हुआ करता था। वे नवाब रुस्तम अली ख़ाँ के दूसरे पुत्र थे। इस जमींदार परिवार का सदियों पहले फारस के बादशाह नौशेर ख़ाँ से सम्बन्ध था। रुस्तम अली के पूर्वज 15वीं शताब्दी में हिन्दुस्तान आए थे। करनाल और पश्चिमी उत्तर प्रदेश में फैली रियासत के मालिक रुस्तम ख़ाँ ने लियाक़त को एम.ए.ओ., अलीगढ़ में पढ़ने के लिए भेजा।

राष्ट्रवाद और असहयोग आन्दोलन की लहर के अलीगढ़ कैम्पस में पहुँचने के एक साल पहले ही 1919 में लियाक़त ने इलाहाबाद विश्वविद्यालय से, जिससे एम.ए.ओ. जुड़ा था, स्नातक की डिग्री हासिल की। अगले साल लन्दन के इनर टेम्पल से अपना प्रशिक्षण पूरा करने के बाद उन्होंने वकालत शुरू की। ऐसे में वे 1920-21 के असहयोग और खिलाफत आन्दोलन के असली उभारवाले दौर में

बाहर ही रहे। जब हिन्दुस्तान अंग्रेजों की गुलामी से मुक्ति की लड़ाई लड़ रहा था, तब लियाक़त शासकों के विचारों और सत्ता के बीच अपनी जगह बनाने की कोशिश में जुटे थे।

लेकिन ऑक्सफोर्ड में भी भारत के पक्ष में बोलना सम्भव था। लियाक़त ने बहसों में ऐसा किया भी और ऑक्सफोर्ड में हिन्दुस्तानी विद्यार्थियों के संगठन 'मजलिस' के खजांची भी चुने गए थे। हर कौम के लोगों में उनके दोस्त थे। उनके समकालीन के. पी. एस. मेनन ने, जो बाद में निवेश विभाग के सचिव बने, लियाक़त को एक 'अच्छे खिलाड़ी और बढ़िया दोस्त' के रूप में याद किया।[1]

1922 में हिन्दुस्तान लौटने पर वे दिल्ली और मुजफ्फरनगर में रहे। गोविंदवल्लभ पंत, जो बाद में संयुक्त प्रान्त के प्रधानमन्त्री और भारत के गृहमन्त्री बने, उन कांग्रेसियों में से एक थे जिन्होंने लियाक़त को कांग्रेस में शामिल कराने की कोशिश की लेकिन इस नौजवान बैरिस्टर ने "कांग्रेस के विचारों से सहमति जताने से इनकार कर दिया।"[2] गांधी के उदय के बाद कांग्रेस ने साम्राज्य के अधीन ही "स्वराज" की माँग के बदले "शान्तिपूर्ण और वैध तरीकों से पूर्ण स्वराज" हासिल करना अपना लक्ष्य घोषित किया। लियाक़त ने किस विचार और अनुभव के आधार पर अपना फैसला किया, यह स्पष्ट नहीं है। शायद ऐसा पारिवारिक पालन-पोषण से हुआ हो या फिर वर्गवाली प्रतिक्रिया हो, पर हमारे पास स्पष्ट जानकारी के लिए कोई तथ्य उपलब्ध नहीं है।

1920–21 में हिन्दू-मुस्लिम सहयोग की सरगर्मी इतनी अधिक थी कि मुस्लिम लीग ने भी इस नए सिद्धान्त को अपना लिया। 1923 तक हिन्दू-मुस्लिम मतभेद और अंग्रेजी राज की ताकत स्पष्ट रूप से सामने आ गई थी। लीग ने अपने फैसले पर पुनर्विचार किया और साम्राज्य के अन्दर ही स्वराजवाली बात फिर मान ली गई, और लियाक़त भी लीग में शामिल हो गए। लेकिन तब तक यह किसी भी लिहाज से देश की प्रमुख मुस्लिम संस्था नहीं थी, 1922 में इसके सिर्फ 1093 सदस्य, 1923 में 1097 और 1924 में 1184 सदस्य ही थे।[3] खिलाफत कमेटी उससे बहुत मजबूत थी, पर वह अंग्रेजी हुकूमत की उतनी ही विरोधी भी थी, इसके चलते लियाक़त के लिए कम आकर्षक थी।

उन्होंने वकालत नहीं की। राजनीति और शिक्षा में ही उनकी मुख्य दिलचस्पी थी। तालीम के मामले में उनकी दिलचस्पी बताती है कि वे सैयद अहमद के स्वभाववाले थे। मुस्लिम शिक्षा के लिए पैसा देकर और जुटाकर वे मुजफ्फरनगर मदरसा के सदर बने और विभाजन तक इस पद पर बने रहे।

1924 में उन्होंने लीग के जलसे में भाग लिया जिसकी अध्यक्षता जिन्ना ने की थी, 1926 में वे पश्चिमी उत्तर प्रदेश की एक मुस्लिम सीट से संयुक्त प्रान्त विधानसभा में पहुँचे, लेकिन उनका व्यवहार लीग के सदस्य से ज्यादा व्यक्तिवादी ही था और 1928 में वे सभी पार्टियों के मुस्लिम नेताओं की उस टोली के सदस्य थे, जो जिन्ना की अगुवाई में कलकत्ता में हुई सर्वदलीय बैठक में हिस्सा लेने गयी

थी और जहाँ कांग्रेस तथा लीग के मतभेदों को पाटने की कोशिश असफल हो गई। कलकत्ता की इसी बैठक से जिन्ना से लियाक़त की दोस्ती हुई जिसने हिन्दुस्तानी राजनीति पर गहरा असर डाला।

हमने जिन्ना वाले अध्याय में देखा है कि 20 के दशक के आखिर और 30 के दशक के शुरू में वे मुसलमानों के लिए अलग निर्वाचन क्षेत्र की जगह साझा निर्वाचन क्षेत्र को पसन्द करते लग रहे थे। यही ख्याल लियाक़त का भी था। उन्होंने संयुक्त प्रान्त विधानसभा में कहा कि अलग निर्वाचन क्षेत्र होने से "हिन्दू सिर्फ हिन्दू का, मुसलमान सिर्फ मुसलमान का, ईसाई सिर्फ ईसाई का और सिख सिर्फ सिख का" प्रतिनिधत्व करेंगे, और इस गड़बड़ी के अलावा भी यह व्यवस्था "अल्पसंख्यकों के लिए नुकसानदेह है।"[4]

1932 में उन्होंने एक बयान दिया था जो बाद में, 1937 में अलगाववादी रुख अपना लेनेवाले हिसाब से महत्त्वपूर्ण है। सैयद अहमद द्वारा शुरू किए गए मुस्लिम एजुकेशन कांफ्रेंस को सम्बोधित करते हुए लियाक़त अली ने कहा था कि मुसलमानों की अपनी विशेष संस्कृति है और इसे बचाने का उन्हें पूरा अधिकार है। पर साथ ही उन्होंने कहा :

> *लेकिन इस मुल्क में कट्टर फिरकापस्ती के दिन अब गिनती के रह गए हैं और बहुत जल्दी ही हम देखेंगे कि साझा हिन्दू-मुस्लिम हिन्दुस्तान अपने उस मूल्यवान और समृद्ध विरासत को बचाने और बढ़ाने के लिए कोशिश करेगा जो दो महान सभ्यताओं ने हमें दी है।*[5]

1933 में लियाक़त अली ने दोबारा शादी की। हमें उनकी पहली बीवी या उस विवाह के बारे में बहुत कुछ मालूम नहीं है। उनकी दूसरी बीवी राना ही इतिहास की किताबों में उनकी खूबसूरत और प्रतिभावान सहभागी के रूप में आती हैं। पाकिस्तान बनने के बाद प्रधानमन्त्री निवास में वही मेजबान बना करती थीं और पति की हत्या के बाद हॉलैंड में पाकिस्तान की राजदूत बनीं। उनके पूर्वज संयुक्त प्रान्त के पहाड़ों के थे और पंत कहलाते थे। ईसाई बनने से पहले वे हिन्दू थे और शिक्षिका तथा अर्थशास्त्र की जानकार राना ने ईसाई धर्म छोड़कर इस्लाम को अपना लिया था। 37 वर्ष के लियाक़त से उनकी शादी काफी चर्चित हुई थी।

चश्माधारी, ऊपर से थोड़े बालझड़े सिरवाले और मोटे, लियाक़त यूरोपीय सूट में ठीक-ठाक नजर आते थे। राना और अन्य लोगों को भी उनमें काबलियत और नवाबजादा होना, दोनों गुण नजर आते थे। आम तौर पर नवाबजादों वाले असुरक्षा भाव और पहचानहीनता के दौरवाली उद्यमशीलता से युक्त लियाक़त शालीन और चैन से रहनेवाले थे। वे तेज थे और संयुक्त प्रान्त विधानसभा में सफल भी रहे थे जहाँ वे डेमोक्रेटिक पार्टी के नाम से खुद को पुकारनेवाली विधायकों की टोली के मुखिया भी थे। वे बहुत साफ तर्कों के साथ बोलते थे और शान्ति से दिए तर्कों

से विरोधियों की जुबान बन्द करा देते थे। मौके को ताड़ लेने और दिलेरीवाले कदम उठाने के उनके गुण को बहुत कम ही लोग जान सके।

राना से शादी के बाद वे दोनों यूरोप में हनीमून मनाने गए। लेकिन खूबसूरत बीवी के साथ यूरोप की हैरतवाली चीजें देखना ही उनकी इस यात्रा का उद्देश्य नहीं था। उनके मन में मुस्लिम लीग को मजबूत लोकप्रिय पार्टी में बदलने की योजना भी थी, जिसके पास 1933 में न सदस्य थे, न पैसा, न नेतृत्व। उनकी योजना में वह एक आदमी भी शामिल था जो लन्दन में हुई गोलमेज कांफ्रेंसों के बाद वहीं बस गया था। लन्दन में खुद से मिलने आनेवालों को जिन्ना ने यही बताया था कि भारत और भारत के भविष्य से वे निराश हो चुके हैं। जैसा कि राना ने बाद में लिखा, "यह माना जा रहा था कि जिन्ना कभी वापस ही नहीं आएँगे और उनका अपने ही लोगों से मोहभंग हो गया है।"[6]

लियाक़त का उद्देश्य जिन्ना की उम्मीदों को फिर से जगाना और लीग में फिर से जान डालने में उनको सक्रिय करना था। राना के साथ उनके यूरोप रवाना होने के ठीक पहले हुए जलसे में, जिसमें लियाक़त ने भी हिस्सा लिया था, लीग दो हिस्सों में बँट गई थी। कुछ अन्य लोगों की तरह लियाक़त की भी निश्चित राय थी कि सिर्फ जिन्ना ही लीग के मर्जों की दवा हैं और वे जिन्ना से अपने आराम से लन्दन में बैठना छोड़ने का आग्रह करने की बात सोचकर रवाना हुए थे।

लन्दन के एक भोज में जिन्ना से भेंट होते ही लियाक़त ने "जिन्ना से वापस चलने की अपनी अपील उनके सामने रख दी।" राना के अनुसार, "जिन्ना ने उनकी बातें सुनीं, पर पहले कोई जवाब नहीं दिया। उन्होंने इंग्लैंड के अपने जीवन के किस्से सुनाए और बताया कि वे किस तरह हैम्पस्टीड में सन्तुष्ट भाव से रहते हैं।" लेकिन लियाक़त भी माननेवाले नहीं थे। उन्होंने कहा, "आप जरूर वापस चलिए। लोगों को आपकी जरूरत है। सिर्फ आप ही लीग के अन्दर जान डाल सकते हैं और इसे बचा सकते हैं।"[7]

जिन्ना ने हैम्पस्टीड के अपने घर में लियाक़त और राना को खाने पर बुलाया। उन्होंने उनके जीवन का सुख-चैन देखा और राना को लगा कि "कोई भी चीज उनको इस आराम और सुरक्षा से बाहर नहीं ले जा सकती।" लेकिन लियाक़त को जिन्ना की अपूर्ण लालसाओं का पता था, जो उनसे 19 वर्ष बड़े थे। उन्होंने जिन्ना को लीग का वह प्रस्ताव दिया जिसमें "मिस्टर जिन्ना से हिन्दुस्तान आकर इस संकट की घड़ी में मुसलमानों की सरपरस्ती करने" का अनुरोध किया गया था।[8] साथ ही उन्होंने जिन्ना को विस्तार से बताया कि आपकी वापसी से क्या-क्या सम्भावनाएँ बन सकती हैं। आखिर में जिन्ना ने कहा, "वापस जाओ और हालात का जायजा लो। मुझे तुम्हारे फैसले में यकीन है। अगर तुम कहोगे कि आ जाइए तो मैं यहाँ का जीवन छोड़कर वापस आ जाऊँगा।"

जब वे दोनों जिन्ना के घर से लन्दन की तरफ रवाना हुए तो राना ने देखा कि लियाक़त "बहुत खुश नजर आ रहे थे।" लियाक़त का तीर निशाने पर बैठा

था और जिन्ना को अपना भरोसेमन्द सहयोगी मिल गया था। इस जोड़ी ने, जिसने पाकिस्तान हासिल कर लिया, अपना भविष्य एक-दूसरे पर लगा दिया। इनमें से किसी को भी पता नहीं था कि पाकिस्तान उनका लक्ष्य होगा। 1933 में उनकी महत्वाकांक्षाएँ सिर्फ 1934 में होनेवाले सेंट्रल एसेम्बली के चुनाव और उसके बाद होनेवाले विधानसभा चुनावों तक ही सीमित थीं। जिन्ना ने सही अन्दाजा लगाया था कि लियाक़त एक शानदार सहयोगी होंगे, पर प्रतिद्वन्द्वी कभी भी नहीं, कि उनके कहने का वही मतलब था जो वे कह रहे थे, जिन्ना का इस्तेमाल करके उनकी पीठ में छुरा भोंकने की मंशा उन्हें कभी न होगी, और कि वह जिन्ना की योजना को नीचा दिखाने की कोशिश करने की जगह उसे लागू करेंगे।

हिन्दुस्तान लौटने पर लियाक़त ने "कुछ महीनों तक पूरा ही समय" जिन्ना के कहे अनुसार एक-एक चीज पर गौर करने पर लगाया। उन्होंने देश के विभिन्न हिस्सों में रहनेवाले सैकड़ों तेज-तर्रार मुसलमानों से यह पूछा कि क्या जिन्ना की वापसी से कोई लाभ होगा ? फिर उन्होंने जिन्ना को तार दिया, "आ जाइए।"[9]

अपनी गैर-मौजूदगी में ही लीग का अध्यक्ष चुन लिए जाने के बाद 1932 के शुरू में जिन्ना भारत वापस लौटे। अगले साल लियाक़त को लीग का सचिव चुना गया, पर जल्दी ही जिन्ना-लियाक़त सम्बन्धों में खटास आ गई। कारण व्यक्तिगत नहीं राजनैतिक थे। चुनाव पास आ रहे थे। आनन-फानन में लीग का प्रभाव बढ़ाने को बेचैन जिन्ना ने ऐसे सारे प्रमुख मुस्लिम लोगों के लिए लीग के दरवाजे खोल दिए, जो अभी तक लीग से बचते रहे थे या इसे छोड़कर चले गए थे। बंगाल में उन्होंने हक़ को पटाया, संयुक्त प्रान्त में उन्होंने जमायत-उल-उलेमा-ए-हिन्द, इंडिया उलेमा पार्टी और सलेमपुर के राजा और चौधरी ख़लीकुज़्ज़मां जैसे अनेक लोगों को जो खिलाफत आन्दोलनवाले थे और कभी भी कांग्रेस के साथ मिलकर अंग्रेजी हुकूमत विरोधी आन्दोलन के लिए तैयार थे। वर्षों से इन लोगों से लियाक़त के मतभेद रहे थे। जिन्ना और ऐसे लोगों के बीच कम मतभेद थे। लाहौर की एक सभा में मार्च, 1936 में जिन्ना ने कहा था, कि "मेरे अन्दर उस समय से कोई बदलाव नहीं आया है जब मैंने कांग्रेस ज्वाइन की थी।"[10] ख़लीकुज़्ज़मां और उनके दोस्तों को अपने साथ लाने के बदले में जिन्ना ने उन्हें लीग के संयुक्त प्रान्त के संसदीय बोर्ड में बहुमत देने की पेशकश की थी।

लियाक़त की उपेक्षा और उनको निराश करके भी जिन्ना-ख़लीकुज़्ज़मां सन्धि हो गई। जो अधिकार उनको मिलने चाहिए थे, वे दूसरों के हाथ में चले गए थे। गुस्से से भरे लियाक़त ने लीग के सेंट्रल और यू.पी. बोर्ड से इस्तीफा दे दिया; इंग्लैंड रवाना हो गए और वापस आने पर संयुक्त प्रान्त की नई विधानसभा में निर्दलीय हैसियत से सदस्य बनकर पहुँचे। विधानसभा में वे अपने दोस्त, छतारी के नवाब द्वारा गठित नेशनल एग्रिकल्चरिस्ट ग्रुप में शामिल हुए। सदन में वे लीग के सदस्यों के साथ अपने इस विश्वास के चलते नहीं बैठते थे कि "ख़लीकुज़्ज़मां और उनके दोस्तों का कांग्रेस के साथ गुप्त रिश्ता है।"[11]

1937 में संयुक्त प्रान्त की सरकार में लीग को शामिल करने की कांग्रेस की भारी कोशिशों का जिक्र जिन्ना और आज़ादवाले अध्यायों में किया गया है। कहा तो यह भी जाता है कि कांग्रेसी प्रधानमन्त्री पंत ने लियाक़त को भी मन्त्रिमंडल में शामिल करने की पेशकश की थी, पर लियाक़त ने उसे दुबारा ठुकरा दिया। हालाँकि इस बात की प्रामाणिकता संदिग्ध है।[12]

जिस आदमी ने जिन्ना को हिन्दुस्तान लौटने के लिए राजी किया, वह 1937 में लखनऊ में हुए लीग के उस जलसे में शामिल भी नहीं हुआ जो "कांग्रेस शासन और उसके मन्त्रियों द्वारा हिन्दू राज लाने की निन्दा करने" के लिए हुआ था। ख़लीकुज़्ज़मां के प्रयासों का ही नतीजा था कि लखनऊ के जलसे में लीग ने फैसला किया कि कांग्रेस की तरह 'पूरी आजादी' हासिल करना उसका भी लक्ष्य है। डोमिनियन के दर्जे की बात छोड़ दी गई। नया उद्देश्य घोषित करके लीग खुद पर राज से हेलमेल रखने के आरोप से बच सकती थी, इसका यह मतलब कदापि नहीं था कि लीग कांग्रेस से हाथ मिलाने को तैयार थी।

वह एकदम तैयार नहीं थी। दरअसल, लखनऊ के जलसे में कांग्रेस ही लीग की दुश्मन नम्बर एक बन गई। अंग्रेजी राज अब पीछे खिसक गया था। और यह स्थिति लियाक़त और ख़लीकुज़्ज़मां को साथ-साथ काम करने के लिए अनुकूल हो गई थी। और फिर लखनऊ जलसे की सफलता ने लियाक़त को यह भी बता दिया कि लीग के बिना उनका कोई भविष्य नहीं है। 1938 के शुरू में वे अखिल भारतीय सचिव बनकर लीग में लौटे और संयुक्त प्रान्त विधानसभा में भी लीग की टोली में शामिल हो गए। बाद में ख़लीकुज़्ज़मां ने स्वीकार किया कि लियाक़त "प्रभावशाली वक्ता और जबरदस्त हाजिरजवाब," थे और "पार्टी में उनका आना हमारे लिए बेहद फायदेमन्द रहा।"[13]

अधिकांश प्रान्तों में शासन कर रही कांग्रेसी सरकारों की कमियों ने लीग को अनुकूल माहौल दे दिया। इसका फायदा उठाने के लिए कुशल नेतृत्व और संगठन क्षमता की जरूरत थी जो लीग के सौभाग्य से जिन्ना और लियाक़त अली ने पूरी कर दी। उन्होंने दौरे किए, चन्दा जुटाया, प्रतिनिधियों का चुनाव किया, शाखाएँ खोलीं, झगड़ों को निपटाया। चतुर जिन्ना लियाक़त की 1937 की नाराजगी को भुलाते हुए "रोज-ब-रोज उन पर नई जिम्मेदारियाँ डालते गए।"[14] मई, 1939 में जिन्ना ने अपनी वसीयत लिखवाई जिसमें अपनी बहन फातिमा, लियाक़त और बम्बई के एक वकील को साझा हकदार बनाया, लेकिन जैसा कि राना ने लिखा है, "उन्होंने लियाक़त को यह बात कभी नहीं बताई।"[15]

अब देश ने लीग को एक मजबूत और अखिल भारतीय स्वरूप ग्रहण करते देखा। 1940 में लाहौर में लीग की रैली में लियाक़त की भूमिका बहुत ही महत्त्वपूर्ण रही थी। जिन्ना, हक़ और ख़लीकुज़्ज़मां ने भाषण दिए और लियाक़त ने लीग की माँग के अनुरूप नए मुस्लिम मुल्क के बारे में प्रतिनिधियों के मुश्किल सवालों के जवाब दिए। पाकिस्तान की रूपरेखा को ठोस रूप में न पेश करने के ठोस आधार थे—हो

सकता था कि इससे कौम में फूट पड़ जाती और लीग भी कई मामलों में वचनबद्ध होकर कमजोर पड़ती। यह काम लियाक़त ने बड़ी खूबसूरती से किया, पर उनका एक जवाब अवास्तविक था। लीग का नेतृत्व पूरे पंजाब पर अपना दावा क्यों नहीं करता, इस बारे में बार-बार सवाल पूछे जाने पर उन्होंने कहा कि किसी प्रान्त का नाम शामिल करने का मतलब उससे बाहर के इलाकों पर दावा छोड़ देना होगा और लीग दिल्ली और अलीगढ़ पर से मुसलमानों के दावों को नहीं छोड़ना चाहता।[16]

लियाक़त अली ख़ाँ ऊपर ही बढ़ते जा रहे थे। 13 वर्षों तक संयुक्त विधानसभा में रहने के बाद 1940 में वे सेंट्रल एसेम्बली में पहुँचे और लीग के सदस्यों के उपनेता हुए। चूँकि नेता जिन्ना अक्सर बीमार या दूसरे कामों में व्यस्त रहते थे, सो व्यवहार में लियाक़त ही नेता थे। लेकिन लीग को मजबूत करने के उद्देश्य से उन्होंने दौरे करना कम नहीं किया। अगस्त, 1942 से अप्रैल, 1943 के बीच उन्होंने "करीब 14,000 मील की यात्रा की और इस उपमहाद्वीप के प्रत्येक प्रान्त में गए।"[17]

उनका अधिकांश काम मंच से अलग तरहवाला ही होता था, पर पूरा नहीं। मंच से यह नवाबजादा आम मुस्लिम लोगों से उर्दू में बोलता था और उन्हें लीग के झंडे तले एकजुट होने को कहता और गरीबों के प्रति उसकी चिन्ता का यकीन दिलाता था। राष्ट्रवादी मुसलमान आबिद हुसैन, जो लीग के जरा भी प्रशंसक नहीं थे, ने कहा है कि "जुनूनी" लियाक़त अली "आरामकुर्सी पर बैठनेवाले नेता" नहीं थे। वे "आम मुसलमानों तक पहुँचने और उनकी जरूरतों तथा उम्मीदों को समझने की कोशिश करनेवाले नेता थे।" इसके अलावा, आबिद हुसैन बताते हैं, लियाक़त ने जिन्ना को वह काम करने को राजी किया जो उनके पूरे "नजरिए और स्वभाव के विपरीत था" और यह काम था गली-कूचों में रहनेवाले आम मुसलमान तक से रिश्ता बनाना।[18]

1943 के अन्त में, कायद ने प्रभावी रूप में लियाक़त को अपना उत्तराधिकारी बना ही दिया। कराची में लीग के सालाना जलसे में बोलते हुए जिन्ना ने लियाक़त को अपना 'दाहिना हाथ' कहा। उन्होंने आगे कहा :

> *नवाबजादा ने दिन-रात काम किया है और किसी को शायद यह अन्दाजा भी नहीं होगा कि इन्होंने कितने बड़े काम का बोझ उठाया है। इन्हें मुसलमानों का पूरा भरोसा हासिल है। नवाबजादा होने के बावजूद ये एकदम ही आम आदमी जैसे हैं और मुझे पूरा यकीन है कि दूसरे नवाब भी इनके नक्शे-कदम पर चलेंगे।*[19]

कराची के जलसे के कुछ महीने बाद ही लियाक़त ने एक और बोझ उठाना स्वीकार किया—दिल्ली के एंग्लो-अरबी कॉलेज का अध्यक्ष होना। इस पद पर उनका चुनाव मुस्लिम शिक्षा के प्रति उनकी दिलचस्पी का प्रमाण था, जिस पद पर राजनीतिवाले गौर नहीं करते थे। उन्होंने मुस्लिम औरतों की तालीम की जरूरत पर

भी गौर किया था।[20] इस कॉलेज का काम सँभालने से उन्हें शिक्षाशास्त्री जाकिर हुसैन के साथ काम करने का मौका मिला, जो पक्के कांग्रेस समर्थक थे और इस कॉलेज के उपाध्यक्ष चुने गए थे। दोनों ही तरफ से इन दोनों के साथ काम करने पर भौंहें तनीं लेकिन एक-दूसरे से उलझे बगैर दोनों कॉलेज का काम आगे बढ़ाते गए।

अपने एक और 'दुश्मन' से लियाक़त के अच्छे रिश्ते रहे। सेंट्रल एसेम्बली में कांग्रेस के प्रतिनिधि बम्बई के नामी और तेज वकील भूलाभाई देसाई भी थे। लीग के प्रतिनिधियों के कामकाजी नेता होने के चलते लियाक़त अक्सर सदन में देसाई से उलझते रहते थे, लेकिन ऐसे भी मौके आए जब दोनों प्रतिद्वन्द्वी टीमों के नायकों ने अंग्रेजी राज की खामियाँ बताने के लिए हाथ मिला लिया। वायसराय वावेल ने लिखा, "एसेम्बली में मेरी सरकार की धुनाई जारी है।"[21] सदन में हिन्दुस्तानी पार्टियों की जीत का अंग्रेजी राज पर कोई असर नहीं पड़ रहा था लेकिन इससे जनता खुश थी और देसाई तथा लियाक़त भी पास-पास आते लग रहे थे।

हम 1944–45 के दौर की बात कर रहे हैं। दो साल की नजरबन्दी के बाद बीमार गांधी 1944 के मध्य में छूटे थे लेकिन नेहरू, पटेल, आज़ाद और कांग्रेस के अन्य नेता अभी भी जेलों में ही पड़े थे। सितम्बर 1944 में गांधी-जिन्ना की लम्बी बातचीत हुई, पर कोई नतीजा नहीं निकला। इसके बाद जिन्ना बीमार हो गए और लीग के कम-से-कम कुछ लोगों की राय थी कि "अब वे मरने ही वाले हैं।"[22]

यह आरोप लगाया गया कि ऐसा माननेवालों में लियाक़त भी एक थे।[23] और उन्होंने यह भी सोचा था कि बूढ़े होने के चलते ही जिन्ना और गांधी ने अड़ियल रुख अपनाया।[24] कुछ पाकिस्तानी लेखकों ने इशारा किया है कि जिन्ना के पीठ पीछे लियाक़त ने देसाई के साथ कुछ समझौता किया था। दूसरी ओर वावेल का मानना था कि बाद में जिन्ना ने जो यह बयान दिया कि देसाई से लियाक़त की जो बातचीत हुई, उसकी उन्हें कोई जानकारी नहीं थी, वह "सरासर गलत था।"[25]

एक कांग्रेसी मुसलमान सैयद महमूद द्वारा देसाई को लिखी एक चिट्ठी से लगता है कि जिन्ना की जगह लियाक़त का ही दिमाग इस बातचीत के पीछे था।[26] देसाई को यह सूचना देने के बाद कि "अन्तरिम सरकार के गठन और उसमें शामिल होनेवालों के नाम पर सहमति के मसले पर नवाबजादा लियाक़त अली ख़ाँ कांग्रेस के साथ समझौता करना चाहते हैं, यह खबर मिल चुकी है,"[26] महमूद, जो उस समय उनके पास थे और जैसा कि उनके पत्र की भाषा से लगता है कि वे गांधी की तरफ से लिख रहे हैं, देसाई से लियाक़त का मन टटोलने को कहते हैं। इसके तुरन्त बाद गांधी देसाई से, जो लियाक़त के साथ समझौते की बातचीत शुरू कर चुके थे, कहते हैं कि "आप यह जरूर देख लें कि सन्धि पर जिन्ना की मंजूरी हो।"[27]

लियाक़त जिन्ना की जानकारी में काम कर रहे थे या नहीं, यह बात शायद ही कभी पक्के तौर पर स्थापित हो पाएगी। हाँ, एक बात में जरा भी शक नहीं है कि लियाक़त और देसाई ने एक समझौते पर दस्तखत किए थे और इसे गांधी का आशीर्वाद प्राप्त था और स्वस्थ हो चुके जिन्ना ने इसे ठुकरा दिया। इस समझौते

को लियाक़त के दस्तखत के साथ एम.सी. सीतलवाड द्वारा लिखी देसाई की जीवनी के अन्त में परिशिष्ट के रूप में छापा गया है।[28]

समझौते के अनुसार जिन्ना और देसाई को केन्द्र में अन्तरिम सरकार के गठन के लिए न्यौता मिलनेवाला था। इस सरकार में कांग्रेस और लीग के पाँच-पाँच लोग और दो बाहरी लोग रहने थे। प्रान्तों में भी कांग्रेस-लीग गठबन्धन होने थे। यह सहमति हुई थी कि नई सरकार पहला फैसला जेल में बन्द कांग्रेसी लीडरों की रिहाई का करेगी। पाकिस्तान जैसे पुराने पड़े मसलों का इसमें जिक्र नहीं था।

जैसाकि वी.पी. मेनन कहते हैं, समझौते की विशेषता थी कि "इसमें बहुत उम्मीदें नहीं बाँधी गई थीं, कि इसमें मुख्य पार्टियों के बीच मतभेद के मुद्दों से बहुत छेड़छाड़ करने की कोशिश नहीं की गई थी, और कि यह बहुत सही समय पर हुआ था।"[29] वायसराय वावेल इस तरह का समझौता करा देना चाहते थे, इसी कारण इसका समय बहुत उपयोगी हो गया था।

जनवरी, 1945 में देसाई ने वावेल को लियाक़त के साथ अपने समझौते और इस पर गांधी की सहमति के बारे में बताया। उन्होंने साथ ही कहा कि "मुझे यकीन है कि जिन्ना को इस बात की जानकारी है और उन्होंने मेरे और लियाक़त के बीच हुई सन्धि पर सहमति जाहिर की है।" वावेल ने ब्रिटेन की सरकार को सूचना दी कि "इस योजना से राजनैतिक मामलों में प्रगति करने का बेहतरीन मौका मिला है।"[30] लेकिन जब वावेल के कहने पर बम्बई के गवर्नर कोल्विले ने जिन्ना से पूछा कि "देसाई के प्रस्ताव पर आपकी क्या राय है," तो कायद ने, वावेल के शब्दों में, "देसाई से लियाक़त की बातचीत के बारे में कोई जानकारी होने से इनकार किया।"[31] जिन्ना ने इस आशय के सार्वजनिक बयान भी जारी किए।

पर अपनी बात पर डटे देसाई ने वावेल के स्टाफ के वरिष्ठ अधिकारी वी.पी. मेनन से कहा कि "जिन्ना के खंडन को गम्भीरता से लेने की जरूरत नहीं है," क्योंकि देसाई के अनुसार, "यह बहुत ही लाग-लपेट वाली भाषा में है।" देसाई ने आगे कहा, "जिन्ना भले ही अभी भोजन को देखकर भुनभुनाएँ, पर इसे खाएँगे जरूर।"[32] वावेल ने यह भी सुना कि "देसाई अपने दोस्तों के बीच विभागों का वितरण भी कर रहे थे।[33] पर उनका अति आत्मविश्वास गलत आधार पर टिका था। जिन्ना की तरफ से एकदम पक्का निर्देश आ जाने पर लियाक़त ने 26 मार्च, 1945 को सेंट्रल एसेम्बली में कहा कि देसाई के साथ उनकी कथित सन्धि "एक ऊटपटाँग किस्सा" भर है।[34] निजी बातचीत में उन्होंने देसाई से कहा कि "सियासी कारणों से उन्हें यह खंडन करना ही पड़ा।"[35] देसाई ने सदन में लियाक़त के इस कथन का खंडन नहीं किया। छह महीने बाद लियाक़त ने बताया :

> *देसाई के साथ मेरी बातचीत में, जो पूरी तरह व्यक्तिगत थी, मैंने उनसे एकदम स्पष्ट कहा था कि मैंने जो कुछ भी उनसे कहा है वह मेरी जाती राय थी और मैं न तो लीग या न किसी भी और आदमी की तरफ से बोल रहा था।"*[36]

जो सन्धि लीग को सत्ता में जनसंख्या के हिसाब से भी ज्यादा हिस्सा दिला रही थी उसे जिन्ना ने क्यों नामंजूर कर दिया ? क्योंकि इसमें कांग्रेस को किसी मुसलमान को अपनी तरफ से मनोनीत करने पर मनाही नहीं थी। इस मामले में लियाक़त जिन्ना से अधिक नरम रुखवाले थे। जिन्ना के जीवनीकार मुज़ाहिद के तीखे शब्दों के अनुसार तो वे, "समझौता करने को तैयार थे।"[37] लेकिन कायद को इतनी बुद्धि थी कि ऐसा करने पर भी अपने सहायक को दंडित न किया जाए। उन्हें मालूम था कि लियाक़त को दंडित करने की जगह माफ करके उनसे बेहतर काम लिए जा सकते हैं।

हर आदमी इस बात से सहमत नहीं है कि हमने जिस प्रसंग को अभी देखा है, उसमें लियाक़त सिर्फ अपने मन की ही कर रहे थे। जिन्ना-लियाक़त के बीच सहमति से यह सब होने की बात मानते हुए के.एम. मुंशी का सोचना है कि, "भूलाभाई देसाई अपने मित्र लियाक़त द्वारा उनके लिए बिछाए फंदे में फँस गए।"[38] इस हिसाब से लियाक़त ने देसाई से लीग के लिए किसी भी केन्द्रीय सरकार में बराबरी का हक़ हासिल कर लिया जिससे जिन्ना ने आगे बराबरी को तो अपना हासिल हक़ माना और उससे भी अधिक माँग की। इसके विपरीत मुजाहिद ने लियाक़त पर 'शिथिलता' और कांग्रेस के साथ 'गोपनीय समझौता' करने का आरोप लगाया।[39]

ये परस्पर विरोधी नजरिए इस उपमहाद्वीप में मौजूद सन्देह को ही बताते हैं। हाँ, एक बात साफ लगती है कि देसाई और लियाक़त, दोनों ही समझौते और सरकारी ओहदा पाने के उत्सुक थे। समझौता और सरकार दोनों साथ ही मिल सकते थे। और दोनों ने ही सोचा, जिसमें लियाक़त गलत थे कि उनके उस्ताद, गांधी और जिन्ना इस काम को अपनी मंजूरी देंगे।

देसाई-लियाक़त सन्धि की इस दुर्गति के बाद वावेल की पहल पर शिमला में सम्मेलन हुआ जो सफल नहीं रहा। हमने इस सम्मेलन के बारे में पिछले अध्यायों में पढ़ा है और यह जिन्ना की इस जिद के चलते टूटा कि सिर्फ वे ही केन्द्रीय सरकार के मुस्लिम सदस्यों का नाम तय करेंगे। इस बैठक की असफलता से सिर्फ कांग्रेसी लोगों को ही निराशा हुई जो मन्त्री बनने की आस लगाए बैठे थे। इस बैठक की असफलता घोषित होने के ठीक पहले दिल्ली के ऊपर हाउस में लीग के सदस्यों के नेता हुसैन इमाम ने वी.पी. मेनन से, जो बैठक के एक सचिव थे, आग्रह किया कि इस जिच को तोड़ने के लिए इतनी रात गए भी लियाक़त से भेंट करवा दें। मेनन ने लिखा है :

मैंने लियाक़त अली ख़ाँ को फोन किया जो मुझसे मिलने के लिए झट से सहमत हो गए–अपनी बातचीत के दौरान वे कहीं से भी मुझे सहयोग न

करनेवाले नहीं लगे। लियाक़त ने मुझसे कहा कि वे जिन्ना से सलाह-मशविरा करेंगे और अगले दिन मुझे उनकी प्रतिक्रिया बताएँगे। लेकिन मुझे उनसे कोई सन्देश नहीं मिला।'[40]

बारह वर्ष पहले लियाक़त ने जिन्ना से मुकाबला करने की जगह उनकी मदद करने का निश्चय किया था। वे जिन्ना के सामने उनकी राय के विपरीत नजरिया भी, अपना या दूसरों का, रखते थे और फिर कायद जो फैसला कर दें, उसके अनुसार काम करते थे। जैसा कि जिन्ना ने कहा था कि वे उनके दाहिने हाथ थे, दिमाग नहीं।

लियाक़त के बारे में वावेल की राय बहुत ज्ञानवर्द्धक है। वे डायरी रखा करते थे इसीलिए यह उपलब्ध है और यह दोनों ही लोगों के बारे में बताती है। इससे वावेल एक ऐसे वायसराय के रूप में सामने आते हैं जो हिन्दुस्तानियों में विनम्रता और हिन्दुस्तान में शान्ति चाहते थे। वे गांधी या जिन्ना के एक ही धुन में लगे रहने को पसन्द नहीं करते थे, और गांधी को उन्होंने उग्र विरोधी माना तो जिन्ना को गुस्ताख। लेकिन लियाक़त के बारे में उनकी राय अलग थी, जो अक्तूबर, 1946 से कांग्रेस-लीग गठबन्धन सरकार में वित्तमन्त्री थे। शिमला बैठक में वावेल और लियाक़त की भेंट हुई थी लेकिन जनवरी, 1946 के पहले उनके बीच विस्तार से बातचीत नहीं हुई। इस भेंट के बाद वावेल की टिप्पणी थी कि सैयद अहमद के नजरिए में लियाक़त की शुरुआती आस्था मरी नहीं है :

> *लियाक़त अली ख़ाँ एक आकर्षक व्यक्ति हैं और जिन्ना की तुलना में इनसे बात करना आसान और सुखद है...उन्होंने कहा हमें (अंग्रेज) अभी अनेक बरस और रहना होगा और मुस्लिम इस बात को लेकर बेचैन नहीं हैं कि हम यहाँ से चले जाएँ। हिन्दुस्तान अपने दम पर खड़ा नहीं हो सकता और किसी और भी खराब देश का गुलाम हो जाएगा। (24 जनवरी 1946)*[41]

बाद में वावेल ने लिखा :

> *वे भले और मिलनसार आदमी हैं। (8 मार्च 1946)*[42]
>
> *ये हैं लियाक़त, ठोस, जिन्दादिल, कभी-कभार ही पर शान्त ढंग और तार्किक तरीके से जिन्ना की बात बोलनेवाले। (4 मई 1946)*[43]
>
> *मैंने लियाक़त को देखा और उनसे कहा कि 16 मई के बयान को लीग स्वीकार कर ले यह बहुत जरूरी है। उन्होंने मुझे जिन्ना से मिलने को कहा। लियाक़त सन्तुलित दिमागवाले लगते हैं। (26 अक्तूबर 1946)*[44]
>
> *मन्त्रिमंडल की बैठकों में लियाक़त को छोड़कर लीग का अन्य कोई सदस्य बढ़िया प्रदर्शन नहीं करता, पर वे हरदम बहुत ही अच्छे ढंग से बात करते हैं। (21 जनवरी 1947)*[45]

मैंने हरदम लियाक़त को पसन्द किया है और उनको सामान्य सोच से भरा माना है लेकिन वे हिन्दुओं के लिए किसी काम के नहीं हैं। फिर भी मुझे लगता है कि अगर वे जिन्ना के स्थान पर होते तो हम कोई समाधान निकाल लेते। (8 मार्च 1947)[46]

कैबिनेट मिशन की सवैधानिक योजना, इस पर आपत्तियों और कांग्रेस तथा लीग द्वारा इसकी परस्पर विरोधी व्याख्याएँ करने, लीग द्वारा इसे मानकर फिर इनकार करने और सीधी कार्रवाई का नारा देनेवाले किस्से को दोहराने की जरूरत नहीं है। लेकिन हम गौर कर सकते हैं कि इस आह्वान के बाद जब अनेक मुसलमानों ने राज द्वारा दी गई पदवियों को लौटाया तो लियाक़त ने घोषणा की कि ''मेरे नाम में नवाबजादा उपाधि विलायती सरकार ने नहीं जोड़ी है फिर भी मैं आगे से चाहूँगा कि मुझे मिस्टर लियाक़त अली खान कहा जाए।''[47]

अक्तूबर, 1946 में लीग द्वारा दीर्घकालिक योजना को ठुकरा देने के बावजूद वावेल ने सरकार में लीग को जगह दी और सोचा कि इससे हिन्दू-मुस्लिम विवाद शान्त पड़ेगा, एक महीने बाद, कांग्रेस के लगातार दबाव के बाद वावेल ने लियाक़त से कहा कि दीर्घकालिक योजना को मंजूर किए बिना लीग सरकार में नहीं रह सकती। वायसराय को हैरान करनेवाली सख्ती दिखाते हुए लियाक़त ने उनसे कहा कि इस योजना को मंजूर करने की जगह वे और लीग के उनके साथी मन्त्री पद छोड़ना पसन्द करेंगे। वे एक ही शर्त पर इस योजना को मानेंगे कि जब कांग्रेस लीग की व्याख्या को मान ले। वावेल ने ब्रिटेन सरकार को खबर दी कि ''उन्होंने लियाक़त के साथ घंटे-भर से अधिक समय तक बात की, पर उन्हें डिगा पाने में असफल रहे।''[48]

अब लियाक़त सिर्फ जिन्ना की बात दोहरानेवाले ही नहीं रह गए थे। उन्होंने अपनी जुबान पा ली थी। इसने जिन्ना की नीतियों का बचाव तो किया, पर इसके मालिक अब लियाक़त खुद थे। लीग के लिए यह आवाज बहुत ही मूल्यवान थी। जब दिसम्बर में ब्रिटेन के प्रधानमन्त्री एटली ने नेहरू, जिन्ना, लियाक़त और बलदेव सिंह को बातचीत के लिए लन्दन बुलाया तो ब्रिटेन सरकार के आगे लीग का पक्ष जिन्ना और लियाक़त, दोनों ने ही रखा। अगर हम वावेल के विवरण पर भरोसा करें तो लन्दन में लियाक़त की चौकसी से क्रिप्स, जिन्हें लीग और वावेल कांग्रेस-परस्त मानते थे, मुश्किल में पड़ गए।[49]

लियाक़त को जवाहरलाल नेहरू के साथ अच्छे रिश्ते बनाने थे, जो वायसराय की एक्जिक्यूटिव कौंसिल के उपाध्यक्ष थे, लेकिन उनके लोग उन्हें असली प्रधानमन्त्री मानते थे। संयुक्त प्रान्त के एक नवाब के अन्दाज राजनैतिक जरूरतों से टकराए भी और उनके अनुसार बदले भी। मुजाहिद के शब्दों में, लीग ''कांग्रेस के साथ बैठने के लिए नहीं, उसका विरोध करने के लिए'' सरकार में शामिल हुई[50] और लियाक़त ने कहा कि नेहरू कांग्रेसी खेमे के नेता होने के अलावा किसी और

के नेता नहीं हैं। उन्होंने आगे कहा कि "मुसलमान खेमा अपने नेता, जो वे खुद थे, के अधीन काम कर रहा है।"[51]

इस असामान्य विवाद को निपटाने के लिए वावेल, नेहरू और लियाक़त बातचीत करने बैठे। इस बैठक के बारे में हमारे पास सिर्फ वावेल उपलब्ध हैं, और उनके अनुसार "नेहरू अचानक ही उबल पड़े और बोले कि लीग उनको व्यवहार रूप में प्रधानमन्त्री मानने को तैयार नहीं है, इसलिए गठबन्धन की बात करना बकवास है।" जब नेहरू थोड़ा शान्त हुए तो अब तक "बहुत शान्त और संयत" बैठे लियाक़त ने कहा कि "मुस्लिम लीग के सदस्य मन्त्रिमंडल में पूरा सहयोग करने को तैयार हैं, पर नेहरू को इसका प्रमुख मान लेने को तैयार नहीं हैं।"[52] और भी ऐसे मौके आए जब वावेल को लगा कि नेहरू और लियाक़त में बोलचाल का रिश्ता नहीं है।[53] फिर भी जब ये दोनों एक साथ दंगों से प्रभावित इलाकों में गए तो सहयोग और आपसी सद्भाव का प्रदर्शन ही किया।

वित्तमन्त्री के हाथ लम्बे हो सकते हैं या किए जा सकते हैं, यह लियाक़त ने दिखा दिया। वे या वित्तसचिव चौधरी मुहम्मद अली, जिन्होंने लीग और लियाक़त को अपनी सेवाएँ देने की पेशकश की थी,* कांग्रेस द्वारा जारी नियुक्तियों या उनकी तरफ से आई परियोजना पर जरूर नुक्ताचीनी करते थे या उसे मंजूरी देने में देर लगाते थे। इस बात पर सबसे ज्यादा नाराजगी प्रकट की गृहमन्त्री पटेल ने। बिहार से, जहाँ डरावने दंगे फूट पड़े थे, लौटने के बाद वावेल ने पाया कि "पटेल और लियाक़त में दोस्ताना सम्बन्ध थे, पर गठबन्धन का अनुभव पटेल के मन में हिन्दुस्तान की एकता के विश्वास को उठा दे रहा था। दिसम्बर, 1946 में या जनवरी, 1947 में पटेल और वी.पी. मेनन ने फैसला कर लिया कि ऐसे गठबन्धन से तो विभाजन ही बेहतर है।"[55]

फिर फरवरी में लियाक़त ने जो बजट पेश किया, उससे पटेल और मेनन को पक्का यकीन हो गया कि उनका फैसला ठीक था। यह एक चालाकी-भरा बजट था,** हिन्दू और मुसलमान, गरीबों ने इसकी सराहना की, कांग्रेस के अमीर समर्थकों ने इसकी आलोचना की, पटेल ने भी ऐसा ही किया और नेहरू को समझ नहीं आया कि इसका समर्थन करें या विरोध। लीग को पैसा देनेवालों ने भी इसे नापसन्द किया, पर उनकी संख्या उतनी अधिक नहीं थी जितनी कांग्रेस को पैसा देनेवालों की। यह कहा गया कि लियाक़त ने कांग्रेस के वामपंथी और दक्षिणपंथी धड़ों के बीच अलगाव पैदा करने की कोशिश की।[56] यह भी कहा गया कि लियाक़त "देश की अर्थव्यवस्था को बर्बाद करके पाकिस्तान चले जाना चाहते थे।"[57] उनके समर्थकों ने कहा कि 1943 में जिन्ना ने लियाक़त को 'आम आदमी' कहा और लियाक़त ने खुद भी संसद में कहा :

---

* इसी तरह वी.पी. मेनन ने अपनी सेवाएँ पटेल को दी थीं।

** इसकी विशेष बातें थीं : कर चोरी के लिए आयोग बनाना, नमक कर समाप्त करना, कम आयवाले लोगों पर से आयकर हटाना, 1,00,000 रुपये से अधिक के व्यावसायिक लाभ पर 25 प्रतिशत कर और पूँजीगत लाभ पर कर।

हिन्दुस्तान साफ दिखाई देनेवाले विरोधाभासों और भेदभाववाला समाज है...और वैसे तो मैं उन लोगों में से नहीं हूँ जो निजी सम्पत्ति को पूरी तरह समाप्त करने और सभी कमाई को बराबर कर देना ही इस मसले को मिटाने का एकमात्र समाधान मानते हैं...लेकिन मैं कुरान द्वारा दिए आदेश में भरोसा करता हूँ, जो कुछ लोगों द्वारा जायदाद हड़पकर बैठ जाने के खिलाफ है।"[57]

लीग का सौभाग्य था कि जिस चीज को लियाक़त ने अपनी पक्की आस्था या इस्लाम के अनुरूप माना, वह बहुत चालाकी-भरा भी था। वावेल और उनके उत्तराधिकारी माउंटबेटन के कहने पर उन्होंने इस बजट के जरिए अपने और लीग के लिए एक मनोवैज्ञानिक जीत हासिल की।

जिन्ना को सही ही पाकिस्तान का निर्माता कहा जाता है, पर इसको बनाने में लियाक़त की भूमिका भी छोटी नहीं थी। उन्होंने अपने दम पर कभी भी पाकिस्तान को नहीं हासिल किया होता, जिन्ना के बगैर उन्होंने इस बारे में कोशिश भी नहीं की होती। लेकिन यह बात सवाल उठाने योग्य है कि अगर 1933 में लियाक़त ने इंग्लैंड में उन्हें प्रेरित नहीं किया होता तो क्या वे हिन्दुस्तान लौटते, और कि तीस के दशक के अन्तिम वर्षों और चालीस के दशक के शुरू में किए गए उनके भारी श्रम का भी काफी महत्त्व है। जिन्ना के बिना पाकिस्तान नहीं हुआ होता, लियाक़त के बिना जिन्ना इसे हासिल नहीं कर पाए होते।

इस सचाई और फिर अन्तरिम सरकार के अनुभवों ने लियाक़त को पाकिस्तान में मनचाहा दूसरे नम्बर का पद लेने के काबिल बना दिया। पहला पद तो कायद को ही जाना था, अगर माउंटबेटन हिन्दुस्तान और पाकिस्तान दोनों के गवर्नर जनरल हुए होते—जैसा कि एक समय सभी पक्षों के बीच विचार-विमर्श हुआ भी था तो जिन्ना पाकिस्तान के पहले प्रधानमन्त्री और लियाक़त अली उनकी सरकार में नम्बर दो पर होते। लेकिन ऐसा हो नहीं सका, जिन्ना ने इस प्रस्ताव का विरोध किया और लियाक़त अली ने खुद को उसी दर्जे में पाया जिस पर हिन्दुस्तान में जवाहर लाल बैठे : पाकिस्तान का पहला प्रधानमन्त्री। लियाक़त के इस गौरव में अब कोई कभी भी भागीदारी नहीं कर सकता।

हाँ, बदले में उन्हें दिल्ली का अपना विशाल मकान छोड़ना पड़ा और प्रधानमन्त्री होने के बावजूद वे इस उपमहाद्वीप के करोड़ों लोगों की तरह एक शरणार्थी ही थे। अपनी पत्नी राना और दो बेटों के साथ दिल्ली छोड़ने के पहले उन्हें विभाजन के और भी फलों को चखना पड़ा था। प्रशासनिक अधिकारियों, सेना, संस्थाओं, रिकॉर्ड, जायदाद और देनदारियाँ, सबका बँटवारा होना था। जिन्ना के साथ लियाक़त विभाजन परिषद* में बैठे और अधिकारियों की मदद से एक-एक विवरण में लगे

---

* कांग्रेस का प्रतिनिधित्व पटेल और राजेन्द्र प्रसाद ने किया था।

रहे, जबकि देशभर के अनेक शहरों और गाँवों में हिंसा, बदला, गुस्सा अपना रंग दिखाते रहे और लाखों हिन्दू, मुस्लिम और सिख इनके शिकार बने।

बड़ी संख्या में मुसलमान अधिकारी कराची चले गए। ऐसा सिर्फ महत्वाकांक्षा और डर के कारण ही नहीं हुआ था। इनमें से अनेक नए राष्ट्र के शुरुआती काम में लगना चाहते थे। अनेक तो अपने परिवार के पहुँचने के पहले ही चले गए थे। दूसरी तरफ पलायन कर रहे हिन्दुओं और और सिखों के मन में भी ऐसी ही योजनाएँ थीं। बाद में लियाक़त ने कहा कि अनेक अधिकारी और दस्तावेज तो उन रेलगाड़ियों में ही समाप्त हो गए, जिनमें वे पाकिस्तान जा रहे थे; और उन्होंने पाकिस्तान के पहले दौर के अधिकारियों की प्रशंसा की :

> *जब आज़ादी का झंडा फहराया गया तो हमारे अधिकारियों के पास न कुर्सी थी, न कलम, न दवात, न कागज–मैं यह साफ कर देना चाहता हूँ कि पाकिस्तान में सफल प्रशासन का श्रेय न तो मुझे जाता है न मेरे मन्त्रियों को। इसका एकमात्र श्रेय हमारी सरकार के अधिकारियों की लगन और मेहनत को जाता है।*[59]

जब तक जिन्ना जिन्दा थे, लियाक़त के पास उतने अधिकार नहीं थे जितने हिन्दुस्तान के प्रधानमन्त्री नेहरू को थे। पाकिस्तान में जिन्ना ही सारे मुख्य फैसले लेते थे। वे सरकार, पार्टी और संविधान सभा के प्रमुख थे, जो संसद के अधिकारों से भी लैस थी, कश्मीर और सीमा के मसले उनके सीधे नियन्त्रण में थे। फिर भी कायद अक्सर बीमार हो जाते थे। ऐसे समय में, जैसा कि चौधरी मुहम्मद अली ने पाया, लियाक़त पूरा चार्ज अपने हाथ में लेते थे और अपने फैसलों और पहल पर ही यकीन करते थे।[60]

शरणार्थियों को बसाना उनकी पहली चिन्ता थी, जैसा कि भारत में नेहरू और पटेल के साथ भी था। 1949 के शुरू में उन्होंने कहा था कि अब तक 70 लाख शरणार्थी पाकिस्तान आए हैं।[61] उन्होंने साथ ही कहा कि 50 लाख हिन्दू और सिख हिन्दुस्तान चले गए हैं। 1948 के मध्य तक के आँकड़े देते हुए वी.पी. मेनन कहते हैं कि 55 लाख गैर-मुस्लिम वहाँ से हिन्दुस्तान आए हैं।[62] इन दोनों के दिए आँकड़ों में अन्तर पर गौर करना जरूरी लगता है। 1957 में प्रकाशित अपनी किताब में मेनन पंजाब के दृश्य का, दिल्ली से लगाए अनुमान के अनुसार, वर्णन करते हैं :

> *जो चीज बूँद-बूँद रिसने के रूप में शुरू हुई, उसने जल्दी ही बाढ़ का रूप ले लिया–अपनी जमीन से उजड़े लाखों लोग भारी मानसिक सदमे की स्थिति में थे। वर्णन न किए जा सकनेवाले आतंक के माहौल में वे अपने घरों से भगाए गए थे–अधिकांश लोगों को तो बस अचानक ही भाग खड़े होना पड़ा। उन्होंने अपने सगे-सम्बन्धियों को अपनी आँखों के सामने टुकड़े होते, अपनी जायदाद लुटते और आग के हवाले होते देखा था...उनके पास भागकर जान*

बचाने के अलावा कोई और रास्ता नहीं था। उन्होंने जो कुछ देखा था उसका आतंक उनके मन में था और साथ ही था अपने रिश्तेदारों के गायब होने, अपनी औरतों के अपहृत होने का गुस्सा।[63]

फरवरी, 1949 में कराची में लीग की एक बैठक में लियाक़त ने कहा :

मुसलमान हजारों की संख्या में मरने लगे। हजारों औरतों का अपहरण हो गया। हजारों बच्चों के टुकड़े कर दिए गए। लाखों शरणार्थी पाकिस्तान पहुँचे। उनके सिर के ऊपर आसमान था और पाँवों के नीचे जमीन—भूखे, नंगे, बीमार, कमजोर, ये लोग सैकड़ों मील पैदल चलकर आए। रास्ते में वे अक्सर पूछते थे, "क्या पाकिस्तान आ गया ?" नहीं का जवाब पाकर उनका दिल बैठ जाता था। सीमा तक पहुँचकर इनमें से अनेक ने कहा, "खुदा का शुक्र है" और गिर पड़े तो फिर कभी भी नहीं उठे....[64]

अगर, जैसा कि लीग ने हरदम कहा, हम दो राष्ट्र थे तब भी हम अमानवीयता, एकपक्षीय नजरिए और अपने मताग्रहों के मामले में एकदम एक समान थे। मेनन का बयान है कि "जब आतंकित शरणार्थी दिल्ली शहर में आने लगे तो राजधानी में यह अफवाह जोरों पर थी कि मुसलमानों ने नई सरकार को उखाड़ फेंकने और राजधानी पर कब्जा करने का षड्यन्त्र रचा है।"[65] और ठीक ऐसी ही बात लियाक़त ने कराची के भाषण में कही कि "अगर अफवाहों पर यकीन करें तो यह कि किसी भी दिन पाकिस्तान पर हमला हो सकता है और एक ही हमले में यह गुलाम हो जाएगा।"[66]

पाकिस्तान पर हमला होगा, इस अफवाह का जिन्ना ने खंडन नहीं किया। उनके कहने पर पाकिस्तान के गठन के बाद के महीने में लियाक़त महीनों लाहौर में रहे। बाद में उन्होंने लिखा, "कायद-ए-आज़म ने मुझसे कहा था कि पाकिस्तान को कराची से नहीं, लाहौर से बचाया जा सकता है।[67]

लियाक़त और जिन्ना ने, जिनकी ताकत दिन-ब-दिन खत्म होती जा रही थी, खुद को कश्मीर की लड़ाई, इस मसले पर राष्ट्र में विवाद, स्थल सेना, नौसेना और वायुसेना को गठित करने (पाकिस्तान को सिर्फ क्वेटा के स्टाफ कॉलेज के रूप में सैनिक प्रशिक्षण का एकमात्र संस्थान मिला), शरणार्थियों की समस्याओं, ब्लूचिस्तान और पश्चिमोत्तर सीमा प्रान्त के कबीलाई विवादों एवं केन्द्रीय बैंक के गठन...में जोड़ दिया।

लियाक़त ने जिन्ना के इस विचार का बेहिचक समर्थन किया कि लीग के द्वार गैर-मुसलमानों के लिए भी खोल दिए जाएँ। यह बात कराची के पत्रकार एम.एस.एम. शर्मा ने पाई थी। पर लीग के बाकी लोगों के विरोध के चलते इस

प्रस्ताव को छोड़ दिया गया।[68] गैर-मुस्लिम अधिकारी पाकिस्तान में ही बने रहें और वहीं नौकरी करें, इस सवाल पर भी इन दोनों की राय एक ही थी। हिन्दू और सिख अधिकारियों को लगता था कि वे वहाँ काम नहीं कर पाएँगे। जब लियाक़त ने इन लोगों के लिए तर्क दिया कि, "जो लोग एक विलायती हुकूमत के अधीन काम कर सकते थे वे खुद अपनी सरकार का काम क्यों नहीं कर सकते," तो वह खुद से ही दो राष्ट्रवाले लीग के बुनियादी सिद्धान्त पर ही सवाल खड़े कर रहे थे, लेकिन पश्चिम पाकिस्तान के अधिकांश हिन्दू और सिखों ने इसे मान लिया।[69]

जिन्ना की बीमारी के चलते वे क्वेटा और जियारत में उन्हें देखने जाते थे। जैसा कि हमने जिन्ना वाले अध्याय में देखा है, प्रधानमन्त्री को जिन्ना की हालत के बारे में समय पर और पर्याप्त सूचनाएँ नहीं दी जाती थीं और उन्हें अटकलें लगाने दिया जाता था। ऐसा लगता है कि कायद की बहन फातिमा जिन्ना ही इसके लिए अधिक जिम्मेदार थीं। अपने भाई से उनका लगाव इतना ज्यादा और लम्बे समय का था कि जिन्ना से लियाक़त और राना के रिश्तों को वह बहुत आसानी से पचा नहीं पाती थीं। कायद की मौत के कुछ समय बाद उन्होंने दावा किया कि एक बार जब लियाक़त जिन्ना को देखने के लिए जियारत आए थे तो उनके वापस होने के बाद कायद ने अपनी लड़खड़ाती आवाज में मुझसे कहा, "तुम्हें मालूम है क्यों आया है ? वह जानना चाहता है कि मैं कितना गम्भीर बीमार हूँ और मैं कब तक जिन्दा रहूँगा।"[70]

पाकिस्तान के दूसरे सबसे महत्त्वपूर्ण व्यक्ति होने के चलते लियाक़त का अधिकार था और उनके लिए यह जरूरी भी था कि कायद की बीमारी कितनी गम्भीर है, यह जानें, लेकिन या तो जिन्ना इतने बीमार थे कि उन्हें इस बात का होश नहीं था या यही अधिक सम्भव लगता है कि फातिमा ने जिन्ना की प्रतिक्रिया को अपने हिसाब से बदलकर बताया था। लियाक़त की इस बात के लिए तारीफ की जानी चाहिए कि बिस्तर पर पड़े जिन्ना के पास जाने पर उन्हें जो उपेक्षा और नाराजगी का भाव मिला उसको उन्होंने अपने मान-सम्मान से नहीं जोड़ा। निश्चित रूप से जिन्ना से उनके फातिमा से अलग तरह के सम्बन्ध थे, पर ये भी महत्त्वपूर्ण और कीमती थे। इन्हीं सम्बन्धों ने इतिहास बनाया। लेकिन अक्सर ऐसी सच्चाइयों का एहसास शासक के आसपास के लोगों को नहीं होता।

पाकिस्तान को "जिन्ना का बनाया महल"[71] कहा गया था और जब 11 सितम्बर, 1948 को इसका निर्माता मर गया तो अनेक लोगों को लगा कि कहीं यह महल ही न गिर जाए। जॉर्ज बर्नार्ड शॉ ने नेहरू को लिखा, "अगर जिन्ना को कोई योग्य अधिकारी न मिला तो शायद आपको ही इस पूरे भूखंड पर राज करना पड़ेगा।"[72] लेकिन लियाक़त तैयार थे। नज़ीमुद्दीन गवर्नर जनरल बने लेकिन सत्ता आत्मविश्वास-भरे प्रधानमन्त्री के हाथ में आई जिसका इस मुल्क में पूरा भरोसा था, अपनी इस मान्यता को दोहराते हुए कि पाकिस्तान हासिल नहीं हुआ है, ईश्वर से उपहार में मिला है, फरवरी 1949 में लियाक़त ने कहा :

मैं आपको भरोसा दिलाता हूँ कि मेरे मन में कभी भी यह शुबहा पैदा नहीं हुआ कि पाकिस्तान नहीं बन पाएगा। मैं मानता हूँ कि हमने ऐसा कुछ बड़ा नहीं किया कि पाकिस्तान हासिल होने जैसा मनोरथ मिले, ऐसे में अगर अपने गलत कामों से खुद को इसके लिए लिए नालायक न साबित कर दें, खुदा इसे हमसे वापस नहीं लेगा।[73]

इन शब्दों में सच्चाई झलकती है और वे इसे किस सन्दर्भ में कह रहे थे, इससे फर्क नहीं पड़ता। वे 1947 की मुश्किलों के समय नहीं, कायद की मौत के बाद के हालात के सन्दर्भ में यह बात बोल रहे थे। खैर, लियाक़त ने अपने आत्मविश्वास को नहीं छुपाया। कायद की मौत के कुछ दिनों के बाद ही वे देश भर में घूम-घूमकर इस आत्मविश्वास का प्रदर्शन कर रहे थे और दावा कर रहे थे कि अगर पाकिस्तान पर हमला हुआ तो "वे, उनके साथी और सारे पाकिस्तानी इसकी एक-एक इंच जमीन की रखवाली के लिए अपने खून का आखिरी कतरा भी बहा देंगे।"[74] सिर्फ भारत और पाकिस्तान ही में नेता इस तरह की बातों से लोगों को उत्तेजित नहीं करते। पर पाकिस्तान के लोग उत्तेजित हुए और लियाक़त का आत्मविश्वास देखकर आश्वस्त भी। उनका आत्मविश्वास बढ़ानेवाली एक और बात हुई, जो सिर्फ पाकिस्तान तक ही सीमित नहीं थी। जिन्ना की मौत के अगले महीने वे लन्दन में हुए प्रधानमन्त्रियों के सम्मेलन में भाग लेने गए। अब करीब-करीब अवकाशवाला जीवन बिता रहे वावेल ने लियाक़त के साथ भोजन करते हुए उन्हें "अच्छी हालत में, अच्छा दिखते हुए और बहुत ही मित्रवत" पाया और उन्होंने पाकिस्तान के मन्त्रिमंडल को "तेज तो नहीं पर ईमानदार" बताया।[75]

संयुक्त प्रान्त के उनके पुराने प्रतिद्वन्द्वी ख़लीकुज़्ज़मां जिन्ना के बाद लीग के अध्यक्ष बने और अब पश्चिमी पाकिस्तान में स्थित कराची राजधानीवाले इस मुल्क में गवर्नर जनरल पूर्वी बंगाल का, प्रधानमन्त्री और पार्टी प्रमुख संयुक्त प्रान्त का, हो गया था। कराची के बारे में ऊँची कल्पना करनेवाले लियाक़त ने उम्मीद जाहिर की कि "जल्दी ही यह एशिया का सबसे महान शहर हो जाएगा।"[76]

उन्होंने पाया कि पाकिस्तानी खुद को मुसलमान की जगह पंजाबी, हिन्दी, बंगाली वगैरह ही मानते हैं। जिन्ना की तरह यह सोचते हुए कि उर्दू नए मुल्क के दोनों हिस्सों को जोड़ देगी, लियाक़त ने "पूरे पाकिस्तान के प्राथमिक से ऊपर के स्कूलों में उर्दू की पढ़ाई अनिवार्य कर दी," जिसमें पूर्वी बंगाल भी शामिल था, "पश्चिमी पाकिस्तान में बांग्ला को वैकल्पिक विषय बनाया गया।[77] यह बात बांग्लाभाषियों को उचित नहीं लगी लेकिन बंगाल के लोगों के अलगाव के भाव का अन्तिम नतीजा क्या निकला, इसे देखने तक लियाक़त जिन्दा नहीं रहे।

सितम्बर, 1949 में जब पाउंड का अवमूल्यन हुआ तो भारत और पाकिस्तान के बीच मेल का अभाव साफ दिखा। पाउंड के अवमूल्यन के बाद भारत ने अपने रुपए का भी अवमूल्यन कर लिया; पर पाकिस्तान ने ऐसा नहीं किया और अब

100 पाकिस्तानी रुपयों की कीमत 150 हिन्दुस्तानी रुपए हो गई थी। एक आर्थिक युद्ध शुरू हो गया, भारत का कोयला पाकिस्तान नहीं गया और पाकिस्तान से भारत को निर्यात होनेवाले कपास और जूट का जाना भी रुक गया। लियाक़त इस पर सहमत नहीं हुए। ढाका में हुई लीग की एक गुप्त बैठक में उन्होंने कहा, ''हम अपने जूट को बंगाल की खाड़ी में डुबो देंगे लेकिन हिन्दुस्तान को नहीं देंगे।''[78] 18 महीने बाद जब भारत ने पाकिस्तान के रुपए की दर को मंजूर कर लिया तो पाकिस्तान में 'जीत' की खुशियाँ मनीं और लियाक़त की सख्ती की तारीफ हुई।[79]

इस तरह के विवाद हरदम ऐसा उत्साह नहीं जगाते और अब हम देख सकते हैं कि इनसे कितनी मुश्किलें पैदा हुईं। सौभाग्य से लियाक़त ने सिर्फ 'रुपए की जंग' जीतने के अलावा भी अनेक उपलब्धियाँ हासिल की थीं। उन्होंने पाकिस्तान के प्रशासन को मजबूत किया। 1949 में पाकिस्तान के दौरे पर गए एक हिन्दुस्तानी सम्पादक ए.डी. मणि ने महसूस किया कि ''मुल्क के भले के लिए लगन हिन्दुस्तान से बहुत अधिक थी।''[80] इसमें लियाक़त की भूमिका बड़ी थी जिन्होंने ''सही लोगों का चुनाव'' किया और जब जरूरी हुआ तो अधिकारियों की पीठ ठोंकी।[81]

इस्लाम, परम्पराओं को एक आधुनिक राष्ट्र की जरूरतों से जोड़ने की लियाक़त की कोशिश भी उतनी ही महत्त्वपूर्ण है। ''पाकिस्तान के संविधान को गढ़नेवाले मुख्य सिद्धान्तों की प्रस्तावना में उन्होंने पाकिस्तान में इस्लाम, धार्मिक अल्पसंख्यकों और आधुनिक संस्थाओं की जगह को परिभाषित किया।[82] अल्लाह के नाम से शुरू इस प्रस्तावना में कहा गया है कि ''पूरी दुनिया का मालिक खुदा है'' और ''सत्ता एक पवित्र विश्वास'' है और इसमें कहा गया है कि पाकिस्तान में :

> *लोगों के चुने हुए प्रतिनिधियों के हाथ में ही सत्ता और अधिकार होंगे।*
>
> *लोकतन्त्र, स्वतन्त्रता, बराबरी, सहनशीलता और इस्लाम में वर्णित सामाजिक न्याय को पूरी तरह अमल में लाया जाएगा।*
>
> *मुसलमान कुरान और सुन्नत की शिक्षा और जरूरतों के अनुसार अपना निजी और सामूहिक जीवन जी सकें, जैसी व्यवस्था हो।*
>
> *अल्पसंख्यकों को अपने मजहब को मानने और अपनी संस्कृति को विकसित करने तथा अल्पसंख्यकों, पिछड़े और कमजोर वर्ग के लोगों के जायज हकों की रक्षा करने के लिए पर्याप्त कानून बनाए जाने चाहिए।*
>
> *न्यायालय की स्वतन्त्रता की रक्षा की जाएगी।*

लियाक़त का मानना था कि पाकिस्तान की संविधान सभा के सामने इसके उद्देश्यों की प्रस्तावना रखना, ''इस देश के जीवन का एक सबसे महत्त्वपूर्ण मौका'' था, मुल्क को मिली आजादी के बाद सबसे महत्त्वपूर्ण। इस मौके पर उन्होंने जो भाषण दिया वह इस प्रस्तावना जितना ही महत्त्वपूर्ण है। उन्होंने कहा कि इस्लाम

में पुजारी होता ही नहीं है इसलिए "मजहबी मुल्क का सवाल ही नहीं उठता है।" साथ ही इस्लाम सिर्फ, "ज़ाती ख्यालों का व्यवहार" की चीज नहीं है, यह "इंसान और खुदा के बीच" का रिश्ता-भर नहीं है; इस "मुल्क के काम-काज" को भी प्रभावित करता है। सरकार को "इस्लाम के बुनियादी उसूलों पर आधारित नई सामाजिक व्यवस्था" बनाने में मदद करनी होगी।

उन्होंने इस्लाम के विभिन्न पंथों को भरोसा दिलाया कि सरकार "धार्मिक आस्थाओं के मामले में मुसलमानों के किसी वर्ग पर कोई बंदिश नहीं लगाएगी," और पाकिस्तान के हिन्दुओं से उन्होंने कहा, "अल्पसंख्यकों की आजादी में खलल देना गैर-इस्लामी होगा।" अपनी पुरानी राय को दोहराते हुए उन्होंने कहा कि "खुदा की दुआ से ही पाकिस्तान वजूद में आया है," इसके साथ ही उन्होंने अन्त में कहा :

> *कोई महान देश रोज-रोज नहीं बनता। रोज-रोज लोग पुनर्जागरण के द्वार पर खड़े नहीं होते। हम चाहे जितने दीन-हीन और महत्त्वहीन हों लेकिन भाग्य ने राष्ट्रीय निर्माण के महान काम में एक भूमिका निभाने के लिए हमें चुना है और हम अपने सामने मौजूद सम्भावनाओं को देखकर अभिभूत हैं।*[83]

सरकार के आलोचक मियाँ इफ्तिखारुद्दीन, जो कभी कांग्रेसी रहे थे, ने इस प्रस्तावना को "खूबसूरत" और तकरीर को "और भी खूबसूरत" कहा।[84] जब पूर्वी बंगाल के एक हिन्दू सांसद ने कहा कि लाहौर के कुछ उलेमाओं ने उनसे कहा है कि, "कोई भी गैर-मुसलमान इस्लामी तालीम की इज्जत करनेवाले मुल्क में हुकूमत का सरपरस्त नहीं हो सकता," तो लियाक़त ने इस नजरिए को "एकदम गलत" करार दिया। लियाक़त ने कहा, "ये तथाकथित उलेमा जो आपके पास आए हैं, इन्होंने इस्लाम के पूरे चिन्तन की गलत व्याख्या की है।"

लियाक़त ने कट्टरपंथी जमात-ए-इस्लामी की कम से कम तीस माँगों को ठुकरा दिया। जमात चाहता था कि सांसद कानून नहीं बनाएँ बल्कि इस्लाम के जानकारों की मदद से शरीयत के कानूनों की व्याख्या-भर करें। प्रस्तावना में पाकिस्तान को "सार्वभौम स्वतन्त्र राष्ट्र" कहा गया था जबकि जमात चाहता था कि पाकिस्तान के मुसलमानों के लिए कुरान और सुन्नत को मानना "बाध्यता" घोषित किया जाए लेकिन लियाक़त इसका "अधिकार देने" से आगे नहीं बढ़ना चाहते थे।[85]

प्रधानमन्त्री के रूप में लियाक़त सफल थे, पर उनमें जिन्ना जैसी आजादी और सत्ता का अभाव रहा और समय-समय पर उन्हें अपनी मान्यताओं से समझौते करने के लिए भी विवश होना पड़ा। जब वे संविधान की प्रस्तावना पर बहस के दौरान बोले तो दिल से बोल रहे थे। उन्होंने कहा कि मैं चाहता हूँ कि "पाकिस्तान एक ऐसी प्रयोगशाला बने जहाँ हम इस्लामी मूल्यों पर अमल कर सकें।"[86] अगर उन्हें अपनी मर्जी पर छोड़ दिया जाता तो इस्लामी मुल्क की दिशा में बढ़ते या अगर जिन्ना जिन्दा रह गए होते तो क्या वे इस सीमा तक बढ़े होते, इसमें शक ही है।

दूसरे मुल्क के पत्रकार और शासकों ने भी पाया कि लियाक़त ने कभी भी कड़वी या ऊँची जुबान में बात नहीं की, लेकिन उनकी बातें एक जैसी होती थीं और "पाकिस्तान के मसले पर उनकी बातों का मतलब एकदम ठोस होता था।"[87] यह बात अमरीकी टेन्नेसी वैली अथॉरिटी के पूर्व प्रमुख डेविड लिलिएंथल ने कही है। राष्ट्रपति ट्रूमैन का न्यौता पाकर लियाक़त और राना ने अमरीका का सफल दौरा किया और इस दौरान उन्होंने यह स्पष्ट करने की सावधानी रखी कि पाकिस्तान के इस्लामी आदर्श का मतलब "धर्मान्ध, मध्यकालिक और असहनशील समाज" बनाना नहीं है और कि "जाति या धर्म के बिना सभी नागरिकों की कानूनी समानता हमारा बुनियादी उसूल है।"[88]

"पाकिस्तान को बहुत महत्त्व न देने" के पश्चिम के नजरिए को देखते हुए उन्होंने मास्को की यात्रा का न्यौता भी स्वीकार कर लिया था।[89] लेकिन सोवियत संघ की यात्रा करने के पहले ही वे चल बसे। उन्होंने पाकिस्तान के अन्तर्राष्ट्रीय नजरिए के बारे में कहा :

> *पाकिस्तान न तो एंग्लो-अमरीकी खेमे से बँधा था, न कम्युनिस्ट खेमे का अन्ध अनुयायी है। यह गुटबन्दी की राजनीति से अलग है और इसकी अपनी एक स्वतन्त्र विदेश नीति है।*[90]

उन्होंने मुस्लिम मुल्कों से रिश्ते बनाए और "मुस्लिम मुल्कों के बीच विचारों और कामकाज की एकता" की अपील की।[91] ईरान के साथ उनका खास लगाव था और 1950 में उन्होंने वहाँ के शाह का शानदार स्वागत किया। ऐसा उनके पुरखों के ईरान से जुड़े होने के चलते भी था।

फिर भी विदेश नीति में उनका मुख्य ध्यान भारत पर ही रहा। कश्मीर का मसला नहीं सुलझ रहा था। नदी जल बँटवारा एक अन्य बड़ा विवाद था। नेहरू ने अ-युद्ध सन्धि का प्रस्ताव किया। लियाक़त ने कहा कि अगर इसे आपसी विवाद सुलझाने का उपकरण भी बनाया गया, तभी वे इस पर दस्तखत करेंगे। नेहरू का तर्क था कि सम्भव है सारे विवाद को एक ही तरकीब से नहीं सुलझाया जा सकता। लियाक़त ने जोर डाला कि कश्मीर समस्या सुलझाने की शुरुआत हो। नेहरू ने जवाब दिया कि यह कोई कानूनी समस्या नहीं, राजनैतिक सवाल है। इन दोनों के बीच चला पत्राचार, जो बड़ी संख्या में और निरर्थक था, इस उपमहाद्वीप में मौजूद अविश्वास के माहौल को दर्शाता है।[92]

नेता लोग बड़ी भीड़ और तालियाँ बजवा सकने की सम्भावना को देखकर अपने आप पर काबू नहीं रख पाते। लियाक़त भी इस सत्य के अपवाद नहीं थे। वे जनसभाओं में अक्सर भारत के खिलाफ लोगों पर असर करनेवाले मुद्दे उठाते थे लेकिन अक्सर वे इतने पर ही नहीं रुकते थे। कई बार वे अपनी तकरीर बन्द मुट्ठी उठाकर नारे लगाते हुए खत्म करते।

लेकिन हमें इस बात पर गौर करना चाहिए कि यह चीज 1951 की गर्मियों में हुई और अपनी सरकार के कुशासन की आलोचना शुरू होने के साथ ही हिन्दुस्तान से हमले का अन्देशा जताना भी शुरू हो गया। ऐसे में उग्र मुद्रा अपनाना ही इन दोनों चीजों का जवाब लग रहा था। जनरल अयूब ख़ाँ के अनुसार, जिन्हें लियाक़त ने पाकिस्तान का पहला सेना प्रमुख चुना था, लियाक़त को 1951 में "हिन्दुस्तान से जंग लड़ने का लालच हुआ था।" अयूब का दावा है कि लियाक़त ने, जिनके पास प्रतिरक्षा मन्त्रालय भी था, उनसे कहा था, "हमें लड़कर ही इस झंझट को निपटा देना चाहिए। मैं खतरे के संकेतों से ऊब गया हूँ।"[93] सौभाग्य से किसी भी पक्ष ने दूसरे पर हमला नहीं किया।

इससे पहलेवाले बरस भी जंग की चर्चा थी। यह चर्चा अप्रैल, 1958 में नेहरू के न्यौते पर लियाक़त की दिल्ली यात्रा के बाद खत्म हुई। विभाजन के बाद यह उनकी पहली यात्रा थी और इस दौरान दोनों देशों में अल्पसंख्यकों के प्रति व्यवहार सम्बन्धी समझौता हुआ। दिल्लीवालों को यह जानकर अचरज हुआ होगा कि लियाक़त के अनेक दोस्तों ने उन्हें दिल्ली न जाने की सलाह दी थी क्योंकि वे मानते थे कि हिन्दुस्तान में उनकी जान को खतरा है। और पाकिस्तान के लोग भी इस समझौते के हो जाने के बाद यह जानकर हैरान हुए कि हिन्दुस्तान के दो मन्त्री श्यामा प्रसाद मुखर्जी और के.सी. नियोगी मान रहे थे कि पूर्वी पाकिस्तान में हिन्दू असुरक्षित हैं। इन लोगों की हिफाजत करने के लिए यह समझौता पर्याप्त नहीं है, यह मानते हुए इन दोनों ने मन्त्रिमंडल से इस्तीफा दे दिया।

दोनों देशों का मानना था कि उसके यहाँ अल्पसंख्यक दूसरे की तुलना में ज्यादा सुरक्षित हैं। जनवरी, 1948 में नेहरू ने लियाक़त से कहा, "हमारा दावा है कि हमने पाकिस्तान से अधिक प्रभावी ढंग से यह काम किया है।"[94] अपनी तरफ से लियाक़त ने भी इतने ही भरोसे के साथ बात की, "हमने यहाँ अल्पसंख्यकों को जितना कुछ दिया है, काश हिन्दुस्तान ने भी अपने यहाँ के अल्पसंख्यकों को वैसी ही रियायतें दी होतीं और उनकी ऐसी ही हिफाज़त की होती।"[95]

दिलचस्प बात यह है कि लियाक़त ने अपनी 1958 की यात्रा के दौरान वल्लभभाई पटेल पर अच्छा असर डाला। कलकत्ता से किए गए अपने प्रसारण में पटेल ने, जो आम तौर पर बहुत नाप-तौलकर बोलते थे, कहा कि "पाकिस्तान के प्रधानमन्त्री द्वारा बहुत स्पष्ट तौर पर लोकतन्त्र के सिद्धान्तों को मानने से और उनकी तत्परता और ईमानदारी का मुझ पर गहरा असर पड़ा है।"[96]

1951 में एक दिन लियाक़त ने प्रतिरक्षा सचिव इस्कन्दर मिर्जा और सेना प्रमुख अयूब ख़ाँ को बुलाया और कहा, "साहबान, आपके लिए एक बुरी खबर है। फौजी बगावत होने वाली है।" पश्चिमोत्तर सीमाप्रान्त के गवर्नर आई.आई. चुन्द्रीगर ने उन तक यह खबर पहुँचाई थी। मिर्जा और अयूब ने इस कोशिश को असफल करने में

लियाक़त की मदद की। कुछ ही घंटों में षड्यन्त्र में शामिल अधिकारियों और लोगों को गिरफ्तार कर लिया गया।[97]

लियाक़त सरकार की खुली आलोचना भी शुरू हो चुकी थी। अक्तूबर, 1950 में ख़लीकुज़्ज़मां के इस्तीफे के बाद लियाक़त लीग के सदर भी बन गए और उन पर सत्ता का भूखा होने का आरोप लगने लगा। उनके एक बड़े विरोधी थे ममदोत ख़ाँ जिन्हें भ्रष्टाचार के आरोप में पश्चिम पंजाब के मुख्यमन्त्री पद से हटाया गया था।

एक अन्य दुश्मन थीं फातिमा जिन्ना, लेकिन वे कभी भी खुलकर सामने नहीं आईं। पाकिस्तान नीचे गिरता जा रहा है, इस आशय के उनके बयानों ने सरकार का मनोबल गिराया और उसके लिए मुश्किल पैदा की। और जब सितम्बर 1951 में अपने भाई की बरसी पर उनके रेडियो भाषण के अंश नहीं सुने जा सके तो उनका गुस्सा आसमान पर पहुँच गया। ब्रॉडकास्टिंग के कंट्रोलर ने तकनीकी खामियाँ बताईं। लेकिन इस पर यकीन न करते हुए फातिमा ने उनसे कहा, "आपके पास अपनी सुविधावाले मौके पर फेल होनेवाले ट्रांसमीटर हैं।"[98]

लियाक़त को सबसे ज्यादा निराशा संविधानवाले मसले पर हुई। संविधान सभा की एक कमेटी ने जो 'बुनियादी उसूल' घोषित किए, उन पर इतनी तीखी प्रतिक्रिया हुई कि लियाक़त को संविधान बनाना रोक देना पड़ा। लियाक़त के कार्यकाल के अन्तिम महीनों और 1951 के पाकिस्तान के बारे में अयूब ख़ाँ की टिप्पणियाँ दिलचस्पी लायक हैं :

> *रियासत सूबोंवाली हो गई और मुस्लिम लीग को रिफ्यूजी लोगों पर निर्भर होना पड़ा...मुस्लिम लीग का काम-काज अस्त-व्यस्त हो गया। ऐसा लगा कि लियाक़त अली ख़ाँ पहल लेने के मामले में बहुत सुस्त हो गए थे। उनकी नजर कमजोर होती जा रही थी...उनके इर्द-गिर्द के लोग भी सुस्त और फैसले लेने में अक्षम थे।*[99]

रावलपिंडी में एक जनसभा में बोलते समय 16 अक्तूबर, 1951 को उनकी हत्या हो गई। हत्या उनसे मात्र 15 गज दूरी पर पहली पंक्ति में बैठे एक आदमी ने की जिसे भीड़ ने वहीं मार डाला। बाद में सरकार ने कहा कि उसका नाम सईद अकबर था और वह अफगानी था और हत्या के लिए ही भाड़े पर बुलाया गया था। उसके पास पैसे भी मिले। जिस होटल में वह ठहरा था वहाँ के लोगों को उसने बताया था कि वह "सीआईडी की ड्यूटी पर है।"[100] उसे किन लोगों ने इस काम में लगाया था, यह कभी भी स्थापित नहीं हो पाया। बाद में राना का मानना था कि "सरकार ने हत्या की जाँच कराने और हत्यारों को सजा दिलवाने में बहुत दिलचस्पी नहीं ली।"[101]

अगर जिन्ना ने पाकिस्तान की स्थापना की तो, लियाक़त ने अपनी भूमिका को कम आँकते हुए माना कि उन्हें यह खुदा से मिला है। इस उपलब्धि पर जिन्ना

को नाज था जबकि लियाक़त में उत्साह था। पाकिस्तान के बारे में उनकी भावना इस बयान से झलकती है, ''अगर मैंने चपरासी के रूप में भी पाकिस्तान की खिदमत की तो मैं इस देश का सबसे अभिमानी व्यक्ति होऊँगा।''[102] अपनी काफी जायदाद हिन्दुस्तान में छोड़ आया यह नवाबजादा पाकिस्तान में 'भूमिहीन' रहा और मुआवजे के तौर पर हिन्दू या सिखों द्वारा छोड़ी गई जमीन पर दावा नहीं किया लेकिन उसने दुनिया को दिखा दिया कि पाकिस्तान चल सकता था।

लियाक़त की मौत पर लन्दन से वापस लौटने पर अयूब ख़ाँ ने, जो वहाँ इलाज कराने गए थे, पाया कि पाकिस्तान के नए नेताओं में से किसी ने भी ''लियाक़त अली ख़ाँ का न तो नाम लिया, न ही दुख या अफसोस का एक लफ्ज कहा।'' अयूब कहते हैं, ''हर आदमी किसी न किसी तरह से ऊपर बढ़ने में लगा था।''[103] पाकिस्तान का दुर्भाग्य यह था कि लियाक़त के पास उस तरह का कोई भरोसेमन्द आदमी नहीं था जिस तरह जिन्ना के लिए लियाक़त खुद ही थे।

अध्याय 9

ज़ाकिर हुसैन (1897-1969)

हमने देखा कि अबुल कलाम आज़ाद पक्के और स्वाभिमानी मुसलमान थे जिन्होंने अपने जीवन के शुरू में ही अपने हिन्दुस्तानीपने का एहसास कर लिया और बेहिचक इसकी घोषणा की। आज़ाद की तरह ही ज़ाकिर हुसैन भी कट्टर मुस्लिम माहौल में पले-बढ़े थे लेकिन उन्हें अपने हिन्दुस्तानीपने का एहसास करने की जरूरत नहीं पड़ी। उन्होंने इसे बस धारण ही कर लिया। आज़ाद, जो कुछ समय कौम के लीडर थे, के हिन्दू-मुस्लिम सहयोग में समझदारी दिखाई देती थी और उन्होंने इसके लिए कुरान को इसके पक्ष में बताया। ज़ाकिर हुसैन, जो 1967 से 1969 तक भारत के राष्ट्रपति थे, ने यह सब कुछ नहीं किया। वे यह मानकर ही चले कि हिन्दुस्तान उनका घर है और हिन्दू उनके सहयोगी।

ज़ाकिर हुसैन का जन्म फरवरी, 1897 में हैदराबाद में हुआ था। दक्षिण के इस शहर में रहनेवाले निजामों का यहाँ शासन था। अंग्रेजों का आधिपत्य मानते हुए निजाम हैदराबाद रियासत पर राज करते थे। ज़ाकिर के पिता फ़िदा हुसैन ख़ाँ पश्चिम उत्तर प्रदेश के कायमगंज से वहाँ पहुँचे थे। कायमगंज में 18वीं शताब्दी के शुरू में उनके पठान पूर्वज अफगानिस्तान की तरफ से आकर बसे थे। सिर्फ कायमगंज ही नहीं, अन्य स्थानों पर बसे और टीबी की महामारी से ग्रस्त रहनेवाले पठानों के बारे में मुजीब लिखते हैं :

> *इनके लिए आत्मसम्मान पाने के लिए जायदाद या अन्य सम्मान हासिल करने की जगह अपने दुश्मन को समाप्त कर देना ही आम बात थी...पठानों का मानना यह था कि इसके लिए मारनेवाले से अधिक दोषी गुस्सा दिलानेवाला ही था।* [1]

ज़ाकिर हुसैन के दादा गुलाम हुसैन ख़ाँ ने एक आदमी को सिर्फ इस बात के लिए कटार भोंक दिया था कि उसने उनके मना करने के बावजूद उनके तालाब से मिट्टी निकालनी बन्द नहीं की। लेकिन उन्होंने गरीबों को धन बाँटा। पड़ोस की बेवाओं की मदद की, एक मुसलमान सूफी के शागिर्द बने और वंश बिहारी नामक

एक हिन्दू को भी उस्ताद माना। उनके पुत्र फिदा हुसैन ख़ाँ 20 वर्ष में हैदराबाद चले गए जहाँ उन्होंने प्रिंटिंग और प्रकाशन व्यवसाय में सफलता हासिल की। कानून की किताबें छापने में उनका नाम था और कानूनी मामलों की रिपोर्टिंग में भी उन्होंने नाम कमाया। फिदा हुसैन की पत्नी नाज़नीन बेगम ने सात लड़कों को जन्म दिया, उनमें ज़ाकिर हुसैन तीसरे थे; जिनमें से सबसे बड़े दो लड़कों समेत चार टीबी के शिकार हो गए।

ज़ाकिर हुसैन की पढ़ाई 'बगदादी प्राइमर' से शुरू हुई, जिसमें अरबी के अक्षर, कुरान के कुछ पारे और फारसी तथा उसके बाद उर्दू की पढ़ाई होती थी, चूँकि उनके पिता महत्त्वपूर्ण आदमी हो गए थे इसलिए ज़ाकिर और उनके भाई अपनी गली के रिश्तेदारों के यहाँ भी सवारी पर जाते थे; पैदल जाना अच्छा नहीं माना जाता था। लेकिन 37 वर्ष की उम्र में ही फ़िदा हुसैन की मौत हो गई और नाज़नीन बेगम बच्चों के साथ कायमगंज लौट आईं। लेकिन आखिरी वक्त भी उन्होंने अपने बेटों को नहीं बुलवाया और यही कहा, "इससे उनकी तालीम में खलल पड़ेगी।"

ज़ाकिर हुसैन इटावा के रिहायशी स्कूल, इस्लामिया में थे जिसकी स्थापना मौलवी बशीरुद्दीन ने अंग्रेजी तालीम और इस्लामी जीवन-पद्धति में तालमेल के लिए की थी। इसके लिए उन्होंने इसमें अनिवार्य नमाज, मोटे कपड़े, सख्त बिस्तर और बेस्वाद खाना शामिल किया था। ज़ाकिर हुसैन इस पूरे मुश्किल रुटीन को बर्दाश्त कर गए जिसमें निश्चित रूप से बशीरुद्दीन और स्कूल के हेडमास्टर मौलवी अल्ताफ हुसैन के स्नेह का भी सहारा था। ज़ाकिर हुसैन की प्रतिभा को जानकर हेडमास्टर अक्सर वाद-विवाद, निबन्ध प्रतियोगिता में स्कूल की नुमाइंदगी करने तथा स्कूल में किसी बड़े मेहमान के आने पर स्वागत भाषण देने के लिए उनको ही मौका देते थे। पढ़ाई में तेज होने के साथ ही बड़ों का अदब करनेवाले ज़ाकिर हुसैन अपने उस्तादों के साथ ही लड़कों के बीच भी बहुत लोकप्रिय थे; इस्लामिया में उनकी पढ़ाई के दौरान उनकी लोकप्रियता सबसे अधिक तब दिखी जब उनकी कोशिशों से ही स्कूल के प्रबन्धकों ने एक नमाज न अदा करने पर एक शाम का भोजन बन्द करने का रिवाज बन्द कर दिया।

इस नौजवान की ऊपरी विनम्रता के नीचे भारी गुस्सा उबल रहा था। मुहम्मद अली और अबुल कलाम आज़ाद, जो उनसे कई वर्ष बड़े थे तथा हजारों दूसरे मुसलमानों की तरह 14 से 16 वर्ष की उम्र में रहे ज़ाकिर हुसैन ने भी 1911–13 तक के बाल्कन और ट्रिपोलिटन विवादों को दुनिया के एकमात्र स्वतन्त्र मुस्लिम देश तुर्की के खिलाफ यूरोप के हमले के रूप में देखा। वे लखनऊ से प्रकाशित होनेवाले अखबार 'पायनियर' के लिए इटावा रेलवे स्टेशन पर इंतजार करते रहते थे और इसे लेकर अपने सहपाठियों को यह बताने चल देते थे कि तुर्की में क्या-क्या हो रहा है। साथ ही तुर्की की मुश्किलों के बारे में वे एक स्थानीय मस्जिद में भी तकरीर करते थे और इस्लाम की इज्जत बचाने के लिए अपनी टोपी उलटकर उसमें दान

माँगते थे। उनका यह तरीका नरमीवाला था, पर उनके शब्द बहुत ही कड़े होते थे, "आपके सिक्कों को गोलियों में ढाला जाएगा जो इस्लाम के दुश्मनों का सीना छलनी कर देंगे।"[2]

मौलवी बशीरुद्दीन के यहाँ से उन्हें खाने का न्यौता आया। वहाँ पहुँचने पर ज़ाकिर ने पाया कि उनके स्कूल के संस्थापक एक खाट पर बैठे हैं। उन्होंने ज़ाकिर को भी इसी खाट पर बैठाया। जब खाने में शोरबेदार गोश्त परोसा गया तो बशीरुद्दीन ने कहा, "ज़ाकिर हुसैन, जिन्दगी की खुशियों की तलाश में न रहो।"

सोलह साल के लम्बे और मोटे हो रहे ज़ाकिर हुसैन इटावा से अलीगढ़ के मोहम्मडन एंग्लो-ओरिएंटल (एम.ए.ओ.) कॉलेज गए, जहाँ उन्होंने सात साल गुजारे। 1957 में अलीगढ़ विश्वविद्यालय के दीक्षान्त समारोह में भाषण देते हुए ज़ाकिर हुसैन ने "चालीस साल पहले की उस गर्म दोपहर" का किस्सा सुनाया, जब वे यहाँ पहली बार आए थे :

> *मेरे दो भाई पहले से ही यहाँ पढ़ रहे थे। इनमें से एक ने मुझे तीसरे पहर एक जोड़ा जूता, कुछ किताबें और एक लालटेन खरीदवाया। हम शहर में पैदल ही गए, पर लौटे इक्के से क्योंकि सामान लाना जेंटलमैन की शान के खिलाफ माना जाता था। मेरे भाई ने मुझे अपने होस्टल के कमरे में यह कहते हुए छोड़ दिया कि शाम ढलने पर जब घंटी बजे मैं खानेवाले हॉल में चला जाऊँ और फिर वे दोस्तों के पास चले गए।*
>
> *मेरी उम्मीद से पहले ही घंटी बज गई। 16 वर्षों तक मैंने तुर्क टोपी, तुर्क कोट, जूते-मोजे पहने बगैर खाना खाया था, इस पोशाक को पहनने में कुछ देर लगी। मैं जूते के फीतों को उनके लिए बने सुराखों में नहीं लगा सका। दो सुराखों में फीता लगाकर जब मैं इसे खींचता था तो यह पूरा ही बाहर आ जाता था...तीसरे पहर मेरे भाई ने फीता लगाने का जो तरीका बताया था, मैं उसे एकदम भूल गया था...*
>
> *आखिरकार जब मैं पूरी पोशाक पहनकर और तैयार होकर कमरे से निकला तो काफी देर हो चुकी थी और दूसरे सभी लोग खाने के हॉल में जा चुके थे। मुझे रास्ता नहीं मालूम था। कुछ देर निरर्थक खोजबीन के बाद मैं वापस अपने कमरे में लौट आया।*

हमें इस कहानी की सच्चाई पर पूरा यकीन नहीं करना चाहिए क्योंकि ज़ाकिर हुसैन ऐसे आदमी थे जिन्हें खुद को अधिक विनीत दिखाने और बताने का तरीका आता था। दूसरों को सुकून देने के लिए वे ऐसा किया करते थे, लोगों की हिम्मत बनाए रखने और उनके मन के ईर्ष्या-भाव को कम करने के लिए खुद को संकोची के रूप में पेश करते थे। लेकिन बारीक खोजबीन में विश्वविद्यालय में 'होश गुम' हालत में पहुँचनेवाला उनका यह रूप सही नहीं निकलता। एम.ए.ओ. पहुँचने के

कुछ दिनों के अन्दर ही उनका नाम 'मुर्शीद' पड़ गया। उनके समकालीन लोगों ने बताया कि ज़ाकिर हुसैन 'आलसी', 'लापरवाह', 'गैर-जिम्मेदार' और अक्सर क्लास से गायब रहनेवाले थे, कि उनकी बातचीत माहौल को जिन्दादिल बना देती थी, कि वे एक प्रभावी बहस करनेवाले थे।[3] वे छात्र संघ के उपाध्यक्ष चुने गए; उन्हें प्रतिष्ठित इक़बाल पदक समेत अनेक पुरस्कार मिले, अनेक परीक्षाओं में वे अपनी कक्षा में प्रथम आए। चलते समय मौलवी बशीरुद्दीन द्वारा दी गई सलाह पर अमल न करते हुए उन्होंने खुशियाँ, कम से कम खाने के मामले में, तलाशीं। वे रात के भोजन के समय तीन मिनट पहले भोजन शुरू करने की इजाजत माँगते थे लेकिन दोस्त इसकी इजाजत नहीं देते थे क्योंकि वे जानते थे "मौका मिला तो यह सारा भोजन चट कर जाएगा और हम भूखे रह जाएँगे।"[4]

लेकिन यह तस्वीर भी अधूरी है। इसमें उस गहराई से सोचनेवाले और परेशान ज़ाकिर हुसैन का जिक्र नहीं है जिसे अपने माँ-बाप का साया उठने की याद थी और जिसे तुर्की के सवाल पर आम मुसलमानों जितना ही गुस्सा था और जिसे अपने सूफी दोस्त और दूर के रिश्तेदार हसन शाह की याद थी। "अपना सारा कुछ और सारी किताबें" लटकाए घूमते रहनेवाले शाह उस वक्त जरूर कायमगंज में आ जाते थे जब ज़ाकिर हुसैन छुट्टियों में घर आते थे। ज्ञान के भूखे और बिना चिन्ता-फिक्र में रहनेवाले इस सूफी दोस्त की माँग पर पूरी की पूरी किताब की नकल उतारकर उसे देते थे और यह नकल भी "इतनी सावधानी के साथ करते थे कि उनका हस्तलेख सुधर गया।"[5] उधर हुसैन के सूफी विचार और फारसी का ज्ञान भी ज़ाकिर हुसैन को मिला। यह सम्भव है कि मजहब के बारे में तंग नजरिए से आजाद शाह के ख्यालों ने मजहब के बारे में हुसैन के दिमाग को भी बनाया होगा। ऐसा लगता है कि शाह ने अपनी इस आजादख्याली की कीमत चुकाई थी। हिन्दुओं के प्रति पूर्वाग्रह रखने के लिए डाँट खाने के बाद उन्होंने प्रायश्चित के तौर पर एक बार पश्चिमोत्तर सीमा प्रान्त से पेशावर तक की पदयात्रा की थी।

डॉक्टर बनने की ख्वाहिश से ज़ाकिर हुसैन ने साइंस पढ़ा। एक साल की बीमारी ने उनका मन बदल दिया; उन्होंने बी.ए. में अंग्रेजी, अर्थशास्त्र और दर्शनशास्त्र विषय लिये। फिर 1920 के आखिरी दिनों में, जब एम.ए. की डिग्री लेने के बाद वे कानून की पढ़ाई और अंशकालिक अध्यापन का काम किया करते थे, उन्होंने (खुद अपने शब्दों में) "इसे अपने जीवन का पहला और शायद एकमात्र सोचा-समझा हुआ काम" माना। "बाकी जीवन तो यूँ ही इसी के अनुसार दिशा तय हुई।"[6] यह वक्तव्य भी अक्षरशः सही नहीं है। इससे पहले उन्होंने अपने अध्ययन के विषयों का चयन किया था और 18 वर्ष की उम्र में शाहजहाँ बेगम नामक युवती से शादी के लिए स्वीकृति दी थी। लेकिन इसमें कोई सन्देह नहीं कि ज़ाकिर हुसैन का जीवन उसी समय तय हो गया जब उन्होंने (अक्टूबर 1920 में) राज द्वारा अनुदान पानेवाली संस्थाओं से असहयोग करने का फैसला लिया और एम.ए.ओ. से अलग हो जाए।

12 अक्तूबर को गांधी और मुहम्मद अली ने कैम्पस के लड़कों के बीच अपने असहयोग कार्यक्रम की रूपरेखा रखी। वैसे ज़ाकिर हुसैन के अन्दर "अपना सब कुछ छोड़कर गांधी का अनुसरण करने की इच्छा नहीं हुई।"[7] लेकिन कुर्बानी देने की गांधी की अपील का उनके मन के एक हिस्से पर असर पड़ा। जालियाँवाला बाग हत्याकांड ने उनके दिमाग को झकझोरा था और 'अल हिलाल' तथा 'अल बेलाग' में आज़ाद के लेखों का भी उन पर असर पड़ा था। जब गांधी और मुहम्मद अली ने अलीगढ़ में लड़कों के बीच भाषण दिया तो ज़ाकिर हुसैन वहाँ नहीं थे। उन्हें अपनी बीमारी के लिए डॉ. एम.ए. अंसारी के पास जाना पड़ा था। शाम को लौटने पर ज़ाकिर हुसैन ने अलीगढ़ स्टेशन पर गांधी के लिए उपहासपूर्ण टिप्पणियाँ सुनीं। कुछ टिप्पणियाँ इतनी भद्दी थीं, जो वहाँ टहल रहे छात्रों ने ही की थीं, कि ज़ाकिर हुसैन के मन में शर्मिंदगी पैदा हुई कि यह मेरे ही दोस्तों की राय है। यह बात उन्होंने बाद में मुजीब से कही थी और बताया था कि इस शर्मिंदगी के कारण मैंने प्रायश्चित करने का निश्चय किया।[8]

अलीगढ़ में ही रुक गए मुहम्मद अली और शौकत अली अगले दिन छात्र संघ के दफ्तर आए। आँखों में आँसू भरकर उन्होंने लड़कों से कहा कि हम लोग तुम्हारे मन को जगा पाने में असफल रहे हैं और "अब पराजित और टूटे मन से वापस जाने के पहले तुम लोगों से विदा लेने आए हैं।"[9] इस बात में कैम्पस में राज समर्थक तत्त्वों की तरफ भी इशारा था जो गांधी और अली बन्धुओं की उम्मीदों पर पानी फेरने के लिए सक्रिय थे। अली बन्धुओं के चेहरे पर हताशा का भाव इतना साफ था कि ज़ाकिर हुसैन समेत अनेक लड़के भी रोने लगे।

तभी तेज बुखार में पड़े और बोलने की मनाही के बावजूद ज़ाकिर हुसैन उठे और घोषणा की कि वे अपना अध्यापन छोड़ रहे हैं और वजीफा भी नहीं लेंगे। यह साफ था कि और लड़के भी जोखिम लेने को तैयार थे; अली बन्धुओं की नाउम्मीदी नाजायज थी। कुछ दिनों के अन्दर ही ज़ाकिर हुसैन दिल्ली आए और वहाँ उन्होंने अजमल ख़ाँ, डॉ. अंसारी और मुहम्मद अली को भरोसा दिलाया कि अगर कोई राष्ट्रीय संस्थान खुला तो एम.ए.ओ. से बड़ी संख्या में लड़के और अध्यापक निकलकर उसमें शामिल होंगे। 29 अक्तूबर को जामिया मिलिया इस्लामिया–राष्ट्रीय मुस्लिम विश्वविद्यालय का जन्म हो गया।

देवबन्द के प्रतिष्ठित दारुल-उलूम के प्रधान ने एम.ए.ओ. की एक मस्जिद के जलसे में जामिया की स्थापना की घोषणा की। जामिया के लोग एम.ए.ओ. की इमारतों में ही रहे और कुछ समय के लिए यह स्पष्ट नहीं था कि कौन जामिया में है और कौन एम.ए.ओ. में। ऐसी स्थिति में एम.ए.ओ. के प्रिंसिपल डॉ. जियाउद्दीन ने कॉलेज को बन्द घोषित किया और लड़कों से घर चले जाने को कहा। बड़ी संख्या में लड़के गए ही नहीं तब जियाउद्दीन और उनके समर्थकों ने इन लड़कों के घर पर तार भेजकर उनके माँ-बाप से कहा कि वे यहाँ आकर अपने लड़कों को ले जाएँ। ज़ाकिर हुसैन को सरकारी नौकरी देने की पेशकश की गई। उन्होंने इसे ठुकरा दिया।

आखिर में राज की पुलिस से कॉलेज में रह गए लड़कों को निकालने को कहा गया। ये लड़के छावनियों और जैसे-तैसे खड़ी की गई रहने की जगहों में आ गए। राष्ट्रवादी अखबारों ने उनके काम की खबरें रोज सुर्खियों में छापीं और जल्दी ही उनके साथ देश के विभिन्न हिस्सों के प्रतिभाशाली और समर्पित नौजवान आ गए। इनमें से कुछ तो हिन्दू-ब्राह्मण थे। छह महीने पहले तक किसी मुस्लिम संस्थान में अध्यापन की बात वे सपने में भी नहीं सोच सकते थे।

अजमल ख़ाँ को जामिया का पहला कुलपति और मुहम्मद अली को उपकुलपति चुना गया। कैम्ब्रिज में नेहरू के साथ रहे ए.एम. ख्वाजा इसके पहले प्रिंसिपल बने। कांग्रेस के साथ असहयोग का आह्वान करनेवाली खिलाफत कमेटी ने जब सम्भव हुआ इस कॉलेज को धन दिया और इसके कुछ सदस्यों ने भी इसे चलाने में मदद दी। खिलाफत आन्दोलन के उतार-चढ़ाव का जामिया पर सीधा असर पड़ा और इसके कुछ नेताओं का अहं और व्यक्तिवाद भी इसके आड़े आया। जामिया के कुछ शुरुआती लड़कों के बारे में मुजीब ने लिखा है, "उनके दिल में आग भरी थी, पर दिमाग में धुँधलापन ही छाया था। सोच-समझ और दिमागी सन्तुलन एकदम था ही नहीं। ऐसा लगता था कि जग जाने पर तो ये कुछ भी कर सकते हैं, वरना कुछ भी नहीं।"[10]

कुछ समय तो 'पढ़ाई' का मतलब सिर्फ खिलाफत आन्दोलन का राजनैतिक प्रचार ही रह गया लगा। अनेक छात्र स्वेच्छा से जेल गए। इनमें से कुछ छात्र तो बहुत ही प्रतिभावान थे, ऐसे लड़कों में से एक शफीकुर रहमान किदवई के बारे में मुजीब ने लिखा है :

> *1920 में वह बी.ए. फाइनल में थे और आरामतलबी के लिए नामी थे। लेकिन जब मौका आया, उन्होंने अपने सारे विदेशी कपड़ों की होली जला दी और मोटा खद्दर अपना लिया। अभी तक शर्मीले और खामोश रहनेवाले किदवई अब राजनैतिक भाषण में माहिर हो गए। उनका धैर्य, निरन्तर उद्यम करने का गुण अचानक ही जाहिर हुआ। वे खिलाड़ी थे; गा सकते थे; हँस सकते थे; किसी को प्रेरित कर सकते थे; किसी को धीरज बँधा सकते थे।*[11]

राजगोपालाचारी ने, जो माउंटबेटन की जगह हिन्दुस्तान के गवर्नर जनरल बने, शफीकुर रहमान की इससे भी ज्यादा तारीफ की है जो 1921–22 के दौरान उनके साथ वेल्लोर जेल में थे। राजगोपालाचारी ने जामिया के इस पूर्व छात्र को "नागरिक के वेश में सन्त" कहा।[12]

ज़ाकिर हुसैन ने भी खद्दर अपना लिया, पर राज के कानूनों का उल्लंघन नहीं किया। जब सम्भव रहा, उन्होंने अध्यापन किया और प्लाटो के 'रिपब्लिक' तथा कैन्नन के 'पॉलिटिकल इकनॉमी' का उर्दू अनुवाद किया। दो साल बाद वे जर्मनी चले गए। राष्ट्रपति बनने के बाद ज़ाकिर हुसैन ने कहा :

डॉ. हामिद ने मेरी, मेरे वर्तमान और मेरे भविष्य की सारी जिम्मेवारियाँ ले लीं। उन्होंने फैसला किया कि मुझे आगे की पढ़ाई के लिए जर्मनी जाना चाहिए। मेरी आपत्तियों, मुश्किलों और आलस पर कोई सुनवाई नहीं हुई। उन्होंने फैसला कर लिया था इसलिए मुझे जाना ही था। उन्होंने मेरा टिकट काट दिया, बम्बई तक मेरे साथ गए और बम्बई में जब हम कुछ दिन साथ रहे तो वे मुझे तौर-तरीके, पोशाक पहनना, चाकू-काँटे से खाना और यूरोप में कैसा आचरण रखूँ, यही सिखाते रहे।[13]

हामिद, जो बाद में बम्बई में काफी सफल व्यापारी बने, इलाहाबाद विश्वविद्यालय की नौकरी छोड़कर जामिया में आए थे। यह स्पष्ट है कि ज़ाकिर हुसैन पर जर्मनी जाने के लिए उन्होंने ही दबाव डाला। लेकिन ज़ाकिर हुसैन की ऊपर कही पूरी बात सही नहीं लगती। इसमें जो गड़बड़ दिखती है वह ज़ाकिर हुसैन के दिखावा करने की कला का हिस्सा है। हम मान सकते हैं कि वे खुद ही यह यात्रा करना चाहते थे। ज़ाकिर हुसैन की शैली का मुजीब ने बहुत अच्छा वर्णन किया है :

बहुत ही स्पष्ट उनकी अपार बौद्धिक क्षमता को उनका आलसीपन सन्तुलित कर देता था। अपने सारे आलस को छुपाने और दूसरों को अपनी मदद के लिए तत्पर करने का उनका तरीका अपनी बेचारगी दिखाना था...मैं सोचा करता था कि इतना विशाल व्यक्तित्व होने और इतनी प्रतिष्ठा होने के बावजूद वह एक ऐसे आदमी हैं जिन्हें हाथ पकड़कर रास्ता बतानेवाले किसी और आदमी की जरूरत रहती है। पर मेरी यह गलतफहमी थी। मैंने पाया कि बड़े-बड़े दावे करनेवाले से भी अधिक दिलेरी, पहल लेने की क्षमता और लोगों तथा परिस्थितियों को सँभालने का गुण उनमें था।[14]

मुजीब के माध्यम से ही, जो उस समय जर्मनी में ही थे, हमें ज़ाकिर हुसैन के तीन वर्ष के जर्मनी प्रवास की बहुत साफ तस्वीर मिलती है। अधिकांश समय बर्लिन में रहे ज़ाकिर हुसैन ने भारत में अंग्रेजों की कृषि नीति विषय पर डॉक्टरेट की उपाधि हासिल की, इस विषय पर उन्होंने अपना कुछ काम लन्दन में किया। लेकिन शिक्षा के दर्शन में ही उनकी सबसे ज्यादा दिलचस्पी दिखती है। उन्होंने अरबी की भी कुछ पढ़ाई की। उन्हें हामिद और लुंबा, जर्मन लड़की जिससे हामिद ने जर्मनी आने के तुरन्त बाद शादी कर ली थी, के साथ रहने में आनन्द आता था। सरोजिनी नायडू के भाई, वीरेन्द्रनाथ चट्टोपाध्याय उर्फ चट्टो, ने ज़ाकिर हुसैन को कम्युनिस्ट बनाने का असफल प्रयास किया, उनकी बहस में ज़ाकिर हुसैन गांधी की अहिंसा की वकालत करते थे।

वे स्वीडन गए जहाँ उन्होंने स्टाकहोम के एक अखबार में गांधी पर एक लेख लिखकर यात्रा का खर्च जुटाया। लेकिन अपने या मित्रों से लिए पैसे को खर्च करने

में वे सावधानी नहीं बरतते थे। उन्होंने अपना और मुजीब तथा एक और हिन्दुस्तानी लड़के, आबिद हुसैन से जो पैसा उधार ले सकते थे सब मिलाकर बर्लिन के प्रेस से गालिब का 'दीवान'* छपवा लिया, क्योंकि उसके पास फारसी का खूबसूरत टाइप था। साथ ही उन्होंने बर्लिन के ही एक दोस्त की मदद से लिखी गांधी के आर्थिक विचारों पर अपनी एक किताब छपवाई। जैसा कि मुजीब बताते हैं, कि बादवाली किताब के प्रकाशकों को लगता था कि "इसे छापने का जो खर्च दिया जा रहा है वह मुफ्त उपहार ही है और डॉ. ज़ाकिर हुसैन की विनम्रता ने उनका यह भ्रम बने ही रहने दिया।"[16]

मुजीब की राय में जर्मनी में बिताए तीन साल "जाक़िर हुसैन के जीवन के सबसे खुशी के दिन थे," उन पर कोई जिम्मेवारी नहीं थी और ना ही वे किसी रुटीन से बँधे थे।"[17] उनसे मिलनेवाले जर्मन लोग भारत के बारे में जानने को उत्सुक रहते थे और ज़ाकिर हुसैन "एक-एक बात जानने की उनकी इच्छा, अपार बौद्धिक प्रतिभा और कलात्मक सक्रियता" से काफी प्रभावित थे।[18] लेकिन ज़ाकिर हुसैन उनके अनुशासित जीवन का अनुकरण नहीं करना चाहते थे। मुजीब कहते हैं :

> *डॉ. ज़ाकिर हुसैन को बहुत अनुशासित जीवन जीने से नफरत सी थी, जो आदत शायद अलीगढ़ में रहने के दौरान बनी और जिससे वे पार नहीं पा सके। वे दूसरों के अनुशासित जीवन के प्रशंसक थे, पर शिक्षक के रूप में उन्होंने कभी भी इस पर ज्यादा जोर देने की जरूरत महसूस नहीं की और खुद पर लागू करने के मामले में इसे आजादी में खलल मानते थे। वे कभी डायरी नहीं रख सके या अपने कामकाज को योजनाबद्ध नहीं कर सके।"[19] महत्त्वपूर्ण है कि ज़ाकिर हुसैन ने अपने कम से कम एक भाषण में "जर्मनों को चेतावनी दी थी कि वे ऐसी ताकतों के आगे आत्मसर्मपण न करें जो उनकी संस्कृति को नीचा दिखा सकती हैं।[20]*

चट्टो की एक बहन थीं, श्रीमती नाम्बियार, जो ऐसे आयोजन किया करती थीं जिनमें हिन्दुस्तानी और जर्मन लोग एक-दूसरे से मिल सकें। फिर उन्होंने ये भोज आयोजित करना बन्द कर दिया और मुजीब के शब्दों में, "हमारा सामाजिक जीवन ठप्प हो गया।" एक दिन खुद को निराश महसूस कर रहे ज़ाकिर हुसैन ने फोन करके श्रीमती नाम्बियार से पूछा कि आप अगला भोज कब दे रही हैं? उनका क्या जवाब मिला इसका उल्लेख कहीं नहीं है, पर इससे ज़ाकिर हुसैन नाराज हुए और उन्होंने मुजीब से कहा, "मैं दिखा दूँगा कि श्रीमती नाम्बियारवाला काम कोई और भी कर सकता है।" यह काम उन्होंने श्रीमती नाम्बियार के यहाँ भोज पर ही मिली जेर्डा फिलिप्सबोर्न

* 1971 में यह बात लिखते हुए मुजीब ने "इसे अब तक प्रकाशित सबसे खूबसूरत संस्करण" बताया था।[15]

नामक युवा महिला को फोन करके फिर शुरू किया। मुजीब के शब्दों में, ''इस प्रकार एक दोस्ती की शुरुआत हुई जिसकी गहराई को कोई नहीं माप सका और जो जेर्डा फिलिप्सबोर्न के 1943 में जामिया मिलिया में मरने के समय तक चली।''[21]

बर्लिन के एक अमीर यहूदी परिवार की जेर्डा फिलिप्सबोर्न की दोस्ती अनेक कलाकारों-बुद्धिजीवियों से थी। ज़ाकिर हुसैन उनके साथ संगीत आयोजनों, नाटकों, कला प्रदर्शनियों में गए। लेकिन ''वे अलग-अलग जीवन ही जीते रहे'' और इसका श्रेय ज़ाकिर हुसैन के रूमानियत रिश्ते से स्पष्ट रूप से दूर रहने के दृढ़ निश्चय को जाता है। चूँकि जेर्डा फिलिप्सबोर्न ज़ाकिर हुसैन से जर्मनी में मिली महिलाओं में एक ही थीं, सो मुजीब कभी-कभार उनके सामने ''आपके महिला मित्रों की सूची''[22] सुनाकर उनसे चुटकी लिया करते थे। फिर जैसा मूड होता था, जवाब में ज़ाकिर हुसैन ''अस्वीकृति में सिर हिला देते थे या एकाध नाम और जुड़वा देते थे।'' इनमें से ही एक, जेर्डा के बारे में मुजीब लिखते हैं :

> *वे तीस की तुलना में चालीस वर्ष के अधिक पास थीं और उनके बड़े सिर पर घने बाल थे और सिर का आकार ही उनका सदा सिर झुकाए रखने को बताता था। उनकी आँखें भी बड़ी और काली थीं और इनसे सदियों का दुख-दर्द झलकता था...वे सदा इसी चिन्ता में रहती थीं कि वे ज़ाकिर हुसैन के बारे में क्या कर सकती हैं। उन्होंने उनके शोधग्रंथ का अनुवाद किया, उसे टाइप किया–लेकिन स्पष्ट रूप से उनके लिए इतना ही रिश्ता और मतलब पर्याप्त नहीं था।''*[23]

ज़ाकिर हुसैन का लम्बा-चौड़ा हिन्दुस्तानी शरीर, काले बाल, साफ-सुथरी दाढ़ी और बौद्धिक क्षमताओं ने इस जर्मन महिला को आकर्षित किया था। यूरोप में ज़ाकिर हुसैन ने मुस्लिम परम्पराओं का पालन नहीं किया जिसके अनुसार महिलाओं को संगीत और आनन्द के आकर्षण से दूर रहना होता है। लेकिन उन्होंने अपने आचरण की भी बहुत साफ सीमाएँ रखीं।

हमने जिन लोगों के बारे में अध्ययन किया है, उनमें से सिर्फ फज्लुल हक़ और आज़ाद ने ही यूरोप में पढ़ाई नहीं की थी। शेष सभी, सैयद अहमद ख़ाँ, इक़बाल, मुहम्मद अली, जिन्ना, लियाक़त और ज़ाकिर हुसैन, सभी ने वहाँ पढ़ाई की और सभी पर वहाँ का गहरा असर पड़ा। इक़बाल की तरह ज़ाकिर हुसैन ने भी यूरोप में महसूस किया कि हिन्दुस्तान और दुनिया को नए रूप में ढाला जा सकता है। इक़बाल ने इसे यूरोप से बेहतर, अधिक एकीकृत और भारतीय राष्ट्रीयता के मामले में यूरोप से कुछ उदार बनाने की उम्मीद की और माना कि इस्लाम के जरिए इसे हासिल किया जा सकता है। ज़ाकिर हुसैन की प्रतिक्रिया और सोच अधिक

साधाराण और छोटी सीमाओंवाली थी, उन्होंने सिर्फ यही सोचा कि अधिक से अधिक हिन्दुस्तानी अपनी रचनात्मकता का उपयोग करें, और हिन्दुस्तानी में उन्होंने मुसलमान, हिन्दू, सिख और सभी की बात सोची।

लेकिन हिन्दुस्तान से आनेवाली खबरें खैरियतवाली नहीं थीं। खिलाफत आन्दोलन के समाप्त होने के चलते जामिया बिखरता लग रहा था। 1924 में जब तुर्की ने खिलाफत समाप्त कर दी तो हिन्दुस्तान की खिलाफत कमेटी के लिए खलीफा के सम्मान की रक्षा के नाम पर चन्दा जमा करने का कोई औचित्य नहीं रहा और हिन्दुस्तानी मुसलमानों के लिए भी चन्दा देने का मतलब नहीं रहा। चूँकि जामिया को सिर्फ इसी स्रोत से पैसा मिलता था, इसलिए इसके बन्द होने का मतलब जामिया का कंगाल हो जाना भी था। मुहम्मद अली की दिलचस्पी खत्म हो गई थी, लेकिन अजमल ख़ाँ, जो गांधी के समर्थन के कारण बहुत उत्साहित थे, प्रिंसिपल ख्वाजा, कुछ शिक्षक और छात्र मैदान छोड़ने को तैयार नहीं थे। वे जामिया को दिल्ली ले आए, यहाँ करोलबाग में उसके लिए जगह मिली।

जर्मनी में रहते हुए शायद ही कभी जामिया के बारे में बोलनेवाले ज़ाकिर हुसैन ने इसके प्रति अपनी वफादारी को भुलाया नहीं था। मुजीब ने एक महत्त्वपूर्ण और प्रेरक बातचीत का जिक्र किया है :

> *1925 के शुरू में एक दिन उनके और डॉ. आबिद हुसैन के बीच जामिया मिलिया को लेकर गम्भीर बातचीत हो रही थी और मैं सुन रहा था। डॉ. ज़ाकिर हुसैन ने कहा कि चाहे जो हो जाए उन्होंने जामिया मिलिया के लिए ही काम करने का निश्चय किया है। डॉ. आबिद हुसैन ने कहा कि वे भी उनके साथ काम कर सकते हैं। मैंने कहा कि मैं भी जामिया मिलिया में शामिल होऊँगा। डॉ. ज़ाकिर हुसैन ने शक के साथ मेरी तरफ देखा और बोले, "नहीं, तुमको वहाँ नहीं आना चाहिए।" मैं जानना चाहता था कि क्यों नहीं। उन्होंने कहा कि जामिया मिलिया मेरे लायक सही जगह नहीं है। मैं फिर भी यही जानना चाहता था कि क्यों नहीं, अगर यह उनके लायक सही जगह है तो मेरे लायक क्यों नहीं ? उन्होंने कहा कि उनका मामला अलग है; वे पहले ही निश्चय कर चुके हैं।*
>
> *जब मैं यह कहते हुए जोर देता रहा कि मैं भी जामिया में शामिल होऊँगा तो उन्होंने थोड़ी तल्खी के साथ कहा, "देखिए, अगर मैं आपको एक गाड़ी में बैठाकर दिल्ली स्टेशन ले जाऊँ और फिर एक खुली जगह ले जाकर बोलूँ, यही है जामिया मिलिया, तो आप क्या करेंगे? मैंने जवाब दिया कि अगर आप खुली जगह को जामिया मिलिया कहेंगे तो मैं भी उसे जामिया मिलिया ही कहूँगा। हम सभी कुछ पल के लिए कमरे के बीचोबीच खड़े रहे। मेरी आखिरी टिप्पणी के जवाब में उन्होंने मुझे गले से लगा लिया और कहा, "बहुत अच्छा, आप भी हमारे साथ आइए।"*[24]

इन तीनों ने बाद में अजमल ख़ाँ और अंसारी को तार भेजा कि वे जामिया में काम करेंगे। उन्होंने साथ ही यह आग्रह किया कि जामिया के भविष्य के बारे में फैसले करने के पहले उनकी वापसी का इंतजार कर लिया जाए।

साल-भर बाद ज़ाकिर हुसैन और उनके ये दोनों दोस्त जहाज से कोलम्बो पहुँचे। फिर रेलगाड़ी और नौका से वे दक्षिण भारत पहुँचे और वहाँ से रेलगाड़ियाँ बदल-बदलकर दिल्ली। ज़ाकिर हुसैन सीधे जामिया मिलिया गए, जहाँ मैदान न छोड़ने का निश्चय करके टिके रहनेवालों ने बड़ी गर्मजोशी से उनका स्वागत किया। उन्होंने पाया कि सारे शिक्षक और विद्यार्थी, जिनकी कुल संख्या करीब 80 थी, एक बड़ी व्यावसायिक इमारत की पहली मंजिल के हॉल में ही रहते, खाते, नमाज अदा करते थे और सड़क के दूसरी तरफ स्थित तीन मकानों में पढ़ाई होती थी। चौथा मकान दफ्तर था। ज़ाकिर हुसैन ने 29 वर्ष की उम्र में ही उपकुलपति या शैखुल जामिया पद की जिम्मेवारी सँभाली। बर्लिन विश्वविद्यालय से डॉक्टरेट पाया यह आदमी सुबह आठ से शाम चार बजे तक फर्श पर बैठकर छोटी मेज पर लिखने का काम करता था और थकान होने पर खद्दरवाले मसनद पर पीठ टिकाकर कुछ आराम कर लेता था। कभी-कभार वे कायमगंज भी जाते थे, जर्मनी से लौटने के बाद उनकी बीवी भी करोलबाग के एक भाड़े के मकान में उनके साथ रहने लगीं। उनके आने के पहले तक यह शैखुल-जामिया अपने दफ्तर से लगे कमरे में ही सोता था।

शिक्षकों और छात्रों ने अपनी उम्मीदें, अपनी आशंकाएँ, अपनी सलाहें उन तक पहुँचाईं। वे ही धन जमा करनेवाले, खजांची, सचिव, और उर्दू पत्रिका, 'जामिया' के सम्पादक (और अक्सर पूरा कुछ लिखनेवाले भी) थे। फिर जो समस्याएँ उठ खड़ी हों, उनको निबटानेवाले भी। मुजीब की नाराजगी मोल लेते हुए भी ज़ाकिर हुसैन सारा काम व्यावसायिक कौशल से करने और मोटा पैसा देनेवाले असामियों से मिलने-जुलने की जगह जिस-तिस की बेवकूफी-भरी और उबाऊ बातें भी सुनते रहा करते थे। मुजीब लिखते हैं :

> *माना जाता था कि उनकी अपनी कोई जरूरतें ही नहीं हैं, किसी भी आदमी के लिए वे कभी भी उपलब्ध थे, सिर्फ दूसरों की इच्छा और जरूरतों का खयाल रखते थे। किसी भी मसले पर सलाह देने और सांत्वना देने को तैयार रहते थे, और तब तक बात सुनते रहते थे जब सामनेवाले या वालों का मन न भर जाए।*[25]

ज़ाकिर हुसैन का वेतन 100 रुपये प्रति माह था। उन्हीं की तरह यूरोप की डिग्री लेकर आए आबिद हुसैन और मुजीब को शुरू में 300 रुपये मासिक वेतन दिया गया। पर उन्होंने भी इसे जल्दी ही 100 रुपये ही करा लिया और ज़ाकिर हुसैन ने अपना वेतन 80 रुपये महीने ही कर लिया। ज़ाकिर हुसैन की वापसी के दो साल बाद जामिया के प्रबन्ध का भार एक ऐसी नई सोसायटी के हाथ में सौंपा

गया जिसके सदस्यों ने 150 रुपये से कम मासिक वेतन पर 20 वर्षों तक जामिया की सेवा करने का वचन दिया हो। ऐसा नहीं है कि यह वेतन भी पूरा दिया जा रहा था। 1944 तक, जब पूरा वेतन मिलना शुरू हुआ और पुराना बकाया खत्म हुआ, ज़ाकिर हुसैन को सिर्फ 40 रुपये नकद मिलते थे और 40 रुपये उनके नाम पर उधार दर्ज होता था। अपने दादा की रियासत में अपनी बीवी के हिस्से से उन्हें प्रतिमाह 10 रुपये मिला करते थे। इतनी भर आमदनी थी। कायमगंज में ज़ाकिर हुसैन की जायदाद थी, पर इसका कामकाज देखनेवाले रिश्तेदार ही इसकी सारी आमद रख लेते थे। ऐसे में यह दृश्य आम था कि ज़ाकिर हुसैन "अपनी बीवी से गिड़गिड़ाकर पैसे माँगें"[26] या फिर उनकी बीवी पड़ोस के बनिया की दुकान में नौकर भेजकर उधार सामान मँगवाएँ। 40 साल बाद जब शाहजहाँ बेगम देश की प्रथम महिला बनीं तो इस बनिया, सुब्बा की राष्ट्रपति भवन में बहुत खातिर होती थी।

लेकिन मोटा खद्दर पहनने के बावजूद ज़ाकिर हुसैन हरदम साफ-सुथरे कपड़े पहनते थे, उनका तौर-तरीका सम्मानजनक था इसलिए यूँ लगता था कि किसी राजकुमार ने साधारण जीवन जीना शुरू किया है। उनसे पैसा माँगने आनेवाला कोई भी आदमी यह सोच भी नहीं सकता था कि ज़ाकिर हुसैन के पास पैसों का अभाव था। उन्हें किसी को भी सीधे ना कहके लौटाने की हिम्मत नहीं थी। वे अपने घर की जरूरतें कम करके कुछ न कुछ देते ही थे। उनसे मन शान्त करनेवाली बातों की उम्मीद लेकर जानेवालों को भी निराशा नहीं होती थी और न दिलचस्प बातचीत करने पहुँचे लोगों को। मुजीब ने बताया है कि किस तरह की बातचीत में उन्हें (ज़ाकिर हुसैन) सबसे ज्यादा मजा आता था :

> *उन्हें साधारण बात भी साधारण तरीके से और सीधे तथा साफ ढंग से कहने में मजा नहीं आता था। दूसरे लोग चाहे जो कहें या जिस बात पर राजी हों वे उसके ठीक उल्टा तर्क देते थे। उनके दोस्त ऐसी बहसों का बेसब्री से इंतजार करते थे। वे जानते थे कि ऐसी बातचीत में दिखाए गए उनके बौद्धिक रुख का उनके असल व्यवहार से कोई लेना-देना नहीं था।*[27]

धन जुटाने के लिए बहस करने के गुण की नहीं, कौशल की जरूरत होती है और ज़ाकिर हुसैन में यह भी मौजूद था, पर बहुत अधिक नहीं। जामिया के कुलपति होने के चलते अजमल ख़ाँ भी इसके लिए कम ही वक्त दे पाते थे। वे बहुत नामी हकीम थे और उस काम तथा अपनी अन्य सामाजिक-राजनैतिक जिम्मेवारियों को पूरा करने में उनका काफी वक्त लग जाता था। लेकिन जब-तब वे अपने अमीर दोस्तों के यहाँ ज़ाकिर हुसैन और मुजीब को साथ ले जाते थे। ऐसे ही एक मौके पर रामपुर के नवाब ने अजमल ख़ाँ से पूछा कि जामिया के बारे में अंग्रेजी हुकूमत का क्या खयाल है? मुजीब लिखते हैं, "उनके सवाल का जवाब देने

की जगह हकीम अजमल ख़ाँ ने वहाँ मौजूद एक आदमी से परदे हटा देने को कहा, क्योंकि वहाँ पूरी रोशनी नहीं थी, बातचीत में इस मसले के आ जाने से बात कहीं और मुड़ गई।[28]

गांधी ने काफी सावधानी के साथ मदद की। ज़ाकिर हुसैन महात्मा की इस बात से सहमत थे कि कोष जुटाने में उनके ज्यादा दिलचस्पी दिखाने से "जामिया के प्रति मुसलमानों के मन में उल्टा असर होता"। इन दोनों की भेंट पहली बार जून, 1926 में गांधी के अहमदाबाद आश्रम में हुई और देखते ही दोनों एक-दूसरे के प्रति आकर्षित हुए।[29] हिन्दू-मुस्लिम एकता के प्रति पूरी समझदारी रखनेवाला कोई मुसलमान जामिया का कर्ता-धर्ता है, यह बात जानकर गांधी खुश हुए, और ज़ाकिर हुसैन इस बात से खुश हुए कि महात्मा ने उन पर भरोसा किया और वे जामिया को किस तरह चलाएँ इस बारे में कोई सलाह नहीं दी।

जैसा कि मुजीब कहते हैं, "यह आपसी समझदारी और भरोसा समय के साथ बढ़ता ही गया लेकिन बाहरवालों को यह बात हरदम समझ नहीं आई।[30] जब गांधी ने 1930 में सिविल नाफरमानी आन्दोलन शुरू किया, तो ज़ाकिर हुसैन को तय करना था कि जामिया भी इसमें शामिल होकर खुद को बन्द करा ले या फिर इससे बाहर रहे। उन्होंने फैसला किया कि जामिया का अकादमिक कामकाज जारी रहे। जिन लोगों को निजी तौर पर शामिल होने की इच्छा हो, वे पूर्व सूचना के बाद इसमें जा सकते हैं, पर जामिया अपना सामान्य कामकाज जारी रखेगी। इस फैसले का असली मतलब तो गांधी ने समझ लिया, पर उनके कुछ अनुयायियों को समझ नहीं आया। शफीकुर रहमान और अन्य कुछ लोगों ने, जिनमें महात्मा गांधी के सबसे छोटे पुत्र देवदास गांधी भी शामिल थे और जो तभी जामिया में हिन्दी पढ़ाते थे, राज के खिलाफ चलनेवाले गांधी के आन्दोलन में शामिल हुए। अन्य लोगों ने चुपचाप पढ़ाना जारी रखा, और ज़ाकिर हुसैन जामिया के लिए धन देने के लिए हैदराबाद के निजाम को मनाने के लिए वहाँ चले गए।

यह एक दिलेरी का फैसला था। अंग्रेजी राज की कृपा पर आश्रित हैदराबाद के निजाम के पास ऐसे आदमी के धन माँगने जाने का यह उचित समय नहीं था जो राजद्रोही गांधी का सहयोगी माना जाना था। लेकिन जैसा कि मुजीब बताते हैं, "लोगों की तारीफ करने के गुण, अपने कौशल और आकर्षण" के बल पर ज़ाकिर हुसैन अपने उद्‌देश्य में सफल रहे और निजाम की कौंसिल ने इमारत के लिए 50,000 रुपये और 1,000 रुपये का मासिक अनुदान देना स्वीकार कर लिया।[31] ज़ाकिर हुसैन ने इस सफलता की घोषणा जामिया के लोगों के बीच की जिन्होंने बहुत राहत महसूस की। पर इस बात से उनकी काफी खुशी गायब हो गई कि मासिक अनुदान, जिससे अनेक लोगों को वेतन दिया जा सकता था, पहले दिल्ली के अंग्रेज मुख्य आयुक्त के पास जाएगा जो यह तय करेंगे कि जामिया इसको पाने की हकदार है या नहीं।[32] वैसे गांधी का आन्दोलन 1937 में वायसराय इर्विन के

साथ हुए समझौते के बाद रुक गया, पर दिल्ली के मुख्य आयुक्त ने जामिया के लिए निजाम के अनुदान को चार साल तक रोके रखा।

वे अब तरक्की को महसूस कर सकते थे। जामिया ने बच्चों के लिए किताबें निकाली थीं, जिनमें कुछ ज़ाकिर हुसैन ने लिखी थीं और उनके लिए एक पत्रिका 'पयाम-ए-तालीम' भी निकालने लगी थी जो लोकप्रिय हो रही थी। उर्दू के लिए ये चीजें नई शुरुआत करनेवाली ही थीं। एक प्राथमिक स्कूल भी शुरू हुआ। इस स्कूल के कामकाज के देखनेवाले सज्जन अब्दुल गफ्फार मुधोली की काबलियत के चलते यहाँ के नन्हे छात्रों में "आत्मविश्वास, सहजता और सहयोग का भाव दिख रहा था।"[33]

1933 में एक दिन ज़ाकिर हुसैन प्राथमिक स्कूल की परीक्षा में पास हुए लड़कों को मिठाई बाँट रहे थे तो एक चपरासी उनके पास आया और कान में बताया कि उनकी तीन साल की बेटी रेहाना, जो मुजीब के अनुसार "गुलाबी गालों, घुँघराले बालों और बड़ी आँखोंवाली प्यारी लड़की थी," बहुत बीमार है। ज़ाकिर हुसैन ने मिठाई बाँटना जारी रखा। थोड़ी देर बाद ही चपरासी फिर वापस आया, कान में उन्हें बताया कि रेहाना नहीं रही। उनका चेहरा पीला पड़ गया, पर उन्होंने अपना काम जारी रखा। इसके बाद घंटी बजी और हर आदमी जान गया कि डॉ. ज़ाकिर हुसैन की बच्ची मर गई है। बाद में उनसे जब पूछा गया कि वे तुरन्त घर क्यों नहीं चले गए ? ज़ाकिर हुसैन ने जवाब दिया, "बच्चे इतने खुश थे। मैं उसमें खलल नहीं पड़ने देना चाहता था।" उनकी बीवी ने मुजीब को बाद में बताया कि इस घटना के कई दिनों बाद तक रोज सुबह ज़ाकिर हुसैन का तकिया आँसुओं से गीला मिलता था।[34]

जेर्डा फिलिप्सबोर्न दिसम्बर, 1932 में जामिया पहुँचीं। ज़ाकिर हुसैन ने उन्हें यहाँ न आने को कहा था लेकिन उन्होंने जिद की थी। खैर, हिटलर की जर्मनी में यहूदियों के चलते उनके रहने का कोई सवाल ही नहीं पैदा होता था। उन्हें नन्हे बच्चे-बच्चियों को पढ़ाने को कहा गया। उनके आने के कुछ समय बाद ही ज़ाकिर हुसैन ने अपनी बीवी को बताया कि कैसे यह परिचय दोस्ती में बदल गया। उन्होंने कहा कि उन्हें इस महिला के स्नेह का सम्मान करना ही होगा।

जामिया में ग्यारह साल रहने के बाद जेर्डा फिलिप्सबोर्न यहाँ कैंसर से मरीं। जब उनके रोग का पता चला तो उन्होंने ज़ाकिर हुसैन से आग्रह किया उन्हें जब वक्त मिले उनके पास बैठकर कुरान का पाठ करें और उनकी मौत पर उन्हें मुस्लिम ढंग से दफनाने का इन्तजाम करेंगे। उनकी इच्छा पूरी की गई। जामिया में उनके रहनेवाले वर्षों में काफी तनाव रहा। उनके ज़ाकिर हुसैन के समय और स्नेह पर

अपना हक़ मानने से कई लोगों को परेशानी हुई और यह बात खुद उन्हें भी कई बार पसन्द नहीं आती थी, पर वे ऐसे विनम्र व्यक्ति थे कि इस बात को उन्होंने कभी जाहिर नहीं होने दिया। अपने पति द्वारा साफ तौर पर बता दी गई बातों के अलावा उन दोनों के बीच कोई और रिश्ता नहीं है, यह जानकर शाहजहाँ बेगम ने भी इस मित्रता को स्वीकार कर लिया था। ज़ाकिर हुसैन के समय पर जेर्डा फिलिप्सबोर्न के दावे से नाराज रहनेवालों में एक, मुजीब ने भी "उनके (ज़ाकिर हुसैन के) निजी हितों और जामिया के प्रति जेर्डा के प्रेम" को स्वीकार किया है।[35]

जामिया में तीन धाराएँ—परम्परागत मुस्लिम, राष्ट्रवादी और आधुनिकतावादी—आकर मिलती लगती थीं। ज़ाकिर हुसैन और उनके प्रधान द्वारा इसकी शुरुआत में निभाई भूमिका के चलते इसको इस्लामी चरित्र भी मिला; गांधी के प्रति आदर के चलते इसका राष्ट्रवादी रुझान हुआ।

अगर उस समय अनेक मुसलमानों को लगता था कि ज़ाकिर हुसैन अपने मुस्लिमपने का खुलकर इजहार नहीं करते तो अनेक हिन्दुओं को भी शिकायत थी कि वे अपने को हिन्दुस्तानीपने में पूरी तरह नहीं मिलाते हैं। 1935 में उन्होंने यह कहा कि "मुसलमान राष्ट्रीय सरकार के अधीन अपनी सांस्कृतिक पहचान गुम होने के प्रति काफी शंकालु हैं"[36] या यह कहा कि "यह बहुत बड़ी कीमत है जो मुसलमान किसी भी कीमत पर नहीं देना चाहते।"[37] तो हिन्दुओं को यह बात पसन्द नहीं आई।

उन्हें यह बताने में कोई शर्म महसूस नहीं होती थी कि जामिया "इस्लामी आदर्शों के प्रति समर्पित एक मुस्लिम संस्था है।" साथ ही वे यह भी कहते थे कि "मुस्लिम आदर्शों की किसी गलत या संकीर्ण व्याख्या के जरिए जामिया को फिरकापरस्ती को फैलाने की जमीन नहीं बनने दिया जाएगा।" उनके लिए हिन्दुस्तान "हमारा अपना प्यारा देश है।"[38] 1935 के अपने भाषण में भी उन्होंने कहा था, "हम इसी देश की माटी की पैदाइश हैं और इसी में हमें समा जाना है।"[39]

हमें ध्यान देना चाहिए कि ज़ाकिर हुसैन इस बात के लिए चिन्तित थे कि कहीं राष्ट्रवाद विदेशी द्वेष का या मुस्लिम संस्कृति के प्रति प्रेम सुधारों का विरोध करने की स्थिति तक न पहुँच जाए। इसलिए वे जिन्ना के उद्देश्य को "अन्ध राष्ट्रवाद का कुपरिणाम" कहते थे और मानते थे कि इस्लाम का भविष्य उसकी गतिशीलता और रचनात्मकता पर ही निर्भर करता है। 1928 में उन्होंने जोर देकर कहा कि "औरत को घुटन-भरी, अस्वास्थ्यकर चारदीवारी से निकालना" इस्लाम को बर्बाद करने का नहीं बचाने का काम है। उन्होंने कहा कि :

> *मेरा मजहब नास्तिकों को आस्तिक बनाना, असभ्य लोगों को सभ्य बनाना, औरतों को उस समाज में वह दर्जा और जगह देना जो पहले नहीं थी और जो मनुष्य के विश्वबन्धुत्व के बीच सिर्फ कुलीनता को महत्त्व देता है।*[40]

खिलाफत आन्दोलन के समाप्त हो जाने और साथ ही हिन्दू-मुस्लिम विश्वास के दौर के भी टूटने पर, जैसा कि विल्फ्रेड कैटवेल स्मिथ कहते हैं, "धार्मिक बुद्धिजीवी साम्प्रदायिक और प्रगतिशील बुद्धिजीवी अखाड़ेबाज बन गए।"[41] लेकिन जामिया के मुस्लिम बुद्धिजीवियों ने न तो अपना मजहब छोड़ा, न ही अपने तरक्कीपसन्द खयालों को। अगर ज़ाकिर हुसैन, मुजीब और आबिद हुसैन ने अच्छा और पक्का मुसलमान होने का अपना हक़ नहीं छोड़ा तो हिन्दू-मुस्लिम एकता और मुस्लिम समाज में सुधार के बारे में अपने खयाल भी नहीं बदले। हिन्दू-मुस्लिम सवाल पर उनके विचारों के बारे में हमें काफी कुछ कहना है; यहाँ हम सुधारों के बारे में उनकी राय पर गौर करेंगे। पुरातनपंथियों की आपत्ति के बावजूद जामिया में चित्रकला की पढ़ाई शुरू हुई। पुरानी परम्पराओं को छोड़ते हुए नाटक लिखे और खेले गए तथा प्राथमिक स्कूल में लड़कियाँ लड़कों के साथ बैठा करती थीं। इतना ही नहीं, पूरी आजादी और खुली बहसें होती थीं। जैसा कि मुजीब कहते हैं :

> *ज़ाकिर हुसैन ने किसी किस्म की कट्टरता नहीं लादी। कुरान में वर्णित सहिष्णुता पर वे आचरण करते थे। "विचारों में कोई बाध्यता नहीं" के सिद्धान्त ने ऐसा माहौल बनाया था जिसमें पूरी आजादी के साथ अपने विचार रखे जाएँ और जिसमें विचार और आस्था के मतभेद को भी पूरा सम्मान दिया जाता था...जामिया मिलिया ने कट्टरता न मानते हुए इस्लामी संस्कृति और परम्पराओं का प्रतिनिधित्व किया है।*[42]

लेकिन ज़ाकिर हुसैन को सैयद अहमद की तरह कठमुल्ला ताकतों के हमले नहीं झेलने पड़े। इन्हीं हमलों के कारण सर सैयद को अलीगढ़ में धार्मिक मसले को कट्टरपंथियों के हाथ में ही छोड़ना पड़ा था। ज़ाकिर हुसैन की व्यवहार-कुशलता ने उन्हें और जामिया को मदद पहुँचाई। लेकिन उनके राष्ट्रवाद ने जामिया के लिए मुश्किलें भी पैदा कीं। अंग्रेजी राज ने काफी दिनों तक जामिया की डिग्री को मान्यता नहीं दी जिसका सीधा मतलब था इस तरफ कम लड़के-लड़कियों का आना। नौकरी लायक डिग्री न मिलने से लोग जरूर आते रहे, और खुद को सिर्फ कैरियर बनाने की दौड़ से मुक्त होने का आनन्द भी पाते रहे, पर जामिया के कालेज और सीनियर स्कूल की प्रगति राज के रुख के चलते काफी सीमित रही।

एक अन्य बाधा 1937 में खुद ज़ाकिर हुसैन के ही गांधी के नई तालीम या बुनियादी शिक्षा की अवधारणा के प्रचार में जुटने की इच्छा से आई। गांधी ने कहा कि तोता-रटंत पढ़ाई की जगह चरखा, करघा या किसी भी अन्य उत्पादक काम के साथवाली पढ़ाई लड़के-लड़कियों के जीवन के लिए अधिक उपयोगी

होगी। अधिकांश प्रान्तों में कांग्रेसी सरकारों ने काम सँभाल लिया था और गांधी ने उम्मीद की थी कि ये सरकारें ऐसी अनिवार्य और मुफ्त शिक्षा की व्यवस्था करेंगी जो रचनात्मक काम से जुड़ी होगी। गांधी के सेवाग्राम के नए आश्रम के निकट वर्धा में इस विचार पर बातचीत के लिए जिन लोगों को बुलाया गया, उनमें ज़ाकिर हुसैन भी एक थे। गांधी द्वारा अपने प्रस्ताव की रूपरेखा पेश कर चुकने के बाद बोलने के लिए खड़े हुए ज़ाकिर हुसैन ने कहा कि यह विचार मौलिक नहीं है और साथ ही उन्होंने गांधी के इस विचार से भी असहमति जताई कि छात्रों के श्रम से तैयार माल से उनकी शिक्षा का खर्च उठाया जाए। उन्होंने कहा, "अपना खर्च खुद उठानेवाले पहलू पर ज्यादा जोर देने में एक बड़ा खतरा है...उस्ताद गुलामों से काम लेनेवाले निर्दयी का रूप ले सकते हैं और नन्हे बेचारे लड़कों की मेहनत का शोषण कर सकते हैं...अगर ऐसा हुआ तो करघा किताब से ज्यादा बुरा साबित होगा।"[43]

गांधी ने करघे को ग्रामीण गरीबों का उद्धारक माना था। यह सस्ता था, झोंपड़ी में लग सकता था और कोई भी इसे लगा सकता था। ज़ाकिर हुसैन इससे सहमत थे और वे गांधी की इस बात से भी सहमत थे कि सूत कातते-बुनते हुए भी कपास और मिट्टी की किस्मों, अंकगणित, हस्तशिल्पों के पतन और अंग्रेजी हुकूमत के इतिहास की जानकारियाँ दी जा सकती हैं। लेकिन वे चरखे को हर मर्ज की दवा नहीं मान सकते थे और उन्होंने यह कहा भी; और उन्होंने कहा कि पढ़ाई के साथ किए जानेवाले शारीरिक श्रम को बहुत थकानेवाला नहीं होना चाहिए।

गांधी के कुछ प्रशंसक ज़ाकिर हुसैन की इस स्पष्टवादिता से हैरान रह गए लेकिन खुद गांधी को हैरानी नहीं हुई। उन्होंने ज़ाकिर हुसैन से नई तालीम की योजना के लिए बननेवाली राष्ट्रीय नीति का अध्यक्ष बनने को कहा। इस कमेटी ने जो पाठ्यक्रम तैयार किया उससे अनेक लोग, जिनमें राज की एजेंसियाँ भी शामिल थीं, प्रभावित हुए और ज़ाकिर हुसैन को देशभर में वाहवाही मिली। कांग्रेस शासित प्रान्तों के कुछ स्कूलों में इसे लागू किया गया; 1939 में अगर कांग्रेसी सरकारों ने इस्तीफा नहीं दिया होता तो प्रयोग चलता।

ज़ाकिर हुसैन को तो वाहवाही मिली, पर जामिया को नुकसान हो गया। हमने जिन्नावाले अध्याय में देखा है कि कांग्रेस की गलतियों और लीग के धुआँधार प्रचार के कारण 1937–39 में अनेक मुसलमान नेता कांग्रेस से अलग हुए। नई तालीम को गांधी और कांग्रेस से जुड़ा मानकर मुसलमानों के बीच इसकी आलोचना हुई और वे लोग जामिया की मदद के प्रति कम तत्पर हुए। जब मध्य प्रान्त के प्रधानमन्त्री पंडित रविशंकर शुक्ल ने बुनियादी शिक्षा देनेवाले स्कूलों का नाम 'विद्यामन्दिर' रख दिया तो इससे मुस्लिम विरोधियों का काम आसान हो गया कि जो जगह हिन्दुओं के मन्दिर जैसी हो उसे मुसलमान छू भी नहीं सकते। इस सबका दुष्परिणाम जामिया को भुगतना पड़ा। जब संयुक्त प्रान्त, बिहार और मध्य प्रान्त

की कांग्रेसी सरकारों ने संस्कृतनिष्ठ हिन्दी को बढ़ाने की कोशिश की तो उसका खामियाजा भी जामिया को भुगतना पड़ा।

फिर भी प्रगति का क्रम जारी था। ओखला में नया परिसर बनाने के लिए जमीन ली गई थी। हैदराबाद ने एक और बड़ा अनुदान दिया था--एक लाख रुपए का। ज़ाकिर हुसैन ने मौलाना इलियास और उनके संगठन तब्लीग-ए-जमात में दिलचस्पी दिखाई जिसमें मुसलमानों को सही तौर पर इस्लाम को समझने और उस पर आचरण करने को कहा जाता था। मौलाना ने कहा कि नई तालीम को बढ़ावा देने के चलते ज़ाकिर हुसैन का मुसलमानपना कम नहीं हुआ है। 1943 में एक दिन, जब ज़ाकिर हुसैन के बाहर रहने पर मुजीब कामकाज सँभाल रहे थे और उन्हें जामिया के 'रोजाना के खर्च के लिए' पैसों की जरूरत थी, उन्होंने पाया कि उनकी मेज पर एक बड़ा लिफाफा पड़ा था जिसमें 10,000 रुपए के नोट रखे थे और इसे एक ऐसे मुसलमान ने भेजा था जिसका जामिया के प्रति फिर से भरोसा हो गया था।[44] जामिया की मैट्रिक की डिग्री और शिक्षक-प्रशिक्षण की डिप्लोमा डिग्री को मान्यता मिल गई। प्रौढ़ शिक्षा की नई शाखा ने शानदार रिजल्ट दिए। जामिया में तकनीकी शिक्षा के लिए टाटा ट्रस्ट ने मदद की।[45] और हैदराबाद में प्रधानमन्त्री सर मिर्जा इस्माइल ने ज़ाकिर हुसैन को खाने का न्यौता दिया और वहाँ उन्हें 5 लाख रुपए का चेक भेंट किया।

मुजीब ज़ाकिर हुसैन में दो दोष देखते हैं। एक तो अवांछित मेहमानों से खुद को अलग न रख पाना। 1957 तक, जब वे बिहार के राज्यपाल बने और उन्हें मिलने-जुलनेवालों का काम देखने के लिए ही एक अधिकारी मिल गया, जो भी चाहता ज़ाकिर हुसैन का समय, ऊर्जा, पैसा पा सकता था। दूसरा दोष ज़ाकिर हुसैन को खुद को जामिया तक ही सीमित न करने की इच्छा। उन्होंने खुद को अलीगढ़-मुस्लिम विश्वविद्यालय के कोटे के लिए चुना जाने दिया, दिल्ली के एंग्लो-अरबी कॉलेज के कामकाज की निगरानी करना मंजूर किया, एक मुस्लिम अनाथालय के काम को देखने के लिए स्वीकृति दी और तब्लीग-ए-जमात में काम किया और नई तालीम के लिए अपने छात्रों और शिक्षकों को बार-बार दी जानेवाली अपनी शिक्षा, "एक ही चीज को पकड़े रहो, और खूब जोर से पकड़े रहो" का उल्लंघन किया। उन्होंने जामिया से मोहब्बत की और इसके लिए काफी मेहनत की, उनके बिना यह चल भी न पाता। उन्होंने इसमें विलक्षण बुद्धि लगाई--नए पाठ्यक्रम जोड़े, कोष जुटाने के नए तरीके ढूँढ़े, जामिया के काम को लोकप्रिय बनाने के लिए नई प्रदर्शनी लगाने या पुस्तिका छापने की बात की, अपने यहाँ काम करनेवालों से पूरा काम लिया और प्रेम से उनको एकजुट रखा; लेकिन, मुजीब को अफसोस है कि उन्होंने "एक भी संस्था में अपने विचारों को व्यवहार रूप में लागू करने के लिए पूरी समझ और ऊर्जा नहीं लगाई।" और मुजीब की

राय थी कि अगर ज़ाकिर हुसैन ने ऐसा किया होता तो परिणाम "क्रान्तिकारी" निकले होते।[46]

जामिया के प्राथमिक स्कूल में नई तालीम पूरे उत्साह से शुरू की गई, पर जल्दी ही उत्साह ठंडा पड़ गया, शिक्षक-प्रशिक्षण स्कूल के लड़कों को हस्तशिल्प के साथ अध्यापन करना सिखाया गया, पर अधिक दिनों तक यह भी नहीं चला। माध्यमिक शिक्षा का उद्देश्य परीक्षा पास करने की जगह ज्ञान हासिल करना घोषित हुआ लेकिन ऐसा हुआ नहीं। 1946 में लिखते हुए विल्फ्रेड कैंटवेल स्मिथ ने जामिया प्रणाली को "हिन्दुस्तान की एक सबसे प्रगतिशील और सबसे अच्छी प्रणाली" कहा था,[47] लेकिन यह मात्र नमूना-भर बना रह गया। इसको चारों ओर फैलाने लायक ताकत वह नहीं पैदा कर पाया।

अगर ज़ाकिर हुसैन के व्यक्तित्व में अनेक लोगों का व्यक्तित्व शामिल था तो निश्चित रूप से उनमें एक सूफी रूप भी था। उन्होंने अपने इस रूप की बात पर गौर किया और ज्ञान के बारे में उनका पोशीदा नजरिया था। वे अक्सर रूमी के वह शेर बोलते थे जिसका भावार्थ है कि मात्र जिस्मानी बातों पर गौर करने से जानलेवा ज्ञान मिलेगा, पर रूहानी बातों पर गौर करने से आपको सच्चा दोस्त मिलेगा।

सूफी सन्त जो जुबान बोलते थे, उसका हिन्दुओं और मुसलमानों, दोनों के दिलों पर एक-सा असर होता था। यही बात ज़ाकिर हुसैन पर भी लागू होती थी। "दिलों को जोड़ना" उनकी लालसा थी और वे अक्सर ऐसी पंक्तियों को ही दोहराते थे जिन्हें सभी सही मानते हैं :

> *पानी की तलाश मत करो, प्यास तक पहुँचो और तुम देखोगे कि चारों ओर पानी के बुलबुले फूट रहे हैं।*[48]

और फिर वे सूफियों जैसी आजादी भी दिखाते थे। रोज पाँच वक्त नमाज पढ़ने की जगह वे अक्सर एक बार ही, देर रात को या भोर में, नमाज पढ़ते थे। इबादत को जाहिर न करने देने की बात भी उनमें झलकती थी; और उनके लिए कुरान की आयतों का विशेष महत्त्व था जिनमें "रात में जागकर अपने गुनाहों को आँसुओं के जरिए" बहा देने का जिक्र है।[49] अपनी आस्थाओं के बारे में पूछे जानेवाले सवालों के जवाब वे अक्सर अधूरे ही देते थे और सामनेवाले को अपने निष्कर्ष निकालने देते थे। जब एक साथी उनसे ज्ञान की तह तक जाने के मार्ग के बारे में उनके विचार जानने की जिद करने लगे तो उन्होंने मुजीब पर अपनी नजरें टिका दीं, जिससे वे भी परेशानी में पड़ गए, और फिर रूमी का एक शेर पढ़ दिया :

> *यह वह रास्ता नहीं है जिसकी मैं बात करता हूँ, मैं उसे ढूँढ़ता हूँ जो उस रास्ते पर मेरे साथ चलता है; कहा गया है, पहले साथी, फिर रास्ता।*[50]

मुजीब जरूर उनके मार्ग पर उनके साथ ही चले। 1948 में जब ज़ाकिर हुसैन अलीगढ़ चले गए तो वे जामिया के उप-कुलपति बने।

ज़ाकिर हुसैन के व्यक्तित्व में एक कलाप्रेमी भी समाया हुआ था जो कलाकृतियों का संग्रहकर्ता था : जब और किसी चीज के लिए पैसा न हो तो बाँस की छड़ियाँ, खुशखत के नमूने; पीतल की कलाकृतियाँ और जीवन के अन्तिम दिनों में जीवाश्म, चट्टानें और पेंटिंग का संग्रह उन्होंने किया। मुस्लिम संस्कृति में अच्छे भोजन का काफी ऊँचा स्थान है, इसे इंसान को खुदा की भेंट माना जाता है और सिर्फ परोसने-खिलाने में ही नहीं, खूब खाकर और तारीफ करके मेजबान को खुश करके ये आनन्द लिया जाता है। ज़ाकिर हुसैन ने इस बात पर पूरा अमल किया। इस शिष्टाचार और साथ ही अच्छे भोजन के शौक ने उन्हें मधुमेह और सबलनाम (ग्लाकोमा) की बीमारी पकड़ा दी।

अपने भाषणों का खाका वे अपने दिमाग में पहले से ही बना लेते थे, पर उन्हें लिख लेना पसन्द न था। यह एक काम वे अन्तिम समय तक टालते रहते थे जब तक यह एकदम जरूरी न हो जाए। अपनी बड़ी बेटी सईदा को बातचीत में उलझाए रहते हुए वे उससे पूछा करते थे कि तुम्हें मालूम है कि मैं क्यों तुम्हारा वक्त बरबाद कर रहा हूँ और फिर कहा करते थे, "क्योंकि मुझे कुछ बहुत जरूरी चीज लिखनी है।"[51] एक बार दिल्ली विश्वविद्यालय में उन्होंने अपना भाषण जिस समय शुरू किया उस समय टाइपिस्ट इसके पन्नों को अभी टाइप ही कर रहा था।

अगर लिखना जरूरी ही हो जाए तो रात में बिस्तर पर ही तकिए को मेज जैसा बनाकर लिखा करते थे। मुजीब ने ज़ाकिर हुसैन के दफ्तर में लिखने की मेज लगाने का प्रयास 'बरसों तक' किया, पर वे सहमत नहीं हो रहे थे। जब-जब ज़ाकिर हुसैन दिल्ली से बाहर गए तो मुजीब ने मुनीमोंवाली छोटी मेज हटवाकर दफ्तर में एक कुर्सी और मेज लगा दी। ज़ाकिर हुसैन को "यह बदलाव पसन्द नहीं आया।"[52]

जैसा कि हमने पहले के अध्यायों में देखा है कि 1946 में ब्रिटिश कैबिनेट के तीन लोग कांग्रेस और लीग को भारत के भविष्य के बारे में और एक अन्तरिम राष्ट्रीय सरकार बनाने पर राजी करने के लिए यहाँ आए। खुद को हिन्दू संगठन साबित न होने देने के लिए कांग्रेस अन्तरिम सरकार में अपनी ओर से एक मुस्लिम को नामजद करना चाहती थी। कांग्रेस अध्यक्ष अबुल कलाम आज़ाद उसकी स्वाभाविक पसन्द थे ही, पर उनके प्रति जिन्ना की दुश्मनी को देखते हुए कांग्रेस ने ज़ाकिर हुसैन के नाम पर भी विचार किया था। राजनेता न होने के बावजूद वे निर्विवाद रूप से काबिल और राष्ट्रवादी थे। (लेकिन उन्होंने एंग्लो-अरबी कॉलेज का काम देखने से, जिसमें जिन्ना के मुख्य सहयोगी लियाक़त अली भी थे, और सिन्ध में यह भाषण देकर कुछेक कांग्रेसियों को नाराज कर दिया था कि मजहबी स्कूलों की भी अपनी भूमिका है।) ज़ाकिर हुसैन ने इस शर्त पर स्वीकृति दी थी कि अगर लीग

भी उनके नाम पर सहमति दे। उन्होंने कहा कि मेरी इच्छा एकता के लिए काम करने की है, न कि नई असहमति पैदा करने की।

आज़ाद और नेहरू ने ज़ाकिर हुसैन का नाम वायसराय वावेल के सामने रखा जिन्होंने इसका जिक्र जिन्ना से किया। जिन्ना चिल्ला पड़े, "ज़ाकिर हुसैन ? वह कौम का गद्दार, एकदम और पूरा नामंजूर।"[53] कांग्रेस और फिर ज़ाकिर हुसैन को बताया गया कि जिन्ना को उनका सरकार में आना मंजूर नहीं है, पर जिन्ना ने क्या लफ्ज इस्तेमाल किए इसकी खबर उन्हें कभी नहीं हुई। यह तथ्य ज़ाकिर हुसैन की मौत के चार साल बाद 1973 में जाहिर हुए जब वावेल की डायरियाँ प्रकाशित हुईं। अगर ज़ाकिर हुसैन इस बात को जानते, जिसे हम आज जानते हैं, तो इस घटना के बाद के हफ्तों की उनकी गतिविधियाँ कुछ और ही होतीं।

ये गतिविधियाँ जामिया की रजत जयंती के आयोजन से जुड़ी थीं जो कलकत्ता के दंगों के तीन महीने बाद नवम्बर, 1946 में मनाई गई। कांग्रेस और लीग के प्रतिनिधियों की अन्तरिम सरकार तभी बनी थी। वावेल ने जिन्ना की आपत्तियाँ नहीं मानी थीं और कांग्रेस के मुसलमान प्रतिनिधि भी सरकार में शामिल हुए थे लेकिन ज़ाकिर हुसैन उनमें से एक नहीं थे; झगड़ेवाली नई सरकार में जाने की उनकी इच्छा भी नहीं थी।

अपनी अन्तर्रात्मा की आवाज के अनुसार ज़ाकिर हुसैन ने रजत जयन्ती का उपयोग जिन्ना, जवाहरलाल, आज़ाद और लियाक़त अली को एक मंच पर जुटाने और वहीं से सबको झिड़की देने के लिए करने का फैसला किया। कायद-ए-आजम ने, जिन्हें बुलाने वे स्वयं गए थे, साफ कह दिया कि वे कांग्रेस की हर बात और उसके द्वारा प्रस्तावित-समर्थित चीज के विरोधी हैं और यह बात नई तालीम पर भी लागू होती है। फिर भी ज़ाकिर हुसैन की व्यवहार-कुशलता बेकार नहीं गई। इसी भेंट के परिणामस्वरूप कायद की बहन फातिमा जिन्ना जामिया की एक शैक्षिक प्रदर्शनी को देखने आईं। उन्होंने निश्चित रूप से इसकी तारीफ जिन्ना से की होगी क्योंकि तुरंत उनकी ओर से सन्देश आया कि वे भी रजत जयंती आयोजन में भाग लेने आएँगे।

यह चार दिवसीय आयोजन की चरम परिणति थी। भोजन की कमी थी और तनाव बहुत था, फिर भी ज़ाकिर हुसैन दिल्ली की एक ऐसी जगह पर देश-भर से बुलाए दो हजार मेहमानों को रखने-खिलानेवाला आयोजन करने पर अड़े थे जहाँ पानी या बिजली की सुविधा भी नहीं थी। जामिया के लोगों ने खुद ही सड़क बनाई, पानी का पाइप डाला और बिजली का तार खींचा। पूरे कैम्पस में अफवाहें थीं कि यहाँ आनेवाले बड़े लोगों को चाकू भोंका जाएगा और शहर के अन्य हिस्सों में हो रही ऐसी वारदातों के किस्से भी चल रहे थे। ज़ाकिर हुसैन ने खुद सैकड़ों चीजों का खयाल किया जिसमें महत्त्वपूर्ण व्यक्तियों के बैठने की जगह तय करना भी शामिल था जिससे कि इन महत्त्वपूर्ण लोगों को न सही, उनके प्रशंसकों को भी बुरा

न लगे। खुदा के शुक्र से और अचरजपूर्ण ढंग से सारा कुछ ठीक-ठाक सम्पन्न हो गया और नेहरू, जिन्ना, आज़ाद और लियाक़त अली के साथ बैठे ज़ाकिर हुसैन ने उर्दू में जबरदस्त भाषण दिया जिसे मुजीब ने "उनके जीवन का सबसे ओजस्वी और मनमोहक भाषण" बताया है।[54]

उन्होंने जिन्ना द्वारा अपने आदर्शों के लिए कंगाल हो जाने की इच्छा का जिक्र किया और इस भरोसे का भी कि अल्लाह उन पर करम करेगा। उन्होंने कुरान की आयत को उद्धृत किया कि हर मुश्किल के बाद चैन आता है। फिर महत्त्वपूर्ण लोगों की तरफ मुखातिब होते हुए उन्होंने कहा :

> *आप सभी राजनैतिक आकाश के तारे हैं, आपके लिए सिर्फ कुछ हजार ही नहीं, लाखों-करोड़ों लोगों के दिलों में प्यार और आदर है। आपकी मौजूदगी का फायदा लेते हुए मैं एकदम सुखी मन से उन लोगों की निराशा को जाहिर करना चाहता हूँ जो तालीम के काम में लगे हैं। देश आज जिस परस्पर नफरत की आग में जल रहा है उसमें बाग लगाने का और नन्हे पौधों को सींचने का हमारा काम एकदम पागलपन-भर बनकर रह गया है। यह आग इतनी खौफनाक है कि जिस जमीन पर आदमियत और ऊँचे खयाल जनमते, फलते-फूलते हैं वही झुलस गई है; इससे नेक और सन्तुलित व्यक्तित्व रूपी फूल कैसे खिल सकते हैं ? जब चारों ओर बर्बरता का राज हो तो हम कैसे संस्कृति की हिफाजत करें ? ये शब्द आपको कड़े लगते होंगे, पर हमारे चारों ओर जो हालात हैं उनको सही तौर पर कठोर से कठोर शब्द भी बयान नहीं कर सकते।*
>
> *एक हिन्दुस्तानी शायर ने कहा है कि जन्म लेनेवाला हर बच्चा खुदा का यह सन्देश लाता है कि उसने मनुष्य जाति से पूरी उम्मीदें नहीं खोई हैं, लेकिन हमारे मुल्क के लोगों की हालत यह हो गई है कि वे कलियों को खिलने के पहले ही कुचल देना चाहते हैं? खुदा के लिए आप सभी अपनी बुद्धि लगाएँ और इस आग को बुझाएँ। यह समय इस बात की जाँच और फैसला करने का नहीं है कि आग किसने लगाई है। आग धधक रही है, इसे बुझाना ही होगा।*[55]

यह आग सिर्फ धधकती ही नहीं रही बल्कि इसने खुद ज़ाकिर हुसैन को भी करीब-करीब समाप्त ही कर दिया था। बीमार और दुबले-पतले हो गए ज़ाकिर हुसैन, मधुमेह ने जिनकी सारी ताकत निचोड़ ली थी, ने आजादी के कुछ दिनों बाद ही कुछ वक्त कश्मीर में आराम करने का फैसला किया। अखबारों में खबरें छप रही थीं कि पंजाब में रेलगाड़ियों में हत्याएँ हो रही हैं और दोस्तों ने उनसे वहाँ न जाने की सलाह दी। लेकिन 21 अगस्त को ज़ाकिर हुसैन मंजूर नामक एक नौकर के

साथ पठानकोट जानेवाली रेलगाड़ी में सवार हुए। वे दूसरे दर्जे के डिब्बे में सवार हुए जिससे लगे पहले दर्जे के डिब्बे में जालन्धर के अमीर आदमी फ़ज़्ले हक़ सवार थे। गाड़ी धीरे-धीरे और रुक-रुककर आगे बढ़ रही थी; लुधियाना में ज़ाकिर हुसैन डिब्बे से बाहर निकले और स्टेशन मास्टर से पूछा कि क्या पठानकोट जानेवाली कोई और तेज गाड़ी है। उसने कहा कि कोई गाड़ी नहीं है, लेकिन उसके पास खड़ी टोली के लोगों की आँखों में शरारत झलकी।

ज़ाकिर हुसैन अपने डिब्बे में लौटे, जहाँ फ़ज़्ले हक़ भी आकर बैठे जो रास्ते में शराब पीते आए थे। जब गाड़ी जालन्धर पहुँची, जहाँ हक़ को उतरना था, तो स्टेशन एकदम सुनसान लगा, कुछ गुरखे वहाँ चक्कर लगा रहे थे। ऐसा लग रहा था कि गाड़ी और आगे नहीं जाएगी और ज़ाकिर हुसैन ने अपना सामान उतरवा लिया। एक लम्बा हट्टा-कट्टा आदमी, जिसके पीछे नौजवानों का झुंड था, ज़ाकिर हुसैन के पास आया और साथ चलनेवालों से उनका सामान कब्जा लेने को कहा। हक़ ने विरोध किया; हट्टे-कट्टे आदमी ने अपने आदेश को दोहराया; हक़ ने उसे झापड़ मार दिया।

इस हट्टे-कट्टे आदमी ने गुरखों को आदेश दिया, "इन दोनों को गोली मार दो, और गुरखों ने हक़ और हिन्दुस्तान के सम्भावित राष्ट्रपति पर बन्दूकें तान लीं। मंजूर दौड़कर राइफल और ज़ाकिर हुसैन के बीच में आ गया। गुरखों ने गोलियाँ नहीं चलाईं, पर ज़ाकिर हुसैन और हक़ का सामान चला गया। इसी रेलगाड़ी पर एक रेलवे अधिकारी हरबंसलाल कपूर भी यात्रा कर रहे थे। उन्होंने मंजूर से जाना था कि उनके साथ यात्रा कर रहे दाढ़ीवाले सज्जन ज़ाकिर हुसैन हैं। उन्होंने जाकर जालन्धर के स्टेशन मास्टर को बताया कि वहाँ क्या हो रहा है। स्टेशन मास्टर बाहर आया और ज़ाकिर हुसैन तथा हक़ को स्टेशन के अन्दर ले गया। कमरे में घुसने के पहले ज़ाकिर हुसैन ने गुरखों की तरफ मुड़कर गुस्से से कहा था कि उनकी ड्यूटी यात्रियों की रखवाली करना है, उनको डराना नहीं। लेकिन इन लोगों पर उसका कोई असर नहीं दिखा।

कपूर इन गुरखों के आफिसर की तलाश में लगे थे। यह अधिकारी नौजवान सिख कैप्टन गुरदयाल सिंह था और वे उसको लेकर स्टेशन मास्टर के दफ्तर में पहुँचे। वर्दीवाले अधिकारी को देखकर ज़ाकिर हुसैन ने उसके लोगों के बर्ताव के प्रति उससे शिकायत की। चिन्तित और शर्मिन्दा लग रहे गुरदयाल सिंह ने कहा, "सर, मैं आपको सुरक्षित जगह पहुँचा दूँगा।" ज़ाकिर हुसैन ने कहा, "हमारा सामान ढूँढ़ दीजिए।" गुरखों को किसी भी स्टेशन मास्टर के दफ्तर में न घुसने देने का आदेश देकर सिंह सामान ढूँढ़ने निकले। खाली हाथ लौटकर उन्होंने ज़ाकिर हुसैन और हक़ से कहा, "कृपा करके अब सामान को भूल जाइए और मेरे साथ आइए।"

सिंह की डाँट और धमकी के बावजूद हट्टे-कट्टे आदमी के साथ आए लड़कों के झुंड ने ज़ाकिर हुसैन, हक़ और मंजूर के साथ बदतमीजी की। ये तीनों सेना के ट्रक पर सवार हुए लेकिन भीड़ ने ट्रक को घेर लिया और सिंह से कहा कि इन

तीनों मुसलमानों को हमारे हवाले करो। कैप्टन सिंह ने कहा कि वे ऐसा नहीं कर सकते। भीड़ से एक आदमी चिल्लाया, "आप उस दाढ़ीवाले को ले जा सकते हैं, पर यह दूसरा आदमी जालन्धर का ही है। इसे हमको दे दीजिए।" जब सिंह ने कहा कि अगर आप लोग नहीं हटेंगे तो गोली चलाने का ऑर्डर दूँगा। इस धमकी पर भीड़ छँटी और ट्रक रवाना हुआ। हिन्दू कपूर, सिख गुरदयाल और मुस्लिम मंजूर ने ज़ाकिर हुसैन की जान बचा ली थी।

अगले दिन वे दिल्ली लौटे। सबकी सलाह को ठुकराते हुए वे फिर से रेलगाड़ी से ही चले। मंजूर की विनती पर जरूर उन्होंने खिड़की से लगी सीट पर नहीं बैठना मान लिया। गाड़ी भोर में 3 बजे पुरानी दिल्ली स्टेशन पर पहुँची। सारे प्रतीक्षालय भरे पड़े थे। ज़ाकिर हुसैन और मंजूर ने अगले कुछ घंटे स्टेशन से ही लगे एक सस्ते होटल की छत पर गुजारे—इसके कमरे गंदे थे और हवा नहीं आती थी। छत पर भी उन्हें वहाँ मौजूद बकरियों को एक ओर ठेलकर अपने लिए जगह बनानी पड़ी। सूर्योदय के बाद उन्होंने ओखला के लिए बस पकड़ी और लोगों की नजर से बचने के लिए जामिया का यह कर्ताधर्ता खेतों से होकर अपने घर पहुँचा। उस दिन और अगले दिन उन्होंने नेहरू और पटेल से भेंट की और गुस्से से भरे जवाहरलाल तुरन्त विमान से जालन्धर पहुँचे जहाँ उन्होंने नगर प्रशासन को तगड़ी डाँट पिलाई।

दोस्तों या दुश्मनों, किसी से भी न मिलने की इच्छा के चलते ज़ाकिर हुसैन कुछ दिनों तक मुजीब के घर में पड़े रहे। लेकिन जल्दी ही दिल्ली में भी दंगे शुरू हो गए। ओखला के निकट के गाँवों में रहनेवाले मुसलमान भी मारे गए, लूटे गए, अपने हिन्दू पड़ोसियों के हाथों नहीं, जिनसे उनके काफी समय से दोस्ताना रिश्ते थे, बल्कि बाहर के संगठित गिरोहों के हाथों। शफीकुर रहमान और जामिया के प्रकाशन का काम देखनेवाले हामिद अली ख़ाँ की जान तो मुश्किल से बच पाई। अपनी कमजोरी और मानसिक अवसाद को भुला चुके ज़ाकिर हुसैन के नेतृत्व में जामिया के लोगों ने अपने बीवी-बच्चों की हिफाजत और आसपास से भागकर वहाँ शरण लेनेवालों की व्यवस्था की। एक दिन मध्यरात्रि में नेहरू जामिया परिसर में आए, सेनाध्यक्ष जनरल करियप्पा आए और उन्होंने मद्रास रेजीमेंट के एक प्लाटून को वहाँ तैनात किया। ज़ाकिर हुसैन ने मुजीब से कहा, "इसको सजा-सँवारकर रखिए। अगर हमें इसे छोड़ना ही पड़ा तो हमारी जगह आनेवालों को भी यह महसूस होना चाहिए कि हमने इस जगह से मोहब्बत की थी।"[56]

कलकत्ता से 78 वर्षीय गांधी, जिनके उपवास ने वहाँ हालात सुधार दिए थे, दिल्ली पहुँचे। स्टेशन पर जिस किसी से भी वे मिले, उन्होंने पहला सवाल यही किया, "क्या ज़ाकिर हुसैन सुरक्षित हैं, क्या जामिया सुरक्षित है?" अगले दिन वे ओखला गए। बाद में ज़ाकिर हुसैन ने उनकी इस यात्रा के बारे में लिखा :

> *कार के दरवाजे में फँसकर उनकी अँगुलियाँ कुचल गई थीं और उन्हें काफी दर्द हो रहा था। इसके बावजूद वे ठहाके लगाते रहे और दूसरों को भी ठहाके लगवाए, उन्होंने हमारे अन्दर हिम्मत भरी और हमें सलाह दी कि हम अपनी*

जगह पर ही रहें। उन्होंने माध्यमिक स्कूल के बरामदे में रह रहे मुस्लिम शरणार्थियों से बात की, एक अनाथ बच्ची को गोद में उठाया और चूम लिया। फिर वे यह कहते हुए रवाना हुए कि वे हमारी सुरक्षा या कष्ट दूर करने के लिए जो कुछ जरूरी होगा करेंगे।[57]

वैसे इस अवसर पर ज़ाकिर हुसैन ने गांधी को अपना गुरु कहा, पर वे गांधी के अनुयायी नहीं थे। मुजीब के अनुसार, उनके जीवन पर गांधी का "गहरा असर" था और मुजीब से कहा था कि "खुद पर हँसने की गांधी की क्षमता" के वे सबसे बड़े प्रशंसक हैं।[58] लेकिन हमने देखा है कि ऐसे अवसर भी आए जब ज़ाकिर हुसैन ने बहुत साफ तौर पर गांधी से असहमति जताई। वैसे यह लगता है कि दोनों के बीच सदा ही स्नेह बना रहा।

10 जनवरी, 1948 को शफीकुर रहमान की पहल पर पाकिस्तान से भागकर आए हिन्दू और सिख औरत-मर्द-बच्चों को "मुसलमान लोगों और बच्चों से मिलाने, उनके साथ बैठकर फल और मिठाइयाँ खिलाने" का कार्यक्रम हुआ।[59] हिन्दू-मुस्लिम हिंसा बन्द न होने से दुखी गांधी ने तीन दिन बाद एक और उपवास शुरू किया। अनेक लोगों ने गांधी से उपवास न करने की विनती की, पर ज़ाकिर हुसैन ने कहा कि उन्होंने "लोगों से अपने दिलों को साफ करने की अपील करने का सही मौका चुना है।" उन्होंने आगे कहा, "हम शर्म से डूबे हैं कि आजाद भारत आपको कड़वाहट और कष्ट देने के अलावा और कुछ नहीं दे सकता।"[60] 18 जनवरी को उपवास टूटा और इसके बाद दिल्ली की स्थिति बेहतर हो गई थी। 12 दिन बाद गांधी की हत्या कर दी गई।

आज़ादी के कुछ महीनों बाद ही ज़ाकिर हुसैन के दिल में जामिया छोड़ने की इच्छा जागी। वे बाहर के जो काम कर रहे थे उसको लेकर जामिया में भुनभुनाहट शुरू हो गई थी और वे बाहर के इन कामों को छोड़ना नहीं चाहते थे। उन्होंने अपने लिए बड़ी भूमिका सोची और फिर यह भी कि जामिया का मुखिया बदलना चाहिए। पैसे के लिए नेहरू और आज़ाद, जो शिक्षामन्त्री थे, के पास जाना उन्हें अच्छा नहीं लगता था। उन्होंने एक अनुरोध किया था लेकिन सरकार उसे दबाकर बैठ गई और उन्हें शासकों का दर्शन बार-बार करना पसन्द नहीं था। फिर भी अगर जामिया को बढ़ाना था तो पैसे जरूरी थे। ऐसे में नेहरू और आज़ाद के पास पैसे माँगने जाने में हिचक न दिखानेवाले उप-कुलपति की जरूरत थी।

तुरन्त आजाद हुए भारत को भी ज़ाकिर हुसैन जैसे लोगों की सेवाओं की जरूरत थी। लेकिन उनके प्रति आज़ाद के नजरिए के चलते उनके मुख्य काम में शामिल होने में देर लगी। इटावा और अलीगढ़ में पढ़ते समय ज़ाकिर हुसैन को आज़ाद के लेखन से प्रेरणा मिली थी। अपनी मौत के समय तक वे देश की आजादी की लड़ाई में आज़ाद की भूमिका को उचित महत्त्व देते थे लेकिन आज़ाद के जीवन के अन्तिम दस वर्षों में इन दोनों के रिश्ते उतने अच्छे नहीं रह गए थे। राष्ट्रीय

स्तर के काम के लिए किसी मुसलमान के चुनाव के सवाल पर नेहरू हर बार आज़ाद की राय लेते थे लेकिन ऐसा नहीं लगता कि उन्होंने अपनी ओर से कभी भी ज़ाकिर हुसैन का नाम लिया हो। उन्हें लगता था, जैसा कि उन्होंने एक बार खुद ही ज़ाकिर हुसैन से कहा था, कि वे पर्याप्त मजबूत नहीं हैं, पर लगता है कि इस मामले में जाती मसलों ने ही ज्यादा बड़ी भूमिका निभाई।

खैर, नवम्बर 1948 में जब अलीगढ़ मुस्लिम विश्वविद्यालय को एक नए उप-कुलपति की जरूरत थी तो आज़ाद ने ज़ाकिर हुसैन से पूछा कि क्या वे वहाँ जाना पसन्द करेंगे। ज़ाकिर हुसैन ने कहा कि अगर यूनिवर्सिटी कोर्ट उन्हें निर्विरोध चुन ले तो वे जाना चाहेंगे। यह शर्त पूरी हुई और नवम्बर के अन्त में उन्होंने अलीगढ़ मुस्लिम विश्वविद्यालय का काम-काज सँभाला; तीन साल बाद उन्हें दोबारा छह बरस के कार्यकाल के लिए नियुक्त किया गया।

मुसलमानों की नजर में आदर और दशकों से खुद अपने और अपने शिक्षकों-छात्रों की भूमिका के चलते अलीगढ़ मुस्लिम विश्वविद्यालय काफी महत्त्वपूर्ण जगह था और है भी। खिलाफत आन्दोलन के पक्ष में इसी परिसर में काफी बवाल हुआ जिसमें ज़ाकिर हुसैन ने ही महत्त्वपूर्ण भूमिका निभाई थी। बाद में इसने लीग और पाकिस्तान का समर्थन किया था। जैसा कि दिसम्बर, 1951 में एक बड़ी सभा में ज़ाकिर हुसैन ने कहा था, अलीगढ़ किस तरह सोचता है, किस तरह काम करता है और हिन्दुस्तान अलीगढ़ के साथ क्या बर्ताव करता है, "इसी बात पर हिन्दुस्तान में मुसलमानों की जगह होगी।"[61] इसी परिसर में उनकी वापसी एक सुखद विडम्बना भी थी। 1920 में पुलिस उनको ट्रक पर लादकर परिसर से बाहर ले गई थी और उनके यहाँ घुसने पर मनाही थी। लेकिन वापसी पर उनके मन में किसी जीत या बदले के भाव की जगह पर वापसीवाला भाव ही प्रमुख था। उन्होंने कहा :

> *जब मैं विद्यार्थी था तो अलीगढ़ ही मेरी नजरों में बसा होता था। यही मेरा घर था, मेरा बाग था, मेरी अपनी जगह थी—इसी जगह के खिलाफ बगावत करके हमने जामिया मिलिया की स्थापना की, लेकिन हमने कभी भी जामिया को कोई अलग चीज नहीं माना, वहाँ भी मैं अलीगढ़ के लिए ही काम कर रहा था। मुझे पक्का यकीन था कि हम अलीगढ़ में वापस आएँगे।*[62]

उनका काम मुश्किल और नाजुक था। विभागों के जो लोग पाकिस्तान चले गए थे, उनकी जगह नए लोगों को लाना था। यहाँ रह गए कुछ लोगों ने भी लीग और पाकिस्तान का समर्थन किया था, उन्हें परेशान न किया जाए, इसका इंतजाम करना था। छात्रों का एक हिस्सा ज़ाकिर हुसैन को घुसपैठिया मानता था। कई ने उन्हें विश्वविद्यालय के पिछले इतिहास को देखते हुए इसे शुद्ध करने के लिए भेजा सरकारी एजेंट माना। उनके स्वागत भाषण में छात्र संघ के सचिव ने तीखा कटाक्ष किया, अलीगढ़ में उपकुलपति के रूप में मिलनेवाले मोटे वेतन की तुलना जामिया के बहुत ही कम वेतन से करने का 'अभियान' चला।

ज़ाकिर हुसैन ने अपने आलोचकों के व्यवहार का जवाब भी भलमनसाहत से दिया और अपने यहाँ के लोगों के पुराने खयालों की तरफ से एकदम आँख मूँद ली। परिसर के तनाव और अन्देशे का माहौल खत्म होने लगा और सामान्य हालत बहाल होती गई। उन्होंने देश के अलग-अलग हिस्सों से प्रोफेसरों और नौजवान लेक्चररों को नियुक्त किया, जिनमें अनेक हिन्दू थे और जर्मनी में तैयार नक्शे पर इंजीनियरिंग कॉलेज बनवाया। रामपुर की बेगम कुदसिया जैदी की मदद से और स्थानीय पौधों-फूलों का खुद ही अध्ययन करके उन्होंने पूरे परिसर को बोगेनबेलिया, फूलदार झाड़ियों और गुलाबों से भर दिया। हर सड़क के दोनों तरफ पेड़ों की कतारें लगाईं।

वे लड़कों को प्रोत्साहित कर रहे थे, पर कई बार उनको डाँटते भी थे, पर नरम जुबान से ही। और क्या चाहते हैं, इस चीज को बस इशारे से जाहिर कर देते थे। उस समय पहने जानेवाले लम्बे कोट के ऊपरी बटन खोलकर रखने का फैशन था। जब लड़के इसी अन्दाज में उनके पास आते थे तो वे कुछ कहने की जगह उनसे बात करते हुए धीरे से उनके पास आकर बटन बन्द कर देते थे।

अलीगढ़ पहुँचने के साल-भर बाद उन्हें दिल का जबरदस्त दौरा पड़ा और डाक्टर समय से न पहुँच गए होते तो उनकी जान चली गई होती। इसके बाद से उनको मनचाही चीजें खाने की मनाही हो गई। पर यहाँ आकर उन्हें और उनके परिवार को थोड़ा आराम मिला, जिसे वे कभी का भूल चुके थे। उपकुलपति का मकान काफी बड़ा था और सजा-सँवरा था, यहाँ कई नौकर थे। यहाँ ज़ाकिर हुसैन जीवाश्मों का संग्रह करने लगे और अब उनके पास ऐसी किताबें भी आ गईं जो अभी तक वे उधार लेकर ही पढ़ा करते थे।

1951 के अलीगढ़ मुस्लिम विश्वविद्यालय कानून ने ज़ाकिर हुसैन की परेशानियाँ बढ़ा दीं। भारत के नए संविधान की धारा को लागू करते हुए यह कानून आया था। इस धारा के अनुसार, सरकार से अनुदान पानेवाला कॉलेज अनिवार्य धार्मिक शिक्षा नहीं दे सकता। इस कानून ने अलीगढ़ मुस्लिम विश्वविद्यालय में धार्मिक अध्ययन को वैकल्पिक विषय बना दिया। विश्वविद्यालय के अनेक मुसलमान इससे नाराज हुए। उन्होंने इस कानून के एक अन्य प्रावधान पर भी आपत्ति की जिसके अनुसार यूनिवर्सिटी कोर्ट में गैर-मुसलमान का चुना जाना भी सम्भव हो गया।

ऐसा नहीं है कि अलीगढ़ मुस्लिम विश्वविद्यालय के हर आदमी ने ज़ाकिर हुसैन की तारीफ ही की हो। उनकी कुछ सभाओं में अप्रिय बातें भी हुईं। कटाक्ष किए गए कि उन्होंने नई दिल्ली के अनुसार 'नया' विश्वविद्यालय बना दिया। अपनी नाराजगी पर रोक न लगा पाते हुए ज़ाकिर हुसैन ने एक बार खुले तौर पर कहा था कि उन्हें उम्मीद नहीं रह गई है कि अलीगढ़ मुस्लिम विश्वविद्यालय में कोई भी काम की बात की जा सकती है। अपना कार्यकाल खत्म होने से एक साल पहले ही 1956 के मध्य में उन्होंने इस्तीफा दे दिया।

ज़ाकिर हुसैन के व्यक्तित्व का आधा भाग ऐकान्तिक जीवन चाहता था। दूसरे भाग को सार्वजनिक जीवन पसन्द था। इसी के अनुसार वे राज्यसभा के सदस्य बने जहाँ वे बहुत ही कम मौकों पर बोले और बोले तो बहुत ही ऊँचे स्तर की बातें। अभी वे अलीगढ़ में ही थे और इस बात पर विचार कर रहे थे कि वे अपने व्यक्तित्व के किस हिस्से को प्रमुखता दें, तभी आज़ाद ने उनसे बात की और उनसे देश-भर के विश्वविद्यालयों को पैसा देने और उनके कामकाज पर नजर रखनेवाली संस्था विश्वविद्यालय अनुदान आयोग का अध्यक्ष बनने का आग्रह किया। इससे उलझन में पड़े ज़ाकिर हुसैन, जैसा कि उन्होंने अपने एक दोस्त से कहा, "इस पद को पाने की इच्छा करने लगे।" लेकिन कुछेक दिनों के बाद उन्होंने रेडियो पर सुना कि चिन्तामणि देशमुख को इस पद पर नियुक्त किया गया है। इससे उन्हें "भारी निराशा" हुई।[63]

जब ज़ाकिर हुसैन दिल्ली के अपने घर में वापस आ गए तो आज़ाद के निकट सहयोगी हुमायूँ कबीर उनके पास आए और कहा कि आज़ाद उनसे मिलना चाहते हैं। ज़ाकिर हुसैन का पठानी स्वाभिमान जाग उठा। उन्होंने कहा, "जाकर मौलाना आज़ाद से कहिए कि मेरे घर से उनके घर की दूरी भी उतनी ही है जितनी उनके घर से मेरे घर की।"[64] फिर एक सार्वजनिक समारोह में आज़ाद और ज़ाकिर हुसैन की भेंट हुई और आज़ाद ने कहा कि अनुदान आयोग को एक ऐसे आदमी की जरूरत थी जो कठोर कदम उठा सके।

ज़ाकिर हुसैन द्वारा अलीगढ़ छोड़ने के साल-भर बाद नेहरू ने उन्हें बिहार का राज्यपाल बनाने की पेशकश का फैसला किया। लेकिन किसी को भी मालूम नहीं था कि ज़ाकिर हुसैन हैं कहाँ, आखिर में उनका अता-पता चला और उन्हें जर्मनी में तार दिया गया जहाँ उन्होंने अपनी एक आँख का ऑपरेशन कराया था। ज़ाकिर हुसैन ने जवाब दिया कि वे भारत आकर ही फैसला करेंगे। यह फैसला 'हाँ' में ही हुआ।

जामिया के लिए पैसा जुटाने के सिलसिले में ही ज़ाकिर हुसैन बिहार आए थे, पर उन्हें राज्य की अच्छी जानकारी नहीं थी। लेकिन राज्यपाल के लिए अपने प्रदेश की हर चीज की जानकारी रखना जरूरी नहीं है। उस पर सामान्य स्थिति में फैसले लेने और उन पर अमल कराने की जिम्मेवारी नहीं होती। चुनी हुई सरकार न होने पर उसकी मदद के लिए सलाहकार होते हैं। उसका काम सरकार के कामकाज की निगरानी करना, राज्य में आए मेहमानों का स्वागत करना, मन्त्रियों के बीच समन्वय रखना होता है। ज़ाकिर हुसैन ने इसे पूरी गरिमा के साथ पूरा किया।

अपने ज्ञान, व्यक्तित्व से उन्होंने राजनेताओं को प्रभावित किया, मिलने आए लोगों का मन मोहा। खाने का न्यौता हो या किसी बैठक, प्रदर्शनी, नाटक-मेले, फैक्टरी या कहीं भी बुलाए जाने पर अनेक भारतीय राज्यपाल नौ नखरे दिखाकर ही सन्तुष्ट हो जाते हैं। ज़ाकिर हुसैन के लिए यूँ ही बात करना बदतमीजी करने

जैसी चीज थी। लिखकर भाषण तैयार करने की अपनी सर्वज्ञात अनिच्छा के बावजूद वे अगर कहीं जाने को हाँ कर देते थे तो पूरी तैयारी से जाते थे। योग, जैन धर्म, खगोलशास्त्र और ऐसे नए विषयों पर भी अगर कहीं बोलने जाना है तो वहाँ कुछ बौद्धिक योगदान दिया जाए, इसके लिए काफी मेहनत करते थे और कई बार तो एकदम नए विषयों को पढ़ते और सोचते थे। उनका एक महत्त्वपूर्ण भाषण उर्दू पर था :

> *उर्दू ऐसी जुबान है जिसे सबसे पहले मैंने अपनी माँ से सीखा, जिसमें मैं अभी भी सोचता हूँ, जिसके अदब और बौद्धिक खजाने से मैं आज भी फायदा उठाता हूँ–यह किसी एक कौम या मजहब की जुबान नहीं है। ना ही किसी सरकार द्वारा थोपी गई है–इसे आम लोगों ने अपने होठों से लगा लिया–यह किसी नई चीज को देखकर चौंकती नहीं, नए प्रयोग करने से लजाती नहीं और ना ही किसी शब्द को नापाक मानती है।*[65]

उर्दू के बारे में यही राय रखते हुए भी वे अपने औपचारिक भाषणों में अनेक ऐसे संस्कृनिष्ठ शब्द रखते थे जिनके मतलबवाले उर्दू के शब्द आम चलन में थे। बिहार के अनेक मुसलमान इसे अपने साथ विश्वासघात मानते थे; ज़ाकिर हुसैन के लिए संस्कृत शब्दों का उपयोग यह दिखाना था कि राज्यपाल होने के चलते अब वे मुस्लिम कौम और संस्कृति का ही प्रतिनिधि होने की जगह भारतीय संस्कृति के प्रतीक हैं। फिर भी मुसलमानों के बीच उनकी लोकप्रियता प्रभावित हुई। रेडियो पर उनके मुँह से संस्कृत के शब्द सुनकर इनमें से अनेक गलत मतलब निकाला करते थे। राज्यपाल होकर वे अनेक मुस्लिम शैक्षिक और सांस्कृतिक संस्थाओं को मदद कर रहे हैं, यह बात उन्हें नहीं मालूम थी।

राज्यपाल को अपने मन्त्रियों के फैसलों को मन मारकर भी स्वीकार करना पड़ता है। जब तक वह इस्तीफा न दे, उसे इस पर अपनी स्वीकृति की मुहर लगानी पड़ती है। एक बार जब उन्होंने इस्तीफे की धमकी दी तो बिहार मन्त्रिमंडल ने ही कदम वापस खींचे। सरकार का एक विधेयक प्रदेश के विश्वविद्यालयों को सरकारी विभागों के अधीनस्थ बना देता। जब ज़ाकिर हुसैन ने कहा कि वे ऐसे किसी फैसले को अपनी स्वीकृति नहीं दे सकते तो इसमें काफी सुधार कर दिया गया। इस एक मामले को छोड़कर बाकी सब पर ज़ाकिर हुसैन ने अपनी सहमति दी। उन्होंने संवैधानिक भूमिका स्वीकार की और इस पर शालीनता और होशियारी से काम और अपने विनम्र तरीके से मदद करके सन्तुष्ट रहे।

1958 में आज़ाद की मौत के बारे में अफवाह उड़ी कि ज़ाकिर हुसैन उनकी जगह पर शिक्षामन्त्री बनेंगे। नेहरू ने उनसे बात की लेकिन मन्त्रिमंडल में आने को नहीं कहा। लेकिन 1962 में उन्होंने सर्वपल्ली राधाकृष्णन द्वारा खाली किए गए

उपराष्ट्रपति पद के लिए उनके नाम का प्रस्ताव किया। मई में ज़ाकिर हुसैन उपराष्ट्रपति चुने गए और उन्होंने इस पद की शपथ ली।

उपराष्ट्रपति के जिम्मे चार काम हैं। वह राज्यसभा का सभापति होता है, दूसरे देशों के प्रमुखों की अगवानी करता है, आयोजनों और कार्यक्रमों में शामिल होकर उनका गौरव बढ़ाता है, और मिलने आए लोगों की बात सुनता और उनको प्रोत्साहन देता है।

ज़ाकिर हुसैन इस बात को भुला नहीं सकते थे कि उपराष्ट्रपति पद उन्हें नेहरू के चलते ही मिला है, फिर भी वे निष्पक्ष सभापति थे, खास तौर से विपक्षी सांसदों को बोलने का अवसर देने में वे ज्यादा ही उदार थे। निजी बातचीत में वे उनके प्रदर्शन को कांग्रेस के अधिकांश सांसदों से बेहतर मानते थे। जीवन में पहली बार उन्होंने मेज थपथपाना, जोर से बोलना और लोगों को खामोश होने का आदेश देना सीखा था।

उन्होंने दूसरे देशों की भी यात्राएँ कीं। विदेशी नेता उनसे हिन्दुस्तान में मिले या अपने देश में, उन्होंने सदा ही ज़ाकिर हुसैन को विनम्र, व्यवहार-कुशल, अन्तर्राष्ट्रीय मसलों पर बात करनेवाला और अपने देश के बारे में जानकारी पाने को उत्सुक पाया। हर बार जब वे विदेश जाते थे या किसी विदेशी मेहमान की अगवानी करने जाते थे, तब विदेश मन्त्रालय का रुख उनसे मेल नहीं खाता था।

अक्सर उनके लिए दूसरे देश के लोगों के सामने पढ़ने के लिए तैयार किए गए भाषण देशभक्ति के बहुत ही संकीर्ण नजरिए से तैयार किए जाते थे, जो अपने मतलब का उल्टा ही असर कर सकते थे। इनमें संस्कृति, शान्ति और न्याय में भारत की भागीदारी को जरूरत से ज्यादा महत्त्व दिया गया होता था। इनमें मेजबान देश की भूमिका का कम ही उल्लेख होता था। इसे ठीक लगने और स्वस्थ राजनयन के लिए वे फिर से लिखा करते थे।

उपराष्ट्रपति होने के कारण ज़ाकिर हुसैन के पास निमन्त्रणों का ढेर लगा रहता था और विनम्र होने के कारण वे इनमें से अनेक को स्वीकार भी कर लेते थे। आयोजनों पर उनका आकर्षक व्यक्तित्व चारचाँद लगा देता था, इसलिए भी उनको चाहने-बुलानेवालों की भीड़ लगी होती थी। उन्होंने मुजीब से कहा था कि अब मुस्कुराहट मेरे चेहरे से चिपकी हुई चीज ही हो गई है और दिन-भर मुँह हिलाते-चलाते रहने से जबड़े दुखते रहते हैं।[66] ऐसा नहीं है कि वे मशीन हो गए थे। वे खुद को लेखकों, पत्रकारों, संगीतकारों, वनस्पतिशास्त्रियों या इन सब क्षेत्रों में जाने की इच्छा रखनेवाले लड़के-लड़कियों से खुद को जुड़ा महसूस करते थे और उन्हें प्रोत्साहन देते थे।

और अगर वे किसी ऐसी जगह गए जिसे पहले से जानते हों तो वे वहाँ के अपने पूर्व परिचित बड़े-छोटे लोगों, माली या चपरासी या ड्राइवर से मिलते थे, जो खुद तो आगे बढ़ने में झिझकते थे पर उपराष्ट्रपति खुद ही आगे बढ़कर उनसे हाथ मिलाते थे या गले से लगा लेते थे। और अगर कोई उनसे यह सोचकर

मिलता था कि वह ज़ाकिर हुसैन के लिए क्या कर सकता है या उसके मन में क्या है, तो उन्हें बहुत खुशी होती थी। पर ऐसा कम ही होता था और उन्होंने मुजीब से कहा था कि ऐसे लोग ही मनुष्य के बुनियादी गुणों में उनकी आस्था को मजबूत करते हैं।

लोकप्रियता और ताकत के हिसाब से ज़ाकिर हुसैन नेहरू से काफी पीछे थे। पर शिष्टाचार के हिसाब से उपराष्ट्रपति प्रधानमन्त्री से बड़ा होता है और शारीरिक डील-डौल से भी ज़ाकिर हुसैन नेहरू पर इक्कीस पड़ते थे। कई बार इन्हीं कारणों से ज़ाकिर हुसैन नेहरू के साथ होने पर कुछ परेशानी महसूस करते थे, इस कमी को वह अपने अनुजवत व्यवहार से पूरा करने की कोशिश करते थे। ज़ाकिर हुसैन के उपराष्ट्रपति बनने के दो साल बाद नेहरू की मौत हुई, उस मौके पर उनका शोक सन्देश बहुत ही भावना-प्रेरक है।

साल-भर बाद भारत और पाकिस्तान के बीच लड़ाई हुई। जब ये दो पड़ोसी देश लड़ते हैं तो भारत के मुसलमानों के मन में जो परेशानी पैदा होती है वह हिन्दुओं को नहीं होती। उन्हें यह लगता रहता है कि कहीं उनकी देशभक्ति पर तो शक नहीं किया जा रहा है, साथ ही उन्हें शक होता रहता है कि इस विवाद का भारत में हिन्दू-मुस्लिम रिश्तों पर असर न पड़े। ज़ाकिर हुसैन के साथ एक तीसरी बात भी जुड़ी थी। उनके एक भाई डॉ. यूसुफ हुसैन पाकिस्तान में प्रोफेसर थे।

1965 का युद्ध शुरू होने के कुछ समय पहले ही पाकिस्तानी राष्ट्रपति अयूब ख़ाँ के सलाहकार जुल्फिकार अली भुट्टो नई दिल्ली आए थे। इंटरनेशनल सेंटर में उन्हें दिए भोज में ज़ाकिर हुसैन बीच में बैठे। उनकी दायीं तरफ बैठे भुट्टो ने उनकी पूरी उपेक्षा की और उपराष्ट्रपति के बायीं तरफ बैठे प्रशासनिक सेवा के अधिकारियों से ही बात करते रहे। ज़ाकिर हुसैन दाएँ या बाएँ झुके बिना और चेहरे पर कोई भी नाराजगी न दिखाते हुए पूरे भोज के समय बैठे रहे।[67]

1965 की लड़ाई के बाद ताशकंद सन्धि हुई। अगली ही सुबह लाल बहादुर शास्त्री सोवियत संघ में ही मर गए। शास्त्री जी के शव की अगवानी से लेकर कांग्रेस संसदीय दल के नए नेता, नेहरू की बेटी इन्दिरा के प्रधानमन्त्री चुने जाने तक वे राष्ट्रपति राधाकृष्णन के साथ रहे।

साल-भर बाद हुए चुनाव में कांग्रेस केन्द्र में सत्ता में तो लौटी, पर उसका बहुमत काफी कम हो गया था और कुछ महत्त्वपूर्ण राज्यों में विपक्षी दलों की सरकारें बनीं। अब उसे राष्ट्रपति पद के लिए उम्मीदवार चुनना था। राधाकृष्णन के अवकाश लेने की उम्मीद थी और वे चाहते भी थे। यह आम तौर पर उम्मीद की जा रही थी कि ज़ाकिर हुसैन उनकी जगह लेंगे। उपराष्ट्रपति के रूप में उनका काम बेदाग रहा था। पाँच साल पहले राधाकृष्णन भी उपराष्ट्रपति से ही राष्ट्रपति बने थे। और फिर ज़ाकिर हुसैन ही ऐसे एकमात्र आदमी नजर आ रहे थे जिनके नाम पर कांग्रेस

और विपक्ष दोनों राजी हो जाते। विपक्ष की ताकत बढ़ जाने की हालत में यह बात भी महत्त्वपूर्ण थी।

लेकिन तमिल नेता कामराज के नेतृत्व में कांग्रेसी नेताओं ने राधाकृष्णन से कहा कि वे एक और बार राष्ट्रपति के रूप में अपनी सेवाएँ देने की पेशकश करें। उनका उद्देश्य प्रधानमन्त्री इन्दिरा गांधी की ताकत पर अंकुश लगाना था, जो फैसले लेने में उनकी उम्मीद से ज्यादा आजादी दिखाने लगी थीं। उनका मानना था कि इन्दिरा गांधी पर अंकुश लगाने के मामले में ज़ाकिर हुसैन की तुलना में राधाकृष्णन अधिक प्रभावी होंगे। उन्होंने इन दोनों को ही एक-एक बार फिर इन्हीं पदों पर काम करने के लिए चुनने का प्रस्ताव भी रखा। अखबारों में खबरें छपीं कि राधाकृष्णन एक बार और राष्ट्रपति रहने के इच्छुक हैं, ये खबरें सही हों या गलत, पर इनका खंडन नहीं किया गया।

ज़ाकिर हुसैन ने इसी समय एक चालाकी-भरा कदम रखा, जो उनके आत्मसम्मान के अनुरूप भी था। उन्होंने प्रेस से कहा कि वे किसी भी हालत में दोबारा उपराष्ट्रपति रहना मंजूर नहीं करेंगे। इससे उनकी और इन्दिरा गांधी दोनों की स्थिति मजबूत हो गई जिन्होंने ज़ाकिर हुसैन के प्रति अपनी पसन्द जाहिर कर दी थी। कांग्रेस ने ज़ाकिर हुसैन के प्रति अन्याय किया है, इस तरह की किसी भी बात का लाभ विपक्ष ले लेगा, यह जानकर कामराज और उनके साथी इन्दिरा गांधी की इच्छा के आगे झुक गए और उन्होंने राधाकृष्णन को कही अपनी बात वापस ले ली। 9 अप्रैल को राधाकृष्णन ने राष्ट्रपति पद से अवकाश लेने की घोषणा की और 10 अप्रैल को कांग्रेस ने ज़ाकिर हुसैन को अपना उम्मीदवार घोषित किया। विपक्ष के कुछ लोगों ने कहा, झूठ या सच, कि अगर इन्दिरा गांधी ने कोशिश की होती तो ज़ाकिर हुसैन निर्विरोध चुन लिए जाते। अब चाहे कांग्रेस की गलती हो या विपक्ष की विरोध करने की आदत, ज़ाकिर हुसैन के मुकाबले विपक्ष की ओर से सुब्बा राव उम्मीदवार बने जो कुछ समय बाद ही सर्वोच्च न्यायालय के प्रधान न्यायाधीश पद से अवकाश ग्रहण करनेवाले थे।

ज़ाकिर हुसैन की सम्भावनाएँ कमजोर नहीं थीं। मतदाताओं में कांग्रेस का थोड़ा ही सही, पर स्पष्ट बहुमत था। अगर सुब्बा राव को कांग्रेस के कुछ दर्जन सांसदों, विधायकों का ही वोट मिल जाता तो ज़ाकिर हुसैन की हार सम्भव थी। ज़ाकिर हुसैन के कुछ करीबी रिश्तेदारों और दोस्तों ने अन्देशा जाहिर किया कि कुछ कांग्रेसी उनके मुसलमान होने के चलते उनके खिलाफ वोट देंगे।

अपना नामांकन पत्र दाखिल करने के बाद ज़ाकिर हुसैन अमेरिका चले गए जहाँ जाने का कार्यक्रम पहले से तय था। चुनाव के तीन दिन पहले ही वे वापस लौटे। कुछ वोट पार्टी की सीमाओं को तोड़कर पड़े लेकिन ये ज़ाकिर हुसैन के पक्ष में ही गए थे। कुछ कांग्रेसियों ने भी उनके खिलाफ वोट दिया था, पर इसका कारण उनका मुसलमान होना नहीं था। दूसरे कारण थे। उधर विपक्ष के काफी वोट उन्हें मिले थे क्योंकि वे ज़ाकिर हुसैन थे। 4 : 3 अनुपात से जीतकर उन्होंने 13 मई,

1967 को शपथ ली। मौलाना आज़ाद रोड पर स्थित उपराष्ट्रपति निवास में बधाई देनेवाले दोस्तों-परिचितों की भीड़ लग गई। खुश परन्तु शर्माती हुई शाहजहाँ बेगम ने उन्हें बर्फी खिलाई।

अगले दिन सुबह सात बजे वे राजघाट गए, उन्हीं के शब्दों में, "उस आदमी की समाधि पर फिर से खुद को समर्पित करने के लिए जिसने मुझे अपने देशवासियों की सेवा का रास्ता दिखाया और इसके लिए खुद को समर्पित करने की प्रेरणा दी।"[68] उन्होंने रामराज्य की अवधारणा को दोहराया और कहा कि गांधी इसमें एक ऐसे समाज को देखते थे जिसमें गरीबों का उत्थान होगा। उन्होंने कहा कि वे खुद को "अपने देश की पूरी संस्कृति" के प्रति वचनबद्ध करते हैं। राष्ट्रपति चुन लिए जाने के बाद, लेकिन शपथ ग्रहण करने के पहले उन्होंने हिन्दू धार्मिक नेता शृंगेरी के शंकराचार्य, जो उन दिनों दिल्ली में ही थे, और जैन सन्त मुनि सुशील कुमार से भेंट की और उनका आशीर्वाद माँगा।

उनके इस तरह के कुछ कामों से मुस्लिम कौम के लोगों को परेशानी हुई। उनके बीच यह चर्चा चलने लगी कि हिन्दुओं का समर्थन पाने के लिए ज़ाकिर हुसैन अपने मजहब को धीरे-धीरे छोड़ते जा रहे हैं। क्या रामराज्य एक हिन्दू अवधारणा नहीं है ? क्या किसी मुसलमान को एक हिन्दू या जैन का आशीर्वाद माँगना चाहिए ? ज़ाकिर हुसैन ने कहा कि गांधी के रामराज्य का मतलब सबकी चिन्ता करनेवाले समाज से था, पर उनकी इस व्याख्या पर ध्यान नहीं दिया गया। आलोचना और कटाक्ष जारी रहे। अपने पास आई एक मुसलमान की चिट्ठी से आहत होकर उन्होंने मुजीब से कहा, "लोग अब सिर्फ अपनी जुबान से ही गोली दागते हैं।" उन्होंने मुजीब को गालिब का एक शेर सुनाया, जिसका भावार्थ था कि मैं सच बोलता हूँ तो अज्ञानी लोग गालियाँ सुनाते हैं, ऐ खुदा तुम्हारे न्याय को क्या हो गया है ?

ज़ाकिर हुसैन इतने शालीन आदमी थे कि उन्हें हिन्दुओं में सस्ती लोकप्रियता हासिल करने के लिए दिखावा करने की जरूरत नहीं थी। देश का सर्वोच्च पद पा जाने के बाद सिर्फ इसी मतलब से उन्हें यह करने की जरूरत भी नहीं थी। (निश्चित रूप से प्रधानमन्त्री का पद अधिक ताकतवर है लेकिन अपने कमजोर स्वास्थ्य और स्वभाव के चलते उन्होंने न तो उस तरफ कभी सोचा, न कोई प्रयास किया)। उन्होंने हिन्दुओं और मुसलमानों को सिर्फ यह बताने के लिए यह सब किया कि एक मुसलमान नहीं, एक हिन्दुस्तानी देश का राष्ट्रपति बना है। वे "पूरी भारतीय संस्कृति" को आदर देना और इसे दिखाना भी चाहते थे।

मुजीब कहते हैं कि ऐसा करने के पीछे एक और कारण था। जाकिर हुसैन यह महसूस करते दिखते हैं कि हिन्दुस्तानी मुसलमान अपनी सांस्कृतिक पहचान पर जोर देते हैं, जिसे वे सही मानते थे, पर साथ ही हिन्दुओं के अधिकारों की

परवाह करते नहीं दिखते। यह हिन्दुओं के नजरिए के प्रतिक्रियास्वरूप भी हो सकता है। फिर भी इससे सहिष्णुता में कमी आई है और दिलों में कड़वाहट भरी है। उन्होंने पाया कि अनेक हिन्दू उनके मुस्लिमपने को पसन्द करते हैं, वे चाहते हैं कि मुसलमान भी हिन्दू संस्कृति का आदर करें। उनका मानना था कि वे ऐसा नहीं कर रहे हैं। या बहुत ही कम कर रहे हैं। उनको याद था कि कैसे 1920 में अलीगढ़ में कुछ मुस्लिम लड़के गांधी के लिए अपमानजनक भाषा का इस्तेमाल कर रहे थे। मुजीब के अनुसार, अपने इन कामों से जिन्होंने कौम को नाराज कर दिया था, ज़ाकिर हुसैन मुसलमानों की गलतियों का प्रायश्चित करना चाहते थे। हिन्दुओं की गलतियों की वजह से गांधी जैसे उपवास रखा करते थे, कौम के तंग नजरिए से दुखी जाकिर हुसैन हिन्दू संस्कृति का आदर करके उसी तरह का काम करना चाहते थे।

जिस संकीर्णता को ज़ाकिर हुसैन समझ रहे थे, उसका उन्होंने खुलकर विरोध क्यों नहीं किया? ऐसा करने में उनका विनम्र स्वभाव आड़े आता था। किन्तु विनम्रता हमेशा अच्छी नहीं होती। अपनी विनम्रता की जगह यदि उन्होंने स्पष्टवादिता का रवैया अपनाया होता, जिसकी जरूरत न सिर्फ मुस्लिम कौम को, बल्कि हिन्दुओं को भी थी, तो इससे उनकी कौम को नुकसान की जगह फायदा हुआ होता।

1967 के अन्त में उन्हें पटियाला के पंजाबी विश्वविद्यालय में गुरु गोविन्द सिंह भवन का शिलान्यास करना था। जब इस अवसर के लिए उन्होंने अपना भाषण तैयार करने की कोशिश की तो उन्हें याद आया कि गुरु गोविन्द सिंह की हत्या एक मुसलमान ने की थी और गुरु के पिता और बच्चों को मुसलमान शासक के कहने से मारा गया था। शायद उन्हें अपनी नन्ही बेटी रेहाना और उन भाइयों की याद भी आई जो बहुत छोटी उम्र में मर गए थे। उन्होंने सिख-मुसलमान हिंसा की लम्बी और दुखद परम्परा को याद किया। साथ ही उन्हें याद आया कि 1947 में कैसे एक सिख अधिकारी ने उनकी जान बचाई थी। भाषण के इस प्रारूप पर आँसू की बूँदें टपक पड़ीं। उन्होंने निश्चय किया कि भाषण पढ़ते समय अपने को कठोर बनाए रखेंगे, पर उनकी आँखें नम हो गईं और यही स्थिति आयोजन में आए अधिकांश सिखों की थी। ज़ाकिर हुसैन ने कहा :

> *गुरु गोविन्द सिंह का पूरा ही जीवन त्याग, परिश्रम, ज्ञान देने के काम, सैनिक प्रतिभा, अद्वितीय बहादुरी, असीम उदारता और अपार प्रेम की अनोखी कहानी है। इस कहानी में प्रेम और सफलता के लिए मुश्किलें उठाने की दास्तान है जो बहुत उम्मीदें भरती है। अगर कोई आदमी इतना भोला है कि मान ले कि सफलता बिना मुश्किल उठाए ही मिल जाती है, तो यह कहानी उसको स्पष्ट रूप से बता देगी कि खुदा के बन्दे का जीवन, जो खूबसूरत, शुद्ध और बढ़िया हो, आसानी से हासिल नहीं होता।*

खुदा के इस बन्दे ने खुदा के आगे क्या कुर्बान नहीं कर दिया? अपने पिता को, अपनी आँखों के नूर अपने बेटों को, अपने बहादुर साथियों को जिनके प्रति वह अपने बेटों से भी ज्यादा उदार था, उसने यह सब कुर्बान कर दिया।"[71]

वे हिन्दुस्तान के दूरदराज के इलाकों तक घूमने गए। उन्होंने होशियारी से अपनी बात रखी, लोगों से शालीनता से मिले, धैर्य से काम किया और बारीकी से हर चीज पर गौर किया। हंगरी और यूगोस्लाविया के दौरे के बाद उन्होंने पत्रकार दुर्गा दास को कहा, "ये दो समाज बदल रहे हैं और बदलाव की हवा बह रही है। वहाँ अब कोई भी नारों पर, समाजवादी समाधानों पर गौर नहीं करता। लेकिन यहाँ हम नारों से चिपके हैं।"[72]

उन्होंने सरकार में बेहतर मेल-मिलाप कराने की कोशिश की। इन्दिरा गांधी ने उनसे बात की और उनकी बातों को गौर से सुना, मोरारजी देसाई और मन्त्रिमंडल के उन सदस्यों से भी ऐसी ही बातें हुईं जो ज़ाकिर हुसैन की मौत के बाद इन्दिरा गांधी से दूर हो गए। वे गड़बड़ी तो दूर नहीं कर पाए, पर कांग्रेस के टूटने को जरूर कुछ समय के लिए टाल दिया। कई बार वे एकदम अपने मन की ही चलानेवाली प्रधानमन्त्री के पास विपक्ष की राय पहुँचाते थे।

फाँसी की सजा को आजीवन कारावास में बदलने के लिए राष्ट्रपति भवन में फूल-सजावट की कमी कभी नहीं रही, पर ज़ाकिर हुसैनवाले दिनों जितना खूबसूरत यह कभी नहीं लगा। एक पुस्तक प्रदर्शनी में उन्होंने यूँ ही पूछ लिया कि मक्तबा जामिया (जामिया के प्रकाशन विभाग) का भी कोई स्टाल है ? जब जवाब हाँ में मिला तो वे खुश होकर वहाँ गए। ढेर सारी किताबें थीं और कायदे से सजाकर रखी गई थीं, उनकी आँखें एक बार और नम हो गईं।

3 मई, 1969 को वे अपने कमरे में सामान्य डॉक्टरी जाँच करानेवाले थे। डॉक्टर आ गए थे। उनसे माफी माँगते हुए वे पेशाबघर के अन्दर गए। जब वे कुछ मिनटों तक बाहर नहीं आए तो उनके दौरे के बाद से ही जो उनकी देखभाल करता था, ने दरवाजा खटखटाया। जब कोई जवाब नहीं आया तो ऊपर चढ़कर रोशनदान से झाँका। भारत के राष्ट्रपति दरवाजे के पास लुढ़के पड़े थे। वे मर चुके थे।

एक बार एक व्यक्ति के अन्तिम संस्कार के बाद मुजीब के साथ ही लौटते हुए ज़ाकिर हुसैन ने उनसे कहा था, "अगर मुझे दफनाते समय भी इतनी ही कंजूसी दिखाई गई तो कहे देता हूँ कि मैं तो उठ बैठूँगा और चिल्लाने लगूँगा।"[73] उन्हें तब नहीं मालूम था कि जब उनकी मौत होगी तब वे देश के राष्ट्रपति रहेंगे। ज़ाकिर हुसैन के शालीन और संयमित अन्तिम संस्कार के समय दुनिया के अनेक देशों के शासक आए और आज वे जामिया परिसर में ही लेटे हैं—उनके पूरब में स्कूल है, पश्चिम में पुस्तकालय और उत्तर में मस्जिद।

निष्कर्ष

क्या ये आठ ज़िन्दगियाँ हमसे कुछ कहती हैं ? हमारा समय उनके समय से बिलकुल भिन्न है। 1947 और 1972 के विभाजनों और 1947 में शुरू हुई जनसंख्या वृद्धि के परिणामस्वरूप हिन्दुओं की जनसंख्या मुसलमानों से 15:2 के अनुपात से अधिक थी। इसी प्रकार बंग्लादेश और विशेषकर पाकिस्तान में मुसलमानों की जनसंख्या हिन्दुओं से बहुत ज़्यादा थी। उपमहाद्वीप पर छोटी आबादियाँ बड़े समुदायों में तब्दील हो गईं। यदि हिन्दू-मुस्लिम समुदायों के बीच मतभेद को कम कर पाना सम्भव नहीं है, तो हमें इस बात के लिए भी तैयार रहना होगा कि बहुत सारे लोग इन मतभेदों के परिणामों के शिकार होंगे, चाहे वह दो समुदायों के बीच खड़ी की गई दीवारों के ज़रिए हो या फिर गोली की चोट से घायल होकर। इसलिए ये आठ ज़िन्दगियाँ हिन्दू-मुस्लिम सवालों पर जो भी रौशनी डालती हैं, वह इस मायने में महत्त्वपूर्ण है।

भले ही कांग्रेस हिन्दुओं का पर्याय नहीं लेकिन अधिकतर हिन्दुओं का ही प्रतिनिधित्व करनेवाली कांग्रेस के 1937 में अपनाए गए अनुदार रवैये को भी हमने देखा। मुस्लिमों को मन्त्रालयों में उनका समुचित हिस्सा दे पाने में असफलता का कारण उनका अन्धत्व ही था। उन्हें इस बात का एहसास ही नहीं था कि उनके इस निर्णय को 'कौम' कांग्रेस का नहीं बल्कि हिन्दुओं का मानती थी। यह नई घटना नहीं थी। हमने सईद अहमद की कहानी में देखा ही कि 1880 में अधिकतर हिन्दू जो कांग्रेस की स्थापना के साथ जुड़े हुए थे, वे मुसलमानों के मन में पल रहे 'एक व्यक्ति, एक वोट' के भय से पूरी तरह नावाकिफ थे।

राजगोपालाचारी को 1965 में यह स्वीकार करना पड़ा, जो उस समय कांग्रेस के मद्रास प्रमुख भी थे, कि "यदि कांग्रेस 1937 में एक ऐसा शक्तिशाली संगठन था, जिसमें दम्भ की भी कोई कमी नहीं"[1] तो हमें जिन्ना को भी 1939 और 1947 के बीच उनकी अत्यधिक माँगों के लिए भी दोषी ठहराना चाहिए। ऐसा नहीं कि वावेल जिन्ना के प्रति कोई सहानुभूति न रखते हों, उन्होंने 1946 में जिन्ना के बारे में कहा—"मैं समझता हूँ कि वह बहुत अधिक हठी रहे हैं।"[2] उनका यह आग्रह कि कांग्रेसी मुसलमानों पर प्रतिबन्ध लगाया जाए और उनका यह दावा कि असम, पंजाब और बंगाल के हिन्दू-बहुल हिस्सों की स्थिति गैरतार्किक है; इन सबकी वजह से हिन्दू-मुस्लिम आपसी समझ को नुकसान पहुँचा।

यदि दम्भ (कांग्रेस का) और अतिवाद (लीग का) नुकसानदेह थे, तो इनके बीच साझेदारी भी कम नुकसानदेह नहीं थी। बहुत ही कम लोग ऐसे थे जिन्होंने इस विभाजन का अतिक्रमण किया। जिन्ना जो कि एक समय हिन्दू-मुस्लिम एकता के प्रतिनिधि थे, ने खुद को 'कौम' तक सीमित कर लिया। यहाँ तक कि गांधी, जिन्होंने कहा था कि उनके अनेक कार्यों में से 'बिखरी हुई पार्टियों को एकजुट करना'[3] भी एक कार्य है। वह भी हिन्दू-मुस्लिम एकजुटता बनाने का उनका अस्थायी महत्व का ही प्रयास था। हमने देखा कि 1919-22 में जिसे उन्होंने बड़े ही नाटकीय ढंग से आगे बढ़ाया लेकिन शायद बीसवें दशक के मध्य के बाद उनका इस पर से विश्वास खत्म हो गया और 1929 में उल्लेखनीय उदारता के साथ उन्होंने वायसराय, लॉर्ड इरविन को बताया कि 'वह चाहे जितनी बहसें कर लें,' साम्प्रदायिक सवालों पर भारतीय पार्टियों की चर्चा 'कभी ऐसी नीति तक नहीं पहुँच पाएगी, जिस पर सभी एकमत हों।'[4] हालाँकि 1937 में उन्होंने इस बात पर अफसोस ज़ाहिर किया कि जिन्ना ने उनका इस्तेमाल कांग्रेस और लीग के बीच 'एक पुल के बतौर' कभी किया ही नहीं। इस पर जिन्ना की प्रतिक्रिया यह थी कि गांधी ने खुद को हमेशा केवल कांग्रेस के रूप में ही पहचाना।

यद्यपि हिन्दू-समूह द्वारा उन्हें हमेशा से ही मुस्लिम समुदाय के प्रति सहानुभूति रखनेवाले के रूप में ही पहचाना गया और सालों तक उन्हें नापसन्द किया जाता रहा और अन्ततः उन्हें मार डाला गया, लेकिन कौम के अधिकतर लोगों द्वारा गांधी को हिन्दू नेता के रूप में ही देखा गया न कि दो समुदायों के बीच एक पुल की तरह, सिवाय दो दौरों के : पहला 1919-22 का दौर और दूसरा उनकी ज़िन्दगी का अन्तिम महीना। 'कौम' की महात्मा के बारे में भावना के बारे में बताते हुए चौधरी मुहम्मद अली लिखते हैं :

> *गांधी या कोई अन्य हिन्दू नेता किसी मुस्लिम व्यक्ति को हानि न पहुँचाए या फिर उसकी व्यक्तिगत रूप से प्रेमपूर्वक देखरेख करे, यह राजनीतिक मुद्दे के लिए बिलकुल महत्त्वपूर्ण नहीं है। इससे हिन्दुओं द्वारा मुसलमानों पर राजनीतिक बल के प्रयोग को न्यायोचित नहीं ठहराया जा सकता...मुस्लिम समुदाय में से भी कुछ लोग गांधी के प्रशंसक हैं और कुछ उनके विरोधी भी हैं, पर जितनी ही गांधी उनकी सराहना करते हैं, उतना ही अधिक अन्य लोग, उन लोगों को विश्वासघाती की तरह देखते हैं...*[5]

उच्च्व स्तर पर होनेवाले ध्रुवीकरण ने आम लोगों की भावनाओं को दर्शाया। यदि 1928 में 'कौम' के एकमत ने जिन्ना को मोतीलाल नेहरू की रिपोर्ट को स्वीकार करने से रोका, जो कि एक अन्य महत्त्वपूर्ण वर्ष था, उसी तरह पंजाब में सिख और हिन्दू भावनाओं ने गांधी और कांग्रेस के अन्य लोगों को जिन्ना के वैकल्पिक प्रस्ताव को स्वीकार करने से रोका।

पक्षपातपूर्ण रवैये और ध्रुवीकरण को खुद को ही सबसे सही माननेवाले विचार का साथ मिला। यह गहरा सत्य वावेल के 1946 में कांग्रेस और लीग के बारे में उनके विरोध-भाव में निहित था :

वहाँ कोई भी संरचनात्मक राजनीतिमत्ता और समझौता नहीं था। किसी भी हिन्दू ने यह स्वीकार नहीं किया कि कांग्रेस की 'लोकतान्त्रिक' राजसत्ता में किसी मुस्लिम को किसी भी प्रकार का कष्ट हो सकता है और न ही कोई अन्य कारण है जिससे मुस्लिम इस पर अविश्वास करें, इसी तरह किसी मुस्लिम ने भी हिन्दू हाथों में न्याय और सच्चाई की किसी भी सम्भावना को स्वीकार नहीं किया।[6]

अपनी-अपनी धारणाओं की सत्यता के इसी विचार को हमने विभाजन के बाद भी जारी रहते देखा। यदि कांग्रेस को इस बात का पूरा विश्वास था कि मुस्लिम भारत में सुरक्षित रहेंगे, तो जिन्ना और लियाक़त अली के लिए भी यह अविश्वसनीय था कि पाकिस्तान के हिन्दुओं और सिखों को किसी बात से डरने की ज़रूरत है। लेकिन न ही भारत और न ही पाकिस्तान में यह विश्वास कायम रह सका। मौजूदा स्थितियों के परिणामस्वरूप आम लोगों का खून बहा। हिन्दुओं ने मुसलमानों के प्रति किसी भी तरह की हिंसा की भावना से इनकार किया, इसलिए नहीं कि मुस्लिम विरोधी भावनाएँ उनके अन्दर नहीं थीं—ये भावनाएँ अभी भी ज़िन्दा थीं और भड़क रही थीं—बल्कि इसलिए कि उनका ऐसा विश्वास था कि हिन्दू धर्म बहुत ही सहिष्णु है। उन्होंने इस बात की पुष्टि के लिए प्राचीन ग्रन्थों का हवाला दिया जिनमें विश्व को एक परिवार समझने और सभी रास्ते एक ही ईश्वर तक पहुँचते हैं, का हवाला दिया गया था।

इसी तरह 1947 में हुई हत्याओं के बावजूद लियाक़त 1949 में कह सके कि प्राचीन समय में मुस्लिम राष्ट्रों के 'सहिष्णुता के महान इतिहास' और "इस्लाम द्वारा दी गई सहिष्णुता की शिक्षा जहाँ अल्पसंख्यकों को किसी प्रकार के कष्टों में नहीं रहना पड़ता बल्कि उनका सम्मान ही किया जाता है।"[7] यह विश्वास, दूसरे शब्दों में आम आदमी के सोच और कृत्यों पर आधारित न होकर हिन्दुत्व के उच्चतम विचारों और इस्लाम के स्वर्णकाल पर आधारित है, जिसकी रचना मुनियों द्वारा हुई और पैगम्बरों ने जिसका सन्देश दिया। अपने समुदायों का आकलन उनके उच्चतम विचारों के आधार पर करके हिन्दू और मुस्लिम दोनों ही ने एक-दूसरे का उनके हीनतम कृत्यों के आधार पर आकलन किया।

व्यक्तित्वों की टकराहटों ने इन आम कमजोरियों को और अधिक बढ़ावा दिया। हमने देखा कि जिन्ना ने यह महसूस किया कि गांधी ने उन्हें राष्ट्रीय मंच के केन्द्र से बाहर कर दिया और कालान्तर में गांधी को ऐसा महसूस हुआ कि जिन्ना ने उन्हें इस मंच तक पहुँचने नहीं दिया जिसके समक्ष 'कौम' की स्थापना हुई थी। संघवाद उस समय और मज़बूत हुआ जब एक मेधावी व्यक्ति को

राष्ट्रीय भूमिका निभाने का अवसर नहीं मिला और जिसे वह माफ़ नहीं कर सका।

कांग्रेस की हिन्दू मुहावरे की शैली के स्थान पर भारतीय शैली में बात कर पाने की अक्षमता ने अलगाववाद को और अधिक बढ़ावा दिया। 1937 के चुनावों में चुने गए अधिकतर सदस्य कांग्रेस से ही सम्बद्ध थे; ज्यादातर कांग्रेसी मन्त्री हिन्दू थे; सोच-समझकर या फिर अनजाने में ही उन्होंने अपना हिन्दूवादी रुझान स्पष्ट कर दिया। उनके मार्गदर्शक महात्मा द्वारा किए जानेवाले उपवास, उनके द्वारा 'राम-राज्य' शब्द का प्रयोग जिसे वह भविष्य के आदर्श समाज के रूप में देखते थे, कई मन्त्रियों द्वारा स्कूलों का उल्लेख शिक्षा के मन्दिरों के रूप में किया जाना, सरकारी उत्सवों में ऐसे गीत-संगीत जो कि हिन्दुओं के लिए देशभक्ति के गीत हो सकते थे लेकिन 'कौम' के कानों में तो वे केवल हिन्दू गीतों के बतौर ही सुनाई पड़ते थे। यह सब उस खास हिन्दू शैली के मुहावरे थे जिनकी वजह से लीग को हिन्दू शासन के खिलाफ बोलने का आधार मिला।

इन सभी प्रभावों का पहले से अनुमान नहीं लगाया गया था। कांग्रेस की इस पूरी कार्य-पद्धति का उद्देश्य हिन्दू वर्चस्व का ढोल बजाना नहीं था बल्कि हर औसत आदमी तक अपनी पहुँच बनाना और उसकी चेतना को झकझोरना था। यह हिन्दू रूपक या गीत चार में से तीन नागरिकों पर अपना प्रभाव छोड़ने में सक्षम थे। धार्मिक प्रवृत्ति के सन्देशों के प्रति भारतीय हिन्दू भी, भारतीय मुसलमान की तरह ही जवाबदेह था। किन्तु सारी कार्यवाही की परिणति चौथे नागरिक की मनुहार करने में हुई यानी 'एक आदमी, एक वोट' का सिद्धान्त एक हिन्दू राष्ट्र का ही निर्माण करेगा।

यह पूछा जा सकता है कि क्या आज के भारत की ऐसी ही छवि है, जहाँ पाँच में से चार हिन्दू हैं और आबादी के हर पाँचवें आदमी के लिए हिन्दू मुहावरा अपरिचित है। तब भी, भारतीय आबादी के इस पाँचवें हिस्से की संख्या बड़ी है और लगातार बढ़ती जा रही है, जिनके लिए हमारे संविधान ने उन सभी अधिकारों को सुनिश्चित किया है, जिनका लाभ बहुसंख्यक उठा रहे हैं। ऐसे रूपकों और विचारों का निर्माण किया जाना जो उनके साथ-साथ हिन्दू बहुसंख्या को भी प्रभावित कर सके, वास्तव में यह महत्त्वपूर्ण मुद्दा है।

वह कौन-सा मुहावरा होगा, जिसकी पहचान हिन्दू (या मुस्लिम, ईसाई, सिख, बौद्ध) के ठप्पे से न होकर भारतीयता से हो, साथ ही जिसका सामंजस्य, हिन्दूवादी, इस्लामिक, ईसाई, सिख, जैन धर्म, बौद्ध धर्म और ज़ोरोस्थ्रवाद की मान्यताओं से हो, और इससे अधिक यह कि जो औसत नागरिक को उतनी ही गहराई से प्रभावित कर सके जितना कि धार्मिक विचार करते हैं। यह वास्तव में एक बड़ी चुनौती है, पर वैसी नहीं जो कि भारत की एकता की परवाह करते हैं। वही इससे बच सकता है। इस चुनौती से पार पाना या इसका समाधान ढूँढ़ पाना, हमारी मौजूदा सीमाओं से बाहर की बात है।

यदि हमारा अध्ययन हिन्दुओं को राजनीति या सरकार में यह सिखाता है कि वे अपने रूपकों को ज्यादा सम्मान दें, और इस बात का भी जायज़ा लें कि मुस्लिम समुदाय किस प्रकार ग्रहण करेगा, तो यह भी सिखाता है कि यह मुसलमानों के लिए कतई जरूरी नहीं कि वे प्रत्येक हिन्दू विचार को थोपी गई धार्मिक पाबन्दियों के प्रतीक के बतौर उसे सम्मान दें। ऐसा किया जाना लीग की रणनीति के लिए भले ही उपयुक्त रहा हो पर इससे हिन्दू-मुस्लिम समझदारी को नुकसान पहुँचा। लीग की हिन्दू शासन के बारे में सोच को धन्यवाद, जिसके चलते 'कौम' का बड़ा हिस्सा इस बात को देख ही नहीं पाया कि कांग्रेस के हिन्दू मुहावरे (शैली) का मुख्य मकसद हिन्दुओं तक अपनी पहुँच बनाना था, न कि मुस्लिमों का हिन्दूकरण करना। यह सब कुछ बहुत ही स्वतःपूर्ण ढंग से हुआ और इसी तरह से इसे ग्रहण भी किया गया। किसी अन्य व्यक्ति के धार्मिक मुहावरों को सहन करना भी उतना ही महत्त्वपूर्ण है जितना कि एक गैर-धार्मिक अखिल भारतीय मुहावरे का निर्माण करना।

इसके अलावा दूसरा सबक यह है कि अलगाववादी बहुधा अलगाव के स्थान पर सत्ता का बँटवारा चाहते हैं। ज़मीन के जिस हिस्से का पाकिस्तान नाम दिया गया, वह असम, पंजाब और बंगाल के हिन्दू-बहुल इलाके थे। जिन्ना, इतनी बड़ी मात्रा में सिन्ध से हिन्दुओं की विदाई देख काफी निराश हुए, उन बहिष्कृत लोगों के दुख को देखकर, वे जिस तकलीफ़ से गुज़रे, वह दर्शाता है कि उपमहाद्वीपीय मामलों में हस्तक्षेप का उनका मकसद 'कौम' के बँटवारे से भी बड़ा मकसद था। वे जानते थे कि पूरी तरह से अलग होना तो सम्भव ही नहीं है और ऐसा हुआ भी। जो अलगाव (तलाक) उन्होंने बड़ी कुशलता और दृढ़ता से हासिल किया था वह अधूरा था; लगभग चालीस प्रतिशत भारतीय मुस्लिम पाकिस्तान बनने के बाद भी भारत में ही रहे, और जो साठ प्रतिशत लोग अलग हुए भी, वह भी अपने पड़ोस को पूरी तरह से छोड़ नहीं पाए। हिन्द-मुस्लिम समझदारी को कायम करने की समस्या खत्म नहीं हुई। यदि अभी भी रिश्तों में अपनापन नहीं मिला है, तब भी, दोनों देशों के बीच एक गतिशील सम्बन्ध तो कभी खत्म नहीं हो सकता।

हमने यह भी देखा कि हिन्दू-मुस्लिम एकता 'द्वेष रखनेवाली सौतन की भाँति' थी जो कि तब और भी विध्वंसकारी हो गई जब भारतीयों ने एक अन्य मकसद को अपनाने का प्रयास किया; जबकि वह मकसद उतना ही महान था, जितना कि आज़ादी। 1924 में गांधी और जिन्ना ने इस पर अलग से ध्यान दिया कि हिन्दू मुस्लिम एकता आज़ादी पाने की पहली शर्त है। जिन्ना ने कहा कि 'स्वराज प्राप्ति की सबसे ज़रूरी शर्त, हिन्दुओं और मुसलमानों के बीच राजनीतिक एकता है,'[8] जबकि गांधी ने लिखा : "हिन्दू और मुसलमान के बीच कभी न खत्म होनेवाली हार्दिक एकता के अतिरिक्त इस देश में कुछ भी हासिल कर पाने के लिए मैं और कोई भी रास्ता नहीं देख पाता हूँ।"[9]

हालाँकि एकता हासिल नहीं की जा सकी, गांधी ने 1930 के शुरुआती वर्षों में बड़े जन-आन्दोलनों को खड़ा करने की पहलकदमी की। इन आन्दोलनों ने शायद आजादी को हमारे और करीब ला दिया। 'राष्ट्रवादी' भारतीयों को झकझोरा और उन्हें एकजुट किया जिनमें मुसलमानों का भी एक हिस्सा शामिल था; लेकिन तब भी उन्होंने 'कौम' के बड़े हिस्से को अलगाव में डाल दिया; और इसलिए 'राज' को कई बार अपनी निरन्तरता को न्यायोचित ठहराने के लिए 'कौम' के रुख को देखते हुए अपने आपको प्रमाणित करना पड़ा। उस समय भारत का और इसी तरह ब्रिटेन का जो सच था, उसका आज के उपमहाद्वीप और उसी तरह महाशक्तियों के लिए महत्त्व हो सकता है। क्षेत्र के सभी राष्ट्रों के बीच सुचारु संयोजन ही सम्भवतः महाशक्तियों को बाहर रखने का सबसे सही रास्ता है, क्योंकि बिना संगठित हुए, किए गए व्यक्तिगत प्रयास उपमहाद्वीप की खाई को और गहरा ही करेंगे और महाशक्तियों के प्रवेश का रास्ता मिलेगा।

हमारा अध्ययन यह नहीं दर्शाता है कि 'राज' ने हिन्दू-मुस्लिम विभाजन किया। यद्यपि वे हमेशा ही गलत कदम उठाते रहे, तब भी यह नहीं कहा जा सकता कि ब्रिटेन भारत-विभाजन की गाथा का लेखक था। मुहम्मद अली का यह कथन कि : 'हम विभाजित हुए और उन्होंने हम पर राज किया।' जैसा उन्होंने 1930 में लन्दन में कहा था, वही सही था।' गांधी का मत, जिसे एक साल बाद उन्होंने लन्दन में प्रकट किया कि हिन्दू-मुस्लिम "झगड़े पुराने नहीं हैं (लेकिन)...भारत में ब्रिटेन के आगमन के समकालीन हैं।"[10] यह कथन वस्तुतः भारत के ब्रिटिश इतिहास का आदर्शीकरण है। अपने इस विचार का संशोधन करते हुए गांधी ने अगस्त 1947 में कहा :

> *ब्रिटिश सरकार विभाजन के लिए ज़िम्मेदार नहीं है। इसमें वॉयसराय का कोई हाथ नहीं है। बल्कि वह तो कांग्रेस की ही तरह इस विभाजन के विरोधी थे। लेकिन यदि हम दोनों हिन्दू और मुसलमान ही किसी अन्य बात पर सहमत नहीं हैं तो फिर वॉयसराय के पास भी कोई विकल्प नहीं बचता।*[11]

1946 में जब सुभाषचन्द्र बोस के भाई शरत बोस ने वावेल के साथ बातचीत में 'फूट डालो, राज करो' का आरोप लगाया, तब वॉयसराय ने प्रतिक्रिया देते हुए कहा कि हमारा प्रयास तो "एकता स्थापित करके यहाँ से चले जाना है।"[12]

यह दावा किसी प्रकार से सही नहीं था। ब्रिटेन के मन्त्रिमंडल के तीन सदस्यों ने बेशक 1946 में तीन महीने प्रयास करते हुए बिताए, लेकिन ये मन्त्री प्रस्ताव दे पाने में असमर्थ रहे, अतः उन्होंने स्वयं ही एक स्पष्ट समझौते को आरोपित कर दिया। उन्होंने पाकिस्तान को अस्वीकार करते हुए और साथ ही भारत को भी एक इकाई के रूप में अस्वीकार करते हुए पाकिस्तान के बड़े हिस्से समेत एक ढुलमुल संघ की रूपरेखा दी जो कि शायद एक समाधान हो सकता था, लेकिन इससे वास्तव

में कांग्रेस और लीग दोनों को ही उनके इस प्रस्ताव का, उनके प्रतिकूल अर्थ ग्रहण करने के लिए उकसाया। लीग ने उत्साह में आकर ढुलमुल संघ को 'पाकिस्तान को जानेवाले रास्ते' के रूप में स्वीकार कर लिया, जबकि कांग्रेस को यह सलाह दी गई कि वह इस योजना को 'स्वयं अपने आकलन के अनुरूप' स्वीकार करे। 'समझदार आदमी' ने जो प्रस्ताव रखा वह एक चीज़ थी, जो लीग ने स्वीकार किया वह दूसरी चीज़ थी, और जिस पर कांग्रेस की सहमति बनी वह तीसरी चीज़ थी। तब भी एच.एम.जी. ने इन स्वीकृतियों को 'एकता स्थापित करना और चले जाना' के प्रेरणास्पद लाभ के रूप में कंजूसी से स्वीकार कर लिया।

यहाँ तक कि वावेल जोकि 'पुरुषत्वपूर्ण' और 'रूक्ष' तरीकों[13] में अपने विश्वास और पैथिक-लॉरेंस और क्रिप्स के तरीकों से नाखुशी के बावजूद अन्त में इसी का हिस्सा बन गया। और जैसे कि उसने अपनी डायरी में इस बात की स्वीकारोक्ति की कि वह शायद गलत था...कि उसे जिन्ना को कांग्रेसी मुस्लिमों के बारे में एकदम शुरुआत से ज़्यादा दबाव नहीं डालना चाहिए था।[14] वावेल की भावनाओं को ठेस पहुँची, जैसा कि उसने दोबारा कहा, क्योंकि कांग्रेस ने अपने 'भारत छोड़ो आन्दोलन' की शुरुआत, जापान के साथ युद्ध के मध्य में की जबकि उस समय वह उस क्षेत्र का कमांडर-इन-चीफ था; और इस ठेस ने उसकी तटस्थता को भी प्रभावित किया। इस अध्याय से हमने जान लिया कि यह बहुत ही खतरनाक होता है जब प्रशासन या प्रमुख लोग 'सफलता' घोषित करने में अस्पष्टता दिखाते हैं या फिर अपने न्याय को किसी भी ठेस से प्रभावित होने देते हैं। ऐसी गलतियाँ करने के लिए आपको कतई विदेशी शासक होने की ज़रूरत नहीं है।

कांग्रेस और लीग ज़रूर स्वतन्त्र थे कि वे अपने तरीके से समाधान तलाश सकें। उन्होंने ऐसा नहीं किया। विश्वास में कमी एक बड़ा कारण था। लेकिन माध्यमों की कमी ने भी मुश्किलों को बढ़ाया। मध्यस्थ मित्रों में से किसी ने भी चाहे वह भारतीय हो या ब्रिटिश, ने जिन्ना से यह नहीं पूछा कि यदि उन्हें अर्द्ध-स्वायत्त पाकिस्तान दे दिया जाए तो क्या वे पाकिस्तान की माँग छोड़ देंगे, या फिर गांधी, नेहरू और पटेल से कि क्या वे इस पाकिस्तान के बारे में विचार करेंगे यदि जिन्ना इस महत्त्वपूर्ण केन्द्र पर सहमत हो जाएँ। इस बात का कोई भी सबूत नहीं कि दोनों पक्ष इस आधार पर सहमत हुए होंगे; इसी तरह इस बात का भी कोई सबूत नहीं है कि इस तरह के समझौते की कभी बात भी हुई थी, उस पर विचार या विरोध हुआ था।

हमारा अध्ययन उन कमियों को भी सामने लाता है जो कि राष्ट्रवाद के भीतर मौजूद थीं, चाहे वह इस्लाम, भारतीय या ब्रिटिश किन्हीं की भी भावनाओं से जुड़ा हो। मुहम्मद अली के ब्रिटेन के प्रति क्रोध, तुर्की और खिलाफत को लेकर, ने उन्हें तुर्की से खिलाफत तक के विरोध में अन्धा कर दिया था। वह तुर्की के लोग थे न कि ब्रिटेन के जिन्होंने खिलाफत आन्दोलन को नष्ट किया; और इसी तरह उन्होंने

मुहम्मद अली से उनके आधार को भी चुरा लिया। उनकी चीज़ों को स्पष्टतया देख पाने की असमर्थता का मुहम्मद हबीब ने सही ढंग से उल्लेख किया है :

मुहम्मद अली साहब का सबसे उम्दा काम था 'चॉइस ऑफ तुर्क्स।' मैंने उसे अलीगढ़ के स्नातक छात्र की तरह आँखों में आँसू और विश्वास लेकर पढ़ा है और तब तक भी कमाल पाशा का उदय नहीं हुआ था जैसा कि मैंने पाया कि उनके तथ्य पूर्ण तरह से गलत थे और तुर्की नेता का पतन, जिसका उन्होंने समर्थन किया है, उस पर तो एक आँसू भी नहीं बहाया जा सकता।[15]

हिन्दुओं की दृष्टि भी राष्ट्रवादी गौरव के कारण विकसित हुई। 'भारत छोड़ो' ने 1942 में उनके दिलों की आकांक्षा को व्यक्त किया लेकिन उसने 'राज' और 'कौम' दोनों ही को अलगाव में डाल दिया और पाकिस्तान की सम्भावना को और पुख्ता किया। यदि ब्रिटेन ने भारत को युद्ध की घोषणा के उपरान्त ही आज़ादी पाने का सही रास्ता दिया होता तो यह हकीकत है कि कोई 'भारत छोड़ो' न होता। कांग्रेस के 'राज' के साथ 1937-39 के सहयोग ने इस तरह के प्रस्ताव के लिए भूमि तो तैयार कर ही दी थी लेकिन ब्रिटेन का साम्राज्यवादी गौरव आड़े आ गया। प्रधानमन्त्री चर्चिल और वॉयसराय लिनलिथगो, कांग्रेस के पूर्व के अवज्ञा अभियानों से पहुँची ठेस को भुलाने के लिए तैयार न थे। इसके बजाय कि वे कांग्रेस की तरफ बढ़ते, उन्होंने लीग की हौसला अफ़ज़ाई की और कांग्रेस ने 'भारत छोड़ो' के साथ विरोध किया।

ये जिन्दगियाँ किसी भी तरह के तथाकथित इस्लामी कट्टरवाद और हिन्दू-मुस्लिम सम्बन्ध के बीच प्रत्यक्ष-अप्रत्यक्ष रिश्ते को उजागर नहीं करतीं; मुहम्मद अली की धारणा को पुष्ट करते हुए कि "यह हमारा हमारे धर्मों के प्रति प्रेम नहीं है, जो हमें लड़ाता है...बल्कि स्वार्थ और हेय महत्त्वाकांक्षाएँ हैं।"[16] आठ में से दो जो कि सबसे ज़्यादा 'कट्टरता' वाले पहलू के पक्ष में थे, वे इक़बाल और आज़ाद थे। शुद्धतावाद और अलगाववाद दोनों ही इक़बाल के भीतर एक साथ विकसित हुए लेकिन वह भी साम्प्रदायिक सामंजस्य के विरुद्ध नहीं गए। वास्तविकता के स्थान पर रूमानियत के साथ ही उन्होंने उपमहाद्वीप पर एक क्षेत्र में एक शक्तिशाली मुस्लिम नस्ल को मुस्लिम देश के रूप में देखा और लियाक़त की ही तरह उन्होंने भी इसे इस्लाम की प्रयोगशाला के रूप में ही देखा; लेकिन इक़बाल को हिन्दू विरोधी कहना क़ठिन है।

आज़ाद, जो कि हिन्दू-मुस्लिम साझेदारी की सबसे मजबूत वकालत कर रहे थे, उन्होंने अपने मतों की पुष्टि के लिए कुरान को भी उद्धृत किया। उनकी समझ में पवित्र कुरान मुसलमानों को हिन्दू सहित सभी धर्मों में आस्था रखनेवाले लोगों के साथ सहयोग करने की अनुमति देता है और वह उनको प्रेरणा देता है कि वे न केवल शब्दों को बल्कि इस्लाम के आदेशों की आत्मा को ग्रहण करें।

इन आठों में से सबसे कम धार्मिक, जिन्ना ने मुस्लिम ज़मीन के प्रति सबसे अधिक जुनून दिखाया, लेकिन पाकिस्तान को पा लेने के बाद वह हिन्दू-मुस्लिम सहअस्तित्व की सामान्यता के अपने विश्वास पर पुनः लौटे। फज़्लुल हक़ के हिन्दुओं के साथ अलगाव और उनके साथ साझेदारी के आन्दोलन का उनकी एक मुस्लिम के बतौर रूढ़िवादिता से बहुत कम लेना-देना था।

हमने देखा कि 'कौम' के सदस्य स्वतः ही एक-दूसरे जैसे या एक-दूसरे की तरह सोचने वाले नहीं थे। हक-जिन्ना, जिन्ना-आज़ाद और आज़ाद-ज़ाकिर इन सभी समीकरणों में तनाव था; और लाहौर प्रस्ताव के पूर्व एवं पश्चात की हक-जिन्ना की टकराहट मुस्लिम भूमि या भूमियों के विभाजन को अंजाम देनेवाले तनाव की पहली चेतावनी थी, जिसकी माँग दोनों ने 1940 में की थी।

कम से कम आठ में से तीन—इक़बाल, हक और जिन्ना—की विवाह सम्बन्धी दिक्कतें थीं। इन आठों को एक साथ लेकर हम उनकी ज़िन्दगियों को देखते समय उनकी बीवियों को नहीं देख सकते थे। लेकिन लियाक़त की बीवी राना के सिवाय और जब वे और उनके पति साथ थे, जिन्ना की बीवी रत्ती के लिए; ये महिलाएँ सामान्यतया दिखाई नहीं देती थीं। इसका क्या महत्त्व हो सकता है, यह हमारे अध्ययन की सीमा से बाहर है।

ये ज़िन्दगियाँ न हिन्दू-मुस्लिम सह-अस्तित्व को नकारती हैं, न ही उसका भरोसा दिलाती हैं, यद्यपि यह महत्त्वपूर्ण है कि एक या दूसरे समय में इन आठों में से सभी का इस पर विश्वास था। वे सभी एक के बाद एक हिन्दुओं और 'कौम' के मध्य तनाव और विश्वास की बात करते थे। वे दूसरों की और अपनी गलतियों के बारे में भी बोलते, उन चोटों के बारे में जो उन्हें मिलीं या उन्होंने दीं। जीत और हार के बारे में तकलीफ़ों और खुशियों, कठोरता और नरमियत के, क्रोध में तनी मुट्ठी और नम आँखों के; जेलों में लम्बे दिनों और रातों के दरवाज़े जो बन्द हुए और दूसरे जो अनपेक्षित रूप से खुलते रहे; और विश्वासियों की तरफ से लम्बे स्तुतिगान, पसीने और खून के ढेर की, उन मकसदों की जिन्हें हासिल किया गया और उन सन्तुष्टियों की जिन्हें नकार दिया गया। वे हमें मानवीय कमज़ोरियों के बारे में बताते हैं और सैयद अहमद की कुशाग्र बुद्धि, इक़बाल के महानता के गीतों की, मुहम्मद अली की जो जान हथेली पर रखकर चलते थे, जिन्ना की स्टील की तरह मज़बूत रीढ़ की, हक की सहानुभूति के भंडार की, आज़ाद के साहसिक दिमाग की, लियाक़त की नम्बर दो बने रहने पर भी सन्तोष की और जाकिर की सज्जनता की। इन गुणों की वजह से सम्भवतः ईश्वर करे कि कुछ हिन्दू खुद को पहले से अधिक मुसलमानों के नज़दीक महसूस करें, जैसा कि इन पन्नों के लेखक ने भी किया।

सन्दर्भ-ग्रन्थ

1. फ्रीलैंड अबौट, 'इस्लाम एंड पाकिस्तान,' कोरनेल यूनिवर्सिटी प्रेस, इथाका
2. ए.के. ज़ैनुल आबेदीन, (सम्पा.) 'मेमोरेबल स्पीचिज़ ऑफ शेर-ए-बंग्ला,' अल हेलाल, बारिसल 1978
3. ए.के. जैनुल आबेदीन (सम्पा.) 'बंगाल टुडे,' अल हेलाल, बारिसल, 1978
4. रफ़ीक अफ़ज़ल, (सम्पा.), 'स्पीचिज़ एंड स्टेटमेंट्स ऑफ कायद-ए-आज़म एम.ए. जिन्ना,' रिसर्च सोसाइटी ऑफ पाकिस्तान, लाहौर, 1966
5. रफीक अफ़ज़ल (सम्पा.), 'स्पीचिज़ एंड स्टेटमेंट्स ऑफ कायद-ए-मिलात लियाक़त अली खान,' रिसर्च सोसाइटी ऑफ पाकिस्तान, लाहौर, 1967
6. बी.के. अहलूवालिया (सम्पा.) 'ज़ाकिर हुसैन,' स्टरलिंग, नई दिल्ली, 1970
7. जे. अहमद, (सम्पा.), 'स्पीचिज़ एंड राइटिंग्स ऑफ मिस्टर जिन्ना,' श्री एम. अशरफ़, लाहौर, 1947
8. जे. अहमद, (सम्पा.) 'हिस्टोरिक डाक्यूमेंट्स ऑफ द मुस्लिम फ्रीडम मूवमेंट,' पब्लिशर्स युनाइटेड, लाहौर
9. जे. अहमद, 'मिडिल फेज़ ऑफ द मुस्लिम पोलिटिकल मूवमेंट,' पब्लिशर्स यूनाइटेड, लाहौर, 1969
10. जे. अहमद, 'क्रिएशन ऑफ पाकिस्तान,' पब्लिशर्स यूनाइटेड, लाहौर, 1976
11. चौधरी मुहम्मद अली, 'द इमरजन्स ऑफ पाकिस्तान,' कोलम्बिया, न्यूयॉर्क, 1967
12. मोहम्मद अली, 'माई लाइफ : ए फ्रेगमेंट,' श्री मुहम्मद अशरफ, लाहौर, 1966
13. गुलाम अली अलाना, 'कायद-ए-आज़म जिन्ना, फिरोज़संस, लाहौर, 1967
14. अबुल कलाम आज़ाद, 'इंडिया विंस फ्रीडम,' ओरियंट लौंगमैंस, कलकत्ता, 1959
15. एम.आर.ए. बेग, 'द मुस्लिम डायलिमा इन इंडिया,' विकास, नई दिल्ली, 1974
16. इलाही बक्श, 'विद द कायद-ए-आज़म ड्यूटिंग हिज लास्ट डेज़,' कायद-ए-आज़म अकादमी, कराची, 1978
17. ए.सी. बैनर्जी, 'टू नेशंस,' कनसेप्ट, नई दिल्ली, 1981
18. हेक्टर बोलिथो, 'जिन्ना,' ग्रीनवुड प्रेस, वेस्टपोर्ट, कनेटिकल
19. ए.सी. बोस, 'द इंडियन स्ट्रगल,' एशिया, बॉम्बे, 1964
20. पॉल आर. ब्रास, 'लैंग्वेज, रिलीजन एंड पोलिटिशियन इन नॉर्थ इंडिया,' विकास, नई दिल्ली, 1975
21. माइकल ब्रेचर, 'नेहरू,' ऑक्सफोर्ड यूनिवर्सिटी प्रेस, लन्दन, 1959
22. जुडिथ ब्राउन, 'गांधीज़ राइज़ टू पॉवर,' कैम्ब्रिज यूनिवर्सिटी प्रेस, कैम्ब्रिज, 1972
23. अब्दुल्ला बट, (सम्पा.) 'अस्पेक्ट्स ऑफ अबुल कलाम आज़ाद,' मकतबा-ए-उर्दू, लाहौर, 1942
24. अलान जॉनसन—कैम्पबेल, 'मिशन विद माउंटबेटन,' रॉबर्ट हल, लन्दन, 1951
25. एम.सी. चगला, 'रोज़ेज़ इन डिसेम्बर,' भारतीय विद्या भवन बॉम्बे, 1974
26. कैलाश चन्द्र, 'ट्रेजडी ऑफ जिन्ना,' शर्मा, लाहौर 1941

27. गौतम चट्टोपाध्याय, 'बंगाल इलेक्टोरल पोलिटिक्स एंड फ्रीडम स्ट्रगल,' नई दिल्ली, 1984
28. बी.एम. चौधरी, 'मुस्लिम पोलिटिक्स इन इंडिया,' ओरियंट कलकत्ता, 1946
29. अनीस चिश्ती, 'प्रेसीडेंट ज़ाकिर हुसैन,' रचना, नई दिल्ली, 1967
30. दुर्गादास (सम्पा.) 'सरदार पटेल्स कोरेसपोंडेंस,' (भाग-10), नवजीवन अहमदाबाद
31. वी.एन. दत्ता और बी. क्लैगहोर्न, 'ए नेशनलिस्ट मुस्लिम इन इंडियन पोलिटिक्स,' मैकमिलन, नई दिल्ली, 1974
32. अमलेन्दु डे, 'इस्लाम इन मॉडर्न इंडिया,' माया, कलकत्ता, 1982
33. महादेव देसाई, 'मौलाना अबुल कलाम आज़ाद,' शिवलाल अग्रवाल, आगरा, 1940
34. कंजी द्वारकादास, 'रत्ती जिन्ना,' बॉम्बे, 1963
35. कंजी द्वारकादास, 'टेन इयर्स टू फ्रीडम,' पॉपुलर प्रकाशन, बॉम्बे, 1968
36. राजमोहन गांधी, 'द राजाजी स्टोरी,' भारतीय विद्या भवन, बॉम्ब, 1984
37. जॉन ग्लैंडोवन, 'द वॉयसराय एट बे, 'कोलिंस,' न्दन, 1971
38. जी.एफ.आई. ग्राहम, 'द लाइफ एंड वर्क्स ऑफ सर सैयद अहमद खान,' लन्दन, 1885, पुनर्प्रकाशित
39. मुशीर यू हक, 'मुस्लिम पोलिटिक्स इन मॉडर्न इंडिया, मीनाक्षी मेरठ, 1971
40. पी. हार्डी, 'पार्टनर्स इन फ्रीडम एंड टू मुस्लिम्स,' स्टुडेंट लिटरेचर, लुंद स्वीडन, 1971
41. मुशीरुल हसन, 'कांग्रेस मुस्लिम एंड इंडियन नेशनलिज़्म : 1928-1934' ओकेज़नल पेपर न. 23 (अप्रकाशित), नेहरू मेमोरियल म्यूज़ियम एंड लाइब्रेरी, नई दिल्ली, 1985
42. एस.ई. हसनैन, 'इंडियन मुस्लिम्स' लालवानी, बॉम्बे, 1968
43. एच. डब्ल्यू. हडसन, 'द ग्रेट डिवाइट,' हचिनसन, लन्दन, 1969
44. एस. आबिद हुसैन, 'द डेसटिनी ऑफ इंडियन मुस्लिम्स, 'एशिया, बॉम्बे 1965
45. ज़ाकिर हुसैन, 'प्रेसिडेंट ज़ाकिर हुसैन'स स्पीचिज़,' पब्लिकेशंस डिवीज़ंज़, नई दिल्ली, 1973
46. मिया इफ्तख़ारुद्दीन, 'स्पीचिज़ एंड स्टेटमेंट्स,' निगारीशत, लाहौर 1971
47. शेख मुहम्मद इक्राम, 'मॉडर्न मुस्लिम इंडिया एंड द बर्थ ऑफ पाकिस्तान, इंस्टीट्यूट ऑफ इस्लामिक कल्चर, लाहौर
48. शाइस्ता इक्रामुल्लाह, 'फ्रॉम पर्दा टू पार्लियामेंट,' क्रिसेंट प्रेस, लन्दन, 1963
49. अफ़ज़ल इक़बाल, 'मोहम्मद अली,' इदाराह-ए-अदबियत,' दिल्ली, 1978
50. जावेद इक़बाल, (सम्पा.), 'नोटबुक ऑफ अलामा इक़बाल,' लाहौर, 1961
51. एम.ए.एच. इस्पहानी, 'कायद-ए-आज़म एज. आई न्यू हिम, फॉरवर्ड पब्लिकेशंस ट्रस्ट, कराची, 1968
52. सुब्रमोनिया अय्यर, (सम्पा.), 'रोल ऑफ मौलाना आज़ाद इन इंडियन पोलिटिक्स,' आज़ाद ओरियंटल रिसर्च इंस्टीट्यूट, हैदराबाद
53. एस.जी. जिलानी, 'फिफ्टीन गवर्नर्स आई सर्व्ड विद,' लाहौर, 1979
54. फ़ातिमा जिन्ना, 'स्पीचिज़ मैसेजेज़ एंड स्टेटमेंट्स,' रिसर्च सोसायटी ऑफ पाकिस्तान, लाहौन, 1976
55. कायद-ए-आज़म एम.ए. जिन्ना, 'स्पीचिज़ एज़ गवर्नर-जनरल,' कराची, 1962
56. हुमायूँ कबीर, (सम्पा.) 'अबुल कलाम आज़ाद,' पब्लिकेशंस डिविज़न, नई दिल्ली
57. एम.ए. करनदिकर, 'इस्लाम इन इंडियाज़ ट्रांज़िशन टू मॉडरनिटी,' ओरियंट लौंगमेंस, नई दिल्ली, 1968
58. चौधरी ख़लीकुज़्ज़मां, 'पाथवे टू पाकिस्तान,' पाकिस्तान लौंगमैन, लाहौर, 1961
59. लियाक़त अली खान, 'पाकिस्तान : द हार्ट ऑफ एशिया, मिनिस्ट्री ऑफ एजूकेशन,' इस्लामाबाद

60. मोहम्मद अयूब खान, 'फ्रेंड्स नॉट मास्टर्स,' ऑक्सफोर्ड यूनिवर्सिटी प्रेस, लन्दन, 1967
61. एच.ए. लालजी, 'शिया मुस्लिम्स केस,' बॉम्बे, 194 5
62. डेविड लेलिवेल्ड, 'अलीगर्स फर्स्ट जेनेरेशन,' प्रिंसटन, 1977
63. एस.टी. लोखंडवाला, (सम्पा.), 'इंडिया एंड कनटेम्पररी इस्लाम,' इंडियन इंस्टीट्यूट ऑफ एडवांस्ड स्टडी, शिमला, 1971
64. हफीज़ मलिक, 'मोसलेम नेशनलिज़्म इन इंडिया एंड पाकिस्तान,' पब्लिक अफेयर्स प्रेस, वाशिंगटन, डी.सी., 1963
65. हफीज़ मलिक, (सम्पा.), 'इक़बाल : पोएट-फिलोस्फर ऑफ पाकिस्तान,' कोलम्बिया, न्यूयॉर्क, 1971
66. हफीज़ मलिक 'सर सैयद अहमद खान एंड मुस्लिम मॉडर्नाइजेशन, कोलम्बिया, न्यूयॉर्क 1980
67. एन. मनसर्ग एंड ई.डब्ल्यू.आर. लुम्बी 'द ट्रांसफर ऑफ पॉवर,' (भाग-12), हर मेजेस्टीज़ स्टेशनरी ऑफिस लन्दन, 1970-83
68. अशोक मेहता और कुसुम नैयर, 'द शिमला ट्रेंगल,' पद्मा, बॉम्बे, 1945
69. वी.पी. मेनन, 'द ट्रांसफर ऑफ पॉवर इन इंडिया,' ओरियंट लौंगमेंस, कलकत्ता 1957
70. एलेन हयेस मरियम, 'गांधी वर्सेज जिन्ना,' मिनर्वा, कलकत्ता, 1980
71. बी.ए. मिर्ज़ा 'द हिन्दू-मुस्लिम प्रॉबलम,' थैकर, बॉम्बे, 1944
72. ई.एस. मोंटेग्यू, 'एन इंडियन डायरी,' हेनेमान, लन्दन, 1930
73. पेनडेरल मून, 'डिवाइड एंड विक्ट,' यूनिवर्सिटी ऑफ कैलिफोर्निया प्रेस, वर्कली, 1962
74. पेनडेरल मून (सम्पा.) 'वावेल : ए वॉयसरायस जनरल,' ऑक्सफोर्ड यूनिवर्सिटी प्रेस, लन्दन, 1973
75. एम.आर.टी., 'पाकिस्तान एंड मुस्लिम इंडिया,' होम स्टडी सर्कल, बॉम्बे, 1943
76. शान मुहम्मद, 'सर सैयद अहमद खान,' मीनाक्षी, मेरठ, 1969
77. शरीफ अली मुजाहिद, 'कायद-ए-आज़म एम.ए. जिन्ना : स्टडीज़ इन इंटरप्रेटेशन, कायद-ए-आज़म अकादमी, कराची, 1981
78. मुहम्मद मुजीब, 'द इंडियन मुस्लिम्स,' जॉर्ज एलेन एंड अनविन, लन्दन
79. मुहम्मद मुजीब, 'डॉ. ज़ाकिर हुसैन,' नेशनल बुक ट्रस्ट, नई दिल्ली, 1972
80. सी.एम. नईम, (सम्पा.), 'इक़बाल, जिन्ना एंड पाकिस्तान,' मैंसवैल स्कूल ऑफ पब्लिक अफयर्स, सायराकस यूनिवर्सिटी, 1979
81. एस.एच. नसर, 'आइडियाज़ एंड रियलिटी ऑफ इस्लाम,' एलेन, एंड अनवीन, लन्दन, 1975
82. जवाहरलाल नेहरू, 'डिस्कवरी ऑफ इंडिया,' जॉन डे, न्यूयॉर्क, 1946
83. जवाहरलाल नेहरू, 'सिलैक्टेड वर्क्स' (सम्पा.), एस. गोपाल ओरियंटल लौंगमैन, नई दिल्ली
84. फिरोज़ खान नून, 'फ्रॉम मेमरी,' 'फिरोज़संस, लाहौर, 1966
85. एस.एस. पीरज़ादा, (सम्पा.) 'फाउंडेशंस ऑफ पाकिस्तान,' ऑल इंडिया मुस्लिम लीग डॉक्यूमेंट्स, नेशनल पब्लिशिंग हाउस, कराची, 1969
86. एस.एस. पीरज़ादा (सम्पा.) लीडर्स कोरपोंडेंस विद् मिस्टर जिन्ना,' ताज ऑफिस, बॉम्ब, 1944.
87. एस.एस. पीरज़ादा, (सम्पा.), 'कायद-ए-आज़म्स कोरेसपोंडेंस,' ईस्ट एंड वेस्ट, कराची, 1977
88. एस.एस. पीरज़ादा, 'सम अस्पेक्ट्स ऑफ कायद-ए-आज़म्स लाइफ,' नेशनल कमीशन ऑन हिस्टॉरिकल एंड कल्चरल रिजर्व, इस्लामाबाद, 1978
89. श्री प्रकासा, 'पाकिस्तान ' बर्थ एंड अर्ली डेज़,' मीनाक्षी, मेरठ 1965
90. बेनी प्रसाद, 'द हिन्दू-मुस्लिम क्वैश्चन,' किताबिस्तान, इलाहाबाद, 1941
91. राजेन्द्र प्रसाद, 'ऑटोबायोग्राफी,' एशिया, बॉम्बे, 1957
92. प्यारेलाल, 'द लास्ट फेज़ (भाग-1 और 2), नवजीवन अहमदाबाद, 1958

93. इश्तियाक हुसैन कुरैशी, 'द मुस्लिम कम्युनिटी ऑफ द इंडो-पाकिस्तान जबकॉन्टीनेंट,' माउटन एंड क., द हेग, 1962
94. ए.के. अबदुर रब, 'ए.के. फ़ज़्लुल हक,' फिरोज़संस, लाहौर, 1967
95. इनायतुर रहीम, 'बंगाल इलेक्शन,' 1937, जरनल ऑफ द एशियाटिक सोसायटी ऑफ बंग्लादेश, ढाका, 1977
96. इनायतुर रहीम, 'प्रोविंशियल ऑटोनोमी इन बंगाल,' राजशाही यूनिवर्सिटी, राजशाही, 1981
97. फज़्लुर रहमान, 'इस्लाम,' यूनिवर्सिटी ऑफ शिकागो प्रेस, शिकागो, 1979
98. सी. राजगोपालाचारी, 'द डिफेंस ऑफ इंडिया,' रोहाउस, मद्रास, 1942
99. सी. राजगोपालाचारी, 'रिकनसीलिएशन,' हिन्द किताब'स बॉम्बे, 1946
100. ए.बी. राजपूत, 'मौलाना अबुल कलाम अज़ाद,' लॉयन, लाहौर, 1946
101. बी. शिवा राव, 'इंडियाज़ फ्रीडम मूवमेंट,' ओरियंट लौंगमैन, नई दिल्ली, 1972
102. अमलेन्दु रे, 'इनकनसिसटेनसीज़ इन आज़ाद,' बंगाबारती ग्रन्थालय, हावड़ा, 1968
103. फ्रांसिस रॉबिंसन, 'सेपरेटिज़्म अमंग इंडियन मुस्लिम्स,' विकास, नई दिल्ली, 1975
104. एम.एच. सईद, 'एम.ए. जिन्ना,' श्री एम. अशरफ़, लाहौर, 1945
105. एम.सी. सीतलवाड, 'भूलाभाई देसाई,' पब्लिकेशंस डिवीजन, नई दिल्ली, 1968
106. एम.एच. शाहिद, (सम्पा.), 'कायद-ए-आज़म एम.ए. जिन्ना,' संग-ए-मील, लाहौर, 1976
107. मोएन शाकिर, 'ख़िलाफत टू पाकिस्तान,' कलामकर, नई दिल्ली,
108. एम.एस.एन. शर्मा, 'पीप्स इंटू पाकिस्तान,' पुस्तक भंडार, पटना, 1954
109. सच्चिदानन्द सिन्हा, 'इक़बाल,' रामनारायण लाल, इलाहाबाद, 1947
110. पट्टाभि सीतारमैया, 'द हिस्ट्री ऑफ द कांग्रेस, कांग्रेस वर्किंग कमेटी, इलाहाबाद, 1935
111. विंसेंट ए. स्मिथ, द ऑक्सफोर्ड हिस्ट्री ऑफ इंडिया,' ऑक्सफोर्ड, 1967
112. विलफ्रेड काउंटवेल स्मिथ, 'मॉडर्न इस्लाम इन इंडिया,' विक्टर गोलैक्ज़, लन्दन, 1946
113. विलफ्रेड काउंटवेल स्मिथ, 'इस्लाम इन मॉडर्न हिस्ट्री,' प्रिंसटन, 1957
114. आयन स्टीफंस, 'हॉर्नड मून,' छैटो एंड विनडस, लन्दन, 1954
115. जेड.ए. सुलेरी, 'माई लीडर,' लॉयन, लाहौर, 1946
116. रिचर्ड साइमंड्स, 'द मेकिंग ऑफ पाकिस्तान,' फेबर एंड फेबर, लन्दन, 1950
117. डी.जी. तेन्दुलकर, 'महात्मा' (8 भागों में), टाइम्स ऑफ इंडिया, प्रेस, बॉम्बे, 1951
118. क्रिस्टियन ट्रॉल, 'सईद अहमद खान,' रीइंटरप्रेटेशन ऑफ मुस्लिम थियोलॉजी, विकास, नई दिल्ली, 1978
119. स्टैनली वॉलपोर्ट, 'जिन्ना ऑफ पाकिस्तान,' ऑक्सफोर्ड यूनिवर्सिटी प्रेस न्यूयॉर्क, 1984

सन्दर्भ एवं टिप्पणियाँ

अध्याय 1 : हिन्दू और मुसलमान

1. हफीज़ मलिक, 'मुस्लिम नेशनलिज़्म इन इंडिया एंड पाकिस्तान' (पब्लिक अफेयर प्रेस, वॉशिंगटन डी.सी. 1963), पृ. 12
2. वही
3. मुहम्मद मुजीब, 'द इंडियन मुस्लिम' (ज्यॉर्ज एलेन एंड अनविन लंडन), पृ. 234
4. आई.एच. कुरैशी, 'द मुस्लिम कम्युनिटी ऑफ द इंडो-पाकिस्तान सबकौन्टिमेंट, (माउंटन एंड को., द हग, 1962), पृ. 348
5. मलिक, 'मुस्लिम नेशनलिज़्म,' पृ. 298
6. आर.सी. मजूमदार और अन्य, 'द डेलही सल्तनत' (भारतीय विद्या भवन, बॉम्बे, 1960), मलिक, 'मुस्लिम नेशनलिज़्म' से उद्धृत, पृ. 299
7. 'मुस्लिम नेशनलिज़्म', पृ. 294
8. वही, पृ. 295
9. वही, पृ. 296
10. रिचर्ड साइमंड्स, 'द मेलिंग ऑफ पाकिस्तान' (फेबर एंड फेबन, लंडन, 1950), पृ. 53
11. मलिक, 'मुस्लिम नेशनलिज़्म,' पृ. 299
12. कुरैशी, 'द मुस्लिम कम्युनिटी,' पृ. 349
13. मलिक, 'मुस्लिम नेशनलिज़्म,' पृ. 300
14. हफीज़ मलिक, 'सर सैयद अहमद खान एंड मुस्लिम मॉडर्नाइज़ेशन' (कोलम्बिया, न्यू यॉर्क, 1980), पृ. 256
15. गुलाम अली अलाना, 'क़ायद-ए-आज़म जिन्ना (फिरोज़संस, लाहौर, 1967), पृ. 319
16. चौधरी ख़लीकुज़्ज़मां, 'पाथवे टू पाकिस्तान' (पाकिस्तान लौंगमैन, लाहौर, 1961), पृ. 319
17. शेख़ मुहम्मद इक्राम, 'मॉडर्न मुस्लिम इंडिया एंड द बर्थ ऑफ पाकिस्तान' (इंस्टीट्यूट ऑफ इस्लामिक कल्चर, लाहौर), पृ. 71
18. वही
19. वही
20. वही, पृ. 64-71
21. मुजीब, 'इंडियन मुस्लिम्स,' पृ. 536

22. ख़लीकुज़्ज़मां, 'पाथवे टू पाकिस्तान,' पृ. 319
23. वही, पृ. x-xi
24. विंसेंट ए. स्मिथ, 'द ऑक्सफोर्ड हिस्ट्री ऑफ इंडिया (ऑक्सफोर्ड, 1967), पृ. 358-9
25. इक़राम, 'मॉडर्न मुस्लिम इंडिया,' पृ. 72
26. ख़लीकुज़्ज़मां, 'पाथवे टू पाकिस्तान,' पृ. 319
27. वही, पृ. 307-8
28. मुजीब, 'इंडियन मुस्लिम्स,' पृ. 233
29. मलिक, 'मुस्लिम नेशनलिज़्म,' पृ. 86
30. मुजीब, 'इंडियन मुस्लिम्स,' पृ. 557
31. मलिक, 'मुस्लिम नेशनलिज़्म,' पृ. 295
32. कुरैशी, 'द मुस्लिम कम्युनिटी,' पृ. 135
33. वही, पृ. 164
34. वही, पृ.135-7
35. मुजीब, 'इंडियन मुस्लिम्स,' पृ. 10-19
36. वही, पृ. 388
37. मलिक, 'मुस्लिम नेशनलिज़्म,' पृ. 15
38. मुजीब, 'इंडियन मुस्लिम्स,' पृ. 173-74
39. ख़लीकुज़्ज़मां, 'पाथवे टू पाकिस्तान,' पृ. 237
40. अफ़ज़ल इक़बाल, 'मुहम्मद अली' (इदाराह-ए-अदबियत, दिल्ली, 1978), पृ. 381
41. मुजीब, 'इंडियन मुस्लिम्स,' पृ. 556

अध्याय 2 : सैयद अहमद खान

1. जी.एफ.आई. ग्राहम में ज़ायतुना उमर द्वारा दिया गया परिचय, 'द लाइफ एंड वर्क ऑफ सर सैयद अहमद खान (लंडन, 1885, पुनर्प्रकाशित), p. xii
2. ग्राहम, 'लाइफ एंड वर्क,' पृ. 266
3. क्रिश्चन ट्रॉल, 'सैयद अहमद खान : रीइंटरप्रेटेशन ऑफ मुस्लिम थियोलॉजी' (विकास, नई दिल्ली 1978), पृ. 221
4. हफीज़ मलिक, 'सर सैयद अहमद खान' विस्तृत विवरण
5. वही, पृ. 72
6. मलिक, 'सर सैयद अहमद खान' पृ. 74
7. मुजीब, 'इंडियन मुस्लिम्स,' पृ. 447
8. मलिक 'सर सैयद अहमद खान,' पृ. 58
9. सैयद अहमद, 'हिस्ट्री ऑफ द रिवोल्ट इन द डिस्ट्रिक्ट ऑफ बिजनौर, पृ. 309-310,
10. वही,
11. मलिक, 'सर सैयद अहमद खान,' पृ. 79
12. ग्राहम, 'लाइफ एंड वर्क,' पृ. 12
13. वही, पृ. 21
14. इक़राम, 'मॉडर्न मुस्लिम इंडिया,' पृ. 28

15. अल्ताफ़ हुसैन हाली, 'हयात-ए-जावेद,' पृ. 117, मलिक, 'सर सैयद अहमद खान,' पृ. 77 से उद्धृत
16. वही
17. ट्रॉल, 'रीइंटरप्रेटेशन,' पृ. 9
18. मलिक, 'सर सैयद अहमद खान,', पृ. 80
19. वही, पृ. 23
20. इक़राम, 'मॉडर्न मुस्लिम इंडिया,' पृ. 25
21. वही, पृ. 23
22. देखें वही, पृ. 26
23. मलिक, 'सर सैयद अहमद खान,' पृ. 87
24. गाज़ीपुर में दिया गया भाषण, 9 जनवरी, 1864, ग्राहम 'लाइफ एंड वर्क' पृ. 53 से उद्धृत
25. किसी उद्घाटन समारोह में ग्राहम द्वारा कहे गए शब्द, वही, पृ. 49
26. वही, पृष्ठ 48
27. मलिक, 'सर सैयद अहमद खान,' पृ. 230
28. वही, पृ. 237
29. 1884 में, वही, पृ. 245
30. डेविड लेवीवेल्ड, 'अलीगर्स फ़र्स्ट जेनेरेशन' (प्रिंसटन, 1977), पृ. 311
32. 9 जनवरी, 1964 को, वही, पृ. 56-57
33. वही, पृ. 59-62
34. मलिक, 'सर सैयद अहमद खान,' पृ. 93
35. 29 अप्रैल, 1870 का पत्र, इक़राम, 'मॉडर्न मुस्लिम इंडिया,' पृ. 32 से उद्धृत
36. हाली, 'हयात-ए-जावेद, इक़राम, 'मॉडर्न मुस्लिम इंडिया,' पृ. 32 से उद्धृत
37. 29 अप्रैल, 1870 का पत्र, वही, पृ. 32
38. वही, पृ. 72
39. वही
40. ग्राहम, 'लाइफ एंड वर्क,' पृ. 74
41. वही, पृ. 76-105
42. वही, पृ. 76-105
43. वही, पृ. 76-105
44. वही, पृ. 76-105
45. वही, पृ. 76-105
46. 15 अक्टूबर, 1869 का पत्र, वही, पृ. 132
47. 15 अक्टूबर, 1869 का पत्र, वही, पृ. 132
48. वही, पृ. 125-126
49. 28 जुलाई, 1869, अर्गिल का ड्युक को पत्र, वही, पृ. 68
50. मलिक, 'सर सैयद अहमद खान,' पृ. 295
51. 15 अक्टूबर 1869 का पत्र, ग्राहम 'लाइफ एंड वर्क,' पृ. 127
52. वही, पृ. 157
53. वही, पृ. 136-137
54. मुजीब, 'इंडियन मुस्लिम', पृ. 449-51, देखें, फ्रीलैंड अबॉट, 'इस्लाम एंड पाकिस्तान' (कॉरनेल यूनिवर्सिटी प्रेस, इथाका, न्यूयॉर्क), पृ. 129
55. इक़राम, 'मॉडर्न मुस्लिम इंडिया,' पृ. 36

56. मलिक, 'मुस्लिम नेशनलिज़्म,' पृ. 207
57. ग्राहम, 'लाइफ एंड वर्क,' पृ. 172
58. वही, पृ. 218
59. मलिक, 'मुस्लिम नेशनलिज़्म, पृ. 213
60. महाविद्यालयी विवरणिका, शान मुहम्मद में उद्धृत, 'सर सैयद अहमद खान,' (मीनाक्षी प्रकाशन, मेरठ, 1969), पृ. 167
61. ग्राहम, 'लाइफ एंड वर्क,' पृ. 167
62. वही, पृ. 223
63. देखें इक्राम, 'मॉडर्न मुस्लिम इंडिया,' पृ. 54
64. शान मुहम्मद, 'सर सैयद,' पृ. 57
65. मलिक, 'सर सैयद अहमद खान,' पृ. 57
66. वही, पृ. 214
67. वही, पृ. 167-72
68. शान मुहम्मद, 'सर सैयद,' पृ. 56-57
69. इक्राम, 'मॉडर्न इंडिया मुस्लिम,' पृ. 15
70. ग्राहम, 'लाइफ एंड वर्क,' पृ. 219
71. इक्राम, 'मॉडर्न इंडिया मुस्लिम,' पृ. 38
72. ग्राहम, 'लाइफ एंड वर्क,' पृ. 140
73. वही, पृ. 227
74. शान मुहम्मद, 'सर सैयद,' पृ. 233-36
75. ग्राहम, 'लाइफ एंड वर्क,' पृ. 229-230
76. इक्राम, 'मॉडर्न इंडिया मुस्लिम,' पृ. 42
77. वही, पृ. 34-35
78. साइमंडस, 'द मेकिंग ऑफ पाकिस्तान,' पृ. 35
79. वही, पृ. 34-35
80. शान मुहम्मद, 'सर सैयद,' पृ. 142
81. वही, पृ. 144
82. इक्राम, 'मॉडर्न मुस्लिम इंडिया,' पृ. 45
83. शान मुहम्मद, 'सर सैयद,' पृ. 145-46
84. वही, 13 जनवरी, 1888, का पत्र और 2 फरवरी, 1888, वही, पृ. 147-148
85. 18 फरवरी, 1888, का पत्र, वही, 148-149
86. 4 सितम्बर, 1888 का पत्र, वही, 152
87. नेहरू, 'डिस्कवरी ऑफ इंडिया,' पृ. 410-411, शान मुहम्मद, 'सर सैयद,' पृ. 228 से उद्धृत
88. विलफ्रेड कैंटवैल स्मिथ, 'मॉडर्न इस्लाम इन इंडिया' (विक्टर गोलैन्कज़, लंदन, 1946), पृ. 25
89. मलिक, 'मुस्लिम नेशनलिज़्म,' पृ. 211
90. जे.एन. दास, शान मुहम्मद, 'सर सैयद' में उलेखित पृ. 149
91. वही, पृ. 150
92. वही, पृ. 157
93. इक्राम, 'मॉडर्न मुस्लिम इंडिया,' पृ. 48
94. वही, पृ. 48

95. शान मुहम्मद, सर सैयद, 'फॉरवर्ड,' पृ. 8
96. वही, पृ. 169
97. वही, पृ. 168
98. लेलीवेल्ड, 'अलीगर्स फर्स्ट जेनेरेशन' पृ. 195
99. वही, पृ. 196
100. वही, पृ. 217
101. वही, पृ. 310
102. मोरीसंस डिस्क्रिपशन, वही, पृ. 218
103. वही, पृ. 218-1219
104. इक़राम, 'मॉडर्न मुस्लिम इंडिया,' पृ. 46
105. लेलीवेल्ड, 'अलीगर्स फर्स्ट जेनेरेशन,' पृ. 276
106. शान मुहम्मद, 'सर सैयद,' पृ. 160
107. इक़राम, 'मॉडर्न मुस्लिम इंडिया,' पृ. 49
108. शान मुहम्मद, 'सर सैयद,' पृ. 163
109. वही, पृ. 172
110. वही, पृ. 162
111. वही, पृ. 172
112. ट्रॉल, 'रीइंटरप्रेटेशन,' पृ. xvi और 318
113. इक़राम, 'मॉडर्न मुस्लिम इंडिया,' पृ. 50
114. ट्रॉल, 'रीइंटरप्रेटेशन,' पृ. 318
115. वही, पृ. 332
116. अबॉट, 'इस्लाम एंड पाकिस्तान,' पृ. 125
117. ट्रॉल, 'रीइंटरप्रेटेशन,' पृ. xvi
118. वही, पृ. 233
119. मुजीब, 'इंडियन मुस्लिम्स,' पृ. 448
120. ट्रॉल, 'रीइंटरप्रेटेशन,' पृ. xvi
121. वही, पृ. 314
122. मुजीब, 'इंडियन मुस्लिम्स,' पृ. 449
123. वही
124. ट्रॉल, 'रीइंटरप्रेटेशन,' पृ. 317
125. वही, पृ. 313
126. वही, पृ. 229
127. वही, पृ. 221
128. मलिक, 'मुस्लिम नेशनलिज्म,' पृ. 196
129. मलिक, 'सर सैयद अहमद खान,' पृ. 278-279
130. मुजीब, 'इंडियन मुस्लिम्स,' पृ. 451
131. इक़राम, 'मॉडर्न मुस्लिम इंडिया,' पृ. 54
132. ट्रॉल, 'रीइंटरप्रेटेशन,' पृ. 17
133. वही, पृ. 60
134. ग्राहम, 'लाइफ एंड वर्क,' पृ. 78
135. ट्रॉल, 'रीइंटरप्रेटेशन,' पृ. 292
136. मलिक, 'सर सैयद अहमद खान,' पृ. 279

137. हेक्टर बोलिथो, 'जिन्ना' (ग्रीनवुड प्रेस, वेस्टपोर्ट, कनेक्टिकट), पृ. 38
138. देखें पर्सिवियल स्पीयर और एस.एम. इक्राम की टिप्पणियों को इक्राम, 'मॉडर्न मुस्लिम इंडिया,' पृ. xiii में
139. 27 जनवरी, 1884, शान मुहम्मद, 'सर सैयद' में उल्लेखित, पृ. 246
140. 4 फरवरी, 1884, वही, पृ. 245
141. 'अलीगढ़ इंस्टीट्यूट गैज़ेट,' 7 अप्रैल, 1888, वही, पृ. 239
142. 'द रिफोर्मर,' 1880, ट्रॉल, 'रीइंटरप्रेटेशन', पृ. 303
143. 'अलीगढ़ इंस्टीट्यूट गैज़ेट, नवम्बर 24, 1888, वही, पृ. 236
144. वही
145. वही, पृ. 237
146. वही, पृ. 240
147. वही, पृ. 233
148. कुरैशी, 'द मुस्लिम कम्युनिटी,' पृ. 286
149. ग्राहम, 'लाइफ एंड वर्क,'
150. लेलीवेल्ड, 'अलीगर्स फर्स्ट जेनेरेशन,' पृ. 272

अध्याय 3 : इक़बाल

1. मुजीब, 'इंडियन मुस्लिम्स,' पृ. 452
2. फज़लुर रहमान, 'इस्लाम' (यूनिवर्सिटी ऑफ शिकागो प्रेस, शिकागो, 1979), पृ. 234
3. डब्ल्यू.सी. स्मिथ, 'मॉडर्न इस्लाम इन इंडिया,' पृ. 20 और पृ. 105-06
4. वही, पृ. 103
5. वही, पृ. 109
6. डब्ल्यू.सी. स्मिथ, 'इस्लाम इन मॉडर्न हिस्ट्री' (प्रिंसटन यूनिवर्सिटी प्रेस, प्रिंसटन, 1957), पृ. 54 और पृ. 63
7. मुजीब, 'इंडियन मुस्लिम्स,' पृ. 454
8. बारबारा मेटकॉफ इन सी.एम. नईम (सम्पादित), इक़बाल, जिन्ना और पाकिस्तान : द विज़न एंड द रियेलिटी' (मैक्सवैल स्कूल ऑफ पब्लिक अफेयर्स, साइराकस यूनिवर्सिटी, 1979), पृ. 140
9. रामुज़-ए-बेरबुदी, हफीज़ मलिक (सम्पा.) इक़बाल : पोएट-फिलॉसफर ऑफ पाकिस्तान (कोलम्बिया यूनिवर्सिटी प्रेस, न्यूयॉर्क, 1971), पृ. 8
10. वही, पृ. 12
11. वही, पृ. 11
12. मुजीब, 'इंडियन मुस्लिम्स,' पृ. 484
13. वही, पृ. 485
14. मलिक (सम्पा.) इक़बाल, पृ. 17
15. 'असरार-ए-खुदी,' 1915 में प्रकाशित, मलिक (सम्पा.), इक़बाल, पृ. 18 में उल्लेखित
16. वही, पृ. 18
17. वही, पृ. 22
18. वही, पृ. 23

19. डब्ल्यू.सी. स्मिथ का कथन, स्मिथ, 'मॉडर्न इस्लाम इन इंडिया,' पृ. 102
20. 'पयाम-ए-मशरिक' से, मलिक (सम्पा.) इक़बाल, पृ. 270 में अनिकेव द्वारा उद्धृत
21. असरार-ए-खुदी के पहले संस्करण (1915) की भूमिका, मलिक (सम्पा.), इक़बाल पृ. 72 से उद्धृत
22. मलिक (सम्पा.), 'इक़बाल,' पृ. 177 में फ्रीलैंड अबॉट द्वारा उद्धृत
23. मलिक (सम्पा.), 'इक़बाल,' पृ. 143 में रिफत हसन द्वारा उद्धृत
24. वही, पृ. 148
25. रहमान, 'इस्लाम,' पृ. 220
26. बंग-ए-दारा से, प्रकाशन 1924 में, इक्राम, 'मॉडर्न मुस्लिम इंडिया,' पृ. 169 में उद्धृत
27. वही, पृ. 170
28. 28 मार्च, 1909 का पत्र, इक्राम, 'मॉडर्न मुस्लिम इंडिया,' पृ. 170 में उद्धृत
29. मलिक (सम्पा.) इक़बाल, पृ. 10
30. वही, पृ. 24-25
31. इक्राम, 'मॉडर्न मुस्लिम इंडिया,' पृ. 168 में उद्धृत
32. वही
33. मलिक (सम्पा.) 'इक़बाल,' पृ. 295 में ए.एस. नूरुद्दीन
34. एस.एच. नसर, 'आइडियाज़ एंड रियोसिटीज ऑफ इस्लाम' (एलन एंड अनविन, 1975), पृ. 122
35. रहमान, 'इस्लाम,' पृ. 143
36. इब्न अल-अरबी, नूरुद्दीन द्वारा मलिक (सम्पा.) 'इक़बाल,' पृ. 291 में उद्धृत
37. रहमान 'इस्लाम' पृ. 141
38. डब्ल्यू.सी. स्मिथ, 'इस्लाम इन मॉडर्न हिस्ट्री,' पृ. 38
39. रहमान, 'इस्लाम,' पृ. 140
40. वही, पृ. 144
41. नूरुद्दीन द्वारा मलिक (सम्पा.) 'इक़बाल,' पृ. 291 में उद्धृत
42. देखें नसर, 'आइडियाज़ एंड रियेलिटीज़ ऑफ इस्लाम,' पृ. 157
43. नूरुद्दीन, मलिक (सम्पा.), 'इक़बाल,' पृ. 291 में
44. रहमान, 'इस्लाम,' पृ. 145
45. वही, पृ. 165
46. वही, पृ. 155
47. फ्रीलैंड अबॉट द्वारा, अबॉट, 'इस्लाम एंड पाकिस्तान,' पृ. 27 में उद्धृत
48. मलिक (सम्पा.) 'इक़बाल,' पृ. 75
49. वही
50. सच्चिदानन्द सिन्हा द्वारा, सिन्हा, 'इक़बाल,' (रामनारायण लाल, इलाहाबाद, 1947), पृ. 232-233 में उद्धृत
51. मलिक (सम्पा.) 'इक़बाल,' पृ. 76, 'रामुज़-ए-बेखुदी' ('द मिस्ट्रीज़ ऑफ सेल्फलैसनेस'), 1918 में प्रकाशित
52. मलिक (सम्पा.), 'इक़बाल,' पृ. 56 में जावेद इक़बाल
53. मलिक (सम्पा.), 'इक़बाल,' पृ. 313 में एनीमेरी स्किीमल द्वारा उद्धृत
54. मलिक (सम्पा.), 'इक़बाल,' पृ. 53 में रहबर द्वारा उद्धृत
55. मलिक (सम्पा.), 'इक़बाल,' पृ. 53 में नूरुद्दीन द्वारा उद्धृत
56. वही, पृ. 299
57. मुजीब द्वारा, मुजीब 'इंडियन मुस्लिम्स,' पृ. 490 में उद्धृत

58. रहमान द्वारा, रहमान, 'इस्लाम,' पृ. 225 में उद्धृत
59. मलिक (सम्पा.) 'इक़बाल,' पृ. 54 में रहबर द्वारा उद्धृत
60. वही
61. रहमान, 'इस्लाम,' पृ. 225
62. स्मिथ, 'मॉडर्न इस्लाम इन इंडिया,' पृ. 110
63. नईम (सम्पा.) 'इक़बाल, जिन्ना एंड पाकिस्तान,' पृ. 139 में मेटकॉफ
64. सिन्हा, 'इक़बाल,' पृ. 345 में उद्धृत
65. वही
66. वही, पृ. 381-382
67. स्मिथ, 'मॉडर्न इस्लाम इन इंडिया,' पृ. 115
68. मलिक (सम्पा.) इक़बाल, पृ. 296 में नूरुद्दीन द्वारा उद्धृत
69. वही, पृ. 297
70. सिन्हा द्वारा, सिन्हा, 'इक़बाल,' पृ. 319 में उद्धृत
71. मलिक (सम्पा.), 'इक़बाल,' पृ. 303 में स्टिपनयांट्स द्वारा उद्धृत
72. मलिक (सम्पा.), 'इक़बाल,' पृ. 273 में अनिकेव
73. वही
74. मलिक (सम्पा.), 'इक़बाल,' पृ. 31 में मलिक
75. मलिक (सम्पा.), 'इक़बाल,' पृ. 132 में गॉर्डन-पोलोनस्काया द्वारा उद्धृत
76. मलिक (सम्पा.), 'इक़बाल,' पृ. 168 में जैन मारेक द्वारा उद्धृत
77. साइमंड्स, 'मेकिंग ऑफ पाकिस्तान,' पृ. 39
78. मलिक (सम्पा.), 'इक़बाल,' पृ. 163 में जैन मारेक द्वारा उद्धृत
79. स्मिथ, 'मॉडर्न इस्लाम इन इंडिया,' पृ. 140
80. रहमान, 'इस्लाम,' पृ. 234 में उद्धृत
81. स्मिथ, 'मॉडर्न इस्लाम इन इंडिया,' पृ. 140
82. मुजीब द्वारा, 'इंडियन मुस्लिम्स,' पृ. 489 में उद्धृत
83. नईम (सम्पा.) 'इक़बाल, जिन्ना एंड पाकिस्तान' में शीला मैकडोंघ, पृ. 121-122
84. मुजीब, 'इंडियन मुस्लिम्स,' पृ. 454
85. रिफ़त हसन द्वारा मलिक (सम्पा.) 'इक़बाल,' में उद्धृत, पृ. 150
86. वही, पृ. 148-149
87. स्मिथ, 'मॉडर्न इस्लाम इन इंडिया,' 114
88. मलिक (सम्पा.), 'इक़बाल,' पृ. 147 में हसन द्वारा उद्धृत
89. सिन्हा, 'इक़बाल,' पृ. 326 में उद्धृत
90. वही, पृ. 327
91. मलिक (सम्पा.), 'इक़बाल,' पृ. 61 में जावेद इक़बाल
92. मलिक (सम्पा.), 'इक़बाल,' पृ. 31 में उद्धृत
93. मलिक (सम्पा.), 'इक़बाल,' पृ. 55 में रहबर द्वारा उद्धृत
94. इक़राम, 'मॉडर्न मुस्लिम इंडिया,' पृ. 171 में उद्धृत
95. जावेद इक़बाल (सम्पा.), 'नोटबुक ऑफ अल्लामा इक़बाल,' (लाहौर, 1961), पृ. 14-15
96. इक़राम, 'मॉडर्न मुस्लिम इंडिया,' पृ. 182
97. वही, पृ. 172
98. वही, पृ. 182
99. वही, पृ. 173

100. मुजीब, 'इंडियन मुस्लिम्स,' पृ. 456
101. अकबर नजीबाबादी को पत्र, अप्रैल 12, 1925, इक़राम, 'मॉडर्न मुस्लिम इंडिया,' में उद्धृत, पृ. 183
102. वही, पृ. 186
103. मुजीब, 'इंडियन मुस्लिम्स,' पृ. 456
104. स्मिथ, 'मॉडर्न इस्लाम इन इंडिया,' पृ. 135-136
105. स्मिथ, 'मॉडर्न इस्लाम इन इंडिया,' पृ. 136 में उद्धृत
106. देखें, फ्रीलैंड अबॉट, 'इस्लाम एंड पाकिस्तान,' पृ. 172
107. वही, पृ. 182 में उद्धृत मौदूदी
108. वही, पृ. 182
109. मलिक (सम्पा.), 'इक़बाल,' पृ. 127 में गॉर्डन-पोलोस्काया द्वारा उद्धृत
110. इक़राम, 'मॉडर्न मुस्लिम इंडिया,' पृ. 186
111. सर फ्रांसिस यंगहसबैंड को पत्र, इक़राम, 'मॉडर्न मुस्लिम इंडिया,' पृ. 105 में उद्धृत
112. मलिक (सम्पा.), 'इक़बाल,' पृ. 172 में जैन मारेक द्वारा उद्धृत
113. वही पृ. 156-57 में हसन द्वारा उद्धृत,
114. वही, पृ. 60 में जावेद इक़बाल
115. वही, पृ. 36 में रहबर
116. वही, पृ. 58 में जावेद इक़बाल द्वारा उद्धृत
117. वही, पृ. 39 में रहबर द्वारा उद्धृत
118. वही, पृ. 38
119. वही, पृ. 39
120. वही, पृ. 323 में स्कीमल द्वारा उद्धृत
121. वही
122. वही, पृ. 19
123. वही, पृ. 62 में जावेद इक़बाल
124. वही, पृ. 39
125. वही, पृ. 40
126. वही, पृ. 26 में मलिक
127. वही पृ. 40
128. वही, पृ. 59 में जावेद इक़बाल
129. वही
130. अलेन हेयस मरियम, 'गांधी वर्सेज जिन्ना' (मिनेरवा, कलकता, 1980), पृ. 17 में उद्धृत
131. मलिक (सम्पा.), 'इक़बाल,' पृ. 148 में हसन द्वारा उद्धृत
132. इक़राम, 'मॉडर्न मुस्लिम इंडिया,' पृ. 175
133. मलिक (सम्पा.) 'इक़बाल,' पृ. 152, में हसन
134. वही, पृ. 151
135. साइमंड्स, 'मेकिंग ऑफ पाकिस्तान,' पृ. 40 में उद्धृत
136. वही
137. 28 मई और 21 जून, 1937 के पत्र, मलिक (सम्पा.), 'इक़बाल,' पृ. 385-388
138. नेहरू, 'डिस्कवरी ऑफ इंडिया, (जॉन डे, न्यूयॉर्क, 1946), पृ. 355
139. नैम इन नैम (सम्पा.), इक़बाल, जिन्ना और पाकिस्तान, पृ. 186 में उद्धृत
140. देखें, इक़राम, 'मॉडर्न मुस्लिम इंडिया,' पृ. 382

141. मलिक (सम्पा.), 'इक़बाल,' पृ. 103-104
142. वही, पृ. 327
143. वही, पृ. 329
144. वही, पृ. 47 में रहबर द्वारा उद्धृत
145. वही, पृ. 16
146. वही, पृ. 152 में हसन द्वारा उद्धृत
147. मलिक (सम्पा.), 'इक़बाल,' पृ. 34
148. वही, पृ. 62 में जावेद इक़बाल
149. वही, पृ. 64-65

अध्याय 4 : मुहम्मद अली

1. इक़राम, 'मॉडर्न मुस्लिम इंडिया,' पृ. 158
2. स्मिथ, 'मॉडर्न इस्लाम इन इंडिया,' पृ. 58 में उद्धृत प्रो. खुदा बख़्श
3. एस.एस. पीरज़ादा (सम्पा.), 'फाउंडेशंस ऑफ पाकिस्तान' : ऑल इंडिया मुस्लिम लीग डॉक्यूमेंट्स, 1906-1947 (नेशनल पब्लिशिंग हाउस, कराची, 1969), पृ. 533
4. अफ़ज़ल इक़बाल, 'लाइफ एंड टाइम्स ऑफ मोहम्मद अली' (इदराह-ए-अदबियत, दिल्ली, 1978), पृ. 19
5. वही
6. मोहम्मद अली, 'माई लाइफ़ : ए फ्रेग्मेंट' (श्री मुहम्मद अशरफ, लाहौर, 1966), पृ. 27
7. इक़बाल, 'मोहम्मद अली,' पृ. 32-33
8. मोहम्मद अली, 'माई लाइफ,' पृ. 29
9. वही, पृ. 30
10. इक़बाल, 'मोहम्मद अली,' पृ. 45
11. वही, पृ. 38
12. वही
13. मोहम्मद अली, 'माई लाइफ,' पृ. 32-33
14. वही
15. इक़बाल, 'मोहम्मद अली,' पृ. 56
16. वही, पृ. 55
17. वही, पृ. 39-40
18. वही, पृ. 42
19. वही
20. वही, पृ. 41 में उद्धृत
21. वही, 43
22. वही, पृ. 60
23. वही, पृ. 63
24. वही, पृ. 62 में उद्धृत
25. मुजीब, 'इंडियन मुस्लिम्स,' पृ. 537

26. इक़बाल, 'मोहम्मद अली,' पृ. 47-48
27. वही, पृ. 93 में उद्धृत
28. ख़लीकुज़्ज़मां, 'पाथवे टू पाकिस्तान,' पृ. 17
29. इक़बाल, 'मोहम्मद अली,' पृ. 86
30. वही, पृ. 53
31. वही, पृ. 85
32. वही
33. वही, पृ. 108 में उद्धृत
34. मोहम्मद अली, 'माई लाइफ़,' पृ. 35-36
35. वही, पृ. 49
36. इक़बाल, 'मोहम्मद अली,' पृ. 76 में उद्धृत अंसारी
37. वही, पृ. 47
38. मुजीब, 'इंडियन मुस्लिम्स,' पृ. 536
39. देखें इक़बाल, 'मोहम्मद अली,' पृ. 96-98
40. ख़लीकुज़्ज़मां, 'पाथवे टू पाकिस्तान,' पृ. 18
41. इक़बाल, 'मोहम्मद अली,' पृ. 105
42. वही, पृ. 110
43. ख़लीकुज़्ज़मां, 'पाथवे टू पाकिस्तान,' पृ. 28
44. वही, पृ. 29
45. वही, पृ. 31
46. वही
47. वही
48. इक़बाल, 'मोहम्मद अली,' पृ. 111
49. मोहम्मद अली, 'माई लाइफ़,' पृ. 41
50. इक़बाल, 'मोहम्मद अली,' पृ. 152
51. वही, पृ. 159
52. वही, पृ. 129 में उद्धृत
53. ख़लीकुज़्ज़मां, 'पाथवे टू पाकिस्तान,' पृ. 33
54. 25.04.18 के पत्र, इक़बाल, 'मोहम्मद अली,' पृ. 159 में उद्धृत
55. वही, पृ. 146
56. वही
57. वही, पृ. 142
58. वही, पृ. 124-125
59. पट्टाभि सीतारमैया, 'द हिस्ट्री ऑफ द कांग्रेस (कांग्रेस वर्किंग कमेटी, इलाहाबाद, 1935), पृ. 310
60. इक़बाल, 'मोहम्मद अली,' पृ. 191-192
61. वही
62. वही, पृ. 403
63. मुजीब, 'इंडियन मुस्लिम्स,' पृ. 537
64. इक़बाल, 'मोहम्मद अली,' पृ. 197
65. वही, पृ. 199
66. वही, पृ. 228

67. वही, पृ. 203
68. वही, पृ. 210
69. वही, पृ. 227
70. सीतारमैया, 'हिस्ट्री ऑफ कांग्रेस,' पृ. 307
71. इक़बाल, 'मोहम्मद अली,' पृ. 256 में उद्धृत
72. इक्राम, 'मॉडर्न मुस्लिम इंडिया,' पृ. 160
73. इक़बाल, 'मोहम्मद अली,' पृ. 236
74. वही, पृ. 237-238
75. 1 फरवरी, 1921 का पत्र, कनाप, मुख्य सचिव, मद्रास सरकार, का भारत सरकार, के नाम फाइल 43, 1921, होम, नेशनल आरकाइव्ज़, नई दिल्ली
76. रीडिंग वॉयसराय का, राज्य सचिव के नाम, मार्च 1921 का पत्र, इक़बाल, 'मोहम्मद अली,' पृ. 255 में
77. वही, पृ. 201
78. वही, पृ. 280
79. वही, पृ. 267 में उद्धृत
80. इक्राम, 'मॉडर्न मुस्लिम इंडिया,' पृ. 160
81. इक़बाल, 'मोहम्मद अली,' पृ. 394
82. वही, पृ. 256
83. वही, पृ. 267
84. देखें, वही, पृ. 267
85. वही, पृ. 266-270
86. माइकेल ब्रेचर, 'नेहरू' (ऑक्सफोर्ड यूनिवर्सिटी प्रेस, लन्दन, 1959), पृ. 97-98
87. इक़बाल, 'मोहम्मद अली,' पृ. 27
88. वही
89. वही, पृ. 276
90. वही, पृ. 277-278
91. जमीलुद्दीन अहमद, 'मिडिल फेज़ ऑफ द मुस्लिम पोलिटिक्स मूवमेंट' (पब्लिशर्स यूनाइटेड, लाहौर, 1969), पृ. 34
92. डी.जी. तेन्दुलकर, 'महात्मा' (बॉम्बे, 1951), भाग-2, पृ. 89
93. सीतारमैया, 'हिस्ट्री ऑफ कांग्रेस,' पृ. 373
94. अब्दुल हामिद सईद को रोम में पत्र, इक़बाल, 'मोहम्मद अली,' पृ. 281 में उद्धृत
95. वही, पृ. 279-80
96. तेन्दुलकर, 'महात्मा,' भाग-2, पृ.106
97. 'यंग इंडिया,' फरवरी 2, 1922
98. 'यंग इंडिया,' मार्च 2, 1922
99. ब्रेचर, 'नेहरू,' पृ. 79
100. इक़बाल, 'मोहम्मद अली,' पृ. 285
101. वही, पृ. 305 में उद्धृत एम. अली की जेल से बरख़ास्तगी के बाद टिप्पणी
102. वही, पृ. 298-299
103. वही, पृ. 301
104. मुजीब, 'इंडियन मुस्लिम्स,' पृ. 538
105. इक़बाल, 'मोहम्मद अली,' पृ. 323

106. मुजीब, 'इंडियन मुस्लिम्स,' पृ. 538
107. 9 मार्च, 1922 को, इक़बाल, 'मोहम्मद अली,' पृ. 294 में उद्धृत
108. वही, पृ. 298 में उद्धृत एम.एच. किदवई का एम.ए. अंसारी को पत्र
109. वही, पृ. 290 में उद्धृत 1922 का मध्य, पृ. 290
110. वही, पृ. 332, 1925 में
111. वही, पृ. 308, 1923 में
112. वही, पृ. 310-311
113. वही, पृ. 308
114. मोइन शाकिर, 'खिलाफत टू पाकिस्तान' (कलमकार, नई दिल्ली), पृ. xviii की मुहम्मद हबीब द्वारा लिखी गई भूमिका में उद्धृत
115. इक़बाल, 'मोहम्मद अली,' पृ. 312-313
116. मुजीब, 'इंडियन मुस्लिम्स,' पृ. 538
117. 17 फरवरी, 1924 की डायरी की पंक्तियाँ, इक़बाल, 'मोहम्मद अली,' पृ. 314-315
118. वही, पृ. 314 पर 15 जून, 1924 का पत्र
119. वही, पृ. 315
120. वही, पृ. 318-319
121. वही, पृ. 280
122. तेन्दुलकर, 'महात्मा,' भाग-2, पृ. 198
123. इक़बाल, 'मोहम्मद अली,' पृ. 321
124. वही
125. राजगोपालाचारी से देवदास गांधी को, सितम्बर 26, 1924, देवदास गांधी के काग़ज़ात, मद्रास
126. इक़बाल, 'मोहम्मद अली,' पृ. 321
127. वही, पृ. 331
128. वही, पृ. 341 में 1926 में उद्धृत
129. वही, पृ. 212 में उद्धृत जे. डब्ल्यू. होर का एडविन मोंटाग्यू को पत्र
130. वही, पृ. 311
131. वही, पृ. 338
132. वही, पृ. 332
133. मुजीब, 'इंडियन मुस्लिम्स,' पृ. 539
134. ख़लीक़ुज़्ज़मां, 'पाथवे टू पाकिस्तान,' पृ. 37
135. वही, पृ. 99
136. वही, पृ. 98
137. वही
138. वही
139. इक़बाल, 'मोहम्मद अली,' पृ. 344
140. वही, पृ. 360
141. वही, पृ. 371
142. वही, पृ. 376
143. वही, पृ. 379
144. वही, पृ. 379-382 से लन्दन की टिप्पणियाँ
145. मुजीब, 'इंडियन मुस्लिम्स,' पृ. 536

अध्याय 5 : जिन्ना

1. हेक्टर बोलिथो, 'जिन्ना : क्रियेटर ऑफ पाकिस्तान' (ग्रीनवुड प्रेस, वेस्टपोर्ट, कनैक्टिकट), पृ. 8
2. वही
3. वही, पृ. 13
4. वही, पृ. 8-9
5. वही, पृ. 14
6. वही, पृ. 15
7. वही, पृ. 18
8. वही
9. वही, पृ. 20-21
10. वही, पृ. 18
11. वही, पृ. 19
12. वही, पृ. 21-22 में उद्धृत
13. वही, पृ. 18
14. वही
15. वही, पृ. 55
16. वही
17. वही, पृ. 51
18. वही, पृ. 58
19. वही, पृ. 64
20. वही, पृ. 64
21. बी. शिवा राव, 'इंडियाज़ फ्रीडम मूवमेंट' (ओरियेंट लौंगमैन, नई दिल्ली, 1972), पृ. 125
22. माइकेल ब्रेचर, 'नेहरू' (ऑक्सफोर्ड यूनिवर्सिटी प्रेस, लन्दन, 1959), पृ. 60
23. तेन्दुलकर, 'महात्मा,' भाग-1, पृ. 264 में मोंटाग्यू का उद्धरण
24. एडविन, एस. मोंटाग्यू, 'एन इंडियन डायरी' (हेनमैन, लन्दन, 1930), पृ. 57-58
25. वही
26. वही, पृ. 67
27. वी.ए. दत्ता और बी. क्लैगहोर्न (सम्पा.), 'ए नेशनलिस्ट मुस्लिम इन इंडियन पोलिटिक्स' (मैकमिलन, नई दिल्ली, 1974), पृ. 31 में उद्धृत सरोजिनी नायडू का सैयद महमूद को पत्र
28. बोलिथो, 'जिन्ना,' पृ. 76
29. वही, पृ. 78
30. वही
31. वही, पृ. 80
32. 'यंग इंडिया' में 18 नवम्बर, 1928 को गांधी की टिप्पणी
33. बोलिथो, 'जिन्ना,' पृ. 80
34. एलेन हेयस मरियम, 'गांधी वर्सेज जिन्ना' (मिनर्वा, कलकत्ता, 1980), पृ. 45
35. वही
36. जूडिथ एच. ब्राउन,' गांधीज़ राइज़ टू पॉवर' (कैम्ब्रिज यूनिवर्सिटी प्रेस, कैम्ब्रिज, 1972), पृ. 263
37. एस.एस. पीरज़ादा (सम्पा.) 'फाउंडेशंस ऑफ पाकिस्तान,' ऑल इंडिया मुस्लिम लीग डॉक्यूमेंट्स (नेशनल पब्लिशिंग हाउस, कराची), भाग-1, पृ. 542-544

38. रोनाल्डशे, बंगाल के राज्यपाल, से मोंटाग्यू, राज्य सचिव तक, सितम्बर 22, 1920, ब्राउन, 'गांधीज़ राइज़ इन पॉवर,' पृ. 265 में उद्धृत
39. देखें बोलिथो, 'जिन्ना,' पृ. 85
40. बोलिथो, 'जिन्ना,' पृ. 83-84
41. ब्राउन, 'गांधीज़ राइज़ टू पॉवर,' पृ. 295
42. बोलिथो, 'जिन्ना,' पृ. 85
43. वही
44. ब्राउन, 'गांधीज़ राइज़ टू पॉवर,' पृ. 297
45. मरियम, 'गांधीज़ वर्सेज जिन्ना,' पृ. 47 और बोलिथो, 'जिन्ना,' पृ. 87
46. बोलिथो, 'जिन्ना,' पृ. 83
47. वही, पृ. 84
48. इक़राम, 'मॉडर्न मुस्लिम इंडिया,' पृ. 362
49. बोलिथो, जिन्ना, पृ. 89
50. मेरियम, गांधी वर्सेज जिन्ना, पृ. 47
51. बोलिथो, 'जिन्ना,' पृ.
52. इक़राम, 'मॉडर्न मुस्लिम इंडिया,' में उद्धृत
53. जे. अहमद, 'मिडल फेज़,' पृ. 92
54. वही, पृ. 94-95
55. के.एम. मुंशी, 'पिलग्रिमेज टू फ्रीडम' (भारतीय विद्या भवन, बॉम्बे, 1967), पृ. 24
56. अहमद, 'मिडल फेज़,' पृ. 94-95
57. बोलिथो, 'जिन्ना,' पृ. 94-95
58. ख़लीकुज़्ज़मां, 'पाथवे टू पाकिस्तान,' पृ. 98
59. इक़राम, 'मॉडर्न मुस्लिम इंडिया,' पृ. 366 में उद्धृत
60. एम.एच. सैयद, 'मोहम्मद अली जिन्ना' (एस.एम. अशरफ, लाहौर, 1945), पृ. 433
61. देखें, पी. हार्डी, 'द मुस्लिम्स ऑफ ब्रिटिश इंडिया,' (कैम्ब्रिज यूनिवर्सिटी प्रेस, 1972), पृ 433
62. अफ़ज़ल हक के नोट्स से, जो उपस्थित थे, जी.ए. अलाना, 'जिन्ना,' पृ. 213 में उद्धृत
63. बोलिथो, 'जिन्ना,' पृ. 91
64. वही, पृ. 92
65. वही, पृ. 95
66. वही, पृ. 96
67. अलाना, 'जिन्ना,' पृ. 179 में उद्धृत
68. इक़राम, 'मॉडर्न मुस्लिम इंडिया,' पृ. 368 में उद्धृत
69. वही, पृ. 372 में, जिन्ना का इक़राम को, उद्धत
70. अलीगढ़ के छात्रों के नाम, 1938, बोलिथो, 'जिन्ना,' पृ. 100 में उद्धृत
71. अहमद, 'मिडल फेज़,' पृ. 129-130 में उद्धृत
72. बोलिथो, 'जिन्ना,' पृ. 102
73. अहमद, 'मिडल फेज़,' पृ. 140
74. 'हिन्दू,' 5 सितम्बर, 1941
75. इक़राम, 'मॉडर्न मुस्लिम इंडिया,' पृ. 372
76. बोलिथो, 'जिन्ना,' पृ. 104-105
77. इक़राम, 'मॉडर्न मुस्लिम इंडिया,' पृ. 377
78. वही, पृ. 376

79. अहमद, 'मिडल फेज़,' पृ. 170
80. 22 मई, 1937 का पत्र, पीरज़ादा, (सम्पा.) 'लीडर्स कोरसपोंडेंस विद् मिस्टर जिन्ना' (ताज ऑफिस, बॉम्बे, 1944) पृ, 37
81. ख़लीकुज़्ज़मां, 'पाथवे टू पाकिस्तान,' पृ. 167
82. अबुल कलाम आजाद, 'इंडिया विंस फ्रीडम,' (ओरियंट लौंगमैन, कलकत्ता, 1959), पृ. 161
83. इक़राम, 'मॉडर्न मुस्लिम इंडिया,' पृ. 381
84. प्यारेलाल, 'महात्मा गांधी 'द लास्ट फेज़' (नवजीवन, अहमदाबाद, 1958), भाग-2, पृ. 76
85. मरियम, 'गांधी वर्सेज जिन्ना,' पृ. 57 में उद्धृत
86. पेनडेरल मून, 'डिवाइड एंड क्विट' (यूनिवर्सिटी ऑफ कैलिफोर्निया प्रेस, बेरकेले, 1962), पृ. 15
87. मुंशी, 'पिलग्रिमेज टू फ्रीडम,' पृ. 48
88. 'हिन्दू' जनवरी 1, 1938
89. इक़राम, 'मॉडर्न मुस्लिम इंडिया,' पृ. 381
90. वही, पृ. 382
91. मरियम, 'गांधी वर्सेज जिन्ना,' पृ. 58
92. बोलिथो 'जिन्ना,' पृ. 115
93. ख़लीकुज़्ज़मां, 'पाथवे टू पाकिस्तान,' पृ. 172
94. इक़राम, 'मॉडर्न मुस्लिम इंडिया,' पृ. 381-382
95. पीरज़ादा (सम्पा.) 'लीडर्स कोरेसपोंडेंस,' पृ. 38-50
96. मरियम, 'गांधी वर्सेज जिन्ना,' पृ. 62
97. वही
98. वही, पृ. 61
99. बोलिथो, 'जिन्ना,' पृ. 116-117
100. मरियम, 'गांधी वर्सेज जिन्ना,' पृ. 62
101. बोलिथो, 'जिन्ना,' पृ. 119-120
102. वही, पृ. 119
103. वही, पृ. 118
104. मरियम, 'गांधी वर्सेज जिन्ना,' पृ. 62
105. बोलिथो, 'जिन्ना,' पृ. 117-118
106. 19 अक्टूबर, 1939 का पत्र, लिनलिथगो पेपर्स, इंडिया ऑफिस लाइब्रेरी, लन्दन
107. मरिमय, 'गांधी वर्सेज जिन्ना,' पृ. 67
108. अक्टूबर 1939 और मार्च 1940 में दी गई टिप्पणियाँ, राजमोहन गांधी, 'द राजाजी स्टोरी' (भारतीय विद्या भवन, बॉम्बे, 1984), पृ. 50-51 और पृ. 64 में उद्धृत
109. मरियम, 'गांधी वर्सेज जिन्ना,' पृ. 64-65
110. वही, पृ. 67
111. नईम (सम्पा.) 'इक़बाल, जिन्ना और पाकिस्तान,' पृ. 186
112. जॉन ग्लैंडीवोन, 'द वॉयसराय एट बे,' (कोलिन्स,' लन्दन, 1971), पृ. 119
113. मरियम, 'गांधी वर्सेज जिन्ना,' पृ. 68
114. वही, पृ. 66
115. वही, पृ. 68-73
116. जे. अहमद (सम्पा.), हिस्टोरिक डॉक्यूमेंट्स ऑफ द मुस्लिम फ्रीडम मूवमेंट' (पब्लिशर्स यूनाइटेड, लाहौर), पृ. 372
117. मरियम, 'गांधी वर्सेज जिन्ना,' पृ. 98

118. वही, पृ. 78
119. जिन्ना का टेलीग्राफ, 12 जुलाई, 1940, पीरज़ादा (सम्पा.), 'लीडर्स कोरेसपोंडेस,' पृ. 213 में उद्धृत
120. नईम (सम्पा.), 'इक़बाल, जिन्ना एंड पाकिस्तान,' पृ. 68
121. जे. अहमद, 'क्रिएशन ऑफ पाकिस्तान' (पब्लिशर्स यूनाइटेड, लाहौर, 1976), पृ. 74-75
122. वही
123. मरियम, 'गांधी वर्सेज जिन्ना,' पृ. 64
124. बोलिथो, 'जिन्ना,' पृ. 84
125. इनायतुर रहीम, 'प्रोविंशियल ऑटोनोमी इन बंगाल' 1937-1943 (राजशाही यूनिवर्सिटी, बंग्लादेश, 1981), पृ. 232-235
126. मरियम, 'गांधी वर्सेज जिन्ना,' पृ. 77
127. 'हरिजन' में गांधी जी की टिप्पणियाँ, जून 7, 1942 और जून 21, 1942
128. शिवाराव, 'इंडियाज़ फ्रीडम मूवमेंट,' पृ. 182 में उद्धृत नेहरू
129. आज़ाद, 'इंडिया विंस फ्रीडम,' पृ. 76
130. आर. गांधी, 'द राजाजी स्टोरी,' पृ. 87
131. मरियम, 'गांधी वर्सेज जिन्ना,' पृ. 87
132. वही, पृ. 81
133. वही, पृ. 80-81
134. कंजी द्वारकादास, 'टेन ईयर्स टू फ्रीडम,' (पॉपुलर प्रकाशन बॉम्बे, 1986), पृ. 79
135. मरियम, 'गांधी वर्सेज जिन्ना,' पृ. 88
136. बोलिथो, 'जिन्ना,' पृ. 145 और ट्रागल की रिपोर्ट पर आधारित, 'टाइम्स ऑफ इंडिया में, बॉम्बे, मुहम्मद हनीफ शाहिद (सम्पा.), 'कायद-ए-आज़म एम.ए. जिन्ना' (संगे-ए-मील पब्लिकेशंस, लाहौर, 1976) में उद्धृत
137. मरियम, गांधी वर्सेज जिन्ना, पृ. 90
138. वही, पृ. 88
139. वही, पृ. 91-92
140. आर. गांधी, 'द राजाजी स्टोरी,' पृ. 95-96 और पृ. 102
141. बोलिथो, 'जिन्ना,' पृ. 146
142. मरियम, 'गांधी वर्सेज जिन्ना,' पृ. 93
143. बोलिथो, 'जिन्ना,' पृ. 147
144. वही, पृ. 148
145. आज़ाद, 'इंडिया विंस फ्रीडम,' पृ. 93
146. पेनडेरल मून (सम्पा.), 'वावेल : द वॉयसरायज़ जनरल' (ऑक्सफोर्ड यूनिवर्सिटी प्रेस, लन्दन, 1973), पृ. 87
147. मरियम, 'गांधी वर्सेज जिन्ना,' पृ. 94-108
148. वही, पृ. 105
149. वही, पृ. 106
150. बोलिथो, जिन्ना, पृ. 152
151. मरियम, 'गांधी वर्सेज जिन्ना,' 108
152. ख़लीकुज़्ज़मां, 'पाथवे टू पाकिस्तान,' पृ. 316-318
153. मरियम, 'गांधी वर्सेज जिन्ना,' पृ. 108
154. ख़लीकुज़्ज़मां, 'पाथवे टू पाकिस्तान,' 278

155. मरियम, 'गांधी वर्सेज जिन्ना,' पृ. 104
156. मून (सम्पा.), वावेल, पृ. 120
157. वही, पृ. 141
158. वही, पृ. 494 में, 8 जुलाई, 1946 के पत्र से उद्धृत
159. मरिमय, 'गांधी वर्सेज जिन्ना,' पृ. 117-18
160. बोलिथो, 'जिन्ना,' पृ. 154
161. वही, पृ. 153
162. वही, पृ. 158
163. एम.ए.एच. इस्पहानी, 'कायद-ए-आज़म एज़ आई न्यू हिम' (फोरवर्ड पब्लिकेशन ट्रस्ट, कराची, 1966), पृ. 123
164. बोलिथो, 'जिन्ना,' पृ. 142
165. वही
166. ब्रेचर, 'नेहरू,' पृ. 309 में उद्धृत
167. मून (सम्पा.) वावेल, पृ. 475 और पृ. 478
168. 3 अप्रैल, 1946 को दी गई टिप्पणी, जे. अहमद (सम्पा.), 'स्पीचिज़ एंड राइटिंग्ज़ ऑफ मिस्टर जिन्ना' (अशरफ, लाहौर, 1947), भाग-2, पृ. 384
169. मून (सम्पा.), वावेल पृ., 475 और पृ. 478
170. अहमद (सम्पा.) 'हिस्टोरिक डॉक्यूमेंट्स,' पृ. 522-523
171. एन. मनसर्ग और ई.डब्ल्यू.आर. लम्बी (सम्पा.) 'द ट्रांसफर ऑफ पॉवर,' भाग-7, पृ. 686-87
172. मून (सम्पा.), वावेल, पृ. 488
173. वही, पृ. 490
174. वही, पृ. 305
175. वही
176. अहमद (सम्पा.) 'हिस्टोरिक डॉक्यूमेंट्स,' पृ. 528 में उद्धृत
177. जे. अहमद, 'क्रिएशन ऑफ पाकिस्तान,' पृ. 274
178. वही
179. बोलिथो, 'जिन्ना,' पृ. 164-165
180. अहमद, 'क्रिएशन ऑफ पाकिस्तान,' पृ. 278
181. वही
182. चौधरी मुहम्मद अली, 'द इमरजन्स ऑफ पाकिस्तान' (कोलम्बिया यूनिवर्सिटी प्रेस, न्यूयॉर्क, 1967), पृ. 69
183. बोलिथो, जिन्ना, पृ. 165-166
184. स्टेट्समैन कलकत्ता, अगस्त 20, 1946
185. 21 अगस्त, 1946 को, दुर्गादास (सम्पा.), 'सरदार पटेल'स कोरेसपोंडेंस (नवजीवन, अहमदाबाद), भाग-3, पृ. 40
186. अहमद (सम्पा.), 'हिस्टोरिकल डॉक्यूमेंट्स,' पृ. 545-546
187. 'न्यूयॉर्क हेराल्ड-ट्रिब्यून, 29 अक्टूबर, 1946
188. ब्रेचर, 'नेहरू,' पृ. 325
189. 15 दिसम्बर, 1946 को क्रिप्स को लिखे गए एक पत्र में, दुर्गादास (सम्पा.)
190. वही
191. मून (सम्पा.), वावेल, पृ. 406
192. वही, पृ. 422-423

193. प्यारेलाल, 'द लास्ट फेज़,' भाग-1, पृ. 565
194. मून (सम्पा.), वावेल, पृ. 421
195. आर. गांधी, 'द राजाजी स्टोरी,' पृ. 130
196. प्यारेलाल, 'द लास्ट फेज़,' भाग-2, पृ. 169
197. आज़ाद, 'इंडिया विंस फ्रीडम,' पृ. 187
198. स्टैनली वॉलपोर्ट, 'जिन्ना ऑफ पाकिस्तान' (ऑक्सफोर्ड यूनिवर्सिटी प्रेस, न्यूयॉर्क 1984), पृ. 317
199. मुहम्मद अली, 'इमरजंस ऑफ पाकिस्तान,' पृ. 148
200. वही, पृ. 128
201. मरियम, 'गांधी वर्सेज जिन्ना, पृ. 128
202. मुहम्मद अली, 'इमरजंस ऑफ पाकिस्तान,' पृ. 125
203. वही, पृ. 126
204. वही, पृ. 142-143
205. वही
206. अलान कैम्पबेल-जॉनसन, 'मिशन विद माउंटबेटन' (रॉबर्ट हेल, लन्दन, 1951), पृ. 93
207. बोलिथो, 'जिन्ना, पृ. 194-195
208. वही
209. मुहम्मद अली, 'इमरजंस ऑफ पाकिस्तान,' पृ. 114.
210. इक़राम, 'मॉडर्न मुस्लिम इंडिया,' पृ. 389
211. वही, पृ. 396
212. मुहम्मद अली, 'इमरजंस ऑफ पाकिस्तान,' पृ. 61
213. शरीफ अली, मुजाहिद, 'कायद-ए-आज़म जिन्ना, स्टडीज़ इन इंटरप्रेटेशन,' (कायद-ए-आज़म एकेडमी, कराची, 1978
214. मुहम्मद अली, 'इमरजंस ऑफ पाकिस्तान,' पृ. 61
215. वही, पृ. 87 और पृ. 145-148
216. बोलिथो, 'जिन्ना,' पृ. 183
217. मुहम्मद अली, 'इमरजंस ऑफ पाकिस्तान,' पृ. 144
218. दुर्गादास (सम्पा.) 'पटेल्स कोरेसपोंडेंस,' भाग-3, पृ. 313-315
219. आज़ाद, 'इंडिया विंस फ्रीडम,' पृ. 174
220. देखें अहमद, 'क्रिएशन ऑफ पाकिस्तान,' पृ. 339
221. मुहम्मद अली, 'इमरजंस ऑफ पाकिस्तान,' पृ. 73
222. अहमद, 'क्रिएशन ऑफ पाकिस्तान,' पृ. 339
223. ख़लीकुज़्ज़मां, 'पाथवे टू पाकिस्तान,' पृ. 396
224. बोलिथो, 'जिन्ना,' पृ. 189
225. ख़लीकुज़्ज़मां, 'पाथवे टू पाकिस्तान,' पृ. 321
226. ख़लीकुज़्ज़मां को सोहरावर्दी का पात्र, 'पाथवे टू पाकिस्तान,' पृ. 397-98 में उद्धृत
227. बोलिथो, 'जिन्ना,' पृ. 198
228. बोलिथो, 'जिन्ना,' में, पृ. 197 और ख़लीकुज़्ज़मां, 'पाथवे टू पाकिस्तान,' पृ. 397-398 से उद्धृत
229. बोलिथो, 'जिन्ना,' पृ. 197
230. अहमद (सम्पा.), 'हिस्टोरिक डॉक्यूमेंट्स,' पृ. 380
231. ख़लीकुज़्ज़मां, 'पाथवे टू पाकिस्तान,' पृ. 321

232. नईम में, नईम (सम्पा.) 'इक़बाल, जिन्ना एंड पाकिस्तान,' पृ. 181
233. मरियम, 'गांधी वर्सेज जिन्ना,' पृ. 135
234. एम.एस.एम. शर्मा, 'पीप्स इंटू पाकिस्तान' (पुस्तक भंडार, पटना, 1954), पृ. 182
235. वही, पृ. 188
236. बोलिथो, 'जिन्ना,' पृ. 95
237. शर्मा, 'पीप्स इंटू पाकिस्तान,' पृ. 182-183
238. इक़राम, 'मॉडर्न मुस्लिम इंडिया,' पृ. 460
239. वही, पृ. 460-461
240. शर्मा, 'पीप्स इंटू पाकिस्तान,' पृ. 187
241. इक़राम, 'मॉडर्न मुस्लिम इंडिया,' पृ. 463 में उद्धृत
242. नईम (सम्पा.) 'इक़बाल, जिन्ना एंड पाकिस्तान,' पृ. 35 में कुरैशी
243. मुहम्मद अली, 'इमरजंस ऑफ पाकिस्तान,' पृ. 238
244. नईम (सम्पा.), 'इक़बाल, जिन्ना एंड पाकिस्तान,' पृ. 36
245. वही
246. मुहम्मद अली, 'इमरजंस ऑफ पाकिस्तान,' पृ. 385
247. वही, पृ. 383
248. वही, पृ. 386
249. नईम (सम्पा.) 'इक़बाल, जिन्ना एंड पाकिस्तान,' पृ. 68
250. वही, पृ. 98
251. वही, पृ. 97
252. मुहम्मद अली, 'इमरजंस ऑफ पाकिस्तान,' पृ. 297
253. वही
254. वही, पृ. 290
255. वही, पृ. 292-293
256. वही, पृ. 297
257. बोलिथो, 'जिन्ना,' पृ. 208
258. वही, पृ. 209
259. मुहम्मद अली, 'इमरजंस ऑफ पाकिस्तान,' पृ.
260. देखें अलान कैम्पबैल-जॉनसन, 'मिशन विद माउंटबेटन,' पृ. 283
261. बोलिथो, 'जिन्ना,' पृ. 210
262. नईम (सम्पा.), 'इक़बाल, जिन्ना एंड पाकिस्तान,' पृ. 22
263. इस्पहानी, 'जिन्ना एज़ आई न्यू हिम,' पृ. 119 और पृ. 125
264. वही
265. वही
266. वही, पृ. 107 और पृ. 112
267. बोलिथो, 'जिन्ना,' पृ. 208
268. वही, पृ. 166
269. वही
270. हिक्स टू ऑथर
271. बोलिथो, 'जिन्ना,' पृ. 212
272. वही, पृ. 180
273. वही, पृ. 212

274. मरियम, 'गांधी वर्सेज जिन्ना,' पृ. 108 और प्यारेलाल, 'ल लास्ट फेज़,' भाग-1, पृ. 251
275. एस.एस. पीरज़ादा, 'सम एस्पेक्ट्स ऑफ कायद-ए-आज़म्स लाइफ' (नेशनल कमीशन ऑन हिस्टोरिकल एंड कल्चरल रिसर्च, इस्लामाबाद, 1978), पृ. 37
276. नईम (सम्पा.), 'इक़बाल, जिन्ना एंड पाकिस्तान,' पृ. 22
277. 'डॉन,' मार्च 12, 1948, इक़राम, 'मॉडर्न मुस्लिम इंडिया,' पृ. 499 में उद्धृत
278. एड डे ब्रॉडकास्ट, 13 नवम्बर, 1939, नईम (सम्पा.) 'इक़बाल, जिन्ना एंड पाकिस्तान,' पृ. 101 में उद्धृत
279. इस्पहानी, 'जिन्ना एज़ आई न्यू हिम,' पृ. 118
280. बोलिथो 'जिन्ना,' पृ. 216
281. वही, पृ. 212
282. वही, पृ. 221
283. वही, पृ. 223
284. वही, पृ. 224

अध्याय 6 : फ़ज़्लुल हक

1. 3 दिसम्बर, 1937 का पत्र, इनायतुर रहीम, 'प्रोविंशियल ऑटोनोमी इन बंगाल : 1937-1943 (इंस्टीट्यूट ऑफ बंग्लादेश स्टडीज़, राजशाही यूनिवर्सिटी, 1981), पृ. 101
2. वही, पृ. 235 में, 15 फरवरी, 1942, में जिन्ना की टिप्पणी
3. शाइस्ता एस. इक़रामुल्लाह, 'फ्रॉम पर्दा टू पार्लियामेंट' (द क्रिसेंट प्रेस, लन्दन, 1963) पृ. 104
4. बी.डी. हबीबुल्लाह की परिचयात्मक टिप्पणियाँ, ए.के. ज़ैनुल आबेदीन (सम्पा.) मेमोरेबल स्पीचिज़ ऑफ शेर-ए-बंग्ला (अल हेलल पब्लिशिंग हाउस, बारिसल, 1978)
5. वही
6. इक़राम, 'मॉडर्न मुस्लिम इंडिया,' पृ. 89
7. ए.एस.एम. अब्दुर रब, 'ए.के. फ़ज़्लुल हक' (फिरोजसंस, लाहौर, 1967), पृ. 5
8. आबेदीन (सम्पा.), 'स्पीचिज़ ऑफ शेर-ए-बंग्ला,' पृ. 27
9. रब, 'हक,' पृ. 31
10. वही, पृ. 32-33
11. वही, पृ. 40
12. वही, पृ. 43
13. रहीम, 'प्रोविंशियल ऑटोनोमी,' पृ. 59
14. 22 फरवरी, 1921, सरत बोस को पत्र, रब, 'हक', पृ. 56-57 में
15. वही, पृ. 56-58
16. गौतम चट्टोपाध्याय, 'बंगाल इलेक्टोरल पॉलिटिक्स एंड फ्रीडम स्ट्रगल' (नई दिल्ली, 1984), पृ. 56
17. वही, पृ. 62-63
18. रब, 'हक,' पृ. 47
19. वही, पृ. 83 में, लन्दन गोलमेज़ सम्मेलन, 1931 में दिया गया भाषण

20. देखें चट्टोपाध्याय, 'बंगाल पोलिटिक्स,' पृ. 112 और पृ. 115
21. इनायतुर रहीम, 'बंगाल इलेक्शन, 1937' जनरल ऑफ द एशियाटिक सोसायटी ऑफ बंग्लादेश' (ढाका, अगस्त 1977), पृ. 101
22. वही
23. रहीम, 'प्रोविंशियल ऑटोनोमी,' पृ. 59
24. रब, 'हक,' पृ. 74-75
25. वही, पृ. 79
26. वही, पृ. 84
27. वही, पृ. 82
28. आबेदीन (सम्पा.), 'स्पीचिज़ ऑफ शेर-ए-बंग्ला,' पृ. 132-134
29. देखें रहीम, 'बंगाल इलेक्शन,' 1937, पृ. 105-106 और चट्टोपाध्याय, 'बंगाल पोलिटिक्स,' पृ.140
30. रहीम, 'बंगाल इलेक्शन,' 1937, पृ. 103
31. वही, पृ. 98
32. वही, पृ. 108 में उद्धृत, 5 अक्टूबर, 1936, 'स्टार ऑफ इंडिया'
33. वही, पृ. 110
34. वही
35. वही, पृ. 113 में उद्धृत, 30 अक्टूबर, 1936, 'स्टार ऑफ इंडिया'
36. रब, 'हक,' पृ. 88-89
37. चट्टोपाध्याय, 'बंगाल पोलिटिक्स,' पृ. 142
38. वही, पृ. 146-147 में उद्धृत अबुल मंसूर अहमद
39. वही, पृ. 117 में उद्धृत
40. रहीम, 'बंगाल इलेक्शन,' 1937, पृ. 117
41. वही, पृ. 117 में उद्धृत, 9 मार्च, 1937 का पत्र
42. रहीम, 'प्रोविंशियल ऑटोनोमी,' पृ. 126
43. वही, पृ. 130
44. वही, पृ. 135
45. वही
46. आबेदीन (सम्पा.), 'स्पीचिज़ ऑफ शेर-ए-बंग्ला,' पृ. 11
47. रहीम, 'प्रोविंशियल ऑटोनोमी,' पृ. 136
48. वही
49. वही, पृ. 141
50. वही, पृ. 116
51. आबेदीन (सम्पा.) 'स्पीचिज़ ऑफ शेर-ए-बंग्ला,' पृ. 135-136
52. वही, पृ. 138
53. 1931, सैंसस आँकड़े, रहीम 'प्रोविंशियल ऑटोनोमी,' पृ. 12 में उद्धृत
54. रहीम, 'बंगाल इलेक्शन,' 1937, पृ. 122
55. रब, 'हक,' पृ. 97-98
56. रहीम, 'प्रोविंशियल ऑटोनोमी,' पृ. 231
57. वही
58. अमलेन्दु डे, 'इस्लाम इन मॉडर्न इंडिया,' (माया, कलकत्ता, 1982), पृ. 147 में उद्धृत
59. वही

60. वही, पृ. 153 में, 8 सितम्बर, 1941 का उद्धत पत्र
61. वही, पृ. 152
62. चट्टोपाध्याय, 'बंगाल पोलिटिक्स,' पृ. 173
63. इस्पहानी, 'जिन्ना एज़ आई न्यू हिम,' पृ. 125
64. ए.के. ज़ैनुल आबेदीन (सम्पा.) 'बंगाल टुडे,' (अल हेलाल, बरिसल, 1978,) पृ. 6
65. डे, 'इस्लाम इन मॉडर्न इंडिया,' पृ. 159
66. चट्टोपाध्याय, 'बंगाल पोलिटिक्स,' पृ. 173
67. सरत बोस, 'आई वार्न्ड माई कंट्रीमेन' (कलकत्ता, 1968), चट्टोपाध्याय, 'बंगाल पोलिटिक्स,' पृ. 173 में उद्धृत
68. रब, 'हक,' पृ. 129 में उद्धृत
69. रहीम, 'प्रोविंशियल ऑटोनोमी,' पृ. 234
70. वही, पृ. 235
71. वही, पृ. 236
72. 27 फरवरी, 1943 को, बंगाल विधानसभा की कार्यवाही, चट्टोपाध्याय, 'बंगाल पोलिटिक्स,' पृ. 188 में उद्धृत
73. आबेदीन (सम्पा.), 'बंगाल टुडे,' पृ. 27-28
74. वही, पृ. 40-41
75. लिनलिथगो के एनरे, राज्य सचिव के नाम, 2 और 4 अप्रैल, 1943 के पत्र, मनसर्ग और लुम्बी (सम्पा.), 'ट्रांसफर ऑफ पॉवर, भाग-3, चट्टोपाध्याय 'बंगाल पोलिटिक्स,' पृ. 191-192 में उद्धृत
76. आबेदीन (सम्पा.) 'बंगाल टुडे,' पृ. 44-45
77. मून (सम्पा.), वावेल पृ. 31-32
78. वही
79. वही
80. एम. शाहजहाँ के नाम, 13 अक्टूबर, 1945 का पत्र, रब, 'हक,' पृ. 159-161 में उद्धृत
81. वही, पृ. 195-196
83. वही, पृ. 18
84. वही, पृ. 205-206
85. वही, पृ. 207
86. 8 अप्रैल, 1943 को, आबेदीन (सम्पा.), 'स्पीचिज़ ऑफ शेर-ए-बंग्ला,' पृ. 144 में उद्धृत
87. रहीम, 'प्रोविंशियल ऑटोनोमी,' पृ. 111
88. रब, 'हक,' पृ. 165
89. वही, पृ. 167
90. आबेदीन (सम्पा.) 'स्पीचिज़ ऑफ शेर-ए-बंग्ला,' पृ. 183
91. एस.जी. जिलानी, 'फिफ्टीन गवर्नर्स आई सर्व्ड विद' (लाहौर, 1979), पृ. 7
92. रब, हक, पृ. 170
93. जिलानी, 'फिफ्टीन गवर्नर्स,' पृ. 40
94. वही, पृ. 45
95. 13 अक्टूबर, 1956, का पत्र, आबेदीन (सम्पा.) 'स्पीचिज़ ऑफ शेर-ए-बंग्ला,' पृ. 192
96. जिलानी, 'फिफ्टीन गवर्नर्स,' पृ. 47.
97. वही, पृ. 48

98. हक का अताउर रहमान के नाम पत्र, 13 अक्टूबर, 1956, आबेदीन (सम्पा.), 'स्पीचिज़ ऑफ शेर-ए-बंग्ला,' पृ. 192-193 में उद्धृत
99. वही, पृ. 186-87
100. वही, पृ. 188, 2 फरवरी, 1956 को, हासिम अली खान को
101. वही, पृ. 194, 28 फरवरी का यूसुफ अली को पत्र
102. रब, 'हक,' पृ. 186
103. वही, पृ. 189-190

अध्याय 7 : अबुल कलाम आज़ाद

1. मुशीर यू. हक, 'मुस्लिम्स पोलिटिक्स इन मॉडर्न इंडिया,' 1857-1947' (मीनाक्षी, मेरठ, 1970), पृ. 69
2. अर्श मालसैनी, 'अबुल कलाम आज़ाद' (पब्लिकेशंस डिवीज़न, नई दिल्ली, 1976), पृ. 2
3. वही, पृ. 14-15
4. वही
5. अबुल कलाम आज़ाद, 'इंडियन विंस फ्रीडम' (ओरियंट लौंगमेंस, कलकत्ता, 1959), पृ. 4
6. वही
7. वही, पृ. 5
8. वही, पृ. 7
9. स्मिथ, 'मॉडर्न इस्लाम इन इंडिया,' पृ. 218
10. हक, 'मुस्लिम पोलिटिक्स,' पृ. 70
11. इक़राम, 'मॉडर्न मुस्लिम इंडिया,' पृ. 141
12. के.ए. फारुखी, मालसैनी, 'आज़ाद,' पृ. 20 में उद्धृत
13. अल हिलाल, 18 दिसम्बर 1912, हक, 'मुस्लिम पोलिटिक्स,' पृ. 101 में उद्धृत
14. वही, पृ. 79
15. वही, पृ. 79, अल हिलाल, 8 सितम्बर 1912
16. वही, पृ. 81-83, अल हिलाल, 11 सितम्बर 1912
17. वही
18. अल हिलाल, तारीख नहीं दी गई, मालसैनी, 'आज़ाद,' पृ. 25-26
19. अल हिलाल, 9 सितम्बर 1912, हक, 'मुस्लिम पोलिटिक्स,' पृ. 72
20. मुजीब, 'इंडियन मुस्लिम्स,' पृ. 458
21. हक, 'मुस्लिम पोलिटिक्स, पृ. 88
22. वही, पृ. 90, अल हिलाल, 3 सितम्बर, 1913
23. वही, पृ. 94-95 में उद्धृत
24. वही
25. मालसैनी, 'आजाद,' पृ. 30
26. आज़ाद, 'इंडिया विंस फ्रीडम,' पृ. 9
27. मुजीब, 'इंडियन मुस्लिम्स,' पृ. 441

28. एस.एस. पीरज़ादा, सम आस्पेक्ट्स ऑफ कायद-ए-आज़म्ज़ लाइफ' (नेशनल कमीशन ऑन हिस्टोरिकल रिसर्च, इस्लामाबाद, 1978), पृ. 62
29. हक, 'मुस्लिम पोलिटिक्स,' पृ. 96
30. महादेव देसाई, 'मौलाना अबुल कलाम आज़ाद' (शिवलाल अग्रवाल, आगरा, 1940), पृ. 83
31. हक, 'मुस्लिम पोलिटिक्स,' पृ. 98
32. वही, पृ. 118
33. मुजीब, 'इंडियन मुस्लिम्स,' पृ. 463
34. फतवा, हक, 'मुस्लिम्स पोलिटिक्स,' पृ. 102 में उद्धृत
35. वही
36. आज़ाद, 'इंडिया विंस फ्रीडम,' पृ. 16 और पृ. 21
37. मालसैनी, 'आज़ाद,' पृ. 39
38. वही, पृ. 40 में उद्धृत गांधी
39. देसाई, 'आज़ाद,' पृ. 50-51
40. मालसैनी, 'आज़ाद,' पृ. 49-50
41. आज़ाद, 'इंडिया विंस फ्रीडम,' पृ. 18
42. 19 फरवरी, 1922 का पत्र, ब्राउन, 'गांधीज़ राइज़,' पृ. 328
43. वही
44. कृपलानी, हुमायूँ कबीर (सम्पा.), 'अबुल कलाम आज़ाद (पब्लिकेशंस डिविज़न, नई दिल्ली) पृ. 32 में उद्धृत
45. मालसैनी, 'आज़ाद,' पृ. 43-44 में उद्धृत
46. देसाई, 'आज़ाद,' पृ. 82-86
47. मुजीब, 'इंडियन मुस्लिम्स,' पृ. 462
48. वही, पृ. 461 में मुजीब का आकलन
49. वही, पृ. 463
50. कुरान, 5:48, अबौट, 'इस्लाम एंड पाकिस्तान,' पृ. 169 में उद्धृत
51. अबौट, 'इस्लाम एंड पाकिस्तान,' पृ. 168-169
52. मुजीब, 'इंडियन मुस्लिम्स,' पृ. 457
53. वही, पृ. 462-463
54. वही, पृ. 462, मुजीब द्वारा 'आज़ाद' को पुनः लेखन
55. वही, पृ. 463
56. इक्राम, 'मॉडर्न मुस्लिम इंडिया,' पृ. 152
57. वही
58. देसाई, 'आज़ाद,' पृ. 152
59. इक्राम, 'मॉडर्न मुस्लिम इंडिया, पृ. 152
60. वही, पृ. 149
61. स्मिथ, 'मॉडर्न इस्लाम इन इंडिया,' पृ. 128.
62. मुजीब, 'इंडियन मुस्लिम्स,' पृ. 460
63. मालसैनी, 'आज़ाद,' पृ. 95
64. देसाई, 'आज़ाद,' प. 97
65. आज़ाद की टिप्पणी, मुंशी 'पिलग्रिमेज टू फ्रीडम,' पृ. 24 में उद्धृत

66. मालसैनी, 'आज़ाद,' पृ. 45
67. सुब्रमोनिया अय्यर (सम्पा.), 'रोल ऑफ मौलाना अबुल कलाम आज़ाद इन इंडियन पोलिटिक्स (आज़ाद ओरियंटल रिसर्च इंस्टीट्यूट, हैदराबाद), पृ. 57
68. ख़लीकुज़्ज़मां, 'पाथवे टू पाकिस्तान,' पृ. 105
69. आज़ाद, 'इंडिया विंस फ्रीडम,' पृ. 161-62
70. ख़लीकुज़्ज़मां, 'पाथवे टू पाकिस्तान, पृ. 167 और पृ. 187-88
71. वही, पृ. 197
72. वही, पृ. 211
73. वही, अन्तिम पृ.
74. मुहम्मद अली, 'इमरजंस ऑफ पाकिस्तान,' पृ. 112
75. ख़लीकुज़्ज़मां, 'पाथवे टू पाकिस्तान,' पृ. 211
76. देसाई, 'आज़ाद,' पृ. 1
77. वही, पृ. 102 में उद्धृत
78. आर. गांधी, 'द राजाजी स्टोरी,' पृ. 37
79. मालसैनी, 'आज़ाद,' में उद्धृत
80. स्मिथ, मरियम, 'गांधी वर्सेज जिन्ना में उद्धृत, पृ. 70
81. ख़लीकुज़्ज़मां, 'पाथवे टू पाकिस्तान,' पृ. 251
82. मरियम, 'गांधी वर्सेज जिन्ना,' पृ. 68
83. देसाई, 'आज़ाद,', पृ. 124
84. आज़ाद, 'इंडिया विंस फ्रीडम,' पृ. 37
85. वही, पृ. 39
86. आर. गांधी, 'द राजाजी स्टोरी,' पृ. 16
87. वही
88. वही
89. आज़ाद, 'इंडिया विंस फ्रीडम,' पृ. 44
90. वही, पृ. 58-59
91. वही, पृ. 233
92. वही, पृ. 65-66
93. वही, पृ. 71
94. वही, पृ. 74
95. मालसैनी, 'आज़ाद,' पृ. 158
96. वही, पृ. 158-159
97. आर. गांधी, 'द राजाजी स्टोरी,' पृ. 91
98. आज़ाद, 'इंडिया विंस फ्रीडम,' पृ. 81
99. वही, पृ. 83-84
100. इक़राम, 'मॉडर्न मुस्लिम इंडिया,' पृ. 149
101. मालसैनी, 'आज़ाद,' पृ. 105-106
102. वही, पृ. 1.4-105
103. वही, पृ. 158-163
104. आज़ाद, 'इंडिया विंस फ्रीडम,' पृ. 93
105. ख़लीकुज़्ज़मां, 'पाथवे टू पाकिस्तान,' पृ. 251

106. आज़ाद, 'इंडिया विंस फ्रीडम,' पृ. 100
107. वही, पृ. 104
108. मून (सम्पा.), वावेल, पृ. 154
109. आज़ाद, 'इंडिया विंस फ्रीडम,' पृ. 100
110. वही, पृ. 141
111. वही, पृ. 153
112. वही, पृ. 128
113. वही, पृ. 153-55
114. वही, पृ. 175
115. मून (सम्पा.) वावेल, पृ. 336
116. आज़ाद, 'इंडिया विंस फ्रीडम,' पृ. 179-80
117. वही, पृ. 143-144
118. वही
119. वही, पृ. 185
120. वही
121. वही, पृ. 185
122. वही, पृ. 197
123. प्यारेलाल, 'द लास्ट फेज़,' भाग-2, पृ. 252
124. आज़ाद, 'इंडिया विंस फ्रीडम,' पृ. 211
125. मालसैनी, 'आज़ाद,', पृ. 164-169 और एस.टी. लोखंडवाला (सम्पा.), 'इंडिया एंड कनटेम्परारी इस्लाम' (इंडियन इंस्टीट्यूट ऑफ एडवांस स्टडी, शिमला, 1971), पृ. 51
126. ए.बी. राजपूत, 'मौलाना अबुल कलाम आज़ाद' (लायन प्रेस, लाहौर, 1946), पृ. 199-201
127. मुजीब, 'इंडियन मुस्लिम्स,' पृ. 442
128. इक़राम का दरयाबादी सम्बन्धी विवरण, इक़राम, 'मॉडर्न मुस्लिम इंडिया,' पृ. 151
129. वही
130. राजपूत, 'आज़ाद,' पृ. 203
131. मुजीब, 'इंडियन मुस्लिम्स पोलिटिक्स,' पृ. 442
132. हक, 'मुस्लिम्स पोलिटिक्स,' पृ. vi
133. राजपूत, 'आज़ाद,' पृ. 202
134. आज़ाद, 'इंडिया विंस फ्रीडम,' पृ. 227
135. हक, 'मुस्लिम्स पोलिटिक्स,' पृ. 149
136. आज़ाद, 'इंडिया विंस फ्रीडम,' पृ. 227
137. वही, पृ. 198
138. मुजीब, 'इंडियन मुस्लिम्स,' पृ. 441
139. मुजीब, 'डॉ. जाकिर हुसैन' (नेशनल बुक ट्रस्ट, नई दिल्ली), पृ. 183 और पृ. 195
140. आज़ाद, 'इंडिया विंस फ्रीडम,' पृ. 217
141. वही, पृ. 219-220
142. वही, पृ. 222
143. इक़राम, 'मॉडर्न मुस्लिम इंडिया,' पृ. 151
144. मुहम्मद अली, 'इमरजंस ऑफ पाकिस्तान,' पृ. 273
145. आज़ाद, 'इंडिया विंस फ्रीडम,' पृ. 184
146. नेहरू, मालसैनी, 'आज़ाद,' पृ. 175 में उद्धृत

147. अब्दुल्लाह बट (सम्पा.), 'आस्पेक्ट्स ऑफ अबुल कलाम आज़ाद' (माकतबा-ए-उर्दू, लाहौर, 1942), पृ. 32-33
148. मालसैनी, 'आज़ाद,' पृ. 177
149. तैयबजी, 'सेमीनार ऑन गांधी एंड आज़ाद' (आज़ाद ओरियंटल रिसर्च इंस्टीट्यूट, हैदराबाद, 1969), पृ. 27
150. मालसैनी, 'आज़ाद,' पृ. 89
151. मुजीब, 'इंडियन मुस्लिम्स,' पृ. 442

अध्याय 8 : लियाक़त अली ख़ाँ

1. इक़राम, 'मॉडर्न मुस्लिम इंडिया, पृ. 472
2. एम. रफीक अफ़ज़ल (सम्पा.) 'स्पीचिज़ एंड स्टेटमेंट्स ऑफ कायद-ए-मिलात लियाक़त अली खान,' (रिसर्च सोसायटी ऑफ पाकिस्तान, यूनिवर्सिटी ऑफ पंजाब, लाहौर, 1967), पृ. 10
3. मुशीरुल हसन, 'कांग्रेस मुस्लिम्स एंड इंडियन नेशनलिज़्म : 1928-1934 (ओकेज़नल पेपर नं. 23, नेहरू मेमोरियल म्यूज़ियम एंड लाइब्रेरी, नई दिल्ली, 1985) पृ. 49
4. छतारी के नवाब, 'याद-ए-अय्यम,' पृ. 262, इक़राम, 'मॉडर्न मुस्लिम इंडिया,' पृ. 473 में उद्धृत
5. अफ़ज़ल (सम्पा.) 'स्पीचिज़,' पृ. 5
6. बोलिथो,. 'जिन्ना,' पृ. 105
7. वही
8. अफ़ज़ल (सम्पा.), 'स्पीचिज़
9. बोलिथो, 'जिन्ना,' पृ. 105-106
10. 'सिविल एंड मिलिटरी गैजेट्स,' लाहौर, 3 मार्च, 1936, इक़राम, 'मॉडर्न मुस्लिम इंण्डिया,' पृ. 244 में उद्धृत,
11. इस्पहानी, 'जिन्ना एज़ आई न्यू हिम,' पृ. 19, अफ़ज़ल (सम्पा.) स्पीचिज़,' पृ. 6 में उद्धृत
12. उर्दू दैनिक 'अफ़क़' में छपा एक कथन, लाहौर, 17 अक्टूबर, 1952, अफ़ज़ल, 'स्पीचिज़' पृ. 6 में उद्धृत
13. ख़लीकुज़्ज़मां, 'पाथवे टू पाकिस्तान,' पृ. 190
14. अफ़ज़ल (सम्पा.), 'स्पीचिज़,' पृ. 7
15. बोलिथो, 'जिन्ना,' पृ. 154
16. सी.एम. नईम (सम्पा.), 'इक़बाल, जिन्ना एंड पाकिस्तान' (मैक्सवैल स्कूल ऑफ पब्लिक अफेयर्स, साइराक्स यूनिवर्सिटी, 1979), पृ. 16
17. 'इंडियन एनुअल रजिस्टर,' 1943, भाग-1, पृ. 278, अफ़ज़ल (सम्पा.) 'स्पीचिज़,' पृ. viii
18. एस. आबिद हुसैन, 'द डेसटिनी ऑफ इंडियन मुस्लिम्स,' (एशिया, बॉम्बे, 1965), पृ. 74
19. जे. अहमद (सम्पा.) 'स्पीचिज़ एंड राइटिंग्स ऑफ मिस्टर जिन्ना,' भाग-1, पृ. 574
20. अफ़ज़ल (सम्पा.), वावेल, पृ. 11
21. मून (सम्पा.), वावेल, पृ. 116
22. सर मुहम्मद यामीन खान के शब्द, शरीफ अली मुजाहिद, 'जिन्ना : स्टीज़ इन इंटरप्रेटेशन,' पृ. 403 में उद्धृत
23. वही

24. ख़ालिक बिन सैयद, वही पृ. 404 में उद्धृत
25. मून (सम्पा.) वावेल, पृ. 114
26. सैयद महमूद से भूलाभाई, दत्ता और क्लैगहोर्न (सम्पा.), 'ए नेशनलिस्ट मुस्लिम इन इंडिया,' (मैकमिलन, नई दिल्ली, 1974), पृ. 250
27. अफ़ज़ल (सम्पा.), 'स्पीचिज़,' पृ. 9
28. एम.सी. सीतलवाड़, 'भूलाभाई देसाई' (पब्लिकेशन डिविज़न, नई दिल्ली, 1986)
29. वी.पी. मेनन, 'द ट्रांसफ़र ऑफ पॉवर इन इंडिया' (ओरियंट लौंगमैंस, कलकत्ता, 1957), पृ. 178
30. वही, पृ. 177
31. मून (सम्पा.), वावेल, पृ. 144
32. मेनन, 'ट्रांसफर ऑफ पॉवर,' पृ. 177-178
33. मून (सम्पा.), वावेल, पृ. 116
34. अफ़ज़ल (सम्पा.) 'स्पीचिज़,' पृ. x
35. मून (सम्पा.), वावेल, पृ. 114
36. 'डेकन टाइम्स,' 9 सितम्बर, 1945, मुजाहिद, 'जिन्ना,' पृ. 404 में उद्धृत
37. मुजाहिद, 'जिन्ना,' पृ. 404
38. मुंशी, 'पिलग्रिमेज टू फ्रीडम,' पृ. 94
39. मुजाहिद, 'जिन्ना,' पृ. 404
40. मेनन, 'ट्रांसफर ऑफ पॉवर,' पृ. 214
41. मेनन (सम्पा.), वावेल, पृ. 207-208
42. वही, पृ. 220
43. वही, पृ. 259
44. वही, पृ. 366
45. वही, पृ. 413
46. वही, पृ. 430
47. अफ़ज़ल (सम्पा.), 'स्पीचिज़,' पृ. xii
48. 23 नवम्बर, 1946, मून (सम्पा.) 'वावेल,' पृ. 381
49. वही, पृ. 391
50. मुजाहिद, 'जिन्ना,' पृ. 405
51. अफ़ज़ल (सम्पा.), 'स्पीचिज़,' पृ. xii
52. मून (सम्पा.) 'वावेल,' पृ. 375
53. वही, पृ. 366
54. वही, पृ. 372
55. मेनन, 'ट्रांसफर ऑफ पॉवर,' पृ. 358
56. अफ़ज़ल (सम्पा.), 'स्पीचिज़,' पृ. 15
57. वही
58. वही, पृ. xiv
59. वही, पृ. xviii और पृ. 209
60. वही, पृ. xix में उद्धृत
61. वही, पृ. 210
62. मेनन, 'ट्रांसफर ऑफ पॉवर,' पृ. 431
63. वही, पृ. 418

64. अफ़ज़ल (सम्पा.) 'स्पीचिज़, पृ. 211
65. मेनन, 'ट्रांसफर ऑफ पॉवर,' पृ. 419
66. अफ़ज़ल (सम्पा.) 'स्पीचिज़,' पृ. 211
67. वही
68. शर्मा, 'पीप्स इंटू पाकिस्तान,' पृ. 183
69. अफ़ज़ल (सम्पा.), 'स्पीचिज़,' पृ. 209
70. वोलपर्ट, 'जिन्ना,' पृ. 356 में उद्‌धृत
71. देखें इक़राम, 'मॉडर्न मुस्लिम इंडिया,' पृ. 477
72. अफ़ज़ल (सम्पा.), 'स्पीचिज़,' पृ. xix-xx में उद्‌धृत
73. वही, पृ. 211
74. वही, पृ. xx
75. मून (सम्पा.), 'वावेल,' पृ. 443
76. अफ़ज़ल (सम्पा.), 'स्पीचिज़,' पृ. 220
77. वही, पृ. 219
78. वही, पृ. xxi
79. इक़राम, 'मॉडर्न मुस्लिम इंडिया,' पृ. 477-478
80. 'फ़्री प्रेस जरनल,' 19 सितम्बर, 1949, वही, पृ. 489 में उद्‌धृत
81. इक़राम, 'मॉडर्न मुस्लिम इंडिया,' पृ. 489
82. अफ़ज़ल (सम्पा.), 'स्पीचिज़,' पृ. 228
83. वही, पृ. 228-244
84. मिया इफ्तखारुद्दीन, 'स्पीचिज़ एंड स्टेटमेंट्स' (निगारिशत, लाहौर, 1971), पृ. 365
85. देखें अफ़ज़ल, (सम्पा.), 'स्पीचिज़,' पृ. 228-244 और इक़राम, 'मॉडर्न मुस्लिम इंडिया,' पृ. 483-488
86. अफ़ज़ल (सम्पा.) 'स्पीचिज़,' पृ. 241
87. 'हिन्दू,' 26 अगस्त, 1951, इक़राम, 'मॉडर्न मुस्लिम इंडिया,' पृ. 492 में उद्‌धृत
88. लियाक़त अली खान, 'पाकिस्तान : द हार्ट ऑफ एशिया' (मिनिस्ट्री ऑफ एजूकेशन, इस्लामाबाद), पृ. 97
89. लियाक़त का कथन, 29 अप्रैल, 1949, अफ़ज़ल (सम्पा.), 'स्पीचिज़,' पृ. 249 में उद्‌धृत
90. मार्च 1951 का कथन, वही, पृ. 538
91. वही, पृ. xxvi
92. नेहरू-लियाक़त पत्र व्यवहार, अफ़ज़ल (सम्पा.) 'स्पीचिज़,' पृ. 577-639 में
93. मोहम्मद अयूब खान, 'फ्रेंड्स नॉट मास्टर्स' (ऑक्सफोर्ड यूनिवर्सिटी प्रेस, लन्दन, 1967), पृ. 40
94. 5 जनवरी, 1948 का पत्र, अफ़ज़ल (सम्पा.) 'स्पीचिज़,' पृ. 587
95. वही, पृ. 241-242 में उद्‌धृत, मार्च 1949
96. 23 अप्रैल, 1950 में 'स्टेट्समैन,' इक़राम, 'मॉडर्न मुस्लिम इंडिया' में उद्‌धृत
97. अयूब, 'फ्रेंड्स नॉट मास्टर्स,' पृ. 36-37
98. ज़ेड.ए. बुखारी, कंट्रोलर ऑफ ब्रॉडकास्टिंग को पत्र, फ़ातिमा जिन्ना, 'स्पीचिज़, मेसेजेस एंड स्टेटमेंट्स,' (रिसर्च सोसायटी ऑफ पाकिस्तान, लाहौर, 1976) पृ. 37
99. अयूब, 'फ्रेंड्स नॉट मास्टर्स,' पृ. 40-41
100. 'इंडियन एक्सप्रेस,' 'मद्रास,' अक्टूबर 18, 1951
101. अयूब, 'फ्रेंड्स नॉट मास्टर्स,' पृ. 42

102. अफ़ज़ल (सम्पा.) 'स्पीचिज़,' पृ. xxii
103. अयूब, 'फ्रेंड्स नॉट मास्टर्स,' पृ. 41

अध्याय 9 : ज़ाकिर हुसैन

1. एम. मुजीब, 'डॉ. हुसैन' (नेशनल बुक ट्रस्ट,' नई दिल्ली, 1972), पृ. 4-5
2. वही, पृ. 11
3. अनीस चिश्ती, 'प्रेसीडेंट ज़ाकिर हुसैन' (रचना प्रकाशन, नई दिल्ली, 1967), पृ. 20 और मुजीब, 'जाकिर हुसैन,' पृ. 17
4. मुजीब, 'ज़ाकिर हुसैन,' पृ. 17
5. वही, पृ. 20
6. बी.के. अहलूवालिया (सम्पा.) ज़ाकिर हुसैन : ए स्टडी' (स्टरलिंग, नई दिल्ली, 1970), पृ. 28
7. मुजीब, 'ज़ाकिर हुसैन,' पृ. 24
8. वही, पृ. 25
9. वही
10. वही, पृ. 28
11. वही, पृ. 29
12. आर. गांधी, 'द राजाजी स्टोरी,' पृ. 241
13. 'प्रेसिडेंट ज़ाकिर हुसैन स्पीचिज़' (पब्लिकेशन डिवीज़न, नई दिल्ली, 1973), पृ. 180
14. मुजीब, 'ज़ाकिर हुसैन,' पृ. 32
15. वही, पृ. 33
16. वही, पृ. 34
17. वही, पृ. 38
18. वही, पृ. 39
19. वही, पृ. 33
20. वही, पृ. 35
21. वही, पृ. 36
22. वही, पृ. 38
23. वही
24. वही, पृ. 39-40
25. वही, पृ. 43
26. वही, पृ. 50
27. वही, पृ. 43
28. वही, पृ. 44
29. वही, पृ. 46
30. वही
31. वही, पृ. 58
32. वही, पृ. 60

33. वही, पृ. 57
34. वही, पृ. 66-67
35. वही, पृ. 55
36. वही, पृ. 87, 1935 में
37. वही
38. वही, 84
39. वही
40. वही, पृ. 81
41. स्मिथ, 'मॉडर्न इस्लाम इन इंडिया,' पृ. 129
42. मुजीब, 'ज़ाकिर हुसैन,' पृ. 88
43. वही, पृ. 90
44. वही
45. वही
46. वही, पृ. 94
47. स्मिथ, 'मॉडर्न इस्लाम इन इंडिया,' पृ. 131
48. देखें लेख, मुजीब, अहलूवालिया (सम्पा.), 'ज़ाकिर हुसैन,' पृ. 46 में
49. वही, पृ. 45
50. मुजीब, 'ज़ाकिर हुसैन'
51. वही, पृ. 98
52. वही, पृ. 98
53. मून (सम्पा.), वावेल, पृ. 296
54. मुजीब, 'ज़ाकिर हुसैन,' पृ. 137
55. वही, पृ. 138
56. वही, पृ. 247
57. वही, पृ. 145
58. वही, पृ. 67
59. वही, पृ. 148
60. वही
61. वही, पृ. 160
62. वही, पृ. 173
63. वही, पृ. 182
64. वही
65. वही, पृ. 205-206
66. वही, पृ. 228
67. वही, पृ. 211
68. वही, पृ. 236
69. 'प्रेसिडेंट ज़ाकिर हुसैन स्पीचिज़,' पृ. 2
70. मुजीब, 'ज़ाकिर हुसैन,' पृ. 240
71. वही
72. दुर्गादास का लेख, अहलूवालिया (सम्पा.), 'ज़ाकिर हुसैन,' पृ. 69 में
73. मुजीब, 'ज़ाकिर हुसैन,' पृ. 180

निष्कर्ष

1. आर. गांधी, 'द राजाजी स्टोरी,' पृ. 337
2. मून (सम्पा.), वावेल, पृ. 368
3. मरियम, 'गांधी वर्सेज जिन्ना,' पृ. 31
4. देखें वोलपर्ट, 'जिन्ना,' पृ. 111
5. मुहम्मद अली, 'इमरजन्स ऑफ पाकिस्तान,' पृ. 145
6. मून (सम्पा.), 'वावेल,' पृ. 111
7. अफ़ज़ल (सम्पा.) 'स्पीचिज़,' पृ. 231-232
8. मरियम, 'गांधी वर्सेज जिन्ना,' पृ. 40
9. वही, पृ. 47
10. गोलमेज़ सम्मेलन की कार्यवाही, वोलपर्ट, 'जिन्ना' पृ. 128 में उद्धृत
11. मेनन, 'ट्रांसफर ऑफ पॉवर,' पृ. 382 में उद्धृत
12. मून (सम्पा.), 'वावेल,' पृ. 352,
13. वही, पृ. 314
14. वही, पृ. 313 और 494
15. मोएन शाकिर, 'खिलाफ़त टू पाकिस्तान,' (कलमकार, नई दिल्ली), पृ. xii में हबीब द्वारा भूमिका
16. इक़बाल, 'मोहम्मद अली,' पृ. 38

शब्दानुक्रमणिका

आ

इ

ई

उ

ए

औ

क

ख

ट

ड

ढ

त

थ

द

न

प

फ

ब

य

र

ल

व

श

श्र

स

ह

●●●